Orbis Cisterciensis

Meiner Mutter und Achim

Studien zur Geschichte, Kunst und Kultur der Zisterzienser • Band 6

Jens Rüffer

ORBIS CISTERCIENSIS

Zur Geschichte der monastischen ästhetischen Kultur im 12. Jahrhundert

Lukas Verlag

Abbildung auf dem Umschlag:
Villard de Honnecourt, Musterbuch, Grundriß einer idealen Zisterzienserkirche,
aus: Hahnloser, Hans R.: Villard de Honnecourt. Kritische Gesamtausgabe des
Bauhüttenbuches ms. fr 19093 der Pariser Nationalbibliothek. Akademische Druck-
und Verlagsanstalt Graz 1972, Tafel 28

**Autor und Verlag danken der Hans Böckler Stiftung, Düsseldorf,
für die Unterstützung dieser Publikation.**

Die Deutsche Bibliothek – CIP-Einheitsaufnahme

Rüffer, Jens:
Orbis Cisterciensis : zur Geschichte der monastischen ästhetischen
Kultur im 12. Jahrhundert / Jens Rüffer. – Erstausg., 1. Aufl. –
Berlin : Lukas Verl., 1999
    (Studien zur Geschichte, Kunst und Kultur der Zisterzienser ; Bd. 6)
    Zugl.: Berlin, Humboldt-Univ., Diss. 1998
    ISBN 3–931836–21–5

Lukas Verlag für Kunst- und Geistesgeschichte
Kollwitzstr. 57
D–10405 Berlin
http://www.lukasverlag.com

Umschlag und Satz: Verlag
Druck und Bindung: Hubert & Co., Göttingen

Gedruckt auf umweltschonend hergestelltem und alterungsbeständigem Papier
Printed in Germany
ISBN 3–931836–21–5

Inhalt

Prolog

Der Titel des Buches ist eine Konzession an die Gepflogenheiten verlegerischer Strategien. Er gibt mehr vor als ich einlösen kann. Die zisterziensische Welt ist weiter und differenzierter. Der Nachsatz jedoch ist durchaus programmatisch gemeint, denn das zentrale Thema ist ein anderer Zugang zur *Geschichte der Ästhetik*, indem die Beschreibung einer spezifischen ästhetischen Kultur in den Mittelpunkt gerückt wurde.

Als ich begann, mich mit dieser Thematik auseinanderzusetzen, war eines recht sonderbar, nämlich daß die Zisterzienser, die eine so große kulturgeschichtliche Wirkung erzielt hatten, in den Arbeiten zur *Geschichte der Ästhetik* nur peripher – meist unter den Gesichtspunkten der Mystik und der Architektur – Beachtung fanden. Aus diesem Manko resultierte die primäre Motivation dieser Arbeit, die in der bisherigen Forschung stiefmütterlich behandelte Lebenswirklichkeit einer klösterlichen Gemeinschaft nicht aus ideengeschichtlicher, sondern aus kulturgeschichtlicher Perspektive für die *Geschichte der Ästhetik* zu erschließen. Wenn die vorliegende Arbeit darüber hinaus auch Anregungen für die Zisterzienserforschung enthält, ist dies mehr als ich zu hoffen wage.

Diese interdisziplinär angelegte Studie verlangte einen dreifachen Tribut, und ich hege die Hoffnung, daß er sich in vertretbaren Grenzen hält. Ich habe erstens der Beschreibung der benediktinischen Klosterkultur relativ viel Platz eingeräumt, damit der kulturgeschichtliche Kontext deutlich wird. Er besteht zweitens in notwendigen Verallgemeinerungen, damit drittens auch in Verkürzungen sowie im teilweisen Verzicht auf die Diskussion von Problemen der einzelnen Spezialdisziplinen. Letzteres ist ein notwendiges Zugeständnis an die Lesbarkeit des Textes sowie an eine Argumentation, die primär die ästhetische Kultur zum Gegenstand hat. In meinem Bestreben, die ästhetische Kultur des Klosters modellhaft zu beschreiben, gerät die Dynamik historischer Entwicklungen oft ins Hintertreffen. Deshalb sei an dieser Stelle daran erinnert, und dies bitte ich bei der Lektüre des Textes immer zu berücksichtigen, daß die Lebenswirklichkeit der Zisterzienser im hier beschriebenen Zeitraum eine ungeheure innere Dynamik besaß, die auf lokaler, regionaler und überregionaler Ebene verschiedene Rhythmen und Facetten hatte. Die Mönche haben ihr Leben nicht an den Klassifizierungen späterer Historiker ausgerichtet, und dennoch benötigen wir diese als methodische Hilfsmittel. Während die ältere Zisterzienserforschung die Einheit des Ordens und die Gemeinsamkeiten zwischen den Konventen betonte, besteht in der jüngeren Forschung die Tendenz, die Unterschiede hervorzuheben. Was uns heute nahezu verschlossen bleibt, ist die mittelalterliche Vorstellung von *Vielfalt in der Einheit*. Aus diesem Grund beschreibe ich in dieser Arbeit auch nicht eine ästhetische Kultur der Zisterzienser, sondern eine monastische ästhetische Kultur zisterziensischer Prägung. Motivation, Kontext und Inhalt dieser Studie erschließen sich am besten aus dem Epilog. Deshalb mögen die geneigten Leserinnen und Leser die Lektüre dieses Buches mit dem Epilog beginnen.

Auf zwei technische Dinge möchte ich noch hinweisen. Die erste Bemerkung bezieht sich auf die Quellen. Die lateinischen Zitate sind alle sowohl im Original als auch in deutscher Übersetzung wiedergegeben. Dabei habe ich dankbar auf bestehende Übersetzungen zurückgegriffen. Übersetzungen, die weder in den Fußnoten noch in den Quellenangaben nachgewiesen werden, sind meine eigenen. Bei den deutsch-lateinischen Editionen habe ich nur die Seitenzahl für den lateinischen Text angemerkt.

Die zweite Bemerkung betrifft das Literaturverzeichnis. In dieses habe ich alle Titel aufgenommen, die im Text erwähnt werden, auch wenn sie nur als Querverweis dienen. Allerdings mußte ich die Literatur der besseren Übersichtlichkeit wegen anders gliedern. Die Quellen sind separat zusammengefaßt, und die Sekundärliteratur ist nach Kapiteln geordnet, jedoch mit zwei Ausnahmen: den Titeln, die in verschiedenen Abschnitten mehrfach benutzt und zitiert wurden, sowie den Sammelbänden. Diese finden sich alle unter dem Kapitel »Die Zisterzienser im 12. Jahrhundert«. Außerdem war ich bei den Quellen bemüht, die jeweils aktuelle Edition zu benutzen. Im Falle der Werke Bernhards von Clairvaux habe ich den Quellennachweis auch nach der Standardausgabe von Leclercq, Rochais und Talbot in Klammern angegeben.

Abschließend möchte ich noch all jenen danken, die mich in vielfältiger Weise bei dieser Arbeit unterstützten. Den größten Anteil daran haben ohne Zweifel meine Betreuerin Frau Prof. Renate Reschke (Humboldt-Universität/ Berlin), die mit Geduld und Feingefühl das Projekt begleitete, sowie Prof. Winfried Schich (Humboldt-Universität/Berlin) und Dr. Christopher Norton (University of York), die mich nicht nur mit der allgemeinen Ordensgeschichte bzw. den englischen Zisterziensern vertraut machten, sondern bei denen ich auch darüber hinaus immer ein offenes Ohr für meine Fragen fand. Prof. David N. Bell (Memorial University of Newfoundland) schulde ich Dank für wertvolle Hinweise zu verschiedenen Einzelaspekten. Für Hilfe und Unterstützung bei meinen architekturhistorischen Untersuchungen danke ich Dr. Thomas Coomans (Rijks Universiteit Leiden), Herrn Keith Emerick (Inspektor bei

English Heritage), Prof. Peter Fergusson (Wellesley College/U.S.A.) und besonders Herrn Stuart Harrison, der mir auch den Nachdruck seiner Rekonstruktionszeichnungen und Grundrisse erlaubte. Zu Aelred erhielt ich wertvolle Hinweise von Bruder Pierre A. Burton (Scourmont/Belgien) und von Professor Brian P. McGuire (Universität Roskilde/Dänemark). Ich stehe außerdem in der Schuld von Herrn Christoph Kleinschmidt, der meine lateinischen Übersetzungen durchsah. Dem Verleger Dr. Frank Böttcher danke ich für Lektorat und Layout. Der Hans Böckler Stiftung gebührt Dank für die finanzielle Unterstützung zum Druck. Schließlich möchte ich meiner Mutter und Achim für ihrer aufopferungsvolle und uneigennützige Hilfe sehr herzlich danken und Carmen für ihre Geduld, Ausdauer und Liebe, die sie mir während der ganzen Zeit entgegenbrachte. Mein Verdienst bleiben die Fehler, die ich allein zu verantworten habe.

Berlin, Pfingsten 1999   *Jens Rüffer*

Einleitung

»omnium namque virtutum genetrix,
custos moderatrixque discretio est.«
Johannes Cassian, *Collationes* 2,2,4

Das begriffsgeschichtliche Problem

Jedem, der sich mit Ästhetik im Mittelalter beschäftigt, stellt sich zuerst die Frage nach dem Gegenstand seiner Untersuchung und dem Begriff von Ästhetik, den er ihr zugrunde legt. Das grundsätzliche methodische Problem ergibt sich aus der Tatsache, daß Ästhetik als eigenständige Disziplin innerhalb der Philosophie eine relativ junge Wissenschaft ist, so daß derjenige, der sich mit ihrer Geschichte befaßt, die Frage beantworten muß: Reicht eine *Geschichte der Ästhetik* weiter zurück als ihr Begriff, und wenn ja, wie läßt sich diese methodisch begründen?[1]

In der Mitte des 18. Jahrhunderts schuf Alexander Gottlieb Baumgarten (1714–62) die Ästhetik als eigenständiges Wissensgebiet innerhalb der Philosophie.[2] Im Zentrum seiner Betrachtung standen die Sinne als Organe der Erkenntnis. Baumgarten bemühte sich um eine Theorie der sinnlichen Erkenntnis. Seit Immanuel Kant (1724–1804)[3] und Georg Friedrich Wilhelm Hegel (1770–1831)[4] wurde Ästhetik zu einem integralen Bestandteil komplexer philosophischer Systeme. Im Mittelpunkt ihres vor allem erkenntnistheoretischen Zugangs standen das *Schöne* und die *Kunst*. Die Ästhetik als *Philosophie der Schönen Künste* wurde fest im Gedankengebäude der Philosophie etabliert.

Paul Oskar Kristeller hat in einer historischen Rekonstruktion gezeigt, daß grundlegende Termini der modernen Ästhetik wie z.B. die Begriffe *Kunst* oder das *Ensemble der schönen Künste* (Malerei, Poesie, Bildhauerei, Architektur und Musik) im wesentlichen Produkte des 18. Jahrhunderts sind.[5]

1　Im übrigen ist dies nicht nur eine Schwierigkeit der Ästhetik. Kunst- und Musikgeschichte stehen vor gleichen Problemen.
2　Vgl. Baumgarten, A. G., Texte zur Grundlegung der Ästhetik; Theoretische Ästhetik.
3　Vgl. Kant, I., Kritik der Urteilskraft.
4　Vgl. Hegel, G. F. W., Ästhetik. Der Text ist nach Vorlesungsmitschriften entstanden und wurde von H. G. Hotho, einem Schüler von Hegel, nach dessen Tod herausgegeben.
5　Vgl. Kristeller, P. O., 1976, Bd. 2, Kapitel IX: *Das moderne System der Künste*, pp. 164–206.

Das begriffsgeschichtliche Dilemma haben Mediävisten am konsequentesten gelöst. So heißt es im *Lexikon des Mittelalters* unter dem Stichwort *Ästhetik*:

»Kunst war und ist nicht immer und überall ästhetische Kunst; sie war es auch nicht im Mittelalter; es gibt also keine Ästhetik im Mittelalter. Was demgegenüber die Kunst im Mittelalter war, muß aus anderen Kategorien begriffen werden als solchen der Ästhetik.«[6]

Ungeachtet dieses – in sich widersprüchlichen – methodischen Einwandes wurden interessante Arbeiten geschrieben, die sich unter ästhetischen Aspekten mit dem Mittelalter auseinandersetzen. Alle bisherigen Versuche, seien es die von Wladyslav Tatarkiewicz[7], Rosario Assunto[8], Wilhelm Perpeet[9] oder die

6   Probst, P., 1980, c. 1128. Die abgekürzten Begriffe wurden ausgeschrieben.
   Die Unterscheidung zwischen *Kunst* und *ästhetischer Kunst* ist nicht nur verwirrend, sondern folgt wahrscheinlich auch den modernen Prämissen von hoher und niederer Kunst. Der letzte Satz des Zitats hat ebenfalls seine Tücken, denn die sogenannten *anderen Kategorien* werden innerhalb einer *Geschichte der Ästhetik* zu ästhetischen Kategorien, allerdings nicht mit universeller Bedeutung, sondern mit einer kulturell-zeitlich beschränkten Gültigkeit.

7   Tatarkiewicz widmete in seiner *Geschichte der Ästhetik* dem Mittelalter einen eigenständigen Band. Sein Erkenntnisinteresse galt dem *Schönen* und der *Kunst*. Die Arbeit ist chronologisch angelegt und befaßt sich mit Theorien zur Kunst, mit den ästhetischen Gegenständen und den ästhetischen Erlebnissen. Band 2 umspannt einen zeitlichen Rahmen, der vom Alten Testament bis zu Dante reicht. Der Autor bemühte sich, ästhetisches Denken in den jeweiligen historischen Kontext zu stellen. Geographisch konzentrierte sich Tatarkiewicz auf das Abendland, d.h. das lateinische Mittelalter. Der systematische Teil wird durch eine Sammlung von Quellenzitaten ergänzt. Vgl. Tatarkiewicz, W., 1962, Bd. 2.

8   Assuntos Ziel ist es, mittelalterliche Vorstellungen von *Schönheit* und *Kunst* in Abgrenzung und Gegenüberstellung zu unseren gegenwärtigen Vorstellungen von Ästhetik zu beschreiben. Die Studie umfaßt den Zeitraum vom hl. Augustinus bis zu Dante Alighieri. Die Untersuchung ist in zwei Hauptabschnitte geteilt. Im ersten Abschnitt entwirft Assunto eine *Theorie des Schönen* im Mittelalter in Abgrenzung von modernen ästhetischen Theorien. Im Mittelpunkt des Interesses steht das spezifisch Mittelalterliche am Denken und in der Theorie. Der zweite Abschnitt ist historisch angelegt. Ästhetische Ideen werden nun chronologisch beschrieben. Dem systematischen und chronologischen Teil ist eine Auswahl an Quellenzitaten beigefügt. Vgl. Assunto, R., 1963.

9   Perpeets *Ästhetik im Mittelalter* konzentriert sich auf ein theoretisches Problem: Wie konnte ein Autor des Mittelalters das *Schöne* schlüssig aus seinem Weltbild erklären? Ästhetik wird aus geistesgeschichtlicher Perspektive betrachtet. Nach Perpeet war die zentrale ästhetische Frage im Mittelalter dann eher eine philosophische: Wie läßt sich Schönheit überhaupt denken, wenn sie in ihrer Vollkommenheit nur dem Schöpfer zukommt, der aber für die Irdischen immer unvorstellbar bleibt? Das theoretische Problem für den zeitgenössischen Denker kulminierte in der Frage: Wie ist eine vom Menschen wahrnehmbare Schönheit zu denken, wenn sie in einem vom irdischen Individuum prinzipiell unvorstellbaren Schöpfer gründen soll? Eine Lösung des Widerspruchs ist nach Perpeet nur denkbar, wenn Gott von sich heraus zur Diesseitigkeit hinübersteigt. Der Schöpfer transzendiert im Sinne eines

von Edgar De Bruyne[10], dessen Anregungen jüngst Umberto Eco[11] folgte, zeichneten aus geistesgeschichtlicher Perspektive in je unterschiedlicher Form mittelalterlich-ästhetische Anschauungen oder Theorien über Kunst, Kunstbetrachtung und Schönheit nach. Diese Ansätze hielten einer strengen methodisch-kritischen Prüfung von Mediävisten nur bedingt stand.[12] Andreas Speer erhob den aus meiner Sicht begründeten Vorwurf, daß sich einige der Autoren nur schwer des Verdachts erwehren können, aus einem modernen Vorverständnis heraus argumentiert und isolierte »Textfragmente gemäß der methodisch nur ungenügend reflektierten Vormeinung einer allgemeinen Ästhetik« kontextunabhängig interpretiert zu haben.[13] Der Grundwiderspruch besteht in der Beschreibung einer mittelalterlichen Ästhetik, retrospektiv ohne einen genuin ableitbaren Begriff. Nun ist der Ästhetikbegriff selbst als historischer zu verstehen. In ihm liegt eine eigenständige Fragestellung, die wie Speer feststellte,

»nicht identisch ist mit der historisch erst relativ spät entstandenen Ästhetik als eigener Wissenschaftsdisziplin und erst recht nicht auf eine bestimmte ästhetische Theorie einschließlich ihrer jeweiligen Begrifflichkeit reduziert werden kann.«[14]

»persönlichen Herablassens (nicht des Emanierens)« zur irdischen Schöpfung. Gott wird, indem er sich dem Menschen offenbart, erfahrbar. Perpeet selbst setzt innerhalb seiner historischen Analyse drei Schwerpunkte: die trinitarische Schönheitslehre von Augustinus, die lichtsymbolische Schönheitslehre des Dionysios Areopagites und schließlich die scholastische Schönheitslehre. Der Autor stellt das Nachdenken über Schönheit in den Zusammenhang mit der Faszination, die das Licht auf die Menschen ausgeübt hat. Diese *Lichtmetaphysik* ist das thematische Zentrum seiner Studie. Ihre historische Ausprägung wird in verschiedenen Epochen stichprobenartig untersucht. Vgl. Perpeet, W., 1977.

10 De Bruyne, E., 1946, 3 Bde., und 1947.

11 Eco baut auf den Vorarbeiten von Edgar de Bruyne auf, der in seiner Kurzfassung *L'Esthétique du moyen âge* das historische Material nicht chronologisch abhandelt, sondern ästhetische Theorien nach bestimmten Kriterien strukturell ordnete. Aus geistesgeschichtlicher Perspektive untersucht Eco eine *Ästhetik der Proportion*, eine *Ästhetik des Lichtes*, *das Schöne als Transzendentalium* etc. Sein Ziel ist ein historischer Abriß, beschreibend und ordnend. Indem Eco seiner Arbeit keine moderne Definition von Ästhetik zugrunde legt, das Ästhetische umfassender versteht, d.h. sich auf Kunst und das Schöne im Mittelalter im weitesten Sinne konzentriert, bietet dieses Herangehen den Vorteil einer tiefgründigen Analyse einzelner Phänomene, die auch als unterschiedliche Modelle nebeneinander bestehen, voneinander profitieren oder gegebenenfalls ineinander übergehen können. Vgl. Eco, U., 1987.

12 Vgl. Speer, A., 1994.

13 Speer, A., 1994, p. 961f.

14 Speer, A., 1994, p. 962.

Eine *Geschichte der Ästhetik* ist umfassender als die Geschichte ihres Begriffes, sie reicht historisch weiter zurück als die Wissenschaftsdisziplin Ästhetik[15] und ist auch systematisch breiter als diese.[16] Innerhalb der *Geschichte der Ästhetik* lassen sich zwei unterschiedliche Herangehensweisen feststellen. Die eine setzt den Schwerpunkt auf die *Geschichte ästhetischen Denkens*. Aus ideengeschichtlicher Perspektive werden ästhetische Theorien und Begriffe bzw. Theorien und Begriffe mit Bezügen zur Ästhetik historisch dargestellt. Im Mittelpunkt stehen geistesgeschichtliche Problem- und Fragestellungen. Umberto Eco faßte den Gegenstand einer Geschichte ästhetischen Denkens zum Mittelalter wie folgt zusammen:

> »Als ästhetische Theorie werden wir also jeden Diskurs bezeichnen, der sich einigermaßen systematisch und unter Verwendung philosophischer Begriffe mit Phänomenen befaßt, die im Zusammenhang stehen mit der Schönheit, der Kunst und den Bedingungen für das Hervorbringen und Beurteilen von Kunstwerken, den Beziehungen zwischen Kunst und Moral, der Funktion des Künstlers, den Begriffen des Angenehmen, des Ornamentalen, des Stils, den Geschmacksurteilen wie auch der Kritik dieser Urteile und mit den Theorien und Praktiken der Interpretation von verbalen oder nichtverbalen Texten, also mit der hermeneutischen Frage – in Anbetracht dessen, daß diese die aufgezählten Probleme auch dann betrifft, wenn sie sich, wie das im Mittelalter besonders der Fall war, nicht allein auf die sogenannten ästhetischen Phänomene bezieht.«[17]

Die zweite Herangehensweise besteht in der historischen Darstellung einer spezifisch ästhetischen Kultur. Hier geht es um eine Synthese von Denken und Praxis. Im Zentrum stehen einerseits ästhetische Anschauungen und Werturteile, die primär einen Alltagsbezug haben und die im Hinblick auf eine bestimmte kulturelle Praxis formuliert worden sind und diese auch zu verändern suchten. Zum anderen werden die ästhetischen Momente dieser kul-

---

15 Im *Historischen Wörterbuch der Philosophie* beginnt Joachim Ritter (1971) seine philosophisch-systematische Darstellung der Ästhetik als Wissenschaftsdisziplin konsequent mit der begrifflichen Fassung durch A. G. Baumgarten.

16 Obwohl eine *Geschichte der Ästhetik* nicht in erster Linie ästhetische Begriffe, Gegenstände und Methoden definiert, sondern deren oft widersprüchliche Geschichte schreibt (vgl. Reschke, R., 1988, p. 62), müssen trotzdem übergreifende Leitlinien formuliert werden, die verhindern, daß der methodische Ansatz des Historikers nicht in einer Aneinanderreihung von Zufälligkeiten endet.

17 Eco, U., 1987, p. 10.

turellen Alltagspraxis selbst zum Gegenstand der Untersuchung, und zwar nicht nur positivistisch als Faktum, sondern vor allem in der Wechselwirkung von ästhetischer Theorie und kultureller Praxis.[18] Zu den ästhetischen Phänomenen zähle ich zum einen jene Äußerungen, die sich systematisch oder fragmentarisch auf die Sinne und Emotionen beziehen, auf deren Funktion und Bedeutung, den Umgang mit ihnen, auf sinnliche Wahrnehmung sowie auf die Kritik der Sinne, Emotionen und Wahrnehmung. Zum anderen gehören alle Reflexionen dazu, die sich mit der konkreten (Aus-)Gestaltung des Alltags sowie mit Gestaltkonzepten für den Alltag befassen. Dies beinhaltet neben der Gestaltung einfacher Alltagsgegenstände vor allem die Architektur, einschließlich ihrer technisch-organisatorischen Bedingungen. Das Spektrum ist jedoch nicht auf die materiellen Gegenstände beschränkt. Es reicht bis hin zur formalen Organisation von Tagesabläufen im Spannungsfeld zwischen Ritus und Ritual sowie den kritischen Einwänden hierzu.[19] In diesen Diskursen werden kaum philosophische Begrifflichkeiten benutzt. Sie befassen sich auch nur selten systematisch mit ästhetischen Phänomenen im engeren Sinn. Besonders im Mittelalter sind derartige Äußerungen meist Teil moralischer

18 Gerhard Jaritz hat in seiner *Einführung zur Alltagsgeschichte des Mittelalters* auf einige methodische Probleme der Rekonstruktion von Alltag hingewiesen. Alltägliches kommt in habitualisiertem, routiniertem oder repetitivem Verhalten zum Ausdruck und läßt sich nur in Verbindung mit Nicht-Alltäglichem erhellen. Alltag ist ein *compositum* aus verschiedenen alltäglichen Tätigkeiten. Streng genommen hat dann jeder seinen Alltag. Vgl. Jaritz, G., 1989, pp. 13–26, insbesondere p. 14f.

19 Während Umberto Eco den Aspekt der Gestaltung zu nahe an das moderne Kunstverständnis anlehnt, möchte ich den allgemeinen Gestaltungsaspekt sowie dessen kreatives Potential in den Vordergrund stellen. Im modernen Kunstbegriff steckt eine spezielle Form der Gestaltung von Gegenständen (Kunstwerk), durch dafür besonders begabte Personen (Künstler), die es vermögen, transzendente Ideen und gesellschaftliche Realitäten auf eine besondere Art und Weise bewußt oder unbewußt abzubilden. Die allgemeine Struktur, die diesem Modell zugrunde liegt, verbindet miteinander Gestalter, Gestalten, Gestaltung bzw. Gestaltkonzeptionen, die wiederum aus dem jeweils konkreten historischen Kontext und den spezifischen gesellschaftlichen Zusammenhängen heraus erklärt werden müssen. Derjenige, der ein Objekt schafft – und dies muß nicht notwendigerweise materiell sein –, verfügt nicht nur über handwerkliches Geschick, über Wissen der Materialbe- oder -verarbeitung, sondern setzt auch kreativ Ziele bzw. Zwecke um. Dieses schöpferische Moment, ob arbeitsteilig oder individuell entstanden, ist besonders wichtig. Gestalten heißt etwas in eine Form bringen. Der oder die Schöpfer vergegenständlichen sich in ihrem Objekt. Dem durch menschliche Betätigung zu einer bestimmten Gestalt gewordenen Gegenstand ist nicht nur die Geschichte seiner Herstellung eingeschrieben, sondern er trägt auch Konnotationen in sich wie Funktion(en), Bedeutung(en) oder die Patina des Gebrauchs. Die Gestaltung von Gegenständen ist mehr als die Herstellung derselben. Gestaltung beinhaltet den Prozeß von der Idee bis zur Umsetzung. All das gilt eben auch für Alltagsgegenstände.

Argumentationen gewesen, oder sie zielten auf handlungsorientierte Strategien.

Die historische Darstellung einer spezifisch ästhetischen Kultur, wie sie im folgenden am Beispiel der Zisterzienser vorgenommen wird, zielt auf eine Synthese von Denken und Handeln, von ästhetischen Anschauungen und gelebtem Alltag, d.h. auf eine möglichst ganzheitliche Perspektive, die die nur scheinbare Kluft zwischen *Kunst* und *Alltag* aufhebt.

Eine solche Darstellung, die von einer allgemeinen aber nicht mittelalterlichen Fragestellung ausgeht, behauptet nicht, ästhetische Theorien aus der Perspektive der historischen Subjekte, d.h. wie diese sie verstanden haben könnten, zu schreiben oder zu rekonstruieren.[20] Gleichwohl aber trifft sie Aussagen über ästhetische Phänomene dieser Epoche wie über die Akteure, die daran beteiligt waren, ohne die Ergebnisse der Untersuchung teleologisch zu interpretieren. Es gibt also keine übergreifende Methode oder Theorie im engen Sinn. Das methodische Instrumentarium zur Beschreibung der ausgewählten Themen ergibt sich aus dem jeweils zu untersuchenden Gegenstand.

Mein Ansatz ist, bezogen auf ästhetische Gegenstände und Anschauungen, weniger normativ als bisherige Versuche. Er ist eher deskriptiv. Natürlich werden auch hier Wertungen vorgenommen, diese aber entstehen aus zwei voneinander getrennten Sichtweisen, der historisch konkreten (materialimmanenten) Perspektive sowie jener, die den methodischen Prämissen einer *Geschichte der Ästhetik* vor ihrem Begriff geschuldet ist. Ein solcher deskriptiver Ansatz entgeht allerdings kaum dem Vorwurf der Beliebigkeit, da prinzipiell alle Aspekte des Alltags auf ihre ästhetischen Dimensionen hin befragt werden können. Was entsteht, ist kein geschlossenes Ganzes, sondern ein Mosaik, das sich aus vielen Bausteinen, die interdisziplinär zu erarbeiten sind, zusammensetzt und weiterer Ergänzungen bedarf.

Das Modell einer ästhetischen Kultur des Klosters

Ich bezeichne die Darstellung der ästhetischen Kultur der Mönche nicht nur deshalb als Modell, weil sie an eine konkrete Lebensweise gebunden ist und damit von den individuellen Bedingungen des Einzelklosters abstrahiert, sondern auch, weil dieser Zugang über das mittelalterliche Mönchtum und

---

20 Eine systematische Analyse im Sinne einer mittelalterlichen Ästhetik verbietet sich von selbst, da sie unzeitgenössische Unterstellungen als Prämissen der Untersuchung formulieren müßte. Es ist deshalb auch ratsamer, nicht von einer Ästhetik *des* Mittelalters zu sprechen, sondern vielmehr von Ästhetik *im* Mittelalter.

dessen ästhetische Kultur beispielgebend für einen anderen Einstieg zu einer Ästhetik im Mittelalter sein soll. Ein weiterer Grund besteht darin, daß eine monastische Ästhetik aus der Perspektive der historischen Subjekte so nicht existierte. Sie ist eine moderne begriffliche Abstraktion.

In seinen verschiedenen Ausprägungen bildet das mittelalterliche Mönchtum aufgrund der stark reglementierten Lebensweise sowie der strengen Normen- und Wertvorstellungen, die nicht nur postuliert, sondern auch vom einzelnen Mönch verinnerlicht werden sollten, einen relativ homogenen und konkreten Untersuchungsgegenstand.

Im Mittelalter waren die Lebenskreise verhältnismäßig stark voneinander geschieden. Bauern, Klerus, Adel und später die Bürger der Städte definierten sich über bestimmte Aufgaben, Rechte und Pflichten, die ihnen gemäß ihrer Stellung innerhalb der Gesellschaft bzw. ihrer Gemeinschaft zufielen. Wenn diese Lebenssphären auch vielfältig gegliedert waren, an ihren Grenzen oft verschwammen, so bildeten die einzelnen sozialen Schichten doch ihre spezifischen Wahrnehmungs-, Denk- und Verhaltensweisen aus, d.h. eine kulturelle Praxis, die sie als Gruppe nicht nur gegenüber anderen hervortreten ließ, sondern die ihnen auch eine Binnendifferenzierung erlaubte; eine Alltagspraxis, die sie äußerlich unterscheidbar machte und dem einzelnen, der aufgrund seiner sozialen Stellung dieses Wertesystem teilte, eine Zugehörigkeit oder Identifikation erlaubte. Diese Wahrnehmungs-, Denk- und Verhaltensweisen sind nicht statisch aufzufassen, sie treten in den Gruppen nie in Reinform auf und variieren nach Raum und Zeit. Das heißt, sie sind einerseits Reflex auf die Veränderung gesellschaftlicher Verhältnisse und andererseits Motor für die zu gestaltende gesellschaftliche Praxis gewesen.

In der kulturellen Praxis werden diese Unterschiede der verschiedenen sozialen Gruppen als verschiedene Lebensweisen sichtbar. Die Unterschiede werden in symbolische Formen übersetzt und damit äußerlich wahrnehmbar. Es geht nicht darum, so Pierre Bourdieu,

> »sich vom Gewöhnlichen zu unterscheiden, sondern sich auf unterschiedliche Weise zu unterscheiden.«[21]

Diese Unterschiede in Sprache, Gesten, Kleidung, Nahrung etc., die einzelne Gruppen voneinander trennen, sind symbolischer Ausdruck ihrer Identität und Zugehörigkeit. Das *Wie* in der Unterscheidung ist die ästhetische Dimension ihrer Selbstdarstellung. Symbole sind konventionelle, willkürliche Zei-

---

21 Bourdieu, P., 1970, p. 70.

chen, die, entsprechend ihrem kulturellen Code, räumlich und zeitlich begrenzte Bedeutungen vermitteln. Identitätsstiftend wirken sie nur, wenn den Akteuren die Codes vertraut sind, wenn diese die beabsichtigten Bedeutungen entziffern können, sie annehmen und gemäß dem kulturellen Kontext handhaben. Die symbolischen Formen müssen, um Geltung zu behalten, von den Akteuren immer wieder erlernt, erneuert und reproduziert werden. Sie unterliegen somit auch Veränderungen.

Die verschiedenen religiösen Gruppen bzw. Orden unterscheiden sich besonders feinsinnig auf der symbolischen Ebene, der unterschiedlichen Kleidung, Liturgie, Nahrung oder der Architektur ihrer Gebäude. Dies gilt in besonderem Maße für religiöse Reformbewegungen, die vor allem innerhalb des *ordo monasticus* als Avantgarde gelten wollten und sehr viel Mühe darauf verwandten, ihr Anderssein auch äußerlich überzeugend darzustellen.

Anderssein, d.h. sich auf verschiedene Weise zu unterscheiden, bedeutete für Reformbewegungen meist die Rückkehr zu den Wurzeln einer bestimmten Tradition, so z.B. für die Zisterzienser, die Rückkehr zur Reinheit (*puritas*) der Regel Benedikts bzw. zu ihrer buchstabengetreuen (*ad litteram*) Beobachtung.[22] Die Reformmönche waren nicht daran interessiert, Neues zu finden oder zu erfinden, sondern sie wollten zum bewährten Alten zurückkehren.[23] Im

---

22 Der Ausdruck *ad litteram*, positiv bezogen auf die Befolgung der Regel Benedikts, wurde von Bernhard von Clairvaux erstmalig (um 1141–45) in *De praecepto et dispensatione* (49) gebraucht. Die Rückkehr zur strengen Befolgung der Regel Benedikts richtete sich auf den Geist und nicht auf das, was wir heute unter buchstabengetreu verstehen würden. Wie Jean Leclercq gezeigt hat, sind Formulierungen wie *ex integro, pure* oder *ad litteram* als synonym zu verstehen. Eine in unserem Sinne dogmatische, buchstabengetreue Befolgung der Regel hat es bei den Zisterziensern nicht gegeben. Dies entsprach auch nicht den Intentionen der Gründerväter. Im übrigen hat der hl. Bernhard in seiner *Apologia* (VII.14) eine perfekte Regelbefolgung (*ad litteram*) ohne irgendwelche Entpflichtungen (*nullam omnino dispensationem*) für unmöglich gehalten, da sie nie maßvoll (*discretius*) sein kann. Vgl. Leclercq, J., 1973, pp. 100, 105f u. 130–132; Lekai, L. J., 1982.

23 Gerade unter den Klerikern jener Zeit galt Neues einzuführen oft als Frevel, vor allem dann, wenn es andere betraf. So klagte Guibert de Nogent (gest. 1124) in seinem Werk *De vita sua* (III,7) über die Bürger von Laon und gab zu verstehen, daß Kommune (*communio*) ein neuer und schlechter Begriff sei (*novum ac pessimum nomen*). Wilhelm von St. Thierry bemühte sich im *Goldenen Brief* (10–11), den Vorwurf des Neuen zu entkräften, indem er argumentierte, daß diese Neuheit (*novitas*) keine neue Eitelkeit ist (*non est novella vanitas*), sondern eine Sache der alten Religionen sei (*res enim est antiquae religionis*), d.h. ein altes Erbe der Kirche Gottes (*antiqua haereditas Ecclesiae Dei*). Den Zisterziensern wird im *Dialogus duorum monachorum* (I,1/p. 92) des Idung von Prüfening gleich zu Beginn der Vorwurf gemacht, daß »Mönche vom alten und maßvollen Cluniazenserorden aus leichtfertigem und unbeständigem Antrieb, gleichsam mit Gewalt, zum unbescheidenen *neuen* Orden der Zisterzienser gezerrt wurden, und zwar gegen die Vernunft, gegen ihre eigene Berufung und

Rückgriff auf vermeintlich alte Traditionen brachten sie neue Formen der Selbstdarstellung hervor, die zumindest teilweise kreativ und innovativ waren. Dadurch wurde es ihnen möglich, einerseits Ideen und Programme sichtbar zu verkörpern und andererseits sich mittels dieser als Korporation von anderen Mitgliedern der Gesellschaft zu unterscheiden.[24]

Auf der personalen Ebene bildete sich je nach Zugehörigkeit zu sozialen Gruppen ein spezifisches habituelles Verhaltensschema heraus. Die Denk- und Verhaltensweisen wurden eingeübt und erlernt, ohne daß über deren Sinn reflektiert wurde oder die Genesis der Regeln gekannt werden mußte. Sie sollten verinnerlicht werden, denn nur dann ermöglichten sie eine relativ reibungslose Bewältigung sozialer Praxis.

Im Kloster kommt hier dem Noviziat eine entscheidende Bedeutung zu. Unter Anleitung eines Novizenmeisters hatte der Neuling alle Regeln klösterlichen Verhaltens zu erlernen und einzuüben.[25] Novizenspiegel bzw. gleichgeartete moralische Traktate geben einen guten Einblick in die zu vermittelnden mentalen Einstellungen.[26]

Aus historisch-soziologischer Perspektive hat Jean Leclercq die Identifikation mit einem religiösen Orden als einen Prozeß der Sozialisierung charakterisiert, der auf der freien Entscheidung des Subjekts beruht und dessen Ziel in der Verinnerlichung einer sozialen Rolle besteht. Diese Akzeptanz und Verinnerlichung von (spirituellen) Werten erfolgten bei der Gründergeneration der Zisterzienser wahrscheinlich über die charismatische Wirkung ihrer füh-

---

gegen das Gebot des Apostels, der da sagte (1 Kor 7,20): ›Ein jeglicher bleibe in dem, darin er berufen ist‹ (*qui de antiquo et discreto Cluniacensi ordine ad indiscretam Cisterciensium novitatem levitatis et inconstantiae instinctu quasi quadam inpulsiva causa rapiuntur contra rationem, contra suam ipsorum professionem, contra apostoli preceptum dicentis: Unusquisque in ea vocatione in qua vocatus est permaneat*).« Die Weißen Mönche haben sich mit dem Argument gewehrt, daß sie auf die ursprüngliche und unverfälschte Tradition zurückgegriffen hätten. Daß sie aber im Rückgriff auf vermeintlich Altes teilweise Modernes schufen, wie in der Musik, gehört zur Ironie dieser Vorgänge. Vgl. dazu Smalley, B., 1975.

24 Religiöse Reformen konnten, vor allem wenn sie bestehende Ordnungs- und Machtstrukturen in Frage stellten, für die traditionellen Institutionen der Macht äußerst gefährlich werden. Aus dem Anderssein der neuen Bewegung entstand für diese ein hoher Legitimationsdruck. Deshalb waren die Reformer um eine möglichst schnelle päpstliche Anerkennung bemüht, denn sie konnten ohne diese rasch in den Verdacht der Ketzerei geraten.

25 Daß all dies nicht ohne Probleme abging, in sich selbst manchmal recht widersprüchlich sein konnte – ich denke hier nur an die Verkürzung der Zeiten für das Noviziat – und auch nicht immer die gewünschten Ergebnisse brachte, ist hinlänglich bekannt.

26 Z.B.: Johannes Cassian *De institutis coenobiorum*, Hugo von St. Viktor *De institutione novitiorum*, Stephan de Salley *Speculum novitii* oder die unter Bernhards Namen gedruckten Traktate *Liber de modo bene vivendi* u. *Opusculum in haec verba: Ad quid venisti?*

---

renden geistigen Köpfe.[27] Eine neue religiöse Gemeinschaft kann aber nur von Dauer sein, wenn die Rahmenbedingungen – Ordensregeln und *Consuetudines* einerseits und die Gemeinschaft andererseits – die Entfaltung der Persönlichkeit des einzelnen erlaubt, d.h. wenn der Novize als Persönlichkeit so akzeptiert wird, wie er ist. Talente dürfen deshalb nicht schematisch beschnitten werden, sondern sind, im Einklang mit den neuen Verhaltensnormen, zu fördern. Der Prozeß ist besonders erfolgreich, wenn die Erfahrung des einzelnen in der Erfahrung der Gemeinschaft aufgeht und umgekehrt. Dieser ›idealtypische Zustand‹ wird aber nur selten anzutreffen gewesen sein, da die Klostergemeinschaft immer auch ein Spiegel der Außenwelt war.[28]

Die soziale Seite klösterlicher Verhaltensweisen läßt sich weder aus den Interessenlagen der Mönche allein noch aus den normativen Ansprüchen ihrer Verhaltensregeln erklären. Sie ist immer auch Reflex einer Wechselwirkung mit anderen sozialen Akteuren innerhalb konkreter sozio-ökonomischer Verhältnisse.[29] Mit dem Blick auf monastische Denk- und Lebensweisen schlußfolgerte Klaus Schreiner:

> »Als weltliches Individuum ist der Mönch geprägt durch seine Lebensgeschichte und das soziale Milieu, aus dem er kommt; als Konventuale ist er durch seine Profeß eingebunden in einen Sozialkörper, welcher sein religiöses, soziales und wirtschaftliches Handeln durch verbindliche Regeln zu normieren sucht; das Sozialgebilde ›Kloster‹ ist Teilbereich einer Gesellschaft, die nicht in statischer Unbeweglichkeit verharrt, sondern gesellschaftlichen Wandlungsprozessen unterworfen ist. Im Rahmen eines durch soziale Herkunft, Ordensregel und Gesamtgesellschaft gebildeten Koordinatensystems ist jeweils auszumachen, in welcher Weise Weltdistanz und gesellschaftliche Verflechtung das Denken und Verhalten mittelalterlicher Mönche tatsächlich bestimmen.«[30]

Für Zisterzienser, die den Hauptgegenstand der Untersuchung bilden, sind die Denk- und Wahrnehmungsweisen nun zu konkretisieren. Sie gründen in der ihnen eigenen Spiritualität. Diese bedeutete gerade in den Anfangsjahren

---

27 Zum Problem des Charismas bei der Gründergeneration der Zisterzienser vgl. Michaela Pfeiffer, 1998.
28 Vgl. Leclercq, J., 1973a, pp. 134–143; Jean Leclercq weist auch auf die Risiken hin, die mit dem Prozeß der Identifikation verbunden sein können, wie z.B. Mittelmäßigkeit, wenn der Ritus zum Ritual wird, oder simple Anpassung.
29 Vgl. Schreiner, K., 1982, pp. 114–116.
30 Schreiner, K., 1982, p. 116.

Einleitung

weder Passivität noch affektive Schau Gottes (*vita contemplativa*), sondern zeigte sich, wie David N. Bell betonte, in der *vita activa*, im täglichen Tun, im konkreten Weg, Gottes Willen zu erfüllen, die Tugenden zu leben und Gott zu dienen (*servire Dei*).[31] Im folgenden geht es um die Struktur jener Geistigkeit, die die Grundlage für die Formierung der Zisterzienser zu einem monastischen Orden bildete. Die theologisch-moralischen Aspekte der Spiritualität zisterziensischer Mönche, die keineswegs als homogen aufzufassen sind, werden im folgenden Kapitel beschrieben.

Hans Martin Klinkenberg hat die Veränderungen im Denken, die im ausgehenden 11. Jahrhundert begannen, in ihrer Auswirkung auf die Zisterzienser eingehend dargestellt. Ausgangspunkt seiner Überlegungen ist die Beobachtung, daß sich in dieser Zeit die Vorstellungen von Mensch, Welt und Gott veränderten und durch eine neue Methode des Denkens in einer neuen Begrifflichkeit erfaßt wurde.[32] In einer Rede, die der englische Geschichtsschreiber Wilhelm von Malmesbury (1080–1143) Stephan Harding (1108–34), dem dritten Abt von Cîteaux, in den Mund legte, wird dieser Umbruch im Denken sehr deutlich.

»Aus der Vernunft hat der höchste Urheber der Dinge alles gemacht; mit der Vernunft leitet er alles; gemäß der Vernunft dreht sich das Himmelswerk; gemäß der Vernunft werden selbst jene Sterne gedreht, die die irrenden genannt werden (die Planeten), gemäß der Vernunft bewegen sich die Elemente: Auf Vernunft und Gleichgewicht muß unsere Natur stehen. Weil sie aber durch Begehrlichkeit oft von der Vernunft abweicht, sind ehemals viele Gesetze erlassen worden; schließlich von Gott eingegeben, trat die *regula* durch den heiligen Benedikt hervor, die die fließende Natur zur Vernunft zurückrufen soll. Wohl findet man in ihr einiges, dessen Vernunft zu durchdringen ich nicht vermag; dort glaube ich dann doch ihrer Autorität folgen zu müssen. Die Vernunft und die Autorität der göttlichen Schriften sind nämlich dasselbe, obgleich dem Schein nach Dissonanz zwischen ihnen besteht. Da nun Gott nichts ohne Vernunft geschaffen und erneuert hat, wie sollte ich da glauben,

---

31 Vgl. Bell, D. N., 1998 u. Farkasfalvy, D., 1998, pp. 148–152.

32 »Nicht wirtschaftliche oder soziale oder politische Verhältnisse machen diesen Streit, machen das Neue, sondern die Veränderung der Begriffe erzwingt eine andere Politik, eine andere Wirtschaft, ein anderes Sozialsystem, erzwingt dies alles im Sinne logischer Notwendigkeit. [...] Die Führer finden wir unter den Magistern der Kathedralschulen, also dem Weltklerus. Das durchgehend Neue lag in der Methode.« Klinkenberg, H. M., 1982, p. 16.

daß die heiligen Väter, die doch Gott folgen, etwas außerhalb der Vernunft gesagt haben, so als müßten wir allein der Autorität trauen.«[33]

Die Vernunft (*ratio*) wird sukzessive zur Grundstruktur und Norm der Spiritualität auch in den Klöstern. Im Zuge dieser Entwicklung wird die Theologie nach rationalen Kriterien formiert. Als theoretische Abstraktion ist *ratio* zu allgemein, in Handlungen allerdings ist sie nach Raum, Zeit und Kultur relativ anschaulich zu fassen.[34] Klinkenbergs These ist, daß sich im Begriff der *ratio* Denkprinzipien der aristotelischen Logik widerspiegeln. Ein Ausdruck dieser Veränderung sind die Versuche, himmlische und irdische Realität gemäß ontologischer Klassifizierungsprinzipien in eine neue klare, systematisch-übersichtliche und hierarchisch gegliederte Ordnung zu bringen, eine Ordnung, die logischen, d.h. Vernunftgründen unterlag.[35]

Stephan Harding und Bernhard von Clairvaux (1090–1153) sind unter diesem Aspekt in gewisser Weise Antipoden. Während Bernhard eher noch der alten, wie Klinkenberg es formulierte, *personal-allegorischen Spiritualität* anhing, ist Stephan Harding, soweit das wenige Material überhaupt Aufschluß geben kann, bereits ein Vertreter der *logisch-institutionellen Spiritualität* gewesen.[36] Für den hl. Bernhard galten Normen noch als durch Gott offenbarte

33 »›Ratione‹, inquiens, supremus rerum Auctor omnia fecit, ratione omnia regit; ratione rotatur poli fabrica, ratione ipsa etiam quae dicuntur errantia torquentur sidera, ratione moventur elementa; ratione et aequilibritate debet nostra subsistere natura. Sed quia per desidiam saepe a ratione decidit, leges quondam multae latae; novissime per beatum Benedictum regula divinitus processit quae fluxum naturae ad rationem revocaret; in qua etsi habentur quaedam quorum rationem penetrare non sufficio, auctoritati tamen adquiescendum censeo. Ratio enim et auctoritas divinorum scriptorum, quamvis dissonare videantur, unum idemque sunt: namque cum Deus nihil sine ratione creaverit, et recreaverit; qui fieri potest ut credam sanctos patres, sequaces scilicet Dei, quicquam praeter rationem edicere, quasi soli auctoritati fidem debeamus adhibere?« Wilhelm von Malmesbury, *Gesta regum Anglorum*, Buch IV, §334, p. 381; dt. Übers. nach Klinkenberg, H. M., 1982, p. 18.

34 Vgl. Klinkenberg, H. M., 1982, p. 19.

35 »Diese Logik entindividualisiert, deklassiert die *propria* zu identischen Fällen allgemeiner Begriffe oder Gesetze; sie macht gleich und Gleichheit, sie schafft *uniformitas*.« Klinkenberg, H. M., 1982, p. 21.

36 Der hl. Bernhard »sah die Verluste, die mit der neuen onto-logischen, ›historisch‹-logischen Vorstellung und Methode eintreten würden. Er sah ihre Einfachheit, Primitivität wenn man will, ihre Abgelöstheit und Abstraktheit, ihren Mangel an psychischer Substanz, an Poesie, an Differenziertheit, ihre kühle Rigorosität, vielleicht gar die tief in ihr steckende Intentionalität, obgleich Bernhard diese neue Methode nicht beherrschte. Sollte das der Geist Gottes sein, sollte das Gotteserkenntnis sein, sollte das zu Gott führen und nicht vielleicht nur zur Modelung der Welt nach menschlichem Willen? Das war es, was seine Leidenschaft gegen Gilbertus Poreta und Abaelard entfachte, ein Methodenstreit, der viel mehr war als nur Streit um Verfahren.« Klinkenberg, H. M., 1988, p. 20.

Weisheiten, die nicht primär durch die Vernunft zu begründen waren. Besonders deutlich wird dies an Bernhards Vorliebe für die allegorische Deutung biblischer Texte, die seine Spiritualität und seine monastische Theologie durch und durch prägte. Das assoziative Moment überwog das logische.[37]

Zisterziensische Spiritualität, Organisation und Gestaltungskonzeptionen lassen sich, so Klinkenberg, über den Begriff der *uniformitas* auf einen gemeinsamen Nenner bringen. Bereits in Kapitel IX zur *Summa Cartae caritatis*[38] wird dieser Zusammenhang betont. Dort heißt es:

> »Damit unter den Abteien für immer dauernde und unauflösbare Einheit herrsche, wurde als erstes festgelegt, daß die Regel des heiligen Benedikt von allen einheitlich ausgelegt werde und daß man nicht einmal in einem Buchstaben von ihr abweichen soll. Ferner soll man dieselben Bücher, wenigstens, was den Gottesdienst betrifft, dieselbe Kleidung, dieselbe Nahrung und zudem in allem dieselben Bräuche und Gewohnheiten vorfinden.«[39]

Die Zisterzienser haben nun die dem Streben nach Einheit zugrunde liegende *uniformitas* zum allgemeinsten Prinzip gemacht und sind damit weit über ihre Vorgänger hinausgegangen. Eine Idee wurde zum Ideal, zu einem absoluten Wert und sollte um ihrer selbst willen befolgt werden.

Uniformitas ist nicht nur eine anthropologische Konstante der Wahrnehmung und des Denkens, sondern zugleich eine Facette des Ästhetischen. Um sich in der ›chaotischen‹ Wirklichkeit zurechtzufinden, muß der Mensch seine

---

37 Gleichwohl berief sich auch Bernhard ab und an auf die Vernunft. Für Bernhard war, wie Peter Dinzelbacher gezeigt hat, Vernunft nicht nur ein Bestandteil der Seele (neben *memoria* und *voluntas*), sondern durchaus ein Argument in religiösen Fragen. Kritisiert hat er jedoch die »Anmaßung, ›totum quod Deum est humana ratione‹ begreifen zu können und ihr den Glauben nachzustellen, oder, anders gesagt, die ›ratio fidei‹ den ›humanis ratiunculis‹ zu unterwerfen« (Dinzelbacher, P., 1996, p. 733). Bernhard steht hier in der Tradition von Augustinus, der in *De ordine* (IX.26) das Verhältnis von *auctoritas* und *ratio* in bezug auf den Glauben diskutiert. Zeitlich steht die Autorität an erster Stelle, sachlich jedoch die Vernunft. Während die große Masse der Unwissenden den Weg über die Autorität nehmen sollte, folgt der Wissende eher der Vernunft. Vernunft dient dem Verstehen des Glaubens, macht diesen auf einer höheren Ebene einsichtig. Sie ist allerdings nie Selbstzweck.

38 Zu den frühen legislativen Dokumenten siehe pp. 105ff.

39 »Ut autem abbatias inter unitas indissolubilis perpetuo perseveret, stabilitum est primo quidem ut ab omnibus regula beati Benedicti uno intelligatur nec vel in uno apice ab ea devietur? Dehinc ut idem libri quantum dumtaxat ad divinum pertinet officium, idem vestitus, idem victus, idem denique per omnia mores atque consuetudines inveniantur.« *Summa Cartae caritatis* IX.6–7, Bouton/van Damme, p. 121.

Welt vereinfachen, ordnen und für sich überschaubar machen. Erkennen, Denken, Handeln, Gestalten wird durch dieses Prinzip geprägt. Ästhetisch stiftet *uniformitas* durch Wiederholung des Gleichen Einfachheit, Ordnung und Zusammenhang, d.h. sie ist ein Gestaltungsprinzip, das meist unreflektiert angewendet wird. Die Zisterzienser uniformierten nicht primär aus ästhetischen, sondern aus religiösen, gemeinschafts- und identitätsstiftenden Prinzipien heraus. Die angestrebte *uniformitas* ergab sich vor allem aus den Sanktionen und Restriktionen, die sich die Weißen Mönche selbst auferlegten. Aus ästhetischer Sicht ist dies jedoch sekundär, denn auch Restriktionen können als ästhetisches Prinzip verstanden werden.[40]

Der zisterziensische Habitus war ambivalent und trug ein hohes Konfliktpotential in sich, denn er vereinigte in einer Seele Haltungen, die sowohl der logisch-institutionellen wie der personal-allegorischen Spiritualität entsprangen. Auf der Basis der ersteren entwarfen die Weißen Mönche primär die äußeren Dinge wie Organisation, Technik oder Architektur, ihre Theologie gestalteten sie jedoch nach altem Muster. Mit der Öffnung des Ordens zum universitären Studium setzte sich schließlich die logisch-institutionelle Spiritualität durch.

Die ethischen Grundlagen dieser ästhetischen Kultur

Die geforderten Normen, Denk- und Verhaltensmuster sind primär ein Ausdruck ethischer Maximen gewesen, d.h. handlungsorientierte Imperative, die in klösterlichen Tugenden zum Ausdruck kamen und tief in der spezifischen Spiritualität der einzelnen Kongregationen wurzelten. Spiritualität ist hier wieder in ihrer einfachsten Bedeutung zu verstehen, nämlich Gottes Willen zu erfüllen, also Gott in einer ganz besonderen Weise zu dienen. Das Wirken der Zisterzienser zielte auf die Einheit des Christentums. Sie verstanden die Kirche nicht als gesellschaftliche Institution auf gesetzlicher Basis, sondern, wie Martha G. Newman hervorhob, als moralische Körperschaft.[41] Aus Sicht der Weißen Mönche drohte die Welt aus den Fugen zu brechen. Sie mußte also repariert werden. Der innere Zusammenhalt jedoch konnte nur auf einem strengen christlichen Wertegefüge beruhen. Deshalb bedeutete Reform primär eine moralische Reformierung der verschiedenen Teile der Gesellschaft, die jedoch beim einzelnen ansetzte und dessen Vorbild der Mönch als wahrer

---

40 Vgl. Klinkenberg, H. M., 1982, p. 23f.
41 Vgl. Newman, M. G., 1996, p. 2.

Christ sein sollte. Autorität und Hierarchie sollten nicht nur erhalten bleiben, sondern durch Personen von untadligem Lebenswandel befestigt und gestärkt werden. Für das Mönchtum bedeutete dies, daß die Institution ihre Kraft nicht länger aus sich selbst bezog, sondern aus der moralischen Integrität ihrer Mitglieder beziehen mußte. Die spirituelle Wirksamkeit der Gebete ergab sich für Zisterzienser nicht automatisch aus dem kollektiven Gebet von Mönchen, deren innere Einstellung belanglos war, sondern nur aus einer Gemeinschaft von einzelnen, deren richtige innere Einstellung erst diese Kraft hervorzubringen vermochte.[42] Die zisterziensischen Mönchsgemeinschaften stellten einerseits eine Kritik an gesellschaftlichen Werten und Verhaltensnormen dar, wie sie andererseits als Beispiel und Prototyp für die Reform der Gesellschaft im Ganzen dienen sollten. Dies ist auch ein Grund dafür, warum zisterziensische Autoren, wenn sie ihre soziale Ordnung beschrieben, nicht auf eine sozial-funktionale Teilung (z.B. verschiedene Stände) zurückgriffen, sondern die theologisch-eschatologische Perspektive bevorzugten. Sie unterschieden zwischen Menschen, die kontemplativ bzw. aktiv lebten, Maria oder Martha folgten, oder nach dem Grad der Keuschheit.[43]

Im Zuge dieser Reformbestrebungen verbanden die Weißen Mönche Ästhetik und Ethik auf eine beeindruckende Art und Weise. Die vor allem sittlich-religiös gedachte Uniformität fand auf der Ordensebene ihre ästhetische Entsprechung in den äußeren Formen zisterziensischer Lebensweise (Kleidung, Liturgie, Architektur etc.).

Wilhelm von St. Thierry († 1148), Freund des hl. Bernhard und späterer Abt von Signy, hat im *Goldenen Brief*, einem Brieftraktat, der die Summe seiner geistlichen Lehren enthält, das Verhältnis von Moralischem und Ästhetischem aus der Perspektive des einzelnen prägnant zusammengefaßt. Das Hauptziel des Mönchseins bestand in seinem geistlichen Fortschritt, der über drei

---

42 Vgl. Newman, M. G., 1996, p. 22.
43 Bernhard verwendete in einer Predigt (*Sermo de diversis* 9) drei verschiedene Metaphern. Er verglich die menschliche Gesellschaft mit den biblischen Figuren des Alten Testaments Noah, Daniel und Hiob und teilte die Gesellschaft in drei Gruppen, die Enthaltsamen (*continentium*), die Prälaten (*praelatorum*) und die Verheirateten (*coniugatorum*). Dann unterschied er bei den Kirchenleuten zwischen den Mönchen, die sich ganz Gott zuwenden können (*claustrales*), den Amtsinhabern im Kloster (*officiales*) und den Prälaten (*praelatos*). Darüber hinaus gebrauchte er die Metapher von Maria und Martha, wobei er mit Maria die Klausurmönche identifizierte, die Amtsinhaber im Kloster mit Martha und den Prälaten eine Art Zwitterwesen, halb Maria halb Martha zugestand. Vgl. Bernhard von Clairvaux, *Sermo de diversis* 9.3–5, SBO VI,1, p. 119f sowie Newman, M. G., 1996, pp. 109ff; Constable, G., 1995, pp. 297ff.

Stadien, dem der Anfänger (*incipientes*), dem der Fortgeschrittenen (*proficientes*) und dem der Vollkommenen (*perfecti*), zur Vollkommenheit, daß heißt zur Schau der Herrlichkeit Gottes führte.[44] Um dieses Ziel zu erreichen, galt es, einen lebenslangen Weg voller Anstrengungen zu beschreiten. *Conversio* ist demnach ein Prozeß und das Noviziat nur der Anfang einer langen Schulung. Wilhelm betonte, daß sich niemand auf dem einmal Erreichten ausruhen dürfe, denn

> »niemand[em] ist es nämlich gewährt, lange im selben Zustand zu verweilen (Ijob 14,2). Der Diener Gottes muß entweder voranschreiten oder Rückschritte machen. Entweder strebt er nach oben, oder er wird nach unten gedrängt.«[45]

Um dies zu verdeutlichen, unterschied Wilhelm die Tugenden (*virtus*) von den angeborenen Begabungen (*ingenium*), den Kunstfertigkeiten (*ars*) oder dem Verstand (*intellectus*), die dem Menschen als Geschenk zuteil werden (*gratitudo habentur*). Die Tugenden hingegen müssen unter Anstrengungen (*cum labore*) angeeignet werden.[46]

Aus diesen Gründen forderte Wilhelm die Mönche auf, sich permanent selbst zu beobachten, ihr Tun und Handeln jederzeit zu beurteilen und gegebenenfalls zu korrigieren.[47]

> »Darum müssen alle Söhne des Tages (1 Thess 5,5) an jedem Tag immer sorgfältig erforschen, was ihnen mangelt (Ps 38,5), woher sie gekommen sind, wieweit sie gelangt sind und auf welcher Stufe des Fortschritts sie sich an den einzelnen Tagen oder Stunden nach ihrer Selbsterkenntnis befinden. [...] Am Morgen fordere von dir selbst Rechenschaft über die vergangene Nacht und gib dir eine Regel für den kommenden Tag. Am Abend verlange einen Bericht über den vergangenen Tag und triff eine Verfügung für die anbrechende Nacht. So gebunden, wirst du niemals Zeit haben, ausgelassen zu sein.«[48]

---

44 Vgl. Wilhelm von St. Thierry, *Goldener Brief* 41–45, SC 223, pp. 176–181.

45 »Nulli enim in eodem statu diu esse conceditur. Servo Dei semper aut proficiendum, aut deficiendum est; aut sursum nititur, aut in inferiora urgentur.« *Goldener Brief* 38, SC 223, p. 174; dt. Übers. p. 31.

46 Vgl. *Goldener Brief* 69, SC 223, p. 198.

47 Sich selbst in seinem Tun und Handeln permanent zu reflektieren, gehörte zu den wichtigsten Anforderungen an einen Mönch und wurde bereits von Benedikt in seiner Regel betont (»*Actus vitae suae omni hora custodire.*« RSB 4,48).

48 »debent omnes filii diei, in die qui est, diligenter semper perspicere quid desit sibi, unde

Auf der individuellen Ebene sind zwei Tugenden von besonderer Bedeutung, die bereits in der Regel des hl. Benedikt betont werden: *discretio* (die Fähigkeit zur Unterscheidung – das rechte Maß halten) und *humilitas* (Demut).[49] *Discretio* und *humilitas* sind Beziehungsgrößen und ergeben sich aus einer Abwägung des geltenden Normen- und Wertesystems in bezug auf eine konkrete Situation, in deren Ergebnis gehandelt werden muß. Die Handlung, die eingeschätzt wird, ist aus dieser Perspektive der äußere Ausdruck einer inneren Einstellung.[50] Das heißt aber auch, ein und dieselbe Handlung kann, je nach Standpunkt, einmal als demütig, ein anderes Mal als stolz empfunden werden.

Das Begriffspaar *humilitas* und *superbia* erlaubt in Kombination mit den Begriffspaaren *discretio/temperantia* und *superfluitas/necessitas* eine nähere Bestimmung dieser ästhetischen Kultur. Denn die Zisterzienser verwendeten diese Begriffe mit Vorliebe, und zwar nicht nur polemisch, um sich von konkurrierenden Modellen abzuheben und kritisch, um in den eigenen Reihen die *uniformitas* zu sichern, sondern auch um das Fehlverhalten des einzelnen Mönchs zu charakterisieren oder die äußere, materielle Seite des klösterlichen Lebens zu kritisieren. Die Kritik kulminierte im Vorwurf der *curiositas*. Auf der personalen Ebene erschien die moralische Kritik als Subjektkritik. Sie war zugleich ästhetische Kritik von Wahrnehmung und Gebrauch der Sinne. Auf der institutionellen Ebene zielte die moralische Kritik primär auf die materiellen Objekte. Sie war zugleich ästhetische Kritik an der Gestaltung, die sich auf eine inadäquate Vergegenständlichung eines moralischen Anspruchs bezog.

venerint, quousque pervenerint, et in quo proficiendi statu singulis diebus, vel horis, sua se aestimatio deprehendat. [...] Mane, praeterite noctis fac a temetipso exactionem, et venturae diei tu tibi indicito canonem. Vespere, praeterite diei rationem exige, et supervenientis noctis fac indictionem. Sic districto nequaquam aliquando tibi lascivire vacabit.« Wilhelm von St. Thierry, *Goldener Brief* 42, SC 233 p. 176 u. 178; dt. Übers. p. 32f und *Goldener Brief* 108, SC 223, p. 230; dt. Übers. p. 54.

49 Während Demut eine christliche Tugend par excellence ist, entsprang die Tugend der Mäßigung antiken bzw. spätrömisch-frühchristlichen Traditionen. (Vgl. Cicero, *De officiis* I,141 u. Widnman, I., 1940). Benedikts Regel wurde hier zum Schmelztiegel philosophisch-antiker und spätrömisch-christlicher Traditionen. Der große Unterschied zwischen antiker Lehre und den mittelalterlichen Auffassungen besteht darin, daß die antiken Autoren die Tugenden hervorhoben, während im Mittelalter, besonders in der religiös-asketischen Literatur, die Laster im Vordergrund standen. Vgl. Schmitt, J. C., 1990, p. 69.

50 Benedikt brachte dies in der zwölften Stufe der Demut auf den Punkt, indem er verlangte: »der Mönch sei nicht nur im Herzen demütig, sondern seine ganze Körperhaltung werde zum ständigen Ausdruck seiner Demut für alle, die ihn sehen (*si non solum corde monachus, sed etiam ipso corpore humilitatem videntibus se semper indicet*).« RSB 7,62.

Die Bedeutung dieser *termini technici* erschließt sich nur aus dem konkreten Kontext. Die Begriffe *discretio – superfluitas* und *humilitas – superbia* bzw. *curiositas* bilden die Koordinaten, an deren Schnittstellen sich Ethik und Ästhetik treffen. Dies bedarf einer ausführlichen Erklärung.

Demut

In seiner Regel widmete Benedikt der Demut ein ganzes Kapitel (RSB, 7). Der begriffliche Gegensatz zu *humilitas* ist der Stolz, die Hoffart, *superbia*. Mit dem Motiv der Leiter[51] wird die Einübung dieser Tugend als ein Aufstieg zur Vollkommenheit, zur Liebe Gottes (*ad caritatem Dei*) beschrieben. Gleichzeitig steigt der Mönch, indem er seinen Stolz besiegt, auf der Seite des Hochmuts hinab.

Dieses Bild des Hinabsteigens ist besonders eindrucksvoll, weil es mit der etymologischen Bedeutung von *humilitas* korrespondiert. Das lateinische Wort *humus* bedeutet soviel wie Erde oder Boden. Davon leitet sich das Adjektiv *humilis*, niedrig ab. In der griechisch-römischen Antike wurde mit *humilis* oder dem griechischen Wort *tapeinòs* sowohl die räumliche als auch die soziale Niedrigkeit bezeichnet. Im Sinne sozialer Niedrigkeit hatte das Wort eher negative Bedeutung. Im Kirchenlatein jedoch änderte sich dies, es wurde im christlichen Sinne positiv besetzt. Die Bedeutung von gering und niedrig blieb jedoch erhalten.[52]

Der hl. Bernhard knüpfte mit seinem um 1123–25 geschriebenen Traktat *Über die Stufen der Demut und des Stolzes* an Benedikt an, ohne jedoch das siebente Kapitel der Regel exegetisch zu behandeln. Demut ist für Bernhard ein Weg, der Schritt für Schritt über eine kritische Selbstwahrnehmung zur reinen Wahrheit, zur wahren Erkenntnis, zur »Entrückung der Schau« (*excessum contemplationis*) führt.[53] Bernhard definierte Demut als

---

51 Das Motiv der Leiter findet sich auch in der bildlichen Darstellung wieder. Eine Ikone aus dem Sinaikloster stellt die Tugendleiter des Johannes Klimakos (12. Jahrhundert) dar. (Vgl. Belting, H., 1990, p. 305 u. Abb. 165.) Eine Darstellung der Demutsleiter (*scala humilitatis*) findet sich als Illustration zu Bernhards *De gradibus humilitatis et superbiae* in einer Handschrift (2. Hälfte des 12. Jahrhunderts) aus dem Kloster Anchin (Nordfrankreich). Das dieses Thema auch im Spätmittelalter immer noch (oder wieder) aktuell war, belegt eine Darstellung im alten Refektorium (später Bibliothek) des Zisterzienserinnenklosters Seligenthal (Landshut). Der hl. Benedikt und der hl. Bernhard flankieren die zwölfstufig beschriftete Leiter. Inwiefern es hier eine kontinuierliche ikonographische Tradition gab, läßt sich heute, aufgrund mangelnder Überlieferungen, kaum noch sagen. Vgl. Die Zisterzienser 1980, Ausstellungskatalog, p. 421 (Text) u. Farbabb. 3.
52 Vgl. Curtius, E. R., 1953, p. 411.
53 Vgl. Bernhard von Clairvaux, *De gradibus* VI.19.

»die Tugend, durch die sich der Mensch in der aufrichtigsten Selbsterkenntnis selbst für gering einschätzt.«[54]

Den zwölf Stufen der Demut[55] korrespondieren zwölf Stufen des Stolzes[56],
wobei Bernhard selbst zugab, nur über den Stolz, nicht aber über die Demut
gehandelt zu haben.[57] Er faßte die zwölf Stufen des Stolzes in drei Gruppen

---

54 »humilitas est virtus, qua homo verissima sui cognitione sibi ipse vilescit.« Bernhard von
Clairvaux *De gradibus* I.2, SW II, p. 46 [SBO III, p. 17].

55 Die zwölf Stufen sind als Aufstieg gedacht, beginnend von der ersten bis schließlich zur
zwölften Stufe, wobei die ersten beiden Stufen außerhalb der Klostermauer bestiegen werden: »XII. Im Herzen und nach außen zeige man immer Demut, der Blick sei zu Boden
gerichtet (*Corde et corpore semper humilitatem ostendere, defixis in terram aspectibus*); XI. Ein
Mönch rede nur wenige und vernünftige Worte und erhebe seine Stimme nicht zum
Schreien (*Ut monachus pauca et rationabilia verba loquatur, non in clamosa voce*); X. Er sei
nicht leicht bereit zu lachen (*Si non sit facilis aut promptus in risu*); IX. Er bewahre Schweigen,
bis er gefragt wird (*Taciturnitas usque ad interrogationem*); VIII. Er halte sich an die
allgemeine Klosterregel (*Tenere quod communis habet monasterii regula*); VII. Er halte und
bekenne sich für den Geringsten von allen (*Credere et pronuntiare se omnibus viliorem*); VI.
Er bekenne und halte sich für unwürdig und unnütz zu allem (*Ad omnia indignum et inutilem
se confiteri et credere*); V. Er bekenne seine Sünden (*Confessio peccatorum*); IV. Aus Gehorsam
bewahre er in harten und schwierigen Lagen die Geduld (*Pro oboedientia in duris et asperis
patientiam amplecti*); III. Er unterwerfe sich in vollem Gehorsam den Oberen (*Omni
oboedientia subdi maioribus*); II. Er liebe nicht seinen eigenen Willen (*Propriam non amare
voluntatem*); I. Er hüte sich in Gottesfurcht allzeit vor jeder Sünde (*Timore Dei custodire se
omni hora ab omni peccato*).« *De gradibus*, SW II, p. 39 [SBO III, p. 13].

56 Die Stufen des Stolzes sind aus der Perspektive des Mönches als Abstieg gedacht, beginnend
von der ersten bis schließlich zur zwölften Stufe. Wobei die letzten beiden Stufen (XI und
XII) nicht mehr im Kloster begangen werden konnten, da Mönche, die solches Verhalten
an den Tag legten, bereits vorher aus der Klostergemeinschaft ausgeschlossen werden sollten. Die Stufen lauten: »I. Die Neugierde, indem man die Augen und die anderen Sinne auf
Dinge lenkt, die für einen nicht von Belang sind (*Curiositas, cum oculis ceterisque sensibus
vagatur in ea quae ad se non attinent*); II. Die Leichtfertigkeit, die durch Worte Freudiges und
Trauriges unterschiedslos kundtut (*Levitas mentis, quae per verba indiscrete laeta vel tristia
notatur*); III. Die alberne Heiterkeit, die erkannt wird, wenn einer grundlos in Lachen
ausbricht (*Inepta laetitia, quae per facilitatem risus denotatur*); IV. Die Prahlerei, die sich in
Geschwätzigkeit breit macht (*Iactantia, quae in multiloquio diffunditur*); V. Die Ichbezogen-
heit: In Ruhmessucht nur auf das Eigene bezogen zu sein (*Singularitas: privata affectare cum
gloria*); VI. Die Überheblichkeit: Sich für heiliger als alle anderen zu halten (*Arrogantia:
credere se omnibus sanctiorem*); VII. Die Vermessenheit: Sich in alles einzumischen (*Prae-
sumptio: ad omnia se ingerere*); VIII. Die Verteidigung seiner Sünden (*Defensio peccatorum*);
IX. Das heuchlerische Sündenbekenntnis, das an den Tag kommt, wenn Hartes und
Schwieriges abverlangt wird (*Simulata confessio, quae per dura et aspera iniuncta probatur*);
X. Die Ablehnung gegen den Lehrer und die Brüder (*Rebellio in magistrum et fratres*); XI.
Die Freiheit zu sündigen (*Libertas peccandi*); XII. Die Gewohnheit zu sündigen (*Consuetudo
peccandi*).« *De gradibus*, SW II, p. 41 [SBO III, p. 14].

57 Vgl. *De gradibus* XXII.57.

---

zusammen. Die sechs oberen stellten eine Verachtung der Mitbrüder dar, die Stufen sieben bis zehn bedeuteten eine Verachtung des Meisters und die beiden letzten Stufen eine Verachtung Gottes. Sie sind innerhalb der Klostergemeinschaft nicht möglich. Die Freiheit zu sündigen (*libertas peccandi*) und die Gewohnheit zu sündigen (*consuetudo peccandi*) aufzugeben, gehörten zu den minimalen Voraussetzungen für das Klosterleben, ebenso seinen eigenen Willen nicht zu lieben (*propriam non amare voluntatem*) und sich jederzeit in Gottesfurcht vor der Sünde zu hüten (*timore Dei custodire se omni hora ab omni peccato*).[58] Die eigentlich kritische Schwelle ist für Bernhard bereits bei Stufe acht, mit der Verteidigung der eigenen Sünden (*defensio peccatorum*), erreicht. Er schrieb:

>»Tot aber möchte ich den nennen, der seine Sünden verteidigt und schon auf die achte Stufe herabgesunken ist.«[59]

Für den hier zu besprechenden Zusammenhang von *humilitas/superbia* und *curiositas* ist von besonderer Bedeutung, daß Bernhard als letzte Stufe, die es auf dem Weg zur Vollkommenheit zu überwinden galt, die Neugier nannte. Sie war in entgegengesetzter Richtung der Anfang vom Ende des Mönchseins.

Richard Newhauser hat die Spuren der Sünde der Neugier, die für das monastische Denken relevant waren, in einem kurzen historischen Abriß von den Zisterziensern über Gregor den Großen bis hin zu Augustinus und Cassian zurückverfolgt.[60] Hier soll jedoch nur auf das zisterziensische Verständnis von *curiositas* genauer eingegangen werden. Newhauser fand die beste Charakterisierung der Sünde in einem kleinen Werk des Zisterziensers Galand von Reigny. In dessen *Parabolarium*, einer Sammlung von 52 Kurzgeschichten, die um 1135 beendet wurde und dem hl. Bernhard gewidmet ist, findet sich im *Gespräch der Laster* (*De colloquio vitiorum*) eine ausführliche Selbstdarstellung der Neugier.[61] Sie sei hier ausführlich zitiert:

>»Meine Sache, sagte sie, ist es, Zeit zu haben, um Gerüchte zu hören, zu erforschen und zu lernen, was auch immer und wo auch immer geschieht, ob Großes oder Mäßiges, auch wenn es mich nicht betrifft

---

58 Vgl. *De gradibus* XIX.49.
59 »Mortuum autem dixerim illum, qui sua peccata defendens, in octavum iam corruit gradum.« *De gradibus* XXII.55, SW II, p. 126f [SBO III, p. 57f]
60 Vgl. Newhauser, R., 1987.
61 Zur Person des Autors, der Manuskripttradition und dem lateinischen Text siehe: Galand von Reigny, *De colloquium vitiorum*, pp. 111–113.

und wenn es nichts Zweckmäßiges ist. Immer übe ich meinen Scharf-
sinn, verborgene und zweifelhafte Dingen zu erkennen, und zwar nicht
nur diejenigen, die es auf der Erde gibt, sondern auch die des Himmels,
des Meeres und aller Abgründe (Höllen). Alle Sinne meines Körpers
sind mir für diese Beschäftigung gegeben worden, so daß die Augen die
Mannigfaltigkeit der Farben zu unterscheiden begehren, die Ohren die
Vielfalt der Klänge, die Zunge die verschiedenen Geschmäcke, meine
Hände Glattes von Rauhem und meine Nase den Gestank von den
guten Gerüchen. Schließlich ist es hilfreich, selbst die verborgenen
Dinge des menschlichen Körpers, die entweder schrecklich anzusehen
sind oder die uns das Schicksal nicht erlaubt, zu erkennen, zu durchdringen. Solange ich den Geist der Menschen mit derartigen Dumm-
heiten besetze, lenke ich sie von den wahren und nützlichen Untersuchungen ab, so daß sie, während sie Überflüssiges suchen, Notwendiges im Stich lassen und die Zeit, die ihnen gegeben worden war, um
das ewige Leben zu erwerben, mit Dingen vertun, die nichts für die
Zukunft erbringen.«[62]

Die Neugier lenkte die Mönche von den notwendigen und nützlichen Dingen
ab, die für das Seelenheil Voraussetzung waren. Die Ablenkung erfolgte in
zweierlei Form. Zum einen zielte die Zerstreuung nach innen, indem sie den
Geist mit nutzlosem und eitlem Wissen füllte, zum anderen war sie nach außen
gerichtet, indem sie die Wahrnehmung über die fünf Sinne auf die weltlichen
Freuden lenkte. Letzteres wird unter den Stichworten *superfluitas* und *concupiscentia oculorum* noch zu besprechen sein. Beide Merkmale der Neugier
waren auch Bernhard gegenwärtig, als er schrieb:

»Wenn du siehst, wie ein Mönch, zu dem du zuvor volles Vertrauen
hattest, beginnt, die Augen umherschweifen zu lassen, das Haupt hoch
aufgerichtet zu tragen und die Ohren zu spitzen, wo immer er steht, geht

---

62 »»Meum‹, inquit, ›est rumoribus audiendis uacare et quicquid ubicumque fit, magnum uel
modicum, etiam nihil ad me pertinens, nichil commodi habens, perscrutari ac discere.
Omne ingenium meum in occultis et dubiis cognoscendis semper exerceo, non solum eorum
que sunt in terra, sed etiam que in caelo et in mari et in omnibus abyssis. Huic studio etiam
omnes sensus corporis mei dediti sunt, ut oculi discernere cupiant uarietates colorum, aures
sonorum, gustus saporum, manus lenium ab asperis, nares fetentium a bene olentibus.
Denique ipsa etiam humani corporis abdita et uisu horribilia, uel que nosse fas non est,
penetrare iuuat. Talibus nugis dum mentes hominum occupo, a uera et utili inquisitione
auerto, ut, cum superflua querunt, necessaria relinquant et tempus eterne uite adquirende
datum in non profuturis expendant.«« Galand von Reigny, *De colloquium vitiorum*, p. 119.

oder sitzt, dann kannst du an den Regungen des äußeren Menschen den Wandel des inneren erkennen.«[63]

Hier schließt sich der Kreis zur Forderung permanenter Selbstreflexion. Denn die Neugier keimte im Mönch vor allem dann auf, wenn er sich nicht mehr selbst in all seinem Tun kontrollierte, sich selbst erforschte. Wenn die Seele, wie es Bernhard formulierte,

> »in der Selbstbeobachtung erschlafft und sich nicht mehr um sich kümmert, wird ihre Neugier auf andere gelenkt.«[64]

Wilhelm von St. Thierry gibt im *Goldenen Brief* einen Hinweis darauf, wie die Sinne in Beziehung zur Wahrnehmung und zum Wissen in monastischen Kreisen interpretiert wurden. Er schrieb:

> »Weil im übrigen das Wissen eine Sache ist, die entweder mit dem Verstand oder mit den Sinnen des Körpers erfaßt und dem Gedächtnis anvertraut wird, so ist, wenn die Sache gut überlegt wird, gerade das, was wir mit den Sinnen erfassen, auf jeden Fall dem Wissen zuzuordnen. Was aber der Verstand durch sich selbst in diesen Dingen erfaßt, das gehört schon dorthin, wo Wissen und Weisheit aneinander grenzen. Denn alles, was von anderswoher aufgenommen wird, nämlich durch die Sinne des Körpers, das wird gleichsam als etwas Fremdes und von außen Kommendes dem Geiste zugeführt. Was aber von selbst in den Geist kommt, sei es durch die Kraft des Verstandes selbst, sei es aus der natürlichen Erkenntnis der unveränderlichen Gesetze der unveränderlichen Wahrheit – auch die gottlosen Menschen urteilen deswegen manchmal sehr richtig – das ist so in der Vernunft, daß gerade das die Vernunft selber ist. [...] Die niedrigste Form des Wissens, die nach unten gerichtet ist, ist die körperliche Erfahrung der sinnlichen Dinge, die durch die fünf Sinne des Körpers gemacht wird, vor allem wenn die Begierden des Fleisches, der Augen oder der Hoffart des Lebens ihren Kampf beginnen.«[65]

---

63 »si videris monachum, de quo prius bene confidebas, ubicumque stat, ambulat, sedet, oculis incipientem vagari, caput erectum, aures portare suspensas, e motibus exterioris hominis interiorem immutatum agnoscas.« Bernhard von Clairvaux, *De gradibus* X.28, SW II, p. 88 [SBO III, p. 38].

64 »quam, dum a sui circumspectione torpescit incuria sui, curiosam in alios facit.« *De gradibus* X.28, SW II, p .88 [SBO III, p. 38].

65 »In quibus, cum scientia sit res, sive ratione, sive sensibus corporis comprehensa, et memoriae commendata, si bene res perpenditur, id proprie quod apprehendimus sensibus

Das eigentliche Problem bestand weniger in der Tatsache, daß die Wahrnehmung über die Sinne eine niedere Form der Erkenntnis darstellte, sondern vielmehr in der Neigung der Sinne zu Lust und Laster. Weisheit erlangte der Geist nur durch den Geist, und dies war nur durch die Gnade Gottes möglich. Einer der bedeutendsten Zisterzienser Englands, Aelred von Rievaulx (1110–67), widmete in seinem *Spiegel der Liebe* dem Laster der Neugier (*curiositas*) ein ganzes Kapitel. Auch bei ihm findet sich die Zweiteilung. Zum einen beschrieb er die Neugier, die auf den inneren Menschen zielt, zum anderen die Neugier, die auf den äußeren Menschen gerichtet ist. Erstere charakterisierte Aelred als die Begierde nach unnützem Wissen (*in appetitu noxiae uel insanis scientiae*). Sie besteht des weiteren

»in der genauen Beobachtung des Lebens der anderen, nicht als Anreiz zur Nachahmung, sondern zum Neid, wenn es gut, bzw. zu Vorwürfen, wenn es schlecht ist, oder auch nur aus reiner Neugier, um zu wissen, ob es gut oder schlecht ist; und drittens in einer gewissen neugierigen Sorge, Ereignisse oder Taten aus der Welt nur ja zu erfahren. [...] Es gibt noch eine andere, ganz üble Art der Neugier, von der allerdings nur solche Menschen angefochten werden, die sich großer Tugenden bewußt sind: nämlich die Erprobung der eigenen Heiligkeit durch das Wirken von Wundern. Das heißt jedoch Gott versuchen.«[66]

Schädliches und nutzloses Wissen wie auch Gott selbst zu versuchen führte zu Stolz und Überhebung. Deshalb mag es auch nicht verwundern, wenn sich

---

omnino scientiae deputandum est; quod vero per semetipsam ratio in hujusmodi apprehendit, hoc jam est in quo se sibi scientia atque sapientia conterminant. Quidquid enim aliunde discitur, scilicet per sensus corporis, quasi alienum et adventitium menti ingeritur. Quod vero sponte venit in menten, sive ex ipsa vi rationis, sive ex incommutabilium legum incommutabilis veritatis naturali intelligentia, ex qua etiam impiissimi homines nonnunquam rectissime judicare inveniuntur. [...] Infima vero pars est scientiae, et deorsum vergens sensibilium animalis experientia, quae fit per quinque corporis sensus, praesertim quando concupiscentiae carnis militant, sive oculorum, sive superbiae vitae hujus.« Wilhelm von St. Thierry, *Goldener Brief* 282–283, SC 223, p. 370; dt. Übers. p. 105f und *Goldener Brief* 285, SC 223, p. 372; dt. Übers. p. 106.

66 »in peruestigatione alienae uitae, non ad imitandum, sed ad inuidendum, si bona est, uel insultandum si mala, uel certe sola curiositate tantum, ut sciatur, siue mala sit, siue bona; postremo in curiosa quadam pro saecularium rerum uel actuum agnitione, inquietudine. [...] Est adhuc aliud curiositatis pessimum genus, quo tamen hi soli, qui magnarum sibi uirtutum conscii sunt, attentantur; exploratio scilicet suae sanctitatis per miraculorum exhibitionem, quod est Deum tentare.« Aelred von Rievaulx, *De speculo caritatis* II.24,72f; dt. Übers. p. 100f.

Die ethischen Grundlagen der ästhetischen Kultur des Klosters

Aelred im folgenden Abschnitt (II.25) mit der Hoffart (*superbia*) beschäftigte. Dem demütigen Mönch jedoch war das Wissen um den Weg des Heils genug. Er sollte nur das praktische Wissen, das er zu seiner Vervollkommnung benötigte, also im täglichen Leben konkret auf sich beziehen und anwenden konnte, suchen. In kontemplativer monastischer Tradition ist die Anhäufung von Wissen als Selbstzweck ein Laster. Unter moralischen Gesichtspunkten sind Eitelkeit (*vanitas*) oder Hoffart (*superbia*) Zielpunkt der Kritik. Der große Gelehrte und spätere Mönch, Pierre Abaelard († 1142), der sich in dieser Hinsicht zu weit vorgewagt hatte, schrieb darüber selbstkritisch, daß es

»die Hoffart [war], die mir aus meinem umfangreichen Wissen geboren wurde, gemäß dem Apostel: ›Wissen bläht auf‹.«[67]

Die Neugier führte zu unliebsamen Fragen, die aber durchaus gerechtfertigt sein konnten. Wenn gemäß Abaelards Ansicht der Glauben einsichtig, d.h. vernünftig nachvollziehbar sein oder, wie Stephan Harding es formulierte, nicht allein nur durch Autoritäten begründet werden sollte, dann sind die Konflikte schon vorprogrammiert. Das Problem an hartnäckigen Fragen bestand für den Fragenden darin, daß ihm dies als mangelnder Gehorsam und Verletzung der eisernen Disziplin unterstellt werden konnte. Ein Blick in die Regel Benedikts oder auf Bernhards Stufen des Stolzes und der Demut genügt, um die Wichtigkeit des Gehorsams hervorzuheben.[68]

---

67 »superbie vero, que mihi ex litterarum maxime scientia nascebatur, juxta illud Apostoli: 'Scientia inflat (1 Kor. 8,1)«. Abaelard, *Historia calamitatum*, p. 71.
Da ich auf Abaelards Leidensgeschichte und seinen Briefwechsel mit Heloise später noch einmal Bezug nehmen werde, sei mein Standpunkt zur Echtheit der Texte gleich hier dargelegt. Peter von Moos (1988) hat die Debatte um die Echtheit der Briefe innerhalb der neueren Forschung analysiert. Dabei wurden zwei Extreme deutlich. Während Hubert Silvestre (1988) aufgrund seiner stilistisch-textkritischen Überlegungen zu dem Schluß kommt, daß das ganze Werk als Fälschung anzusehen und daß es »Jean de Meung oder einem seiner Gesinnungsfreunde« zuzuschreiben sei, verwarf J. F. Benton (1988) in einem postum veröffentlichten Aufsatz aufgrund stilistischer Untersuchungen (verwendete Zitate, Satzschlüsse etc.) und Wortfrequenzanalysen seine frühere Hypothese und legte dar, daß das ganze *Corpus* zwar von einer Hand sei, jedoch Abaelard zugeschrieben werden könne. Ohne daß ich die Argumente für und wider hier näher ausführen möchte, erscheint mir Bentons Vorschlag als der plausiblere von beiden.
68 Vgl. RSB 5 (*De oboedientia*); Für Bernhard ist die zehnte Stufe beim Abstieg des Mönchs im Stolz die Auflehnung (*rebellio*) gegen Meister und Brüder. Beim Aufstieg zur Demut beinhaltet die dritte Stufe den vollen Gehorsam des Mönches gegenüber seinen Oberen. Auf der Leiter des Stolzes ist es die letzte Stufe, um noch im Kloster bleiben zu dürfen. Auf der Leiter der Demut ist es die erste Bedingung, um ins Kloster aufgenommen zu werden.

Maß

Die Tugend des Maßhaltens oder der Mäßigung (*modestia, modus, mediocritas, temperantia, discretio*) ist für Benedikt die Mutter aller Tugenden (*matris virtutum*).[69] Sie spielt auch bei zisterziensischen Autoren eine große Rolle und läßt sich hier vor allem als Ergebnis der Abwägung zwischen Überflüssigem (*superfluitas*) und Notwendigem (*necessitas*) verstehen.[70] Womit es nun die zweite Ebene der *curiositas* zu betrachten gilt, die Augenlust oder *concupiscentia oculorum*.

Der Augensinn spielt bei den Zisterziensern in dieser Hinsicht eine dominierende Rolle. Durch die Wahrnehmung des Auges, vor allem wenn dieses nach außen (*exterior*) und nicht nach innen (*interior*) gerichtet ist, wie Wilhelm von St. Thierry bemerkte, kann es nicht sich selbst erblicken, und die äußeren Dinge siegen über die inneren.[71] Die Fortschritte im Seelenheil, wie sie Wilhelm beschrieb, werden u.a. darin gesehen, daß der Mönch alles Überflüssige (*superfluitas*) beschneidet und sich auf das Notwendige (*necessitas*) innerhalb der Grenzen allgemeiner Mäßigung (*generalis continentiae limites*) beschränkt.[72] Es ist wichtig, überall das rechte Maß zu halten (*modum tenere*).[73]

Der hl. Bernhard hat sich ausführlich mit dem Thema *superfluitas* in seiner *Apologia* beschäftigt und dort auch die *concupiscentia oculorum* angeprangert, die gerade die Neugierigen (*curiosi*) zufriedenstellt.[74] So bewundern sie eher das Schöne, anstatt sie das Heilige verehren.[75] Das Argument der Ablenkung vom Meditieren bezieht sich auf den einzelnen Mönch und sein Seelenheil, d.h. es ist auf die innere Organisation des religiösen Lebens gerichtet. Bernhard unterschied klar zwischen dem wahren Mönch (Zisterzienser) und dem Gläubigen, der in der Welt lebt. Er gestand den Bischöfen ohne weiteres zu, mit Schmuck den Laien von der Pracht und Allmacht Gottes zu überzeugen.

---

69 Vgl. RSB 64,19. Dieses Bild geht auf Cassian zurück, der in den *Collationes patrum* (2,2,4) die *discretio* als Mutter, Wächterin und Lenkerin aller Tugenden bezeichnete (*omnium namque virtutum genetrix, custos moderatrixque discretio est*).

70 Bernhard von Clairvaux riet seinem Schüler Papst Eugen III. in *De consideratione* X.19: »Tene medium, si non vis perdere modum. Locus medius tutus est. Medium sedes modi, et modus virtus« (SW I, p. 692/SBO III, p. 426). Alanus ab Insulis schrieb in *Summa de arte praedicatoria*: »O quam gloriosa virtus temperantiae quae virtutem facit tenere medium, ne fiat lapsus in diminutum, vel excessus in superfluum« (PL 210, c. 162).

71 Vgl. Wilhelm von St.Thierry, *Goldener Brief* 104, SC 223, p. 226.

72 Vgl. *Goldener Brief* 76, SC 223, p. 202.

73 Vgl. *Goldener Brief* 80, SC 223, p. 206.

74 Vgl. Bernhard von Clairvaux, *Apologia* XII.28–30.

75 »et magis mirantur pulchra, quam venerantur sacra.« Bernhard von Clairvaux, *Apologia* XII.28, SW II, p. 194 [SBO III, p. 105].

»Freilich, Bischöfe gehen von einer anderen Voraussetzung aus als Mönche: Wir wissen ja, daß jene den Weisen wie den Unklugen verpflichtet sind und daß sie darum die Andacht des fleischlich gesinnten Volkes mit augenfälligem Schmuck wecken, denn mit geistigem können sie es nicht.«[76]

Das Mönchtum, als Avantgarde im Glauben, hatte die Überzeugungsarbeit nicht mehr nötig. Hier ging es nicht primär darum, Gott zu finden, sondern eins mit ihm zu werden. Bernhard verwendete in diesem Zitat eine durchaus übliche, jedoch etwas plumpe Zweiteilung von *spiritualis* und *carnalis*, den Kirchenleuten und den Laien. Das fleischliche Volk (*carnalis populus*) begehrt den irdischen Schmuck (*corporale ornamentum*), während die Geistlichen Erbauung aus ihrem Innern beziehen. Bernhards Kommentar ist polemisch, sein Standpunkt elitär. Außerdem ist die *libido aedificandi*, die Baulust der Bischöfe und Kirchenfürsten, nur zu einem geringen Teil aus dem Willen zu erklären, die Laien mit prächtigen Bauwerken von der Allgegenwart und Allmacht Gottes zu überzeugen. In den großen Kathedralen konnte sich vieles vereinen. Sie waren Symbol bischöflicher Machtansprüche, Ausdruck von Leistungsfähigkeit und Schöpferkraft der Handwerker, Steinmetzen und Architekten, ein Zeichen von Laienfrömmigkeit und deren Opferbereitschaft, Symbol für den gemeinsamen Willen der Stadtbürger wie auch Abbild mittelalterlicher Kosmologie.

Für Aelred von Rievaulx erstreckte sich die äußere Neugier (*curiositas*) auf alle überflüssige Schönheit,

»die die Augen in verschiedenen Formen, in leuchtenden und lieblichen Farben, in verschiedenartigen Geräten, in Kleidern, Schuhen, Gefäßen, Gemälden, Skulpturen und in verschiedenen anderen Erfindungen, die die Bedürfnisse eines maßvollen Gebrauchs überschreiten, gern betrachten. All das begehren die Freunde dieser Welt als Anreiz für ihre Augen«.[77]

---

76 »Et quidem alia causa est episcoporum, alia monachorum. Scimus namque quod illi, sapientibus et insipientibus debitores cum sint, carnalis populi devotionem, quia spiritualibus non possunt, corporalibus excitant ornamentis.« Bernhard von Clairvaux, *Apologia* XII.28, SW II, p. 192 u. 194 [SBO III, p. 104f].

77 »Ergo ad exteriorem pertinet curiositatem omnis superflua pulchritudo, quam amant oculi in uariis formis, in nitidis et amoenis coloribus, in diuersis opificiis, in uestibus, calceamentis, uasis, picturis, sculpturis, diuersisque figmentis usum necessarium et moderatum transgredientibus: quae omnia amatores mundi ad illecebras expetunt oculorum«. Aelred von Rievaulx, *De speculo caritatis* II.24,70; dt. Übers. p. 173.

Überflüssige Schönheit (*superflua pulchritudo*) überschritt die Bedürfnisse (*necessarium*) eines maßvollen (*moderatum*) Gebrauches (*usum*). Diejenigen, die Aelred die Liebhaber der Welt (*amatores mundi*) nannte, bezeichnete Bernhard als fleischliches Volk (*populus carnalis*). Die äußeren, d.h. materiellen Dinge sind aber nicht *per se* zu verurteilen, denn sie sind zum Leben nötig. Die Kritik in den Augen zisterziensischer Autoren bestand darin, daß menschliche Begabungen und Talente nicht auf das ihrer Meinung nach Notwendige konzentriert wurden, sondern daß talentierte Geschöpfe ihre Fähigkeiten zur Befriedigung ihrer Neugier, d.h. sinnlichen Genüsse benutzten. Wilhelm von St. Thierry mahnte deshalb im *Goldenen Brief*:

»Daher entstanden in Wissenschaft, Handwerk und Baukunst durch die ungezählten, vielfältigen Erfindungen der Menschen so viele Studienfächer, so viele Arten von Berufen, die Feinheiten einer erlesenen Bildung, die Künste der Beredsamkeit, eine Vielfalt von Würden und Ämtern und die ungezählten Erforschungen dieser Welt. Diese Dinge benützen jene Menschen, die die Weisen dieser Welt genannt werden (Röm 1,22; 1 Kor 1.20), in gleicher Weise wie die, die einfältige Kinder Gottes sind (Phil 2,15) für ihre Bedürfnisse und zu ihrem Nutzen. Jene mißbrauchen sie, um ihre Neugier, ihre Lust und ihren Stolz zu befriedigen. Diese aber gebrauchen sie wegen der Notwendigkeit, ihre Freude haben sie woanders. Deswegen folgen jenen Menschen, die Sklaven ihrer Sinne und Körper sind, die Früchte des Fleisches: Unzucht, Unsittlichkeit, ausschweifendes Leben, Feindschaften, Streitigkeiten, Eifersucht, Zorn, Wortgefechte, Spaltungen, Neid, Schlemmerei, Trunkenheit und ähnliche Laster. Die solches tun, werden das Reich Gottes nicht erlangen (Gal 5,19–21). Diesen aber folgen die Früchte des Geistes: Liebe, Freude, Friede, Geduld, Milde, Langmut, Güte, Sanftmut, Treue, Bescheidenheit, Keuschheit, Enthaltsamkeit (Gal 5,22–23) und Frömmigkeit, die die Verheißung für das gegenwärtige und zukünftige Leben haben (1 Tim 4,8).«[78]

---

78 »Hinc enim in litteris, vel opificiis, vel aedificiis, per innumerabiliter multiplices hominum adinventiones, tot processerunt modi studiorum, tot genera professionum, subtilitates, exquisitae scientiae, artes eloquentiae, dignitatum, officiorumque varietates, et innumerabiles conquisitiones hujus saeculi, quibus homines illi etiam qui dicuntur sapientes hujus mundi, cum eis qui sunt simplices et filii Dei, pariter utuntur ad necessitatem et utilitatem. Sed illi abutuntur eis ad curiositatem et voluptatem, et superbiam; hi autem serviunt in eis propter necessitatem, alibi habentes suam suavitatem. Ideo illos servos sensuum suorum et corporum suorum sequuntur fructus carnis suae, qui sunt fornicatio, immunditia, luxuria, inimicitiae,

Unter dem Aspekt der Augenlust ist es, im Sinne des Wortes, die Blickrichtung, die stört. All die äußerlichen Dinge, die gerade diese Lust befriedigen sollen, sind für den Mönch unwesentlich, nicht weil er gelernt hat, sich auf das Notwendige zu beschränken, sondern weil er seinen Blick nach Innen richten soll. Deshalb fordert Bernhard seine Brüder auf: »Blick zur Erde, um dich selbst zu erkennen!«[79] Allerdings beinhaltet diese Aufforderung, die ganz im Sinne Benedikts ist[80], eine unfreiwillige Komik. Zu Bernhards Lebzeiten waren die Fußböden in den Zisterzienserklöstern noch einfach, meist nur aus festgestampfter Erde. Den Blick auf den Boden heften hieß nach innen schauen. Dies aber wird ungeheuer schwierig, wenn der Fußboden großflächig mit Ornamenten ausgestaltet ist, wie es ein halbes Jahrhundert später geschehen sollte.[81]

Zusammenfassend läßt sich sagen, daß bei den Zisterziensern die wichtigen Tugenden klösterlicher Lebensweise, Demut und Maß, vor allem in der Kritik von *superbia*, *superfluitas* und *curiositas* thematisiert werden. Das, was hier am Beispiel der Architektur und des baugebundenen Schmucks angedeutet wurde, gilt genauso für andere Gebiete wie Zeichensprache, Essen und Trinken, die Kleidung oder die zwischenmenschlichen Beziehungen und wird in den folgenden Kapiteln ausführlich erläutert werden.

Auf der personalen Ebene wird mit dem Konzept von *curiositas* nicht nur eine Kritik an bestimmten Wahrnehmungsweisen gegeben, sondern auch eine Bewertung der Sinne bzw. eine spezifische Ausrichtung derselben gefordert. Im Zentrum der Vorwürfe stehen einerseits die Augenlust und andererseits das Wissen als Selbstzweck (nutzloses Wissen). Der Mönch sollte seine volle Aufmerksamkeit Gott widmen, d.h. seine Wahrnehmung auf ihn ausrichten. Gott wird aber nicht mit dem Blick nach außen geschaut, sondern mit dem

contentiones, aemulationes, irae, rixae, dissensiones, invidiae, comessationes, ebrietates, et his similia; quae, quicumque agunt, regnum Dei non consequuntur; hos autem, fructus spiritus, qui sunt caritas, gaudium, pax, patientia, benignitas, longanimitas, bonitas, mansuetudo, fides, modestia, castitas, continentia et pietas, promissionem habens vitae quae nunc est et futurae.« Wilhelm von St. Thierry, *Goldener Brief* 59–60, SC 223, p. 190 u. 192; dt. Übers. p. 38f.

79 »Terram intuere, ut cognoscas te ipsum.« Bernhard von Clairvaux, *De gradibus* X.28, SW II, p. 88 [SBO III, p. 38].

80 In der zwölften Stufe der Demut heißt es bei Benedikt (RSB 7,63), wo der Mönch auch sei »halte er sein Haupt immer geneigt und den Blick zu Boden gesenkt (*inclinatio sit semper capite defixis in terram aspectibus*)«.

81 Dies hat Bernhard allerdings nicht im Blick gehabt, als er die aufwendigen Fußbodenmosaiken bischöflicher Kirchen kritisierte. Hier fand er es eher beschämend, auf den Bildern von Heiligen herumzutrampeln und diesen, wenn auch nicht mit Absicht, ins Antlitz zu spucken. Vgl. Bernhard von Clairvaux, *Apologia* XII.28.

Blick nach innen. Um ihn zu finden, bedarf es nicht großer intellektueller Fähigkeiten, sondern der Reinheit des Herzens, d.h. eines tugendhaften Lebens. So schrieb der englische Theologe und Augustinerchorherr, Alexander Neckam (1157–1217), der vier Jahre vor seinem Tod noch zum Abt von Cirencester gewählt wurde, in *De vita monachorum*:

> »Nicht die Tonsur macht den Mönch, nicht seine schlichte Kleidung, sondern die Tugend der Seele und die beständige Charakterfestigkeit; demütiger Geist, Weltverachtung, sittsames Leben, fromme Nüchternheit; dies macht den Mönch aus.«[82]

Diese Einstellung führte bei den Reformorden zwangsläufig zu einem produktiven Grundwiderspruch, der sich auch auf die ästhetische Kultur auswirkte. Zum einen konnten sich die Reformbewegungen dem gesellschaftlichen System nie völlig entziehen, daß heißt sie lebten immer im Austausch mit der Welt und mußten ihren inneren Anspruch auch äußerlich gestalten bzw. darstellen. Zum anderen bedeutete der Rückzug ins Innere nicht, daß materielle Gegenstände unachtsam behandelt bzw. intellektuelle Fähigkeiten gering geschätzt werden sollten. Beiden galt es, Sorgfalt bzw. Aufmerksamkeit entgegenzubringen, denn sie waren, richtig eingesetzt, notwendige Mittel zum Ziel.

Auf der institutionellen Ebene des Klosters bzw. Ordens sollte die Einheit (*uniformitas*) restriktiv durch Besinnung auf das Notwendige (*necessitas*) bei Vermeidung alles Überflüssigen (*superfluitas*) erreicht werden. Das Generalkapitel der Zisterzienser hatte es, wahrscheinlich auch aus gutem Grund, immer unterlassen, *superfluitas* zu definieren. Es ist auffällig, daß in den legislativen Texten immer Bestimmungen *ex negativo* formuliert und daß die Generalkapitelstatuten in der Begründung für Restriktionen meist mit Formeln begründet wurden wie *superfluitate et curiositate, contra statutum Ordinis*, oder der Gegenstand der Kritik liefe der Reife des Ordens (*maturitatem Ordinis*) zuwider. Die Elle, mit der gemessen wurde, blieb allgemein und unterschied sich jeweils konkret in Raum und Zeit. Dieses Maß ist aber für uns heute kaum noch nachvollziehbar.

Hervorhebenswert ist, daß die eben genannten Wertungen des Generalkapitels mit dem Charakter der Tugenden von Demut und Maß korrespondieren. Sie sind nur verständlich, wenn der Maßstab ersichtlich ist. In all diesen

---

82 »Non tonsura facit monachum, non horrida vestis, / Sed virtus animi, perpetuusque rigor; / Mens humilis, mundi contemptus, vita pudica, / Sanctaque sobrietas; haec faciunt monachum.« Alexander Neckam, *De vita monachorum*, p. 175.

Relationsgrößen schwingt das statische wie dynamische, das progressive wie regressive Moment mit. Wie die Tugenden konkret angewandt und interpretiert wurden, hing von den jeweiligen Menschen, den räumlichen und zeitlichen Umständen ab. Damit gab es aber immer genügend politischen Handlungsspielraum, um auf aktuelle gesellschaftspolitische Erfordernisse adäquat reagieren zu können.

Aus dem oben erläuterten Zusammenhang von Ethik und Ästhetik ergibt sich nun die konkrete ästhetische Fragestellung für die vorliegende Arbeit: Wie stellten die Zisterzienser in einem historisch konkreten Umfeld ihren inneren moralisch-religiösen Anspruch als Reformmönche – im konfliktreichen Verhältnis von Innovation und Tradition – äußerlich dar? In der Suche und im Ringen um einen adäquaten äußeren Ausdruck für ihre innere Einstellung lag ihre ästhetische Kraft.[83] Diese Fragestellung legt die Suche nach einer Zisterzienserästhetik nahe. Dies würde in die Irre führen, denn, ausgehend von ihrer geistigen Grundhaltung, waren die Zisterzienser Christen und teilten mit den anderen Christen grundsätzliche theologische Anschauungen. Als benediktinische Mönche lebten sie mit anderen benediktinischen Mönchen nach den Grundsätzen der Regel Benedikts. Sie waren Reformmönche und standen damit auch in einer langen Tradition, die eigentlich nichts Neues schaffen, sondern nur zur reinen Lehre zurückkehren wollte. Schließlich waren sie lediglich ein Reformzweig von vielen im 12. Jahrhundert, und einzig aus dieser Tatsache lassen sich spezifische zisterziensische Eigenheiten darstellen. Dies berechtigt meines Erachtens aber nicht, von einer Zisterzienserästhetik zu sprechen, sondern eher von einer zisterziensisch geprägten ästhetischen Kultur der Klöster.

Der zisterziensische Weg in der Umsetzung der Ideen der Gründerväter ist konfliktreich, oft widersprüchlich, die ästhetische Wirkung keineswegs einfarbig. Klaus Schreiner brachte den Konflikt, der sich vor allem aus dem eigenen Selbstverständnis und der daraus resultierenden Wahrnehmung der (Um)Welt ergab, auf einen kurzen Nenner:

---

83 Begründet liegt diese Haltung in der Vorstellung, daß das Innere der Seele, das den anderen verborgen bleibt, sich in den äußeren Gesten des Menschen, seiner Körperhaltung und Sprache aber auch in seinen Taten, kurzum in seinem ganzen Lebenswandel, ausdrückt. So schrieb der hl. Bernhard in *De gradibus* (X.28): »*e motibus exterioris hominis interiorem immutatum agnoscas*« (SW II, p. 88/SBO III, p. 38). In dem unter seinem Namen publizierten Traktat *Liber de modo bene vivendi* wird dies noch deutlicher. Haltung und Gang sollen die Berufung demonstrieren (*professionem tua habitu et incessu demonstrata*), weil die geistige Haltung in der Körpersprache erscheint und die Körpergeste ein Zeichen der Geisteshaltung ist (*Animus enim in corpore gestu apparet: gestus corporis signum est mentis*). Vgl. *Liber de modo bene vivendi*, PL 184, c. 1215.

»Mönche, die der Auffassung waren, in einem *sacrarium mentis* zu leben, mußten soziale Implikationen von Glaube und Frömmigkeit als ungebührliche Vermengung von *spiritualia* und *temporalia* empfinden. Sie taten sich deshalb schwer mit dem Gedanken, daß jedes Kloster ein Sozialgebilde darstellt, in welchem *vita interior* und *vita exterior*, klösterlicher Binnenbereich und klösterliche Außenwelt, etwas miteinander zu tun haben.«[84]

Daß auch die Zisterzienser dem Anpassungsdruck und der sozialen Erwartungshaltung allmählich nachgaben, sich änderten, wie sich die Gesellschaft mit ihnen wandelte, bedeutet nicht automatisch ein Verfall der Sitten[85], sondern läßt sich eher als Zeichen der Einsicht in die Notwendigkeit, d.h. vor allem als ein Zeichen der Einsicht in die Grenzen ökonomischer Machbarkeit interpretieren.[86]

Die Quellen

Für diese Studie habe ich unterschiedliche Quellen verwendet. Generell lassen sich schriftliche Quellen (z.b. Traktate, Briefe, Urkunden, Rechnungsbücher etc.) von den nicht-schriftlichen Quellen (z.b. Grabsteine, Siegel, Architektur etc.) unterscheiden. Im folgenden geht es nur um eine kurze Darstellung des allgemeinen Charakters der Quellen, nicht um ihre individuelle Aussagefähigkeit. Letztere wird, wenn nötig, am jeweiligen konkreten Beispiel erörtert.

---

84 Schreiner, K., 1982, p. 83.
85 Zeichen des Niedergangs sieht Lekai im Expansionsstop der Zisterzienser nach 1300, in der drastischen Verminderung der Zahl der Konventsmitglieder und schließlich in der Unfähigkeit, sich von physischen und materiellen Katastrophen zu erholen. Lekai datiert diese Symptome auf die Zeit von 1300 bis 1350 (vgl. Lekai, J. L., 1978, pp. 23–26). Kaspar Elm unterstreicht diese These. Für ihn bedeutet sittlicher Verfall »die auffällige Häufung von Mißachtungen der elementarsten Vorschriften für das Mönchsleben, den wirtschaftlichen Niedergang zahlreicher Klöster und die zunehmende Dekomposition der Ordens- und Klosterorganisation, die den Zisterzienserorden vom Ausgang des 14. bis zum Beginn des 16. Jahrhunderts wiederholt an den Rand des Ruins brachten« (Elm/Feige, 1980, p. 237). Strukturelle Gründe, die diesen Verfall bewirkten, sieht Elm in der Attraktivität der Bettelorden, den großen Seuchen, Fehden, Kriegen und Mißernten dieser Zeit, in der Überalterung der Konvente, in der Herausbildung und Konsolidierung größerer geschlossener territorialer Einheiten, einer verstärkten Juridifizierung, Politisierung und Fiskalisierung sowie schließlich in der Vielfalt konkurrierender Observanzen. Vgl. Elm/Feige, 1980, p. 240f.
86 Vgl. Schreiner, K., 1982, p. 116.

Die schriftlichen Quellen

Bis auf wenige Ausnahmen habe ich nur gedruckte Texte verwendet, diese aber gelegentlich an den Handschriften überprüft.[87] Die Quellen setzen sich aus sehr unterschiedlichen Dokumenten wie Klosterregeln, *Consuetudines*, Generalkapitelstatuten, Traktaten, Briefen, Chroniken, Urkunden, Rechnungsbüchern, Visitationsberichten von Bischöfen etc. zusammen. Ich habe neben zisterziensischen Autoren auch auf andere Schriftsteller, sofern sie sich zur monastischen Kultur äußern, zurückgegriffen. Der Charakter der wichtigsten Quellen und dies gilt es hier besonders hervorzuheben, ist *normativ*. Klosterregeln, *Consuetudines*, Generalkapitelbeschlüsse, die polemischen Texte der Streitliteratur, viele Traktate, die sich auf die Lebensverhältnisse beziehen, formulieren ein angestrebtes Ideal. Inwiefern die Wirklichkeit diesem Ideal entsprach, läßt sich oft nur schwer einschätzen. Soweit es mir möglich war, habe ich diese normativen Aussagen mit realitätsnäheren schriftlichen Dokumenten wie Rechnungsbüchern, Urkunden, Visitationsberichten, zeitgenössischen Kritiken etc. sowie mit erhaltenen nicht-schriftlichen Zeugnissen, z.B. architektonischen Denkmalen oder den Ergebnissen archäologischer Grabungen, verglichen. Die Konsequenz, die sich für das Modell dieser ästhetischen Kultur ergibt, liegt somit auf der Hand. Es reflektiert stark normative Züge.

Die nicht-schriftlichen Quellen

Die nicht-schriftlichen Quellen betreffen die ganze Bandbreite der materiellen Gegenstände, angefangen von archäologischen Funden (z.B. Keramik) über Siegel, liturgisches Gerät und Bücher bis hin zu den Klostergebäuden. Da die Architektur im Rahmen dieser Arbeit eine der wichtigsten Primärquellen ist, verdient sie noch einige allgemeine Vorüberlegungen. Unter dem Aspekt einer allgemeinen Quellenkritik ist zu fragen, ob die vorgefundenen Steine noch die ursprünglichen sind oder ob es sich schon um Veränderungen, Ergänzungen oder Restaurierungen handelt, die nicht unbedingt aus unserer Zeit oder dem letzten Jahrhundert stammen müssen.[88]

---

87 Dies betrifft vor allem Handschriften zur Geschichte von Fountains Abbey.

88 In England begann das historische Interesse bereits mit der Auflösung der Abteien durch König Heinrich VIII. John Leland, *the King's Antiquary*, bereiste in den zwanziger Jahren des 17. Jahrhunderts das Land und machte sich Notizen über die Altertümer. Sir Robert Cotton und Edward Fairfax sammelten alte Handschriften (Chroniken, Urkunden etc.). Ihre Sammlung war der Grundstein für die British Museum Library. Dugdale und Dodsworth gaben das *Monasticon Anglicanum* (1655–73) heraus, eine Kollektion von Originaldokumenten nach Handschriften. Dem Boom englischer Landschaftsgärtnerei verdanken einige Abteien ihren Erhalt ebenso wie ihre teilweise Zerstörung. Fountains und Roche

Wie die vielfältigen Spuren in diesen alten Gemäuern zeigen, galten die Klostergebäude, einmal errichtet, nicht als unantastbar. Solange das Leben in einer Abtei pulsierte, änderten sich auch die Ansprüche an ihre räumliche Struktur bzw. an die architektonische Formensprache. Es wurde je nach Notwendigkeiten oder Bedürfnissen erweitert, um- oder neugebaut.

Die englischen Zisterzienserklöster sind heute nur noch als Ruinen zu besichtigen, und das, was an Bausubstanz die Zeiten überstanden hat, ist entweder sehr fragmentarisch oder durch Restaurierungen bereits ersetzt worden. Die Gründe sind vielfältig. Sie reichen von den Folgen der Säkularisation über mangelndes antiquarisches Interesse nach der Auflösung der Klöster bis hin zur Umweltverschmutzung, die gegenwärtig das größte Problem darstellt.[89] Schließlich sei noch erwähnt, daß der Pioniergeist der Denkmalpfleger des 19. und frühen 20. Jahrhunderts neben den unbestreitbaren Verdiensten auch seine Schattenseiten hatte. So sind verschiedene Objekte, weil sie damals nicht von Interesse waren, entweder zerstört[90] oder im mittelalterlichen Stil ergänzt worden.[91]

Abbey wurden im ausgehenden 18. Jahrhundert für den optimalen Blick wie eine Theaterkulisse präpariert. Im ersten Drittel des 19. Jahrhunderts begannen die ersten Gelehrten, sich verstärkt aus wissenschaftlichem Interesse mit den Ruinen zu befassen. Aus dieser Zeit stammen auch die ersten archäologischen Grabungen. Vgl. Coppack, G., 1990, pp. 12–31.

89 Wie in den englischen Zisterzienserklöstern von Rievaulx, Byland oder Fountains Abbey zu sehen ist, haben die Profilsteine und Kapitele, ja selbst einfach glatt behauene Steine durch Verwitterung weiche, teilweise ausgewaschene Formen angenommen. Farbreste an den Wänden, Reste von bemaltem Putz, die vor ungefähr dreißig Jahren noch gut zu erkennen waren, sind bereits soweit beschädigt, daß man auf die damals gemachten Skizzen zurückgreifen muß.

90 Der ausgegrabene Fußboden in der Zisterzienserkirche von Jervaulx, wo sich die Fußbodenfliesen noch komplett *in situ* befanden, ist z.B. bei der Ausgrabung völlig entfernt worden und unwiederbringlich verloren gegangen. Vgl. dazu Abschnitt »Fußböden« (pp. 359ff).

91 Zwei prominente Beispiele sollen dies verdeutlichen. Das große Westfenster am Minster zu York mußte inzwischen komplett ausgewechselt und neu verglast werden. Aber spätestens in fünf bis zehn Jahren wird man auf den ersten Blick, zumindest äußerlich an der Farbe des Sandsteines, kaum noch feststellen können, ob es die originale oder restaurierte Version ist. Die Strebebögen am Langhaus von York Minster sind eine moderne Ergänzung, eingebaut zu Beginn unseres Jahrhunderts, weil sich die damaligen Verantwortlichen eine mittelalterliche Kathedrale ohne Strebebögen einfach nicht vorstellen konnten oder wollten. Allerdings waren wohl ursprünglich Strebebögen am Langhaus vorgesehen. Die ehemaligen Aussparungen an der Obergadenwand sowie an den Fialen lassen darauf schließen. Mit der Entscheidung, ein Holzgewölbe zu bauen, wurden die Strebebögen wahrscheinlich hinfällig, so daß sie nicht mehr ausgeführt worden sind. Ein Stich von Daniel King, datiert auf 1695, zeigt diesen Zustand. Spätere Radierungen aus der Mitte des 18. Jahrhunderts zeigen bereits eingebaute Strebepfeiler an der Südseite des Langhauses, die später wieder demon-

---

Das Modell einer zisterziensisch geprägten ästhetischen Kultur der Klöster kann im Rahmen dieser Arbeit nicht anhand sämtlicher Lebensbereiche dargestellt werden. Inhaltlich habe ich mich auf vier Komplexe konzentriert. Den ersten bildet die *cura corporis* und die Zeichensprache als eine Form nonverbaler Kommunikation. Im Mittelpunkt des zweiten stehen Aelreds Konzept von Liebe und Freundschaft sowie seine Lehre von den *affectus*. Der Sterberitus und die damit verbundenen Jenseitsvorstellungen bilden den dritten Schwerpunkt und schließlich viertens noch die Architektur. Auf zwei wesentliche Aspekte dieser ästhetischen Kultur, die Liturgie im engeren Sinne und die Musik, habe ich ganz verzichten müssen, da diese Bereiche nicht nur ein besonders kompliziertes Forschungsfeld darstellen, sondern bisher vergleichsweise wenig untersucht sind.

Die geographische Konzentration auf England mit dem Schwerpunkt der großen Abteien von Yorkshire ergab sich einerseits aus den Interessen des Autors und andererseits aus der Tatsache, daß hier für die Bearbeitung eines so komplexen Themas bereits genügend Vorarbeiten bzw. Einzelstudien aus verschiedenen Wissenschaftsdisziplinen vorliegen.

Die zeitliche Beschränkung auf das 12. Jahrhundert zielt primär auf die Zisterzienser als Reformorden, deren Traditionen und Brüche sowie die kreativen und innovativen Momente ihrer Bewegung. Nach der Jahrhundertwende, mit dem Aufkommen der Bettelorden und dem Erstarken der Städte verloren die Zisterzienser zunehmend an Dynamik. Sie paßten sich den neuen historischen Umständen an und büßten an religiöser Strenge ein, die ihnen einst den Erfolg bescherte.

Als Glaubensgemeinschaft waren die Zisterzienser regional und ›international‹ zugleich. Die ästhetische Eigenart der Weißen Mönche läßt sich besonders gut in ihrem regionalen Betätigungsfeld zeigen. Im Spannungsfeld zwischen Ideal und Wirklichkeit mußten sie auf eine zeitlich und räumlich konkrete kulturelle Praxis reagieren, die sie letztendlich mitveränderten und mitgestalteten, die aber auch ihr Leben veränderte.

---

tiert wurden. Gegen Ende des ersten Jahrzehnts unseres Jahrhunderts entstanden unter der Leitung von Dean Purey-Cust die heutigen Strebebögen. Vgl.: Aylmer, G.E./Cant, R., 1979, p. 310; Home, G., 1947, pp. 76–78; Longley, K./Ingamells, J., 1972, Abb. 11–16.

Die Zisterzienser im 12. Jahrhundert

>»Oh welch unzählige Schar von Mönchen,
>die besonders in unseren Tagen
>durch Gottes Gnade vermehrt worden ist.
>Sie bedeckt beinahe das ganze ländliche Gallien,
>Städte, Burgen, kleine Orte füllt sie aus.
>Das Heer des Herrn Zebaot,
>wie verschieden auch in Kleidung und Gebräuchen,
>schwur unter einem Glaube und unter einer Liebe
>auf die Sakramente des einen mönchischen Namens.«
>Petrus Venerabilis[1]

Das historische Umfeld

Die politische Situation

England wurde im 12. Jahrhundert wesentlich durch die Invasion der Normannen geprägt, durch die weite Teile des Landes verwüstet, Dörfer zerstört und Städte geplündert wurden.[2] Wilhelm der Eroberer, Herzog der Normandie (1027–87), unternahm kurz nach seinem Sieg (1066) über den englischen König Harald II. (um 1022–66) bei Hastings, nunmehr als neuer König, Wilhelm I. von England, eine riesige Verwaltungsreform. Er führte nicht nur neue Ämter wie die *curia regis*, die Sheriffs oder das Amt des Exchequers ein, sondern ließ auch eine einzigartige Bestandsaufnahme seines neuen Besitzes anfertigen, das sogenannte *Domesday Book* (1085/86).[3] Die führenden Positionen im Königreich wurden schrittweise mit französischen Gefolgsleuten besetzt. Die Folge war eine sukzessive Verdrängung der angelsächsischen Sprache, denn der Adel sprach nun überwiegend Altfranzösisch oder Latein.

---

1 »O quam innumerabilis monachorum turba per supernam gratiam nostris maxime diebus multiplicata, uniuersa pene gallica rura operuit, urbes, castella, oppida, impleuit, quam uarius uestibus, institutis, domini Sabaoth exercitus, sub una fide et caritate in eiusdem monastici nominis sacramenta iurauit.« Petrus Venerabilis, *Epistola* 47, Bd. 1, p. 145.
2 Zur allgemeinen historischen Entwicklung: Poole, A. L., 1951; Krieger, K. F., 1990, pp. 81–149.
3 Das *Domesday Book* widerspiegelt »eine großangelegte Bestandsaufnahme des Landes, die in der Art eines Grundkatasters – nach Grafschaften geordnet – minutiöse Angaben über die Liegenschaften, ihren Wert und Steuerertrag, die jeweiligen Besitz- und Bevölkerungsverhältnisse, den Viehbestand und anderes mehr jeweils für zwei Stichdaten, nämlich für das Jahr 1066 und für den Zeitpunkt der Abfassung (1086), bietet.« Krieger, K. F., 1990, p. 91.

Nach der schwachen Regentschaft Stephans von Blois (1135–54), die durch viele innere Kriege und Streitigkeiten gekennzeichnet war, kam mit Heinrich II. Plantagenet (1154–89) ein außergewöhnlicher Monarch an die Macht. Er verbesserte die Verwaltung und besetzte wichtige administrative Posten mit fähigen Leuten, die aus der gebildeten Mittelklasse kamen. Seine Regentschaft wurde durch den Mord an Erzbischof Thomas Becket (1170) überschattet. Durch Beckets Martyrium erhielt die Kirche, insbesondere der Papst, größeren politischen Einfluß. Päpstliche Legaten durften nun frei die Insel betreten und ihres Amtes walten. Heinrichs Nachfolger büßten weiter politische Macht ein. Das englische Königtum geriet einerseits unter den Druck von Frankreich, nachdem König Philipp II. Auguste (1180–1223) die Schlacht von Bouvine (1204) gewann, und andererseits unter den Druck der einheimischen Barone, die sich, indem sie König Johann Ohneland (1199–1216) zur Unterzeichnung der *Magna Charta Libertatum* (1215) zwangen, mehr Rechte und Einfluß sicherten.

Durch die politisch instabilen Verhältnisse erhielten die neuen religiösen Bewegungen in England als Machtfaktor besondere Bedeutung. Sie konnten sogar stabilisierend wirken.[4] Es verwundert deshalb nicht, daß die Zisterzienser gerade aus höfischen Kreisen große Unterstützung erhielten. Ihre Klostergründungen wurden während der Regierungszeit Stephans von Blois (1135–54) durch die großen Adelsgeschlechter unterstützt. Der schottische König David I. (1135–53) gründete Melrose[5] (1136), Newbattle (1140), Dundrennan (1142) und Kinloss (1150). Die Prinzen von Wales wählten die walisische Zisterze Strata Florida zu ihrer Begräbnisstätte, und König Johann Ohneland stiftete 1204 Beaulieu Abbey.

In Yorkshire (Abb. 1+2) fanden die Zisterzienser vor allem durch den dort landbesitzenden Adel Unterstützung.[6] Walter Espec († 1153/58), Roger de Mowbray († 1188) und seine Familie, Henry de Lacy, aber auch der Erzbischof von York, Thurstan († 1140), und andere mehr förderten aus unterschiedlichen Motiven den Orden.[7] Während Erzbischof Thurstan durch sein Enga-

---

4 Zu religiösen und monastischen Orden in England: Knowles, D., 1940, pp. 83–391; Burton, J., 1994, pp. 21–130.

5 Melrose und Dundrennan sind Töchter von Rievaulx, während Newbattle und Kinloss von Melrose abstammen. Für die Gründungen sind sicherlich auch persönliche Kontakte zwischen Aelred von Rievaulx und König David von Bedeutung gewesen. Vgl. Abschnitt »Biographie«, pp. 220ff.

6 Zum Verhältnis von Stifter und Orden in Yorkshire: Greenway, D. E., 1972, pp. xvii–lxxiii (*Introduction*); English, B., 1979; zu Fountains Abbey: Wardrop, J., 1987.

7 Vgl. Burton, J., 1994, pp. 210–232.

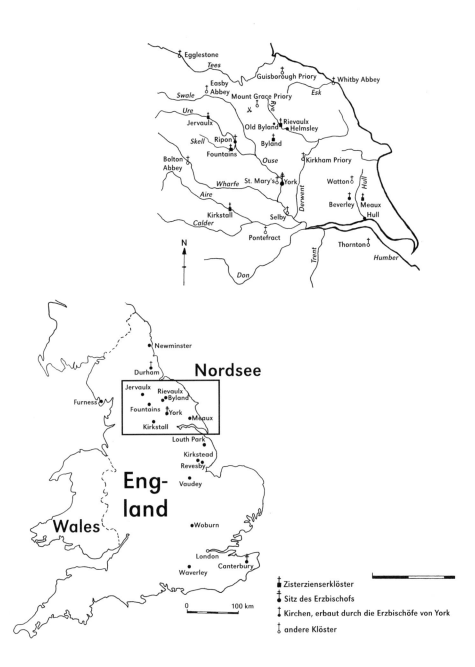

1+2 Karte von England und daraus Ausschnitt von Yorkshire: Eastriding und Teile von North-
bzw. Westriding

Das historische Umfeld

gement für die Mönche in Fountains Abbey eher den religiösen Frieden in seinem Erzbistum zu wahren suchte, galten für den Adel andere Beweggründe. Der Orden war französischen Ursprungs wie dieser selbst. Die Stifter erwarteten sowohl spirituellen als auch finanziellen Gewinn.

Allerdings förderten die großen Familien nicht nur die Zisterzienser, sondern unterstützten zur selben Zeit auch andere Glaubensgemeinschaften. Roger de Mowbray z.b. gründete neben Byland Abbey (1142/43) den Augustinerkonvent in Newburgh (North Yorkshire), und Walter Espec hatte, bevor er Rievaulx Abbey (1131) ins Leben rief, bereits ein Jahrzehnt zuvor den Augustinerkonvent Kirkham Priory (East Yorkshire) gegründet. Eustace Fitz John († 1157), Lord of Knaresborough and Malton, der in der *Battle of Standard* (1138) auf der falschen Seite gekämpft hatte, stiftete in Buße um 1140(?) den Augustinerkonvent in North Ferriby (East Yorkshire), um 1147/48 ein Prämonstratenserkloster in Alnwick (Northumberland) und um 1150 die Gilbertinerhäuser in Watton (East Yorkshire) sowie Old Malton Priory (North Yorkshire).[8] Die von Greenway edierten Urkunden der Mowbray-Familie belegen deren finanzielles Engagement, welches natürlich nicht uneigennützig war, für 48 religiöse Gemeinschaften.[9]

Es gilt darüber hinaus zu bedenken, daß die großen Zisterzienserabteien Englands wie Fountains, Rievaulx, Byland, Meaux oder Furness in der sogenannten *border-region*, dem Grenzgebiet zwischen Schottland und England, lagen, einem schwer umkämpften und oft befehdeten Gebiet.[10] Die Situation, in der sich Stifter, Förderer und Abteien befanden, wurde durch ihre politischen Abhängigkeiten und Verpflichtungen in beide Richtungen besonders heikel. So hielten einige der großen Familien gleichzeitig Lehen vom schottischen wie vom englischen König, und Rievaulx Abbey hatte Tochterhäuser in Schottland und England.[11] Obwohl die Gründung von Abteien für den

---

8 Zu Stiftungsdaten vgl. Knowles/Hadcock 1971; Zur *Battle of Standard* siehe Anm. 11.

9 Einerseits gewann Roger de Mowbray an politischem Einfluß, indem er bei Abtswahlen mitbestimmte. Er profitierte aber auch finanziell, da Rechte zum Teil mit Steuern belegt wurden oder gar, wie im Falle von Fountains Abbey, die Minenrechte in Nidderdale vom Konvent gekauft wurden. Vgl. Greenway, D. E., 1972, pp. xxxiii–lv sowie Charter 102 u. 103.

10 Dies betraf in gleicher Weise die Grenze zwischen England und Wales. Vgl. Donkin, R. A., 1978, p. 35f.

11 Dieses Sitzen zwischen den Stühlen kommt deutlich in der *Battle of Standard* (1138) zum Ausdruck. Schotten und Engländer fochten hier um den Sieg. Die Zwiespältigkeit doppelter Abhängigkeit wird in Aelreds *De Standardo* an der positiven Darstellung von König David, der das schottische Heer anführte, einerseits und Walter Espec, der an der Spitze des englischen Heeres focht, andererseits besonders deutlich. Die kleine Schrift ist darüber hinaus bedeutsam, da Aelred ein Kurzporträt von Walter Espec, dem Stifter seines Klosters

Stifter keine Garantie für Grenzbefriedung war, wie das Schicksal der Mönche von Byland Abbey zeigt, so wirkten die Zisterzienser doch politisch stabilisierend.[12]

Rievaulx, gibt. So schrieb er: »Auch Walter Espec war dabei, ein Mann im ehrwürdigen Alter, mit scharfem Verstand, klug in Ratschlägen, in Friedenszeiten maßvoll, in Kriegen weitsichtig. Er war den Bundesgenossen ein Freund und diente immer treu den Königen. Walter war von großer Statur, mit Gliedmaßen von solcher Größe, daß sie das Maß nicht überschritten, sondern mit seinem hohen Wuchs übereinstimmten. Er hatte schwarze Haare, sein Bart war lang, seine Stirn offen und frei, seine Augen groß und scharfblickend, sein Antlitz breit und dennoch anziehend und seine Simme wie eine Tuba. Zu einer gewissen Würde der Stimme gesellte sich Beredsamkeit, die ein leichtes für ihn war. Er stammte ferner aus vornehmen Hause, aber in christlicher Frömmigkeit war er weit vornehmer (*Affuit et Walterus Espec, vir senex et plenus dierum, acer ingenio, in consiliis prudens, in pace modestus, in bello providus; amicitiam sociis, fidem semper regibus servans. Erat ei statura ingens, membra omnia tantae magnitudinis, ut nec modum excederent et tantae proceritati congruerent. Capilli nigri, barba prolixa, frons patens et libera, oculi grandes et perspicaces, facies amplissima, tracticia tamen, vox tubae similis; facundiam, quae ei facilis erat, quadam soni majestate componens. Erat praeterea nobilis carne, sed Christiana pietate longe nobilior*).« Aelred von Rievaulx, *De Standardo*, p. 183; Zur Schlacht: Maxwell, H. E., 1912, pp. 150–154; Glidden, A., 1987; Neben Aelred gibt es noch weitere Chronisten, die in anderer Weise über die Ereignisse des Jahres 1138 inklusive der Schlacht berichten: Richard von Hexham († zw. 1154–67), *De gestis regis Stephani* pp. 151–176; Heinrich von Huntington († um 1155), *Historiae Anglorum* VIII, pp. 260–264; Wilhelm von Newburgh († um 1198), *Historia rerum Anglicarum* I,5; Zu den politischen Auseinandersetzungen: Davis, R. H. C., 1990, pp. 34–43.

Auch die politische Biographie des bereits erwähnten Eustace Fitz John († 1157), die Paul Dalton detailliert rekonstruiert hat, belegt diese politischen Interessenkonflikte auf eindrucksvolle Art und Weise. So stand Eustace Fitz John in der *Battle of Standard* Walter Espec, mit dem er Jahre zuvor königliche Verwaltungsaufgaben wahrnahm, gegenüber. Selbst Aelred findet in seiner Beschreibung der Ereignisse für Fitz John verständnisvolle Worte. Er schildert ihn als einen Mann von höchster Klugheit und als einen großer Ratgeber in weltlichen Geschäften (*vir summae prudentiae et in secularibus negotiis magni consilii*), der nur durch einen ungerechtfertigten Affront (*offensus*) vom englischen König auf die andere Seite getrieben wurde, um das ihm angetane Unrecht (*injuriam*) zu rächen (*De Standardo*, p. 191). Ein Vergleich mit der Beschreibung von Walter Espec macht deutlich, daß hier nicht Erzfeinde geschildert werden. Der weitere Weg von Eustace Fitz John zeigt, daß er den Machtverlust als Verlierer der Schlacht peu à peu wieder kompensieren konnte und daß die regionalen machtpolitischen Arrangements durchaus Eigenständigkeit gegenüber königlichen Strategien beanspruchen konnten. Besonders evident wird dies in der Gründung der Gilbertiner Häuser in Malton und Watton, die sich teilweise als ein Akt der Versöhnung mit dem Erzbischof von York und ehemaligen Zisterzienserabt, Heinrich Murdac, begreifen lassen. Vgl. Dalton, P., 1996.

12 Die erste Niederlassung des späteren Konvents von Byland in Calder (Cumberland), einer Tochter von Furness und damals noch zu Savigny gehörend, wurde 1138 von den Schotten geplündert und dem Erdboden gleichgemacht.

Ökonomische Bedingungen

Obwohl während des 12. und 13. Jahrhunderts ein zahlenmäßiger Anstieg und eine Wiederbelebung der Städte besonders im Norden Frankreichs, in Flandern und in Norditalien einsetzte, blieb die mittelalterliche Gesellschaft eine agrarische.[13] Oder anders formuliert: Die Macht des Waldes bestimmte den psychologischen Rahmen.[14] Aber diese Gewalt wurde vermindert. Schritt für Schritt wurden Wälder gerodet, Moore und Sumpfgebiete trockengelegt und in landwirtschaftliches Nutzland verwandelt. Die Zisterzienser leisteten zu dieser inneren Kolonisation Europas ihren Beitrag, der in der älteren Literatur allerdings oft überschätzt wurde. Die Weißen Mönche waren auch bei der Kolonisation osteuropäischer Gebiete aktiv. Das heißt aber nicht, daß sie, im einen wie im anderen Fall, immer in die Wildnis zogen und diese urbar machten.

Im 12. Jahrhundert war ein Anstieg der Bevölkerung zu verzeichnen, der mit einer allgemeinen Verbesserung der Lebensbedingungen einherging. Die Grundlage dafür bildete eine effektivere und innovativere Landwirtschaft. Aus der Zweifelderwirtschaft wurde die Dreifelderwirtschaft. Sie erlaubte den Anbau verschiedener Feldfrüchte und brachte höhere Erträge. Neue Methoden der Anspannung, Kummet für Pferde und Stirnjoch für Ochsen, wurden eingeführt. Das Pferd wurde nun auch für die Feldarbeit genutzt. Der Räderpflug mit Streichbrett erlaubte eine bessere Bearbeitung des Bodens. Pflugschar und Egge wurden zunehmend aus Eisen gefertigt. Zur selben Zeit nahm die Zahl der Wasser- und Windmühlen zu. Schließlich gab es auch verstärkte Aktivitäten im Bergbau. Der zisterziensische Beitrag zu rentableren Erträgen, dies sei hier vorweggenommen, bestand weniger in der Erfindung neuer Methoden und Technologien, sondern eher in einer effektiveren Organisation von Produktionsabläufen sowie in der Perfektionierung bereits bekannter Produktionsmethoden.

Ab der Mitte des 12. Jahrhunderts nahm der Fernhandel einen bedeutenden Aufschwung. Die Fernkaufleute handelten vor allem mit Luxusgütern (kostbare Stoffe, Gewürze etc.). In engem Zusammenhang damit steht die Belebung des Seehandels. Die Handelsverbindungen wurden gewissermaßen internationalisiert. Dies machte ein weiteres Geschäft notwendig, das des Geldwechsels und Kreditgeschäftes. Neben Juden finden sich später vor allem

---

13 Zur europäischen Wirtschaftsentwicklung im Mittelalter: Pirenne, H., 1933; Le Goff, J., 1965, pp. 37–54 Cipolla, C. (Hrsg.), 1973.
14 Vgl. Le Goff, J., 1965, p. 23f.

Klöster als Geldgeber. Auch die Zisterzienser engagierten sich, nachdem sie zu Reichtum gelangt waren, mit wechselhaftem Erfolg in solchen Geschäften. Die wachsende ökonomische Kraft der Städte und die supranationale Struktur des Handels unterstützten den langsamen Wechsel von der Naturalwirtschaft zur Geldwirtschaft.

Ein weiteres Merkmal dieser Zeit ist die wachsende Mobilität, die nicht nur durch den Fernhandel begründet wurde. Die drei großen Pilgerziele Jerusalem (Heiliges Grab), Rom (Gräber von St. Peter & Paul) und Santiago de Compostella (Grab des hl. Jakobus) setzten viele Menschen in Bewegung. Auch die Zisterzienser waren oft auf Reisen. Die Äbte sollten ihre Tochterklöster visitieren und sich jedes Jahr im September zur Vollversammlung, dem Generalkapitel, in Cîteaux treffen. Schließlich sind noch die Kreuzzüge zu erwähnen, denen sich viele Menschen aus unterschiedlichen sozialen Schichten mit den verschiedensten Motiven anschlossen.[15]

Eine wichtige Begleiterscheinung dieser Mobilität, des Reisens im allgemeinen und des Fernhandels im besonderen, war eine neue Dimension des Informationsaustausches. Das Generalkapitel der Zisterzienser entwickelte sich unter diesem Aspekt zu einer Institution ganz besonderer Art. C. H. Lawrence nannte es die »whispering gallery of Europe«, eine Art mittelalterliches Postamt.[16] Es diente auch Kirchenfürsten und weltlichen Herrschern zur Verbreitung ihrer Botschaften.[17]

Das Aufblühen der Städte brachte entscheidende Wandlungen auf ökonomischen und kulturellem Gebiet. Städte waren durch ihre Märkte und Messen Zentren des Handels. Mit den Kommunen entwickelte sich ein neuer Stand, der des Bürgers. Das Gilde- und Zunftsystem etablierte neue Formen genossenschaftlichen Produzierens. Die Stadt brachte neue Institutionen wie Hospital, Schule und später die Universität, die sich in jener Zeit als eigene Körperschaft zu formieren begann, hervor. Die Menschen in der Stadt ent-

---

15 Die Zisterzienser hatten durch Papst Eugen III., der zum zweiten Kreuzzug (1145–49) aufrief und den hl. Bernhard, der durch seine Predigten das Unternehmen massiv unterstützte, maßgeblichen Anteil an dieser Bewegung. Vgl. Mayer, H. E., 1989, pp. 87–99.

16 Vgl. Lawrence, C. H., 1984, p. 192.

17 So sandte z.B. 1177 Friedrich Barbarossa einen Brief an das Generalkapitel, in dem er den Äbten mitteilte, daß er Alexander III. als Papst akzeptiere. Im Jahre 1212 informierte Arnaud Amaury das Generalkapitel über den Sieg der Christen über die spanischen Muslims in Las Navas de Tolosa. Aber auch Päpste benutzten das Generalkapitel zur Verbreitung von Informationen. Innocenz IV. erklärte in einem Brief aus dem Jahre 1245, geschrieben an das Generalkapitel, seine Gründe für die Exkommunikation von Friedrich II. Vgl. Lawrence, C. H., 1984, p. 192.

wickelten ihr eigenes religiöses Leben und bedurften somit einer adäquaten Form der Seelsorge. Dies wurde die Domäne der Bettelorden, die sich in ihren Predigten an ein städtisches Publikum wandten. Das Selbstbewußtsein der Städter und ihrer Kommunen fand einen adäquaten Ausdruck im Stadtsiegel. Obwohl die Zisterzienser sich primär auf die Landwirtschaft stützten, nutzten auch sie zunehmend die städtischen Märkte.

Die religiösen Bewegungen zwischen Eremiten- und Gemeinschaftsleben

Die Welle der Neugründungen verschiedener religiöser Gemeinschaften spiegelt eine ›Krise‹ des klösterlichen Gemeinschaftslebens alter Prägung wider. Raoul Manselli bezeichnete diese Situation sehr treffend als Ausdruck einer »Unruhe« im traditionellen benediktinischen Mönchtum, d.h. als Ausdruck einer Suche nach dem richtigen Lebensweg, einer Identität und der Notwendigkeit, diese zu finden.[18] Diese »Unruhe« erreichte ihren Höhepunkt im ausgehenden 11. Jahrhundert. Cluny, das ehemalige Reformzentrum Burgunds, diente im allgemeinen als Beispiel für den ›Niedergang‹ des Klosterlebens. Aber die Spannungen und Konflikte entstanden weniger durch einen Verfall der Frömmigkeit oder des spirituellen Lebens, sondern waren primär ein Reflex auf den zunehmenden Reichtum der Konvente, deren gesellschaftliche Verflechtungen und Verpflichtungen sowie ein Ausdruck der sich ändernden gesellschaftlichen Verhältnisse.[19]

Einer der berühmten Reformer im 11. Jahrhundert, Petrus Damiani (um 1007–72), vermittelt, wenn auch polemisch überhöht, einen Eindruck davon, wie sich der enthusiastische Mönch fühlte, wenn er über sein zeitgenössisches Dilemma nachdachte.

»Die Scham ist verlorengegangen, die Ehre verschwunden, die Religion liegt darnieder, und die Menge hat sich sofort von allen heiligen Tugenden weit entfernt. Denn alle suchen nur das, was das Ihre ist, und

---

18 Vgl. Manselli, R., 1982, p. 30.
19 Bekanntlich investierten die Mönche in Cluny einen großen Teil ihres Reichtums in die Ausgestaltung der Liturgie und in ihr neues Gotteshaus (Cluny III), der größten Kirche des Abendlandes jener Zeit. Bessere Kleidung, besseres Essen und eine moderatere Interpretation der Klosterregel wurden von einigen Zeitgenossen als Verfall monastischer Askese interpretiert. Äbte agierten und regierten ähnlich den weltlichen Fürsten. Sie waren gewöhnlich besser über die Vorgänge in der Welt informiert als die Herrscher selbst. Die Klerikalisierung der Chormönche, d.h. der Wechsel vom Laienmönch hin zum ordinierten Priestermönch, erweiterte deren Aufgabenfeld von Pfarraufgaben bis hin zur Missionierung. Um 1078 war die Weihe des Mönches zum Priester eine *conditio sine qua non*. Vgl. Lackner, B., 1972, pp. 92–112.

weil sie die Sehnsucht nach dem Himmlischen verachten, begehren sie unersättlich die Welt.«[20]

Mönche umgingen ihre Vorschriften und waren direkt mit seelsorgerischen Aktivitäten befaßt. Sie vertauschten ihr kontemplatives Leben mit einem sehr aktiven, indem sie Konzile besuchten, gleich weltlichen Herrschern agierten, Pfarraufgaben wahrnahmen, sich wissenschaftlichen Studien widmeten und sogar Waffen trugen.[21]

Ein auffälliges Merkmal der Reformbewegungen im ausgehenden 11. Jahrhundert ist ihre große Vielfalt. Dies ist aus ästhetischer Perspektive besonders bedeutsam. Denn diese Gemeinschaften traten auch in einen ästhetischen Wettbewerb zueinander, indem sie sich, unter einem gewissen Legitimationsdruck stehend, auf unterschiedliche Weise voneinander zu unterscheiden suchten. Hinsichtlich der Lebensweise umfaßten die neuen religiösen Gemeinschaften die ganze Bandbreite zwischen Eremitenleben und dem traditionellen Gemeinschaftsleben im Kloster.

Die Eremiten (Camaldoli, Grottaferrata, Fonte Avellana, Vallombrosa) orientierten sich primär an den Wüstenvätern.[22] Die Regularkanoniker oder regulierten Chorherren bzw. Chorfrauen (z.B. Prämonstratenser, Augustiner) bildeten ihr Modell gemäß der Apostelgeschichte (2,41–45) und predigten das Evangelium. Eine religiöse Gemeinschaft besonderer Prägung waren die Ritterorden, von denen stellvertretend die Templer genannt seien. Hier wurden militärische, später auch medizinische und seelsorgerische Aufgaben miteinander verbunden. Eine letzte Gruppe ging zurück zu den Wurzeln des Klosterlebens und betonte die buchstabengetreue Befolgung der Regel des hl. Benedikt (Zister-

---

20 »Periit pudor, honestas evanuit, religio cecidit, et velut facto agmine omnium sanctarum virtutum turba procul abscessit. Omnes enim quae sua sunt, quaerunt, et contempto coelesti desiderio, terram insatiabiliter concupiscunt.« Petrus Damiani, *Apologeticum de contemptu saeculi*, PL 145, c. 252.

21 Vgl. Lackner, B., 1972, p. 103.

22 Die Wiederbelebung eremitischer Lebensweise in Westeuropa hatte verschiedene Formen. Eine Einsiedelei mußte nicht unbedingt an einem entfernten Ort etabliert werden. Viele Pfarrkirchen unterstützten Einsiedler, die ihre Hütte in unmittelbarer Nähe zur Kirche hatten. Ähnliches galt für Klöster. Auch hier konnte eine Einsiedelei in direkter Nachbarschaft bestehen. Selbst die großen Vorbilder wie Pachomius oder Antonius sahen ein Minimum an gemeinschaftlichen Aktivitäten vor. So geschah es auch bei den größten Eremitengemeinschaften. Die sonntägliche Messe oder das Schuldbekenntnis im Kapitel waren kollektive Aktivitäten. Ein eremitisches Kloster ist deshalb kein Widerspruch in sich selbst. Die wohl dauerhafteste Variante eines gemeinschaftlichen Eremitendaseins geht auf den hl. Bruno von Köln († 1101) und dessen Gründung der Grand Chartreuse (1084) in einem abgelegenen Hochtal bei Grenoble zurück.

zienser, Orden von Savigny). Die verschiedenen religiösen Gemeinschaften versuchten, entsprechend ihrer Besonderheiten, ein Leben in freiwilliger Armut, Einsamkeit, Einfachheit und teilweise strenger Abgeschlossenheit zu führen.

Von den vielen neu entstandenen Gemeinschaften waren die Kartäuser über die Jahrhunderte die beständigsten[23], die Zisterzienser und Augustiner in ihrer Zeit jedoch die erfolgreichsten. Letztere verkörperten die zwei grundverschiedenen Berufungen innerhalb der Kirche, die von Maria und Martha.[24]

Das benediktinische Kloster – eine Institution der mittelalterlichen Gesellschaft

Im 12. Jahrhundert war die Mehrheit der mitteleuropäischen Klöster ihrem Charakter und ihrer Tradition nach benediktinisch, auch die Zisterzienser waren ihrem Charakter nach Benediktiner. Deshalb ist es sinnvoll, kurz auf die Bedeutung und die Stellung des benediktinischen Mönchtums dieser Zeit einzugehen. Unter den Karolingern wurde das benediktinische Kloster ein Mittelpunkt spirituellen Lebens, eine Basis für missionarische Arbeit sowie ein Zentrum für Verwaltung, Bildung und Kunst.

Geistige Grundlagen – Die Regel des hl. Benedikt
In der Regel des hl. Benedikt wird das Klosterleben in dreifacher Weise charakterisiert: als Schule, militärischer Dienst und Werkstatt. Das Kloster ist eine Schule für den Dienst des Herrn (*dominici scola servitii*), in welcher der Abt als

---

23 Dies führte sogar zu einem geflügelten Wort: »*Cartusia numquam reformata quia numquam deformata*«.

24 Giles Constable (1995, pp. 3–141) hat die Interpretationen des biblischen Themas von Maria und Martha gemäß dem Lukasevangelium (10.38–42), in welchem Martha als die Frau geschildert wird, die Jesus tatkräftig dient und ihre Schwester, Maria von Bethanien, als diejenige beschrieben wird, die dem Herrn zu Füßen sitzt und dessen Worten lauscht, ausführlich nachgezeichnet. Christliche Autoren gingen in der Interpretation dieser Geschichte rasch über den historischen Sinn hinaus und unterlegten beiden Frauen symbolische Bedeutungen. So wurden Mönche, die in strenger Klausur lebten (z.B. die Zisterzienser) Maria gleichgesetzt, während Kanoniker (wie z.B. die Augustiner), die auch Pfarraufgaben übernahmen, eher mit der Rolle von Martha identifiziert worden sind. Während die Zisterzienser der Gesellschaft zu entkommen suchten, gingen die Augustiner in sie zurück. Während die Zisterzienser ihr Heil im kontemplativen Gebet suchten, widmeten sich die Augustiner einer mehr spirituell-praktischen Arbeit. Sie sorgten für Begräbnisse, Totengedenkfeiern und Totenmessen, konnten Kanoniker für den Gottesdienst in einer Kapelle bereitstellen oder einen Posten in der Verwaltung bekleiden. Sie unterhielten viele kleine Schulen und Hospitäler. Sie kümmerten sich um die Kranken und Alten, die schwangeren Frauen, die Blinden und Leprosen (Vgl. Southern, R. W., 1970a, pp. 244ff).

Lehrer (*magister*) seine Schüler (*discipuli*) unterweist, des weiteren ein Ort, an dem mit den Waffen des Gehorsams (*arma oboedientiae*) für Christus gekämpft wird, und schließlich eine Werkstatt (*officina*), in der der Mönch als Arbeiter (*operarius*) mit den Werkzeugen der guten Werke (*instrumenta bonorum operum*) seine Pflicht (*officium*) tut.[25]

Aelred von Rievaulx faßte die spirituelle Bedeutung eines Lebens gemäß der Benediktusregel kurz und prägnant zusammen. Im *Spiegel der Liebe* schrieb er:

»Mit Christus in Leidensgemeinschaft treten heißt, sich der Zucht der Regel unterwerfen, das Fleisch durch Enthaltsamkeit, Nachtwachen und Mühen abtöten, seinen Willen einem fremden Urteil unterwerfen, nichts dem Gehorsam vorziehen – und um vieles kurz zusammenzufassen – unsere Profeß, die wir auf die Regel des hl. Benedikt abgelegt haben, erfüllen.«[26]

Grundlage dieses Ideals war ein geregeltes Leben in stabiler Gemeinschaft (*stabilitas in congregatione*).[27] Durch die Profeß und das Versprechen ein Leben *extra mundum* zu führen, widmete sich der Mönch der *vita contemplativa*, einem Leben im Wechsel von Gebet, Meditation, Lesung, Handarbeit, Essen/ Trinken und Schlaf. Dieses war jedoch selten so beschaulich, wie wir es uns heute vorstellen. Dennoch wurde es auf der symbolischen Ebene als eine Vorwegnahme des himmlischen Lebens betrachtet und galt als der Beginn des ewigen Lebens.[28] Ein Leben in Gemeinschaft, das Disziplin und bedingungslosen Gehorsam voraussetzte und das eine freiwillige Opferung des einzelnen für Gott verlangte, trug immer eine Spannung zwischen der Ausbildung und Förderung des persönlichen Charakters bzw. individueller Fähigkeiten und Beschneidung derselben zugunsten des Durchschnitts, d.h. der Stabilität der Kommunität. Ein interessanter Zug verschiedener Gemeinschaften und Korporationen im 12. Jahrhundert bestand darin, daß deren Mitglieder die Entwicklung ihrer Persönlichkeit nur innerhalb der Grenzen der Gemeinschaft zu verwirklichen suchten.[29]

25 Zu den Bildern Schule, Militärdienst und Werkstatt vgl. RSB Prolog 3, 39 u. 45; Kap. 2,11–13; Kap. 4 (Überschrift) 4,78; Kap. 7,49 u. 70.
26 »Communicare passionibus Christi est regularibus disciplinis subdi, carnem per abstinentiam, uigilias, et labores mortificare, alieno iudicio suam subdere uoluntatem, nihil obedientiae praeferre, et ut breui multa complectar, professionem nostram, quae secundum regulam beati Benedicti facta est, exsequi«. Aelred von Rievaulx, *De speculo caritatis* II,6,15; dt. Übers. p. 137.
27 Vgl. RSB 4,78.
28 Vgl. Leclercq, J., 1957, pp. 65–82.
29 Vgl. Bynum, C. W., 1982, pp. 82–109.

Die Menschen, die in der Welt lebten, hatten jedoch andere Erwartungen an eine derartige Institution. Sie schätzten ein aktives religiöses Leben für die Gemeinschaft aller Gläubigen.[30] Soweit sich die einzelnen Gemeinschaften auch von der Zivilisation entfernen mochten, sie fanden entweder von selbst zu ihr zurück oder wurden von dieser wieder eingeholt. Eines der markantesten Merkmale vor allem reformmonastischer Bestrebungen bestand in der Fähigkeit der Mönche, ihre glühende Sehnsucht nach Gott und ihr Streben nach dem ewigen Leben mit den sehr weltlichen Interessen, die sich primär aus der Verwaltung des Grundbesitzes ergaben, immer wieder zu versöhnen.

Soziale und wirtschaftliche Aufgaben

Die ökonomischen Funktionen[31] des Klosters waren denen der Grundherren sehr ähnlich. Obwohl die meisten Konvente eher lokale Interessen vertraten und in ihrer Herrschaft relativ selbständig und unabhängig waren, stellten sie einen bedeutsamen politischen und ökonomischen Machtfaktor dar. Indem Äbte gleichzeitig Territorialherren waren, als Bischöfe, Erzbischöfe, Kardinäle oder sogar als Papst Karriere machten, Kleriker und Mönche Verwaltungsaufgaben übernahmen, Kanzleien führten, Herrscher auf ihren Reisen begleiteten, diese berieten und in Urkunden als Zeugen auftraten, machten sie ihren politischen Einfluß geltend. Klöster konnten, wie bereits erwähnt wurde, aufgrund ihres Reichtums oft als Gläubiger oder sogar Kreditgeber auftreten. Sie wurden gelegentlich auch geplündert, oder Äbte mußten die Kriege ihrer weltlichen Herren mitfinanzieren.

Klöster hatten in mehrfacher Hinsicht wichtige soziale Funktionen, die oft genug mit dem individuellen spirituellen Eifer kollidierten. Obwohl die Frömmigkeit im 12./13. Jahrhundert individueller wurde, beteten die Mönche eben nicht nur für das eigene Seelenheil, sondern für die Seelen der Christen in der Welt, für Herrscher, Stifter oder die Glaubensbrüder der eigenen bzw. anderer Kongregationen.[32] Das Zelebrieren von Privatmessen sowie das Gedenken an die Verstorbenen wurde zu einem allgemeinen Merkmal der gottesdienstlichen

---

30 R.W. Southern schrieb: Die Menschen »expected to find a busy, efficient, orderly community, maintaining an elaborate sequence of church services, which called for a high degree of skill and expert knowledge. They did not expect to find a body of ascetics or contemplatives [...] For them, monasticism was not a flight into the desert places undertaken by individuals under the stress of a strong conviction; it was the expression of the corporate religious ideals and needs of a whole community.« Southern, R. W., 1953, p. 154f.

31 Vgl. Lawrence, C. H., 1984, pp. 127–132.

32 Vgl. Southern, R. W., 1970a, p. 224f.

Pflichten. Die steigende Zahl der Altäre und die immer länger werdenden Totenrollen bezeugen dies.

Klöster waren Orte der freiwilligen Buße.[33] Der Eintritt ins Kloster bot im allgemeinen einen sicheren Weg, um ewige Güter zu erlangen. Es gab aber auch die Möglichkeit, büßen zu lassen, d.h. durch Schenkungen oder Stiftungen Schuld abzutragen, ohne ins Kloster je eintreten zu müssen. Für eine erfolgreiche Buße war es aber erforderlich, daß die zu büßenden Schulden bis zum Tode beglichen wurden. Es gab nichts Schlimmeres – und das galt für alle Christen –, als unvorbereitet, d.h. plötzlich zu sterben.[34] Klostergründungen konnten als Bußleistung oder als Äquivalent für eine andere Buße (Pilgerreise, Kreuzzug) dienen.

Klöster waren ein Mittel für Familienplanung. Gegen eine Aussteuer (Geld, Renten, Immobilien) wurden Kinder vor allem aus den weniger begüterten Familien als Geschenk (*oblati, nutriti*), Sprößlinge aus Nieder- und Hochadel meist aus erbschafts- oder familienpolitischen Gründen dem Kloster übergeben.[35] Die Schenkungen, die auf diese Weise dem Konvent zuflossen, wurden teilweise in eine standesgemäße Ausstattung der Gebäude investiert.[36]

Ein letzter, sozial wichtiger, aber sehr ambivalenter Aspekt der Klöster war die Spende von Almosen an die Armen und die Gastfreundschaft, die der Konvent den Pilgern, reisenden Mönchen und hohen Herren erwies. Die Kosten für die Gastfreundschaft gegenüber den Stiftern konnte eine Abtei in den finanziellen Ruin treiben. Deshalb wurde im Hochmittelalter das Eigentum von Abt und Konvent getrennt. Nur das Budget des Abtes durfte für die Bewirtung der Gäste benutzt werden.[37] Aber auch die Vergabe von Almosen wurde zum finanziellen Risiko, und es war keineswegs so, daß jeder Arme an der Klosterpforte etwas erhielt. Viele Konvente limitierten nicht nur ihre Gaben für die Armenversorgung, sondern gingen im 13. und 14. Jahrhundert

---

33 Vgl. Southern, R. W., 1970a, pp. 225–228.

34 »To die with a penance incomplete or without having made provision for its completion was of all things on earth the most to be dreaded.« Southern, R. W., 1970a, p. 227.

35 So ergab sich vor allem für Nonnenkonvente eine dankbare Aufgabe: die Aufnahme junger Damen aus den oberen Schichten, die nicht verheiratet werden konnten. Vgl. Southern, R. W., 1970a, pp. 228–230.

36 »the aristocratic background of the monks, the size and splendour of the church, the elaboration of ritual, all called for heavy expenditure and large endowments.« Southern, R. W., 1970a, p. 229.

37 Vgl. Lawrence, C. H., 1984, p. 132; In der Chronik des Jocelin von Brakelond finden sich auch Beispiele für den Streit um die Kosten der Bewirtung und Beherbergung von Gästen. Vgl. *Cronica Jocilini de Brakelonda*, p. 6.

dazu über – auch zisterziensische –, die Bedürftigen nach ihrer Bedürftigkeit zu klassifizieren.[38] In der Klassifizierung schimmert bereits eine wichtige soziale Konvention, die diese Form der *caritas* prägte, durch. Die Mönche schätzten freiwillige Armut, nicht ökonomische.

Altersstruktur und Herkunft der Mönche

Die Altersstruktur und Herkunft der Mönche ist schwer zu beurteilen. Der hl. Benedikt erwartete vermutlich nur Bewerber reiferen Alters. Mit dem 9. Jahrhundert jedoch bekamen *oblati* oder *nutriti*, d.h. Kinder, die dem Kloster dargebracht wurden, größere Bedeutung. Während des 11., vor allem aber im 12. Jahrhundert waren Konvente häufig bemüht, diesen Brauch so weit es ging einzuschränken. Bei den Cluniazensern wurde ihre Zahl nicht nur auf sechs reduziert, sondern Petrus Venerabilis (um 1093–1156) ließ außerdem das Novizenalter auf 20 Jahre heraufsetzen, weil die zu jungen Konventangehörigen, sobald sie unter sich waren, durch kindliche Albernheiten alles störten (*et admixti aliis puerilibus omnes perturbabant*).[39]

Leute aus gutem Hause behielten ihre Attraktivität für das Kloster. Die Äbte waren nicht besonders daran interessiert, ihr Kloster mit Bauern zu füllen.[40] Dabei spielte nicht nur das Sozialprestige der Konventsmitglieder eine Rolle, sondern vor allem die zeitgenössischen moraltheologischen Ansichten. Denn geachtet wurde die freiwillige Selbstverleugnung, die freiwillige Armut, die freiwillige Buße und die freiwillige Passion. Wer aber frei entscheiden sollte, mußte auch über sein Leben frei bestimmen können. Auch deshalb waren die Mönche weder an Oblaten interessiert, weil diese nicht selbst entscheiden konnten, noch bestand die Absicht, Leute, die aus ökonomischen Gründen ihr

---

38 Vgl. Harvey, B., 1993, pp. 7–33.
    Die Instruktionen für den Portier im Rechnungsbuch von Beaulieu Abbey aus dem Jahre 1269/70 sind als zisterziensisches Beispiel besonders aufschlußreich. Almosen erhielten Pilger, die Alten, Jungen und Schwachen, d.h. diejenigen, die nicht arbeiten konnten. Arme erhielten nichts während der Erntezeit auf den Klosterhöfen. Einzige Ausnahme hier waren dreizehn Arme, die zum *Mandatum* benötigt wurden. Prostituierte waren gänzlich ausgeschlossen. Sie bekamen nur etwas in Zeiten von Hungersnöten. Vgl. *Account-Book of Beaulieu Abbey*, p. 174f.
39 Vgl. Lawrence, C. H., 1984, pp. 124–27; Petrus Venerabilis, *Statuta* 36, 56 u. 66; Die Reduzierung der *nutriti* oder *oblati* auf sechs (vgl. Statut 56, Anmerkung p. 86) geht wohl auf die Statuten Udalrichs zurück. Dort heißt es in Kapitel VIII (*De pueris et eorum magistris*): »*Pueri autem qui sunt in conventu nostro, non ultra senarium protendunt, et eorum magistri sunt duo, si non plures, tamen nunquam sunt pauciores*« (PL 149, c. 742B). Das Statut 36 schließt Kinder als Novizen aus. Petrus bezeichnete hier den Novizen als *monachus futurus*.
40 Vgl. Southern, R. W., 1953, p. 156.

Heil im Kloster suchten, bzw. solche, die sich mit ihrem Eintritt ins Kloster einer weltlichen Verfügungsgewalt entziehen wollten, aufzunehmen.

Mit Abt Petrus Venerabilis wandten sich nun auch die Cluniazenser gegen die Aufnahme von Bauern (*rustici*), Törichten (*stulti*), Kindern (*infantes*) oder Alten (*senes*), die zu keinem Werk nützlich sind (*nec ad aliquod opus utilium*), in den Kreis der Chormönche.[41] Durch einige Reformorden des 11. und 12. Jahrhunderts eröffneten sich allerdings für die Leute aus den unteren Schichten der Gesellschaft neue Perspektiven. Die Einführung und der Ausbau des Konverseninstituts ergaben auch für die *laboratores* die Chance zu einem strengeren spirituellen Leben, das, verglichen mit den zeitgenössischen Alternativen, sein Dasein zu fristen, zumindest in der ersten Hälfte des 12. Jahrhunderts besonders attraktiv gewesen sein mußte.

Bildung im Kloster und monastische Theologie

Klöster waren neben Höfen[42], Kathedralschulen[43] und den späteren Universitäten Orte der Gelehrsamkeit. Die Aktivitäten der in den freien Künsten Ausgebildeten sind keineswegs immer rein intellektueller Natur gewesen. Verwaltung und Kanzleiwesen forderten ihren Tribut. In Klöstern wie Cluny, Cîteaux oder Clairvaux standen praktische Aufgaben im Vordergrund. Liturgische Texte mußten kopiert werden. Das Archiv mit Gründungs- und Stiftungsurkunden war immer auf dem neuesten Stand zu halten. Heiligenviten sollten verfaßt und Chroniken oder die Taten hervorragender Äbte der Nachwelt überliefert werden. Kenntnisse in Mathematik und Astronomie waren vonnöten, um den liturgischen Kalender mit den beweglichen Festen aufzustellen.

Dennoch unterschied sich die Bildung im Kloster von der in den Schulen. Die Kluft wird aber erst mit der Entstehung der Universitäten deutlich. Der Regularkanoniker Philipp von Harvengt (um 1100–83), einer der wichtigsten prämonstratensischen asketisch-theologischen Schriftsteller und Abt des Klosters Bonne Espérance, beschrieb in einem Brief den Unterschied folgendermaßen:

41 Petrus Venerabilis, *Statuta* 35. Ausnahmen sind die Kranken und Sterbenden (*ad succurrendum*), die Mönche werden wollen, bzw. die großen und nützlichen Personen (*magnis et utilibus personis*).

42 An den weltlichen Höfen wurde die Kanzlei zu einer wichtigen Institution. Korrespondenzen und Urkunden waren zu schreiben und zu archivieren. Aber auch Dichtung und Poesie wurden zunehmend bei Hofe gefördert.

43 Die Kathedralschulen waren im ausgehenden 11. Jahrhundert den Klosterschulen noch recht ähnlich. Sie änderten ihre Ausbildung im Verlaufe des 12. Jahrhunderts und bildeten vor allem Kleriker aus.

»Im Kloster gibt es für die Eitelkeit keinen Raum. Dort streben alle nur nach der Heiligkeit. Tag und Nacht unterwirft sich der Gerechte da dem göttlichen Willen und widmet sich geistlichen Gesängen, dem Gebet, dem Schweigen, den Tränen und der Lesung. Hier, meine ich, reinigt die Aufrichtigkeit eines geläuterten Lebens den Verstand, so daß es ihm möglich wird, leichter und wirksamer zum Wissen zu gelangen. In euren Augen gilt eine Wissenschaft nur dann etwas, wenn sie im Lärme des weltlichen Schulbetriebes entstanden ist, als ob es für alle, die sich seit langer Zeit darin unterrichten lassen, sicher sei, daß sie weder einem Irrtum noch einer Irrlehre verfallen könnten. Ihr ärgert euch darüber, daß ich gesagt habe, ihr hättet die Theologie in einem Kloster gelernt – als ob ich euch damit beleidigt hätte. Ihr schätzt das höher ein, was ihr in der Schule von Laon, in dem berühmten Hörsaal Meister Anselms gelernt habt. Glückselig ist jedoch nicht jener, der Anselm als Lehrer gehört hat, auch nicht, wer sich seine Bildung in Laon oder Paris geholt hat, sondern selig ist, so steht geschrieben, ›den du, o Herr, unterrichtest und den du dein Gesetz lehrst (Ps 93,12)‹.«[44]

Im Zentrum klösterlicher Bildung stand die *lectio divina*, d.h. insbesondere das Lesen der Hl. Schrift. Der Zisterzienser Arnulf von Bohéries kommentierte dies mit den Worten:

»Wenn der Mönch liest, soll er den Geschmack des Textes auskosten und nicht Wissen zu erlangen versuchen. Die Heilige Schrift ist der Brunnen Jakobs, aus dem man Wasser heraufzieht und es dann im Gebet austeilt. Er braucht also nicht ins Oratorium zu gehen, um dort mit dem Gebet zu beginnen. Vielmehr ist die Lesung selbst schon die Grundlage des Gebetes und der Betrachtung.«[45]

44 »In claustro enim ubi locus non facile conceditur vanitati, sed praecipue datur opera sanctutati, ubi die et nocte justus divinae subditus jussioni, vacat hymnis, precibus, silentio, fletibus, lectioni; ibi, inquam, defaecata vitae sinceritas permundat intellectum, quo mundato, scientia facilins et efficacius adducitur ad perfectum. Vobis autem scientia commendabilis non videtur, nisi scholarum saecularium tumultu fabricetur, tanquam inter eos quos in scholis forensibus, longo tempore certum est erudiri nullus error, nulla possit haeresis inveniri. Vos indignamini, quia dixi vos in claustro sacras litteras didicisse, tanquam per hoc videar vobis contumeliam intulisse: et commendabilius extimatis quod Laudunum discendi gratia requisistis, et in magistri Anselli celebri auditorio resedistis. Sed beatus homo, non qui magistrum Ansellum audivit, non qui Laudunum vel Parisius requisivit, sed ›Beatus, inquit, homo quem tu erudieris, Domine, et de lege tua docueris eum‹ (Psalm XCIII).« Philipp von Harvengt, *Epistola* 7, PL 203, c. 58D–59A; dt. Übers. nach Leclercq, J., 1957, p. 222.

45 »et si ad legendum accedat, non tam quaerat scientam, quam saporem. Est autem Scriptura

Lernen im Kloster bedeutete *lectio – meditatio – oratio – contemplatio* und hatte eine andere Orientierung als das Lernen in den Schulen.[46] Das Kloster galt als eine *schola Christi*, in der besonderen Wert auf die *artes spirituales* gelegt wurde. Im Zentrum stand der menschgewordene Gott. Ihn kennenzulernen, ihn zu lieben und ihm nachzufolgen war das große Ziel.

Entsprechend der Regel Benedikts wurde die *lectio* im Chor (Kap. 9–14), während des Essens (Kap. 32), vor der Komplet (Kap. 42), nach dem Essen (Kap. 48) an Sonntagen, während der Fastenzeit und im Winter nach der Vigil gehalten, d.h. es ergaben sich insgesamt dreieinhalb bis fünf Stunden pro Tag. Lesen war eine sehr erschöpfende Tätigkeit. Die Buchstabenfolge in alten Manuskripten ist sehr dicht. Deshalb nahm man die Worte in den Mund, d.h. es wurde immer laut gelesen. Die Methode wurde als *ruminatio* (Wiederkauen) bezeichnet.[47] Wie Kolumban Spahr hervorhob, erforderte diese Art zu lesen eine besonders starke Einbildungskraft und erzeugte eine schöpferische Phantasie.[48]

Die Eigenheiten der monastischen Theologie[49] ergaben sich aus dem besonderen Hörerkreis. Das Auditorium in einem Kloster setzte sich aus Leuten verschiedenen Alters, die aus unterschiedlichen sozialen Schichten kamen und auf unterschiedliche Lebenserfahrungen zurückgriffen, zusammen. Das Ziel

sacra puteus Jacob, ex quo hauriuntur aquae quae in oratione funduntur. Nec semper ad oratorium est eundum, sed in ipsa lectione poterit contemplari et orare.« Arnulf von Bohéries, *Speculum monachorum*, PL 184, c. 1175B; dt. Übers. nach Leclercq, J., 1957, p. 86.

46 Lernen in den Schulen hieß *quaestio – disputatio – sententiae*. Im Zentrum standen die *artes liberales*. Methodisch wurden eher intellektuelle Fähigkeiten trainiert.

47 Einen Hinweis darauf findet sich auch im *Libellus de diversis ordinibus*. Hier spricht der Autor in einer Passage (p. 100) von seinen »Hörern« (*auditoribus*), meint aber die Leser des Textes.

48 Vgl. Spahr, K., 1981, p. 343f.

49 Unter christlicher Theologie verstand man einen »Discour sur Dieu. [...] une discipline où, à partir de la Révélation et sous sa lumière, les vérités de la religion chrétienne se trouvent interprétées, élaborées et ordonnées en un corps de connaissance«. M.-J. Congar, DTC, Bd. 15, c. 341.
Jean Leclercq unterschied drei theologische Richtungen: die Pastoraltheologie der Schulen, die spekulative Theologie und die kontemplative monastische Theologie. Die Pastoraltheologie war entsprechend den Erfordernissen der theologischen Schulen ausgerichtet. Theologie wurde auf der Basis von Glossen, Kommentaren und Sentenzen der Meister gelehrt und erläutert. Fragen wurden gestellt, Dispute geführt und die Ergebnisse wurden in einem *Corpus* gesammelt, welches dann den Namen *Summa theologiae* erhielt. Das forschende Interesse lag in der praktischen Theologie, d.h. in den moralischen Schlußfolgerungen und ihrer Anwendung auf den Lebensalltag. Die spekulative Theologie kulminierte im intellektuellen Interesse. Für Gilbert de la Porrée, Thierry von Chartres oder Abaelard stand ein scharfsinniges Urteil auf der Basis von Logik und Dialektik im Vordergrund. Sie schärften den Sinn für einen kritischen Umgang mit den Quellen. Vgl. Leclercq, J., 1977, pp. 77–84.

der klösterlichen Erziehung bestand in einem spirituellen Reifungsprozeß des einzelnen, und genau darauf bezog sich die kontemplative monastische Theologie.[50] Für Anselm von Laon († 1117), Bernhard von Clairvaux oder Aelred von Rievaulx stand die spirituelle Erfahrung im Zentrum der Gottessuche. Gott war keine wissenschaftliche Kategorie, die einer Erklärung bedurfte oder die wissenschaftlich bewiesen werden mußte, sondern eine Wirklichkeit, die es zu lieben und deren Willen es zu erfüllen galt. Dies drückt sich sowohl in der Verwendung einer poetischen Sprache aus, die bildhaft, reich an Metaphern und voll von symbolischen Anspielungen war, als auch in den behandelten Themenkreisen, angefangen von der Liebe bis hin zur Beziehung von Gnade und freiem Willen.[51] Die Unterweisung im Kloster erfolgte meist in Form von individuellen Gesprächen zwischen Mönch und Abt, Novizenmeister und Novizen bzw. in Form von kollektiven Ansprachen im Kapitelsaal.[52] Hinzu kamen Meditationen und die Lesung kontemplativer und patristischer Texte, wie das Evangelium nach Johannes oder das Hohelied bzw. Johannes Cassian oder Augustinus.[53] Im Kloster wurde durch Gebet, Meditation, Kontemplation und *lectio divina* das notwendige Wissen vermittelt.

Aus dieser klösterlichen Perspektive wurden intellektuelle Spielereien bzw. ein Wissen, das dem Selbstzweck diente, hart bekämpft. Abaelard, der sich in dieser Hinsicht zu weit vorgewagt hatte, gestand später neben seinen fleischlichen Verfehlungen ebenjene Hoffart ein, die in seinem Wissen gründete.[54] In ähnlicher Weise gab Petrus Venerabilis Heloise kurz und knapp die spirituellen Unterschiede zwischen Gelehrtenkarriere und monastischer Berufung zu verstehen. Er schrieb ihr:

50 In den Schulen hingegen wurden Kleriker ausgebildet, die nicht nur im Verständnis des Glaubens voranschreiten sollten, sondern auch auf praktisch-moralische Fragen zu antworten hatten. Die Kleriker des 12. Jahrhunderts beschäftigten sich mit Fragen, die sich aus der Trinitätslehre ergaben, oder dem Universalienstreit. Beide, die Schulen wie die Klöster, hatten allerdings eine Tendenz zur Seelsorge, die Mönche für Mönche, die Kleriker für die Laien.

51 Vgl. Leclercq, J., 1977, p. 78f.

52 Eine der wichtigsten Aufgaben des Abtes in seiner Funktion als geistlicher Vater bestand darin, die Mönche durch Vorbild und Belehrung auf ihren Weg zu geleiten. Vgl. RSB 2,12.

53 Die Schulen bezogen sich direkt auf die Aktivitäten und Handlungen der Menschen, ähnlich der im Evangelium nach Matthäus. Die Kleriker wurden vorwiegend im richtigen Gebrauch der Autoritäten unterrichtet, die Methoden der Texterschließung bestanden in *lectio, questio* und *disputatio* und als Lehrmittel benutzten sie sorgfältig komponierte und für diesen Zweck eigens ausgearbeitete Traktate.

54 Abaelard, *Historia calamitatum*, p. 71; Abaelard versuchte später die kontemplative Position, die ihm als bildungsfeindliche erscheinen mußte, mit der Suche nach Weisheit zu vermitteln, in dem er unter Weisheit nun ein religiöses Leben gemäß dem Zeugnis der Heiligen verstand. Vgl. Abaelard, *Historia calamitatum*, p. 77.

»Du vertauschtest die Logik mit dem Evangelium, den Meister der Physik Aristoteles mit dem Apostel Paulus, Plato mit Christus, den Hörsaal mit dem Kloster: nun wurdest du erst eine Jüngerin der Weisheit, die einzig diesen Namen verdient. [...] Vor der ewigen Wahrheit bist auch Du nur die Schülerin, aber Kraft deines Amtes eine Lehrerin der Demut für Deine anvertrauten Töchter. Ja, Demut und alles, was für den Himmel formt, das sind die Fächer, für die Gott Dir ein Lehramt gegeben.«[55]

Glauben und Wissen sind nicht auf ein und derselben Grundlage vereinbar. Der Glauben trägt mit dem Drang des Wissenwollens schon seinen Widerspruch in sich. Das Infragestellen birgt den ersten Zweifel. Glauben heißt aber den Zweifel ausräumen. Die konsequente Anwendung logischen und vernünftigen Denkens auf den Glauben warf viele unliebsame Fragen auf, und die Suche nach einer plausiblen Antwort bereitete oft enorme Schwierigkeiten. Dieses Suchen, diese Art zu fragen störte die Disziplin im Kloster, geriet in Konflikt mit dem Gehorsamsgelübde und gefährdete das Gebot der Schweigsamkeit. Gerade die Rastlosigkeit des Forscherdranges mußte auf die monastischen Theologen beängstigend gewirkt haben. Sie warfen den Gelehrten Hoffart (*superbia*) vor. Die Kehrseite des emanzipatorischen Moments im Forscherdrang ist die Tendenz zum Egoismus und Individualismus. Die Stärke des monastischen Weges, der für alle ein geregeltes Leben in Gehorsam und Demut vorsah, bestand im Gemeinschaftscharakter und ging in der Tendenz zu Lasten individueller Entwicklungen.

Für die Ausbildung, Bildung und Gelehrsamkeit in den Klöstern waren gute Bibliotheken eine *conditio sine qua non*. Bücher galten als wertvolle Güter, und so wundert es nicht, daß im benediktinischen Kloster das *armarium*, der Bücherschrank[56], unter besonderer Aufsicht stand und daß teure Folianten

---

55 »longe in melius disciplinarum studia commutasti, et pro logica aeuangelium, pro phisica apostolum, pro Platone Christum, pro academia claustrum, tota iam et uere philosophica mulier elegisti. [...] Es quidem discipula ueritatis, sed et etiam ipso officio, quantum ad tibi commissas pertinet, magistra humilitatis. Humilitatis plane, et totius caelestis disciplinae tibi a deo magisterium impositum est«. Petrus Venerabilis, *Epistola* 115, Bd. 1, p. 304 u. 304f; dt. Übers. nach E. Brost, 1987, p. 407 und p. 409 (siehe Abaelard).
56 Im Kloster gab es verschiedene Orte, an denen Bücher deponiert werden konnten. Der Katalog der Bibliothek von Meaux Abbey (Yorkshire) gibt nicht nur einen Einblick in die Manuskriptsammlung einer zisterziensischen Abtei im ausgehenden 14. Jahrhundert, sondern verweist gleichzeitig auf die Standorte. Bücher lagerten in der Kirche neben dem Hochaltar (*pro magno altari*), im Mönchschor (*in choro*) sowie im Dienstraum des Kantors in der Kirche (*in aliis almariis officii cantoris in ecclesia*). Des weiteren wird eine gemeinsame

auch bei den Zisterziensern, nachdem sich hier gleichfalls die Bibliothek zum Studienort entwickelt hatte, am Lesepult oftmals angekettet worden waren.[57] Die Bücherkollektionen wurden zu Beginn des 12. Jahrhunderts weniger durch Ankauf erweitert sondern vielmehr durch den Fleiß der Kopisten vermehrt.[58]

Als Standardwerke einer Klosterbibliothek galten Bibel, Psalter, die Evangelien, liturgische Bücher wie Antiphonarium, Missale, Graduale, Tropenbücher oder Lektionare sowie die Regel des hl. Benedikt und ein liturgischer Kalender. Hinzu kamen Heiligenviten und Autoren aus der patristischen Literatur. Inhaltlich entsprach dies auch der Ausstattung großer zisterziensischer Bibliotheken, wie aus noch heute erhaltenen Bibliothekskatalogen ersichtlich ist.[59]

Bibliothek (*in communi almario in ecclesia*), deren Ort innerhalb der Kirche nicht genau bezeichnet wird, genannt. Bücher befanden sich außerdem in der Kapelle des Krankenhauses (*in capella infirmitorii*). Schließlich wird noch die gemeinsame Hauptbibliothek des Klosters (*in communi almario claustri*) erwähnt. Diese wurde in drei Bereiche gegliedert: eine Büchertheke oberhalb der Tür (*in suprema theca supra ostium*), eine auf der gegenüberliegenden Seite (*in suprema theca opposita*) und elf Theken zwischendrin, die die Bücher jeweils in alphabetischer Reihenfolge beherbergten (*in eodem armariolo, in aliis thecis distinctis per alphabetum*). Vgl. *Chronica monasterii de Melsa*, Bd. 3, pp. lxxxiii–c; Bell, D. N., 1984.

57 Wie z.b. in deutschen Zisterzen Salem, Kamp, Kaisheim, Altzella und Eberbach. Vgl. Plotzek-Wederhake, G., 1980, p. 368. Bernhard von Clairvaux verwendete das angekettete Buch, weil allgemein üblich, als Metapher in einer Predigt. Er schrieb, daß die sichtbare Welt (*sensibilis mundus*) für die Allgemeinheit (*communis*) gleich einem an die Kette gelegten Buches sei (*quidam liber catena ligatus*). Bernhard von Clairvaux, *Sermo de diversis* 9.1, SBO VI,1, p. 118.

58 Während für Kartäusermönche das Kopieren von Texten eher zur Routinetätigkeit gehörte, erhielten die Schreiber in anderen Orden teilweise einen besonderen Status. Bei den Cluniazensern wurden sie bestimmter liturgischer Pflichten entbunden. Petrus Venerabilis hob gegenüber dem hl. Bernhard hervor, daß auch die liturgischen Tätigkeiten im weitesten Sinne als Arbeit gelten (Vgl. *Epistola* 28, Bd. 1, p. 70f). Auch bei den Zisterziensern hat es in dieser Hinsicht Ausnahmen gegeben. So schrieb C. H. Haskins: Die Zisterzienser »relieved their scribes from agricultural labour, save at harvest time, and permitted them access to the forbidden kitchen for the tasks necessary to their occupation.« Haskins, C. H., 1927, p. 73; Vgl. *Ecclesiastica Officia* 77,1.

59 Das, was Haskins über die Bibliothek von Clairvaux resümierte – »the codices of the twelfth century are almost wholly scriptural, patristic, and liturgical, with a little history, some textbooks, and a few classics. Law, medicine, philosophy, the scholastic theology, are almost entirely lacking« (Haskins, C. H., 1927, p. 45) –, findet seine Bestätigung in der Analyse der drei überlieferten englischen zisterziensischen Bibliothekskataloge von Meaux Abbey, von Rievaulx Abbey (publiziert von Anselm Hoste O.S.B., 1962) und von Flaxley Abbey (veröffentlicht von David N. Bell, 1987). David N. Bell hat gezeigt, daß die Kataloge von Meaux und Rievaulx zu über 80% theologische Bücher beinhalten, während der geringe Rest auf Philosophie, Geschichte, Recht, Wissenschaft und Medizin, Grammatik und Logik bzw. auf römisch-lateinische Klassiker entfällt. Vgl. Bell, D. N., 1984, p. 29.
Weitere Informationen über die noch erhaltenen Manuskripte aus englischen mittelalterlichen Bibliotheken gibt: Ker, N. R., 1964; für Bibliotheken englischer Zisterzienser siehe

Autoren der klassischen Antike wurden eher wegen des vorbildlichen Lateins gelesen. Ihre Werke dienten vornehmlich als Grammatikbücher. Einblick in das kanonische Recht wurde zisterziensischen Mönchen nur mit besonderer Erlaubnis gewährt.[60]

Klosterorganisation

Klostergemeinschaften, die nach der Regel Benedikts lebten, richteten auch die praktische Organisation des Konventsleben gemäß den darin enthaltenen Vorschriften ein. Diese wurde durch die jeweils eigenen *Consuetudines*, d.h. die die Klosterregel ergänzenden Sitten und Bräuche, präzisiert. Das Kloster war streng hierarchisch in Form einer Pyramide organisiert. Allgemein galt für die Mönche das Senioritätsprinzip, welches nicht dem natürlichen Alter, sondern dem Profeßalter folgte. Bei Entscheidungen erhielt die *senior pars* auch deshalb mehr Gewicht, weil sie zugleich als *sanior pars* galt. All dem übergeordnet war der Gehorsam gegenüber den *officiales*, den Inhabern von Ämtern, deren Spitze der Abt bildete.

Dem Abt, der für alles im Kloster die Verantwortung trug, hatte ein jeder zu gehorchen.[61] Er hatte einen besonderen Platz (*proprium locum*) im Chor: den ersten auf der rechten Seite (*in dextro choro*). Neben den liturgischen Pflichten und seelsorgerischen Aufgaben, den täglichen Anweisungen im Kapitelsaal und den disziplinarischen Verpflichtungen hatte sich der Abt auch um hohe weltliche wie geistliche Gäste zu kümmern. Ursprünglich schlief er im großen Schlafsaal bei seinen Brüdern und aß mit ihnen von denselben Speisen im Refektorium.[62] Dies änderte sich im ausgehenden 12. Jahrhundert. Der Abt erhielt ein eigenes Gebäude, aß und trank nicht nur von den Mönchen getrennt, sondern gönnte sich auch peu à peu bessere Kost. Der Abt war bei den Zisterziensern relativ autonom, mußte sich aber den Generalkapitelbeschlüssen fügen sowie bestimmten Anweisungen seines Vaterabtes bei Visitationen.

Die wichtigste Person nach dem Abt war der Prior, dem praktisch die Organisation des Klosterlebens oblag, vor allem dessen wirtschaftliche Seite. Er wurde vom Subprior unterstützt. Dem Prior unterstanden die einzelnen Leiter

---

Bell, D. N., 1992; für zisterziensische Autoren in mittelalterlichen Bibliothekskatalogen in England siehe Bell, D. N., 1994.

60 »Liber qui dicitur Corpus Canonum, et Decreta Gratiani apud eos qui habuerint secretius custodiantur, ut cum opus fuerit proferantur; in communi armario non resideant, propter varios qui inde possunt provenire errores.« Canivez, *Statuta* I, 1188:7.

61 aba = aramäisch Vater.

62 Vgl. *Ecclesiastica Officia* 110, pp. 310–313. Hier wird auch schon vermerkt, daß es dem Abt gestattet ist, im Gästehaus (*hospitium*) zu speisen (110,11).

wirtschaftlicher Einheiten, von denen der Kellermeister die wohl wichtigste Person war. Im Chor saß der Prior auf der linken Seite, dem Abt gegenüber, und hatte bei Abwesenheit oder schwerer Krankheit des Abtes dessen Aufgaben mit zu übernehmen. Ausgenommen davon waren Pflichten des Abtes, die an dessen Weihegrad gebunden waren.[63]

Dem Diakon und Subdiakon oblagen im wesentlichen liturgische Pflichten. Sie wurden vom Sakristan und seinem Helfer unterstützt.[64] Während Diakon und Subdiakon die Feier der Liturgie garantierten, war der Sakristan eher für die technische Sicherstellung zuständig. Er kontrollierte die Klosteruhr, besaß die Kirchenschlüssel und hatte sich um die Kerzen, das Salböl, den Meßwein, die Oblaten sowie die liturgischen Geräte und Gewänder zu kümmern. In seinen Verantwortungsbereich fielen auch die Reinigung und Instandhaltung der Kirche. Der Kantor hatte die Aufsicht über die liturgischen Bücher und betreute zusammen mit seinem Gehilfen (*succentor*) die liturgischen Gesänge und Rezitationen. Der Kantor saß auf der rechten Seite des Chorgestühls, sein Gehilfe hingegen auf der linken Seite. Diese Verteilung ist wichtig, da die meisten Gesänge immer wechselseitig vorgetragen wurden.[65] Der Novizenmeister (*magister novitiorum*) stand den Novizen vor und unterwies sie in den wichtigsten Regeln monastischen Lebens.[66] Für Refektorium[67], Infirmarium[68], Gästehaus[69] und Klosterpforte[70] wurde ebenfalls jeweils einem Mönch die Verantwortung übertragen. Das Amt des Konversenmeisters haben die Zisterzienser neu eingeführt.

Auch die wirtschaftlichen Bereiche des Klosters waren je nach Aufgabe gegliedert und je nach Bedeutung einem verantwortlichen Mönch bzw. Konversen unterstellt. Das Rechnungsbuch von Beaulieu Abbey (um 1270) ist ein eindrucksvolles Zeugnis dieser Arbeitsteilung. Neben den klassischen Aufgaben wie Kleidermeister (*vestiarius*), Kellermeister (*cellarius*)[71], Schatzmeister

---

63 Vgl. *Ecclesiastica Officia* 111 (*De priore*), pp. 314–317 u. *Ecclesiastica Officia* 112 (*De suppriore*), pp. 316–319.
64 Vgl. *Ecclesiastica Officia* 114 (*De Sacrista et solatio eius*) pp. 318–323.
65 Vgl. *Ecclesiastica Officia* 115 (*De cantore et solatio eius*) pp. 322–327.
66 Vgl. *Ecclesiastica Officia* 113 (*De magistro novitiorum*), pp. 318–319.
67 Vgl. *Ecclesiastica Officia* 118 (*De refectorario*) pp. 332–333.
68 Vgl. *Ecclesiastica Officia* 116 (*De infirmario*), pp. 326–329.
69 Vgl. *Ecclesiastica Officia* 119 (*De hospitali monacho*) pp. 332–333.
70 Vgl. *Ecclesiastica Officia* 120 (*De portario et solatio eius*), pp. 334–337.
71 Große Klöster, wie die von Stephan Lexington für Savigny verfaßte Wirtschaftsordnung zeigt, hatten wohl mehrere Kellermeister. Die Wirtschaftsordnung erwähnt einen *cellerarius maior* und einen *cellerarius medius*. Vgl. Stephan Lexington, *Conductus domus sapienter staturate* 43/45, p. 230 u. p. 231.

(*bursarius*) oder Grangienmeisters (*magister grangiorum*) finden sich eine Vielzahl anderer Einrichtungen und Werkstätten, z.B. Schäferei, Schusterei, Schmiede, Mühlen, Brau- und Backhaus, ein allgemeines Instandhaltungsdepartment, Gärtnerei, Hofmeisterei, Stallmeisterei, Schlachterei, Gerberei oder eine Pergamentwerkstatt.[72]

Angesichts der vielfältigen Aufgaben eines Klosterbetriebes wundert es nicht, daß das benediktinische Kloster trotz der vielen Versuche, das monastische Leben über die Jahrhunderte hinweg zu reformieren und dessen kontemplative Seite zu stärken, immer eine betriebsame Institution blieb, die nur relativ wenig Zeit für die individuelle Kontemplation zur Verfügung stellen konnte.[73] Die Betonung des kontemplativen Lebens reformmonastischer Bewegungen des 11. und 12. Jahrhunderts entsprang aus dieser Tatsache.

Die zisterziensische Klosterreform

Die Gründung der Gemeinschaft von Cîteaux

Im Jahre 1098 gründete Robert von Molesme (um 1027–1111)[74] zusammen mit 21 gleichgesinnten Brüdern unter denen sich auch die späteren Äbte Alberich und Stephan Harding befanden, das sogenannte Neukloster (*novum monasterium*), das spätere Cîteaux.[75] Die Mönche verließen die Mutterabtei

---

72 Vgl. *Account-Book of Beaulieu Abbey*, pp. 44–45.

73 R. W. Southern faßte das Leben benediktinischer Mönche im ausgehenden 13. Jahrhundert so zusammen: Die Mönche »ruled men, collected rents, maintained buildings, provided hospitality for the great, and kept up a ponderous dignity in all the affairs of life and death. No one looked to them for new ideas or new forms of spiritual life: they looked to them for stability, pageantry, involvement in the aristocratic life of the upper classes, and a visible display of continuous religious and family history. These were scarcely the purposes for which they had been founded; much less were they the purposes for which the Rule had been written; but in the end it had to be this or nothing.« Southern, R. W., 1970a, p. 237.

74 Robert von Molesme wurde irgendwo in der Champagne um 1028 geboren. Bereits in seiner Jugend trat er ins Kloster Montier-la-Celle nahe Troyes ein, wo er nach 1053 zum Prior avancierte. Zwischen 1068 und 1072 war er Abt des Klosters St. Michel-de-Tonnere. 1075 wurde die Abtei Molesme durch eine Schenkung von Hugo de Maligny in der Diozöse Langres gegründet. Robert wurde hier Abt. Kurze Zeit später flüchtete er mit vier Freunden an einen unbekannten Ort namens *Vivicus*, mußte jedoch wegen der Vakanz des Abtstuhls wieder zurückkehren. Gegen 1090 häufte das Kloster erste kirchliche Reichtümer an, ohne daß es Anzeichen für einen disziplinarischen Verfall gibt. Vielleicht fühlte sich Robert zu einer genaueren Beobachtung der Klosterregel berufen und überredete deshalb einige Mitbrüder zu einer strengeren klösterlichen Lebensführung. Die Textfragmente zu Roberts Lebenslauf stellen ihn als einen ruhelosen Geist dar. Vgl. Lackner, B., 1972, pp. 218–244 u. Knowles, D., 1940, p. 198f.

75 Die Deutung des Namens *Cîteaux* (lat.: *cistercium*) für das *novum monasterium* ist nicht ganz geklärt. Louis Lekai schlägt eine Ableitung von *cis tertium lapidem miliarum* – diesseits des

von Molesme mit dem Ziel, in Weltabgeschiedenheit ein geregeltes Leben zu etablieren, in welchem die Regel Benedikts wieder nach der Intention des Autors beobachtet und die apostolischen Werte wie Einfachheit, Keuschheit, freiwilliger Armut strenger befolgt werden sollten. Der neue Konvent wurde vom päpstlichen Legaten und Erzbischof von Lyon, Hugo de Die, dem Bischof Walter von Châlon, Odo, dem Herzog von Burgund (1079–1102), und Rainald Vizegraf von Beaune unterstützt. Papst Paschalis II. (1099–1118) bestätigte in einer Bulle, dem sogenannten *Privilegium romanorum* (um 1100), die legale Existenz und die Unabhängigkeit der Neugründung.[76]

Ein Jahr nach dem Auszug aus Molesme wurde Robert durch Papst Urban II. (1088–99) genötigt, in sein Mutterkloster zurückkehren. Mit ihm gingen auch andere Mönche, die vielleicht eine moderatere Auslegung der Regel bevorzugten.[77] Die verbliebenen Mönche wählten Alberich (1099–1108) zu ihrem neuen Abt. Unter seiner Leitung wurde das Kloster wegen Wassermangels ungefähr einen Kilometer nach Norden verlegt und der Bau der ersten Steinkirche am neuen Ort in Angriff genommen. Bereits sechs Jahre nach der Gründung konnte sie durch Walter, Bischof von Châlon, geweiht werden.

Unter der Regentschaft des dritten Abtes, Stephan Harding (1108–34), formierte sich die Gemeinschaft zu einem monastischen Orden.[78] Unter seiner

dritten Meilensteines – vor, d.h. das Neukloster wurde in der Nähe des dritten Meilensteines der alten römischen Straße, die von Langres nach Châlon-sur-Saône führte, gegründet. Zur Gründung und frühen Geschichte von Cîteaux: *Exordium cistercii* (Bouton/van Damme, pp. 111–114); Lekai, J. L., 1977, pp. 1–32; Schneider, A., 1981, pp. 301–324; zur Beziehung von Molesme und Cîteaux: Lackner, B., 1972, pp. 217–274.

76 Vgl. Bulle *Desiderium quod* (*Privilegium romanorum*) vom 19. Oktober 1100. In: Brehm, H./Altermatt A. M. (ed.) 1998, pp. 230ff.

77 Die genauen Umstände der Rückkehr Roberts nach Molesme sind nicht eindeutig geklärt. Das *Exordium cistercii* (Bouton/van Damme, p. 113) gibt, ähnlich der im *Exordium parvum* (Kapitel V–XIII) enthaltenen Dokumente (Bouton/van Damme, pp. 62–74), keine näheren Gründe an. Frühe Zisterzienser wie Konrad von Eberbach in seinem *Exordium magnum* (um 1190) kritisierten Robert für seine Rückkehr nach Molesme. Die ersten Zisterzienser verweigerten ihm sogar einen Platz in der Liste ihrer Äbte! Vgl. Lackner, B., 1972, p. 240f; Lekai, L. J., 1977, p. 16.

78 Stephan, ein Angelsachse aus adligem Elternhaus, wurde um 1060 geboren und erhielt seine erste Ausbildung wahrscheinlich in Sherborne Abbey (Dorset). Seine Familie wurde durch die normannische Eroberung ruiniert. Stephan selbst floh erst nach Schottland und von dort nach Frankreich. Nach Wilhelm von Malmesbury studierte Stephan hier die freien Künste und pilgerte anschließend nach Rom. Auf seinem Rückweg von der heiligen Stadt legte er in Molesme sein Gelübde ab und blieb im Kloster, bis er zusammen mit den anderen Mönchen in die Sümpfe von Cîteaux auswanderte. Als Alberich 1109 starb, wurde Stephan zum neuen Abt gewählt. Seine erfolgreiche Regentschaft dauerte bis zu seinem Tod im Jahre 1134. Er war ein kluger Kopf und gemäßigt in seinen Entscheidungen.

Führung entstanden die ersten Tochterklöster, La Ferté in der Diözese Châlon-sur-Saône (1113), Pontigny in der Diözese Auxerre (1114), Clairvaux und Morimond (1115) in der Diözese Langres, sowie die *Carta caritatis* einschließlich der *frühesten Capitula*, die die Beziehungen der Klöster untereinander regelten. Sie wurden von Papst Calixtus (1119–24) im Jahr 1119 bestätigt.[79] Stephan schuf die ersten Grangien, die zum wirtschaftlichen Erfolg der Zisterzienser beitrugen. Im liturgischen Bereich sorgte er für eine neue Edition der Vulgata und eine Revision der liturgischen Bücher gemäß dem ambrosianischen Ritus. Seine Abtzeit war durch Wachstum und Festigung gekennzeichnet. Seine Verdienste stehen bedauerlicherweise oft im Schatten des hl. Bernhard, obwohl unter Stephans Leitung alle wichtigen Grundsteine gelegt wurden, die dem Orden im zweiten Drittel des 12. Jahrhunderts seine expansive Kraft verliehen. Der englische Historiker Wilhelm von Malmesbury schilderte Stephan Harding als einen gebildeten Kopf, der, in der besten Tradition jener Zeit stehend, Vernunft und Glauben zu verbinden suchte. Toleranz, gepaart mit einer Bestimmtheit für das Ziel, das ist jener Geist, der auch aus der *Carta caritatis* spricht.

Zwei Aspekte, die die Gründung des Neuklosters betreffen, möchte ich hier hervorheben. Erstens beabsichtigten die ausgewanderten Mönche keineswegs, einen neuen Orden zu gründen. Die Brüder waren in den ersten Jahren mit sich selbst beschäftigt und hatten große Schwierigkeiten, das Kloster und die täglichen Dienste aufrechtzuerhalten. Zweitens werden die Gründungsmotive meist am Gegensatz zu den Cluniazensern erläutert. Interessanter finde ich es, die Motive anhand der unterschiedlichen Meinungen der Mönche von Molesme darzustellen. Zeitgenössische Chronisten wie Wilhelm von Malmesbury oder Ordericus Vitalis (1075–1143) liefern hierfür, wenn auch aus ihrer Sicht, einige Anhaltspunkte.[80] Die Frage ist: Was läßt sich aus den zeitgenössischen Quellen über die Ideen Roberts im Verhältnis zu denen seiner Mitbrüder in Erfahrung bringen, und was bedeutet dies für das klösterliche Leben?

Ordericus zeichnete in seiner Kirchengeschichte eine Debatte zwischen Robert und seinen Mitbrüdern auf. Der Bericht kann in die Zeit um 1135 datiert werden.[81] Bedeutsam für den Zusammenhang hier sind die dargelegten Argumente und nicht die Frage, inwieweit Ordericus den Dialog wirklich

---

79 Vgl. Bulle *Ad hoc* vom 23. Dezember 1119. In: Brehm, H./Altermatt, A. M. (ed.) 1998, pp. 234ff.

80 Vgl. Wilhelm von Malmesbury, *De gestis regum Anglorum*, IV, §§ 334–337, RS 90,2, pp. 380–385 u. Ordericus Vitalis, *Ecclesiastical History* VIII,26, Bd. 4, pp. 310–327.

81 Vgl. Ordericus Vitalis, *Ecclesiastical History* VIII,26, Bd. 4, p. 325, Anmerkung 6.

wörtlich wiedergegeben hat. Zentrales Thema der Rede von Robert ist die Rückkehr zur wahren Tradition. Ordericus legte Robert folgende Worte in den Mund:

»Wir arbeiten nicht mit unseren Händen, wie wir lesen, daß es die heiligen Väter taten. Wenn ihr mir nicht glaubt, o Freunde! lest die Taten der heiligen Antonius, Makarius, Pachomius und vor allen anderen die des Kirchenlehrers und Apostels Paulus. Wir haben überreichliche Nahrung und Kleidung aus dem Zehnten und den Meßopfern der Kirchen und das, was den Priestern zusteht, nehmen wir mit List und Gewalt weg. [...] Ich preise deshalb, daß wir die Regel des hl. Benedikt in jeder Hinsicht einhalten und nicht nach rechts oder links von ihr abweichen. Laßt uns Nahrung und Kleidung durch unserer Hände Arbeit beanspruchen und auf Unterhosen, leinene Hemden und Pelze gemäß der Regel verzichten. Den Zehnten und die Meßopfer wollen wir den Priestern, die der Diözese dienen, überlassen und, indem wir in den Spuren der Väter Christus entgegengehen, eifrig schwitzen.«[82]

Robert betonte hier die Rückkehr zur Handarbeit, lehnte nicht selbst erwirtschaftete Einkünfte ab, forderte strengere Askese und die genaue Befolgung der Regel Benedikts. Wie aus der kurzen Passage ersichtlich ist, ähnelt sein monastisches Ideal doch eher dem der ägyptischen Wüstenväter als dem Ideal Benedikts. Die Ablehnung von »Herrschaft als Medium wirtschaftlicher Existenzsicherung« widerspiegelt eine zutiefst antifeudale Einstellung.[83]

Im Gegensatz zu Robert wünschten viele seiner Mitbrüder die Beibehaltung der monastischen Sitten. In ihrer Argumentation betonten sie drei Punkte: erstens die von Gott gegebene Ordnung, die die gesellschaftliche Stellung der Kirche und die verschiedenen Berufungen für Menschen innerhalb der Gesellschaft einschloß; zweitens die monastische Tradition Galliens, vor allem die von Cluny, welche sich stark von der Ägyptens unterschied;

---

82 »Manibus nostris non laboramus, ut sanctos patres fecisse legimus. Si michi non creditis o amici legite gesta sanctorum Antonii, Macharii, Pachomii, et ante omnes alios doctoris gentium Pauli apostoli. Abundantem uictum et uestitum ex decimis et oblationibus aecclesiarum habemus, et ea quae competunt presbiteris ingenio seu uiolentia subtrahimus. [...] Laudo igitur ut omnino regulam sancti Benedicti teneamus cauentes ne ad dexteram uel ad sinistram ab ea deuiemus. Victum et uestitum labore manuum nostrarum uendicemus, a femoralibus et staminiis pelliciisque secundum regulam abstineamus. Decimas et oblationes clericis qui diocesi famulantur reliquamus, et sic per uestigia patrum post Christum currere feruenter insudemus.« Ordericus Vitalis, *Ecclesiastical History* VIII,26, Bd. 4, pp. 312 und 314.
83 Vgl. Schreiner, K., 1982, p. 83.

schließlich drittens traten sie für eine moderate Befolgung der Regel des hl. Benedikt ein. Bei Ordericus heißt es:

»Die Mönche aber, die freiwillig die Eitelkeiten dieser Welt zurückgelassen haben und für den König der Könige kämpfen, leben friedvoll in abgeschiedenen Klöstern wie die Töchter des Königs. Sie erforschen durch Lesen die Geheimnisse des heiligen Gesetzes, und während sie immer darüber meditieren, halten sie freudig das Schweigen. Sie hüten ihre Zunge vor lasterhaften und weitschweifigen Reden und singen tagsüber und nachts dem Schöpfer die Psalmen Davids sowie andere mystische Lieder. Sie widmen sich außerdem anderen reinen und geeigneten, täglich zu verrichtenden Arbeiten, so wie es die Vernunft, gemäß den Vorschriften der Väter, verlangt. Diese Werke pflegen die Mönche im Westen bis heute zu tun, und alle wissen und bestätigen ohne jeden Zweifel, daß all ihre Aktivitäten auch derartig sein sollen. Es sei fern, daß die Bauern, deren angeborenes Los beständiges Mühsal ist, durch Muße erlahmen und satt herumlungernd Zeit für schallendes Gelächter und nichtsnutzigen Scherz haben oder, daß edle Ritter, scharfsinnige Philosophen sowie gebildete Scholaren, wenn sie der Welt entsagen, gezwungen werden, sich mit sklavischen und unangemessenen Arbeiten und Tätigkeiten, nach der Art einfacher Höriger, zu beschäftigen, um ihren Lebensunterhalt zu verdienen. Der Zehnte der Gläubigen oder die Spenden werden, gemäß allgemeiner Gültigkeit, den Klerikern und Dienern Gottes zugestanden.«[84]

Wie aus den Worten der Mönche zu ersehen ist, war ihre Position weder radikal noch traten sie für eine Lockerung der Sitten ein. Sie legten in einem anderen Abschnitt der Rede dar, daß das Ideal der Wüstenväter nicht mehr zeitgemäß sei, da diese vor den Heiden flüchten mußten und somit aus der Not eine

---

84 »Monachi autem qui sponte relictis huius mundi uanitatibus regi regum militant claustralibus septis ut filiae regis quiete insideant, archana sacrae legis legendo perquirant, et inde semper meditantes taciturnitati delectabiliter insistant, a prauis et ociosis sermonibus os suum coherceant, dauiticos ymnos aliasque misticas modulationes nocte dieque creatori concinant, aliisque mundis et idoneis actibus cotidie agendis prout ratio exegerit secundum precepta maiorum intendant. Haec in occidente monachi hactenus operari solent, ac studia eorum huiuscemodi esse debere omnes procul dubio norunt et perhibent. Absit ut rustici torpescant ocio, saturique lasciuientes cachinnis et inani uacent ludicro, quorum genuina sors labori dedita est assiduo egregii uero milites et arguti philosophi ac dicaces scolastici si renunciant seculo, cogantur seruilibus et incongruis more uilium mancipiorum studiis seu laboribus occupari pro uictu proprio. Decimae fidelium uel oblationes generali auctoritate conceduntur clericis et Dei ministris.« Ordericus Vitalis, *Ecclesiastical History* VIII,26, Bd. 4, p. 320.

Tugend gemacht haben.[85] Außerdem bestanden sie darauf, daß geographisch-klimatische und regionale Besonderheiten berücksichtigt werden sollten, genauso wie es Benedikt verlangte.[86] Schließlich beschlossen sie ihre Rede, indem sie sich dazu bekannten, all das nicht zu verdammen, was durch frühere Generationen von Mönchen, die ebenfalls nach der Regel gelebt haben, geschätzt, beachtet und ihnen als teures Erbe hinterlassen wurde.[87]

Aus ihrer Meinung läßt sich deutlich eine der wichtigsten Grundsätze Benedikts von Nursia heraushören, die *discretio*. Gerade für eine größere Gemeinschaft, die auf den durchschnittlichen Mönch bedacht sein mußte, um gut funktionieren zu können, war es wichtig, immer das rechte Maß zu finden. Robert hingegen, der ein anderes Ideal monastischer Askese verfolgte, konnte auf Dauer nur eine Elite anziehen und setzte damit die Gemeinschaft aufs Spiel.

Das zisterziensische Reformprogramm

Die monastischen Reformen des Mittelalters gründen in einem über weite Strecken pessimistischen Weltbild. Geschichte war primär Heilsgeschichte, und die verlief nicht nur linear in Richtung Weltende und jüngstes Gericht, sondern äußerte sich auch in der Ansicht, daß die Welt immer weiter (moralisch) verfällt, d.h. einem tendenziellen Abstieg unterliegt. Aus diesem heilsgeschichtlichen Grundverständnis heraus erklärt sich das Bedürfnis monastischer Reformer, sich zurückzuwenden, sowie deren Festhalten an Altbewährtem. Festhalten bedeutete Stabilität und das Wiederherstellen alter Zustände eine Rückkehr zu Besserem und Höherem.[88]

Die zisterziensische Klosterreform war eine Reform innerhalb des benediktinischen Mönchtums.[89] Die Reformer orientierten sich an Triebkräften

---

85 »Paulus et Antonius aliique plures qui primitus heremum expetierunt, et in abditis deserti locis monasteria sibi construxerunt timore paganorum ut supradictum est illuc compulsi artam nimis uitam elegerunt, et cooperante gratia Dei necessitatem in uoluntatem transmutauerunt.« Ordericus Vitalis, *Ecclesiastical History* VIII,26, Bd. 4, p. 318.

86 »Discretus autem Pater Maurus non mores AEgiptiorum qui nimio solis ardore iugiter estuant imitatus est, sed ritus Gallorum qui sepe brumali gelu in occidente contremiscunt pie intuitus est, sicut a spirituali magistro salubriter edoctus est.« Ordericus Vitalis, *Ecclesiastical History* VIII,26, Bd. 4, p. 316.

87 »Hoc o reverende pater sanctitati uestrae indubitanter notum sit. Quae a prioribus cenobitis qui religiose uixerunt seruanda didicimus, ac ut heredes ordinis et possessionis habemus, quamdiu Cluniacenses siue Turoneses aliique regulares uiri ea nacti fuerint non dimittemus, nec ut temerarii nouitatum adinuentores a fratribus nostris longe lateque condemnari uolumus.« Ordericus Vitalis, *Ecclesiastical History* VIII,26, Bd. 4, p. 320.

88 Vgl. Milis, J. R., 1992, pp. 9ff.

89 Louis Lekai beschrieb den zisterziensischen Reformansatz »as the application of Gregorian

und Zielsetzungen, die aus diesem Mönchtum selbst hervorgingen. Bruno Schneider hat in einem Vergleich der zeitgenössischen *Consuetudines* überzeugend gezeigt, daß die Zisterzienser mehr mit den benediktinischen Mönchen gemeinsam hatten, als bis dahin angenommen wurde.[90] Er stellte fest, daß es eine bemerkenswerte Übereinstimmung in großen Teilen des liturgischen Jahres wie der Organisation des täglichen Lebens gab. Selbst die Marienverehrung (*Salve regina, Officum Marianum* oder die Bestimmung von Maria als Schutzpatronin) war kein zisterziensisches Privileg.[91]

Die Umsetzung des zisterziensischen Reformprogramms brachte Veränderungen für die Gründung von Klöstern, für die Liturgie, in der Rekrutierung der Mönche, in Administration und Ökonomie mit sich.

Gründung von Klöstern

Neue Klöster sollten möglichst weit entfernt von den geschäftigen Plätzen der Welt, in Abgeschiedenheit und Einsamkeit, gegründet werden. Mindestens zwölf Mönche und ein Abt mußten für eine Neuansiedlung ausgeschickt werden, vorausgesetzt das Mutterhaus besaß wenigstens sechzig Profeßmönche und hatte die Erlaubnis des Generalkapitels.[92] Zuvor galt es jedoch, ein Minimum an Gebäuden (Oratorium, Dormitorium, Refektorium und Gästehaus) zu errichten.[93] Die Abteien sollten wenigstens zehn burgundische Meilen (ca.

ideals to monastic renewal, as opposed to traditional ways symbolized by Cluny.« Lekai, L. J., 1978, p. 11f.

90 Vgl. Schneider, B., 1960/61.

91 Schneiders Beobachtungen bestätigen frühere Beobachtungen von Bruno Griesser zu den *Ecclesiastica Officia.* »Unsere Untersuchung ergab als sicher älteste Schicht der EO [*Ecclesiastica Officia*] eine bemerkenswerte Anlehnung an kluniazensische Gebräuche in der Terminologie wie in manchen Sachbestimmungen. Daher gehören die Ausdrücke *secretarius, cymbalum,* vielleicht auch *suffraganeus,* der Schluss der Prophetenlektionen in bestimmten Fällen mit *Haec dicit dominus,* der Kuss des Kranken beim Weggehen nach der Spendung der Sterbesakramente, Priester und Diakon am Karfreitag, die Verrichtungen für die Verstorbenen« (Griesser, B., 1956, p. 174). Die Traditionslinie St. Bénigne nahe Dijon – St. Michel-de-Tonnere – Molesme – Cîteaux, die Schneider aufzuzeigen versuchte, hat Chrysogonus Waddell durch neuere Forschungen widerlegt. Er schrieb: »The chain indeed links early Cîteaux with Molesme; but from Molesme the chain stretches, not to Tonnere, but to Troyes and its ancient abbey of Montier-la-Celle; and from Montier-la-Celle the same chain stretches still farther back to Tours and to the even more ancient abbey founded by the poor and humble St Martin: Marmoutier. [...] The only working hypothesis which fits the evidence is this: that when Robert left Montier-la-Celle for the brethren at Collan, whom he subsequently transferred to Molesme in 1075, he took with him Montier-la-Celle *liturgica* derived in some manner from Marmoutier.« Waddell, C., 1985, p. 111 u. p. 121.

92 Vgl. Turk, J., *Cistercii Statuta Antiquissima* 37, p. 22.

93 Vgl. *Summa cartae caritatis et capitula,* Kap. 9, Bouton/van Damme, p. 121.

40 km) voneinander entfernt liegen, Grangien verschiedener Abteien dagegen nur zwei Meilen.[94] Um sicherzustellen, daß der neue Siedlungsplatz ein dauerhaftes Klosterleben ermöglichte, hatte der Gründungsabt vorher entweder den Rat seines Vaterabts oder den zweier Äbte aus der Nachbarschaft einzuholen.[95] Außerdem sollte jeder neue Konvent mit den wichtigsten liturgischen Büchern wie Regel, Evangeliar, Epistolar, Psalter, Hymnar, Antiphonar, Graduale, Missale, Lektionar, Kollektenbuch und Kalendarium ausgestattet werden.[96]

Obwohl die Umstände der Gründung von Fountains Abbey (Yorkshire) sicherlich ungewöhnlich waren, vermitteln sie dennoch etwas von dem frischen Wind, der in Reformkreisen der damaligen Zeit wehte. Begonnen hatte alles in St. Mary's, einer sehr wohlhabenden Benediktinerabtei vor den Toren der Stadt York.[97] Die Mönche der Abtei lebten ein gemäßigtes religiöses Leben, genossen ihre Privilegien und erlaubten sich die üblichen zeitgenössischen Erleichterungen in der monastischen Askese (kaum mehr Handarbeit, bessere Kost und Kleidung etc.), ohne daß jedoch vom Verfall ihres geistlichen Lebens gesprochen werden kann. Im Sommer des Jahres 1132, ob vom Beispiel zisterziensischer Strenge angefeuert sei dahingestellt[98], bildete sich eine kleine Gruppe von Reformern um den Sakristan Richard.[99] Sie besprachen ihre Ideen, die keineswegs auf spektakuläre Veränderungen des Klosterlebens, sondern lediglich auf eine Rückkehr zu einer strengeren Befolgung der Regel Benedikts zielten, mit Richard, dem Prior, und als dieser ihre Bedenken teilte, beschlossen sie, ihre Ansichten dem Abt Gottfried, einem alten und betagten Mann, vorzutragen. Gottfried, mehr besorgt um den äußeren Ruf (*scandalo*) seines Klosters, hielt die vorgebrachten Klagen für anmaßend und drohte sogar mit harten Strafen (*poenae severitatem*), wenn sie ihre Pläne nicht aufgeben würden (*ab inceptis desistere*).[100] Der Konflikt schwelte bis Oktober. In der Zwischenzeit wurde der Erzbischof von York, Thurstan, durch Prior Richard

---

94 Vgl. Turk, J., *Cistercii Statuta Antiquissima* 33, p. 21.
95 Vgl. Turk, J., *Cistercii Statuta Antiquissima* 30, p. 20.
96 Vgl. *Summa cartae caritatis et capitula*, Kap. 10, Bouton/van Damme, p. 122; Gerade in den frühen Jahren war dies wohl kaum einzuhalten. Das Kopieren der Bücher ist nicht nur zeitintensiv, sondern, aufgrund der verwendeten Materialien, auch sehr teuer gewesen. Die Äbte von Fountains Abbey gründeten zwischen 1138 und 1150 nicht weniger als acht Tochterklöster, die wohl kaum mit dem vollen Satz liturgischer Bücher ausgestattet worden sind.
97 Die Gründungsgeschichte ist überliefert in der *Narratio de fundatione*, pp. 3ff.
98 In der *Narratio de fundatione* (p. 5) heißt es *audita puritate ordinis* – nachdem die Mönche von St. Mary's Abbey von der Reinheit des (Zisterzienser-)Ordens gehört hatten.
99 Zu dieser ersten Gruppe gehörten »*Ricardus sacrista, Ranulphus, Gamellus, Gregorius, Hamo, Thomas, atque Waltherus*«. *Narratio de fundatione*, p. 6.
100 Vgl. *Narratio de fundatione*, p. 7f.

über die Ereignisse informiert und um Hilfe gebeten. Er versuchte, den Streit vor Ort zu schlichten und zwischen den Parteien zu vermitteln. Die Zusammenkunft sollte am 6. Oktober im Kapitelsaal von St. Mary's Abbey stattfinden. Als der Erzbischof mit seinen Leuten den Kapitelsaal erreichte, wurde er zwar vom Abt empfangen, doch verwehrte Gottfried dem Erzbischof und seinem Gefolge den Zutritt. Darüber kam es schließlich zum Eklat, denn der Erzbischof bestand darauf, mit seinen Beratern an der Versammlung teilzunehmen. Die Stimmung war sehr angespannt. Plötzlich brach ein gewalttätiger Tumult aus. Der Erzbischof suchte mit seinem Gefolge und der Reformpartei, dreizehn Mönchen von St. Mary's, in deren Klosterkirche Zuflucht.[101] Später verließen die Reformer unter der Obhut des Erzbischofs die Abtei, und nachdem die Mönche gemeinsam mit Thurstan in Ripon Weihnachten gefeiert hatten, stiftete er am 27. Dezember 1132 der Gemeinschaft ein Stück Land in Skell Dale zur Gründung eines Klosters und segnete ihren ersten Abt Richard, den ehemaligen Prior.[102] Im darauffolgenden Jahr baten die Mönche den hl. Bernhard, ihr Kloster als Tochter von Clairvaux aufzunehmen. Bernhard stimmte zu und schickte einen engen Vertrauten, Gottfried d'Ainai, nach Fountains, damit er die Mönche in den zisterziensischen Gebräuchen unterweise.[103] Nach den sehr schwierigen und harten Anfangsjahren, die fast zur Aufgabe geführt hätten, wendete sich das Blatt. Fountains Abbey prosperierte und wurde zu einer der größten Abteien Englands, was sich letztlich auch in ihrer Architekturgeschichte widerspiegelt.

Wie bereits erwähnt, sollten die zisterziensischen Abteien möglichst in entlegenen Tälern gegründet werden. In Deutschland sind einige Klöster (Altenberg, Heisterbach) zuerst auf Anhöhen gegründet, später dann in Täler verlegt worden.[104] Außerdem war die Ansiedlung fern von besiedelten Orten im 12. Jahrhundert eher eine Notwendigkeit als eine Wahl. Unbebautes Land konnte

---

101 Die Angaben zu den 13 Mönchen in der *Narratio de fundatione* (p. 8) sind nicht ganz korrekt. Die sowohl vollständigste wie auch früheste Erwähnung stammt aus dem letztes Drittel des 12. Jahrhunderts und findet sich als Anmerkung in einem Manuskript eines Briefes von Erzbischof Thurstan an seinen Kollegen in Canterbury. Dort heißt es: »*De his tresdecim viii abbates fuerunt Ricardus prior primus abbas de fontibus, Ricardus sacrista secundus abbas de fontibus Robertus de Sutwelle abbas de Kirkestede Gervasius subprior abbas de parco Walterus elemosinarius iis abbas de Kirkestede Rannulfus abbas de Norwegia Alexander abbas de Kirkestal Gaufridus pictor Gregorius Thomas Haimo Gamellus manachi (sic) obierunt Radulfus cantor solus recessit in cuius loco Adam de eadem ecclesia venit qui primus abbas de Melsa fuit.*« Corpus Christi College, Cambridge MS 139, fol. 159r.
102 Vgl. *Narratio de fundatione*, pp. 31–34.
103 Vgl. *Narratio de fundatione*, pp. 35–37 u. pp. 46–48.
104 Vgl. Schneider, A. (Hrsg.) 1986, p. 640 (Altenberg), p. 661 (Heisterbach).

---

leicht von Grundherren gestiftet werden. Kultiviertes Land war als Schenkung nicht nur rar, sondern bedeutete auch einen finanziellen Verlust für den Donator. Die Zisterzienser haben unbestritten ihren Anteil an der Kultivierung der europäischen Wildnis jener Zeit.[105] Dennoch darf nicht vergessen werden, daß auch sie oft an die Grenzen menschlicher Leistungsfähigkeit stießen. So zogen ungefähr die Hälfte aller in England gegründeten Zisterzienserkonvente mindestens einmal um; Byland Abbey fand erst im fünften Versuch eine feste Bleibe.[106] Die Gründe dafür waren sehr unterschiedlich. Sie reichten von schlechtem Klima oder miserablen Bodenverhältnissen über unzureichende Wasserversorgung bis hin zu gegenseitigen Animositäten, weil man sich räumlich zu nahe kam, wie das Beispiel von Byland und Rievaulx belegt.[107] Diese Schwierigkeiten zeigen, daß die Aufforderung zur Prüfung des neuen Siedlungsortes durchaus begründet war, genauso wie Einhaltung eines Mindestabstandes zwischen den Abteien.

Die Weißen Mönche wählten aber auch kultiviertes Gebiet[108] oder schufen sich erst die sogenannte Einsamkeit in der Wüste durch die gnadenlose Räumung von Dörfern. In der Reduzierung eines Dorfes auf die Größe eines Grangienhofes entwickelten die Zisterzienser in Yorkshire große ›Meisterschaft‹, so daß sich für dieses Verhalten ein Fachbegriff durchsetzte: *redigere in grangiam*.[109]

Obwohl Walter Map († um 1210), Höfling, Satiriker und ab 1197 Erzdiakon von Oxford, sehr voreingenommen über die Zisterzienser urteilte, brandmarkte er diese Praxis in seinem Buch *De nugis curialium* zu Recht.[110]

---

105 Durch den barbarischen Feldzug der Normannen sind viele bewohnte Gegenden Englands verwüstet worden. So bestand die Leistung der Weißen Mönche in Yorkshire neben der Trockenlegung von Sümpfen und der Rodung vor allem in der Rekultivierung verwüsteter Landstriche. Vgl. Donkin, A. R., 1978, pp. 103–120.

106 Vgl. *Monasticon Anglicanum*, Bd. 5, pp. 349ff.

107 Vgl. *Monasticon Anglicanum*, Bd. 5, p. 351; Donkin, R. A., 1978, pp. 31–36.

108 Die Chronik von Meaux-Abbey dokumentiert eine andere interessante Methode, nach der die Weißen Mönche besseres Land bekommen konnten. Adam, ein Mönch von Fountains und späterer Abt von Meaux, machte einen sehr geschickten Handel mit Wilhelm von Aumâle und Earl von York, der das Neuland für die Abtei stiften sollte. Wilhelm plagte sein schlechtes Gewissen, denn er hatte eine Pilgerfahrt ins Heilige Land gelobt, konnte dieses Gelöbnis aber nicht mehr erfüllen. Adam bot ihm an, sein Seelenheil im Ausgleich für eine Landschenkung zu retten. Allerdings bat er sich aus, den Platz selbst auswählen zu dürfen. Mit Widerwillen gab ihm Wilhelm eines seiner schönsten und fruchtbarsten Gebiete. Vgl. Burton, Th., *Chronica monasterii de Melsa*, Bd. 1, p. 76f; Fergusson, P., 1984, p. 19; Für Frankreich ist Silvanès ein klassisches Beispiel. Vgl. Berman, C., 1978.

109 Vgl. Donkin, R. A., 1978, pp. 39–51; für Byland und Rievaulx Abbey: Waites, B., 1962, besonders p. 650; Donkin, R. A., 1960.

110 Zur Biographie, zum Text und zur Kritik Walter Maps an den Zisterziensern: Brooke/

Die Zisterzienser im 12. Jahrhundert

»In ihren Vorschriften steht, daß sie verlassene Orte bewohnen, die sie nämlich entweder finden oder erst schaffen, von daher geschieht, daß, in welche Gegend du sie auch immer rufst, sie der Menschenmenge folgen und diese in kurzer Zeit gewaltsam auf eine Einöde zurückführen, und *wenn auch nicht mit Recht und Anstand, so tun sie es doch auf jede denkbare Weise.* [...] Und weil sie gemäß der Regel nicht das Recht haben, Pfarrkinder zu regieren, schleifen sie Dörfer, werfen die Pfarrkinder hinaus und vernichten sie. Sie zerstören die Kirchen und schrecken nicht einmal davor zurück, Altäre umzuwerfen und alles, was vor ihre Pflugschar kommt, einzuebnen, daß du, wenn du sehen würdest, was du gesehen hattest, sagen könntest, *Saat ist nun wo einst Troja war.*«[111]

Diese aggressive Politik konnte auch gewichtige Folgen nach sich ziehen, nämlich dann, wenn sich die Anwohner zu rächen versuchten. So berichtet die Gründungsgeschichte von Kirkstall Abbey (Yorkshire), daß Abt Lambert (1190–93) bei Grundstücksgeschäften mit dem Sohn des Gründers, Robert de Lacy das Dorf Accrington als Kompensation erhielt und dieses auf eine Grangie reduzieren ließ. Dann heißt es weiter, daß

»gewisse boshafte Leute, die in der Nähe wohnten und deren Vorfahren einst Accrington besaßen, vom Teufel getrieben, die Grangie mit allem Hausrat in Brand steckten und die drei Konversen Norman, Humphrey und Robert, die die Grangie leiteten, auf grausame Art und Weise umbrachten.«[112]

Mynors, *Introduction*, in: Walter Map, *De nugis curialium*, pp. xiii–l; zu Walter Maps Kritik am zeitgenössischen Klosterleben: Knowles, D., 1940, pp. 674–677.

111 »Habent in preceptis ut loca deserta incolant, que scilicet uel inuenerint talia uel fecerint; unde fit ut in quamcunque partem uocaueris eos, hominum frequenciam sequantur, et eam in breui potenter in solitudinem redigant; et *si non recte, faciunt quocumque modo rem* (Horace, *Epistula* i.1.66) [...] et quia parrochianos regere non habent secundum regulam, eradicant uillas, ecclesias parrochianos eiciunt euertunt, altaria deicere non abhorrent et ad uiam uomeris omnia complanare, ut si uideas que uideras dicere possi *Nunc seges est ubi Troia fuit* [Ovid, Heroiden, i.53]«. Walter Map, *De nugis curialium*, Dist. I, Kap. 25, p. 92.

112 »maligni quidam in vicina habitantes quorum antecessores Akeringtonam olim possiderant, instinctu diaboli ipsam grangiam cum omni subpellectile combuserunt, et tres conuersos Normanum, Vmfriedum et Robertum qui grangiam regebant crudeliter interemerunt« (*Fundacio abbathiae de Kyrkestall*, p. 184). Ähnliche Querelen ereilten Meaux Abbey in den Jahren 1160–82, als nicht nur eine Grangie geplündert wurde, sondern Wilhelm Fossard in Verärgerung über Grundstücksgeschäfte mit den Mönchen, die die Dörfer Baynton und Nessyngwyk betrafen, die Abtei plünderte. Vgl. Burton, Th., *Chronica monasterii de Melsa*, Bd. 1, p. 176.

Liturgie und Musik

Die zisterziensische Liturgie bewegte sich innerhalb der benediktinischen Tradition. Die Weißen Mönche haben benediktinisches Leben nur modifiziert. Die Gründerväter waren einerseits bestrebt, den zur ihrer Zeit und ihrer Meinung nach aus den Fugen geratenen liturgischen Tagesablauf wieder in für sie vernünftige Proportionen (Ruhen, Beten, Arbeiten, Studium) zu bringen, andererseits bemühten sie sich, zu den Wurzeln ihrer Tradition zurückzukehren. So heißt es bei Konrad von Eberbach im *Exordium magnum*:

>»Wenigstens zum ersten beschlossen sie [die Mönche von Cîteaux], die Art und die Ordnung des Gottesdienstes in jeder Hinsicht den Traditionen der Regel Benedikts entsprechend zu beobachten. Sie kürzten weithin und reduzierten alle Anhängsel der Psalmen, Gebete und Litaneien, welche weniger aufmerksame Väter eigenmächtig hinzugefügt hatten. In scharfsinniger Beobachtung stellten sie fest, daß dies wegen der Anfälligkeit für menschliche Schwächen geschah, jedoch weniger zum Heil als vielmehr zum Verderben der Mönche führte, da ihre Vielzahl nicht nur bei den verwöhnten Mönchen, sondern auch von ihnen selbst gänzlich lau und nachlässig erfüllt wurde.«[113]

Die Weißen Mönche gerieten damit in einen für reformmonastische Bewegungen typischen Konflikt zwischen Vernunft (*ratio*) und Brauch (*usus*) bzw. Wahrheit (*veritas*) und Gewohnheit (*consuetudo*).[114]

Die erste liturgische Reform (um 1109/10), die unter der Führung von Stephan Harding erarbeitet wurde, sollte zu einer textkritischen Vulgata-Ausgabe und zur Rückkehr zu den originalen ambrosianischen Hymnen bzw.

---

113 »Et primitus quidem modum et ordinem seruitii Dei per omnia secundum traditiones regulae obseruare decreuerunt recisis penitus et reiectis cunctis appendiciis psalmorum, orationum et letaniarum, quae minus discreti patres pro uelle suo superaddiderant, quae etiam propter fragilitatem infirmitatis humane non tam ad salutem quam ad perniciem monachorum sagaci consideratione deprehenderunt, dum ob multiplicitatem sui non solum a fastidiosis, sed ab ipsis quoque omnino tepide et negligenter persoluerentur.« *Exordium magnum* I,20, p. 41.

114 Das Problem illustriert ein Brief Abaelards (*Epistola* 10) an den hl. Bernhard. Peter Abaelard kämpfte gegen denselben Vorwurf wie die Zisterzienser, nämlich Neuheiten (*novitates*) einführen zu wollen. Chrysogonus Waddell hat die im Brief vorgetragenen Argumente eingehend untersucht und geschlußfolgert, daß »in practice, the Cistercians tended to make the authority an absolute norm for reason; while Peter, at least on occasion, tended to use reason as the instrument for discerning whether what passed as authority was really authoritative.« Waddell, C., 1976, p. 85.

zu den gregorianischen Gesängen führen.[115] Der Reform lag ein Streben nach größtmöglicher Authentizität (*magis authenticum*) zugrunde, und zwar im Sinne der Übereinstimmung mit dem Original.[116] Deshalb besorgten sich die Mönche ein Graduale mit gregorianischen Chorälen aus Metz und eine Kopie der ambrosianischen Hymnen aus Mailand. Lorenz Weinrich brachte die liturgische Reform auf einen kurzen Nenner:

> »der Bibeltext nach Hieronymus, das Stundengebet nach Benedikt, das Hymnar nach Ambrosius und das Antiphonar und Graduale nach Gregor.«[117]

Wie sich aber schnell herausstellen sollte, waren die Gesänge aus Metz keineswegs dieselben wie die zur gregorianischen Zeit gesungenen, und auch das, was unter dem Namen ambrosianischer Hymnen in Mailand kursierte, hatte mit den von Ambrosius geschaffenen Hymnen nur den Namen gemeinsam.[118] Die Mönche folgten hier der *auctoritas*, die in beiden Fällen im Namen begründet lag. Sie glaubten und vertrauten darauf, daß die Hymnen und Gesänge, die ambrosianisch bzw. gregorianisch genannt wurden, zweifellos auch von Ambrosius und Gregor dem Großen geschaffen worden waren. Ihr Vertrauen auf die Autorität dort, wo die Vernunft nicht weiter wußte, führte dazu, daß auch die negativen Seiten der Übernahme dieser für authentisch gehaltenen Hymnen und Gesänge für eine gewisse Zeit in Kauf genommen wurden.[119]

Die Mängel wurden bald offensichtlich. Musikkundige Zisterziensermönche wie Guido von Cherlieu († 1158) oder Guido von Châlis, deren Traktate allerdings nur zum Teil oder gar nicht überliefert sind, hegten früh Zweifel.[120]

---

115 Ein kleines Schriftstück Stephan Hardings mit dem Titel *De observatione hymnorum* illustriert das Anliegen. Zur liturgischen Reform allgemein: Göller, G., 1972; Hüschen, H., 1968 (mit ausführlicher Bibliographie); Lekai, J., 1977, pp. 248–260; Weinrich, L., 1980.

116 Vgl. Bernhard von Clairvaux, *Prologus in antiphonarium quod Cisterciensis canunt ecclesiae*, SW II, p. 228 [SBO III, p. 515]; Waddell, C., 1973, p. 195.

117 Weinrich, L., 1980, p. 116.

118 Benedikt erwähnt in den Kapiteln 9,4; 12,4; 13,11 und 17,8 Ambrosius. In allen vier Fällen steht aber nicht *hymnum Ambrosii*, sondern nur *ambrosianum*, d.h. Benedikt verwendete *ambrosianus* als Synonym für *hymnus*. Im 12. Jahrhundert wurde allgemein davon ausgegangen, daß die Hymnen auch von Ambrosius komponiert worden sind. Abaelard hat den Widerspruch bereits gesehen. Vgl. *Epistola* 10, p. 244f (PL 178, c. 339B–C) u. Waddell, C., 1976, p. 80.

119 Vgl. Waddell, C., 1973, p. 206.

120 Guido von Cherlieu wird auch die meist unterm Namen Bernhards von Clairvaux geführte Schrift *Epistola seu prologus super antiphonarium cisterciensis ordinis* zugeschrieben. Ferner wird er als Autor zweier Traktate, *Tractatus de organo* und *Regulae de arte musica*, genannt, wobei letzterer wohl von Guido von Longpont stammt. Vgl. Hüschen, H., 1968, c. 1331f.

Sie waren der Meinung, daß sich die Authentizität der Musik nicht nach dem Ort, sondern nach den dieser Musik eigenen Regeln bemißt.[121] Diese Regeln jedoch entstammten einer *a-priori* gewonnenen Theorie des richtigen Gesanges, und darin liegt die ästhetische Besonderheit. Die Suche nach einem mythischen Archetypus der jeweiligen Gesänge hatte zwei gravierende Folgen. Einerseits hatte dieser Archetypus dem vorab theoretisch gewonnenen Modell zu entsprechen, d.h. die real vorgefundenen Gesänge mußten modifiziert werden. Andererseits war diese Herangehensweise *a-priori* der Garant dafür, einen *Corpus* liturgischer Gesänge zu schaffen, der nicht nur jeder lebendigen Musiküberlieferung widersprach, sondern mehr noch, mit dieser Theorie wurde der Mythos eines Archetypus auch noch rational begründet.[122]

In Konsequenz dieser Unstimmigkeiten zwischen Theorie und Praxis, die wohl auch dem hl. Bernhard großes Unbehagen bereiteten, wurde eine zweite liturgische Reform angeschoben (um 1134–47). Die eingesetzte Kommission unter Bernhards Vorsitz, zu der wahrscheinlich auch Guido von Cherlieu zählte, präsentierte ihre Ergebnisse vermutlich auf dem Generalkapitel des Jahres 1147.[123] Trotz des Widerspruches, der sich vor allem auf die Psalmodie im Offizium, das Antiphonar und das Graduale bezog, wurde eine revidierte Fassung liturgischer Bücher, der sogenannte Normalcodex, mit seinen fünfzehn Büchern erstellt.[124] Diese Reform führte im Ergebnis, abgesehen vom Meßordinarium, zu einer Schlichtheit im Gesang durch

»Vermeidung von Verdopplungen und Beseitigung nicht-biblischer Stücke, Einschränkung der Zahl der Gesangsstücke, Anwendung der Tonartenlehre, Festlegung der Tonalität, Einengung des Ambitus, Abschaffung des Moduswechsels und Kürzung der Melismen.«[125]

Das grundlegende Dilemma dieser Reformen zeigt sich aber in der Denkhaltung mit der diese angegangen wurden. Chrysogonus Waddell hat diesen Punkt besonders hervorgehoben. Der Drang zu klassifizieren, zu systemati-

---

121 Vgl. Weinrich, L., 1980, p. 159.
122 Vgl. Maître, C., 1994.
123 Bernhard machte im *Prologus in antiphonarium* eine Anspielung darauf, indem er hervorhob, daß die neuen liturgischen Gesänge mit der Autorität des ganzen Kapitels (*auctoritate totius capituli*) von allen Äbten einmütig anerkannt und bestätigt worden sind (*ab universis abbatibus concorditer susceptum et confirmatum est*). Vgl. SW II, p. 230 [SBO III, p. 516].
124 Der Normalcodex beinhaltete folgende Bücher: Consuetudines, Regula, Epistolare, Collectaneum, Breviarium pars I–III, Kalendarium, Missale, Evangeliarium, Psalterium, Cantica, Hymnarium, Antiphonarium und Graduale. Vgl. Hüschen, H., 1968, c. 1327.
125 Weinrich, L., 1980, p. 160.

sieren und zu definieren, wie er bereits unter dem Stichwort der *uniformitas* beschrieben wurde, ist nicht zu übersehen.[126] Die Töne sollten möglichst genau fixiert werden. Musik ist aber etwas Lebendiges. Selbst das heutige Notationssystem, gar nicht zu reden von den Formen des 12. Jahrhunderts, wäre bei solchen Ansprüchen überfordert. Die wirkliche Liturgie lebt nicht aus der Notation und den liturgischen Büchern, sondern aus ihrem und in ihrem Vollzug. Sie lebt aus der realen Erfahrung des Mysteriums Christi.[127]

Eine detaillierte ästhetische Analyse zisterziensischer Musik und Liturgie kann von mir nicht geleistet werden.[128] Ich möchte dennoch auf einige Aspekte aufmerksam machen, die für die Ästhetik von Interesse sind.

1. Bernhard betonte in einem Brief (Ep. 398) an Guido, Abt von Montiéramey, die Einheit von Wort und Musik sowie das Bemühen des Interpreten, einen dem Text und der Melodie adäquaten Klang der Stimme zu wählen. Er schrieb:

»Falls Gesang angestimmt werden soll, so sei er voll Würde: er soll weder nach Weichlichkeit noch Plumpheit klingen, er sei süß, ohne gehaltlos zu sein, er soll den Ohren so schmeicheln, wie er die Herzen bewegt. Er lindere Trauer, besänftige den Zorn; er soll den Inhalt der Worte nicht entleeren, sondern bereichern. Die geistliche Gnade erleidet keine geringe Einbuße, wenn durch die Seichtheit des Gesanges vom nutzbringenden Inhalt abgelenkt wird und den kunstvollen Figuren der Stimmen mehr Aufmerksamkeit gewidmet wird als dem Bestreben, die Wahrheit in die Herzen eindringen zu lassen.«[129]

Das, was in der Übersetzung mit Plumpheit (*rusticitatem*) bezeichnet wurde, ist besser mit bäurischer Art umschrieben und diese steht für grobes, tölpelhaftes und ungebildetes Benehmen. Der Begriff ist hier eindeutig pejorativ gebraucht und spiegelt auf der ästhetischen Ebene soziale Werte.

---

126 Siehe dazu den kleinen musiktheorethischen Traktat, der unter dem Namen des hl. Bernhard in der Patrologia Latina ediert ist: *Tonale S. Bernardi*.

127 Vgl. Waddell, C., 1973, p. 223.

128 Es sei an dieser Stelle auf die kürzlich erschienene Arbeit von Claire Maître (1995) hingewiesen.

129 »Cantus ipse, si fuerit, plenus sit gravitate: nec lasciviam resonet, nec rusticitatem. Sic suavis, ut non sit levis: sic mulceat aures, ut moveat corda. Tristitiam levet, iram mitiget; sensum litterae non evacuet, sed fecundet. Non est levis iactura gratiae spiritualis, levitate cantus abduci a sensuum utilitate, et plus sinuandis intendere vocibus quam insinuandis rebus.« *Epistola* 398, SW III, p. 782 [SBO VIII, p. 378].

Dies gilt ebenso für den Begriff der Weichlichkeit (*lasciviam*). Aus einem der frühen Statuten wird deutlich, was Bernhard darunter verstand:

»Es geziemt sich, daß Männer mit kräftiger Stimme singen und nicht in weiblicher Art und Weise hell tönend oder wie in der Umgangssprache gesagt wird, mit falscher Stimme (Kopfstimme) gleichsam die spielmännische Zügellosigkeit nachahmen. Deshalb ordnen wir an, im Gesang die Mäßigkeit zu erhalten, so daß Ernsthaftigkeit verströme und die Frömmigkeit bewahrt werde.«[130]

Mit einem ausgelassenen oder zügellosen Benehmen wurden die Schauspieler und Spielleute (*histriones*) charakterisiert. Mehr noch, sie waren nicht nur fröhlich und ausgelassen, sondern wußten auch, ihre Natur als menschliches Wesen zu verstellen. Sie waren nicht sie selbst, sie spielten verschiedene Rollen und machten sich über alles lustig. Der Kirche waren diese Gaukler, Tänzer und Spielmänner ein Dorn im Auge. Bernhards Kritik an einem wichtigen Aspekt der ästhetischen Kultur der Klöster, der Musik, ist hier zugleich Sozialkritik. Der Vergleich mit den Spielleuten kehrt in der Kritik der Zeichensprache mit denselben gesellschaftlichen Konnotationen wieder und wird dort weiter verfolgt.

2. Die liturgische Reform lebte auch von der Reduzierung der *superfluitas* auf die *necessitas*. Die Gesänge sollten schlicht und einprägsam sein. Die Melismen, die kunstvollen Figuren (*sinuandis vocibus*), wie sie Bernhard nannte, wurden reduziert und der Tonumfang (*ambitus*) auf zehn diatonische Tonstufen festgelegt.[131] Ebenso gab es Bestimmungen zur Tonart, wobei zwischen plagalen und authentischen Tonarten unterschieden wurde.[132]

---

130 »Viros decet uirili uoce cantare et non more femineo tinnulis uel ut uulgo dicitur falsis uocibus ueluti hystrionicam imitari lasciuiam. Et ideo constituimus mediocritatem seruari in cantu, ut et grauitatem redoleat et deuotio conseruetur.« Turk, J., *Cistercii Statuta Antiquissima* (75) XXXVI, p. 27.

131 Die zehnstufige Tonfolge geht auf Guido von Cherlieu's Interpretation von Psalm 143,9 »*in psalterio decachordo psallam tibi*« zurück, was Luther mit »ich will dir spielen auf dem Psalter von zehn Saiten« übersetzte. Vgl. Göller, G., 1972, p. 266.

132 Vgl. Hüschen, H., 1968, c. 1327f. Im Mittelalter wurden vier Haupttonarten, die sogenannten authentischen Modi (Dorisch, Phrygisch, Lydisch und Mixolydisch), unterschieden. Sie haben den Tenor auf der Quinte. Mit ihnen korrespondieren vier plagale Modi (hypodorisch, hypophrygisch, hypolydisch und hypomixolydisch), die auch als Nebentonarten bezeichnet werden. Beide Tonarten haben den gleichen Schlußton (*finalis*). Bei den plagalen Tonarten ist der Tonumfang (*ambitus*) jedoch um eine Quarte nach unten verschoben. Der Tenor ist hier in der Regel auf der Terz. Vgl. Michels, U., 1977, Bd. 1, p. 90f u. p. 188f.

Schließlich waren die Reformer bemüht, die Mehrstimmigkeit so gering wie möglich zu halten. Doch gerade hier war die Gegenwehr sehr stark.[133]

3. Die Zisterzienser schränkten natürlich auch die Ausgestaltung der Liturgie hinsichtlich der liturgischen Kleidung und Geräte ein. So heißt es bereits in den frühen *Capitula* (25) und (26) zur *Summa cartae caritatis*, daß die Gewänder der Altardiener, ausgenommen Manipel und Stola, sowie die Altartücher nicht aus Seide sein sollen, und die Kasel sei nur einfarbig. Zur Kleidung gehörte auch, daß dem Abt das Tragen der *pontificalia* (Mitra, Ring und Sandalen) nicht gestattet war. Gefäße, Geräte sowie alle Ornamente des Klosters sollten nicht aus Gold und Silber sein oder mit Edelsteinen geschmückt werden. Ausgenommen wurde der Kelch und das Kommunionröhrchen, die allerdings nur vergoldet oder versilbert sein durften. Bildwerke waren verboten. Einzige Ausnahme ist das Kreuz gewesen, welches bemalt werden durfte. Es mußte jedoch aus Holz sein.[134] Zu diesen Verordnungen gehören auch die Einschränkungen zur Buchmalerei.[135] Denn viele Codices waren liturgische Bücher im engen Sinn, wie z.B. Bibel, Evangeliare, Missale, Graduale, Hymnar oder Antiphonar. So wird in frühen Statuten untersagt, die Bücherschließen weder aus Gold noch aus Silber, weder vergoldet noch versilbert zu fertigen. Die Buchstaben sollten aus einer Farbe und ohne figürliche Darstellungen sein, wie auch die Glasfenster.[136] Diese Verordnungen standen im krassen Gegensatz zur Tradition unter dem dritten Abt von Cîteaux, Stephan Harding. Unter seiner Ägide erlebte die Buchmalerei einen bemerkenswerten Aufschwung, die jedoch durch die neuen Verordnungen einen Bruch erlitt.

Soziale Zusammensetzung der Konvente

Über die soziale Zusammensetzung der Konvente ist wenig bekannt. Die Mönchsgemeinschaft teilte sich in Voll- oder Chormönche und Konversen. Wer als Mönch in das Kloster eintreten wollte, mußte mindestens 15 Jahre alt

133 So wurden auf dem Generalkapitel im Jahre 1217 die Äbte von Dore und Tintern wegen drei- und vierstimmiger Gesänge, die nach weltlicher Sitte musiziert werden (*triparti vel quadriparti voce, more saecularium canitur*), verwarnt und aufgefordert, dies zu korrigieren. Vgl. Canivez, *Statuta* I, 1217:31.

134 Vgl. Bouton/van Damme, p. 124f.

135 Zur Buchmalerei: Zaluska, Y., 1989; Lawrence, A., 1986; Plotzek-Wederhake, 1980.

136 »Interdicimus, ne in ecclesiarum nostrarum libris aurea uel argentea uel deaurata habeantur retinacula, que usu firmacula uocantur, et ne aliquis codex pallio tegatur.« Turk, J. *Cistercii Statuta Antiquissima* (13) XIII, p. 18. »Littere unius coloris fiant et non depicte. Vitree albe fiant et sine crucibus et picturis.« Turk, J. *Cistercii Statuta Antiquissima* (82) XLIII, p. 27.

sein.[137] Der Neuankömmling absolvierte ein einjähriges Noviziat, an dessen Ende die Profeß stand. Die Zisterzienser lehnten Kinder ab. Frauen wurden ausdrücklich zurückgewiesen und ursprünglich nicht einmal als Gäste erlaubt.[138] Gewisse Ausnahmen gab es bei Begräbnissen von Klosterangehörigen.[139]

Für die Frühzeit fehlen aussagekräftige Quellen, und die zeitgenössischen literarischen Texte geben nur sehr allgemeine Hinweise auf das Spektrum derer, die in zisterziensische Klöster eintraten. Da jedoch der Klostereintritt eine freie Willensentscheidung sein sollte, kann man davon ausgehen, daß die Mehrheit der Mönche sich aus jenen rekrutierten, die frei über sich verfügen konnten. Ordericus Vitalis sprach von »vielen edlen Streitern und großen Gelehrten«.[140] Im *Exordium Cistercii* heißt es unter Anspielung auf den Eintritt des hl. Bernhard, seiner Verwandten und Freunde, daß unter den Novizen Kleriker (*clerici*) und Laien (*laici*) waren, Vornehme (*nobiles*) und Mächtige (*potentes*).[141] Das *Exordium parvum* spricht von Alten (*senes*) und Jungen (*iuvenes*), von Menschen verschiedenen Alters, die sich in verschiedenen Teilen der Welt begeistern ließen (*diversaeque aetatis homines in diversis mundi partibus animati*).[142] Herbert von Sassari († 1180), Abt von Clairvaux, erwähnte »so viele weise, edle und zarte« Männer.[143] Nachdem Konrad von Eberbach im

---

137 »Et notandum, quia nullum nisi post quintum decimum etatis sue annum in probatione nobis ponere licet.« Turk, J. *Cistercii Statuta Antiquissima* (80) XLI, p. 27. Das Eintrittsalter ist später auf 18 Jahre heraufgesetzt worden. Vgl. Canivez, *Statuta* I, 1201:4.

138 Vgl. *Summa cartae caritatis et capitula* (17) u. (18), Bouton/van Damme, p. 123. Die Realität war allerdings mannigfaltiger. Bereits in den Generalkapitelstatuten von 1157:10, 1191:22 und 1193:12 werden Frauen in Zisterzienserkirchen erwähnt. 1205 geriet der Abt von Pontigny in Schwierigkeiten, weil er die Königin von Frankreich über Nacht beherbergte, die Predigt im Kapitelsaal hören und sie an der Prozession im Kreuzgang teilnehmen ließ (Canivez, *Statuta* I, 1205:10). Königin Eleanor blieb 1246 für drei Wochen in Beaulieu Abbey, um ihren kranken Sohn zu pflegen. Dies kostete, wie der Chronist von Waverley berichtet, bei der folgenden Visitation Prior und Kellermeister das Amt (*Annales monasterii de Waverleia*, p. 337). Im Jahre 1250 erlaubte Innozenz IV. adligen Frauen das Kloster zu betreten, jedoch durften sie dort weder Fleisch essen noch übernachten. Vgl. Williams, D., 1991, pp. 111f.

139 »Ad sepulturam autem duos tantummodo, quos uoluerimus, de amicis, de familiaribus nostris cum uxoribus suis.« Turk, J., *Cistercii Statuta Antiquissima* (27) XXVII, p. 20 u. Abschnitt »Letzte Ruhestätte – Grab und Grabstein«, pp. 321ff.

140 »multi nobiles athletae et profundi sophistae« Ordericus Vitalis, *Ecclesiastical History* VIII,26, Bd. 4, p. 326.

141 Vgl. *Exordium Cistercii* 2, Bouton/ van Damme, p. 113.

142 Vgl. *Exordium parvum* XVII.12, Bouton/ van Damme, p. 82

143 »tot sapientes, tot nobiles et delicati ibidem viri« Herbert von Sassari, *De miraculis* I.1, PL 185,2 c. 1274A.

Exordium magnum den Eintritt des hl. Bernhard ins Kloster beschrieben hatte, vermerkte er sofort die breite Beispielwirkung dieses Vorgangs und zeichnete ein buntes Bild von »einer großen Menge von Menschen verschiedenen Alters und unterschiedlicher Stände, von Reichen, Wohlhabenden und Armen«, die, durch das Beispiel angespornt, das Haus füllten.[144] Interessant sind allerdings die Hinweise, die Caesarius von Heisterbach seinen Lesern mit auf den Weg gab. Er warnte vor Edelleuten, die nicht aus religiöser Leidenschaft, sondern aus materieller Not Zisterzienser werden wollten.[145]

Mögen die Zisterzienser der ersten und zweiten Generation auf die soziale Herkunft der Mönche weniger Wert gelegt haben, so dürfte dies für die folgenden kaum noch gegolten haben. Im Jahre 1188 verbot das Generalkapitel die Aufnahme von Adligen als Konversen[146], und im Novizenspiegel des englischen Zisterziensers Stephan de Salley's († 1152) findet sich ein Hinweis auf die früheren Tätigkeiten der Novizen. Gleich zu Beginn warnt der Autor die Novizen davor, ihre Gedanken mit weltlichen Dingen, die sie einstmals getan oder auch nicht getan haben, zu besetzen. Als Beispiele nennt er neben Allgemeinplätzen wie Essen, Trinken, Gesten und den nächtlichen Einbildungen das Bauen von Kirchen, das Schreiben von Büchern, die Leitung eines Haushaltes, die Jagd, Pferderennen und ähnliches.[147] Weitere Hinweise auf die Rekrutierung von Adligen finden sich indirekt in zisterziensischen Predigten. Der hl. Bernhard, Aelred oder andere griffen gern auf Benedikts Metapher vom Mönchsleben als militärischen Dienst zurück. Dies macht vor allem Sinn und ist pädagogisch wirkungsvoll, wenn eine große Zahl des Auditoriums damit eine Realerfahrung verbinden konnte. In dem die Äbte das Thema des *miles Christi* ausbauten, vermittelten sie ihre theologischen Lehren in einer für die Zuhörer eindrucksvollen Bildsprache. Der Mönch kämpfte jedoch nicht in erster Linie gegen äußere Feinde, sondern focht im spirituellen Kampf gegen sich selbst.[148]

---

144 »Quorum exemplo prouocata innumera multitudo hominum diversae aetatis et condicionis, nobiles, mediocres, pauperes, ita stabulum illud Christi pannis innocentiae eius obuolutum repleverunt.« *Exordium magnum* I,21, p. 47.

145 »Saepe vidimus et quotidie videmus, personas aliquando in saeculo divites et honestas, ut sunt milites et cives, cogente inopia, venire ad ordinem, magis ex necessitate volentes diviti Deo servire, quam inter cognatos et notos egestatis confusionem sustinere.« Caesarius von Heisterbach, *Dialogus miraculorum* I,I,28, p. 34.

146 Vgl. Canivez, *Statuta* I, 1188:8.

147 »de aedificanda ecclesia vel faciendis libris, de dispositione domus diu cogitavi vel de venatione vel cursu equorum et de aliis similibus.« Stephan de Salley, *Speculum novitii*, p. 45.

148 Vgl. Newman, M. G., 1996, pp. 25ff.

Es ist durchaus bemerkenswert, daß gebildete Leute in einer vergleichsweise guten gesellschaftlichen Stellung wie der hl. Bernhard, Aelred von Rievaulx, Heinrich Murdac († 1153), Wilhelm von St. Thierry, Petrus Cantor († 1197) oder Alanus von Lille († 1203) einen Drang verspürten, den zisterziensischen Habit anzulegen. Diese Leute folgten wohl eher individuellen religiösen Antrieben und hatten ein feines Gespür dafür, daß sie einem *corps d'elite* angehörten, das an einer der größten Unternehmungen des 12. Jahrhunderts teilnahm.[149] Die Offenheit dieser *hommes de lettres* für neue Ideen und die Tatsache, daß viele der fähigen Mönche und späteren Äbte nicht von Kindheit an im Kloster aufgewachsen waren, sondern im reiferen Alter eintraten und von der gewonnenen Lebenserfahrung außerhalb der Klausur profitieren konnten, trug maßgeblich zum Gelingen des Unternehmens bei.[150]

Die Zisterzienser schufen einen neuen Typ der Konversen. Sie waren aber nicht die einzigen Laien, die direkt zum Kloster gehörten.[151] Während der ältere Begriff *conversus* denjenigen bezeichnete, der das Kloster im reifen Alter betrat, bezeichnete *conversus* bei den Zisterziensern einen Laienmönch, dem es nicht gestattet war, die Mönchsprofeß abzulegen, und dem besondere wirtschaftliche Aufgaben zugewiesen wurden.[152] Für die Aufnahme als Konverse war ein Mindestalter von 18 Jahren und eine halbjährige Probezeit (wahrscheinlich erst ab 1220) in weltlicher Kleidung vorgeschrieben. Danach folgte im klösterlichen Konversengewand ein einjähriges Noviziat, welches mit der Profeß seinen Abschluß fand.[153] Die Laienbrüder bekamen andere Kost, die Fastenzeiten wurden für sie eingeschränkt und liturgische Pflichten reduziert. Die wichtigsten Gebete sollten auswendig gelernt werden. Die Laienbrüder mußten teilweise an Feiertagen arbeiten, beachteten nur ein gemäßigtes Schweigegebot und waren zumindest seit 1181 offiziell von der Abtswahl und den Verhandlungen im Kapitelsaal ausgeschlossen. Bildung wurde ihnen weitestgehend verwehrt. Bücher, ausgenommen vielleicht die Rechnungsbücher, sind für sie tabu gewesen. Waren sie dennoch des Lesens und Schreibens

---

149 Vgl. Lawrence, C. H., 1984, p. 186.
150 Vgl. Lawrence, C. H., 1984, p. 102.
151 Mit dem Kloster waren außerdem die *mercenarii, familiares, garciones* oder Stifter auf unterschiedliche Weise verbunden, wobei keinesfalls eindeutig ist, wer alles zu den *familiares* gehörte und wer sich im einzelnen hinter den *garciones* verbirgt.
152 Vgl. Hallinger, K., 1956; zur Kritik an Hallinger und zu einer Neubewertung: Toepfer, M., 1983; Lekai, L. J., 1977, pp. 334–346; zum Status der Konversen: *Summa cartae caritatis et capitula* (20–22), Bouton/van Damme, p. 123f.
153 In einem Statut aus dem Jahre 1201:4 wird das Alter der Klosterangehörigen auf 18 Jahre festgelegt.

kundig, so sollte dies nicht gefördert werden. Äußerlich waren sie an ihrer dunklen Kutte, der Tonsur und dem Bart zu erkennen.[154] Die *fratres barbati*, wie sie auch genannt wurden, lebten in einem separaten Klostertrakt, auf klostereigenen Grangienhöfen oder in den Stadthöfen. Sie gestalteten ihr Leben gemäß dem *Usus conversorum*. Als Ergänzung dazu erhielten die Filiationen von Clairvaux eine aus 16 Kapiteln bestehende *Regula conversorum*.[155] Die Weißen Mönche perfektionierten das Konverseninstitut in Analogie zum feudalen Vasallensystem.[156]

Über den genauen Zeitpunkt der Einführung der Konversen neuen Typs wie auch über deren Zahl und soziale Herkunft besteht gerade für die erste Hälfte des 12. Jahrhunderts nach wie vor große Ungewißheit. Michael Toepfer setzt die Einführung von Konversen sehr vorsichtig in die zweite Dekade des 12. Jahrhunderts.[157] In Anbetracht einiger früher englischer Zisterzienserkirchen, die oft einschiffig und relativ klein waren, erscheint mir dieser Zeitpunkt sehr früh. Denn diese Kirchen waren kaum in der Lage, die Konversen und Chormönche zahlenmäßig und räumlich geschieden aufzunehmen. Aber vielleicht bestand zu dieser Zeit noch gar keine Notwendigkeit dafür.

Die Anzahl der Laienbrüder ist für das späte 12. Jahrhundert beträchtlich. Das Verhältnis von Chormönchen zu Konversen wird meist auf 2 : 3 oder 1 : 3 geschätzt.[158] Im 13. Jahrhundert ist ein kontinuierlicher Rückgang der Zahl der Laienbrüder zu verzeichnen. Dies hing zum einen mit den allgemeinen sozialen Veränderungen zusammen und zum anderen mit der Tatsache, daß Zisterzienserkonvente zunehmend Land zur Bewirtschaftung verpachteten.[159] Darüber hinaus konnte Michael Toepfer in seiner Analyse nicht-normativer Quellen zeigen, daß die Konversen des ausgehenden 12. und des 13. Jahrhunderts ihrer sozialen Herkunft nach differenzierter gesehen werden müssen, daß sie über ein recht praxisnahes Wissen als Spezialisten verschiedener Gewerke verfügten und in leitenden Positionen als Grangienmeister, Kaufleute

---

154 Vgl. Toepfer, M., 1983, pp. 40–43. Das *Exordium parvum* (XV.10) spricht von bärtigen Laien als Konversen (*conuersos laicos barbatos*). Vgl. Bouton/ van Damme p.

155 Vgl. Toepfer, M., 1983, pp. 130ff.

156 »This act of profession, in which the *conversus* put his hands between those of the abbot and promised to obey him, was a curious mixture of feudal and monastic ceremonial; it emphasized the binding obligations undertaken by the aspirant, but it did not give him the rights of a member of community, it was a kind of monastic vassalage.« Southern, R. W., 1970a, p. 258.

157 Vgl. Toepfer, M., 1983, p. 29.

158 Clairvaux (um 1150) 200:300; Pontigny (1157), 100:300; Rievaulx (1165) 140:500; Waverley (1187) 70:120; Altenberg (1198) 107:138; nach Tocpfer, M., 1983, p. 53.

159 Vgl. Toepfer, M., 1983, pp. 58ff.

oder Unterhändler fungierten und daher größere Entscheidungsvollmachten innehatten, so daß sie wohl nie die Masse des Arbeitskräftepotentials darstellten und häufig mit Leitungsaufgaben betraut wurden. Handwerklich qualifizierte Konversen wurden sogar an weltliche und geistliche Herrscher für verschiedene Arbeiten ausgeliehen. Darunter befanden sich auch Bauhandwerker.[160]

Das Verhältnis der Konversen zu den Vollmönchen wird wohl nur in den Anfängen – und selbst dann nur in Ausnahmen – so gewesen sein, wie es Aelred von Rievaulx in einer Predigt forderte:

>»Unsere Laienbrüder mögen nicht darüber klagen, daß sie nicht so viele Psalmen singen oder Nachtwachen wie die Mönche, noch die Mönche, daß sie nicht soviel arbeiten wie die Laienbrüder. Denn ich sage euch in aller Wahrhaftigkeit: Was immer einer tut, das gehört allen anderen, und was alle tun, gehört jedem einzelnen. Denn wie die Glieder eines Leibes nicht alle dieselbe Aufgabe haben, so sind, wie der Apostel sagt, ›die Vielen ein Leib in Christus, die einzelnen aber untereinander Glieder‹. Deswegen soll der Schwache sagen: Ich bin stark. Denn wie in ihm sein Bruder die Schwäche in Geduld trägt, so besitzt er in seinem Bruder Stärke im Aushalten.«[161]

Aelreds Analogie sowie einige Äußerungen im *Exordium parvum*[162] legen eine Gleichberechtigung von Laienbrüdern und Vollmönchen auf heilsgeschichtlicher Ebene nahe und zwar hinsichtlich der zu erwerbenden spirituellen Güter und Verdienste. Während im zisterziensischen Verständnis von *caritas* auf der sozialen Ebene der christlichen Gemeinschaft, wie Martha G. Newman feststellte, die *caritas*, die die Mönche verband, von jener *caritas*, die die gesamte christliche Gesellschaft vereinigte, unterschieden wurde – und zum letzteren gehörten auch die Laienbrüder –, gingen die Ansichten über die Stellung im

---

160 Vgl. Toepfer, M., 1983, pp. 181ff; für die einzelnen Aufgaben pp. 135ff.

161 »Non ergo querantur fratres nostri laici quod non tantum psallunt et uigilant quantum monachi. Non querantur monachi quod non tantum laborant quantum fratres laici. Verissime enim dico quod quidquid unus facit, hoc est omnium, et quidquid omnes faciunt, hoc est singulorum. Sicut enim unius corporis membra non omnia eundem actum habent, ita, dicente Apostolo, *multi unum corpus in Christo, singuli autem alter alterius membra* (Rm 12,5). Infirmus ergo dicat: Fortis sum. Quia sicut in ipso alius habet patientiam infirmitatis, ita ipsi in alio est robur fortitudinis.« Aelred von Rievaulx, *Sermo (VIII) in natali Sancti Benedicti* 11, *Opera omnia* II,A, p. 67; dt. Übers. von P. Franziskus Heeremann, in: *Erbe und Auftrag* 56/1980, p. 65f.

162 Hier heißt es, daß die Mönche die Konversen in Leben und Tod (*in uita et morte*) wie ihresgleichen behandeln wollen (*ut semetipsos tractaturos*). Vgl. *Exordium parvum* XV.10, Bouton/ van Damme, p. 78.

Jenseits weit auseinander.[163] So erzählte Herbert von Sassari in seiner Sammlung von Wundern einerseits eine Geschichte von einem sterbenden Konversen, der plötzlich Latein zu sprechen begann und eine erleuchtende Predigt zur Bibel hielt[164], auf der anderen Seite berichtete er von einem Mönch und einem Konversen, die am selben Tag starben, daß sie im Jenseits unterschiedlich bewertet wurden. Denn einem heiligen Mann ist in einer Vision offenbart worden, daß in Clairvaux zwei sehr schöne Schreine errichtet wurden, der eine im Infirmarium der Mönche, der andere im Infirmarium der Konversen. Es gab jedoch einige Unterschiede zwischen beiden Schreinen. Der im Infirmarium der Mönche war vornehmer (*nobilius*) und anmutiger (*venustius*). Diese Differenz wurde als Spiegel der unterschiedlichen Verdienste gesehen, so daß der eine gegenüber Gott heiliger erschien als der andere.[165]

Aelreds Analogie legt noch eine zweite Annahme nahe, daß sich im Verhältnis von Mönchen zu Konversen die Beziehung zwischen Maria und Martha widerspiegelt, wie es Nikolaus von Clairvaux beschrieb. Er unterteilte die Klostergemeinschaft in Novizen, Mönche und Konversen, welche als Funktionsgemeinschaft in Analogie zu Lazarus, Maria und Martha erklärt wurde. Die Novizen werden zum Leben wiedererweckt, die Mönche sind frei für die Kontemplation und die Konversen dienen.[166] Dies scheint jedoch eher die Ausnahme gewesen zu sein, denn Aelred macht in einer Predigt, in der das Verhältnis von Maria und Martha ausführlich ausgelegt wird, deutlich, daß es sich hierbei um zwei Tätigkeiten in ein und derselben Seele handelt.[167] Er erwähnt mit keiner Silbe die Laienbrüder. Auch der heilige Bernhard sah die *vita activa* nicht bei den Laienbrüdern, sondern bei den Mönchen beheimatet, die ein Amt innehatten.[168] Martha G. Newman zog daraus den Schluß, daß die zisterziensische Einteilung der Klostergemeinschaft (Konversen, Novizen, Chormönche, Amtsträger, Abt) weniger ein Ausdruck sozialer Funktionen gewesen ist, denn die Laienbrüder waren den Mönchen *per se* untergeordnet, sondern viel-mehr die möglichen Stufen eines Mönchslebens spiegelte.[169]

Diese ambivalente Stellung der Konversen als »Halbmönche« führte zu Spannungen zwischen Laienbrüdern und Mönchen. Einer der frühesten Pro

163 Vgl. Newman, M. G., 1996, pp. 98ff
164 Herbert von Sassari, *De miraculis* I.16, PL 185,2 c. 1292B.
165 Herbert von Sassari, *De miraculis* I.1, PL 185,2 c. 1276D.
166 Nikolaus von Clairvaux, *Epistola* 36, PL 196 c. 1632AB.
167 »... necesse est ut utraeque hae mulieres sint in domo una, id est ut hae utraeque actiones sint in eadem anima.« Aelred von Rievaulx, *Sermo 19: In assumptione Sanctae Maria* 18.
168 Vgl. Bernhard von Clairvaux, *Sermo de diversis* 9.4, SBO VI,1 p. 120.
169 Vgl. Newman, M. G., 1996, p. 103.

teste von Laienbrüdern (zweite Hälfte des 12. Jahrhunderts) wird von Konrad von Eberbach aus dem Kloster Schönau berichtet.[170] Die schwelenden Konflikte werden vor allem im 13. Jahrhundert offensichtlicher. Dies dokumentiert sich in vermehrten disziplinarischen Verstößen, die von Gewalttaten einzelner bis hin zu größeren Aufständen reichen konnten. Für andere blieb nur noch die Flucht aus dem Kloster.[171] In der Chronik von Meaux (Ende 14. Jahrhundert) berichtete Thomas Burton von einer Bestrafung der Laienbrüder wegen Disziplinlosigkeit. Während der Amtszeit von Abt Richard (1211–35) wurden die Konversen, die einst die Aufsicht über Grangien und Ländereien führten, den Zimmerleuten, Klempnern, Bauhandwerkern und Glasern zugeteilt. Sie mußten Schweine wie auch andere Haustiere hüten und den Acker pflügen. Die Handarbeit hatte ihren ideellen Wert verloren und konnte nun sogar als Strafe fungieren.[172] Die Gründe für die Unruhen waren vielschichtig. Schlechte Behandlung der Konversen kommt ebenso in Betracht wie der Eintritt ins Kloster aus materieller Interessiertheit ohne religiöse Berufung. Zudem boten die Städte häufig eine gute Alternative zum Kloster. Denn dort etablierten sich neben neuen beruflichen Wirkungsfeldern auch neue Formen der Frömmigkeit, die besonders unter dem Einfluß der Bettelorden standen.

Die historische Leistung der Zisterzienser bestand darin, auch für Angehörige der unteren Schichten eine Möglichkeit geschaffen zu haben, für ihre Tätigkeit spirituelle Güter zu erlangen. Außerdem verbesserten sich für jene die rechtliche Stellung und soziale Lage. Als Laienbruder hatte man regelmäßig zu essen, ausreichend Kleidung und war bei Krankheit und im Alter versorgt.[173] Die Kehrseite des Konverseninstitutes war die strenge Abschottung der Konversen von den Chormönchen, und zwar nicht nur aufgrund der verschiedenen Aufgabengebiete, sondern auch räumlich.[174] Diese Trennung erfolgte in der Frühzeit, so Klaus Schreiner, weniger aus sozialen denn aus funktionalen Gründen. Der zisterziensische Ordnungsgedanke legte nicht nur nahe, verschiedene Funktionsgruppen auseinanderzuhalten, sondern aus Gründen der Disziplin und Arbeitsproduktivität eine gruppenübergreifende Kommunikation unmöglich zu machen.[175]

---

170 Vgl. *Exordium magnum* V.10, pp. 327–334.
171 Vgl. Lekai, L. J., 1977, pp. 341ff; Töpfer, M., 1983, pp. 58 60.
172 Vgl. Burton, Thomas, *Chronica monasterii de Melsa*, Bd. 1, p. 432f.
173 Vgl. Lawrence, C. H., 1984, p. 180f; Toepfer, M., 1983, p. 37.
174 Es gab jedoch auch Überschneidungen. So heißt es in einem Statut über die Kommunion, daß der Abt die Konversen an verschiedene Altäre zur Kommunion schicken kann, und diese standen sicherlich in jenem Teil der Kirche, der von den Mönchen genutzt wurde. Vgl. Turk, J., *Cistercii Statuta Antiquissima* (46) VII, p. 23.
175 Vgl. Schreiner, K., 1982, p. 96f.

Unter ökonomischem Aspekt etablierten die Zisterzienser mit den Konversen eine äußerst kostengünstige Arbeitskraft: klostereigen, billig, diszipliniert und ohne Familie.[176]

Administration

Die neue Art der Administration war eines der markantesten Merkmale zisterziensischer Reform. Abteien, die personell gut ausgestattet waren, konnten, wenn ein Stifter für die materielle Grundausstattung aufkam, eigenständig ein Tochterkloster gründen. Der Mutterabt hatte die Töchterklöster einmal jährlich zu visitieren.[177] Die Filiationen, die im Stammbaum auf das Mutterkloster Cîteaux und auf die vier Primarabteien (La Ferté, Pontigny, Clairvaux, Morimond) zurückgehen, bedurften einer adäquaten Organisationsform. Das Generalkapitel wurde geschaffen.

Mit der Institution des Generalkapitels unter dem Vorsitz des Abtes von Cîteaux, welches jährlich am Vigiltag vor dem Fest der Kreuzerhöhung (13. September) in Cîteaux zusammentraf, schufen die Zisterzienser eine effektiv arbeitende und gut koordinierende Körperschaft, die gleichzeitig legislative Kompetenzen besaß.[178] Die Weißen Mönche etablierten, wie Kaspar Elm schrieb,

> »eine homogene, auf Filiation, Visitation und Generalkapitel beruhende Verfassung, die genossenschaftliche und hierarchische, zentralistische und föderalistische Elemente in fast klassischer Einfachheit verband und dadurch sowohl die Einheit des Ordens sicherte, als auch eine weitgehende Unabhängigkeit und Gleichheit der Abteien garantierte.«[179]

Diese Organisationsstruktur zeigt auf eindrucksvolle Weise das Neue im Denken, das in der Einleitung mit *uniformitas* bezeichnet wurde. Hans Martin Klinkenberg hat das zisterziensische System der Abhängigkeiten mit dem der

---

176 Vgl. Southern, R. W., 1970a, p. 258f.

177 Vgl. *Carta caritatis prior* (5–30), Bouton/van Damme, pp. 133–142.

178 Das Generalkapitel war wahrscheinlich zu Anfang nur ein erweitertes Konventkapitel, denn die Mönche von Cîteaux sollten nach dem Totengedenken den Kapitelsaal verlassen (Vgl. Turk, J., *Cistercii Statuta Antiquissima* (50) XI). Die Institution des Generalkapitels schien auch für Äbte und ihre Tochtergründungen nachahmenswert zu sein. Weniger aus technischen Gründen, sondern wohl eher aus Gründen der machtpolitischen Balance verbot man den Äbten, ein Generalkapitel für ihre Tochtergründungen einzuführen. Vgl. *Carta caritatis prior* VIII.3, Bouton/ van Damme p. 96.

179 Elm, K., 1980, p. 36.

zeitgenössischen Feudalgesellschaft verglichen.[180] Die nach dem Modell des Personenverbandes organisierte Gesellschaft wies keine Funktionshierarchie auf, sondern basierte auf Personen und deren komplizierten Bindungen zueinander. Die Abhängigkeiten bestanden vor allem in sehr individuell geprägten Rechten und Pflichten. Die Personen waren meist durch Treueeid miteinander verbunden. Auf der horizontalen Ebene herrschte keine formale Gleichheit, sondern Rangkonkurrenz. Entscheidungen traf in der Regel nicht die zahlenmäßige Mehrheit (*maior pars*), sondern die *sanior pars* der Gemeinschaft. Die Zisterzienser hingegen waren nur teilweise hierarchisch organisiert (Verhältnis Tochter zu Mutterkloster). Auf der horizontalen Ebene der Abteien untereinander bestand relative Gleichheit.[181] Die gefällten Entscheidungen entstanden aus einer Mischung von *pars sanior* und *pars maior*. So konnte auch der Abt von Cîteaux, der nur *primus inter pares* war, zur Rechenschaft gezogen werden.[182] Bei Streitigkeiten innerhalb von Filiationen konnte immer eine im Streit unbeteiligte Partei als Schlichter auftreten.[183]

Ursprünglich waren alle Äbte zur Teilnahme am Generalkapitel verpflichtet. Eine Ausnahme bildete ursprünglich nur Krankheit und die Abnahme einer Profeß.[184] Gegen Ende des 12. Jahrhunderts gab es aufgrund der weiten Anreisewege zunehmend Ausnahmen wie z.B. für schottische oder irische Äbte.[185] Die Zisterzienser unterstanden direkt dem Papst. Die frühere bischöfliche Jurisdiktion wurde schrittweise durch die des Generalkapitels ersetzt.[186] Die einzelnen Klöster sollten durch das einigende Band der Liebe (*caritas*), wie es die *Carta caritatis* vorsah, miteinander verbunden sein. In Krisenzeiten waren deshalb die reicheren Klöster aufgerufen, die ärmeren zu unterstützen.[187] Raoul Manselli bezeichnete die *caritas* als inspirierende Kraft, die nicht primär eine rechtliche Bindung organisierte, sondern eher zwei Bilder vereinte, zum einen das des *pater* zur römischen *familia* und zum anderen das paulinische Verständnis von *abbas*.

---

180 Vgl. Klinkenberg, H. M., 1982, p. 17f.

181 Trafen mehrere Äbte unterschiedlicher Filiationen zusammen, so war nicht der älteste Abt der Ranghöchste, sondern derjenige, dessen Abtei die älteste war. Die Ausnahme bildete ein Abt, der mit der Albe bekleidet war. Ihm gebührte dann der Vorrang. Vgl. *Summa cartae caritatis* VI.3, Bouton/ van Damme, p. 120.

182 Vgl. *Summa cartae caritatis* V.5–8, Bouton/ van Damme, p. 119.

183 Vgl. Turk, J., *Cistercii Statuta Antiquissima* (72) XXXIII, p. 26.

184 Vgl. Vgl. *Summa cartae caritatis* IV.5, Bouton/ van Damme, p. 118.

185 Vgl. Canivez, *Statuta* I, 1157:62.

186 Die geht vor allem aus den frühen päpstlichen Bullen von Paschalis II. (1100), Calixtus II. (1119) und Innozenz II. (1132) hervor.

187 Vgl. *Summa cartae caritatis* IV.4, Bouton/ van Damme, p. 118.

Die Zisterzienser im 12. Jahrhundert

»Dadurch wird aus der Abhängigkeit kein rechtlich institutionalisiertes Disziplinarverhältnis, sondern in Analogie zum Verhältnis von Mutter und Tochter eine Bindung in gegenseitiger Liebe, die zwar Disziplin nicht ausschließt, sie jedoch in christlichem Sinne auf eine höhere Ebene hebt.«[188]

Ökonomie
Die zisterziensische Reform basierte auf einer erfolgreichen und über weite Strecken klugen Wirtschaftsweise. Der englische Chronist und Kleriker, Gerald von Wales (1147–1223), beschrieb im ausgehenden 12. Jahrhundert im *Itinerarium Kambriae* den zisterziensischen Unternehmungsgeist.[189] Bei ihm heißt es:

»Gib den Cluniazensern heute ein Stück Land, hervorragend bebaut mit Gebäuden und ausgestattet mit reichlichen Einkünften und Besitz, so wirst du es binnen kurzem verarmt und zugrundegerichtet sehen. Im Gegensatz dazu, weise den Zisterziensern die nackte Wüste und ein Stück wildgewachsenen Waldes zu, und du wirst daselbst, nur wenige Jahre später, nicht nur Kirchen und Häuser, sondern auch eine Fülle von Besitztümern und viel Prächtiges finden. [...] Bei den Weißen Mönchen hilft Mäßigkeit, Sparsamkeit, aber ebenso vorausschauende Klugheit. Bei den Schwarzen Mönchen jedoch schadet Gier, die Gefräßigkeit der Bäuche und Unmäßigkeit. Denn die Zisterzienser führen, den Bienen gleich, alles an einer Stelle zusammen und versammeln sich in auffallender Einmütigkeit. Es existiert eine Börse für alle, und ihr Inhalt wird gut verteilt. Die Cluniazenser hingegen verschleudern das über eine längere Zeit angehäufte und das durch die frommen Spenden der Gläubigen gesammelte Vermögen, und reißen es wieder für die zahlreichen Seelen auseinander. Weil jeder seine Börse hat und sich jeder einzelne seinen eigenen Interessen hingibt, wird zum Besten aller weniger bewirkt. [...] Außerdem lassen die Cluniazenser zu, bevor sie kurzzeitig einen von zehn oder dreizehn Gängen, die ihnen gemäß der Gewohnheit allein rechtmäßig zustehen – auch bei hereinbrechender Hungersnot –, auslassen, daß die Ländereien und großen Landgüter ihres Klosters gründlich vergeudet und dauerhaft veräußert werden. Sie

188 Manselli, R., 1982, p. 32.
189 Zur Biographie und zu seinen Schriften: Lewis Thorpe, *Introduction*, in: Gerald von Wales, *Itinerarium* [...], pp. 9–62; Powicke, F.M., 1935, pp. 107–129.

halten auch nicht durch Barmherzigkeit auf, daß die Armen scharen-
weise an ihren Toren niedersinken und an Hunger sterben. Die Zisterzienser hingegen wie auch die Kanoniker würden sich, bevor sie mit
ansehen, daß auch nur ein Armer große Not erleidet, im gegenseitigen
Nacheifern der Wohltätigkeit von den zwei Gerichten, die sie allein zur
Verfügung haben, enthalten.«[190]

Gerald von Wales hatte trotz einiger Streitigkeiten[191] eine überwiegend positive Meinung von den Zisterziensern. Mag auch sein Urteil hier etwas geschönt
sein, so spiegelt es doch den Ruf wider, in welchem diese standen.

Der ökonomische Reichtum der Zisterzienser wuchs nicht nur durch die
päpstliche Exemtion[192] und lokale Zoll- und Steuerbefreiungen, sondern vor
allem durch eine effektive Ausbeutung der landwirtschaftlichen Nutzfläche.
Am Beginn ihrer Geschichte wiesen sie Geldeinkünfte aus Zehnten, Begräbnissen, Altarstiftungen, Pfarrkirchen, Gutshöfen, Back- und Mühlenzoll,
Landverpachtungen und Leibeigenen zurück.[193] Sie wollten keine Herrschaft
über andere, um ihren eigenen Lebensunterhalt zu verdienen.

Wie Klaus Schreiner herausarbeitete, unterschieden die frühen Zisterzienser relativ konsequent eigene Arbeit (*labor proprius*) von fremder Arbeit

---

190 »Locum aedificiis egregie constructum, redditibus amplis et possessionibus locupletatum,
istis hodie tradas; inopem in brevi destructumque videbis. Illis e diverso eremum nudam,
et hispidam silvam assignes: intra paucos postmodum annos, non solum ecclesias et aedes
insignes, verum etiam possessionum copias, et opulentias multas ibidem invenies. [...]
illinc sobrietas juvat, parcimonia pariter et providentia; hinc vero voracitas obest, ventris
ingluvies et intemperantia. Illi namque, tanquam apes, in unum congerunt omnes et
congregant, unanimitate conspicui; uno omnium existente loculo, et illo bene disposito.
Isti vero congesta diutius, et devota fidelium largitione collata, diversis distrahunt animis
et diripiunt indesinenter; multi existentibus et multorum loculis, quibus dum studiosius
singuli tanquam propriis indulgent, minus proficitur in commune: [...] Praeterea isti, de
decem ferculis vel tredecim, quae sibi de consuetudinis solo jure deberi contendunt,
ingruente famis inedia, priusquam unum ad tempus intermitterent, terras domus suae et
praedia magna distrahi penitus et in perpetuum alienari permitterent; pauperes quoque
catervatim ad januas occumbere, et fame deficere, non miserendo sustinerent. Illi vero,
sicut et canonici, priusquam pauperem unum enormiter egere conspicerent, duorum
quibus fere solis utuntur pulmentariorum altero zelo caritatis abstinerent.« Gerald von
Wales, *Intinerarium Kambriae* I,3, RS 21,6, p. 45f.
191 Zum einen haben die Mönche von Strata Florida sich seiner Bibliothek bemächtigt, indem
sie seine finanziellen Nöte ausnutzten und seine Bibliothek nicht als Hypothek akzeptierten (Vgl. *Speculum ecclesiae* III,5, p. 154), zum anderen hintrieben die Zisterzienser sehr
erfolgreich seine Wahl zum Bischof von St. David.
192 Die erste uns überlieferte päpstliche Exemtion von Steuern findet sich in der Bulle
Habitantes in domo von Papst Innozenz II. aus dem Jahre 1132.
193 Vgl. *Summa cartae caritatis et capitula* (23), Bouton/van Damme, p. 124.

(*labor alienus*). Eigene Arbeit wurde durch Mönche, Konversen, aber auch durch bezahlte Lohnarbeiter (*mercenarii*) erbracht. Indem die Zisterzienser Lohnarbeiter bezahlten, machten sie fremde Arbeit zu ihrer eigenen. Fremde Arbeit entsprang der grundherrlichen Verfügung über die daran gebundenen Menschen, und hierin lagen dann oft Konflikte begründet.[194] Diese Unterscheidung im Hinterkopf, schrieb Aelred von Rievaulx im *Speculum caritatis*, bezugnehmend auf die Vorteile zisterziensischer Eigenwirtschaft, euphorisch:

»Nirgendwo gibt es Zank, nirgendwo Streit, nirgendwo die Klagen der Bauern wegen der harten Unterdrückung, nirgendwo das jämmerliche Wehgeschrei ungerecht behandelter Armer, auch keine Gerichtsverhandlungen oder weltliche Urteilssprüche. Überall herrscht Friede, überall Ruhe und eine wunderbare Freiheit vom lärmenden Treiben der Welt.«[195]

Wenngleich diese Sätze etwas blauäugig anmuten und von der Zeit bereits überholt waren, so sind sie doch ein Hinweis auf den hohen Stellenwert der Arbeit im zisterziensischen Denken.[196] Handarbeit war eine Demutsübung und fester Bestandteil der monastischen Askese.[197] Freiwillig verrichtet trug sie Bußcharakter und verhinderte den Müßiggang.[198] Sie ist aber auch eine konkrete Form der Nächstenliebe gewesen, indem durch ihre Früchte Bedürftige unterstützt werden konnten.[199] Nie ist die Handarbeit jedoch um ihrer selbst willen bzw. aus ökonomischen Gründen geschätzt worden. So galt die freiwillige Handarbeit einerseits als Zeichen wahrer Apostolizität. Sie bildete ein wichtiges Strukturmerkmal, über das sich die Gemeinschaft definieren konnte. Auf der anderen Seite ist sie in dieser Strenge zutiefst antifeudal; ein Konflikt, den die Weißen Mönche immer wieder neu zu lösen hatten.[200]

An der Entwicklung der wirtschaftlichen Verhältnisse wird die Kluft zwischen Ideal und Wirklichkeit am besten deutlich.[201] Hier zeigt sich aber

194 Vgl. Schreiner, K., 1982, p. 84f.
195 »Nusquam lites, nusquam contentio, nusquam rusticorum ob diram oppressionem querulus planctus, nusquam pauperum iniuriatorum miserandus clamor, placita nulla, saecularia iudicia nulla. Vbique pax, ubique tranquillitas, et a mundialium tumultu mira libertas.« Aelred von Rievaulx, *De speculo caritatis* II,17,43, p. 87; dt. Übers. p. 156.
196 Vgl. dazu Kurze, D., 1980.
197 Vgl. Bernhard von Clairvaux, *Apologia* VI,12, SW II, pp. 166ff [SBO III, p. 91f].
198 Vgl. Isaac von Stella, *Sermo* 50.
199 Vgl. Gilbert of Hoyland, *Sermo* 25.
200 Vgl. Schreiner, K., 1982, pp. 83–91.
201 Vgl. Lekai, L. J., 1977, pp. 282–333 und Roth, H. J., 1986.

auch oft der zisterziensische Sinn für das Praktische und Notwendige. Oberste Priorität hatte die Eigenwirtschaft. Jedes Kloster stellte eine relativ unabhängige ökonomische Einheit dar, die in ihrer regionalen Umgebung selbst zurechtkommen mußte und zu überleben hatte. Die Mönche waren bestrebt, so viel wie möglich selbst zu produzieren. Eine der schwierigsten Aufgaben des Abtes war es, die spirituellen Erfordernisse mit den individuellen Notwendigkeiten und realen Bedürfnissen des Konvents zu versöhnen. Der ökonomische Erfolg zisterziensischen Wirtschaftens lag weniger in neuen Erfindungen, als vielmehr in der Perfektion von bereits Existierendem. Betreffend des sich auftuenden Widerspruchs, zwischen spirituellem Anspruch und realem Reichtum, sahen sich auch die Zisterzienser mit einem alten Problem konfrontiert. Der englische Historiker R. W. Southern beschrieb es pointiert: »it is so easy to be poor by chance, so difficult by policy.«[202]

Die produzierten Überschüsse konnten im wesentlichen auf drei Wegen umgesetzt werden: Sie konnten auf Märkten in andere Waren getauscht, als Almosen den Bedürftigen zur Verfügung gestellt oder in die Gebäude bzw. Ausstattung des Klosters investiert werden, wobei die Zisterzienser eher auf die Märkte drängten.[203]

Die Weißen Mönche waren in ihren wirtschaftlichen Aktivitäten sehr vielseitig. Für alle derartigen Unternehmungen trugen Prior, Kellermeister (*cellerarius*) und Schatzmeister (*bursarius*) im wesentlichen die Verantwortung. Das Gros des Einkommens basierte auf Einkünften aus der Landwirtschaft. Die wirtschaftlichen Erträge zisterziensischer Klöster deckten in der ersten Hälfte des 12. Jahrhunderts im allgemeinen nur die nötigen Bedürfnisse; es wurden kaum Überschüsse erwirtschaftet. Dies änderte sich gravierend gegen Ende des 12. Jahrhunderts: »Erwerbsstreben, trat an die Stelle regelkonformer Bedarfsdeckung«.[204] Die Mönche begnügten sich einerseits nicht mehr mit dem Notwendigen und gaben andererseits das Überschüssige nicht an Bedürftige weiter.

Die Weißen Mönche etablierten ein nahezu perfektes System von Grangien.[205] Diese dem Kloster gehörenden und dem Cellerar unterstellten Höfe wurden von einem Grangienmeister, einem Konversen, geleitet.[206] Ihm

---

202 Vgl. Southern, R. W., 1970a, p. 288.
203 Vgl. Milis, J. R., 1992, p. 39
204 Vgl. Schreiner, K., 1982, p. 88f.
205 Zu den englischen Klöstern vgl. Donkin, R. A., 1978, pp. 51–67.
206 Vgl. *Summa cartae caritatis et capitula* XV, Bouton/van Damme, p. 123. Ein Generalkapitelstatut verbot, die Grangien direkt einem Mönch zu unterstellen. Vgl. Turk, J. *Cistercii Statuta Antiquissima* (70) XXX, p. 26.

zur Hand gingen weitere Laienbrüder und Lohnarbeiter (*mercenarii*).[207] Um den Innenhof der Grangie gruppierten sich die wichtigsten Gebäude (Wohnhaus, Scheune, Stallungen und Speicher), von denen zumindest das Wohnhaus massiv aufgeführt worden ist.[208] Die Grangien bildeten relativ unabhängige wirtschaftliche Einheiten, die im Durchschnitt 500 acres Land bearbeiteten und das Kloster mit Nahrungsmitteln und anderen notwendigen Gütern versorgten. Ursprünglich sollten die Grangienhöfe nicht mehr als eine Tagesreise (*non tamen ultra dietam*) vom Kloster entfernt liegen.[209] Die Größe der Besitzungen war je nach Landschaft verschieden. Abteien, die an der Kolonisation Osteuropas beteiligt waren, hatten gewöhnlich größeren Landbesitz. So kontrollierte die 1175 gegründete schlesische Abtei Leubus etwa 600 000 acres.[210]

Die Zisterzienser hielten je nach Region Rinder, Schweine, Pferde oder Schafe.[211] Die Palette landwirtschaftlicher Produkte wurde durch Fischteiche, die sich meist in unmittelbarer Nähe der Abtei befanden, sowie durch Obst- und Gemüsegärten komplettiert. Eine spezialisierte Produktpalette wie auch der zunehmend produzierte Überschuß führten zur steigenden Beteiligung der Zisterzienser an Märkten. Um einen möglichst guten Zugang zu den (städtischen) Märkten zu haben, richteten sie Stadthöfe ein.[212] So besaßen die großen Abteien in Yorkshire wie Rievaulx, Byland, Kirkstall, Fountains und Meaux am Ende des 12. Jahrhunderts nicht nur eine Niederlassung in York, sondern auch in anderen wichtigen Städten der Gegend.[213] Die Stadthöfe lagen meist verkehrsgünstig nahe der Stadtmauer oder an Flüssen. Über diese wirtschaftlichen Außenstellen wurden nicht nur die Tauschgeschäfte abgewickelt und Depositen aufbewahrt, sondern sie dienten gleichzeitig als Herberge für reisende Mönche, Pilger oder die Klosterstifter. In späterer Zeit kamen noch studieren-

---

207 Vgl. Turk, J. *Cistercii Statuta Antiquissima* (8) VIII, p. 17 u. *Exordium parvum* XV.12, Bouton/van Damme, p. 78.
208 Die Baukosten einer Grangie konnten durchaus extrem in die Höhe schießen. So kostete die Erneuerung der Grangie Skyrne (um 1249–69) dem Konvent von Meaux Abbey 500 Mark. »In cujus aedificiis, fossatis et muris D. marcas expenderamus.« Burton, Th., *Chronica monasterii de Melsa*, Bd. 2, p. 109.
209 Vgl. Turk, J., *Cistercii Statuta Antiquissima* (5) V, p. 17. Es wird immer davon ausgegangen, daß diese Tagesreise zu Fuß absolviert wurde. Chrysogonus Waddell wies jedoch darauf hin, daß ein Tagesritt ebenso möglich war. Damit werden die Distanzen zwischen Grangie und Abtei deutlich größer, ohne daß das Statut verletzt wird. Vgl. Waddell, C., 1994, p. 29f.
210 Vgl. Lekai, L. J., 1977, p. 296.
211 Für die Viehzucht englischer Zisterzienserklöster siehe Donkin, R. A., 1978, pp. 68–102.
212 Vgl. Schich, W., 1980; Roth, J., 1974, pp. 550–557.
213 Vgl. Donkin, R. A., 1986, pp. 161–170.

de Mönche hinzu. Stadthöfe waren bereits in der Mitte des 12. Jahrhunderts üblich, wie die Statutensammlung vor 1152 belegt, die den Mönchen und Konversen dauerndes Wohnen dort verbot.[214]

Besondere wirtschaftliche Erfolge erzielten die englischen Zisterzienser in der Schafzucht und im Wollhandel mit Flandern und Norditalien. Die Mönche aus Burgund waren berühmt für ihren Wein. Die Bienenzucht war generell notwendig, um das Wachs für Kerzen sowie den Honig als den damals üblichen Süßstoff zu erhalten.

Neben Ackerbau und Viehzucht[215] unterhielten die Weißen Mönche auch verschiedene Arten von Mühlen, Brauereien, Bergwerke und Stätten der Glasproduktion. Newbattle Abbey in Schottland eröffnete um 1140 das erste Kohlebergwerk auf der Insel, während Fountains Abbey eine Bleimine unterhielt. Furness und Flaxley waren einer der größten englischen Eisenproduzenten, und die österreichische Zisterze Rein eröffnete 1147 die erste Saline.[216]

Viele wirtschaftliche Erfolge basierten auf einer geduldeten Umgehung der Grundsätze der Gründerväter. Äbte entwickelten ein regelrechtes Talent, wenn es galt, unrechtmäßige Einkünfte in legale zu verwandeln. Martha G. Newman interpretierte einen Teil der Verstöße gegen die eigenen Grundregeln positiv. Sie waren nämlich oft eine zwangsläufige Notwendigkeit, wenn weltliches Eigentum nicht in einem Schritt in klösterlichen Vollbesitz überführt und sämtliche damit verbundenen Rechte nicht in einem Zug erworben werden konnten.[217]

Es gibt jedoch auch Verstöße, die keineswegs auf diese Weise begründet werden können. Eine Form, illegale Einkünfte offiziell beanspruchen zu dürfen, waren die sogenannten *compensated donations*.[218] Ein klassisches Beispiel hierfür sind die Begräbnisse.[219] Eine weitere Möglichkeit, dubiose Ein-

---

214 Turk, J., *Cistercii Statuta Antiquissima* (73) XXXIIII, p. 27.

215 Viehzucht war besonders für die Pergamente der Scriptorien von Bedeutung, ebenso für die Lederherstellung oder Talggewinnung. In England sind allerdings klostereigene Gerbereien vor 1200 nicht nachweisbar. Vgl. Donkin, R. A., 1978, p. 68f.

216 Vgl. Lekai, L. J., 1977, p. 321f.

217 Vgl. Newman, M. G., 1996, pp. 67–96, bes. p. 80f.

218 Vgl. Lekai, L. J., 1977, p. 286–293.

219 Begräbnisse und Gedächtnismessen für Personen, die nicht zum Kloster gehörten, waren ursprünglich strikt untersagt, wurden aber bereits in der Mitte des 12. Jahrhunderts geduldet und später (1217) legalisiert. Um in den Genuß eines klösterlichen Begräbnisses zu kommen, d.h. in besonders heiliger Erde zu ruhen, konnten Sterbende gegen ein gewisses Entgelt (*death-bed donations*) in das Kloster eintreten, wenn der Tod nahe bevorstand, oder sie nahmen gar auf dem Sterbebett den Habit. Im 13. Jahrhundert bürgerte sich immer mehr die Stiftung einer Zisterzienserabtei als Grablege eines Herrscherhauses ein. Beispiele siehe pp. 321ff.

künfte zu legalisieren, bestand darin, den Ankauf von Land als Schuldver-
rechnung geltend zu machen. Dies war oft mit hohen Risiken verbunden.[220]
Es ist in der älteren Forschung vermutet worden, daß die zunehmenden
Verflechtungen der Zisterzienser mit der Welt durch die Inkorporation der
Gemeinschaft von Savigny im Jahre 1147 provoziert worden sind, weil nun die
in die Filiation von Clairvaux eingebundenen Klöster ihre Privilegien, auch
wenn sie zisterziensischen Statuten widersprachen, behalten durften. Jedoch
auch innerhalb der Weißen Mönche wurden Zehnt, Leibeigene und Gelder aus
Pfarrkirchen bereits vor 1147 geduldet.[221] Auf jeden Fall steht fest, daß eine
immer größer werdende Heterogenität nicht ohne Konflikte blieb. Denn
Freistellung vom Zehnten, von verschiedenen Zöllen und Steuern brachte den
Zisterziensern günstigere Absatzchancen auf den Märkten für ihre Produkte
und führte dazu, daß einige Konvente ihre Produkte zu Niedrigpreisen verkauften. Dadurch gerieten sie oft in die Kritik ihrer Zeitgenossen, so daß auf
dem IV. Laterankonzil entschieden wurde, daß zwar alle bisherigen Privilegien

220 Die Mönche übernahmen die Schulden des Grundbesitzers mit dem Stück Land. Dies
wurde häufig angewandt, wenn der eigene Landbesitz abgerundet werden sollte, um möglichst große zusammenhängende Gebiete effektiv bewirtschaften zu können. Konvente
konnten allerdings in Schwierigkeiten geraten, wenn angekauftes Land entweder mit un-
gewisser Eigentümerschaft oder mit militärischen Verpflichtungen versehen war. Ein anderer Grund waren Zahlungen für weltliche Herrscher oder Schulden in Kreditgeschäften.
So mußten die englischen Zisterzienser erhebliche Mittel für das Lösegeld für Richard
Löwenherz aufbringen, und einige Klöster standen bei Aaron von Lincoln hoch in der
Kreide. Vgl. Lekai, L. J., 1977, p. 306.
221 Bereits Cîteaux hatte bei der Gründung ein *allodium* erhalten (Urkunde Nr. 23, Marilier,
J., 1961, p. 50). Waverley, die erste Gründung auf englischem Boden, besaß von Anbeginn
(1128) Pfarrkirchen. Auch Rievaulx, Kirkstall und Stanley besaßen derartiges Eigentum
vor 1180 ganz legal (vgl. Lekai, L. J., 1977, p. 293 und p. 309f). Pfarrkirchen wurden den
Mönchen meist als Bestandteil von Landschenkungen zu eigen (z.B. Byland, EYC, I,
Nr. 622, p. 490f). Aber zu den Kirchen gehörte gewöhnlich auch die Pfarrgemeinde. Als
Roger de Mowbray um 1154 den Mönchen von Rievaulx das Dorf Wellburne schenkte,
überließ er es seinen dortigen Untertanen zu bleiben oder zu gehen. »Sciatis quod omnes
rusticos meos de Wellebruna concedo Abbati de Rievalle quietos, et ipsis do omnem liber-
tatem eundi et remanendi quocunque voluerint« (*Cartularium abbathiae Rievalle*, Nr. 64,
p. 36f). Eine allgemeine Erlaubnis für die Verpachtung von Land wurde 1224 beschlossen.
Aber Grangien wurden bereits früher an Bauern verpachtet. Im ausgehenden 12. und im
13. Jahrhundert änderte sich die Haltung der Zisterzienser. In England entstand eine
paradoxe Situation. Während die Benediktiner, um ihre Finanzen zu sanieren, alten Besitz
wieder ankauften, gaben die Zisterzienser zunehmend ihren Besitz zur Pacht (vgl. Burton,
J., 1994, p. 256). Zwischen 1166 und 1179 ermahnte Papst Alexander III. die Äbte von
Swineshead und Furness, daß sie sich an die zisterziensischen Bräuche halten sollen. Ihn
erreichten viele Beschwerden, weil jene versuchten, Strafzölle gegen ihre Bauern zu erheben
und Patronatsrechte geltend zu machen (vgl. Holzmann, W., 1936, Nr. 174, p. 366).

ihre Geltung behielten, für Neuerwerbungen jedoch die ortsüblichen Regeln gelten sollten.[222]

Mit dem Rückgang der Zahl der Laienbrüder im 13. Jahrhundert und der wachsenden Bedeutung der Ware-Geld-Beziehung erlitten auch die Zisterzienser erhebliche Einbußen. Zu große Bauvorhaben, Spekulationen oder ganz einfach Inkompetenz im Wirtschaften, die in jener Zeit zunahm, konnten diesen Zustand nur noch verschlimmern. Bereits in den Statuten des Jahres 1157 wird vor übermäßigen Schulden (*nimiis debitis*) gewarnt, und die Visitationsäbte wurden aufgefordert, den Konvent nicht nur hinsichtlich der geistlichen Verfassung (*in spiritualibus*) zu überprüfen, sondern auch auf die wirtschaftliche Solidität (*in temporalibus*) zu achten und gegebenenfalls Korrekturen vorzunehmen.[223] Dies scheint kaum befolgt worden zu sein, denn im Jahre 1175 wurden die Bestimmungen wiederholt[224], und 1189 wurden Strafen für Abt, Prior, Kellermeister und andere bei Ungehorsam angedroht. Sie hatten sich zeitweilig der Sakramente zu enthalten und jede sechste Woche bei Brot und Wasser zu fasten, bis die Mißstände behoben worden waren.[225]

Da wohl die Schulden häufig auf Landkauf und große Bauvorhaben zurückzuführen waren, bestimmte das Generalkapitel im Jahre 1182, daß Abteien, die über 50 *marcas* Schulden hatten, nun weder Land kaufen noch neue Gebäude errichten durften, es sei denn, daß dies dringend geboten schien. Dennoch bedurfte es der Zustimmung des Vaterabtes.[226] Die Bestimmung wurde durch ein Statut aus dem Jahre 1188 ergänzt. Hier wurde festgelegt, daß die bereits begonnenen Baumaßnahmen zu Ende geführt werden dürfen. Die Konvente sollten sich aber davor hüten, wenn sie schon bauten, große und prächtige Gebäude zu errichten.[227]

---

222 Der Streit entbrannte vor allem darüber, ob eine Zehntbefreiung nur für neu bebautes Land (*novales*) oder auch für in Eigenwirtschaft bewirtschaftetes Land (*labores*) gelte. Dies wird bereits in der Bulle *Audivimus et audientes* deutlich, die von Papst Alexander III. im Jahre 1180 ausgestellt wurde.

223 Vgl. Canivez, *Statuta* I, 1157:48.

224 Vgl. Canivez, *Statuta* I, 1175:5.

225 »Qui inobedientes fuerint visitatori de solutionibus debitorum, abbas, vel prior, vel cellerarius, seu quibuslibet alius a sacramentis interim abstineat, et omni sexta feria sit in pane et aqua usque ad satisfactionem.« Canivez, *Statuta* I, 1189:5.

226 »Ex nimietate debitorum, non tam periculum quam excidium pluribus monasteriis noscitur imminere; propter hoc providemus, ut qui debuerint ultra precium quinquaginta marcarum, terras non emant, neque novas aedificationes faciant, nisi tanta coegerit necessitas, ut de assensu patrum abbatum id faciant.« Canivez, *Statuta* I, 1182:9.

227 »In quibus tamen omnibus omnino caveatur ne sub occasione huius permissionis grandia et sumptuosa aedificia construantur. Excipimus etiam aedificia quae iam inchoata sunt modo, id est anno incarnationis dominicae MCLXXXVIII.« Canivez, *Statuta* I, 1188:10.

Abt Stephan Lexington versuchte der Mißwirtschaft zu begegnen, indem er für sein Kloster Savigny eine Wirtschaftsordnung (um 1230) aufstellte.[228] Für die Zisterzienser in Yorkshire erreichten die ökonomischen Schwierigkeiten mit dem Zusammenbruch des flandrischen Textilmarktes im 13. Jahrhundert einen ersten Höhepunkt. Viele Häuser verkauften ihre Wolle auf Jahre im voraus, so daß bei einem Preisverfall in Zeiten großer Bauaktivitäten der finanzielle Ruin bevorstand.[229] So waren gegen Ende des 13. Jahrhunderts die großen Abteien von Yorkshire wie Fountains, Meaux, Rievaulx oder Kirkstall oft hoch verschuldet.[230] Einige Klöster sollten sich von solchen Krisen nie wieder erholen.

Spirituelles Leben – Bildung und Studium

Die zisterziensische Reform zielte vor allem auf eine Verbesserung des spirituellen Lebens. Im Zentrum stand die geistliche Reifung des einzelnen Mönches innerhalb der Gemeinschaft.

Die Rückkehr zu einer strengeren Befolgung der Regel endete in einem Paradoxon, da die Kapitel 21, 59 und 70, die den zisterziensischen Gewohnheiten widersprachen, nicht beobachtet wurden.[231] Die alte Forderung Benedikts nach *stabilitas in congregatione* wurde, als Grundbedingung für ein möglichst ungestörtes und regelmäßiges Leben, erneuert und bekräftigt.[232]

228 Stephan Lexington, *Conductus domus sapienter staturate (pro domo de Savigniaco).*
229 Zum Wollhandel englischer Zisterzienserklöster vgl. Donkin, R. A., 1978, pp. 135–154.
230 Obwohl sich die Konvente oft redlich bemühten, ihren Schuldenberg abzutragen, waren die Anstrengungen nicht immer von Erfolg gekrönt. Eine Variante, aus den Schwierigkeiten herauszukommen, bestand darin, sich unter königlichen Schutz zu stellen und sich versichern zu lassen, daß bei Pfändung die wichtigste Einkommensquelle, die Schafherden, nicht abgegeben werden mußten. Außerdem hofften die Mönche, daß von Juden geborgtes Geld, nach dem Tod des Leihgebers nicht mehr zurückgegeben werden mußte. Hier allerdings irrten sie gewaltig, denn oft forderte der König diese Außenstände für sich. Unabhängig davon wurden die Konvente vom König als regelmäßige Geldquelle entdeckt. Zu den sicher vorhersehbaren Schwierigkeiten kamen unvorhersehbare hinzu, wie Mißernten, Viehseuchen, Überschwemmungen sowie Krieg und Plünderungen. Die letzte Konsequenz war dann die zeitweilige Auflösung des Konvents wie im Falle von Meaux Abbey gegen Ende des 12. Jahrhunderts (*Chronica monasterii de Melsa*, Bd. 1, p. 233). Auch die Äbte von Kirkstall (1281), Rievaulx (1291) und Fountains (1291) stellten, gegen Ende des 13. Jahrhunderts, beim Generalkapitel den Antrag auf zeitweilige Auflösung ihres Konvents. Vgl. Canivez *Statuta* III, 1281:38; 1291:61; 1291:62 u. Graves, C., 1957, pp. 32ff.
231 Vgl. RSB: Kap. 21: *De decanis monasterii*; Kap. 59: *De filiis nobilium aut pauperum, qui offeruntur*; Kap. 70: *Ut non praesumat passim aliquis caedere*; dazu auch Schneider, A., 1981, p. 302.
232 Vgl. RSB 4,78.

Die Ausstattung mit gleichen liturgischen Büchern, ein und derselben Regel und den gleichen *Consuetudines* unterstützte ebenfalls eine größtmögliche Einheitlichkeit der Lebenspraxis.[233] Die liturgischen Verpflichtungen wurden jedoch vereinfacht und damit mehr Zeit für die Handarbeit geschaffen, die durch die spirituelle Anerkennung eine neue soziale Bedeutung erhielt. Persönliche Frömmigkeit und private Gebete wurden ausdrücklich gefördert.[234] Die anfänglich radikale Ablehnung von künstlerischem Schmuck und Reichtum sollte u.a. die Meditation fördern.[235]

Die theologischen Facetten zisterziensischer Spiritualität hat Edmund Mikkers prägnant dargestellt. In seiner Betrachtung der Geistlichkeit der Weißen Mönche unterschied er den anthropologischen, den asketischen, den christologischen Aspekt sowie die Gotteserfahrung.[236] Anthropologisch wird die Frage nach dem Charakter des Menschen gestellt, der als Mönch den Weg zu Gott sucht, indem er Christus nachfolgt. Dies wird besonders in Aelreds Anthropologie deutlich.[237] Aufgabe der Mönche war es, durch ein asketisch geführtes Leben, durch eine Rückkehr auf den Pfad der Tugend die Ebenbildlichkeit Gottes in ihrer Seele wieder herzustellen. Durch die Flucht aus der Welt sollte jeder zuerst zu sich selbst und schließlich, über die Bekehrung und innere Zerknirschung, in einer Neuorientierung zu Gott finden. Christologisch stand der Gott des Neuen Testaments im Mittelpunkt. Dies war Christus, als leidender Gott, der durch Maria in die Welt kam und für die Sünden der Menschheit am Kreuz starb. Er leitete damit den ersten Schritt zu ihrer Erlösung ein. Schließlich kulminierte alles in der Erfahrung Gottes, in der persönlichen Erfahrung, von Gott geliebt zu werden und ihn innig zu lieben. Im kontemplativen Gebet, in der mystischen Erfahrung, mit Gott eins zu werden, bestand das Ziel. Um diesen Punkt zu erreichen, bedurfte es nicht nur der dauerhaften Bemühungen des Gläubigen, sondern zugleich auch der Gnade Gottes.[238]

---

233 Turk, J., *Cistercii Statuta Antiquissima* (2) II, p. 16.

234 »Ad orationem vero ire possunt in ecclesiam non solum tunc. sed et omni tempore lectionis et ad omnia intervalla«. *Ecclesiastica Officia* 71, 3.

235 Dies betraf sowohl die Architektur als auch die liturgischen Geräte. Selbst die Buchilluminationen waren nach dem Tode Stephan Hardings davon betroffen. Nichts sollte die Mönche vom *opus Dei* ablenken. Vgl. *Summa cartae caritatis et capitula* (25) u. (26), Bouton/van Damme, p. 124.

236 Für das folgende: Mikkers, E., 1989, pp. 144–149.

237 Vgl. Abschnitt »Aelreds Anthropologie«, pp. 226ff.

238 Im Kontext von Aelreds Ideen zur Freundschaft wird deutlich werden, daß die Klostergemeinschaft keineswegs eine ideale Gesellschaft war und das in den spirituellen Ansprüchen der einzelnen Autoren auch immer ihre eigenen Sehnsüchte enthalten sind.

Eine wichtige Voraussetzung für das Beschreiten dieses Pfades war das Studium biblischer und patristischer Texte. Studium im Zisterzienserkloster hieß vor allem *lectio divina*. Diese wurde bereits erläutert und muß hier nicht noch einmal wiederholt werden. Die Haltung der Zisterzienser zum Studium war durchaus ambivalent aber nicht generell feindselig, denn Grundkenntnisse im Lesen und Schreiben sowie eine allgemeine Kenntnis der wichtigsten Texte waren eine *conditio sine qua non*.[239] Auch wurde Schulwissen, inklusive neuer Methoden, dankbar aufgenommen, sofern sie die eigenen Positionen zu stärken vermochten und dem spirituellen Ziel nicht zuwiderliefen.

Die Weißen Mönche unterhielten in ihren Klöstern keine eigenen Schulen. Schulische und wissenschaftliche Aktivitäten wurden auf ein Minimum reduziert. Wenn sich Mönche schriftstellerisch betätigen wollten, mußte für sie zuvor eine Erlaubnis vom Generalkapitel eingeholt werden.[240]

Die Haltung der Zisterzienser gegenüber Bildung und wissenschaftlicher Ausbildung änderte sich im 13. Jahrhundert. Die Gründe dafür waren sicherlich vielschichtig: das neue Prestige der Universitäten und ihrer Gelehrten, das verstärkte Engagement der Zisterzienser in missionarischen und seelsorgerischen Aktivitäten oder auch die Angst vor der Ketzerei. Vielleicht haben die Franziskaner und Dominikaner, die sehr großen Wert auf eine solide Ausbildung gelegt haben, die Zisterzienser unter Zugzwang gesetzt. Das Generalkapitel entschied im Jahre 1287, daß jede Abtei einige talentierte Mönche an die Universität schicken solle.[241] Der englische Geschichtsschreiber und Mönch

---

239 Zur Einstellung der Zisterzienser gegenüber Lernen und zu ihrer Spiritualität: Leclercq, J., 1957, pp. 65–168; Lekai, L. J., 1977, pp. 227–247; Schneider, A. (Hrsg.), 1986, pp. 113–150; Spahr, K., 1981.

240 Angesichts der schriftstellerischen Erfolge zisterziensischer Autoren gleicht dieses Gebot eher einer Farce. Zum einen waren die großen zisterziensischen Autoren des 12. Jahrhunderts mit ihrem Latein auf der Höhe der Zeit, zum anderen beschränkte sich ihr literarisches Schaffen nicht nur auf theologische Traktate, sondern reichte bis zu Geschichtswerken und Heiligenviten. Außer dem hl. Bernhard und Aelred gehören zu dieser Gruppe: Isaak von Stella († 1169), Magister, studierte mit Abaelard und Gilbert de la Porrée und war seit 1144/45 Abt von Stella (Diözese Poitier); Otto von Freising († 1158), Historiker, wurde 1133 Mönch in Morimond und später Bischof von Freising; Guerric von Igny († 1157), Kanoniker, *magister scholarum*, wurde 1122 Mönch in Clairvaux und später Abt von Igny; Alanus von Lille († 1203), ehemaliger Professor der Theologie in Paris, zog sich nach Cîteaux zurück; Wilhelm von St. Thierry († 1148), Freund Bernhards und Mitverfasser seiner *Vita*, wurde 1148 Abt in Signy; Petrus Cantor († 1179), war Professor für Theologie in Reims und Paris, zog sich nach Longpont zurück. Vgl. Edmund Mikkers, 1989, pp. 132–137.

241 Vgl. Canivez, *Statuta* III, 1287:6; Interessanterweise waren die Zisterzienser mit die ersten, die für ihre Mönche, die zum Studium geschickt worden waren, Häuser in den Universi-

von St. Albans, Matthäus Paris (um 1199–1259), kommentierte diesen Wechsel der Einstellung in seiner Chronik nicht ohne Ironie.

»Zur selben Zeit [um 1249] erwirkten die Zisterzienser, die sich nicht länger der Verachtung durch Franziskaner und Dominikaner sowie durch weltliche Gelehrte, hier insbesondere durch Juristen und Rechtsgelehrte, aussetzen lassen wollten, ein neues Privileg. Im Zusammenhang damit erwarben sie für sich feine Häuser in Paris und anderswo, d.h. überall dort, wo Schulen in hohem Ansehen standen, so daß sie, indem sie die Vorlesungen in Theologie, Rechtswesen und Gesetzeskunde organisierten, selbständiger studieren konnten und gegenüber den anderen nicht länger als minderwertig erscheinen würden.«[242]

Ein Zeichen aller monastischen Reformen – und das gilt ebenso für die Zisterzienser – ist deren zeitlich befristete Wirksamkeit. Auch die Weißen Mönche kehrten Schritt für Schritt auf die alten Pfade zurück, langsam aber beständig. Mehr noch, ihr Wirken ist bereits von Zeitgenossen ambivalent bewertet worden. So schrieb Gerald von Wales über die Zisterzienser vom Kontinent, daß sie besser und ehrbarer Gott dienten als ihre englischen Brüder, während die Cluniazenser von der Insel bedeutend strenger gelebt hätten als ihre Glaubensbrüder auf dem Kontinent.[243]

An der Wende zum 13. Jahrhundert hatte sich der zisterziensische Enthusiasmus nahezu erschöpft. Die zisterziensische Reform stellte den letzten großen und erfolgreichen Versuch dar, monastisches Leben auf der Basis landwirtschaftlicher Produktion zu erneuern. Mit der steigenden Bedeutung der Geldwirtschaft büßten auch die Zisterzienser an Einfluß ein. Die neuen religiösen Bewegungen am Ende des 12. Jahrhunderts waren in den Städten zu Hause. Die Bettelorden wie Dominikaner und Franziskaner siedelten sich in den urbanen Zentren an und orientierten sich in ihrer Seelsorge an den

---

tätsstädten einrichteten. 1245 wurde auf Initiative von Stephan Lexington, ehemals Magister in Oxford und späterer Abt von Clairvaux, das Collège St. Bernard in Paris gegründet.

242 »Temporibus etiam sub eisdem Cistercienses monachi, ne amplius forent contemptui fratribus Praedicatoribus et Minoribus et saecularibus literatis, praecipue legistis et decretistis, novum impetrarunt privilegium. Et ad hoc nobiles sibi Parisius et alibi, ubi scolae viguerunt, paraverunt mansiones, ut scolas exercendo, in theologia, decretis, et legibus studerent liberius, ne viderentur aliis inferiores.« Matthäus von Paris, *Chronica Maiora*, Bd. 5, pp. 79f.

243 Vgl. Gerald von Wales, *Speculum ecclesiae* II, 6, p. 45.

Die Zisterzienser im 12. Jahrhundert

Bedürfnissen der Städter. Sie predigten das Evangelium, nahmen Beichten ab und versahen soziale Dienste wie Begräbnisse und Krankenpflege. Die Bettelorden hatten außerdem eine andere Einstellung zur Bildung und zum Studium. Die sich neu formierenden Universitäten verdanken viel dem Lern- und Studieneifer der Dominikaner und Franziskaner. Die Mendikanten brauchten akademisch solide ausgebildete Lehrer, und zwar weniger für administrative Aufgaben als für das Studium der Theologie in seiner modernen und fortgeschrittenen Form.[244]

Die frühen legislativen Texte als Gestaltungsvorschriften
In der ersten Hälfte des 12. Jahrhunderts formierten sich die Zisterzienser zu einem monastischen Orden.[245] Diese Phase war von enormer Bedeutung für die spätere Entwicklung, da in jener Zeit die wichtigsten organisatorischen und legislativen Grundlagen geschaffen wurden. Die Zeitspanne läßt sich grob in zwei Abschnitte unterteilen. Die erste Phase, die ungefähr bis zum Tod Stephan Hardings (1134) dauerte, war vor allem eine der Konsolidierung. Die zweite Phase, in der die Weißen Mönche stark expandierten, sich über Europa ausdehnten, überregionalen politischen Einfluß gewannen und die ersten Abteien größere Reichtümer anhäuften, findet mit dem Tod des hl. Bernhard (1153) einen gewissen Abschluß.[246]

Die neuartige juristische Organisation der Klöster, die in einem Corpus legislativer Texte ihren Niederschlag fand, hatte maßgeblichen Anteil an diesem Erfolg. Das Besondere an der zisterziensischen Gesetzgebung ist die Zusammenfassung bisheriger Erfahrungen in einem kompakten und komplexen System von Vorschriften, das immer flexibel blieb, den Umständen der Zeit angepaßt wurde und dabei die relative Autonomie der einzelnen Klöster respektierte. Die *Carta caritatis*, das grundlegende Dokument, ist von einem Geist geprägt, der Gehorsam mit Eigenständigkeit, Vertrauen und Treue mit

---

244 Vgl. Southern, R. W., 1970a, pp. 296–299; Burton, J., 1994, pp. 109–130.
245 Constance Berman (1998) hat jüngst die gängige Chronologie der Formierung der Zisterzienser zu einem Orden ernsthaft in Frage gestellt und dafür wesentlich philologische Argumente angeführt. Für sie setzt das Selbstverständnis als *Ordo cisterciensis* erst im letzten Drittel des 12. Jahrhunderts ein. Ich halte ihre im Vortrag vorgebrachten Argumente für nicht ausreichend. Eine seriöse Diskussion ihrer Thesen kann jedoch erst auf der Basis der Veröffentlichung des Tagungsmanuskriptes erfolgen.
246 Diese Einteilung wird noch durch eine andere Tatsache gerechtfertigt. Nach dem Tod Stephan Hardings wurden Liturgie und Gesänge reformiert, vor allem aber wurden die Bestimmungen zur Buchillustration strenger abgefaßt. Vgl. Lekai, L. J., 1977, pp. 21–51; Talbot, C.H., 1986; Griesser, 1956, p. 174f.

Kontrolle sowie individuelle Verantwortung mit Hilfsbereitschaft in Krisenzeiten zu verbinden suchte.[247]

Die frühesten erhaltenen Handschriften legislativer Texte sind die Manuskripte 1117 der Stadtbibliothek von Trient[248] und die Handschrift 31 der Universitätsbibliothek Ljubljana (Laibach).[249] Es kann hier nicht um eine kritische Diskussion der Texte und ihrer Datierung gehen. Im Rahmen dieser Studie mögen die folgenden beschreibenden Erläuterungen genügen.

Das *Corpus* der frühen legislativen Texte läßt sich in drei Gruppen von Dokumenten gliedern, deren Datierung bis heute kontrovers diskutiert wird.[250] Die *Exordia* enthalten narrative Aufzeichnungen über den Ursprung und Beginn des Neuklosters. Das *Exordium Cistercii* und das *Exordium parvum* sind keine eigenständigen Texte wie das viel später entstandene *Exordium magnum*, sondern fungieren in den beiden ältesten Handschriften als Einleitung zur *Carta caritatis*.[251] Zur zweiten Gruppe gehören die verschiedenen Fassungen bzw. Redaktionsstufen der *Carta caritatis*.[252] Die letzte Gruppe bilden die

---

247 Vgl. Lekai, L. J., 1977, p. 29.

248 Der Codex von Trient beinhaltet das *Exordium Cistercii* (Kap. 1–2), die *Summa cartae caritatis* (Kap. 3–6), die *Capitula* des Generalkapitels (Kap. 7–26), die *Ecclesiastica Officia* (Kap. 27–143) und den *Usus conversorum* in eigener Nummerierung. Der Codex wurde von Bruno Griesser aufgrund der Nähe zu den Gebräuchen von Cluny, der verwendeten Sprache und den Ähnlichkeiten zum sogenannten Stephansbrevier in die Zeit zwischen 1130 und 1134 datiert. Vgl. Griesser, B., 1956, p. 174f.

249 Das Manuskript 31 aus Ljubljana enthält das *Exordium parvum*, die *Carta caritatis prior*, die *Instituta Generalis Capituli apud Cistercium* (1–87) und die *Ecclesiastica Officia* (unvollständig). Das Manuskript wurde aufgrund bestimmter Generalkapitelbeschlüsse sowie des Wechsels in der Anordnung bzw. des Ersatzes von Bestimmungen von Lefèvre vor 1152 datiert. Zur Diskussion: Zakar, P., 1964, p. 109f.

250 Die Entwicklung der sogennanten Originisforschung, deren Probleme und Schwierigkeiten sowie deren aktuellen Forschungsstand dokumentieren drei wichtige Publikationen. Polykarp Zakar resümierte in einem Aufsatz (vgl. Zakar, P., 1964) die Forschung bis 1964. Jean Baptiste Auberger (vgl. Auberger, J. B., 1986, pp. 21–65) gab in seinem Buch neue Datierungs- und Rekonstruktionsvorschläge zu den verschiedenen Dokumenten. Pater Chrysogonus Waddell (Waddell, C., 1998) hat eine Neuedition der Texte, insbesondere der frühen Generalkapitelstatuten mit Datierungsvorschlägen gerade abgeschlossen. Seine Neubearbeitung lag mir allerdings noch nicht vor.

251 Auberger unterscheidet noch ein *Exordium primitivum* (um 1119), daß allerdings nur hypothetisch angenommen wird. Im *Exordium Cistercii* (um 1123/24) fehlen die Dokumente (z.B. Briefe vom Bischof von Châlon, der Kardinäle Johannes und Benedikt, vom Legaten der Kurie, Hugo von Lyon, sowie das *Privilegium romanorum*), die im *Exordium parvum* (um 1140/50) enthalten sind. Vgl. Auberger, J. B., 1986, pp. 42–60.

252 Die *Carta caritatis* existiert in drei verschiedenen Versionen. Die früheste erhaltene Textform, die *Carta caritatis prior*, aus dem Ljubljana-Manuskript regelt die Beziehungen der Tochterklöster zu Cîteaux und enthält grundlegende Bestimmungen zur

Beschlüsse des Generalkapitels, die *Capitula* bzw. *Instituta Generalis Capituli apud Cistercium.*[253] Hinzu kommt noch eine Gruppe Texte, die das Leben innerhalb des Klosters regelten, die *Ecclesiastica Officia* und der *Usus conversorum.*[254]

Da die *Capitula* bzw. *Instituta* von eminenter Bedeutung für die Einschätzung baugebundener Gestaltungsaufgaben sind, wie sie im letzten Kapitel diskutiert werden, sollen im folgenden nur die allgemeinen Aspekte dieser Bestimmungen herausgearbeitet werden: erstens ihre relative Chronologie, zweitens ihr allgemeiner Charakter und drittens ihre Verbindlichkeit für Gestaltungsaufgaben.

Auslegung der Regel Benedikts sowie Richtlinien über die Ausstattung der Neugründungen mit liturgischen Büchern. Sie räumt jedoch den Ortsbischöfen noch gewisse Rechte ein. Die *Carta caritatis prior* ist wahrscheinlich kurz nach Gründung der ersten Tochterklöster entstanden. Auberger nimmt noch eine heute nicht mehr erhaltene Urform, die sogenannte *Carta caritatis primitiva* (um 1113/14) an. (vgl. Auberger, J. B., 1986, pp. 26–28 u. pp. 34ff). – Die *Summa cartae caritatis* (um 1123–24) enthält Bestimmungen über die Gewohnheiten, das Generalkapitel, die relative finanzielle und administrative Selbständigkeit der einzelnen Klöster, Verordnungen, die das Verhältnis von Cîteaux zu den Primarabteien regeln, sowie den Brauch der gegenseitigen Visitation (zur Datierung vgl. Auberger, J. B., 1986, p. 40). – Die *Carta caritatis posterior* (1165–73) scheint die endgültige Version zu sein. Neu war die Visitation der vier Primaräbte. Des weiteren wurden alle zum Orden gehörenden Abteien exklusiv der Rechtsprechung des Generalkapitels unterstellt. Vgl. Auberger, J. B., 1986, p. 34 u. Lekai, L. J., 1977, p. 28.

253 Die frühesten Generalkapitelstatuten stammen aus drei Handschriften. Die *Capitula* 7–26 im Codex von Trient sind der *Summa Cartae caritatis* nachgestellt. Eine größere Zahl von Beschlüssen findet sich im Ljubljana-Manuskript. Die *Instituta* 1–87, die sich in drei Gruppen aufteilen lassen (1. Gruppe 1–28; 2. Gruppe 29–39, 3. Gruppe 40–87) folgen dem Text der *Carta caritatis prior.* Die von Canivez veröffentlichten frühesten Statuten, 85 an der Zahl, wurden willkürlich dem Jahr 1134 zugeordnet und stammen aus der Handschrift 114 der Bibliothèque municipale von Dijon. Chrysogonus Waddell schlug folgende Datierung vor: Die *Capitula* des Codex von Trient stellen eine erste Zusammenfassung der Beschlüsse bis in die Zeit zwischen 1133–35 dar. Sie fallen wesentlich in die Amtszeit von Stephan Harding. Die zweite und dritte Gruppe der *Instituta* aus dem Manuskript von Ljubljana datiert Pater Waddell in die Zeit zwischen 1134 und 1147, d.h. in die Amtszeit von Abt Guido I. (1133–34) und Abt Raynard de Bar (1134–50). Die Zäsur von 1147 ergibt sich aus dem Anschluß der Kongregation von Savigny (1147) und den Häusern von Obazine an Cîteaux. Vgl. Waddell, C., 1994, p. 28f u. Brehm, H./Altermatt A. M. (ed.), pp. 25–27.

254 Die *Ecclesiastica Officia* enthalten die wichtigsten liturgischen Bestimmungen sowie Festlegungen zu Aufgaben und Kompetenzen der einzelnen Offizialen und Dienste im Kloster. Die jüngste Version stammt aus den Jahren 1134–37 (Codex 1711 Trient). Der *Usus conver-sorum,* dessen erste Überlieferung ebenfalls aus dieser Zeit stammt, bestimmt die allgemeinen Aufgaben und Pflichten der Laienbrüder.

1. Die relative Chronologie ist umstritten, denn systematische Sammlungen von Statuten, die genauer datierbar sind gibt es erst ab 1180.[255] Die bereits angemerkte Chronologie der Statutensammlungen aus den Manuskripten von Trient und Ljubljana kann noch präzisiert werden. Pater Waddell stellte fest, daß die *Capitula* 7–26 sowie die *Instituta* 1–28 eine Kompilation von Beschlüssen bis 1133–35 darstellen, während die Instituta 29–39 bzw. 40–87 eher chronologisch geordnet sind und in die Zeit zwischen 1134–47 fallen.[256]

Conrad Rudolph hat eine Neubewertung jener frühen *Capitula* vorgeschlagen, die sich mit der Gestaltung bzw. Ausgestaltung der Liturgie beschäftigen. Sie basiert einerseits auf philologischen Argumenten, die einem Textvergleich der frühesten Statuten des Generalkapitels entspringen und andererseits auf einer anderen Einschätzung der Rolle Bernhards von Clairvaux und dessen Einfluß auf die Geschicke des Ordens.[257] Er vertritt die These, daß die Gründergeneration des Neuklosters, eingeschlossen Stephan Harding, in ihrer Haltung gegenüber der künstlerischen Ausgestaltung von Liturgie und Bethaus den üblichen benediktinischen Gewohnheiten folgte und daß sich eine strengere Auffassung erst mit den Filiationen durchsetzte, insbesondere unter der Ausstrahlung des hl. Bernhard und dem Wirken seiner Freunde. Er stützte seine These durch folgende Beobachtung:

In zwei Kapiteln stimmen die Statuten von ›1134‹ und die *Capitula* zur *Summa Cartae caritatis* überein. Das Statut X entspricht dem Kapitel 25 und Statut XX mit Kapitel 26.

»*25. Was wir besitzen und nicht besitzen dürfen von Gold, Silber, Edelsteinen und Seidenstoff.*

Die Altartücher, Gewänder der Altardiener sollen nicht von Seide sein, außer Stola und Manipel; die Kasel sei nur einfarbig, alle Ornamente des Klosters, Gefäße und Geräte seien nicht von Gold, Silber und mit Edelsteinen bedeckt, außer Kelch und (Kommunions-) Röhrchen, die beide nur silbern und vergoldet, aber niemals von Gold sein dürfen.«[258]

---

255 Vgl. Waddell, C., 1994, p. 29.
256 Vgl. Waddell, C., 1994, p. 28.
257 Vgl. Rudolph, C., 1987.
258 »*XXV. Quid liceat vel non liceat nobis habere de auro argento gemmis et serico.*
Altarium linteamenta, ministrorum indumenta sine serico sint praeter stolam et manipulum. Casula vero nonnisi unicolor habeatur. Omnia monasterii ornamenta, vasa et utensilia sine auro, argento et gemmis praeter calicem et fistulam quae quidem duo sola argentea et

»26. Über Bildwerke, Malereien und das Holzkreuz.
Bildwerke dulden wir nirgends, Malereien nur auf Kreuzen, die aber nur
in Holz ausgeführt seien.«[259]

Im Statut XX fühlten sich die Autoren bereits genötigt, die Gründe für ihre
Forderungen zu benennen. Durch dekorative Bildwerke und Malereien
wird der Mönch von der Meditation abgelenkt und vernachlässigt die
religiöse Disziplin. Im Mittelpunkt steht die Kunst für Mönche.
Ähnliche Bestimmungen befinden sich auch im *Exordium parvum*.[260]
Rudolph sieht in der Aufteilung dessen, was im *Exordium parvum* noch ein
Abschnitt war und später in zwei separate Kapitel aufgegliedert wurde, ein
Zeichen für die Trennung des Notwendigen vom Nichtnotwendigen. Sta-
tut XX bezieht sich auf einen Ausspruch Gregors des Großen, wonach die
Bildwerke die Literatur für die Analphabeten seien. Das heißt, sie waren an
ein bestimmtes Publikum gerichtet. Die Bestimmungen beider Kapitel
entsprachen den allgemeinen Reformbestrebungen der Zeit.[261]
Gegenüber den frühesten Texten hat sich aber die Einstellung geändert.
Rudolph verglich die Bestimmungen in Kapitel 15 mit denen aus Kapitel
17 im *Exordium parvum*.[262] Aufgrund des Charakters und Umfanges der

deaurata, sed aurea nequaquam habere permittimus.« *Summa carta caritatis et capitula*,
Bouton/van Damme, p. 124f; dt. Übers. nach Schneider, A. (Hrsg.), 1986, p. 30f.
»X. Quid liceat vel non liceat nobis habere de auro, argento, gemmis et serico.
Altarium linteamina, ministrorum indumenta, sine serico sint, praeter stolam et manipulum.
Casula vero nonnisi unicolor habeatur. Omnia monasterii ornamenta, vasa, utensilia, sine
auro, argento et gemmis, praeter calicem et fistulam: quae quidem duo sola argentea et
deaurata, sed aurea nequaquam habere permittimur.« Canivez, *Statuta* I, 1134:X.
259 *»XXVI. De sculpturis et picturis et cruce ligneae.*
Sculpturas nusquam, picturas tantum licet habere in crucibus quae et ipsae nonnisi ligneae
habeantur.« *Summa carta caritatis et capitula*, Bouton/van Damme, p. 125; dt. Übers. nach
Schneider, A. (Hrsg.), 1986, p. 31.
»XX. De sculpturis et picturis, et cruce lignea.
Sculpturae vel picturae in ecclesiis nostris seu in officinis aliquibus monasterii ne fiant
interdicimus, quia dum talibus intenditur, utilitas bonae meditationis vel disciplina
religiosae gravitatis saepe negligitur. Cruces tamen pictas quae sunt ligneae habemus.«
Canivez, *Statuta* I, 1134:XX.
260 Vgl. *Exordium parvum* XVII.6–8, Bouton/ van Damme, p. 81.
261 »While taking the minimum suggested standards of current reformist legislation on
liturgical artworks as their mandatory maximum limit, the framers of the first statute in no
way offered anything which could be seen as being in opposition to those standards,
standards which were only of local authority anyway.« Rudolph, C. 1987, p. 7.
262 *Instituta monachorum cisterciensium de Molismo venientium* (Bouton/van Damme, pp. 77–
80) u. *De morte primi abbatis et promotione secundi, et de institutis et laetitia eorum* (Bouton/
van Damme, pp. 81–84).

dargelegten Bestimmungen sowie der Anredeformen[263] datierte er Kapitel 15 bereits in die Abtszeit von Alberich (1099–1108), das Kapitel 17 in die Stephan Hardings (1108–19) und die Aufteilung der Bestimmungen in zwei separate Kapitel (Statuten X und XX) in die Zeit nach dem Eintritt des hl. Bernhard (um 1113). Während Alberich noch allein entscheiden konnte, mußte Stephan Harding bereits auf die Filiationen Rücksicht nehmen. Hier sieht Rudolph nun den Einfluß des hl. Bernhard zusammen mit einer Gruppe gleichgesinnter Freunde wirken. Aufgrund dieser Tatsache und der dekorativen Buchkunst, die unter Stephan Harding in Cîteaux florierte, betrachtet Rudolph den Abt von Cîteaux eher als Opfer denn als Initiator dieser Paragraphen. Demnach wäre die liturgische Erstausstattung von Cîteaux gemäß den benediktinischen Gewohnheiten gewesen. Des weiteren fällt die Verschärfung der Bestimmungen mit der Formierung der Gemeinschaft von Cîteaux zum Orden von Cîteaux zusammen. Eine neue Form der Identität wurde notwendig, d.h. auch eine eindeutigere Form ästhetischer Abgrenzung, die die neue *uniformitas* bestimmen sollte. Eine einheitliche Lebensweise sollte nun für mehrere Klöster verbindlich sein. Sie wurde in Form von Gesetzen institutionalisiert. Die Statuten X und XX brachen sowohl auf der ästhetischen Ebene als auch in bezug auf den Adressaten, für den die Formensprache gedacht war, mit traditionellen Formen des Gottesdienstes wie mit den damit verbundenen Einkünften. Während Suger, Abt von St. Denis, gerade die visuelle Attraktivität des *opus Dei* erhöhen wollte, verminderte das Statut X diese. Damit waren die Laien aus der Kirche verbannt. Statut XX hingegen wandte sich gegen Pilger und Begräbnisse von Laien in der Kirche. Der Gottesdienst für Laien, die Wallfahrer und das Laienbegräbnis bedeuteten eine Verbindung mit der Welt.[264]

2. Diese Bestimmungen haben legislativen Charakter. Aber was heißt das? Zu jener Zeit war das geschriebene Recht noch nicht ausgeprägt. Gewohnheiten und Traditionen hatten einen Rechtsstatus, auch ohne daß sie schriftlich niedergelegt werden mußten. Sie wurden mündlich tradiert und in der täglichen Praxis eingeübt. So bestand für die ersten Zusammenkünfte des Generalkapitels nicht zwingend eine Notwendigkeit, Änderungen schrift-

---

263 Im Kapitel 15 des *Exordium parvum* heißt es *abbas ille et fratres ejus*, im Kapitel 17 dagegen *fratres una eodem abbate*. Im Kapitel 15 sind die Bestimmungen relativ allgemein, umfassen aber viele Gebiete des Klosterlebens. Im Kapitel 17 werden sie spezieller. Die Bestimmungen zur Ausgestaltung der Kirche wie zur Gestaltung liturgischer Geräte nahmen viel Platz ein.

264 Vgl. Rudolph, C., 1987, p. 17.

lich, als Beschlüsse des Generalkapitels, niederzulegen. Neue Vereinbarungen konnten im noch überschaubaren Rahmen von Tochterklöstern mündlich angewiesen werden.[265] Hinzu kommt, daß das gesamte *Corpus* legislativer Texte, welches einer Neugründung übergeben wurde, alte wie neue Texte gleichermaßen enthielt: die alten, weil die Tradition verehrt wurde, die neuen aufgrund ihrer zeitgenössischen Bedeutung.[266] Schließlich ist nicht auszuschließen, daß es auch Übergangsregelungen gab, die auf bestimmte historische Situationen reagierten und von vornherein als zeitlich befristet angesehen worden sind. Schließlich wies Christopher Holdsworth darauf hin, daß es keine zwingende direkte Abhängigkeit zwischen Vergehen und Statut gibt. So ist der hl. Bernhard nie dafür gerügt worden, daß er seine Visitationspflicht für England komplett verletzt hat. Auf der anderen Seite sind nach dem Verbot, Tochterklöster zu gründen (1152), weiter Filialen entstanden, ohne daß dies später kritisiert worden wäre.[267]

3. Die Bewertung der *Instituta* und *Capitula* hinsichtlich ihrer Wirkung auf zisterziensische Architektur bzw. auf die baugebundenen Gestaltungsaufgaben bis hin zur Buchmalerei war und ist bis heute umstritten.[268] Mit Blick auf die Architektur, die in dieser Arbeit einen wichtigen Platz einnimmt, gilt es festzustellen, daß die Gestaltungsvorschriften des Generalkapitels keine ›Baugesetze‹ darstellen. Ein Vergleich mit anderen zeitgenössischen Orden zeigt, daß es abgesehen von den *Consuetudines Farvenses*[269] weder bei den Hirsauern[270], den Kartäusern[271] noch später bei den Dominikanern oder Franziskanern konkrete Gestaltungsvorschriften gab. Außerdem sind alle zisterziensischen Bestimmungen in negativer Form als Verbote und nicht in positiver Form als Gebote überliefert.

265 Vgl. Griesser, B., 1956, p. 161.
266 Vgl. Holdsworth, C., 1986, p. 43 und Lekai, L. J., 1978.
267 Vgl. Holdsworth, C., 1986, p. 53.
268 Der Disput um die Einschätzung des Charakters dieser Vorschriften vor allem hinsichtlich der Konsequenzen, wie die Haltung des Ordens gegenüber Architektur und Kunst zu bewerten sei, ist bereits in der älteren Literatur ausgeprägt (vgl. Saur, J., 1913 u. Rüttimann, H., 1911). Saur und Rüttimann vertreten zwei entgegensetzte Positionen. Während Josef Saur in der Bewertung zisterziensischer Gestaltungsleistungen von einer »Kunstfeindschaft des Ordens« ausging, betrachtete Hermann Rüttimann zisterziensische »Kunst« als schlechthin gegeben. Sie basierte seiner Meinung nach auf Zweckmäßigkeit und Nützlichkeit und wurde durch die Bestimmungen des Generalkapitels nur modifiziert.
269 Vgl. *Consuetudines Farvenses monasterii XVII (De descriptione Cluniacensis monasterii).*
270 Vgl. Guigo V., *Consuetudines Cartusiane* u. Hogg (Hrsg.) 1970.
271 Vgl. Wilhelm von Hirsau, *Consuetudines.*

Rupert Schreiber und Mathias Köhler haben die Gestaltungsvorschriften des Generalkapitels zwischen 1100 und 1245 unter dem Aspekt von ›Baugesetzen‹ untersucht.[272] Abgesehen von der zu erwartenden Feststellung, daß es solche nicht gab, enthält die Studie einige interessante Details. Die Autoren stellten erstens fest, daß von den insgesamt 3786 Beschlüssen nur 1,5% auf Gestaltungsvorschriften im strengeren Sinn entfallen.[273] Die Äußerungen in den Statuten sind zweitens nicht nur negativer Natur, sondern auch sehr allgemein gehalten. Zur Charakterisierung werden Begriffspaare wie *uniformitas/unitas – diversitas* oder *simplicitas – superfluitas* verwendet.[274] Während die Begriffe *uniformitas, unitas* oder *forma ordinis* den kleinsten gemeinsamen Nenner betonen, d.h. prinzipiell Identitätsstiftendes gegenüber der Andersheit (*diversitas*) abzugrenzen versuchen, thematisiert das Begriffspaar *simplicitas – superfluitas* das vom Generalkapitel sanktionierte rechte Maß. Hier kehrt etwas wieder, was ebenso bezeichnend für das Vorgehen von Bernhard in seinem Traktat zu den Stufen der Demut ist. Normen werden *ex negativo* begründet. Genauso wenig wie Bernhard über die Demut handelte, wurden im Generalkapitel positive Festlegungen über die *forma ordinis* getroffen. Es wurde schließlich drittens festgestellt,

»daß der Eifer, neue Gesetze und Grundsatzartikel zu erlassen, im wesentlichen nach 1160 erlisch, danach aber ein plötzliches Aufkommen von konkreten Entscheidungen, wie von Ermahnungen festzustellen ist. Sie bestimmen ab etwa 1190 fast ausschließlich das Bild.«[275]

Aus dem Erörterten ergeben sich zwei grundlegende Schlußfolgerungen. Erstens erzwang die Formierung zum Orden, die mit der Gründung von La Ferté, Pontigny, Clairvaux und Morimond einsetzte, eine strengere Organisation und ein größeres Streben nach *uniformitas*, das nach innen und nach außen gerichtet war. Die Bestimmungen, die sich auf äußere Dinge richteten (Administration und Repräsentation), reagierten vor allem auf zeitgenössische Erfordernisse. Sie finden sich primär in den *Instituta*. Die nach innen gerichtete *uniformitas* fand in den *Ecclesiastica Officia* ihren adäquaten Ausdruck und zielte primär auf die liturgischen Bestimmungen, die in bestimmter Hinsicht zeitlos sind. Die zweite liturgische Reform (um 1147) bildete hier einen gewissen Abschluß.

272 Vgl. Schreiber, R./Köhler, M., 1987.
273 Ebenda, p. 12.
274 Ebenda, p. 27f.
275 Ebenda, p. 23.

Zweitens – da eine stetig wachsende Organisation, um stabil und funktionsfähig zu bleiben, immer einem Wechselspiel von Regulierung und Deregulierung bedarf und da nicht bekannt ist, wie die Generalkapitelbeschlüsse zustande gekommen sind – ist es um so wichtiger, nicht nur ihre Verstöße zu benennen, sondern, soweit es die Quellen erlauben, diese aus dem Spannungsfeld von allgemein-historischen Entwicklungen bzw. ordenspolitischen Bedürfnissen und Notwendigkeiten bzw. regional-konkreten Bedingungen dieser Zeit zu erklären.

Die Gestaltungspolitik und der Einfluß des hl. Bernhard

Obwohl Bernhard von Clairvaux die außergewöhnlichste Persönlichkeit der Zisterzienser bis zur Mitte des 12. Jahrhunderts war, sagt dies noch nichts über seinen *direkten* Einfluß auf die Geschicke des Ordens aus. Mag auch der große Aufstieg der Zisterzienser mit der Lebenszeit von Bernhard zusammenfallen, so ist doch der Erfolg zu groß gewesen, um ihn im wesentlichen einer Person zuzusprechen.[276] Es gibt für die frühe Phase kaum literarische Dokumente, die Bernhards direkte Einflußnahme bestätigen. Außerdem ist so gut wie nichts über Stephan Hardings Verhältnis zu Bernhard bekannt. Louis Lekai betonte in diesem Zusammenhang die Spiritualität der Mönche von Cîteaux, die durch geeignete Leute verbreitet wurde und die von anderer Seite ein offenes Ohr fand.[277] Jean Leclercq verwies nicht nur auf Bernhards persönliche Ausstrahlung, sondern auch auf sein indirektes Wirken durch einen Kreis gleichgesinnter Freunde.[278] David Knowles sah in Bernhard den großen Mittler zisterziensischer Ideen, ihren Propagandisten, nicht aber den Erfinder. Er wurde zum Repräsentanten der Zisterzienser in den Kontroversen der Zeit.

---

276 Jean Leclercq unterschied drei Phasen in der öffentlichen Wirkung des Abtes von Clairvaux. Bis 1130 gewann Bernhard auf den französischen Adel sowie auf die kirchlichen Würdenträger Frankreichs starken Einfluß. In den Jahren bis 1138 erweiterte sich sein Einflußbereich auf Rom, und von 1139 bis 1148 dehnte er sich auf die ganze Kirche des Westens aus. Vgl. Leclercq, J., 1989, p. 43.

277 Vgl. Lekai, L. J., 1977, p. 50f.

278 »Man wählte aus ihrer Mitte die Äbte für die Tochtergründungen: für Pontigny im Jahre 1114, im Juni 1115 für Clairvaux – wohin Bernhard entsandt wird – und für Morimond. Auch die nachfolgenden Äbte von La Ferté (im Mai 1124) und von Morimond (1125) stammten aus dem Kreis um Bernhard, ebenfalls die beiden Nachfolger von Harding im Jahre 1133 und 1134 und noch andere. Offensichtlich hatte der junge Bernhard einen mächtigen Einfluß auf die Entwicklung der Bewegung, die aus Cîteaux hervorgegangen ist. Seine Gefährten, die Äbte geworden waren, bildeten die Mehrheit im Generalkapitel, das er auf diese Weise prägen konnte.« Leclercq, J., 1989, p. 33; Vgl. Rudolph, C., 1990, p. 187, Anmerkung 508.

Er besuchte Konzile, traf sich mit Königen und vielen wichtigen Personen des Hochadels und hatte außerdem durch Eugen III., einem seiner Schüler, direkten Einfluß auf das Papsttum. Seine Rolle wurde mit der raschen Ausbreitung des Ordens und dessen Erfolgen zusätzlich gestärkt. Eine Art Rückkopplungseffekt trat ein.[279]

Neben den legislativen Texten gibt es eine zweite Gruppe von Schriften, die für die Bewertung von zisterziensischer Architektur, Skulptur und Buchmalerei gern herangezogen wird, die Traktate der sogenannten Streitliteratur, insbesondere Bernhards *Apologia ad Guillelmum Abbatem*. Um die Wertigkeit der Aussagen dieser Texte richtig einschätzen zu können, ist nicht primär vom Inhalt, sondern vom Charakter und von der Funktion dieser Texte auszugehen.

Bernhard verfaßte die *Apologia* um 1125 für seinen Freund Wilhelm von St. Thierry in der Form eines Brieftraktates.[280] Der Abt von Clairvaux sollte zu den Vorwürfen, die die Mönche wechselseitig gegen sich erhoben, Stellung nehmen. Er griff hier auf Argumente zurück, die er bereits in einem Brief (um 1124), an seinen Verwandten Robert von Châtillon, geschrieben hatte.[281] Bernhard schickte den Traktat Oger, einem Regularkanoniker von Mont-Saint-Eloy (Diözese Arras), der ihn lesen und die Argumente überprüfen sollte. Dieser schrieb ihn einfach ab und sandte eine Kopie an Wilhelm von St. Thierry und das andere Exemplar an Bernhard zurück, der über diese Vorgehensweise verärgert war, sie aber schließlich billigte.[282] Bernhard beschrieb in dem bereits erwähnten Brief an Wilhelm sein Vorhaben mit folgenden Worten:

»Denn als ich Deinen Brief mit Freuden las und wiederholt las – als ich ihn öfters las, gefiel er mir immer mehr –, da erkannte ich freilich Deinen Wunsch, ich solle jene zufriedenstellen, die sich über uns beklagen, daß wir den Orden von Cluny herabsetzen. Man soll nämlich wissen, daß es nicht wahr ist, was man böse bisher von uns annahm oder annehmen wollte. Aber wenn ich nach dieser Genugtuung wieder den Überfluß ihrer Lebenshaltung und Kleidung und das übrige, das Du hinzufügst, nach Deinem Auftrag verurteilen will, scheine ich mir zu widersprechen, und ich sehe keine Möglichkeit, es ohne Ärgernis zu tun; es sei denn, ich werde den Orden als lobenswert hinstellen, die

279 Vgl. Knowles, D., 1940, pp. 217–219.
280 Vgl. Bernhard von Clairvaux, *Epistola* 84b, SW II, p. 678 [SBO VII, p. 219]. Dieser Brief wurde von Mabillon als Vorwort zur *Apologia* ediert. Er faßte ihn als Begleitschreiben auf. Der Brief ist jedoch vor der Niederschrift des Traktates abgefaßt worden.
281 Vgl. Bernhard von Clairvaux, *Epistola* 1, SW II, pp. 242ff [SBO VII, p. 1ff].
282 Vgl. Bernhard von Clairvaux, *Epistola* 88, SW II, pp. 705ff [SBO VII, pp.232 ff].

Tadler des Ordens als tadelnswert und dennoch die Mißstände an ihm tadeln.«[283]

Der formal zweigeteilte Traktat läßt sich inhaltlich in drei Abschnitte gliedern.[284] Bernhard schritt konsequent von doktrinären Überlegungen zu pragmatischen Problemen voran. Im ersten Abschnitt (§ 1–9) betont der Abt von Clairvaux seine positive Einstellung gegenüber anderen monastischen Orden, denn sie alle verbindet die Liebe (*caritas*). Die Lebensart an sich wurde als heilig gepriesen. Jene Mönche im *ordo monasticus* galt es zu tadeln, die nicht entsprechend dem allgemeinen *ordo*, d.h. gemäß ihrem Stand lebten.[285] Im zweiten Abschnitt (§ 10–14) begann er mit der Kritik am eigenen Orden. Richtschnur war seine Interpretation der Regel Benedikts. Im Vordergrund standen die monastischen Tugenden. Er stritt gegen Hoffart (*superbia*) und Eitelkeit (*vanitas*). Im dritten Teil (§ 15–29), dem bekanntesten Abschnitt der *Apologia*, argumentierte Bernhard gegen die *superfluitas* in den Klöstern.

Bernhard schrieb als Mönch für Mönche.[286] Er stritt in erster Linie für eine Lebensform, die trotz ihrer Vielfalt unter dem Dach der Kirche eine Einheit bilden sollte. Um dies zu verdeutlichen, benutzte er die Metapher der Tunika, die verschieden gewirkt sein kann und doch eine Einheit bildet. Die Einheit der

---

283 »Nam illam tuam epistolam dulciter legens ac relegens, – saepius quippe repetita placebat –, intellexi quidem te velle ut illis, qui de nobis tamquam detractoribus Cluniacensis Ordinis conqueruntur, satisfaciam, quatenus videlicet sciatur non esse verum, quod male hucusque de nobis putarunt vel putari voluerunt. At si post hanc satisfactionem rursus victus eorum ac vestitus superfluitatem, et cetera quae subiungis, quemadmodum iniungis, carpere voluero, et mihi videbor contradicere, et quomodo sine scandalo facere queam, non video. Nisi forte, et Ordinem quidem laudabilem, et Ordinis reprehensores reprehensibiles dicam, et nihilominus tamen ipsius superflua reprehendam.« *Epistola* 84b, SW II, p. 678 [SBO VII, p. 219].

284 Der Brieftraktat besteht aus zwei Teilen (§ 1–15 und § 16–31). § 15 bildet den Übergang und gibt gleichzeitig den Hinweis auf die Briefform. Zur Struktur und Komposition vgl. U. Koepf, *Einleitung* zur *Apologia*, SW II, pp. 138–143; Leclercq, J., 1970, pp. 3–30.

285 Zum Begriff des *ordo* bei Bernhard: Koepf, U., *Einleitung* zur *Apologia*, SW II, p. 141.

286 Conrad Rudolph hat diese Kontroverse vor allem hinsichtlich der Rezeption und Interpretation von Bernhards *Apologia* durch Historiker, Kunsthistoriker und Theologen nachgezeichnet und festgestellt, daß als Adressat die Cluniazenser ohne kritische Prüfung unterstellt wurden. Unterstützt wurde diese Annahme durch den Brief Bernhards an seinen Verwandten Robert, mit dem er sich definitiv in cluniazensische Angelegenheiten einmischte und in dem viele Argumente enthalten sind, die in der *Apologia* wiederkehren. Allerdings fehlen hier die Äußerungen zur Architektur und Skulptur. Im *Dialogus duorum monachorum* des Idung von Prüfening werden Bernhards Argumente ebenfalls wiederholt. Des weiteren wurde versucht, anhand der *Apologia*, die Architektur und den baugebundenen Schmuck von Cluny III zu erklären. Vgl. Rudolph, C., 1989 und zur Kontroverse Cluny-Cîteaux: Bredero, A., 1993, pp. 185–210.

Mönche wird durch das Band der Liebe (*caritas*) gebildet. Gemäß dem mittelalterlichen *ordo* sollte der Mönch seine Berufung innerlich wie äußerlich erfüllen. Was darunter zu verstehen ist, beschrieb Bernhard in einem Brief an die Brüder von St. Jean d'Aulps:

> »Unser Orden ist Erniedrigung, ist Demut, ist freiwillige Armut, Gehorsam, Friede und Freude im Heiligen Geist. Unser Orden bedeutet, unter einem Lehrer zu stehen, unter einem Abt, unter der Regel und Disziplin. Unser Orden ist stilles Studium, Übung im Fasten, Wachen, Gebet und Arbeit unserer Hände, vor allem aber den höheren Weg zu gehen, der die Liebe ist; schließlich in all diesen Bestrebungen von Tag zu Tag vollkommener zu werden und darin zu verharren, bis zum letzten Tag.«[287]

Die Äußerungen Bernhards zur Architektur der Gebäude und deren Ausgestaltung sind nicht von dieser Grundeinstellung zum monastischen Leben zu trennen. Jedoch hatten sich seine Zeitgenossen, vor allem jene in den vielen Reformklöstern, überhaupt nicht mit der Frage der religiösen Ausstellung von Reichtum mit all seinen Konsequenzen befaßt.[288] Um die Widersprüche seiner Zeit zu charakterisieren, stellte der Abt von Clairvaux im § 17 zwei Begriffsreihen gegenüber: *crudelitas – iniquitas – confusio* und *misericordia – caritas – discretio*. Wer sich unnützen Dingen hingibt und den Begierden des Fleisches (*carnis concupiscentiis*) frönt, der ist grausam, ungerecht und verwirrt. Ihm mangelt es an Einsicht und maßvollem Urteilsvermögen (*discretio*). Aber nur diese führen zur Liebe, zur Einheit in der Vielfalt der Berufungen, zur Einheit verschiedener christlicher Lebensentwürfe.[289]

---

287 »Ordo noster abiectio est, humilitas est, voluntaria paupertas est, oboedientia, pax, gaudium in Spiritu Sancto. Ordo noster est esse sub magistro, sub abbate, sub regula, sub disciplina. Ordo noster est studere silentio, exerceri ieiuniis, vigiliis, orationibus, opere manuum, et, super omnia, excellentiorem viam tenere, quae est caritas; porro in his omnibus proficere de die in diem et in ipsis perseverare usque ad ultimum diem.« Bernhard von Clairvaux, *Epistola* 142, SW II, p. 920 [SBO VII, p. 340]. – Die Mehrdeutigkeit des lateinischen *ordo* kann in der Übersetzung nicht adäquat wiedergegeben werden. Das Bedeutungsspektrum reicht von Ordnung/Platz über *ordo monasticus* bis hin zu *ordo cisterciensis*.

288 Conrad Rudolph unterschied diesbezüglich *monastic art* von *secular art*. Vgl. Rudolph, C., 1989, pp. 97ff.

289 Im Paragraph 19 benennt Bernhard sein religiöses Vorbild: den hl. Antonius. Es ist das Modell der Wüstenväter, welches mit der Begriffsreihe *recto ordo – summa discretio – vera caritas* beschrieben wird. Hierin liegt ein Paradoxon. Bernhard betonte einerseits die Regel des hl. Benedikt und forderte andererseits seine Brüder auf, dem Ideal der Wüstenväter zu folgen. Während Benedikts *discretio* auf einem Ausgleich zwischen Körper und Seele beruhte, betonte Bernhard einen Verzicht zugunsten der Seele.

Bernhard unterschied in seiner Kritik des Klosterlebens die »kleinen Dinge« von den »Dingen großer Bedeutung«. Die erste Gruppe umfaßte Essen, Trinken und Kleidung, die letztere, welche ihn wohl mehr ärgerte, Architektur und Skulptur. Innerhalb der letzteren Kategorie unterschied C. Rudolph zwischen exzessiver Kunst, d.h. einer Gestaltung, die weit über den gängigen Luxus hinausging und sich besonders in Material, Größe, Handwerk und Quantität niederschlug, und luxuriöser Kunst, die jenseits der minimalen Erwartungen lag.[290] Gemäß seiner These sorgte sich Bernhard besonders um die exzessive Kunst hinsichtlich der Berufung des Mönchseins.[291] Das Spannungsfeld der Gestaltungspraxis läßt sich außerdem mit den Begriffspaaren *simplicitas – superfluitas* auf der quantitativen Ebene, mit *discretio – confusio* auf der qualitativen Ebene und mit *humilitas – superbia* auf der moralischen Ebene fassen.[292] Bernhards Auftragswerk läßt sich folgendermaßen charakterisieren:

1. Bernhard verfaßte einen sorgfältig komponierten Traktat mit umsichtig ausgewählten Worten.[293] Anspielungen auf rhetorische Finessen in der *Apologia* finden sich bereits bei Idung von Prüfening.[294] Bernhards Schreib-

290 »By ›luxurious art‹ I mean that art which goes beyond the common, minimal expectations in material and craftsmanship of a particular social or religious group within a particular region at a particular time. [...] By ›excessive art‹ I mean that art which exceeds the norm of luxurious art of a particular social or religious group in the emphasis put on material, craftsmanship, size, and quantity, as well as in type of subject matter.« Rudolph, C., 1990, p. 7.
291 Vgl. Rudolph, C., 1990, p. 8.
292 Diese inhaltlich-idealtypische Trennung betont die jeweiligen Schwerpunkte, ist aber in dieser Schärfe nie vorgekommen. Im Gegenteil, die Begriffe konnten je nach Standpunkt konträr auf ein und dasselbe Objekt bezogen werden.
293 Von der *Apologia* fertigte Bernhard drei Fassungen an, wobei nur die letzten beiden, nicht aber der erste Entwurf, den Oger zur Rezension erhielt, überliefert sind. Der Traktat wurde sorgfältig komponiert und mehrfach überarbeitet. Vgl. Leclercq, J., 1970, p. 23–26.
294 Idung von Prüfening kommt einige Jahre später auf die rhetorischen Winkelzüge Bernhards zurück. Er schrieb: »Die Rhetoren nennen dies ›Einschmeichelung, die man in der Verteidigung des Angeklagten gebrauchen muß, den die Geschworenen so sehr hassen, daß sie dem Anwalt seiner Sache auf keinen Fall zuhören wollen. (*CISTERCIENSIS. Rhetores appellant illud ›insiunationem‹, qua utendum in defensione illius accusati, quem auditores adeo exosum habent, ut patronum causae eius nullatenus velint audire.*«) Idung von Prüfening, *Dialogus duorum monachorum* I,17, p. 98. Vgl. *Rhetorica ad Herennium* I,6. Rhetorisch orientierte sich Bernhard in der *Apologia* auch an antiken Vorbildern. So beginnt der Anwalt die Verteidigung seines Mandanten mit dessen Denunzierung, um ihn später zu rehabilitieren und um dessen Unschuld zu belegen. Technische Kunstgriffe wie die *praeteritio* (eine rhetorische Figur, bei der der Rhetor sich unwillig zeigt über ein Thema zu sprechen, es aber dennoch ausführlich tut) oder die *attestatio rei visae* (Bestätigung des Sichtbaren). Vgl. Leclercq, J., 1970, p.12f. Die *Praeteritio* ist in der *Rhetorica ad Herennium* IV,37 unter dem Stichwort *occultatio* erläutert.

stil, wie Jean Leclercq in seinem philologischen Resümee feststellte, ist sehr polemisch und überhöht. Insbesondere den letzten Abschnitt charakterisierte er als Satire.[295] Bernhard nutzte diese drastische Form der Darstellung von Mißständen didaktisch. Es ist also keine Persiflage, die die Mönche einer allgemeinen Lächerlichkeit preisgeben sollte.

2. Es ist sehr wahrscheinlich, daß die *Apologia* als offener Brief im Kontext der abendländischen Kirche auf eine Standortbestimmung monastischer bzw. reformmonastischer Lebensweisen gegenüber anderen Formen religiösen Lebens zielte.[296] Rudolph machte in diesem Zusammenhang auf zwei Aspekte aufmerksam. Er wies auf das Anwachsen reformmonastischer Klöster hin, die sich nicht nur mit zunehmendem materiellen Reichtum auseinanderzusetzen hatten, sondern potentiell auch die gleiche materielle Ausstattung mit liturgischen Geräten und Büchern bis hin zur Architektur beanspruchen konnten – gleich dem traditionellen benediktinischen Mönchtum –, ohne daß sie über konkrete Bestimmungen in dieser Hinsicht verfügten.

3. Bernhard nennt in der *Apologia* keinen konkreten Adressaten, schrieb aber für ein monastisches Publikum.[297] Rudolph vermutet, daß Bernhard vor allem die Klöster angesprochen hat, die in ihrer Ausgestaltung zwar noch moderat waren, aber vom Pilgertourismus profitierend, ihren Weg zu verlassen drohten.

295 Vgl. Leclercq, J., 1970, pp. 12–26; Bernhard bediente sich in seiner Argumentation auch klassischer Topoi. So ist die Kritik an der Skulptur und der bildhaften Darstellung bei den Cluniazensern in der vorgetragenen Weise weder stichhaltig noch originell. Derartige Kritiken finden sich bereits bei Johannes Cassian (*Collationes patrum* X,5). Auch die brillant vorgetragene Beschreibung cluniazensischer Methoden extravaganter Eierzubereitung verläßt nicht den gängigen Rahmen monastischer Kritik am Essen und Trinken, wie sie zum Beispiel in Petrus Damianis Beschreibung eines üppigen Bankettes (*Opuscula* 49,6, PL 145 c. 726C) oder in Petrus Venerabilis' Brief an seine Priore und Subpriore (*Epistola* 161, Bd. 1, p. 389) wiederkehren.

296 Adriaan Bredero hat die Hypothese aufgestellt, daß sich Bernhard mit dem Brief (*Epistola* 1) an seinen Verwandten, Robert von Châtillon, der nach Cluny gewechselt war, nicht an diesen persönlich wandte, sondern sich in einen Streit innerhalb der Cluniazenser einmischte (Petrus Venerabilis contra Pontius), da Petrus Venerabilis in seinem Antwortbrief zu Sachverhalten Stellung nimmt, die von Bernhard überhaupt nicht erwähnt worden sind. Bredero sieht deshalb in diesem Antwortbrief eher eine Art Rundschreiben für Cluniazenser. Vgl. Bredero, A., 1982.

297 In der *Vita Prima* III,8,29 erwähnt Gottfried von Auxerre die *Apologia* als Schrift, die eigene und fremde Fehler brandmarkt (»*Si fervens contra suorum vel aliorum vitia zelus, legatur is quem Apologeticum vocat*«). Conrad Rudolph hat hervorgehoben, daß die Cluniazenser wörtlich nur an zwei Stellen erwähnt werden, genauso oft wie die Regularkanoniker. Des weiteren konnte er zeigen, daß das Wort *cluniacenses* im weiteren Sinn hier gleichbedeutend mit traditionellem Benediktinertum war. Vgl. Rudolph, C., 1990, pp. 161ff.

Die Zisterzienser im 12. Jahrhundert

4. Die cluniazensischen Priorate sind einerseits hinsichtlich architektonischen Reichtums und prunkvoller Ausgestaltung keineswegs mit Cluny gleichzusetzen. Es ist andererseits gezeigt worden, daß bestimmter baukünstlerischer Schmuck, wie die von Bernhard angeprangerten Figurenkapitelle, nie in Cluny existierten, daß er die Fußbodenmosaiken woanders gesehen haben muß, wie auch bestimmtes liturgisches Gerät wohl eher aus St. Denis stammte, und daß die Kritiken an Bauluxus, Essen, Trinken und Kleidung, wie Jean Leclercq anmerkte, Topoi reformmonastischer Polemiken seit Jahrhunderten gewesen sind.

5. Bernhard erwartete, wie Conrad Rudolph feststellte, weder, daß die reich mit Skulpturenschmuck ausgestatteten Klöster ihren Figurenschmuck zerschlagen, noch war er kunstfeindlich eingestellt, sondern hatte wohl, was den Figurenschmuck betrifft, die reich ornamentierten Initialen im Blick, die den Mönch wirklich vom Gebet ablenken konnten.[298]

Obwohl Bernhard in der *Apologia* weder eine systematische ›Kunstkritik‹ gegeben hat, noch sich analytisch oder programmatisch diesbezüglich geäußert hat, ist es aufschlußreich, abschließend seine Intentionen mit denen seines Kollegen, Suger von St. Denis, hinsichtlich verschiedener ästhetischer Ansätze zu vergleichen. Als Beispiel möge Sugers Beschreibung aus *De consecratione* über Auswahl und Ausstattung der Kapelle für Reliquien des Schutzpatrons dienen. Suger schrieb:

»Und indem wir einen Ort auswählten, wohin sie – für die Blicke der Herantretenden ruhmvoller und besser sichtbar – überführt werden sollten, wirkten wir mit dem Beistand Gottes darauf hin, daß der Ort durch den Geschmack und Fleiß der Goldschmiede wie der Handwerkskunst und durch die Fülle des Goldes und der kostbaren Edelsteine sehr strahlend werde. Wir bereiteten vor, daß er von außen hinsichtlich des Schmucks durch dies und dergleichen edel, innen dagegen hinsichtlich einer sicheren Mauer von sehr festen Steinen nicht unedel befestigt werde, und daß er andererseits von außen, damit der Ort nicht durch das Material sichtbarer Steine an Wert verliere, mit aus Kupfer gegossenen und vergoldeten Platten geschmückt werde, wenn auch nicht so, wie es sich ziemte.«[299]

---

298 Vgl. Rudolph, C., 1990, p. 169.
299 »ubi gloriosius aduentantium obtutibus et cospicabilius transferrentur, eligentes aurifabrorum eleganti siue artis industria, auri gemmarumque preciosarum copia illustrem ualde fieri Deo cooperante elaborauimus et deforis quidem his et huiusmodi pro ornatu

Während Abt Sugerius eine diesseitsbezogene Ästhetik vertrat, indem er sich nicht scheute, alle menschliche Kunstfertigkeit zum Ruhme Gottes einzusetzen, vertrat Bernhard *für sich und seine Mönche* eher eine jenseitsbezogene Ästhetik, indem er alles abwies, was die Sinne von der Kontemplation und dem Gebet abhalten konnte. Während Suger die Attraktion der Sinne provozierte, ein Fest für die fünf äußeren Sinne inszenierte, insbesondere jedoch Werke für das äußere Auge schaffen ließ, forderte der hl. Bernhard, den Blick nach innen zu richten. Sein Weg zu Gott begann mit der Selbsterkenntnis.[300] Gott sollte jeder *in* sich selbst suchen und finden. Entsprechend seinem Ziel strebte er nach einer spirituellen Schönheit. Er schrieb:

>»Das Wort trat bestimmt nicht durch die Augen ein, denn es ist nicht farbig; aber auch nicht durch die Ohren, denn es klang nicht; auch nicht durch die Nase, da es sich nicht mit Luft vermischt, sondern mit dem Geist [...] aber auch nicht durch die Kehle, denn es ist nicht zu essen oder trinken; auch mit dem Tastsinn nahm ich es nicht wahr, denn es läßt sich nicht berühren.«[301]

Daß Bernhard mit seinen Maximen auch für seine zisterziensischen Glaubensbrüder die Latte wohl oft zu hoch hängte, illustriert eine Wundergeschichte des Caesarius von Heisterbach: Einst wurde eine Abordnung von Zisterzienseräbten zum Kaiser Heinrich nach Deutschland geschickt, um bestimmte Geschäfte zu erledigen. Sie beteten im Dom zu Speyer und waren so von der Pracht des Gebäudes überwältigt, daß sie sich bis auf einen Bruder sehr schnell wieder vom Gebet erhoben, um im Gebäude umherwandernd dessen Schönheit zu bestaunen.[302]

nobilem, pro tuto uero intus fortissimorum lapidum muro non ignobilem circumquaque muniri, extra uero econtra, ne lapidum materia apparentium locus uilesceret, cupreis tabulis fusilibus et deauratis decorari, non tamen sicut deceret, preperauimus.« Suger von St. Denis, *De consecratione* 61, p. 188/190.

300 Allerdings verstand er das griechische »Erkenne dich selbst« nicht als intellektuelle Weisheit, sondern als Ausfluß der Gnade Gottes, wie er es in den Stufen der Liebe beschrieben hatte. Vgl. Bernhard von Clairvaux, *De diligendo Deo* VIII.23, SW I, pp. 112ff [SBO III, pp. 138ff].

301 »Sane per oculos non intravit, quia non est coloratum; sed neque per aures, qui non sonuit; neque per nares, quia non aeri miscetur, sed menti [...] neque vero per fauces, quia non est mansum vel haustum; nec tactu comperi illud, quia palpabile non est.« Bernhard von Clairvaux, *Sermones in Cantica Canticorum* 74,II.5, SW VI, p. 498 [SBO II, p. 242].

302 Vgl. Caesarius von Heisterbach, *Dialogus miraculorum* VII,117, Bd. 2, p. 14f.

Cura corporis und monastische Askese

»Non est ergo temperantia in solis resecandis
superfluis: est et in admittendis necessariis«
Bernhard von Clairvaux, *De consideratione* VIII.9

Die Bestimmungen zur »Sorge um den Körper«[1] haben ihre ideellen Wurzeln
in einer bestimmten Auffassung vom Verhältnis des Körpers zu seiner Seele,
von deren Unsterblichkeit und in der Idee von der Wiederauferstehung der
Toten. Auch wenn in der Tradition von Augustinus Leib und Seele als zwei
Wesenheiten gedacht wurden, so waren doch beide nicht ohne Beziehung
zueinander vorstellbar. Zum einen, weil die Seele eine irdische Hülle benötigte,
um Gestalt annehmen zu können, zum anderen verband sich in paulinischer
Tradition mit dem Verhältnis von Körper und Seele eine bestimmte Vorstellung von der Auferstehung. Nach Paulus (1 Kor 15,44) wird ein irdischer Leib
(*corpus animale*) gesät und ein geistlicher Leib (*corpus spirituale*) auferstehen.
Leiblosigkeit war dem paulinischen Denken fremd.[2]

Dem wahren Christen durfte deshalb sein Körper nicht egal sein. Er sollte
sich im Umgang mit seinem Körper üben, d.h. ein asketisches Leben führen.
Denn das griechische Verb *askéo* heißt nichts weiter als »*ich übe mich*«. Im
Zusammenhang damit steht das Substantiv *áskesis* – Übung. Es bezeichnete im
alten Griechenland die Lebensweise der Athleten im Gymnasion. Aber auch
die Philosophen unterzogen sich einer strengeren Lebensweise. Im Mittelalter
verlagerte sich die Bedeutung. Betont wurden nun, geprägt durch christliche
Wertvorstellungen, Formen von Enthaltsamkeit, die zur Vollkommenheit

---

1　Die umfassendste Studie zu dieser Thematik ist immer noch die von Gerd Zimmermann
(1973).

2　So auch Augustinus: »Alsdann wird das Fleisch, geistlich geworden, dem Geiste untertan
sein, jedoch Fleisch bleiben, nicht etwa Geist werden, wie ja auch einst der dem Fleisch
unterworfene Geist selbst fleischlich war, aber Geist blieb und nicht Fleisch ward (*Erit ergo
spiritui subdita caro spiritalis, sed tamen caro, non spiritus; sicut carni subditus fuit spiritus ipse
carnalis, sed tamen spiritus, non caro*« [*De Civitate Dei* XXII,21; dt. Übers. Thimme, p. 800]).
Es bestand jedoch Uneinigkeit in der Auffassung von der wirklichen Gestalt des auferstan-
denen Menschen. So schrieb Augustinus: »Aber was nun die Beschaffenheit und Herrlichkeit der Gnadengabe eines geistlichen Leibes anlangt, von dem wir noch keine Erfahrung
haben, so würde, fürchte ich, jeder Versuch, sie zu beschreiben, verwegenes Gerede sein
(*Quae sit autem et quam magna spiritalis corporis gratia, quoniam nondum uenit in experiment-
um, uereor ne temerarium sit omne, quod de illa profertur, eloquium*).« *De Civitate Dei*
XXII,21; dt. Übers. Thimme, p. 801.

führen sollten.[3] Heilserwartung und Lebensweise wurden direkt miteinander verknüpft. Zudem verband sich die asketische Lebensführung mit der Idee der kultischen Reinheit.[4] Im Hochmittelalter löste der Asket den Märtyrer in seiner spirituellen Bedeutung ab. Der Asket wurde zum »Gottesmenschen« par excellence. Er avancierte in den Kreis der Heiligen und fungierte dort als »*intercessor*«, als Vermittler zwischen Mensch und Gott. Die Größe der gewirkten Wunder wurde oft im Verhältnis zur Strenge der Askese gesehen, wobei die spirituelle Stärke nicht primär Ausdruck persönlicher Leistungen und Fähigkeiten war, sondern der Gnade Gottes entsprang. Nicht mehr das blutige Martyrium, sondern ein besonderer Weg eines tugendhaften Lebens galt als erstrebenswert.[5] Im Fleische wie ein Engel leben – *in carne Angelum vivens*[6] –, schrieb der hl. Bernhard, und an anderer Stelle heißt es bei ihm:

> »Keiner auf Erden ist den Reihen der Engel ähnlicher als er (*ordinem nostrum*), keiner ist unserer Mutter Jerusalem, die im Himmel ist, näher, sei es durch den Glanz der Keuschheit, sei es wegen der Glut der Liebe.«[7]

Im frühen Christentum bedeutete Askese in erster Linie eine Abgrenzung von heidnischen Sitten und Gebräuchen. Im christlich europäischen Mittelalter wurde sie zum Zeichen für das Mönchtum und zum Synonym für Abstinenz und Keuschheit. Allerdings gab es unterschiedliche Grade der Enthaltsamkeit, die im Einklang mit den jeweiligen Lebensformen standen. In unterschiedlicher Breite bestimmten die *Consuetudines* die Details für den Alltag im Kloster. Sie regelten Essen, Trinken und Tischsitten, Schlafen, Waschen, Rasur und Haarschnitt, den Gang zur Latrine, die Sauberkeit allgemein. Aber sie be-

---

3 Vgl. Zimmermann, O., 1929, pp. 1–13.
4 Dies zeigt sich an der hohen Zahl der Priestermönche sowie an der Diskussion um den Zöllibat. Vgl. Denzler, G., 1992, pp. 60–94.
5 Diese Vorstellungen hatten drei Konsequenzen. Den Asketen, damit auch den Mönchen, wurde erstens eine besondere spirituelle Macht zugesprochen. Diese führte oft zu Überheblichkeit und verlangte deshalb verstärkte Demut. Askese konnte zweitens in Leistungsaskese ausarten. In Gemeinschaften wie einem Mönchskonvent führte dies zu unliebsamen Rivalitäten und Disziplinverletzungen. Schließlich barg drittens die Anschauung, nach der der Gnadenstand in Abhängigkeit vom Maß der Askese betrachtet wurde, ein hohes Konfliktpotential in sich. Das Ausbleiben von Wundern konnte als ein sich verschlechternder Lebenswandel gedeutet werden, obwohl sich vielleicht nichts geändert hatte, wie umgekehrt die wirkliche Askese nicht den von Gott gewirkten Wundern entsprechen mußte. Vgl. Angenendt, A., 1994, pp. 69–88.
6 Bernhard von Clairvaux, *Officium de Sancto Victore*, SW II, p. 216 [SBO III, p. 503].
7 »nullus in terra similior angelicis ordinibus, nullus vicinior ei quae in caelis est Ierusalem mater nostra, sive ob decorem castitatis, sive propter caritatis ardorem«. Bernhard von Clairvaux, *Apologia* X.24, SW II, p. 186 [SBO III, p. 101].

Cura corporis und monastische Askese

nennen auch Krankheiten, geben Hinweise zur Pflege der Kranken und Regeln für den Umgang mit ihnen. Eine einheitliche Klosterregel bildete den ersten Schritt zur *uniformitas*, die *Consuetudines* den zweiten. Während die erstere eher den spirituellen Bogen spannte und allgemeine organisatorische Eckpunkte festlegte, stellten die letzteren eine konkrete, an Ort und Zeit angepaßte Interpretation der geltenden Klosterregel dar. *Consuetudines* sind also auch modifizierbar.

Für die Mönche im mittel- und nordeuropäischen Raum erwiesen sich die Bestimmungen als besonders streng. Denn sie entstammten einer mediterranen Kultur. Dies wird insbesondere an den Speisevorschriften deutlich.

Massimo Montanari hat die griechisch-römische (Eß-)Kultur mit der germanisch-keltischen verglichen und die wichtigsten Unterschiede herausgearbeitet. In der mediterranen Ernährungsweise standen vor allem Korn (insbesondere Weizen), Olivenöl, Wein, Obst und Gemüse sowie Fisch, jedoch wenig Fleisch im Mittelpunkt. Bei den keltisch-germanischen Völkern wurden Korn (Hafer, Gerste), Butter und Speck, Bier, Milchprodukte, vor allem aber Fleisch konsumiert. Bedeutsam ist, daß der Fleischkonsum nicht nur qualitativ, sondern auch quantitativ ein bestimmtes Sozialprestige darstellte.[8] Während das griechisch-römische Ideal in maßvollem Essen mit Genuß, jedoch ohne Gier bestand, galten in der germanisch-keltischen Welt diejenigen als Vorbilder, die viel aßen und tranken. Auch die Helden jener Sagenwelt waren kräftig, gefräßig und unersättlich.[9] Derjenige, der wenig aß und trank, galt als schwach, und die Abstinenz von Fleisch war nicht nur ein Zeichen der Demütigung, sondern auch eines der Ausgrenzung aus der Gesellschaft.[10]

Die Speisevorschriften der Bibel sowie die der Regel des hl. Benedikts stehen mit den Grundsätzen der mediterranen Ernährungsweise in Übereinstimmung. Brot, Öl und Wein nahmen in der Liturgie wie in der täglichen Ernährung einen zentralen Platz ein.[11] Eine Adaption dieser Werte für das mittel- und nordeuropäische Mönchtum mußte gewaltige Konsequenzen haben. Eine Befolgung dieser Speisevorschriften bedeutete, sich entweder über geographisch-klimatische Schranken so gut es ging hinwegzusetzen, d.h. Weizen und Wein verstärkt anzubauen, oder aber Alternativen stillschweigend zu dulden, d.h. Bier statt Wein zu trinken, tierische Fette statt pflanzliche zum

---

8 Vgl. Montanari, M., 1993, pp. 15–26. Für den angelsächischen Raum vgl. Hagen, A., 1992 u. 1995.
9 Vgl. Montanari, M., 1993, pp. 32ff.
10 Vgl. Montanari, M., 1993, pp. 26.
11 Vgl. Berger, K., 1993.

Kochen und Braten zu benutzen oder die fehlenden Güter teuer zu importieren. Einen schwerwiegenderen Einschnitt bedeutete allerdings die soziale Umwertung der Speisen bzw. die Wandlung des Sozialprestiges hinsichtlich deren Quantität und Qualität. Somit sind die Entbehrungen für die Mönche im nördlichen Europa, insbesondere für diejenigen, die aus wohlhabenderen Familien stammten, höher zu bewerten. Andererseits ist ein Rückfall in die regionale weltliche Tradition nicht unbedingt mit dem Verfall der Sitten gleichzusetzen.

Aus ästhetischer Sicht werden im folgenden vier Themenkomplexe, die sich mit der *cura corporis* und dem ritualisierten Verhalten, d.h. mit besonderen Formen der Gestik, auseinandersetzen, vorgestellt. Der erste betrifft Essen und Trinken im umfassenden Sinne. Im Mittelpunkt steht die Frage, *wann* wurde *was warum wie wo* gegessen? Der zweite Themenkomplex behandelt die Kleidung in Form, Farbe und Bedeutung. Der dritte Abschnitt ist dem Topos der Reinheit im Sinne hygienischer Sauberkeit wie ritueller Reinheit gewidmet, der vierte schließlich einer besonderen Form gestischer Kommunikation, der Zeichensprache.

Essen und Trinken im Mittelalter

Bruno Laurioux hat in seiner Studie zu den Eß- und Trinkgewohnheiten im Mittelalter eindrucksvoll dargestellt, daß das Mittelalter eine eigenständige Eßkultur hervorgebracht hat.[12] Diese zeigt sich nicht nur in den Eßgewohnheiten und Tischsitten, sondern auch in der Vielfalt der Rezepturen von Speisen und Getränken, in den raffinierten Kochtechniken sowie in der kunstvollen Präsentation der einzelnen Gerichte.

Die Quellen, aus denen sich die mittelalterliche Eßkultur erschließen läßt, sind sehr unterschiedlicher Natur und werden erst mit dem 12./13. Jahrhundert umfangreicher. Neben Annalen, Chroniken und den *Consuetudines* einzelner Klöster und Orden stellen vor allem Rechnungs- und Haushaltsbücher, Illuminationen in Handschriften sowie die Kochbücher, die mit dem frühen 14. Jahrhundert wieder erscheinen, wichtige Quellen dar. Während in den Rechnungsbüchern[13] die Art und die Menge der Speisen und Getränke

---

12 Vgl. Laurioux, B., 1989.
13 Christopher Woolgar konnte anhand der von ihm edierten *household accounts* zeigen, daß die Nahrungsmittel nicht nur der Posten war, der am umfangreichsten aufgezeichnet wurde, sondern daß auch ein Wechsel in der Perspektive derer, die diese Bücher führen ließen, einsetzte. Ab der Mitte des 13. Jahrhunderts wurde der Konsumtion besondere Aufmerk-

verzeichnet sind, sagen die Kochbücher[14] einiges darüber aus, wie die Speisen zubereitet wurden. Es ist davon auszugehen, daß die Rezeptsammlungen auch Altbewährtes enthalten und somit weiter zurückreichen, als ihr Erscheinungsdatum angibt. Des weiteren spiegeln diese auch eine neue Position des Kochs.[15] Schließlich mehren sich seit dieser Zeit auch die Berichte von Hoftagen und Festbanketten, in denen detailliert die Speisen und das Ambiente beschrieben werden.[16]

Die Ernährungsgewohnheiten im christlichen Abendland wurden von einem Wechsel von Fest- und Fastentagen bestimmt.[17] Hungern gehörte je-

samkeit geschenkt. Ab 1320 werden selbst die Portionen (*fercula, messes*), die pro Tag verbraucht wurden, gelistet, und ab der Jahrhundertmitte sind sie sogar auf die Tagesmahlzeiten (*jantaculum, prandium, cena*) aufgeschlüsselt worden. Woolgar, C., 1992, Bd. 1, pp. 3–65, hier pp. 18–54.

14 Es ist bedauerlich, daß noch keine genuin-klösterlichen Rezeptsammlungen aus dem Hochmittelalter gefunden wurden. Die Eigenart der mittelalterlichen Küche läßt sich jedoch gut an einigen in der jüngsten Zeit publizierten Kochbüchern bzw. Rezeptsammlungen erschließen. So zum Beispiel in *Die lêre von der kocherie*. Dieses Buch gibt in der Zusammenstellung von Kochrezepten des 14. und 15. Jahrhunderts einen Einblick in die mittelalterliche Küche. Die kürzlich publizierte Ausgabe eines mittelalterlichen Kochbuches durch französische und italienische Historiker (Redon/Sabban/Serventi, 1991) geht noch einen Schritt weiter. Sie haben außerdem versucht, die dazugehörigen Mengenangaben herauszufinden. Es ist eine Eigenart all dieser Rezeptsammlungen, daß auf Mengenangaben, besonders von Gewürzen, verzichtet wurde. Darin liegt aber genau das Problem. Denn selbst bei groben Orientierungen wie süß/sauer oder mild/scharf muß die Rekonstruktion der Rezepturen ohne gesicherte Mengenangaben in den Rezepten immer hypothetisch bleiben.

15 Seine soziale Position war lange Zeit niedrig, da er mit unreinen Materialien hantierte. Dennoch finden sich im Wörterbuch bei DuCange unter dem Stichwort *coquus* eine Reihe von Belegen, insbesondere eine Liste von Köchen am französischen Königshof aus dem 11. bis 14. Jahrhundert. Die Karriere des Guillaume de Tirel, genannt Taillevent (Windschneider), der seine Karriere 1326 als Küchenjunge bei der Frau Karl IV., des Schönen, Jeanne d'Evreux, begann und sie zwanzig Jahre später als Küchenchef bei Philipp VI. beendete, dokumentiert eindrucksvoll die neue soziale Stellung. Vgl. Laurioux, B., 1989, pp. 105ff.

16 Kay Staniland hat anhand der Beschreibungen von Matthäus von Paris und den *Close* und *Liberate Rolls* die Organisation der Hochzeit von Alexander III. von Schottland mit Margarete Plantagenet, die am 26. Dezember 1251 in York stattfand, beschrieben. Bereits im Spätsommer des Jahres 1251 wurde mit der Beschaffung der Lebensmittel für das Fest begonnen. Die Organisation der Lebensmittel erforderte besondere Umsichtigkeit. Zum einen war es wichtig, über ihre Haltbarkeit, Lagerfähigkeit und über die Art und Weise ihrer Aufbewahrung genau Bescheid zu wissen. Zum anderen konnten bestimmte Artikel wie Weine und Gewürze nur auf selten stattfindenden und oft weit entfernten Märkten oder Messen erworben werden. Vgl. Staniland, K., 1988.

17 Dieser Wechsel brachte nicht nur Abwechslungen im Speiseplan mit sich, sondern auch einen bestimmten physischen Rhythmus in der Ernährung. Die Zeit des Karnevals illustriert dies besonders eindrucksvoll. In der französischen Bezeichnung für Fastnacht *mardi gras*, fetter Dienstag, ist dies noch enthalten.

doch ebensogut zum Alltag.[18] Selbst für das 12. Jahrhundert belegen die vielen Hungersnöte, daß regelmäßiges Essen nicht selbstverständlich war, und dort, wo es sich die Menschen leisten konnten, wie z.b. in Klöstern, gab es höchstens zwei Mahlzeiten am Tag.

Generell läßt sich über die mittelalterlichen Eßgewohnheiten sagen, daß schwerere Gerichte und größere Mengen auf einmal gegessen wurden. So bildete das Brot den Hauptbestandteil, denn die Kartoffel war noch nicht bekannt.[19] Außerdem galt heißes Essen als Luxus. Zugedeckte Teller gab es nur in der Oberschicht für den Hausherrn oder den Ehrengast.[20]

Im Gegensatz zu den Römern saßen die Leute im Mittelalter zum Essen am Tisch. Dies wurde wichtig für das Schneiden von Fleisch, das sich im Sitzen besser bewerkstelligen läßt als im Liegen. Gegessen wurde meist mit den Händen, weshalb beim Dinieren sehr viel Wert auf die Sauberkeit der Hände gelegt wurde. Die einzigen Hilfsmittel waren Messer und Löffel. Die Gabel tauchte in ihrer heutigen Bestimmung erst im 16. Jahrhundert auf. Gabelähnliche Werkzeuge wurden nur zum Fleischaufspießen oder zu ähnlichen Tätigkeiten benutzt, nicht aber zum Essen. Unerläßlich hingegen war der Zahnstocher, und dieser durfte auch ungeniert benutzt werden.[21]

Die Tafelsitten von Herrschern, seien es weltliche oder geistliche, sind aufgrund ihrer zeitgenössischen Bedeutung besser bekannt.[22] Im Gegensatz

---

18 Radulf Glaber beschreibt eindrucksvoll die Leiden einer Hungersnot aus den Jahren 1032/33 in seiner Chronik. Wie so oft war auch zu jener Zeit anhaltend schlechtes Wetter die Ursache für Mißernten. Glaber berichtet von Wucherpreisen für verbliebene Lebensmittel und von der verzweifelten Suche der Leute nach allem, was eßbar ist (Wurzeln, Vögel, alle Arten von Vierbeinern). Die Not trieb sie sogar bis zum Kanibalismus. Radulfus Glaber, *Historiarum Libri Quinque* IV,4. Zu Hungersnöten vgl. Montanari, M., 1993, pp. 53–56 u. pp. 85–88; Mollat, M., 1978, pp. 58–61.

19 Inwieweit Reis verbreitet war, läßt sich nicht genau sagen. Der Franziskaner Salimbene von Parma (1221–88) erwähnt in seiner Chronik bei der Aufzählung der Speisen eines Festmahles (um 1248) Reis mit Mandelmilch und Zimt (*risum cum lacte amigdalarum et pulvere cynamomi*). Vgl. Salimbene de Adam, *Chronica*, Bd. 1, [303 a–b], p. 322.

20 Vgl. Laurioux, B., 1989, p. 96.

21 Vgl. Schiedlausky, G., 1956, pp. 12ff.

22 Über die Tischsitten der untersten sozialen Schichten ist nur sehr wenig bekannt. Christopher Dyer charakterisierte die der Bauern folgendermaßen: »Meals were served with some ceremony, on a table covered with a linen or canvas cloth, the single chair being occupied by the male head of the household, the others being seated on forms or stools. In better-off households hands were washed, using a metal basin and ewer, and a linen towel. [...] If the English observed the same practices as the continental peasants, the women served the men. Even poorer families could adorn the table with a decorative ceramic jug. The meal maintained the unity of the domestic group, just as attendence at Christmas meals in the manor house, and Whitsun ales at the parish church, reinforced the village's sense of community.« Dyer, C., 1989, p. 160.

Cura corporis und monastische Askese

zum Mönchtum, wo das Bedienen ein Dienst am Nächsten war und als Geste der Demut aufgefaßt wurde, waren die Hofämter wie Mundschenk, Truchseß etc. Posten, die das gesellschaftliche Ansehen ihrer Inhaber steigerten.[23]

Gemeinsames Essen und Trinken war ein Ausdruck sozialer Zugehörigkeit. Die Tischgemeinschaft spiegelte Verpflichtungen, Anerkennung und soziale Wertschätzung. Die Tisch- bzw. Sitzordnung war keineswegs willkürlich. Das Essen in Gemeinschaft erhielt zusätzlich durch die Analogie zum Abendmahl einen wichtigen spirituellen Bezug.

Ein Festessen sollte die Teilnehmer auch unterhalten. Deshalb wurde die Tafel den Möglichkeiten entsprechend geschmückt und das Essen in besonderer Weise präsentiert. Als Krönung im Bemühen um eine wirkungsvolle optische Inszenierung der Speisen können, wie Manfred Lemmer zeigte, die spätmittelalterlichen Schaugerichte an herrschaftlichen Tafeln gelten.

»Da wurden Speisen prächtig aufgeputzt dargereicht in Form von Bergen, Türmen oder Häusern mit großen Gärten. Tiere wie Lamm, Kalb, Ferkel oder Hirsch wurden nach dem Braten wieder aufgepflockt und – zum Teil mit ihrem Fell, die Vögel mit ihrem Federschmuck bekleidet – stehend auf die Tafel gebracht. Gigantische Pasteten wurden aufgetragen, aus denen zur Belustigung der Speisegesellschaft lebende Vögel oder gar ein Zwerg schlüpften.«[24]

In der Fastenzeit kam eine den Schaugerichten verwandte Eigenart der mittelalterlichen Küche zum Tragen: das Imitieren von Speisen. Es wurden sogenannte Ersatzspeisen geschaffen,

»indem man die verbotenen Gerichte mit anderen Zutaten nachahmte. So konnte zum Beispiel eine als Fastenspeise zugelassene Fischsülze als Schweinskopf hergerichtet auf den Tisch gebracht werden.«[25]

23 »Was im antiken Rom Sklaven und Freigelassene verrichteten, wurde im Mittelalter von den Angehörigen der angesehensten Familien versehen. Zu den vier ursprünglichen Erzämtern im kaiserlichen Hofstaat gehörte seit Karl dem Großen, daß des Truchseß', dem die Angelegenheiten der Küche und das Servieren der Speisen unterstanden, und das des Mundschenks, dem die Verwaltung des Kellers und das Einschenken der Getränke anvertraut war. Truchseß und Mundschenk nahmen als Verwalter von Brot und Wein in deutlichem Bezug auf das heilige Meßopfer eine betonte Stellung innerhalb des Hofstaates ein. Bei großen Festmahlen bedienten sie persönlich den Herrscher.« Schiedlausky, G., 1956, p. 19f.

24 *Die lêre von der Kocherie*, p. 17. Die Rezepte 1 (p. 30) und 12 (pp. 38ff) geben einen kleinen Einblick.

25 *Die lêre von der Kocherie*, p. 17. Vgl. dazu auch Rezept Nr. 20 (p. 47f). Hier wird aus Hühnerfleisch, Mehl, Brot, Eiern und Gewürzen ein Teig geknetet, aus welchem Pilze ge-

Der Koch des Mittelalters war vor allem ein Saucenkoch. Diese Tunken bestanden aus einer mehr oder weniger sauren Substanz, in die die jeweiligen Speisen, Fleisch oder Brot, eingetaucht wurden.[26] Es verwundert deshalb nicht, wenn die größeren adligen Haushalte dafür eine eigene Abteilung einrichteten.[27] Wie es allerdings in den Klöstern[28], insbesondere bei den Zisterziensern, mit den Köchen aussah, ist weitestgehend unbekannt.[29] Dies liegt weniger an den spärlichen Quellen, sondern vor allem an den methodischen Problemen bezüglich ihrer Interpretation. Einer der berühmtesten Zisterzienseräbte, Aelred von Rievaulx, gestand in einer Demutsgeste dem hl. Bernhard im Vorwort zu seinem *Spiegel der Liebe*, daß er aus der Küche ins Kloster kam, hierbei jedoch nur den Ort, nicht aber die Tätigkeit gewechselt habe.[30]

formt werden, die in der Pfanne dann gebraten werden. Das Innere wird abschließend noch mit einer Füllung versehen.

26 Vgl. Laurioux, B., 1989, p. 38.

27 Die gewöhnlichen Abteilungen in der Organisation des Haushalts waren pantry/Speisekammer (Brot), buttery/Vorratskammer (Getränke), kitchen/Küche (andere Lebensmittel) und marshalsea/Stallungen (Pferde). In größeren Haushalten konnten weitere Unterteilungen vorgenommen werden: Weinkeller, saucerie, larder oder eine Abteilung für Geflügel, etc. Vgl. Dyer, C., 1989, p. 51.

28 Bei den Kartäusern war es zumindest im 12. Jahrhundert noch üblich, daß die Mönche bis auf die gemeinsamen Mahlzeiten am Sonntag für sich selbst in ihrer Zelle kochten. Am Montag, Mittwoch und Freitag wurde bei Brot und Wasser gefastet, am Dienstag, Donnerstag und Samstag selbst gekocht (Guigo I, *Consuetudines Cartusiae* 33,1–2). Die zum Kochen und Speisen notwendigen Utensilien wie Messer, Löffel, Schüsseln, Krug, Kanne, Handtuch etc. gehörten zum festen Inventar der Zellen (Kap. 28,5). Der Koch (*coquinario*) war nur für die Versorgung der Mönche mit Lebensmitteln und für das gemeinsame Mahl am Sonntag zuständig. Darüber hinaus übernahm er die Pflichten des Pförtners, indem er sich um die Gäste und Bettler kümmerte (Kap. 30,1–4). Er hatte die Kirche zu hüten und die Aufsicht über Werkzeuge und anderes Mobiliar (Kap. 46). Außerdem unterwies der Koch die Novizen in den wichtigsten Dingen des Alltags (Kap. 22,4).

29 In einer Schenkungsurkunde von Roger de Mowbray an den Konvent von Fountains Abbey (1138–45) taucht ein Koch (*cocus*) namens Serlo in der Zeugenreihe auf. Daß es sich nicht um einen Nachnamen handelt, legt sein Vorgänger in der Zeugenliste, *Alfredus camerarius*, nahe. Es ist aber höchst unwahrscheinlich, daß er zum Kloster gehörte. Wenn *cocus* hier wirklich die Tätigkeit bezeichnet und nicht nur einen Namen, dann ist dies zumindest ein Hinweis auf das gestiegene Sozialprestige des Kochs. Vgl. Greenway, D. E., 1972, p. 71 (Nr. 95). – Für Fountains Abbey ist ein Konverse namens *Ricardus Cocus* aus dem ersten Viertel des 14. Jahrhunderts überliefert. Ob Bruder Richard wirklich gekocht hat, läßt sich aus dem Nachnamen allein nicht ableiten. In die Historie ging er dann auch nicht aufgrund möglicher Kochkünste ein, sondern weil er mit Agneta, Tochter des Wilhelm le Dene von Salley, Unzucht (*fornicatio*) trieb. Die Beschwerde über das amoröse Abenteuer stammte von Erzbischof William Greenfield (1306–18) und ist in dessen Register enthalten. Vgl. Walbran, J. R., 1863, p. 191.

30 »quod tamen pace vestra dico, de coquinis ad heremum ueniens locum non officium mutaui.« Aelred von Rievaulx, *De speculo caritatis* (*Praefatio* 3) p. 5.

Cura corporis und monastische Askese

Seine Berufsbezeichnung am schottischen Hof war jedoch keineswegs *cocus*, sondern *echonomus*.[31] Aelred hat dort wahrscheinlich den königlichen Haushalt geleitet. Mit den zisterziensischen Klosterköchen verhält es sich wie mit den zisterziensischen Baumeistern. Beide waren eher planerisch-organisatorisch tätig als daß sie als Koch bzw. Architekt im modernen Sinn gewirkt hätten.[32] Eine solche Interpretation legen auch die *Ecclesiastica Officia* nahe. Hier gibt es einen Abschnitt über den *cellerarius* und *refectorarius*[33], nicht jedoch über den *cocus*. Auf der Verwaltungsebene deckten Kellermeister und Speisesaalmeister den Bereich der Küche ab. Wie sah es aber mit der praktischen Seite aus? Im Text werden Koch (*cocus*) und Köche (*coci*) erwähnt. Mit dem Wort *cocus* sind zwei verschiedene Dienste gemeint. *Cocus* im Singular bezeichnete den Koch oder Küchenchef im eigentlichen Sinn.[34] Die Pluralform (*coci*) hingegen bezog sich auf die Küchendienste gemäß Kapitel 35 der Regel des hl. Benedikt.[35] Von den Köchen im eigentlichen Sinn gab es wahrscheinlich zwei. Denn die *Ecclesiastica Officia* erwähnen *coci utriusque coquine*, d.h. den Koch für die Brüder (*cocus fratrum*) und den Koch für den Abt (*cocus abbatis*).[36] Koch wie Küchendienste kamen hier noch aus dem Kreis der Chormönche.[37] Konversen wurden wahrscheinlich nur aushilfsweise in die Küche geschickt. So sollten zwei Konversen an den Tagen, an denen die Brüder wegen der Lesung fehlten, beim Abwasch und bei anderen notwendigen Arbeiten helfen.[38] Im Kloster war die Verwaltung und Verfügung über Lebensmittel ein hochsensibler Bereich. Deshalb wurden an *refectorarius* und *coquinarius* besondere Anforderungen gestellt. Die Bräuche der englischen Benediktinerabtei Eynsham (nach 1228/29) machen dies besonders deutlich, denn hier gibt

31 Vgl. *Vita Aelredi*, p. 3 und Anmerkung 4.
32 Vgl. dazu ausführlich Abschnitt »Baumeister«, pp. 404ff.
33 Vgl. *Ecclesiastica Officia* 117 u. 118.
34 Dies wird im Text durch den Hinweis auf besondere Rechte und Pflichten deutlich. Der Koch wird hier meist zusammen mit anderen Offizialen (z.B. *infirmarius* oder *cellerarius*) genannt. So dürfen z.B. die Köche beider Küchen und der Krankenmeister selbständig und ohne extra Erlaubnis das Refektorium betreten, um ihre Dienste zu verrichten. Vgl. *Ecclesiastica Officia* 72,5.
35 Der Charakter des Küchendienstes wird an den Stellen deutlich, an denen die *coci* aufgefordert werden, nach der Mittagsruhe im Dormitorium das Wasser zum (Hände-)Waschen im Lavatorium bereitzustellen (*Ecclesiastica Officia* 83,33) oder das heiße Wasser zum Rasieren in den Kreuzgang zu tragen (*Ecclesiastica Officia* 85,2).
36 Vgl. *Ecclesiastica Officia* 72,5.
37 Im Abschnitt über das Kapitel erhält der Koch die Erlaubnis, wenn es notwendig ist den Kapitelsaal eher zu verlassen. Vgl. *Ecclesiastica Officia* 70,84.
38 Vgl. *Ecclesiastica Officia* 117,16.

es jeweils eine kurze Passage über die Eigenschaften von Speisesaalmeister und Koch bzw. Küchenchef. Dort heißt es:

»Der Speisesaalmeister soll körperlich tüchtig sein, in der Ordnung streng und in der Frömmigkeit hervorragend, ehrwürdig, die Unordnung ausrottend und alles mit gleicher Lanze achtend. [...] Der Küchenmeister soll im Herzen demütig sein, im Geiste wohlgesonnen, vor Barmherzigkeit überströmend, genügsam für sich, anderen gegenüber freigebig, ein Trost für die Traurigen, eine Zuflucht für die Schwachen, rein und gottesfürchtig, ein Schild der Bedürftigen, in der Gemeinschaft aller nach dem Kellermeister, in dem, was seine Pflichten sind, ein Vater, nachahmend den Herrn, der da sprach: *Wer mir dient, der folgt mir.*«[39]

Ungefähr einhundert Jahre später haben sich die Gegebenheiten doch etwas gewandelt. Im Rechnungsbuch von Beaulieu Abbey (1269/70) erscheint zwar immer noch kein eigenes Küchendepartment, dafür aber mehrere bezahlte Köche, die sowohl auf den Grangien als auch im Kloster arbeiteten.[40] Hier sind spezialisierte Fachkräfte anzunehmen.[41]

Die Küche wurde, abgesehen vom Bauernhaus und den ärmeren Häusern, in einem eigens dafür hergerichteten Raum untergebracht. Eine räumliche Trennung von Küche und Wohn- bzw. Eßraum galt schon wegen der Brandgefahr als erstrebenswert. Die Zisterzienser bauten ihre Küche zwischen das Mönchsrefektorium und das Laienbrüderrefektorium direkt an die Klausur (Abb. 30). Damit konnten die Mönche ohne große Transportwege beide Speiseräume mit Essen direkt versorgen. In der Regel befand sich in den zur Küche angrenzenden Wänden des Laienbrüderrefektoriums wie des Mönchs-

---

39 »Refectorarius debet esse corpore strenuus, ordine rigidus, religione insignis, honorificus, exordinaciones extirpans, omnes aequa lance diligens. [...] Coquinarius debet esse humilis corde, benignus animo, misericordia exuberans, parcus sibi, aliis largus, solamen tristium, infirmorum refugium, sobrius et timoratus, indigencium clipeus, omnium in congregacione post cellararium in hiis quae officii sui sunt pater, imitans dominum dicentem *Qui mihi ministrat me sequatur.*« The Customary of the Benedictine Abbey of Eynsham in Oxfordshire, p. 185 u. p. 182f.

40 Vgl. *Account Book of Beaulieu Abbey*, (Grangien) p. 65 u. 78 (Gästehaus), p. 277.

41 Ein weiterer Hinweis findet sich in den *Ceremoniae Sublacenses* (um 1400). Dort wird nicht nur die Tätigkeit des Kochs umrissen, sondern auch verfügt, daß, wenn durch Zufall kein *geeigneter* Priestermönch zur Verfügung steht, irgendein Konverse die Aufgabe übernehmen soll (*Coci officium est coquere fercula fratrum et cetera, quae ad hoc requiruntur. Sed si forte clerici fratres ad hoc apti non fuerint, coquet aliquis conversorum*). Ceremoniae Sublacenses, p. 62.

Cura corporis und monastische Askese

refektoriums eine Durchreiche.[42] In der Klosterküche gab es eine oder mehrere offene Feuerstellen, die den Küchendiensten das Leben oft zur Hölle machen konnten. Denn ein technisches Problem, daß es zu lösen galt, bestand darin, eine gute Durchlüftung bzw. einen gut funktionierenden Rauchabzug zu gewährleisten.[43]

Diese ›Großküchen‹ besaßen eine für damalige Verhältnisse recht gute Ausstattung. Allerdings haben nur sehr wenige Gegenstände die Zeit überdauert, und die erhaltenen Klosterinventare stammen in der Regel aus der Zeit der Auflösung der Klöster. Während in den cluniazensischen *Consuetudines* von Udalrich der Ausstattung der Klosterküche relativ viel Aufmerksamkeit geschenkt wird[44], werden in den *Ecclesiastica Officia* diese Dinge, abgesehen von einigen Ausnahmen, nur unter dem Sammelbegriff *utensilia* erwähnt.[45] Das Inventar einer herrschaftlichen Küche läßt sich dennoch an einem kleinen Schriftstück eindrucksvoll demonstrieren. Kein geringerer als Alexander Nekkam (1157–1217) hat in einem ihm zugeschriebenen Traktat mit dem Titel *De nominibus utensilium*[46] eine komplette Küchenausstattung beschrieben. Alex-

42 In den englischen Zisterzienserabteien sind die Küchenräume kaum noch als solche erkennbar. In Alcobaça (Portugal) ist noch eine gut erhaltene zisterziensische Klosterküche zu bewundern.

43 Die Klosterküche in Chorin (um 1300) ist ein gutes Beispiel dafür. Hier sind die Spuren mangelnder Entlüftung noch heute zu sehen. Ein Teil des Küchengewölbes ist stark rußgeschwärzt.

44 Im Kapitel 36 (*De utensilibus coquinae*) werden die wichtigsten Gegenstände sowie deren Funktion erläutert: Kochkessel (*caldaria*) für Bohnen, Gemüse und zum Waschen der Mönchskutten (!), verschiedene Kübel (*cuppae*), Kochlöffel (*cochlearia*), Handschuhe (*manica*), Handtücher (*manutergium*), ein Speckmesser (*cultrum ad lardum incidendum*), ein Salzfaß (*pixis*), ein Wasserkrug (*urna*), Schüsseln (*scutellae*), Schalen (*patellae*), zwei Regale für die Schüsseln (*tabulae*), zwei Bänke (*bancos*), ein Mahlstein (*molaris*), Blasebalg (*follis*), eine Abflußrinne (*canalis*) und anderes mehr. Vgl. Udalrich von Cluny, *Antiquiores Consuetudines Cluniacensis Monasterii*, PL 149, c. 729f.

45 En détail erwähnen die *Ecclesiastica Officia* nur kleine Schüsseln (*scutella* [76,40]), Gefäße (*vasa* [108,29]), Löffel (*coclear* [76,40]) und Tücher zum Abtrocknen von Hände und Füßen (*tersoria manuum ac pedum* [108,25]), ansonsten heißt es *vasa et utensilia* (117,13), *clavem et utensilia* (109,19) oder nur *utensilia* (109,8).

46 Der Text wurde in Glossenform verfaßt, d.h. zu jedem kurzen Abschnitt gibt es Erläuterungen. Besonders interessant ist, daß zwischen den Glossenzeilen französische Begriffe geschrieben wurden. Das Manuskript (British Library, ms. Cotton. Titus D.XX) ist englischer Herkunft. Alexander Neckam wird im *Incipit* als Autor genannt. Dort heißt es auf fol. 1ʳ (p. 96): »*Hic incipit summa magistri Alexandri Nequam de nominibus utensilium.*« Die neueste Edition eines Textes von *De nominibus* wurde von Tony Hunt besorgt (Teaching and Learning Latin in Thirteenth-Century England. Bde. 1–3, D. S. Brewer, Cambridge 1991; Text: Bd. 1, pp. 181–189 u. Glossen: Bd. 2, pp. 65–122). Hunt benutzte eine bisher unedierte Handschrift (ms. 801ᴬ, f. 104ʳ – f. 118ʳ) aus der Wellcome Historical

ander beginnt seine Aufzählung mit einem Tisch, auf dem das Gemüse in geeigneter Art vorbereitet werden kann.[47] Dem folgt eine Aufzählung wichtiger Gerätschaften:

>Töpfe, dreifüßige Kessel, ein Beil, ein Mörser, eine Mörserkeule, eine Stange, ein Haken, eine Fleischgabel, eine Bratpfanne, ein Bronzekessel, eine Schale, ein Tiegel, ein kleiner Bratrost, ein kleiner Krug, eine Platte, eine Trinkschale, ein Faß mit Lake und ein Messer, mit denen die Fische ausgenommen werden können.«[48]

Alexander erwähnte des weiteren einen großen Kochlöffel, mit dem der Schaum abgeschöpft werden kann.[49] Die Küche sollte auch einen verschließbaren Schrank besitzen, in dem die Gewürze, Mehl (?) oder wenigstens das Brot zum Füttern der kleinen Fische in einem Behälter (?) gelagert werden können, einen Rost, auf dem die Tiere ausgenommen werden können, sowie heißes Wasser zum Überbrühen des jungen Federviehs.[50] Zu den unentbehrlichen Gerätschaften einer Küche gehörten außerdem verschiedene Mühlen, eine Reibe und ein Gulli, durch welchen der Schmutz der Küche entsorgt werden konnte.[51] Komplettiert wurde die Ausstattung durch das Inventar von Lagerraum und Vorratsraum. Alexander schrieb:

>Im Schrank seien Wolltuch, Tischtuch, Handtuch und wegen der Arglist der Mäuse, soll die Kleidung von einer Stange auf passende

Medical Library, London. Ich gebe hier der Ausgabe von Wright den Vorzug, einerseits, weil es in den von mir zitierten Passagen keine grundlegenden Divergenzen in der Lesart gibt, zum anderen, weil Wrights Transskription die interlinearen französischen Begriffe berücksichtigt, während Hunt diese separat abdruckte.

47 »In coquina sit mensula, super quam olus apte minuatur, ut lenticule, pise, et pultes, et fabe frese, et fabe silique, et fabe esilique, et milium, cepe, et hujusmodi legumina que resecari possint.« Alexander Neckam, *De nominibus utensilium*, fol. 4[r] (p. 96).

48 »olle, tripodes, securis, mortarium, pilus, contus, uncus, creagra, cacabus, aenum, patella, sartago, craticula, urciolus, discus, scutella, perabsis, salsarium, artavi, quibus pisces possunt exenterari.« *De nominibus utensilium*, fol. 4[v] (p. 97).

49 *De nominibus utensilium*, fol. 5v–5[r] (p. 97).

50 »Gurgustio, vel funda, vel fuscina, vel jaculo, vel amitte levi, vel nassa in vivario depressi. Item habeat archimacherus capanam in coquina, vel culina, ubi species aromaticas et amolum, vel saltem panem cribro scinceratum et contritum ad pisciculos consolidandos in abditorio reponat. Sint etiam ibi alucia, ubi volatilium et anserum et avium domesticarum entera et extremitates crebro a lixa proiciantur et purgentur. Item habeat lixa aquam calidam qua pulli possint excaturizari.« *De nominibus utensilium*, fol. 5[v]–6[r] (p. 97).

51 »Mola assit piperalis, et mola manualis. Pisciculi conquendi in salsamento sive in muria, quod est aqua sali mixta, ponantur; et dicitur muria quasi maria, quia maris saporem sapit vel exprimit.« *De nominibus utensilium*, fol. 7[r] (p. 97).

Cura corporis und monastische Askese

Weise herabhängen. Es seien dort außerdem Messer, ein Salzstreuer oder ein geschnitztes Salzfaß, ein Käsebehälter, ein Leuchter, eine Blendlaterne und Tragekörbe. [...] Im Vorratsraum oder im Keller bzw. in der Speisekammer seien große irdene Krüge, Weinschläuche, Fässer, Trinkbecher, große Körbe, (Koch-)Löffel, Saugröhrchen, Schüsseln, kleine Körbe, ungemischte Weine, vergorene Getränke [Cider?], Bier oder Ale, Most, Honigwein, Claret, Nektar oder Würzwein, Met oder nach Isodorus Honigwein oder Hydromellum, Birnenmost, Rosé, Wein mit Eisen versetzt, Falerner, Gewürznelkenwein für die Schlecker-mäuler und Schlemmer, deren Durst nie gestillt werden kann«.[52]

Für die komplette Ausstattung einer zisterziensischen Klosterküche aus so früher Zeit gibt es meines Wissens keine Quellen. Allerdings betonen die *Ecclesiastica Officia* den sorgsamen Umgang mit dem Kücheninventar. Denn der Kellermeister war bei der wöchentlichen Küchenübergabe am Sonnabend zugegen, und da wurde alles gezählt.[53]

Die von Alexander Neckam genannte Vielfalt der Küchengeräte enthält nicht nur Hinweise auf die unterschiedlichen Möglichkeiten in der Art der Zubereitung der Speisen (braten, kochen oder langsam dünsten), sondern auch bezüglich der Herstellung verschiedener Konsistenzen. Allerdings läßt sich kaum etwas über das Verhältnis von Namen und Form der Gerätschaften sagen. Unter gestalterischen Aspekten ist es schon wichtig zu wissen, inwieweit für spezifische Formen z.B. von Schüsseln oder Pfannen Eigennamen exi-stierten, denen wiederum ein besonderer Verwendungszweck zugrunde lag.[54]

---

52 »In dispensa, sive in dispensatorio, sint gausape, mantile, manutergium, et a pertica propter insidias murium vestes apte dependeant. Sint ibi cultelli, salsarium vel salinum sculptum, et theca caseorum, candelabrum, absconsa, laterna, calathi ad portandum. [...] In promptuario, sive in celario, sive in penu, sint cadi, utres, dolea, ciphi, cophini, coclearia, clepsedre, pelves, corbes, mera, vina, scicera, cervicia, sive celia, mustum, mulsum, claretum, nectar, sive pig-mentum, medo, sive secundum Ysodorum medus, sive ydromellum, piretum, vinum rose-tum, vinum feratum, vinum falernum, vinum gariofilatum, lambris et ambubagis, quorum sitis est incompleta«. *De nominibus utensilium*, fol. 8ʳ (p. 98) u. fol. 8ᵛ–9ʳ (p. 98).

53 »Sabbato vasa et utensilia coquine ab exeuntibus de coquina numerando recipiat: et ingre-dientibus reddat.« *Ecclesiastica Officia* 117,13.

54 Untersuchungen zur Keramik von Rievaulx Abbey brachten trotz der verhältnismäßig weni-gen Stücke durchaus interessante Ergebnisse. Eine Überprüfung der Urkunden ergab, daß zumindest explizit keine eigene Produktionsstätte bis zur Auflösung der Abtei nachgewiesen werden konnte. Von den Funden sind über 90% mit Glasur versehen, d.h. einfache Keramik hat die Zeit nicht überdauert. Hinsichtlich Form, Farbe und Gestalt werden drei Phasen unterschieden, wobei hier nur die erste und zweite Periode von Bedeutung ist. Die erste Phase, von der Gründung der Abtei (1131) bis zum Ende des 15. Jahrhunderts, ist durch

Eines ist jedoch klar: Mit der stetigen Verfeinerung der Zubereitungsarten, d.h. der Spezialisierung von Arbeitsvorgängen in der Küche geht eine Ausdifferenzierung der Gerätschaften und Hilfsmittel einher. Es ist hierbei zu berücksichtigen, daß die Eigennamen, die für diese neuen ›Werkzeuge‹ gebraucht wurden, nur für die Spezialisten – die Köche bzw. die Hersteller –, wichtig waren. Im Ergebnis dessen sind einerseits die Spezialbegriffe heute kaum noch zu deuten, andererseits wurden in den Texten von Nichtfachleuten allgemeinere Oberbegriffe zur Bezeichnung von speziellen Formen bzw. Geräten verwendet.

Die mittelalterliche Kochkunst unterschied sich von der römischen schon dadurch, daß das *garum* oder *liquamen*[55], ein Universalgewürz der Römer, so gut wie nicht mehr benutzt wurde, *asa foetida*[56] unbekannt war und viele römische Gewürze wie Muskatnuß oder Nelken erst über den Gebrauch als Heilmittel zum Gewürz im eigentlichen Sinne wurden.[57] Das Würzen hatte im

Funde gekennzeichnet, die sich nicht von der regional üblichen Keramik unterscheiden. Die Gefäße haben dicke Wände und sind meist in grünen Tönen glasiert. In der zweiten Periode vom Ende des 15. Jahrhunderts bis zum ausgehenden 16. Jahrhundert findet sich plötzlich ein eigenständiges Design (*Cistercian ware*), wobei die regionale Keramik weiter Bestand hatte (vgl. Drummond, B. G., 1988, p. 31 f u. p. 40). Diese sogenannte Zisterzienserkeramik besteht zum größten Teil aus Trinkgefäßen, die innen und außen dunkelbraun glasiert und manchmal mit eingeritzten Linien bzw. kompletten Ornamenten aus hellerem eingelegten Ton verziert sind. Vgl. Jennings, S., 1992, p. 33.

55 *Garum* wurde meist in Fabriken hergestellt, es roch nicht besonders gut, jedoch schmeckte es in Speisen. Man benutzte dazu folgende Kräuter: Koriander, Dill, Fenchel, Bohnenkraut, Sellerie, Scharlachkraut, Gartenminze, Weinraute, wilde Minze, Poleiminze, Liebstöckel, Feldkümmel, Betonie, Oregano und Leberklette. Vgl. Winter, J. van, 1986, p. 88f.

56 *Asa foetida* wurde aus den Wurzeln der persischen Ginsterpflanze gewonnen und schmeckt nach heutigen Maßstäben übel. Vgl. Winter, J. van, 1986, p. 89.

57 Nach damaliger medizinischer Ansicht beeinflußten die Gewürze die Temperamente und Körpersäfte in jeweils spezifischer Weise. So sollte z.b. ein Choleriker nicht stark gewürzt essen, da Gewürze als heiß und trocken interpretiert wurden, somit sein Temperament nicht gedämpft, sondern im Gegenteil gefördert wurde. Die Interpretation der Heilmittel oder Gewürze in bezug auf die Temperamente und mögliche physische Leiden ist exzellent in Hildegard von Bingens *De Physica* dargestellt. Unter *De Pipere* (Kap. 1,16) heißt es: »Der Pfeffer ist sehr warm und trocken und hat ein gewisses Verderben in sich, und schadet, viel gegessen, dem Menschen und verursacht in ihm Brustfellentzündung, und er gibt die Säfte in ihm preis und bereitet üble Säfte in ihm. Wenn jemand milzsüchtig ist und ihm vor den Speisen ekelt, so daß er nicht essen will, dann soll dieser in irgeneiner Speise mit Brot mäßig Pfeffer essen, und es wird ihm an der Milz besser gehen, und er wird den Ekel vor dem Essen ablegen (*Piper valde calidum est aridum, et quamdam praecipitationem in se habet, et multum comestum laedit hominem, et pleurisim in eo parat, et humores in eo destituit, ac malos humores in eo facit. Si quis spleneticus est, et qui cibos in fastidio habet, ita quod eum non libet comedere, iste in aliquo cibo cum pane piper modice comedat, et in splene melius habebit, et fastidium comedendi ponet*).« PL 197, c. 1137f; dt. Übers. p. 53f. – Hinsichtlich der Gemütszustände hatte

Cura corporis und monastische Askese

Mittelalter den Zweck, den Eigengeschmack zu überdecken oder auszumerzen. Die Palette mittelalterlicher Gewürze war relativ groß, denn zu ihnen zählten auch getrocknete Früchte wie Rosinen, Datteln, Feigen, Backpflaumen oder gar Mandeln und Reis. Von den Gewürzen im engeren Sinne waren vor allem jene beliebt, die ein starkes Aroma hatten (Zimt, Pfeffer, Ingwer, Muskat, Gewürznelken) oder zum Färben von Speisen verwendet werden konnten. So wurden mit Sandelholz die Speisen rot, mit Safran gelb oder mit Schminkwurz blau gefärbt.[58] Safran galt als besonders luxuriös und ist es bis heute geblieben. Wein konnte ebenfalls als Speisewürze verwendet werden, wie auch Ale zum Kochen benutzt wurde.[59] Die Bedeutung, die man Gewürzen beimaß, läßt sich auch daran erkennen, daß der englische König Heinrich III. (1216–72) einen eigenen Gewürzmeister, Robert de Montpellier, einstellte, dem u.a. die Herstellung von Würzwein oblag.[60] Für einen Großteil der Bevölkerung waren viele, insbesondere die importierten, Gewürze entweder gar nicht oder nur für besondere Anlässe erschwinglich. So griffen die einfachen Leute oft auf einheimische Produkte wie Salz, Senf, Zwiebeln oder Knoblauch zurück.[61]

Für die Mönche waren die klostereigenen Gärten von großer Wichtigkeit. Von dort bezogen sie einen großen Teil ihres Obstes, Gemüses und ihrer Gewürze.[62] Ihnen widmeten sie viel Aufmerksamkeit in der Anlage sowie große Sorgfalt in der Pflege. Es lassen sich grob drei Gartenanlagen unterscheiden, der Obstgarten (*pomarium*), der Gemüse- bzw. Küchengarten (*hortus*) und der Kräutergarten (*herbularius*). In der Beschreibung von Clairvaux aus dem 13. Jahrhundert heißt es über die Klostergärten:

die Milz eine ganz besondere Bedeutung. Nach dem berühmten Arzt Constantinus Africanus (1020–87) galt sie als Organ des Lachens. Vgl. Schipperges, H., 1990, p. 124. Der *Tacuinum Sanitatis* (Ende 13. Jahrhundert), ist als bürgerliches Gegenstück zu Hildegards Klostermedizin, ist eine Art Gesundheitsbuch, das mittels großformatiger Bilder und den dazugehörigen Bildunterschriften einen Leitfaden für gesunde Lebensführung darstellt. Neben Nahrungsmitteln und Gewürzen finden sich aber auch Hinweise zu Wohnen, Musik, Tanz, Jagen oder Baden. Betont wird das rechte Maß all dieser Dinge. Vgl. Arano, C., 1976.

58 Vgl. Laurioux, B., 1989, p. 35f.

59 Ale wurde z.B. zum Kochen von »Umbles«, einer regulären Speise der Mönche von Westminster Abbey während der Winterszeit, benutzt. Das Gericht bestand aus Innereien vom Schaf, die unter Zugabe von Paniermehl und Gewürzen in Ale gekocht wurden. Vgl. Harvey, B., 1993, p. 58.

60 Robert de Montpellier war seit 1242/43 im Amt. Vgl. Staniland, K., 1988, p. 34f.

61 Vgl. Dyer, C., 1989, p. 62f.

62 Die mittelalterliche Gartenkultur ist äußerst vielfältig. Es gab verschiedene Typen von Gärten, die sich nicht nur in ihrer räumlichen Anlage und Funktion voneinander unterschieden, sondern zugleich ein Ausdruck gesellschaftlichen Ranges waren. Vgl. Landsberg, S., 1995, pp. 13–48.

»Innerhalb der Einfriedungen der Abtei bilden viele verschiedene Bäume, die reich an unterschiedlichen Früchten sind, einen parkähnlichen Obstgarten: dieser an die Zelle der Kranken angrenzende Hain lindert die Schwächen der Brüder durch nicht geringen Trost, indem er den Spaziergängern einen geräumigen Wandelgang und auch den Fieberkranken eine süße Ruhestätte bietet. Der Kranke sitzt auf dem grünen Rasen, und wenn die Unbarmherzigkeit der Hundstage durch strenge Hitze das Land auskocht und die Flüsse austrocknet, so mindert er im Schutz, im Verborgenen, im Schatten vor der Hitze des Tages, unter dem Laub der Bäume den glühenden Himmel. Zur Linderung seiner Schmerzen duftet durch seine Nasenlöcher die gräserne Pracht. Das liebliche Grün der Kräuter und der Bäume weidet die Augen, vor ihm Herabhängendes und Aufwachsendes zu seinem unermeßlichen Genuß, so daß er nicht zu Unrecht sagt: *Unter seinem Schatten zu sitzen, begehre ich, und seine Frucht ist meinem Gaumen süß* (Hohelied II,3). Der Gesang der bunten Vögel erfreut die Ohren mit einer süßen Melodie. Die göttliche Güte gewährt zur Heilung einer Krankheit viele Tröstungen, wenn die schimmernde Luft vor Heiterkeit lächelt, die Erde von Fruchtbarkeit beseelt ist und er selbst mit den Augen, Ohren und dem Mund die Genüsse der Farben, Gesänge und Düfte empfindet. Wo der Obstgarten endet, beginnt der in Beete aufgeteilte Gemüsegarten, der mehr noch durch hindurchlaufende Bächlein geteilt ist.«[63]

Diese Beschreibung ist aus ästhetischer Sicht besonders wertvoll. Es wird eindrucksvoll demonstriert, wie Gestalt, Funktion und Sinne zusammenwirken, wie der Aufenthalt im Garten zu einem umfassenden sinnlichen Erlebnis wird. Der Kranke erfreute sich nicht nur am Anblick der Pflanzen, ihrem Wuchs und

---

63 »Infra hujus septa multae et variae arbores variis fecundae fructibus instar nemoris pomarium faciunt: quod infirmorum cellae contiguum, infirmitates fratrum non mediocri levat solatio, dum spatiosum spatiantibus praebet deambulatorium, aestuantibus quoque suave reclinatorium. Sedet aegrotus cespite in viridi, et cum inclementia canicularis immiti sidere terras excoquit, et siccat flumina, ipse in securitatem et absconsionem et umbraculum diei ab aestu, fronde sub arborae ferventia temperat astra: et ad doloris sui solatium, naribus suis gramineae redolent species. Pascit oculos herbarum et arborum amoena viriditas, et pendentes ante se, atque crescentes immensae ejus deliciae, ut non immerito dicat: *Sub umbra* arboris *illius, quam desideraveram, sedi, et fructus ejus dulcis gutturi meo* (Cantic. II,3). Aures suavi modulamine demulcet pictarum concentus avium: et ad unius morbi remedium, divina pietas multa procurat solatia, dum aer nitida ridet serenitate, terra fecunditate spirat, et ipse oculis, auribus, naribus, colorum, canorum, odorum delicias haurit. Ubi pomarium desinit, incipit hortus intercisis distinctus areolis, vel potius divisus rivulis intercurrentibus.« *Descriptio positionis seu situationis Monasterii Clarae-Vallensis*, PL 185, c. 569B–570A.

ihrer Farbenpracht (Gesichtssinn), sondern auch an ihrem Duft (Geruchssinn) sowie am leise säuselnden Wind und am Gezwitscher der Vögel (Gehörsinn). Darüber hinaus spürte er die kühlende Wirkung des Schattens (Tastsinn). Der Garten wurde nicht umsonst als ein irdisches Paradies, als *locus amoenus*, beschrieben. Die ästhetische Dimension des Obstgartens liegt, wie dieses Beispiel belegt, nicht nur in der Gestaltung des Gartens selbst, sondern vor allem in seiner sinnlichen Wirkung auf gesunde und kranke Mönche. Die Beschreibung betont *expressis verbis* die sinnliche Erfahrung in bezug auf die positiven therapeutischen Effekte. Wie der Autor es oben treffend bemerkte, haben die Farbenpracht, das Zwitschern der Vögel oder das gleichmäßige Rauschen der Bächlein eine positive Wirkung auf das körperliche Wohlbefinden der kranken Mönche und halfen somit, den Genesungsprozeß zu beschleunigen. Eine ähnlich be-ruhigende Wirkung schreibt Walahfried Strabo seinem Kräutergarten zu.[64]

Da die Obstgärten meist zugleich als Begräbnisplätze dienten, kamen die Vorzüge des Ortes sowohl den Lebenden als auch den Toten zugute. So ließ der Gärtner (*gardinarius*) von Beaulieu Abbey nicht nur seine Äpfel aus dem Garten zu 18 Fässern alkoholischen Getränks (*sicera*), wahrscheinlich Cider, verarbeiten, sondern sein Kollege, der *curtillagius*, kümmerte sich außerdem um das Ausheben der Gräber.[65]

Die Kräuter- bzw. Gemüsegärten dienten dem Anbau meist ortsfremder Gemüse-, Kräuter- bzw. Heilpflanzen, die heimischen Unkräutern kaum standhielten und daher intensiverer Pflege bedurften. In Beaulieu Abbey wurde der Küchengarten vom *custos curtillagii* betreut. Dort wurden vor allem Kräuter, Gemüse und Bohnen angebaut.[66] Wie der St. Galler Klosterplan zeigt, war die Bandbreite der angebauten Pflanzen relativ groß und keineswegs auf reine Nutzpflanzen für die Küche oder Heilpflanzen für die Apotheke beschränkt.[67] Neben diesen gab es noch Symbol- oder Zauberpflanzen[68], Sympathiepflanzen[69],

---

64 Vgl. Stoffler, H. D., 1996, pp. 33–35 u. p. 42f. Für Walahfried ist die Pflege seines Kräutergartens ein Teil der gelebten Askese, weil er mit der Gartenarbeit der Muße (*otium*) flieht. Darüber hinaus ist der Garten auch ein Ort der friedvollen Ruhe gegenüber den Klostergeschäften. Vgl. Walahfried Strabo *De cultura hortorum* Vers 10–18.

65 Vgl. *Account Book of Beaulieu Abbey*, p. 192 und pp. 237–239.

66 Vgl. *Account Book of Beaulieu Abbey*, pp. 192–194. Der *curtillagius* belieferte Gästehaus und die Krankenstation mit *olera et herbas ad potagium faciendum* (p. 253 u. p. 270).

67 Siehe auch das Gartengedicht von Walahfried Strabo.

68 Unter den Symbolpflanzen haben die Rose und die Lilie aufgrund des Marienbezugs einen besonderen Rang. Zu den Zauberpflanzen zählen vor allem diejenigen, die durch ihr starkes Aroma, das meist durch ätherische Öle transportiert wird, besondere Sinneserfahrungen erlauben, z.B. Lavendel, Rosmarin oder Wacholder. Vgl. Thoms 1996, pp. 24–26.

69 »Der Sympathiezauber geht auf die Vorstellung zurück, daß geheimnisvolle kosmische

Giftpflanzen oder Hexenkräuter[70] bzw. Färbepflanzen.[71] Dieser Teil der Gartenkultur ist hochinteressant, jedoch bisher wenig erforscht.

In den umfriedeten Gärten wurden die meisten Pflanzen auf sorgfältig hergerichteten Hochbeeten gezogen. Hochbeete haben zwei entscheidende Vorteile: Der Boden bleibt einerseits bei längerer Trockenheit besser feucht, andererseits fließt das Wasser bei Dauerregen besser ab. Wie der St. Galler Klosterplan und die Rekonstruktion des Gartens von Walahfried Strabo zeigen, wurde selbst die Anordnung und Zahl der Beete nicht dem Zufall überlassen. Ihnen liegt eine symmetrische Ordnung zugrunde, und mit der Anzahl der Beete lassen sich verschiedene symbolische Bezüge herstellen.[72] Aber auch die Beetform selbst konnte eine bestimmte Bedeutung haben. So stellte Hilde Thoms bei Klostergärten einen Zusammenhang zwischen Pflanzenart und Beetform her.

»Die runde Beetform ist für Zauberpflanzen bewußt gewählt worden, da der Kreis in allen Kulturen ein Bild der Vollkommenheit darstellt. Es ist der Bannkreis, der nach außen schützt – eine magische Bedeutung, die dieser Form anhaftet.«[73]

Im Mittelalter unterlag die Palette der Nahrung einem System von Werten und Symbolen. Die Art der Speisen selbst sowie die Art und Weise, wie sie gegessen wurden, waren von Bedeutung.

Beim Brot entschied vor allem die Qualität des Mehls. »Domherrenbrot« wurde aus feinstem Weizenmehl gebacken, das »Bürgerbrot« bestand aus weniger gut gesiebtem Mehl, und das »Brot für alle« war dunkles Vollkornbrot.

Zusammenhänge dafür verantwortlich sind, daß sich Dinge, Mächte, Personen gegenseitig beeinflussen – ein Elementargedanke des Volksglaubens, der auch bei den Pflanzen als Sympathiemittler eine Rolle spielte. Ihre Anwendung war mit symbolischen Handlungen verknüpft, durch Zaubersegen oder Zaubersprüche bekräftigt, die die geheimnisvollen Kräfte beschworen. [...] Inhaltlich sind die Sympathiepflanzen von den Zauberpflanzen schwer zu trennen« (Thoms, H., 1996, p. 26f). Zu den Sympathiepflanzen zählen u.a. Wermut, Holunder, Wacholder und Salbei.

70 Giftpflanzen haben, abgesehen von der tödlichen Überdosis, narkotisierende Wirkungen. Sie sind u.a. Bestandteile von Heilmitteln. Hier wird ihre schmerzstillende, schlaffördernde oder betäubende Wirkung ausgenutzt. Zu ihnen zählen Stechapfel, Fingerhut, Bilsenkraut, Eisenhut oder Mohn. Die bekannteste Pflanze unter den Hexenkräutern ist die Alraunwurzel oder Mandragora. Vgl. Thoms, H., 1996, pp. 28f.

71 Pflanzensäfte wurden auch zum Einfärben von Stoffen verwendet. So lieferte Waid beim Färben je nach Konzentration Schwarz-, Blau- oder Grüntöne. Aus Krapp wurde roter und aus wildem Safran gelber Farbstoff gewonnen. Vgl. Thoms, H., 1996, pp. 30–32.

72 Für Walahfried Strabo und zur Analogie zu St. Gallen siehe Stoffler, H.-D., 1996, pp. 23–26.

73 Thoms, H., 1996, p. 26.

Cura corporis und monastische Askese

Die Brote wurden nicht gesalzen und waren von runder Gestalt. Sie trugen manchmal sogar ein Siegel des Bäckers. Brot deckte auch in Adelshaushalten einen Großteil des täglichen Kalorienbedarfs.[74] In herrschaftlichen Haushalten diente Brot zudem als Unterlage zum Servieren von Fleisch und Saucen. Zu diesem Zweck mußte es schon einige Tage alt sein. Der Teig bestand aus minderem Getreide. Die Reste des Brotes gab man entweder den Armen als Almosen oder warf sie einfach weg.[75] Für die Landbevölkerung war tägliches Brot nicht unbedingt gesichert, so daß das vorrätige Getreide entweder zu Brei oder Suppen verkocht wurde.

Der Fleischverbrauch war im Mittelalter relativ hoch, dabei aber gleichzeitig auch ein markantes Zeichen gesellschaftlicher Zugehörigkeit. In der Regel blieb Wild, schon durch das Privileg der Jagd, der Tafel des Grundherrn vorbehalten.[76] Aufgrund seines Sozialprestiges wurden bestimmte Wildsorten in adligen Kreisen häufig als Geschenk offeriert.[77] In der Hierarchie zog man Geflügel dem Schweinefleisch vor, ein junges Kalb war besser als ein alter Ochse, Kapaune und Rebhühner galten als Luxus. Zudem war Fleisch nicht gleich Fleisch. Es gab edlere und niedere Fleischteile. So galt das Muskelfleisch als wertvoller als die Innereien. Gesunden Mönchen war Fleisch untersagt, die ärmere Bevölkerung mußte sich mit Schweinefleisch und Rindfleisch begnügen, während Adel und später auch wohlhabendere Städter sich bessere Sorten leisten konnten.[78] Der Adel unterschied sich im Fleischverbrauch von der übrigen Bevölkerung nicht nur durch eine größere Menge, sondern insbesondere durch die Breite des Sortiments. Fastentage und Fastenzeiten wurden in der Regel eingehalten und Fleisch durch Fisch ersetzt. Jedoch bedeutete Fisch nicht unbedingt ein Essen von minderer Qualität.[79]

Fisch wurde je nach Möglichkeit und Jahreszeit an allen Tafeln gegessen. In der Fastenzeit bekam dieser eine besondere Bedeutung. Angebot und Nachfrage regelten den Preis für einzelne Fischsorten. So aßen im Frankreich

---

74 Vgl. Laurioux, B., 1989, p. 16f u. pp. 54–56.

75 Vgl. Staniland, K., 1988, p. 35.

76 Das Fleisch beispielsweise wurde erst im 11. Jahrhundert zum Statussymbol. Die voranschreitende herrschaftliche Aneignung von Nutzungsrechten hatte eine qualitative Auffächerung der Nahrung zur Folge. Vgl. Montanari, M., 1993, pp. 56–61.

77 Diese Gaben konnten auch an ein Kloster gehen. So stiftete Roger de Mowbray (um 1181) für die kranken Mönche im Infirmarium von Fountains Abbey jährlich sechs Hirsche (*cervos*) aus dem Forst von Nidderdale, die durch seine Jäger zu fangen waren. Vgl. Greenway, D. E., 1972, (Nr. 136) p. 105.

78 Vgl. Laurioux, B., 1989, pp. 28–33, pp. 65–68 u. pp. 70–74.

79 Vgl. Dyer, C., 1989, pp. 58–61.

des 12. und 13. Jahrhunderts sogar Tagelöhner Lachs, da er in großen Mengen gefangen wurde. Gegen Ende des Mittelalters vervierfachte sich sein Preis durch den Rückgang der Fangquoten. Lachs zu essen wurde nun zu einem Zeichen von Wohlstand.[80] Allgemein üblich waren in England Hering, gesalzen oder geräuchert, getrockneter Fisch oder Schalentiere und frischer Fisch (Süß- und Salzwasserfisch) vom Markt. Teure Fische wie Hecht oder Brasse galten ähnlich dem Wild als Statussymbol.

Lauch, Gemüse, Hülsenfrüchte und Obst waren meist eine Zukost. Ärmere Leute mußten sich mit heimischen Gemüse, insbesondere Wurzelgemüse, begnügen, während Obst und edlere Baumfrüchte eher vom Adel konsumiert wurden.[81]

Über Milch, Käse und Eier, deren Verbrauch sowie deren Zubereitung ist relativ wenig bekannt. Sie fanden im Kloster als Zusatzkost oft Verwendung.

Die Getränke variierten je nach Region und finanziellen Möglichkeiten. In der Hauptsache waren es Bier, Cidre und Wein. Der Wein wurde meist jung getrunken und mit Wasser gemischt oder mit Gewürzen präpariert. Bei jungen Weinen ist die Fermentierung noch nicht vollständig abgeschlossen. So enthielt der Wein oft noch unfermentierten Zucker, d.h. sein Nährwert war bedeutend höher als der heutiger Weine. Üblich waren Rot- bzw. Weißwein, Kelterwein, Tresterwein, Beerenwein, Met und Würzwein. Die Bezeichnungen für die jeweiligen Getränke sind bezogen auf ihre Herstellung keineswegs eindeutig. So ist als Met (*medo*) nur das Getränk zu bezeichnen, bei dem auch der Honig vergoren wird, während beim Honigwein (*mulsum*) dem Wein nur Honig zugesetzt wird.[82] Noch diffuser wird das Bild bei den Würzweinen (*claretum, pigmentum, conditum*). Mittels Gewürzen oder Honig wurden die Weine versüßt, gefärbt und aromatisiert. Wann dies im einzelnen geschah, ob vor oder nach der Gärung, läßt sich am Namen nicht erkennen. Fest steht jedoch, daß die Herstellungsweisen auch den Geschmack prägten. Am schlimmsten steht es aber um den Sammelbegriff der *sicera*, einer biblischen Bezeichnung für vergorene alkoholische Getränke außer Bier.[83] Abaelard schrieb dazu:

---

80 Vgl. Laurioux, B., 1989, p. 68.
81 Vgl. Laurioux, B., 1989, pp. 59ff.
82 Hans Gerold Kugler hat in seiner Untersuchung zu den sogenannten minderen Getränken gezeigt, daß Bezeichnungen ungeachtet der Herstellungstechniken benutzt wurden. Vgl. Kugler, H. G., 1995.
83 Vgl. Wagner, C., 1994, p. 131f.

»Sicera bedeutet im Hebräischen jedes Rauschgetränk, ob das nun aus Getreide entsteht oder aus Obstsaft, aus eingekochtem Honig, wie es Barbarenstämme machen, aus gepreßten Palmfrüchten oder aus Früchten, die man zu Sirup verkocht.«[84]

Der Weinanbau nördlich der Alpen hielt entweder mit den Römern Einzug oder wurde mit der Christianisierung heimisch. Die Agrartraktate aus der Römerzeit belegen eine hohe Weinkultur.[85] Die Qualität des Weins bemaß sich nach Anbaugebiet[86], Ausrichtung des Weinberges[87], Rebsorte[88], Pflege der Reben (Verschneiden, Düngen)[89], Zeitpunkt der Lese (Reifegrad der Trauben/Spätlese)[90] und schließlich der Kelterung.[91] Die Winzer haben ihre Weine gewürzt, mit Honig versetzt oder mit Harz aromatisiert. Der Rebensaft wurde dann in Amphoren abgefüllt und luftdicht verschlossen. Nur im nördlichen Italien und im germanischen Raum wurden Holzfässer verwendet. Hierin liegt ein entscheidender Unterschied zum mittelalterlichen Wein. Der luftdichte Verschluß der Amphoren ermöglichte zwar eine sehr lange Halt-

---

84 »Sicera Hebraeo sermone omnis potio nuncupatur quae inebriare potest sive illa quae fermento conficitur, sive pomorum succo, aut favi decoquuntur in dulcem et barbaram potionem, aut palmarum fructus exprimuntur in liquorem coctisque frugibus aqua pinguior colatur.« Abaelard, *Epistola* 7, p. 271; dt. Übers. Brost (*Epistola* 8), p. 315.

85 Vgl. Columella, *De rustica*; Cato, *De agricultura*; Varro, *De re rustica*; Vergil, *Georgica* und Weeber, K. W., 1993.

86 Die wichtigsten Anbaugebiete waren Kampanien, Latium und Etrurien. Aber auch südfranzösische Weine aus Marseille galten als vorzüglich im Geschmack. Vgl. Weeber, K. H., 1993, pp. 17–20.

87 Um gute Erträge zu erzielen, befolgten die Römer folgende Faustregeln: In heißen Gebieten wurde der Weinberg auf der nördlichen Seite angelegt, in warmen Gebieten auf der östlichen, in kalten Regionen auf der südlichen Seite. Der Boden sollte eher locker als fest und trockener als feucht sein. Vgl. Weeber, K. H., 1993, pp. 86–88.

88 Rebsorten gab es in großer Zahl. Jedoch finden sich für ein und dieselbe Rebsorte manchmal zwei Namen. Außerdem ist es heute nicht mehr möglich, eine Beziehung zwischen Rebsorten und Geschmack herzustellen. Vgl. Weeber, K. H., 1993, pp. 64–66.

89 So empfiehlt Columella (*De re rustica* II,15,4–5) Kompost (*materiam congesticiam*) anstelle von Kuhmist (*stercus*), da dieser den Geschmack des Weines verderbe (*saporem vini corrumperet*).

90 Die Römer hatten zwar keinen eigenen Begriff für Spätlese, jedoch war ihnen bekannt, daß die Qualität des Weins mit der Reife der Trauben zunahm (vgl. Weeber, K. H., 1993, p. 74). Als sicheres Zeichen der Reife galt die Dunkelfärbung der Kerne. Die Trauben wurden entweder mit einem Rebmesser geschnitten oder mit den Händen gepflückt. Vgl. Weeber, K. H., 1993, p.92f.

91 Der erste Most wurde durch das Eigengewicht der Trauben gewonnen. Ansonsten kelterte man mit den Füßen, wobei elementare hygienische Grundsätze eingehalten wurden. Vgl. Weeber, K. H., 1993, p. 42f.

barkeit, verhinderte jedoch eine Lüftung und damit weitere Reifung des Weins. Auf der anderen Seite konnte er im Holzfaß leicht zu Essig und damit ungenießbar werden.[92] Auch die Römer tranken den Wein jung. Als *vinum vetus* galt bereits ein Wein, der länger als ein Jahr lag. Qualitätsweine waren meist reine Weine, die drei bis vier Jahre lagerten.[93]

Im nördlichen Europa mußten sich die Winzer die römischen Erfahrungen des Weinanbaus Stück für Stück zu eigen machen. Die größte Barriere bildeten die klimatischen Verhältnisse. In England wurde die Weinproduktion zur Mitte des 13. Jahrhunderts bedeutungslos.[94] Der Rebensaft wurde vor allem aus der Gascogne, aus Nordfrankreich und dem Rheinland bezogen. Wein war damit relativ teuer. So spielte Bier bzw. Ale, welches die Brauer aus verschiedenen Getreidesorten herstellten, eine besondere Rolle. Hopfen wurde in England erst relativ spät, zu Beginn des 15. Jahrhunderts, in größerem Maße zum Bierbrauen verwendet. Damit änderte sich nicht nur die Haltbarkeit – Ale war nur circa eineinhalb Wochen lagerfähig –, sondern auch der Geschmack. Durch den Hopfen bekam das Bier einen bitteren Geschmack.[95]

Alkoholische Getränke wie Wein oder Bier hatten noch eine sehr praktische Seite: Das Trinkwasser barg oft hygienische Gefahren; alkoholische Getränke oder gekochte Fleischbrühe waren da weit ungefährlicher.[96]

Essen und Trinken im Kloster

In den Kapiteln 39–41 legte Benedikt die wichtigsten Bestimmungen, über Zahl, Zeit und Art der Mahlzeiten fest. Generell wurde bestimmt, daß die Mönche eine Hauptmahlzeit (*pulmentarium*) zur sechsten oder neunten Stunde[97] erhalten sollten. Zwei gekochte Speisen sollten genügen, wenn möglich konnte als dritter Gang noch Obst und Gemüse gereicht werden. Dazu gab es als Tagesration ein halbes Pfund Brot, über dessen Qualität nichts

---

92 Vgl. Berlow, R. K., 1989, p. 650.
93 Vgl. Weeber, K. H., 1993, pp. 35f, 41f, 53 u. 66f.
94 Vgl. Dyer, C., 1989, p. 62.
95 Vgl. Hammond, P. W., 1993, p. 5f u. p. 87; Dyer, C., 1989, p. 57f; Monckton, A. H., 1966, pp. 25–65.
96 Vgl. Winter, J. van, 1986, p. 93.
97 Zum Verständnis der Zeitangaben sei angemerkt, daß zu dieser Zeit Tag und Nacht in zwölf Stunden aufgeteilt wurden. Die Tagstunden begannen mit Sonnenaufgang. Nur am Tag der Tag- und Nachtgleiche entsprachen die Stunden unserem Stundenmaß. Im Sommer waren die Tagesstunden länger (ca. 75 min.) als die Nachtstunden (ca. 45 min.), im Winter war es umgekehrt. Im Sommer mußten die Mönche teilweise mit einem Minimum von fünf Stunden Schlaf auskommen, im Winterhalbjahr konnten sie dagegen bis zu 9,5 Stunden schlafen. Vgl. Braunfels, W., 1978, p. 37.

Cura corporis und monastische Askese

ausgesagt wird. Diese Speisen durften auch auf zwei Mahlzeiten am Tag verteilt werden. Fleisch erhielten nur die kranken Mönche im Infirmarium. Benedikt verbot allerdings explizit nur das Fleisch von Vierfüßlern (*quadripedum*). Zu trinken gab es täglich eine Hemina Wein, wobei heute unklar ist, um welche Menge es sich dabei wirklich handelte. Der Wein ist aber schon ein Zugeständnis Benedikts an seine Zeitgenossen. Denn wie er selbst formulierte, passe der Wein nicht zu den Mönchen, und nach Jesus Sirach 19,2 bringe er auch die Weisen zu Fall.

Die Mahlzeiten wurden entsprechend dem liturgischen Kalender, der Feiertage und Fastenzeiten modifiziert. So erhielten die Mönche von Ostern bis Pfingsten ihre Hauptmahlzeit zur Sext und am Abend noch eine Stärkung, d.h. es wurde zweimal gegessen. Von Pfingsten bis zum 13. September mußte am Mittwoch und Freitag bis zur neunten Stunde gefastet werden, an den anderen Tagen gab es eine Mahlzeit zur Sext sowie ein späteres Abendessen (*cena*). Vom 13. September bis zum Beginn der Fastenzeit (*quadragesima*) gab es nur eine Mahlzeit zur neunten Stunde, und während der Quadragesima erhielten die Mönche ihre Mahlzeit am Abend (*ad vesperam*), jedoch noch bei Tageslicht, d.h. das Frühstück (*prandium*) gab es immer gemäß der liturgischen Stunde, während das Abendessen (*cena*) mit dem Lichtrhythmus des Jahres variierte.[98] Benedikt gestattete allerdings auch Ausnahmen, wenn es die Arbeit, klimatische Bedingungen oder ökonomische Erfordernisse verlangten. Dies lag aber im Ermessen des Abtes.

Die Vorgaben des hl. Benedikt waren für alle Mönchsgemeinschaften, die sich auf seine Klosterregel beriefen, bindend. Deshalb lehnten auch die Zisterzienser alle Speisegänge, die der Reinheit der Regel entgegenstanden, ab.[99] Benedikts Vorgaben fanden in den *Ecclesiastica Officia* und in den Statuten des Generalkapitels ihren Niederschlag.[100] Auch Idung von Prüfening betonte in

---

98 Janet Burton hat ein komplettes *horarium* (Zeitplan) für ein benediktinisches Kloster in Eng-land gemäß der geltenden *Regularis Concordia* in ihrem Buch (Burton, J., 1994, p. 160f) abgedruckt. Für die Zisterzienser findet sich ein Zeitplan in den *Ecclesiastica Officia* p. 36f.

99 »ac diversa ciborum in refectorio fercula, sagimen etiam et cetera omnia quae puritati regulae adversabantur« (*Exordium parvum* 15, Bouton/van Damme, p. 77). Im Kapitel 12 zur *Summa cartae caritatis* heißt es noch präziser: »In victu praeter hoc quod regula distin-guit, de panis libra, de mensura potus, de numero pulmentariorum hoc etiam observandum, ut panis grossus id est cum cribro factus.« *Summa cartae caritatis et capitula* 12, Bouton/van Damme p. 122.

100 Vgl. *Ecclesiastica Officia* 84,12–13 u. 118,2; Turk, J., *Cistercii Statuta Antiquissima* (14) XIIII – *De pane cottidiano*; (24) XXIIII – *Quod intra monasterius nullus carne uescatur aut sagimine*; (25) XXV – *Quibus diebus uescimur tantum quadragesimali cibo*; (58) XIX – *De mensura pulmentorum*; (64) XXV – *De pitantiis* und Canivez, *Statuta* I, 1157:33. Die

seiner Streitschrift, daß zwei Gänge in Form einer Mahlzeit ausreichend seien. Gleichzeitig erging aber der Vorwurf an die Gegenpartei, daß sie drei oder vier Gänge zu servieren pflegte. Der Cluniazenser rechtfertigte sich, indem er die Speisen, die *ex caritate* gereicht wurden und die sich zwei Mönche zu teilen hatten, nicht als Speisegang (*fercula*) gelten ließ.[101] Es gab aber auch Kritik von anderer Seite. So war Gerald von Wales über das Verhalten der Mönche im Refektorium von Canterbury und deren üppige Tafel sehr verwundert. Er kritisierte die große Zahl der Gerichte, den Fisch, der auf verschiedene Art – gebraten, gekocht, und gefüllt – zubereitet wurde, und tadelte die geschickten Köche, weil sie mit Gewürzen und Aromata die Mönche zur Völlerei anregten, indem sie deren Appetit immer wieder aufs neue zu wecken verstanden.[102]

Bei den frühen Zisterziensern gab es keine generelle Erlaubnis für eine dritte Speise.[103] So durften auch Mönche, die auf Reisen waren, nur zwei Gerichte zu sich nehmen.[104] Es gibt mehrere Anzeichen, daß diese Strenge durchaus fordernd war.[105]

Regelung, daß für die gesunden Mönche und Konversen zwei gekochte Speisen genügen sollten, ist nicht ganz einmütig akzeptiert worden. Zum einen berichten die Statuten davon, daß bereits bei der Aufnahme von Novizen und Erwachsenen darauf geachtet werden soll, daß sie nicht dreimal am Tag essen müssen (*Statuta* I, 1157:28 u. 1184:2). Zum anderen wird im Statut 1183:15 erneut darauf hingewiesen, daß *monachi vel conversi in conventu* nur zweimal essen sollen und sieben Jahre später (*Statuta* I, 1190:47) wird der Abt von Tennenbach bestraft, weil er Novizen dreimal täglich essen ließ.

101 Vgl. Idung von Prüfening, *Dialogus duorum monachorum* III,21.

102 »De ferculis et eorum numerositate quid dicam; nisi quod ipsum multotiens dicentem audivi, quia sedecim aut plura per ordinem, ne praeter ordinem dicatur, sunt apposita valde sumptuosa. Ad ultimum quoque loco generalis olera per omnes mensas sunt allata, sed parum gustata. Tot enim videas piscium genera, assa quidem et elixa, farta et frixa, tot ovis et pipere cibaria cocorum arte confecta, tot sapores et salsamenta ad gulam irritandam et appetitum excitandum eorundem arte composita.« Gerald von Wales, *De rebus a se gestis* II,5, RS 21,1, p. 51f.

103 Für Zisterzienser gab es allerdings auch Ausnahmen. So wurden in einem Statut (1157:33) die Hauptgerichte (*pulmentaria*) auf maximal drei beschränkt. Während Käse (*caseus*), Kuchen (*fladones*) und Pasteten (*pastillos*) als ein zusätzliches Gericht nur dann angerechnet wurden, wenn sie nicht zum eigentlichen *pulmentarium* gehörten, zählten Butter (*bytrum*), rohe bzw. getrocknete Kräuter (*herbae crudae*) und Äpfel (*poma*) prinzipiell nicht als Gericht. Schließlich durften Abt oder Gäste ein viertes Gericht unter die Mitessenden verteilen.

104 In einem der frühen Statuten (*De nundinis*) wird festgelegt, wie sich Mönche und Konversen auf dem Markt zu verhalten haben. Sie durften keine extra Mahlzeiten zu sich nehmen, keinen Fisch oder andere Leckerbissen, die sie begehrten. Wein wurde ebenfalls verboten, es sei denn, man verdünnte ihn reichlich mit Wasser (*Non debet enim pro se pisces emere aut delicias querere, sed nec uinum bibere nisi bene aquatum et duobus pulmentis sit contentus*). Vgl. Turk, J., *Cistercii Statuta Antiquissima* (53) XIIII, p. 24.

105 Waldef, Prior der Augustinerabtei Kirkham und ein Freund Aelreds, wechselte zu den

Bei den Schwarzen Mönchen hatten sich zur damaligen Zeit bereits Zusatzgerichte (*generalia* und *pitantiae*) eingebürgert. Beide Gerichte sind als eine Verbesserung der Alltagskost zu verstehen und stellten vor allem Zusätze in Form eiweißhaltiger Nahrung (Käse und Eier) dar.[106] Das Generale wurde nach Zimmermann zum Synonym für das eigentliche Festtagsessen. Es bestand aus zwei gekochten Speisen und war für alle gleich. Die Pitanzen sind mit dem *Caritas*-Trunk zu vergleichen, auf den ich später noch zu sprechen komme. In *pitantia* steckt *pietas*. Die Pitanz ist das dritte Gericht zur Regel Benedikts. Sie besteht aus einem breiteren Angebot an Speisen und ist unter mindestens zwei Mönchen zu teilen. Das Generale wurde von den Zisterziensern generell abgelehnt, die Pitanzen nur in der Frühzeit.[107] Die Begründung für die ursprüngliche Ablehnung der Pitanz ist durchaus verständlich, denn indem sich zwei Brüder eine Pitanz zu teilen hatten, war Unruhe vorprogrammiert, und daß Essen kurz vor dem Zubettgehen dem Schlaf nicht förderlich ist, bedarf kaum einer Erklärung. Dennoch finden sich Pitanzen in den *Ecclesiastica Officia*, allerdings nicht als generelles drittes Gericht, sondern als besondere Zukost für bestimmte Anlässe (Gäste) bzw. für bestimmte Personengruppen (Kranke/ Mönche nach dem Aderlaß).[108] Ein Statut aus dem Jahr 1157 führt dies noch näher aus. Pitanzen sollten nicht zur täglichen Gewohnheit werden und nicht länger als drei Tage hintereinander gereicht werden. Sie bedurften der ausdrücklichen Weisung des Abtes, und Zuwiderhandlungen vom Prior, Kellermeister, Konversenmeister und Gästemeister wurden bestraft.[109] Gegen Ende des 12. Jahrhunderts häuften sich die Beschwerden im Generalkapitel. Mönche und Konversen, die eine Pitanz forderten, sollten mit einem Tag bei Brot und Wasser und mit einem einmaligen Auspeitschen im Kapitelsaal bestraft

---

Zisterziensern. Er fühlte sich für ein strengeres Leben berufen. Aber rückblickend kamen ihm dann doch Zweifel, denn ihm war das Essen zu fade, die Kleidung zu rau, die Arbeit zu hart und der Gottesdienst zu anstrengend, und er überlegte ernsthaft, ob er nicht doch zu einem gemäßigteren religiösen Leben zurückkehren sollte. Vgl. *Vita Aelredi*, pp. lxxi–lxxv u. zur Person: Baker, D., 1975.

106 Vgl. Zimmermann, G., 1973, p. 47f und Harvey, B., 1993, p. 10f.

107 In einem Statut aus dem Jahre 1119 wurde der Abt von Cîteaux, Stephan Harding, von den anderen Äbten gebeten, während der Zeit des Generalkapitels den Brauch der Pitanz abzusetzen, weil es beim Austeilen der Pitanzen im Refektorium zur Unruhe käme und weil sie sich außerdem nachteilig auf den Schlaf der Brüder auswirke. Vgl. Turk, J., *Cistercii Statuta Antiquissima* (19) XIX, p. 19. Ein Statut aus dem Jahr 1157 regelt den Umgang mit den Pitanzen ausführlich. Pitanzen können auf Anweisung gereicht werden, aber zwei Brüder haben eine Pitanz unter sich zu teilen. Vgl. Canivez, *Statuta* I, 1157:50.

108 Vgl. *Ecclesiastica Officia* 90,39:41:43–45 und 117,5; Canivez, *Statuta* I, 1195:9.

109 Vgl. Canivez, *Statuta* I, 1257:50.

werden.[110] Mehr noch, es wurde generell davor gewarnt, Pitanzen *quasi ex iure* einzufordern.[111] Ein Prior, der eine tägliche Pitanz erlaubte, wurde seines Amtes enthoben[112], und ganze Konvente wurden gerügt, weil sie Pitanzen *ex consuetudine* begehrten.[113]

Wie wichtig die Pitanzen für die Mönche waren, läßt sich aus einer Passage der Chronik des Jocelin von Brakelond ersehen. Der benediktinische Historiograph und Mönch von Bury St. Edmunds berichtet dort von Beschwerden der Mönche seines Klosters über Essen und Trinken. Außerdem war zur selben Zeit der Schrein des hl. Edmund durch Unachtsamkeit in Brand gesteckt und beschädigt worden. Als der Abt von seiner Reise ins Kloster zurückkehrte und eine Entscheidung zu treffen hatte, versuchte er, gleich zwei Fliegen mit einer Klappe zu schlagen. Die Mönche sollten wegen ihrer Undiszipliniertheit ein Jahr auf die Pitanz verzichten und das gesparte Geld für die Reparatur des Schreins verwenden. Dazu kam es aber nicht, weil der Sakristan eine andere Möglichkeit der Finanzierung vorschlug, worüber der Konvent sicherlich besonders erfreut gewesen sein dürfte.[114]

Eine dritte Form der Mahlzeit war das *mixtum*. Dieses gab es für die Küchendienste (*coci*), den Mönch, der die Tischlesung zu machen hatte (*lector*), und die Heranwachsenden (*adolescentes*). Das Mixtum gab es an Tagen, an denen zweimal gegessen wurde, vor der Sext und an Fastentagen, ausgenommen der Quadragesima, nach der Sext. Es bestand aus einem Viertel Pfund Brot und einem Drittel der Hemina Wein. Da den Küchendiensten und dem Leser erst nach dem Essen der Mönche im Refektorium erlaubt war zu speisen, wurde ihnen gestattet, um die Zeit bis zum Essen nicht zu lang werden zu lassen, davor noch einen Imbiß zu nehmen. Für die jungen Konventsmitglieder war, vor allem an Fastentagen, die Zeit bis zur ersten Mahlzeit recht anstrengend, so daß auch ihnen eine vorgezogene Stärkung zugebilligt wurde.[115]

Wie sah nun der Speisezettel der Mönche aus, und inwieweit lassen sich Unterschiede zwischen dem Reformmönchtum und dem traditionellen benediktinischen Mönchtum feststellen?

110 Vgl. Canivez, *Statuta* I, 1217:8.
111 Vgl. Canivez, *Statuta* I, 1183:16.
112 Vgl. Canivez, *Statuta* I, 1195:27.
113 Vgl. Canivez, *Statuta* I, 1194:47.
114 Vgl. *Cronica Jocilini de Brakelonda*, pp. 106–110. Jocelin erwähnt auch einen Pitanzenmeister (*pitentiarius*/p. 7).
115 Vgl. *Ecclesiastica Officia* 73; Turk, J., *Cistercii Statuta Antiquissima* (52) XIII, p. 23.

Bereits beim Brot gingen die Meinungen auseinander. Die unterschiedlichen Ansichten wurden auch dadurch gestärkt, daß Benedikt nichts über die Beschaffenheit des Brotes ausgesagt hatte.[116] Ekkehard IV. (um 980–1060), Mönch in St. Gallen, erwähnte in seinen *Benedictiones ad mensas*[117] eine abwechslungsreiche Vielfalt von Gebackenem. Diese bezog sich auf die verwendeten Getreidesorten (Weizen, Roggen, Hafer, Gerste, Dinkel), auf die Qualität des Teigs (gesäuertes bzw. ungesäuertes Brot), auf die Form des Brotes (z.b. Kipfel, Striezel), die Art des Backens (in Asche gebacken, geröstet oder auch in Wasser gekocht) sowie auf dessen Zustand (frisch/alt; warm/kalt).[118] Eine ähnliche Vielfalt an Brot und Gebäck findet sich in den *Consuetudines* von Hirsau und Cluny. Hier wird prinzipiell zwischen gewöhnlichem Brot (*panis solitus*) und besserem Brot (*panis melior, panis delicior*) unterschieden. Neben dem einfachen Brot werden mit Öl gebackene Brötchen (*colliridiae*), Semmeln (*semiliae*), Backwerk aus feinem Weizenmehl (*foliatae*), Oblaten, Waffelgebäck (*nebulae*) sowie Feingebäck aus Mehl und Eiern (*tortulae, tortae*) erwähnt.[119]

Unabhängig davon, inwieweit Ekkehards Liste umgesetzt wurde, allein seine Aufmerksamkeit, die er den verschiedenen Zutaten, Formen und Zubereitungsarten widmete, verweist auf die Bedeutung der sinnlichen Erfahrung

---

116 Während der römische Getreideanbau noch auf Weizen gesetzt hatte, verschoben sich mit dem 3. Jahrhundert die Relationen. Nun wurden vermehrt Getreidesorten minderer Qualität (Roggen, Gerste, Hafer, Emmer, Dinkel oder Hirse) angebaut, die aber bedeutend widerstandsfähiger waren. Bis zum 11. Jahrhundert dominierte Roggen. Hieraus erklärt sich der soziale Status des Weizens bzw. des Weißbrotes. Hinzu kam, daß mit dem Anwachsen der Bevölkerung zwischen dem 11. und 13. Jahrhundert dem Getreide gegenüber dem Fleisch der Vorzug gegeben wurde. Getreide war ergiebiger im Anbau, vielseitiger in der Zubereitung und länger bzw. leichter zu lagern. Vgl. Montanari, M., 1993, pp. 42ff u. p. 51f.

117 Die *Benedictiones ad mensas* sind Teil des *Liber benedictionum* (Codex Sangallensis 393), der zwischen 1027 und 1035 seine endgültige Form erhielt. Sie stellen Segenssprüche und Tischgebete dar, die von Ekkehard, wohl noch als Schulübung, in gebundener Form zu verschiedenen Speisen und Getränken verfaßt worden waren. Der Herausgeber des Textes, Johannes Egli, sieht in dieser Dichtung, wie ich meine zu Recht, mehr als nur eine stilistische Übung. Denn »sie gewährt uns einen Einblick in Küche und Haushalt des Mittelalters, belehrt uns über die Folge der Gerichte bei einer reichen Mahlzeit, über die Nahrungsmittel, welche man aus dem heimischen Boden zog oder aus fremden Ländern, namentlich Italien, einführte, über die Tiere, welche damals in unseren Wäldern gejagt wurden, heute aber ausgestorben sind, über die populär-medizinischen Ansichten, über Volksglauben und Aberglauben jener Tage.« Ekkehard IV, *Benedictiones ad mensas*, p. xi.

118 Vgl. Ekkehard IV, *Benedictiones ad mensas*, fol. 185f (pp. 281–84).

119 Vgl. Zimmermann, G., 1973, p. 54f u. p. 274f (Quellen I/89).
Krapfen, Pasten, Törtchen (*artocreae*), Kuchen (*placenta*), andere im Tiegel zubereitete (*fercula frixa*) und mit Pfeffer gewürzte Speisen werden von Idung von Prüfening im *Dialogus duorum monachorum* (II,64) als Gaumenfreuden (*gustus oblectamenta*) abgelehnt.

---

und des sinnlichen Genusses beim Essen. Geschmacks- und Tastsinn waren in der Klosterliteratur die am meisten gefürchtetsten, weil unmittelbarsten Sinne. Sie zählten auch beim hl. Bernhard zu den niedrigsten, da sie auf einem unmittelbaren Kontakt mit dem dadurch wahrgenommenen Objekt beruhen. Der Gesichtssinn hingegen nahm den obersten Rang ein.[120]

Während die verwendeten Getreidesorten hinsichtlich ihrer Farbe eher mit dem Sozialprestige verbunden wurden, beeinflußten sie hinsichtlich ihres Geschmacks und ihrer Konsistenz, d.h. der Qualität des Teigs, die Empfindungen während des Essens unmittelbar. Die Konsistenz wird wesentlich durch die Zubereitungsart (gebacken, gebraten, gekocht etc.) bestimmt, zugleich wird aber auch der Geschmack verändert. Die Variationen reichen bis hin zum Genuß von ofenfrischem Gebäck, bei dem der warme Duft des Brotes noch eine stimulierende Wirkung hervorruft.

Die Zisterzienser wie auch andere Reformorden lehnten besseres Brot ab.[121] In den frühen Statuten heißt es unter der Überschrift *De pane cottidiano*[122], daß nicht der Gebrechlichkeit des Geistes und Fleisches nachgegeben und daher Brot aus grob gesiebten Mehl gereicht werden soll.[123] Für die Kranken und die zur Ader Gelassenen wurden Ausnahmen gemacht. Sie bekamen besseres Brot.[124] Wenn Mönche dunkles und gröberes Brot aßen, galt dies als Zeichen

120 Zur Hierarchie der Sinne siehe Kapitel »Aelreds ›Theorie‹ der Wahrnehmung«, pp. 229ff.
121 Auch die Kartäuser lehnten Weißbrot ab (vgl. Guigo I, *Consuetudines Cartusiae* 34,4), und Abaelard verbot in seiner Regel für die Nonnen von Paraklet Brot aus reinem Weizenmehl. Dem Teig sollte wenigstens ein Drittel grobes Mehl beigemischt werden. Darüber hinaus war es untersagt, ofenfrisches Brot zu essen. Denn warmes Brot galt als Leckerei. Vgl. Abaelard, *Epistola* 7, p. 277.
122 »Sicut in ecclesiasticis aliisque obseruationibus cauemus, ne inueniamur discordes, sic etiam in uictu cottidiano diuersitas est cauenda, ne fratres carnis uel spiritus fragilitate uicti grossiorem panem abhorrere et lautiorem incipiant desiderare. Ideo stabilimus, ne in cenobiis nostris fiat panis candidus nec etiam in precipuis festiuitatibus, sed grossus, id est cum cribro factus. Vbi autem frumentum defuerit, cum seacio licet fieri. Que lex infirmis non tenebitur. Sed et hospitibus, quibus iussum fuerit, album panem apponimus et minutis in minutione sua, sicut in eorum sententia descriptum est. Cuius panis albi uidelicet, qui minutis apponitur sicut et cottidiani pasta in statera posita nequaquam plus ponderare debet, sed equa lance appendi.« Turk, J., *Cistercii Statuta Antiquissima* (14) XIIII, p. 18.
123 Winfried Schich hat darauf hingewiesen, daß die Übersetzung von »Vbi autem frumentum defuerit, cum seacio licet fieri.« mit *frumentum* = Weizen und *sedthacium/seacio* = Roggen keineswegs zwingend ist, sondern es vielmehr nahe liegt, vor allem in bezug auf den vorangegangenen Teil, *frumentum* mit Korn und *sedthacio/seacio* mit Haarsieb zu übersetzen. Schich, W., 1984, pp. 18–20.
124 Die *Ecclesiastica Officia* (90,41) erwähnen *panis communis* und *panis albus* für diejenigen Mönche, die zur Ader gelassen wurden. In den Bestimmungen für den Kellermeister (*Ecclesiastica Officia* 117,8) heißt es jedoch: »Illis qui ad prandium usque ad terciam partem

von ideeller Armut und wirklich gelebter Demut. Askese bedeutete hier realen Verzicht. Inwieweit die Vorsätze aber strikt eingehalten wurden, läßt sich kaum sagen. Denn mit dem Wohlstand der zisterziensischen Abteien änderte sich auch oft die Qualität des Essens. So erzählte der große Dominikaner Humbert de Romans († 1277) als Einstieg in eine Predigt über die Laienbrüder der Zisterzienser folgende Geschichte: Einfache Leute kämen vor allem wegen des Wohlstandes zum Orden. So geschah es, daß ein Mann, der in seiner Familie nur Schwarzbrot zu essen bekam, nur deshalb Laienbruder werden wollte, damit er bei den Zisterziensern Weißbrot essen könne. Am Tag seiner Aufnahme lag der Mann am Boden ausgestreckt vor dem Abt. Dieser fragte ihn, was er denn begehre und er antwortete: »Weißbrot, und zwar oft!«[125]

Im Rechnungsbuch der englischen Zisterze Beaulieu für das Rechnungsjahr 1269/70 wurde zwischen dem *panis conventualis* (Konventbrot), dem *panis hospitum* (Gästebrot), dem *panis clermatin* (›Clermatin‹) und dem *panis familie* (Familienbrot) unterschieden. Das Konventbrot war von höchster Qualität und stand den Mönchen und Konversen sowie höheren Bediensteten zu.[126]

Die oben erwähnte Vielfalt an Brot und Gebäck kommt verschiedenen Bedürfnissen entgegen. Im Kontext des liturgischen Jahres, dem Wechsel von Fasten- und Festtagen, erlaubt sie eine gezielte Abstufung, die der Würde des Tages angemessen war. Die Qualität des Backwerks hob auf einer unmittelbar sinnlichen Ebene, durch Form, Farbe und Geschmack, die aus den verschiedenen Möglichkeiten der Zubereitung resultierten, die Stimmung des Tages gemäß dem liturgischen Kalender hervor. Die Brotsorten selbst spiegeln die Klosterhierarchie sowie verschiedene Verwendungszwecke. Sie waren einerseits Ausdruck der sozialen Klassifizierung der Klosterangehörigen, andererseits auch Teil der Liturgie (Hostien).[127] Darüber hinaus wurde eine bessere

panis comedunt. ad cenam *de grossiore pane ubi habetur* superaddere.« Die Qualität des Brotes läßt sich aus der verwendeten Begrifflichkeit nur schwer ableiten, denn auch der Portarius verteilte nur *panis* an der Pforte für die Armen, wenngleich anzunehmen ist, daß es von minderer Qualität war. Vgl. *Ecclesiastica Officia* 120,20.

125 »Conuersi Cisterciensium frequenter veniunt de statu paupertatis ad hunc statum, vt habeant sustentationem vitae. Unde accidit, quod cum cuidam, qui erat de familia eorum, & comedebat cum alia familia panem nigrum, concessum fuisset, vt reciperetur in conuersum comedebat panem album, & instructus fuisset, quod veniret coram Abbate in die receptionis, & ipso prostrato quaereret Abbas quid quaereret: respondit: Panem album, & hoc frequenter.« Humbert de Romans, Sermo XXX, *Ad conversos Cistercienses*, p. 470.

126 Vgl. *Account-Book of Beaulieu Abbey*, Nr. 77/78, pp. 289–304.

127 In den *Monastic Constitutions of Lanfranc* (p. 83) wird detailliert das besondere Procedere zur Herstellung von Hostien beschrieben.

Brotqualität den kranken Mönchen aus therapeutischen Gründen zur Kräftigung gereicht. Schließlich waren wohl jedem Mönch hinsichtlich allgemein sinnlicher Erfahrungen die Attraktivität von ofenfrischem, warmem Brot gegenwärtig.

Fisch war in monastischen Kreisen eigentlich nie ein Streitthema und gerade an Festtagen eine willkommene Abwechslung. Ekkehard IV. zählte in seinen *Benedictiones* über zwanzig Fischarten auf. Sie reichen vom Hering, Barsch, Bach- bzw. Rotforelle über Hecht, Stör und Walfisch bis hin zu Krebsen und dem Biber, der aufgrund seines in Schuppen eingebetteten Schwanzes noch als Fisch gezählt wurde. Er betonte hier wiederum die verschieden Möglichkeiten der Zubereitung (gesalzen, gebraten, getrocknet bzw. verschieden gewürzt).[128]

Die Zisterzienser, so scheint es, lehnten Fisch ursprünglich ab.[129] Bereits Bernhard von Clairvaux beschwerte sich in seiner *Apologia* über die reichliche Fischtafel der Cluniazenser, die dazu dienen sollte, die Fleischabstinenz qualitativ und quantitativ auszugleichen. Askese bedeutete für ihn Verzicht oder Mäßigung ohne gleichwertige Substitution. In dem berühmten Brief an seinen Verwandten Robert begründete Bernhard den Verzicht außerdem mit einem Hinweis auf die Wüstenväter in Ägypten, die auch auf Fisch verzichtet hätten.[130] Damit konnte sich Bernhard aber nicht durchsetzen. Fisch wurde zu einem festen Bestandteil im Speiseplan zisterziensischer Mönche.[131] Deshalb legten sie in der unmittelbaren Nähe ihrer Klöster Fischteiche an und entwickkelten darin großes Geschick.[132] Diese Teiche dienten nicht nur zur Zucht,

---

128 Vgl. Ekkehard IV, *Benedictiones ad mensas*, fol. 186f (pp. 285–289).
Barbara Harvey konnte in ihrer Untersuchung der Eßgewohnheiten in Westminster Abbey um 1500 zwei wichtige Feststellungen machen. Zum einen fand ein Wechsel gegenüber dem 13. und 14. Jahrhundert statt. Hering wurde fast nur noch zur Fastenzeit gegessen. Ansonsten aß man vor allem Muscheln, Schalentiere, Weißfisch und Schellfisch. Hecht in Zimt und Ingwersauce, Aal mit Essigsauce und Lachs galten als Festessen. Sie wurden meist in Form der Pitanz gereicht. Andererseits ist es ratsam, zwischen der Tafel des Abtes und der der Mönche zu unterscheiden. Die Mönche in Westminster waren hier in keiner Beziehung extravagant. Denn das, was an der Tafel des Abtes regelmäßig zu den Hauptmahlzeiten konsumiert wurde, bekamen die Mönche nur in Form der Pitanz. Vgl. Harvey, B., 1993, pp. 47–51.
129 Vgl. Canivez, *Statuta* I, 1157:44.
130 Vgl. Bernhard von Clairvaux, *Apologia* IX.20, SW II, p. 178 [SBO III, p. 97]; *Epistola* 1,11, SW II, p. 258 [SBO VII, p. 9].
131 Im Jahre 1195 wird den Mönchen, die Märkte und Messen besuchen sollen, gestattet, in der Adventszeit und in der Fastenzeit Hering zu kaufen und zu essen. Vgl. Canivez, *Statuta* I, 1195:26.
132 J. McDonnell hat diese Anlagen für die Zeit zwischen 1066–1300 in Yorkshire untersucht.

Cura corporis und monastische Askese

sondern auch zur Lagerung von Fisch. Sie wurden in der Regel sorgfältig in ein System von Zu- und Ablauf integriert.[133] In Bordesley Abbey nutzten die Mönche sogar den Inhalt der Latrinen als Dünger, um den Algen- bzw. Planktonwuchs zu fördern.[134] Beaulieu Abbey hatte ein großes Depot zum Räuchern und Trocknen von Fisch in Great Yarmouth, einem der bedeutendsten Fischmärkte Englands.[135] In der Abtei war der *Subcellerarius* auch für den Fisch verantwortlich. In seinem Rechnungsbericht ist ein großer Artenreichtum verzeichnet. Die Palette reicht von Lachs (*salmo*), Seeaal (*congr'*), Leng (*linga*), Makrele (*makarellus*) über roten und weißen Hering (*allec albe/rube*), Tümmler (*porcopiscis*), Kabeljau (*mulvellus*) bis zu Meerhecht (*haka*) und Schellfisch (*hadokus*).[136]

Der Genuß von Fleisch war durch Benedikt geregelt. Eine rege Diskussion gab es jedoch um die ›Zweifüßler‹, die in der Regel nicht ausdrücklich verboten wurden. So wundert es kaum, daß Geflügel unter Benediktinern im 12. Jahrhundert bereits allgemein anerkannt war. Die Liste von Vögeln und Geflügel in Ekkehards *Benedictiones* ist recht umfangreich. Sie reicht von Singvögeln über Hühner, Enten und Gänse bis hin zum Pfau, Schwan und Kranich.[137] Fast unglaublich hingegen erscheint die Zahl der Vierfüßler, die auf die Klostertafel kamen. Er unterschied zwischen Haustieren (z.B. Rind, Kalb, Schaf, Ziege Schwein etc.), sowie Jagd- und Wildtieren (Bär, Hirsch, Steinbock, Murmeltier, Auerochse, Wisent etc.). Der Unterschied zwischen Jagd- und Wildtier ist allerdings rein willkürlich. Ekkehard IV. ging wiederum über die banale Aufzählung der Tiere hinaus, indem er entweder besondere Fleischteile ausdrücklich hervorhob (Schulter, Flanke), die Qualität des Fleisches betonte (zart/zäh bzw. fett/mager,) oder verschiedene Zubereitungsarten würdigte (gepökelt, gekocht, gebraten, geröstet oder in Wasser gesotten).[138] Aus Jocelins Chronik geht hervor, daß die Mönche von Bury St. Edmunds noch feinere Unterschiede zu machen pflegten. Jocelin unterschied Fleisch (*carnes*) von fleischlichen Gerichten (*carnea*).[139] Innereien gekocht oder gepökelt wurden dem-

---

Das System von Byland ist ausführlich erläutert. Vgl. McDonnell, J., 1981, pp. 24–27 sowie Appendix B und C.

133 Teiche in unmittelbarer Nähe der Abtei konnten auch verheerende Folgen haben. So brach in Hailes Abbey 1337 die Schleuse eines Teiches, der sich direkt neben den Abteigebäuden befand, und flutete die Klausurgebäude. Vgl. Bond, C. J., 1988, p. 93.

134 Vgl. Bond, C. J., 1988, pp. 99ff

135 Vgl. Hammond, P. W., 1993, p. 21.

136 Vgl. *Account-Book of Beaulieu Abbey*, Nr. 80, pp. 308–313.

137 Vgl. Ekkehard IV, *Benedictiones ad mensas*, fol. 187f (pp. 289–292).

138 Ekkehard IV, *Benedictiones ad mensas*, fol. 188–190 (pp. 292–298).

139 Vgl. *Cronica Jocilini de Brakelonda*, p. 40.

nach offiziell zugelassen. Im Verlauf des 13. Jahrhunderts fanden die Mönche auch für das Fleisch eine angemessene Lösung. Es wurde ein gesonderter Raum (*misericordia*) errichtet, in dem das gegenüber der Regel irreguläre Fleisch serviert wurde. Für das eigentliche Refektorium galt die Regel Benedikts nach wie vor und wurde dort auch beobachtet.[140] Im Spätmittelalter erhielten auch Zisterzienserklöster ähnliche Räume, wie die Fleischküchen von Rievaulx und Byland Abbey belegen.

Zisterzienser und Kartäuser vertraten recht strenge Auffassungen gegenüber dem Fleischverbot. Die Kartäuser hielten dies jedoch länger durch. Denn bereits um 1180 kritisierte Nigel Wireker in seiner Satire von *Burnellus dem Esel*[141] die Scheinheiligkeit mancher Zisterzienser beim Essen.

»Sie essen Fleisch nur dann, wenn der Abt es ihnen gestattet/ Oder des Ortes Vogt kraft seiner gütigen Art./ Und weil der Vierfüßler Fleisch durch die Regel ihnen verboten,/ Deren Strenge ja nicht ihnen solch Essen erlaubt,/Wünschen sie Zweifüßler-Fleisch von Tieren, die fliegen und laufen,/ Nicht weil das besser, ach nein, weil es viel seltener ist./ Wenn sie aber das tun, so werden die Nachbarn dann niemals/ Zeugen des Rauches sein, Mitwisser solchen Geschehens;/ Ist das Fleisch verzehrt, dann siehst du keinerlei Spuren,/ Begraben liegt das Gebein, daß nicht ›Seht hier!‹ ertönt.«[142]

---

140 Barbara Harvey hat für Westminster Abbey gezeigt, daß dieser Wandel erhebliche Konsequenzen für die Gestaltung des Refektoriums hatte. Zuerst (um 1250) wurde hinter dem Refektorium ein Extraraum gebaut. Dieser grenzte mit seiner Nordwand an die südliche Wand des Refektoriums. Die Mönche nannten diesen Speiseraum *misericordia*, da hier Fleischgerichte ausgegeben wurden. In der Mitte des 14. Jahrhunderts wurde das Refektorium am Ostende unterteilt. Es entstand ein Raum der *cawagium* genannt wurde. Dieses *cawagium* diente als ein weiterer Speiseraum und erlaubte den Mönchen, fleischliche Gerichte (z.B. Innereien im Gegensatz zum Muskelfleisch) zu essen. Durch ein gut ausgeklügeltes System, das den Mönchen nach einem vorgeschriebenen Rhythmus ein bestimmtes Refektorium zuwies, bestand in Westminster nun die Möglichkeit, daß jeder Mönch in regelmäßigen Abständen, ganz offiziell, Fleisch oder fleischliche Gerichte essen konnte. Vgl. Harvey, B., 1993, pp. 38–42.
141 Zur Biographie von Nigel Wireker und zum Text siehe: J.H. Mozley/R.R. Raymo, *Introduction*, in: Nigel de Longchamps, *Speculum*, pp. 1–28.
142 »Non comedunt carnes, nisi cum permiserit abbas/Praepositusve loci de pietate sua./ Et quia quadrupedum prohibet sua regula carnes,/ Nec sinit his vesci pro gravitate sui,/ Quae volat aut currit cupiunt carnem bipedalem,/ Non quia sit melior sed quia rara magis./Cum tamen illud agunt, testis vicina fumi/ Non erit aut facti conscia facta sui./ Carnibus absumptis vestigia nulla videbis,/ Ne clament, her, her, ossa sepulta jacent.« (2127–2136) Nigel de Longchamps, *Speculum*, (2127–2136), p. 78; dt. Übers. (2125–2134), p. 73f.

Cura corporis und monastische Askese

Damit hatte er wahrscheinlich auch Recht, denn am Ende des 12. Jahrhunderts mehren sich die Beschwerden des Generalkapitels über illegalen Fleischgenuß.[143]

Die große Ausnahme im Umgang mit Fleisch ist Abaelard, der den Nonnen in Paraklet gestattete, gewöhnliches Fleisch (*vilium carnium*) zu essen, da es nahrhafter, leichter zu beschaffen und billiger sei als zum Beispiel Fisch. Er begründete dies mit der Bibel, die nirgendwo ein generelles Verbot enthält, Fleisch zu essen. Mit Seneca trat er für Mäßigung ein und verwarf die Selbstkasteiung. Abaelard wollte weder ein Versinken in Genüssen noch eine übermäßige Askese[144], denn körperliche Gesundheit – und das gilt für alle monastischen Strömungen – blieb die Voraussetzung für eine gesunde Seele.[145] Er beschränkte deshalb den Fleischgenuß auf Dienstag, Donnerstag und Sonntag. Für die oft scheinheilige Fleischabstinenz der Mönche hatte er nur Spott übrig.

»Wir essen kein Fleisch! Wirklich, ein großes Verdienst, wenn wir uns an sonstigen Speisen schadlos halten, bis wir übersatt sind! Wir lassen es uns viel kosten, Fische jeder Art zu bekommen; wir nehmen Pfeffer und anderes Gewürz, sie unserem Gaumen recht schmackhaft zu machen, und wenn wir uns mit gewöhnlichen Wein vollgetrunken, dann setzen wir Becher mit Kräuterwein und Schalen voll Würzwein noch obendrauf. Für all das haben wir vor der Welt die eine Entschuldigung: Wir essen kein Fleisch«.[146]

Eier, Milch und Käse wurden von Benedikt nicht ausdrücklich genannt, so tauchten immer wieder Unsicherheiten auf. Ekkehard IV. erwähnte nur Milch,

143 Im Jahr 1194:38 wurde vom Generalkapitel gerügt, daß Mönche mit Zustimmung des Abtes auf Grangien Fleisch aßen. Das Statut 1209:2 wiederholt, unter Berufung auf die Regel des hl. Benedikt, den Standpunkt von 1157:14, daß gesunde Mönche und Konversen kein Fleisch essen dürfen. Zum Fleischgenuß der Zisterzienser siehe Müller, G., 1906.

144 Diese Haltung findet sich auch beim Autor des *Libellus de diversis ordinibus*, der Fleisch in Maßen erlaubt, aber das Verlangen nach Essen, d.h. den Appetit sowie die besondere Zubereitung kritisierte. Vgl. *Libellus de diversis ordinibus*, pp. 38ff.

145 Vgl. Abaelard, *Epistola 7*, p. 277f. Auch in der mittelalterlichen Heilkunst trennte man die seelischen Zustände nicht von der reinen physischen Befindlichkeit. So floß in die mittelalterliche Medizin einerseits das Antike Konzept der *diaita* ein, und andererseits bemühte man sich, mit Heilmitteln die Gemütszustände zu verbessern. Das hieß, auch Musik (*musica humana*) in der Therapie anzuwenden. Vgl. Schipperges, H., 1985, pp. 140–167.

146 »Ecce si a carnibus abstineamus magnum quid nobis imputatur quantacumque superfluitate ceteris vescamur. Si multis expensis diversa piscium fercula comparemus, si piperis et specierum sapores misceamus, si cum inebriati mero fuerimus, calices herbatorum et phialas pigmentorum superaddamus. Totum id excusat vilium abstinentia carnium«. Abaelard, *Epistola 7*, p. 273f; dt. Übers. Brost (*Epistola 8*), p. 320.

Käse und (Milch-)Brei. Der Käse wurde mit Honig, Wein und Pfeffer gewürzt.[147] In Cluny dienten diese Speisen zur Kräftigung der Kranken und derjenigen, die zur Ader gelassen wurden.[148] Sie waren außerdem Bestandteil der Pitanzen. Daß man Eier abwechslungsreich zuzubereiten verstand, läßt sich aus Bernhards *Apologia* ersehen.

»Wer könnte denn aufzählen, auf wieviele Arten allein die Eier (um von anderen Speisen zu schweigen) gewendet und in die Pfanne geschlagen werden, mit welcher Sorgfalt sie umgewendet und gedreht werden, wie sie als Rühreier oder hartgekocht und zerhackt serviert werden, wie sie bald gebraten, bald geröstet, dann wieder gefüllt, jetzt mit anderen Speisen vermischt und ein anderes Mal allein auf den Tisch gebracht werden?«[149]

Butter, Milch und Honig wurden im allgemeinen seltener zu Mahlzeiten gereicht.[150] Honig fand nicht nur bei der Metherstellung Verwendung, sondern war auch der bedeutendste Süßstoff im Mittelalter.

Ein weiterer Hauptbestandteil der klösterlichen Nahrung waren die Hülsenfrüchte (*legumina*) und Gemüse (*olera*) bzw. frisches Gemüse (*nascentia leguminum*). Ekkehard IV. listete u.a. Bohnen, Erbsen, Linsen und Hirse.[151] Idung von Prüfening betonte unter Berufung auf die hl. Basilius, Columbanus, Hieronymus und Cassianus Bohnen und Gemüse, weil beides leicht zuzubereiten und zu beschaffen war.[152] In Beaulieu Abbey war der Hofmeister (*curtillagius*) für den Gemüsegarten und die Versorgung mit Bohnen zuständig.[153] Der Gärtner (*gardinarius*) kümmerte sich indessen um die Obstbäume.[154]

---

147 Vgl. Ekkehard IV, *Benedictiones ad mensas*, fol. 190f (pp. 298–301).
148 Vgl. Zimmermann, G., 1973, p. 59 und p. 493 (Quellen V/59).
149 »Quis enim dicere sufficit, quot modis, ut cetera taceam, sola ova versantur et vexantur, quanto studio evertuntur, subvertuntur, liquantur, durantur, diminuuntur, et nunc quidem frixa, nunc assa, nunc farsa, nunc mixtim, nunc singillatim apponuntur?« Bernhard von Clairvaux, *Apologia* IX.20, SW II, p. 180 [SBO III, p. 98].
150 Butter (*bytrum*) wird bei Canivez in den Statuten (I) des Jahres 1157:33 erwähnt. Honig und Milch nennen die *Ecclesiastica Officia* (84,14–15) im Kapitel über die Erntezeit. Milch konnte gekocht (*coctum*) oder frisch (*crudum*) gereicht werden. Honig durfte nur auf Weisung des Abtes ausgegeben werden, es sei denn, er war im Überfluß (*abundantia*) vorhanden.
151 Vgl. Ekkehard IV, *Benedictiones ad mensas*, fol. 191f (pp. 302–304).
152 Vgl. Idung von Prüfening, *Dialogus duorum monachorum* III,20.
153 Vgl. *Account-Book of Beaulieu Abbey*, Nr. 42/43, pp. 192–194.
154 Vgl. *Account-Book of Beaulieu Abbey*, Nr. 58, pp. 237–239.

Cura corporis und monastische Askese

Das Obst erscheint bei Ekkehard IV. unter der Rubrik der Baumfrüchte. Diese reichen von Äpfeln, Birnen, Kirschen und Pflaumen über Zitrusfrüchte bis hin zu Pfirsichen Feigen, Datteln und Nüssen.[155]

Zu den wichtigsten Getränken der Mönche jener Zeit zählten Wein, Bier und Cider, seltener gab es Met. Je nach geographischer Lage oder finanziellen Möglichkeiten wurde Bier oder Wein bevorzugt, wobei Bier nie ein Streitfall gewesen ist.[156] Die Getränkeliste von Ekkehard IV. ist recht ansehnlich und reicht von den minderen Getränken (Obstsaft, Most und Honigwein) über verschiedene Weinsorten (alt/jung oder gemischt/ungemischt) bis hin zum Würzwein.[157]

Die *Ecclesiastica Officia* enthalten den Hinweis, daß die Zisterzienser den Wein prinzipiell mit Wasser mischten.[158] Dies galt ebenso für die Mönche auf Reisen.[159] Allerdings stellten sich auch hier Schwierigkeiten ein. So heißt es in einem Beschluß des Generalkapitels von 1181:

»Man muß doch sehr erröten, weil gesagt wird, gewisse Mönche hätten, um Wein zu kaufen, sich schwere Schulden eingehandelt wie jene von Scala-nova, die wir den Väteräbten zur Bestrafung überlassen.«[160]

Würzweine (*claretum, pigmentum*) und Kräuterweine (*herbatum*) entwickelten sich zu einer Spezialität und dienten nicht nur den Kranken als Trunk zur Genesung.[161] Wie der Umfang der Speisen durch Generalia und Pitanzen erweitert wurde, so bürgerten sich auch neue Trinkgewohnheiten ein, die das tägliche Maß an Flüssigkeit vergrößern halfen. Die Cluniazenser entwickelten

155 Vgl. Ekkehard IV, *Benedictiones ad mensas*, fol. 192f (pp. 305–308).
156 Vgl. Zimmermann, G., 1973, p. 70f.
157 Vgl. Ekkehard IV, *Benedictiones ad mensas*, fol. 194–197 (pp. 310–315).
158 Vgl. *Ecclesiastica Officia* 83,38. Es ist allerdings bemerkenswert, daß an den übrigen Stellen nie von Wasser die Rede ist. Im Kapitel *De mixto* (73,9–10) wird nur das Maß (*mensura*) bestimmt und die Gefäße festgelegt, worauf das Brot (*archam*) bzw. worin der Wein (*vasa*) zu servieren sind. Das Kapitel *De labore* (75,39) nennt nur Brot, Wein, Proviant und dergleichen (*panem vel vinum vel annonam vel cetera huiusmodi*). In den Bestimmungen des Kellermeisters (117,7) tauchen auch nur Brot (*panem*), Wein (*vinum*) und Most (?) (*siceram*) auf. Ähnlich ist es bei den Anweisungen für den Refectorarius. Dort heißt es (118,2–3), daß auf die Tische Servietten (*mappulas*), Löffel (*coclearia*), Brot (*panem*), Wein (*vinum*) und Most? (*siceram*) gestellt werden sollen.
159 Vgl. Turk, J., *Cistercii Statuta Antiquissima* (53) XIIII, p. 24 u. Canivez, *Statuta* I, 1194:11.
160 »Erubescendum est nimis quod dicitur, quosdam pro vino emendo gravia debita contraxisse, sicut illos de Scala-nova quos patribus abbatibus relinquimus puniendos.« Canivez, *Statuta* I, 1181:7.
161 Über den Wein als Heilmittel bestand eine große Einmütigkeit. Vgl. Zimmermann, Gerd, 1973, p. 69f und p. 517f (Quellen V/131–133).

eine ausgefeilte Trinkordnung. Hier wurde zwischen dem täglichen Maß, daß die Regel jedem sicherte (*iustitia*) und einem zusätzlichen Trunk, der unter Beachtung bestimmter Zeremonien eingenommen wurde (*per caritatem*), unterschieden. Es gab hierfür auch einen besonderen Becher (*scyphus*), der meist mit einem Deckel versehen war. Dieses *Caritas*-Trinken war nur bei den Cluniazensern üblich. Der Anlässe gab es genug: wenn es zu heiß war, wenn ein Bruder verstorben war, wenn die Zeit zwischen Abendessen und *Collatio* zu groß wurde oder wenn Abt bzw. Prior von einer Reise zurückkehrten oder wieder aus dem Krankensaal entlassen wurden. Der *Caritas*-Trunk kann in Analogie zu den Pitanzen gesehen werden. Mit ihm wurde das tägliche Maß an Flüssigkeit erweitert. Die Zisterzienser hingegen gaben bei ihren Umtrünken zur Non und zur Vesper immer von der *Iustitia*.[162]

Die englischen Zisterzienser tranken vornehmlich Ale, da guter Wein kaum noch gedieh und als Importgut teuer war. Ale war aber nicht gleich Ale. Im Rechnungsbuch von Beaulieu Abbey wurden drei verschiedene Sorten unterschieden: das gute Bier (*cervisie bone*), gemischtes Bier oder *lag* (*cervisie secunde*) und *Wilkin le Naket* (*cervisie tercie*). Das gute Bier gab es für die Mönche und Konversen im Refektorium. Aber auch bestimmten Handwerkern (Zimmermann, Klempnermeister) und Offizialen stand es zu. Gemischtes Bier wurde oft für die Kranken und die Konversen auf den Grangien ausgeschenkt. Die dritte Sorte ist wegen ihrer Schwäche und Nutzlosigkeit (*pro debilitate et inutilitate*) gar nicht erst gezählt worden. Dieses Bier war für die Armen bestimmt. Für das Brauhaus (*bracinum*) war interessanterweise ein Mönch und nicht ein Konverse verantwortlich. In Westminster Abbey gab es eine besondere Ration für den Vorsänger (*praecentor*), wenn ein längerer Gottesdienst zu feiern war. Im Rechnungsbuch findet sich auch Wein verzeichnet. Dieser war einerseits als Meßwein für die Sakristei bestimmt und andererseits für den Gästemeister, wenn der Abt hohen Besuch erhielt.[163]

De gustibus est disputandum

Gaumenfreuden, so könnte man meinen, wären nichts für Mönche, schon gar nichts für Reformmönche gewesen, sondern nur an bischöflichen Tafeln zu finden, denn Bischöfe repräsentierten bei Tisch ihren Status und orientierten sich an den Gepflogenheiten weltlicher hochherrschaftlicher Tafeln.

---

162 Vgl. Zimmermann, Gerd, 1973, pp. 42ff u. p. 251f (Quellen I/24,25).
163 Vgl. *Account-Book of Beaulieu Abbey*, Nr. 56/57, pp. 228–237; für Westminster: Harvey, B., 1993, p. 58.

Cura corporis und monastische Askese

Daß im Kloster auch fähige Köche zu Hause waren, hatte nicht nur Gerald von Wales bei seinem Besuch in Canterbury erfahren.[164] Mönche wußten nicht allein eine Abwechslung im Speiseplan zu schätzen, sondern auch die Vielfalt der verschiedenen Zubereitungsarten sowie die Verfeinerung der Speisen mit Gewürzen. Kurzum, sie erlagen oft den Annehmlichkeiten einer guten *ars coquendi*, über deren Sinn und Zweck allerdings heftigst gestritten wurde. Selbst der hl. Bernhard war sich sehr wohl der Talente eines guten *chef de cuisine* bewußt, wenngleich er daraus andere Schlußfolgerungen zog. Er schrieb:

»Alles wird nämlich mit solcher Akkuratesse und Kochkunst zubereitet, daß die ersten Gänge die letzten nicht stören und die Sättigung den Appetit nicht mindert, selbst wenn du schon vier oder fünf Gerichte hinuntergeschlungen hast. Während der Gaumen durch neue Würzen verführt wird, gewöhnt er sich allmählich, sich der bekannten Speisen gänzlich zu entwöhnen, und durch Saucen fremder Herkunft fühlt er die Eßlust neu aufleben, als hätte er noch nichts gegessen. [...] Und während auf mannigfache Weise eines mit dem anderen vermengt wird, während der natürliche Geschmack, wie Gott ihn den Dingen gegeben hat, verachtet und die Gurgel durch allerlei nachgemachte Würzen gereizt wird, überschreitet man ohne Zweifel die Grenze der natürlichen Bedürfnisse. Aber das Verlangen ist noch nicht gestillt. [...] Ferner läßt man die Beschaffenheit der Speisen selbst so fremd erscheinen, daß sie beim Anblick nicht weniger als beim Schmecken erfreuen. Und wenn auch der Magen schon durch wiederholtes Rülpsen anzeigt, daß er voll ist, bleibt doch noch immer die Neugierde ungestillt. Während aber die Augen durch die Farben und der Gaumen durch den Geschmack gereizt werden, wird der arme Magen, dem weder die Farben leuchten noch die

---

164 Bereits in Novizenspiegeln wie z.B. dem von Hugo von St. Viktor wird unfreiwilligerweise ein Einblick in die Grundtechniken der Kochkunst gegeben. Der Novize sollte beim Essen auf dreierlei achtgeben, erstens auf das, was er ißt, zweitens darauf, wieviel er ißt, und drittens, in welcher Weise er ißt. Schon im ersten Abschnitt wird der Novize vor solchen Mönchen gewarnt, die einen abergläubischen Eifer beim Kochen entwickeln und unzählige Arten zu garen, braten und würzen ersinnen, weich, hart, kalt, heiß, gekocht, gebraten, mit Pfeffer, Knoblauch, Kreuzkümmel oder mit Salz gewürzt, gemäß der Sitte der schwangeren Frauen (*Alii superstitiosum nimis in preparandis cibis studium adhibent, infinita decoctionum et frixurarum et condimentorum genera excogitantes, modo mollia, modo dura, modo frigida, modo calida, modo cocta, modo assa, modo pipere, modo allio, modo cimino, modo sale condita secundum consuetudinem pregnantium mulierum desiderantes*). Hugo von St. Victor, *De institutione novitiorum* 19, p. 96.

Wohlgerüche schmeicheln, mehr durch den Druck beschwert als gestärkt.«[165]

Bernhard formulierte hier kurz und bündig die Quintessenz mittelalterlicher Kochkunst. Ein kluger Koch servierte die Gänge so, daß der Appetit erhalten blieb, überdeckte mit Gewürzen den Eigengeschmack und trug der Tatsache Rechnung, daß das Auge mitißt. So wurden die Speisen auf unterschiedliche Art und Weise zubereitet, imitiert, eingefärbt, verfremdet oder kunstvoll drapiert. Letzteres beschrieb Papst Innozenz III. (1198–1216) mit philosophischer Spitzfindigkeit.

»Gewürze werden begehrt und Duftstoffe beschafft, Mastgeflügel wird wegen der Speise gefüttert und gefangen gehalten. Dieses wird durch die Kunst der Köche sorgfältig zubereitet und durch den Dienst der Diener köstlich angerichtet. Der eine zerstößt und seiht durch, der andere vermischt und verfertigt. Man wandelt die Substanz in das Akzidens und tauscht Natur gegen Kunst, damit die Übersättigung in den Hunger übergeht und der Überdruß den Appetit zurückruft, um den Gaumen zu kitzeln, nicht um die Körperkräfte zu unterhalten, nicht um die Bedürfnisse zu erfüllen, sondern um die Begierde zu befriedigen.«[166]

Bernhard und Innozenz polemisierten ausgerechnet gegen das, was die mittelalterliche Kochkunst auszeichnete, nämlich die Fähigkeit, Speisen in jeder Hinsicht kunstvoll zu verwandeln. Während Bernhards moralische Kritik das

165 »Tanta quippe accuratione et arte coquorum cuncta apparantur, quatenus, quatuor aut quinque ferculis devoratis, prima non impediant novissima, nec satietas minuat appetitum. Palatum quippe, dum novellis seducitur condimentis, paulatim disuescere cognita, et ad succos extraneos, veluti adhuc ieiunum, avide renovatur in desideria. [...] dum alia aliis multifarie permiscentur, et spretis naturalibus, quos Deus indidit rebus, quibusdam adulterinis gula provocatur saporibus, transitur nimirum meta necessitatis, sed necdum delectatio superatur. [...] Ipsa deinde qualitas rerum talis deforis apparere curatur, ut non minus aspectus quam gustus delectetur, et cum iam stomachus crebris ructibus repletum se indicet, necdum tamen curiositas satiatur. Sed dum oculi coloribus, palatum saporibus illiciuntur, infelix stomachus, cui nec colores lucent, nec sapores demulcent, dum omnia suscipere cogitur, oppressus magis obruitur quam reficitur.« Bernhard von Clairvaux, *Apologia* IX.20, SW II, p. 178f [SBO III, p. 97f].

166 »sed quaeruntur pigmenta, comparantur [*al.* operantur] aromata, nutriuntur altilia, capiuntur ob escam, quae studiose coquuntur arte coquorum, quae laute parantur officio ministrorum. Alius contundit et colat, alius confundit et conficit, substantiam convertit in accidens, naturam mutat in artem, ut saturitas transeat in esuriem, ut fastidium revocet appetitum, ad irritandum gulam, non ad sustentandam naturam, non ad necessitatem supplendam, sed ad aviditatem explendam.« Innozenz III, *De contemptu mundi* 17 (*De gula*) PL 217 c. 723.

Cura corporis und monastische Askese

sinnlich Erfahrbare und damit das für jeden leicht Nachvollziehbare hervorhob, wurde Innozenz theologisch grundsätzlicher. Für ihn ist es nicht nur eine optische Täuschung, sondern eine Verwandlung im Wesen. Damit stellte er unfreiwillig sowohl einen Bezug zur theologischen Debatte um die Transsubstantiation[167] als auch zu alchimistischen Theorien der Transmutation her. Der letztere Aspekt ist nun auch für die Klöster interessant gewesen. So läßt sich die Verwandlung des Schweins in Fisch in der Fastenzeit mit dem Begriffspaar Urstoff und Form durchaus plausibel erklären.

>Das Schweinefleisch wird durch das Kochen zum Urstoff – der Materia Prima der Alchimisten – zurückgeführt. Dabei verändert sich durch die Einwirkung des Feuers die Form, wie die Farbänderung anzeigt; das Fleisch erhält eine weißliche Farbe, die an die des Fleisches gekochter Fische erinnert. Wird dann noch entsprechend gewürzt, hat die >Transmutation< stattgefunden, wie durch die Sinne erfahrbar ist.<[168]

Es wundert deshalb nicht, wenn Paracelsus im ausgehenden Mittelalter den Alchimisten mit dem Bäcker oder dem Winzer verglich.[169]

Bernhards moralischer Appell hingegen wurzelt in der monastischen Theologie und in der subjektiven Erfahrung eines Wechsels von Essen und Fasten. Sein Ideal war der hl. Antonius, und der aß nach Athanasius, seinem Biographen, nur Brot und Salz und trank Wasser.[170] Bernhard fürchtete, ganz in der Tradition Benedikts, den Müßiggang (*otium*) und ein Entflammen der Begierde (*libidinem accendere*), die schließlich zum Überdruß führen (*fastidium*).

167 Obwohl die reale Wandlung von Wein und Hostie in das Blut und den Leib Christi bereits im 11. Jahrhundert dogmatisiert wurde, blieb die Transubstantiation unter den Gelehrten noch längere Zeit umstritten.
168 Gebelein, H., 1987, p. 185.
169 »Denn sie [die Natur] bringt nichts an den Tag, das für sich selbst vollendet wäre, sondern der Mensch muß es vollenden. Diese Vollendung heißt Alchimia. Denn der Alchimist gleicht dem Bäcker darin, daß er Brot bäckt, dem Winzer darin, daß er Wein macht [...]. Der also, der das, was in der Natur dem Menschen zunutze wächst, dahin bringt, wozu es von der Natur bestimmt wurde, ist der Alchimist.« Paracelsus, SW I, p. 381.
170 »Seine Nahrung bestand aus Brot und Salz, und sein einziges Getränk war Wasser. Von Fleisch und Wein auch nur zu reden ist überflüssig, da man ja so etwas nicht einmal bei den anderen strengen Christen fand (*Cibus illi panis cum sale: et aqua sola, potus. Carnium enim et vini meminisse supervacaneum fuerit, cum nec apud alios strenuos ascetas ejusmodi quidpiam repertitur.*)« Athanasius, *Vita Antonii* 7, PG 26, c. 851 u. 854; dt. Übers. p. 33. Die griechische Textausgabe enthält die lateinische Version als Paralleltext. Da Bernhard nur einen lateinischen Text der Vita benutzt haben kann, habe ich diesen hier in Klammern zitiert.

»Wein und Weißbrot, Met und Fett kämpfen auf der Seite des Leibes, nicht der Seele. Durch Gebratenes wird nicht die Seele gemästet, sondern das Fleisch. Viele Brüder dienten Gott in Ägypten lange Zeit ohne Fische. Pfeffer, Ingwer, Kümmel, Salbei und tausend ähnliche Arten von Fischsaucen schmecken natürlich dem Gaumen, entzünden jedoch die Begierde.«[171]

Hunger aber, hervorgerufen durch Arbeit, sollte die karge Speise zu einem Festschmaus werden lassen.

»Gemüse, Bohnen, Grütze und grobes Brot zusammen mit Wasser rufen beim Nichtstun Überdruß hervor, nach der Arbeit aber erscheinen sie als große Leckerbissen.«[172]

Die entflammende Begierde kennt kein Maß. Wer einmal auf den Geschmack gekommen ist, möchte noch mehr. Das bedeutet jedoch, daß der neue Reiz stärker sein muß als der alte, und genau darin sah Bernhard das große Problem. Denn je mehr die sinnlichen Genüsse gesteigert wurden, desto dekadenter wurden Verstand und Wille, desto träger wurde der Körper. Diese vektorielle Entwicklung, an deren Ende Überdruß und Müßiggang stehen, läßt sich nur durch einen moderaten Zyklus von Fasten, normaler Speise bzw. Festtagsessen durchbrechen. Dem Hungernden und Arbeitenden schmeckt nicht nur eine einfache Speise besser, sondern er weiß sie auch anders zu schätzen und zu erfahren. Schließlich korrespondierte der Zyklus von Fasten und Festen mit dem liturgischen Kalender. Somit unterstützte die physische Erfahrung die spirituelle.

Hinsichtlich der Genußsteigerung war in monastischen Kreisen der Gebrauch von Gewürzen heiß umkämpft. Insbesondere das Reformmönchtum versuchte, hierin moderate Maßstäbe zu setzen. Dies hatte im wesentlichen zwei Gründe. Zum einen waren Gewürze, speziell die, die über den Fernhandel das Kloster erreichten, verhältnismäßig teuer und stellten für andere ein unübersehbares Zeichen von Luxus und Reichtum dar. Konsequenterweise

---

171 »Vinum et similia, mulsum et pinguia corpori militant, non spiritui. Frixuris non anima saginatur, sed caro. Multi in Aegypto fratres, multo tempore Deo sine piscibus servierunt. Piper, gingiber, cuminum, salvia, et mille huiusmodi species salsamentorum, palatum quidem delectant, sed libidinem accendunt.« Bernhard von Clairvaux, *Epistola* 1,11, SW II, p. 258 [SBO VII, p. 9].

172 »Olus, faba, pultes panisque cibarius cum aqua, quiescenti quidem fastidio sunt, sed exercitato magnae videntur deliciae.« Bernhard von Clairvaux, *Epistola* 1,12, SW II, p. 260 [SBO VII, p. 10].

Cura corporis und monastische Askese

untersagte dann auch das Generalkapitel der Zisterzienser Gewürze, die nicht auf einheimischem Boden gewachsen waren.[173] Das Verbot wurde aber nicht überall eingehalten. Die Eintragungen im Rechnungsbuch der englischen Zisterze Beaulieu zeigen dennoch, daß die Mönche nicht besonders extravagant waren. Unter der Rubrik der *minor camera* finden sich Mandeln (*amigdala*), Pfeffer (*piper*), Kreuzkümmel (*ciminum*), Ingwer (*gingiber*), alexandrinischer Zucker (*zucherum alexandrinum*) sowie Lakritz/Süßholzwurzel (*liquiriccia* und *citowalla/zedoary*). Salz und Honig werden in anderen Zusammenhängen ebenfalls erwähnt.[174] Da im Mittelalter den Gewürzen eine medizinische Bedeutung beigemessen wurde, wundert es nicht, wenn in der Rubrik für das Infirmarium Gewürze wie Mandeln, Pfeffer, Kreuzkümmel, alexandrinischer Zucker und Lakritze wieder auftauchen.[175]

Der zweite Grund bezieht sich auf den sinnlichen Genuß beim Essen. Die Gewürze steigerten die Gaumenfreuden (*gustus oblectamenta*). Dies gilt nicht nur für die Speisen, sondern auch für die Getränke. So spottete Abaelard:

»Es ist ja allgemein bekannt, daß in der heutigen Zeit Kleriker und Mönche für ihren Weinkeller den größten Eifer zeigen, mit den verschiedenen Weinsorten ihn zu füllen, und mit Kräutern, Honig oder Gewürzen den Wein zu versetzen. Sich zu berauschen ist bequemer, wenn die Mischung so recht angenehm die Kehle hinabgleitet, und wer sich mit Wein erhitzt, schürt zugleich das Feuer der Sinnlichkeit. Soll man von Verwirrung reden oder von Wahnsinn? [...] Wir lassen Gaumen und Augen auf ihre Kosten kommen; für den Gaumen mischen wir den Wein mit Honig, Kräutern oder Würzwerk, für das Auge kredenzen wir ihn in Trinkschalen.«[176]

173 »In conuentu generaliter nec pipere nec cymino nec huiusmodi speciebus utimur, sed communibus herbis, quales terra nostra producit« (Turk, J., *Cistercii Statuta Antiquissima* (65) XXVII, p.25). Idung von Prüfening weist im *Dialogus duorum monachorum* (III,22) wiederholt auf die Gaumenfreuden hin, sowie den verführerischen Geruch (*quibus gustus et olfactus vester oblectatur in refectorio*) und daß solch ein Genuß einem Mönch nicht zukommt, ausgenommen den Kranken.
174 Vgl. *Account-Book of Beaulieu Abbey*, Nr. 63/64, pp. 247–253.
175 Vgl. *Account-Book of Beaulieu Abbey*, Nr. 65/66, pp. 253–256.
176 »Quis namque ignoret quantum in hoc tempore clericorum praecipue vel monachorum studium circa cellaria versetur ut ea scilicet diversis generibus vini repleant? Herbis illud melle et speciebus condiant ut tanto facilius se inebrient quanto delectabilius potent. Et tanto se magis ad libidinem incitent quanto amplius vino aestuent? Quis hic non tam error quam furor? [...] ut tam gustu ejus quam visu oblectemur, cum illud melle herbis vel speciebus diversis condierimus phialis etiam ipsum propinari volumus?« Abaelard, *Epistola* 7, p. 272 u. p. 273; dt. Übers. Brost (*Epistola* 8), p. 317f u. p. 319.

Aus diesen Sätzen wird deutlich, warum Abaelard den Nonnen in Paraklet den Wein versagte. Sich am Wein zu berauschen und ein Feuer der Sinnlichkeit zu entfachen galt gerade für Frauen als große Sünde. Selbstbeherrschung und die Disziplin waren durch den Alkohol in starkem Maße gefährdet. Allerdings stand Abaelard mit seinem Weinverbot allein auf weiter Flur.

In ähnlicher Weise kritisierte Gerald von Wales bei seinem Besuch in Canterbury den Überfluß an Getränken und deren viele Sorten: Würzwein (*pigmentum*), Claret (*claretum*), Most (*mustum*), Met (*medo*) und Maulberwein (*moretum*). Daß unter den Getränken nicht einmal das beste Bier, welches ausgerechnet in Kent gebraut wurde, aufzufinden war, wohl weil die Mönche es nicht als standesgemäß erachteten, hat ihn besonders geärgert. Und er fragte sich:

> »Was würde wohl Paulus der Eremit, was Antonius, was der Vater und Lehrmeister des klösterlichen Lebens, Benedikt, dazu sagen? [...] Was würde unser Hieronymus sagen, der im *Leben der Väter* die Sparsamkeit, Enthaltsamkeit und Bescheidenheit der Urkirche so hoch preist und ebendort unter anderem sagt, daß die Kirche, wenn sie an Besitz wuchs, viel an Tugend eingebüßt hat.«[177]

Als *superfluus et sumptuosus*, überflüssig und verschwenderisch, brandmarkte Gerald diese Art zu leben. Er verwendete hier nicht nur dieselben Worte, mit denen das Generalkapitel der Zisterzienser die gestalterischen Eskapaden einzelner Klöster verurteilte, sondern berief sich auch auf dieselbe Tradition wie der hl. Bernhard. Dieser rügte den übermäßigen Weingenuß in Cluny, obwohl er den Wein als solchen nicht gänzlich ablehnte. Der Abt von Clairvaux war sich mit seinen Zeitgenossen darin einig, daß Wein gut für den Magen ist und als Arznei durchaus verwendet werden sollte, aber in Maßen (*modico*).[178] Was seinem Askeseideal widersprach, waren die vielen Weinsorten, die sich eingebürgert hatten, daß die stärksten Weine den Vorzug erhielten und nicht mehr mit Wasser gemischt wurden, daß der Wein für die Feiertage auf besondere Art und Weise zubereitet, mit Gewürzen oder Honig versetzt und

---

177 »Quid autem ad haec Paulus eremita diceret? Quid Antonius? Quid monasticae vitae pater et institutor Benedictus? [...] quid noster Jeronimus, qui in *Vitas Patrum* primitivae ecclesiae parsimoniam et abstinentiam atque modestiam tantis laudibus effert; dicens ibidem inter caetera, ecclesiam quidem, ex quo crevit possessionibus, multum decrevisse virtutibus.« Gerald von Wales, *De rebus a se gestis* II,5, RS 21,1, p. 52.

178 Vgl. dazu: Hildegard von Bingen, *Causae et curae*, Kap. »Von der Ernährung und Verdauung« p. 193.

schließlich mit Ergötzen (*delectabilius*) die Kehle hinuntergegossen wurde. Aber Bernhard sah auch die Folgen, die übermäßiges Weintrinken hervorzubringen vermochte. Beim Chorgesang war wohl manche Stimme der Gotteslästerung sehr nahe.

»Wenn dann aber die Adern mit Wein bis zum Bersten gefüllt sind, wenn der ganze Kopf dröhnt und man sich in diesem Zustand vom Mahl erhebt, was will man anderes als schlafen? Wenn du aber einen Mönch zwingst, in diesem elenden Zustand zur Vigil aufzustehen, wirst du keinen Gesang, sondern eher Wehgeschrei aus ihm herausbringen.«[179]

Gemessen an der großen Zahl von Abteien blieb der klösterliche Speiseplan im 12. Jahrhundert bescheiden.[180] Es gab natürlich auch immer wieder Anstrengungen, die Mißstände einzudämmen oder gar abzustellen. Dies war nicht immer einfach, wie die Bemühungen von Petrus Venerabilis zeigen. Er beabsichtigte, mit seinen Statuten einige Auswüchse zu korrigieren. Gewohnheiten wieder zurückzusetzen, ist schon immer schwierig gewesen.

Die Hebung des Lebensstandards in den Klöstern ist von Gerd Zimmermann auch als »Aristokratisierung« bezeichnet worden. Vor einem aber sollte man sich hüten: Eine Verbesserung der Lebensverhältnisse ging nicht automatisch mit einer Verschlechterung der Disziplin einher.[181] So argumentierte auch der Autor des *Libellus de diversis ordinis*. Eine jede Kirche möge die alten Dinge bewahren, sie dem Ort und der Zeit anpassen. Sie möge neue Dinge so

---

179 »Sed cum venae vino fuerint ingurgitatae, toto in capite palpitantes, sic surgenti a mensa quid aliud libet, nisi dormire? Si autem ad vigilias indigestum surgere cogis, non cantum, sed planctum potius extorquebis.« Bernhard von Clairvaux, *Apologia* IX.21, SW II, p. 182 [SBO III, p. 99].

180 Ein Indiz dafür sind auch die diesbezüglichen Disziplinverstöße, die im Register des Lord Erzbischofs Wilhelm Wickwane aufgezeichnet wurden. Sie sind ein Ergebnis seiner Visitationsreisen zwischen 1279 und 1285. Interessanterweise war in den großen Benediktinerabteien wie St. Mary's Abbey, York und Whitby Abbey nichts zu bemängeln. Unser Thema betreffend kritisierte Wickwane das Herumwandern der Kanoniker von Newburgh im Kreuzgang nach der Komplet, die sich zu dieser Stunde auf der Suche nach Essen und Trinken befanden. Ähnliches wurde von Healaugh Park berichtet. Vgl. Burton, J., 1994, pp. 180–186; Brown, W., 1907, p. 55f (Newburgh), pp. 130ff (Heaulaugh Park).

181 Barbara Harvey hat am Beispiel von Westminster gezeigt, daß der Konvent im Spätmittelalter, als er sich zu einem großen Teil aus den wohlhabenderen Kreisen der Gesellschaft zusammensetzte, im Vergleich zur weltlichen Aristokratie relativ bescheiden lebte. Harvey unterschied in ihrer Darstellung bewußt die Mönche, die gemeinsam essen, schlafen und beten von den klösterlichen Funktionären, die besondere Privilegien genossen. Vgl. Harvey, B., 1993, pp. 77–81.

begründen, daß die alte Autorität der Väter nicht durch Neuheiten verletzt wird.[182]

Zwei Dinge sind abschließend festzuhalten: Zum einen, die Kritik an Essen und Trinken war zugleich eine Kritik der Wahrnehmung. Die psychologische Wirkung von Farben, die geschmackliche Verfeinerung durch Gewürze, die Art der Zubereitung wurden thematisiert, inklusive der verschiedenen Konsistenzen. Aber auch die Präsentation spielte eine zentrale Rolle. Der einzige Sinn, der hier explizit nicht angesprochen wurde, ist der Gehörsinn. Aber auch dieser kam vor, denn während der Mahlzeit fand eine Lesung geistlicher Texte statt. Bernhards Kritik weist in mehrere Richtungen. Erstens die Kochkunst ging über die pure Nahrungsaufnahme hinaus. Sie sollte den Genuß steigern. Gewürze dienten dazu, den Eigengeschmack zu überdecken. Zweitens wurden dadurch neuer Appetit geweckt und die Grenze der natürlichen Bedürfnisse überschritten. Schließlich stimulierte ein guter Koch auch Neugier auf neue Varianten und das Verlangen nach immer Raffinierterem. *Summa summarum*, was Bernhard hier kritisierte, ist die *quinta essentia* mittelalterlicher Küche, die in den sogenannten Schaugerichten kulminierte. Dies führte dann bis zur Alchimie, weil in der Interpretation pfiffiger Geistlicher die Veränderung von Nahrungsmitteln durch Garen, Braten, Kochen, durch Gewürze bzw. spätere Verformung der Ausgangsmaterie als Transubstantiation derselben erklärt werden konnte. Bernhards Polemik gründet außerdem in der Verachtung der sogenannten niederen Sinne, also Tast-, Geschmacks-, und Geruchsinn. Interessanterweise wurden genau jene Sinne, wie später noch zu sehen ist, in den Fegefeuerdarstellungen und Jenseitsvisionen didaktisch bedeutsam.

Zum anderen, ästhetische Kritik reflektierte ethische Normen und war zugleich Sozialkritik. Lebensmittel galten im Mittelalter als Statussymbol und trugen Zeichencharakter. Die sozialen Codierungen entschieden über *necessitas* oder *superfluitas*, über *humilitas, temperantia* oder *curiositas*. Für das benediktinische Mönchtum hatte dies mehrfache Konsequenzen: Erstens: Benedikts Diät aus Wein, Brot und Gemüse sowie die Vorschrift, bei allem das Maß zu halten, entsprachen biblischer und mediterraner Tradition. Im nördlichen Europa galten andere Sitten, so daß Benedikts Forderung für die Adligen im Kloster ein Bruch mit dem geltenden Normen- und Wertesystem bedeutete. Der symbolischen Umwertung entsprach ein realer Verzicht auf ästhetische Erlebnisse. Zweitens galten Mönche als *pauperes Christi*. Die freiwillige

---

182 »Vnde oportet unamquamque aecclesiam ita uetera custodire ut pro loco et tempore laxentur, et ita noua condere, ut ex nouitate antiqua patrum auctoritas non uioletur.« *Libellus de diversis ordinibus*, p. 36.

Cura corporis und monastische Askese

Armut, d.h. der freiwillige Verzicht auf Wohlstand des einzelnen, sicherte nicht nur die soziale Anerkennung der Korporation, sondern bürgte zugleich für die Wirkkraft ihrer Gebete. Demonstrative Scheinheiligkeit war ein eklatanter Fall von Hoffart. Drittens: Die Verwendung von exotischen Gewürzen, die Einfärbung von Speisen sowie die Schaugerichte appellierten an jene Sinne, die der Mönch zuerst unter Kontrolle zu bringen hatte. Außerdem widersprach eine derartige Aufbereitung Gottes Ordnung. Viertens: Der gesellschaftlichen Hierarchie der Nahrungsmittel entsprach eine innerklösterliche. Je nach Rang gab es qualitative wie quantitative Unterschiede. Fünftens: Qualität und Quantität variierten auch hinsichtlich der physischen Verfaßtheit der Mönche und der liturgischen Zeit. Kranke bekamen bessere Kost, was später dazu führte, daß sich das Infirmarium bei einigen Mönchen größerer Beliebtheit erfreute als die Kirche. Gemäß dem liturgischen Rhythmus gab es nicht nur einen physiologisch bedeutsamen Wechsel von Fasten und Festessen, sondern auch eine stetige Häufung von ursprünglichen Ausnahmen: den Pitanzen und dem *Caritas*-Trunk. Sie bedeuteten vor allem eine qualitative Steigerung der Ernährung und damit eine Hebung des Lebensstandards.

Das Verhalten bei Tisch

Petrus Alfonsi († 1113) beschrieb in seinem kleinen Büchlein *Disciplina clericalis* allgemein geltende Tischsitten seiner Zeit. Der jüdische Arzt und Gelehrte, der im Alter von 44 Jahren zum Christentum konvertierte, verfaßte seine Lebensweisheiten primär für ein städtisches Publikum. Im Exempel XXVI heißt es:

»Wenn du die Hände vor dem Essen gewaschen hast, darfst du außer den Speisen nichts mehr berühren, solange das Mahl dauert. Du sollst kein Brot essen, bevor die anderen Gerichte auf den Tisch kommen, damit du nicht als unbeherrscht giltst. Nimm nicht einen so großen Bissen auf einmal in deinen Mund, daß dir die Stücke zu beiden Seiten herunterfallen, damit du nicht als Freßsack angesehen wirst! Schlucke den Bissen nicht herunter, bevor du ihn in deinem Munde gut gekaut hast, damit du nicht erstickst! Trinke erst dann, wenn du den Mund leer hast, damit man dich nicht für einen Trunkenbold hält! Und sprich nicht mit vollem Mund, damit nicht etwas aus der Mundhöhle in die Luftröhre gerät und zur Ursache deines Todes wird! Und wenn du eine Speise, die dir gefällt, in der Schüssel siehst, die vor deinem Tischnachbarn steht, nimm sie dir nicht, damit man dir nicht schlechtes, bäurisches Benehmen vorwirft! Nach dem Essen wasch dir die Hände, weil das hygienisch ist und manierlich! Schon viele haben sich aus diesem Grund eine Augenkrankheit zugezogen, weil sie sich nach dem Essen mit ungewaschenen Händen die Augen gewischt haben.«[183]

Für Alfonsi war es gleich, an welcher Tafel der Gast aß, denn dies spielte in bezug auf das prinzipielle sittliche Benehmen keine Rolle. In den Tischsitten finden sich hygienische Standards (Händewaschen), medizinische Präventionen (Erstickung/Augenkrankheit), ethische Maximen (Freßsack/Trunkenbold), ästhetische Prinzipien (Eßgebärden bzw. formale Organisation des Mahles) und soziale Konventionen (bäurisches Benehmen) wieder. Die Letzteren sind keineswegs immer eindeutig gewesen. Gastfreundschaft war ein hohes Gut, allerdings konnte die auch geheuchelt sein. Alfonsi gab das folgende Beispiel:

»Ein junger Mann fragte einen alten: Wenn ich zum Essen eingeladen bin, was soll ich machen? Soll ich wenig oder viel essen? Darauf der Alte: Viel! Denn wenn der Gastgeber dein Freund ist, wird er sich darüber freuen; wenn er aber dein Gegner ist, wird er sich ärgern.«[184]

Im Kloster wurden Essen und Trinken in eine Zeremonie eingebunden, die weit über das gewöhnliche Verhalten an der Tafel hinausging. Derartige Riten zielten nicht nur auf *uniformitas*, sondern waren gleichzeitig Formen der Disziplinierung und sollten der Erziehung der Mönche dienen. Heinrich Fichtenau bezeichnet diese Erscheinung als *Ritualisierung des Sozialverhaltens*. Er sieht dahinter den Gedanken,

»daß die Erziehung des inneren Menschen und seine Disziplinierung von einem ebenso intensiven Training auf dem Gebiet der äußeren

183 »Cum ablueris manus ut comedas, nichil tangas nisi prandium donec comedas; nec comedas panem priusquam ueniat aliud ferculum super mensam, ne dicaris impaciens; nec tantum ponas bolum in ore tuo ut mice defluant hinc et inde, ne dicaris gluto; nec glucias bolum priusquam bene fuerit commasticatum in ore tuo, ne stranguleris; nec pocula sumas donec sit os uacuum, ne dicaris uinosus; nec loquaris dum aliquid in ore tuo tenueris, ne aliquid intret de gutture in intimam arteriam et sic sit tibi causa mortis; et si uideris bolum quod placeat tibi in parapside coram sodali, ne sumas, ne dicatur tibi praua rusticitas. Post prandium manus ablue, quia phisicum est et curiale; ob hoc enim multorum oculi deteriorantur, quoniam post prandia manibus non ablutis terguntur.« Petrus Alfonsi, *Disciplina clericalis* 26, p. 40; dt. Übers. p. 200f.

184 »Iuuenis senem interrogauit: Cum inuitatus fuero ad prandium, quid faciam? Parum uel nimis comedam? Cui senex: Nimis! Quoniam si amicus tuus fuerit qui te inuitauit, multum gaudebit; si autem inimicus, dolebit.« Petrus Alfonsi, *Disciplina clericalis* 26, p. 41; dt. Übers. p. 201f.

Cura corporis und monastische Askese

Formen begleitet werden müsse; man hat im ganzen Mittelalter und nicht nur hier in Kauf genommen, daß sich das Hauptgewicht auf die ›Äußerlichkeiten‹ verschob, die Form den Inhalt gefährdete.«[185]

Die Sozialisierung der Mahlzeit bedeutete eine über den Sättigungszweck hinausgehende Normierung des Verhaltens nach ästhetischen Prinzipien.[186] Diese Prinzipien bzw. »Äußerlichkeiten« wurden für Klostergemeinschaften in den jeweiligen *Consuetudines* festgelegt. In den zisterziensischen *Ecclesiastica Officia* beginnen die Bestimmungen über das Verhalten bei Tisch mit dem Kapitel über die Mahlzeiten.[187] Die spirituelle Grundlage ergibt sich aus dem Mahl Christi mit seinen Jüngern.[188] Die Tischgenossenschaft als soziale Gemeinschaft reicht weit darüber hinaus und war im weltlichen Bereich ebenso wichtig wie im religiösen. Die Mahlgemeinschaft besteht aus kommunalen und egoistischen Elementen.[189] Physiologisch muß jeder Mensch essen und trinken, und das unabhängig von seinem sozialen Stand und seiner Profession. Aber jeder ißt und trinkt für sich allein. Im christlichen Abendmahl wird nun das egoistische Moment der Mahlzeit am vollständigsten aufgehoben.[190] Denn ein jeder partizipiert *in gleicher Weise* am Leib und Blut Christi. Diese symbolische Ebene ist auch im Refektorium immer gegenwärtig.

Nachdem die Mönche sich die Hände gewaschen hatten, betraten sie das Refektorium. Jeder nahm seinen Platz ein und verneigte sich in Richtung des Tisches des Prinzipals. Die Sitzordnung war festgelegt. Stehend wurde dann der Prior begrüßt. Er verneigte sich vor seinem Stuhl und läutete die Glocke. Es folgten Gebete und Psalmen. Dann wurden die Speisen ausgeteilt, und es begann die Lesung. Diesem Teil hatte Benedikt in seiner Regel besondere Aufmerksamkeit geschenkt.[191] Für den Leser war es eine Auszeichnung und Verpflichtung zugleich, eine Woche lang die Tischlesung durchführen zu dürfen. Im Refektorium galt das Schweigegebot. Besonders während der Lesung sollte Ruhe und Ordnung herrschen. Deshalb wurden auch hier, wenn Kommunikation unerläßlich war, zur Verständigung Handzeichen benutzt. Der Prior konnte, wenn er wollte, die Lesung beenden. Dann sagte der Leser: *Tu autem*, und die Mönche antworteten, *Deo gratias*. Danach wurde das

---

185 Vgl. Fichtenau, H., 1984, p. 36.
186 Vgl. Simmel, G., 1957, p. 207.
187 Vgl. *Ecclesiastica Officia* 76.
188 Zu den theologischen Implikationen siehe Holl, A., 1993.
189 Vgl. Simmel, G., 1957, p. 205.
190 Vgl. Simmel, G., 1957, p. 206.
191 Vgl. RSB 38.

übriggebliebene Brot zugedeckt. Nachdem sich der Leser verneigt hatte, wurde vom Prior wieder die Glocke geläutet. Die Mönche erhoben sich und der Kantor stimmte den Gesang *Miserere mei deus* an. Dieser wurde gleich der Anordnung im Kirchenchor gesungen. Dann verließ der Konvent das Refektorium.

Die liturgischen Bestimmungen enthielten aber auch allgemeine Tischregeln. Keinem Mönch war es beispielsweise während der Mahlzeit erlaubt, ohne besondere Genehmigung den Tisch bzw. den Speiseraum zu verlassen. Die Brüder durften weder ihr Messer noch ihre Hände an der Serviette (*mappula*) abwischen, wenn sie nicht beide vorher am Brot grob gesäubert hatten.[192] Wer trank, sollte den Becher mit beiden Händen halten. Wenn ein Mönch etwas gereicht bekam oder jemanden etwas reichte, dann verneigten sich beide im Anschluß voreinander.

Die in diesem Abschnitt beschriebenen ästhetischen Bezüge der Mahlzeit sind Aspekte der Ritualisierung des Sozialverhaltens und stifteten *uniformitas*. Essen als liturgischer Dienst hob die Mahlgemeinschaft symbolisch auf die Ebene des Abendmahles. Die in den Tischsitten festgelegten Forderungen und Verhaltensregeln enthielten nicht nur hygienische Standards (Reinheit) und Bestimmungen über die Ausstattung (Tischtuch, Messer, Teller, Becher etc.), sondern versuchten auch, die unmittelbare Sinneserfahrung zu regeln bzw. zu neutralisieren. Sie sublimierten Freude und Leid beim Essen. So sollte weder über die karge Kost gemurrt werden noch durfte Essen Spaß machen. Die unmittelbare sinnliche Erfahrung war in einen ausdruckslosen Gestus zu transformieren, und je unpersönlicher dieser wurde, desto besser. Dies galt insbesondere für die Eßgebärden, die unbeherrscht das ganze Spektrum der unmittelbaren Sinneserfahrungen wiedergaben, die während des Essens gemacht wurden. Deshalb mußten auch sie eingeübt werden. Die große Kunst bestand darin, sich nichts anmerken zu lassen.

In den *Consuetudines* sind die Normen formuliert. Was davon in welcher Weise erfüllt wurde, ist schwer zu beurteilen. Dies beginnt bereits mit der Disziplin, und hier mögen sich die frühen Zisterzienser durchaus von den Schwarzen Mönchen unterschieden haben.[193] Es gibt aber Anzeichen dafür,

---

192 Diese Sitte hat Abaelard sehr erbost. Er fand es eine Mißachtung der Armen, wenn Brot zum Abwischen des Messers benutzt wurde. Es ist zu vermuten, daß dieses Brot dann nicht mehr zur Speisung der Armen verwendet werden konnte und wurde. Vgl. Abaelard, *Epistola 7*, p. 280.

193 Hier stellt sich ein besonders schwieriges Problem, denn ein Verstoß gegen die geltenden *Consuetudines* muß keineswegs ein Verfall der Sitten sein. Arno Borst wies auf die Diskontinuität der Ernährung im Mittelalter hin. Einerseits machten Mißernten und Hungersnöte auch vor Klostermauern nicht halt, andererseits waren Festessen Höhepunk-

Cura corporis und monastische Askese

daß mit einer Verbesserung des allgemeinen Lebensstandards auch eine Lockerung der Strenge einsetzte, so daß in manchen Konventen das Essen wichtiger wurde als seine Form. Aus heutiger Sicht ist es z.b. überaus schwierig, den wirklichen Effekt der Tischlesung einzuschätzen. Zum einen stellt sich die Frage, inwieweit die Mönche wirklich das Latein beherrschten, um der Lesung folgen zu können, zum anderen ist keineswegs klar, ob das Essen nicht die ganze Aufmerksamkeit der Mönche beanspruchte. Die symbolische Bedeutung der Tischgenossenschaft im religiösen wie sozialen Sinn ist jedoch geblieben. Dies galt auch für Gedächtnis- und Totenmahl. Im Kloster wurden nicht umsonst bereits leichte Vergehen mit Ausschluß von der Tafel geahndet und Gäste normalerweise nicht im Refektorium der Mönche bewirtet.[194] Sie speisten gewöhnlich mit dem Abt im Abts- oder Gästehaus.

Das Refektorium

Die architektonische Gestalt des Refektoriums ergibt sich aus einer Synthese von geographischer Lage, räumlicher Nähe zu anderen Gebäuden, bautechnischen Standards, praktischen Funktionen und religiösen Bedeutungen. Ich werde diese Synthese von Funktion, Gestalt und Bedeutung am Beispiel der Refektorien von Byland, Fountains und Rievaulx Abbey darstellen. Den Leitfaden bildet ein interessanter Deutungsversuch von Peter Fergusson.[195]

Das Refektorium befindet sich bei den Zisterziensern in der Regel, sofern die Klausur südlich der Kirche liegt, am südlichen Klausurflügel zwischen dem Wärmehaus (*calefactorium*), das östlich angrenzt, und der Küche (*coquina*), die die westliche Begrenzung bildet (Abb. 30). Das Refektorium besteht aus einem großen, meist einschiffigen Saal, in dem der gesamte Konvent die Mahlzeiten einnahm. Es mußte also eine entsprechende Größe aufweisen und als Raum so gestaltet sein, daß die Mahlgemeinschaft in ihrer Gesamtheit wahrnehmbar ist.

te im Klosterleben. Diese durchbrachen den Alltag und brachten eine willkommene Abwechslung. Hier konnten die ansonsten strengen Regeln für einen Moment außer Kraft gesetzt werden. Borst gibt als Beispiel den Besuch Konrad I. (911–918) in St. Gallen zu Weihnachten des Jahres 911. Wie Ekkehard IV. berichtet lernte der König zuerst das karge Klosteressen kennen. Er wurde Mitbruder und stiftete für das Kloster, die Mönche und zur Ehre des heiligen Otmar. Anschließend spendierte er für die Mönche ein üppiges Gedächtnismahl im Refektorium und speiste mit ihnen in Jubel, Trubel, Heiterkeit. Vgl. Borst, A., 1973, pp. 178–190 und Ekkehard IV., *Klostergeschichten*, p. 44.

194 »Fratres, qui in leuiori culpa sunt, extra refectorium comedant in loco, quo abbati uisum fuerit, qui post refectionem seruitorum neque ad biberes eant cum aliis neque illi, qui pro uersu tercio perdito in penitentia sunt, sed post alios eant bibere in refectorio.« Turk, J., *Cistercii Statuta Antiquissima* (67) XXVIII, p. 26.

195 Vgl. Fergusson, P., 1986.

03 Rievaulx: Refektorium – Blick von Südosten

Die Bedeutung der Mahlgemeinschaft und die Analogie zum Abendmahl verlieh dem Raum seine besondere Bedeutung, die sich auch in der architektonischen Formensprache niederschlägt.

Die großen Refektorien in Byland, Fountains und Rievaulx Abbey sind mit der Erneuerung der Klausurgebäude in der zweiten Hälfte des 12. Jahrhunderts entstanden. Die Refektorien von Rievaulx (Abb. 3) und Fountains Abbey (Abb. 4) sind selbst als Ruinen noch eindrucksvoll. Beide sind etwa zeitgleich im letzten Viertel des 12. Jahrhunderts begonnen worden. Abgesehen davon, daß das neue Refektorium in Rievaulx zweigeschossig errichtet wurde, haben beide viele Gemeinsamkeiten. So befanden sich rechts und links vor dem Haupteingang die Lavatorien (Abb. 15 und 16). Das Eingangsportal ist repräsentativ gestaltet. Profilierte Bögen und in die Seitengewände eingestellte Säulen zeichnen es aus. Beide Refektorien erhielten eine sehr prachtvolle, über die Länge dreier Lanzettfenster reichende Lesekanzel (Abb. 5 und 6). Der Raum wurde durch hohe profilierte Lanzettfenster großzügig beleuchtet, erhielt aber keine Einwölbung, sondern eine Holzdecke. In Fountains sind noch mit weißer Farbe bemalte Fenstereinfassungen erhalten geblieben (Abb. 38). In der Formensprache ist die burgundische Strenge fast völlig abhanden gekommen. Die modernen zeitgenössischen Formen des *Early English* dominieren eindeutig.

04   Fountains: Refektorium – Blick von Südwesten

05   Rievaulx: Refektorium, Lesekanzel – Blick
nach Südwesten

06   Fountains: Refektorium, Lesekanzel –
Blick nach Südwesten

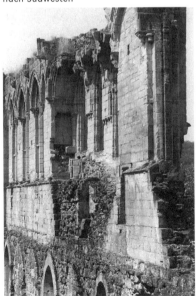

Mit dem Neubau der Refektorien verbanden sich zwei Besonderheiten: zum einen die Drehung des Refektoriums um 90°, so daß es nunmehr mit der Giebel- oder Stirnseite an den südlichen Klausurflügel anschloß (Byland, Fountains, Rievaulx); zum anderen sind die Refektorien in Byland und Rievaulx zweigeschossig.

Die Drehung des Refektoriums um 90° wurde in der älteren Forschung oft mit der Notwendigkeit begründet, Platz zu schaffen, und zwar in zweierlei Hinsicht: Mit dem Anschluß von Küche und Wärmeraum an den südlichen Klausurflügel wurde der Raum für das Refektorium, welches sich zwischen beiden befand, begrenzt, und bei einer steigenden Zahl von Mönchen blieb nur eine Ausrichtung auf die Nord-Süd-Achse.[196] Peter Fergusson beobachtete diese Drehung um 90° bei einer großen Zahl englischer Zisterzen in den 1170er Jahren. Die Drehung des Refektoriums in Fountains, Furness, Kirkstall, Rievaulx und Waverley erfolgte zwischen 1165 und 1180. Die Refektorien von Byland, Jervaulx, Roche und Sawley entstanden nach den 1170er Jahren und wurden gleich zu Beginn rechtwinklig zum Kreuzgang gesetzt. Kleinere Häuser wie Boxley, Sibton, Robertsbridge bauten ihre Refektorien weiterhin parallel zum Kreuzgang.[197] Allerdings sei auch angemerkt, daß zur selben Zeit, in der man die neuen Refektorien erbaute, weder Dormitorium noch Kapitelsaal erweitert wurden.[198]

Demgegenüber fand eine räumliche Reorganisation des südlichen Klausurflügels statt. Wärmehaus und Küche rückten an den Kreuzgang heran und waren jetzt von diesem aus zugänglich. Fergusson bringt diese Reorganisation der Gebäude des südlichen Klausurflügels in Zusammenhang mit dem Kapitel LV der *Ecclesiastica Officia* (*Quo Ordine Benedicatur Aqua*). Die Segnung mit Weihwasser war Bestandteil der sonntäglichen Liturgiefeier zur Terz. Hierbei war der gesamte Konvent anwesend. Der Priester besprengte in einer vorgeschriebenen Reihenfolge auch die Klausurgebäude: Kapitelsaal, das Auditorium, dann ging er hinauf zum Schlafsaal und besprengte diesen einschließlich der sich am Ende befindlichen Latrinen; es folgten Wärmeraum, Refektorium, Küche und Keller.[199] Damit ergab sich ein logischer Rundgang im Uhrzeigersinn.

196 Vgl. Knowles, D., 1963, p. 202; Braunfels, W., 1978, p. 148.
197 Fergusson, P., 1986, p. 168.
198 Trotzdem läßt sich das Argument der zunehmenden Zahl von Mönchen als *ein* Element der Argumentation aufrecht erhalten, denn die Sitzordnung im Kapitelsaal bzw. die Bettenordnung im Dormitorium konnte durch geringfügige Änderungen der wachsenden Zahl der Brüder leichter der neuen Situation angepaßt werden als die Tischordnung in einem parallel zum Kreuzgang verlaufenden Refektorium.
199 »et habens sparsorium aliud claustrum aspergat et officinas. scilicet capitulum, auditorium,

Cura corporis und monastische Askese

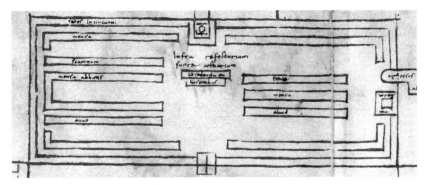

07   St. Galler Klosterplan, Refektorium

Ich möchte hier drei weitere Argumente für die Drehung um 90° vorbringen. Das erste bezieht sich auf die Ausleuchtung des Raumes, das zweite auf
die Tischordnung und das dritte auf die Schwierigkeiten und Probleme bei
einer Erweiterung des Refektoriums in Ost-West-Richtung.

Eine Vorgabe Benedikts war es, die Mahlzeiten noch bei Tageslicht ein-
zunehmen. Eine Drehung des Refektoriums um 90° erlaubte es, wie Rievaulx
und Fountains Abbey heute noch eindrucksvoll belegen, den Raum an den drei
wichtigsten Seiten (Osten, Süden, Westen) durch große Fenster zu beleuchten.
Ein Refektorium in Ost-West-Ausrichtung hätte nur die Südseite und die
Nordseite oberhalb des Klausurdaches zur Beleuchtung zur Verfügung gehabt.
Die Abendsonne konnte also nicht genutzt werden. Indem die Lesekanzel an
der Westwand des Refektoriums plaziert wurde, profitierte nun auch der
Lektor vom Licht der Abendsonne.

Die Tischordnung ist ein weiterer wichtiger Faktor. Im St. Galler Klosterplan (Abb. 7) befindet sich das Refektorium noch parallel zum Kreuzgang.[200]
Die Tischordnung ist auf den Tisch des Abtes, der als ›Präsident‹ der Mahlgemeinschaft im Osten sitzt, ausgerichtet. Hervorzuheben ist, daß die Mönche
an den äußeren Tafeln nicht zur Refektoriumswand blicken, sondern immer
den Blickkontakt zum Abt haben. Die alte Sitzordnung im Refektorium von
Cîteaux ist dagegen anders organisiert (Abb. 8). Hier blicken die Mönche, die
an den äußeren Tischen sitzen, zur Wand. Ähnlich könnte es im Refektorium
von Fountains Abbey gewesen sein. Hier gibt es noch Reste von steinernen

dormitorium et dormitorii necessaria, calefactorium, refectorium, coquinam, cellarium.«
Ecclesiastica Officia 55,14.
200 Im St. Galler Klosterplan ist die Sitzordnung auf den Abt ausgerichtet, der an der östlichen
Stirnseite des Raumes präsidierte. Vgl. Horn, W./Born, E., 1979, Bd. 1, pp. 267–280.

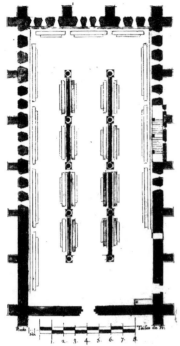

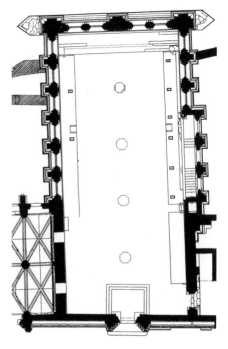

08   Cîteaux: Refektorium, Grundriß
Ms. 119 Dijon, Bibliothèque Publique
Municipale fol. 8 [1724]

09   Fountains: Refektorium, Grundriß (nach
J. A. Reeve)

Fundamenten (Abb. 9), die als Tischfundamente interpretiert werden, so daß einige Mönche ebenfalls mit Blick zur Wand speisen mußten.[201] Die Anordnung der Tische in Cîteaux wie in Fountains war u-förmig, und in der Mitte, d.h. in der Längsachse des Refektoriums, standen entsprechend der Anzahl der Mönche weitere parallele Tischreihen. Diese Anordnung der Tische ist sowohl für die Sitzordnung und wechselnde Zahl der Mönche wie für die Bedienung vorteilhaft. Die Mönche mit Blick zur Refektoriumswand hatten niemanden vis à vis zum Gespräch, die Durchreiche bzw. der Eingangsbereich wurden in idealer Weise freigehalten, und die Bedienung konnte ohne Störung jeden Platz erreichen. Die Anordnung der mittleren Tischreihen erlaubte es, flexibel auf die sich verändernde Zahl der Mönche zu reagieren. Wenn nun der Konvent zahlenmäßig wuchs, konnten in der Mitte der u-förmigen Tafel

201 Vgl. Coppack, G., 1993, p. 52.

Cura corporis und monastische Askese

weitere Tischreihen parallel eingeschoben werden. Ich vermute, daß diese Tischordnung nicht nur eine Konsequenz der Drehung des Refektoriums um 90° war, sondern auch der Tatsache Rechnung trug, daß der Abt im ausgehenden 12. Jahrhundert kaum noch mit den Mönchen im Refektorium speiste. Indem auf eine Präsidiumstafel verzichtet werden konnte, stellte die Ausrichtung des Raumes auf der Nord-Süd-Achse auch in liturgischer Hinsicht kein Problem mehr dar.

Schließlich gilt es drittens zu bedenken, daß, wenn ein Refektorium parallel zum Kreuzgang erweitert werden würde, entweder Küche oder Kalefaktorium weichen müßten. Abgesehen davon, daß deren Anbindung an die Klausur gerade als eine Perfektionierung der Raumordnung um den Kreuzgang verstanden wurde, mußten bei einer Versetzung der Küche weitere Unannehmlichkeiten in Kauf genommen werden. Ich denke hier vor allem an eine Verlegung von Wasserversorgung und Abflußkanälen. Zusammenfassend läßt sich sagen, daß für die Drehung des Refektoriums eine Synthese verschiedener Gründe anzunehmen ist.

Das zweite Merkmal der Refektorien von Byland (Abb. 10) und Rievaulx Abbey (Abb. 5) ist ihre Zweigeschossigkeit. Peter Fergusson erklärte diese ikonographisch. Ein zweigeschossiges Refektorium ist bereits auf dem Klosterplan

10   Byland: Refektorium, zweigeschossiger Innenraum - Blick nach Norden

von St. Gallen abgebildet. Dort befand sich allerdings der Speisesaal im Untergeschoß. In England lassen sich im 11. und 12. Jahrhundert mehrere Beispiele für zweigeschossige Refektorien finden, in denen der obere Raum als Speisesaal genutzt wurde (Durham, Norwich, Worcester oder Canterbury). Fergussons ikonographische Ableitung basiert nicht primär auf den symbolischen Schichten, sondern vielmehr auf einer strukturellen Analogie zur Gestalt des Raumes, in dem Christus mit seinen Jüngern das Abendmahl feierte. Er wollte zeigen, daß die Zweigeschossigkeit des Refektoriums auf die Zweigeschossigkeit jenes Haustyps zurückgeht, in dem das Abendmahl stattfand, und daß der Speiseraum der Mönche dem *cenaculum*, d.h. dem Abendmahlsraum entsprach.

Im Evangelium des Markus wird den Jüngern als Ort des Abendmahles ein Raum zugewiesen, der in der Vulgata *cenaculum* genannt wird.[202] *Cenaculum* kann Speiseraum, aber auch ein Raum im Obergeschoß bedeuten oder beides. Die Bedeutung von Obergeschoß ist für Fergussons Hypothese maßgebend. Gestärkt wird diese Übersetzung durch zwei Stellen aus der Apostelgeschichte. In beiden Fällen ist von einem Obergemach die Rede.[203] In der ersten Passage wird der Raum als Raum für die Gemeinschaft der Apostel ausgewiesen, in der zweiten bricht Paulus das Brot mit den Leuten von Troas. Im griechischen *Neuen Testament* steht für *cenaculum anágaion* (Markus 14,15) und *hyperóon* (Apg. 1:13 u. 20:8). Während *anágaion* ein Speisezimmer im Obergemach bezeichnet, bedeutet *hyperóon* nur Obergeschoß.

Eine weitere Quelle bilden die Beschreibungen der heiligen Orte (*loca sancta*), die in der Folge der Kreuzzüge entstanden. Pilger wie Johannes von Würzburg (um 1165) oder Theoderich (um 1170) haben über diese Örtlichkeiten geschrieben und schildern auch das Gebäude, in dem Jesus das Abendmahl mit seinen Jüngern hielt. Johannes von Würzburg beschrieb dieses als ein zweigeschossiges Haus, in dessen oberen Teil (*in superiori parte*) sich der große Abendmahlsraum (*cenaculum latum*) befand, während im unteren Teil (*in inferiori domus parte*) die Fußwaschung stattfand.[204] Ähnliches berichtet auch

---

202 »Und er wird euch einen großen Saal (*cenaculum*) zeigen, der mit Polstern versehen und vorbereitet ist; dort richtet für uns zu. Und die Jünger gingen hin und kamen in die Stadt und fanden's, wie er ihnen gesagt hatte, und bereiteten das Passalamm.« Markus 14:15–16.

203 »Und als sie hineinkamen, stiegen sie hinauf in das Obergemach (*in cenaculum*) des Hauses, wo sie sich aufzuhalten pflegten: Petrus, Johannes, Jakobus«. (Apg. 1:13–14). »Und es waren viele Lampen in dem Obergemach (*in cenaculo*), wo wir versammelt waren. [...] Dann ging er [Paulus] hinauf und brach das Brot und aß«. Apg. 20:8 und 20,11.

204 »Hoc cenaculum in Monte Syon est inventum in eo loco, in quo Salemon quondam egregium dicitur construxisse aedificium, de quo in Canticis Canticorum: *ferculum fecit sibi rex Salemon*, et caetera. Cenaculum illud in superiori parte grande erat et latum, in cuius

Cura corporis und monastische Askese

Theoderich. Seine Beschreibung ist allerdings etwas genauer und zeugt von guter Beobachtungsgabe.

»Das Gebäude ist im unteren Teil viereckig, im oberen Teil aber rund und trägt einen Baldachin. Auf der rechten Seite führt eine Treppe von ungefähr dreißig Stufen zu jenem Obergemach hinauf, welches am Ende der Apsis liegt und in dem man noch den Tisch sehen kann, an welchem unser Herr selbst zusammen mit seinen Jüngern speiste, und nachdem Weggang des Verräters hinterließ er diesen die Mysterien seines Leibes und Blutes. Von jenem Ort aus, südlich im selben Obergeschoß, in einer Entfernung von etwa dreißig Fuß befindet sich ein Altar, und zwar an derselben Stelle, wo der Heilige Geist über die Apostel kam. Von dort schreitet man so viele Stufen hinab, wie man hinaufgegangen war und sicht in der Kapelle, die sich unterhalb desselben Obergeschosses befindet, jene in die Wand gestellte steinerne muschelförmige Nische, in der der Salvator die Füße der Apostel an selbiger Stelle gewaschen hat.«[205]

Ein weiteres Argument bezieht Peter Fergusson aus einer illuminierten Handschrift eines Textes von Richard von St. Victor (Abb. 11). Diesem Kommentar zur Vision Hesekiels vom Tempel ist eine beschriftete Illustration beigegeben, in der das Obergeschoß mit *cenaculum* bezeichnet wird. Das letzte Argument, welches den Symbolkreis um das Abendmahl schließt, zielt auf die räumliche Nähe desselben zur Fußwaschung (*mandatum*), wie sie sowohl in den Reise-

latitudine propter misterii rationem dominus noster cum discipulis suis dicitur cenasse, ubi et proditorem suum cauta indicavit descriptione, reliquos confortans de instante sibi passione et dans eis sub specie panis corpus suum ad manducandum et sub specie vini sanguinem suum ad bibendum, *quotienscumque*, et caetera, dicens. Facta iam in superiori parte eiusdem habitaculi cena, veri simile est ex eiusdem misterii ratione dominum nostrum in inferiori domus parte humilitatis exemplum in lavatione pedum discipulorum ostendisse, sive mavis hoc ante cenam vel post factum fuisse, ut quaedam expositio innuit super illam litteram evangelii Iohannis: *et facta cena surrexit*, et caetera.« Johannes von Würzburg, *Descriptio terrae sanctae*, p. 113f.

205 »Quod opus inferius quadratum est, superius vero rotundum gestat ciborium. A dextris autem gradibus fere triginta ad illud ascenditur cenaculum quod in fine absidis situm est, in quo mensa cernitur, in qua ipse dominus noster cum discipulis suis cenavit et post proditoris abscessum ipsis discipulis corporis et sanguinis sui misteria tradidit. Ab illo loco ad meridiem in eodem cenaculo ultra spatium triginta pedum altare habetur in eo loco, ubi Spiritus sanctus super apostolos venit. Abhinc tantum inferius per gradus descenditur, quantum huc est ascensum, et in capella ipsi cenaculo supposita concha illa lapidea in muro posita videtur, in qua Salvator pedes apostolorum in eodem loco lavit.« Theodericus, *Libellus de locis sanctis*, p. 168.

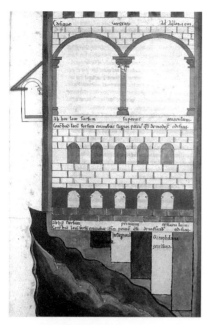

11 Ms. Bodley 494, fol. 162ᵛ

berichten beschrieben wurde als auch in Rievaulx und Fountains anzunehmen ist.[206]

Obwohl Peter Fergusson zugesteht, daß es hier weniger um architektonische Exaktheit des Baukörpers als um die Erinnerung an den Ort sowie um dessen Bedeutung geht, und obwohl er den architektonischen Prototyp für Rievaulx nicht in direkter Linie überliefert sieht, sondern Vorbilder wie das Refektorium in Durham oder die anderer Säkularkanoniker annimmt, ist seine Argumentation für mich nicht ganz zwingend. Das Interessante an dieser Hypothese ist zweifellos der Versuch, die Gestalt des Refektoriums aus dem religiösen Bezug zum realen Ort und den damit verbundenen strukturellen Gestaltungsprämissen zu erklären. Insofern liegt die Versuchung nahe, Rievaulx als ideale Umsetzung dieser Ideen zu betrachten. Die eigentliche Schwierigkeit besteht jedoch darin, nachweisen zu wollen, daß die Übernahme des *cenaculums* als architektonischer Raumtypus eine bewußte Entscheidung war. Diese Hypothese ist kaum zu halten.

Es stellt sich zuerst die Frage, warum die Mönche in Fountains kein zweigeschossiges Refektorium bauten? Die Refektorien liegen in aller Regel ungefähr auf dem Höhenniveau des südlichen Kreuzganges. In Rievaulx fällt das Gelände steil ab, so ist es nur zu verständlich, daß das Refektorium noch ein Untergeschoß erhielt. Außerdem fand im Untergeschoß keine Fußwaschung statt. In Fountains hingegen ist der gewachsene Grund eben, so daß, folgt man der Idee, das Refektorium eigentlich ein künstliches Obergeschoß hätte erhalten müssen. Für Byland ist das Argument des Geländegefälles wenig einsichtig und die Annahme einer Rivalität, die zwischen Rievaulx und Byland durchaus bestand, ist in diesem Falle als Erklärung nicht ganz befriedigend, da nicht völlig klar ist, ob das Refektorium von Byland vor dem in Rievaulx

---

206 Zum *mandatum* und dem Ort der Fußwaschung siehe »Die Lavatorien«, pp. 195ff.

Cura corporis und monastische Askese

begonnen wurde. Peter Fergusson datiert den ersten Bauabschnitt des Refektoriums von Rievaulx in die Zeit zwischen 1175 und 1185 und die Erweiterung in die Zeit um 1200. Byland wird anhand stilistischer Gründe ebenfalls in die 1170er Jahre vordatiert.[207] Da aber Byland ursprünglich zur Linie von Savigny gehörte, bleibt die Frage, ob für Byland nicht eher hier nach Anhaltspunkten zu suchen ist.

Was die symbolischen Bedeutungen angeht, so waren sie Allgemeingut, und die Umsetzung in mögliche konkrete Formen ist deshalb keineswegs zwingend. Schließlich beweisen die persönlichen Kontakte von Kanonikern zu Zisterziensern (Waltheof von Kirkham zu Aelred von Rievaulx; Gervasius von Fountains zum Schreiber von Bridlington) noch keinen direkten Einfluß auf die architektonische Gestaltung.

Die Kleidung

Im Gewand des Mönches vereinigen sich spirituelle, soziale und ästhetische Dimensionen. Die Kleidung schützte nicht nur vor der Witterung, sondern trug auch Zeichencharakter. Sie verwies durch Material, Farbe und Form auf den gesellschaftlichen Rang ihres Trägers, gab Auskunft über soziale Konventionen und konnte sogar als Reliquie in völlig neue Funktionszusammenhänge eingegliedert werden. Indem sich der Mönch durch sein Gewand als Angehöriger des *ordo monasticus* zu erkennen gab, dokumentierte er zugleich seine soziale Position. Die ästhetische Dimension kommt zum Tragen, indem sich die Mönche je nach ihrer Zugehörigkeit zu verschiedenen religiösen Gemeinschaften, in Form, Farbe und Qualität des Stoffes noch einmal unterschieden. Gerade im Reformmönchtum kam diesen Gestaltungsaspekten besondere Bedeutung zu. Symbolische Werte konkurrierten hier auf derselben Ebene, nämlich auf der des *ordo monasticus*. Das Gewand stellte zudem einen Beitrag zur *uniformitas* der jeweiligen Gemeinschaft dar.

Mit der Profeß wurde der Novize zum Mönch. Die innere Erneuerung, das Ablegen des alten Adam, fand seinen äußeren Ausdruck unter anderem in einem neuen Gewand.[208] Auf einer höheren Stufe gilt dies auch für die

---

207 Vgl. Fergusson, P., 1986, p. 164 u. p. 168. Auch Stuart Harrison datiert das Refektorium in die Jahre 1165–77 (vgl. Harrison, S., 1990, p. 32), während Charles Peers das Refektorium zeitgleich mit den Ostteilen der Kirche ansetzte (um 1180–1200). Vgl. Peers, C., 1952, p. 13.

208 In einem Statut des Generalkapitels über geflohene Mönche und Konversen wird ausdrücklich vermerkt, daß ihnen, wenn sie wieder weggeschickt werden und noch keine Profeß

Reformorden.[209] Die Übergabe des neuen Gewandes und das Anlegen der Kutte, das Willkommensritual sowie das anschließende dreitägige Alleinsein waren Bestandteil eines Initiationsritus. George Duby interpretierte die Kutte als Raum, als den einzig privaten Raum des Mönches:

> »Um ein Mönch zu werden, mußte man drei Tage in völligem Schweigen verbringen, Tag und Nacht den Kopf von der Kapuze verhüllt, den Leib von der Kutte bedeckt. Der neue Mönch lebte gleichsam in einem eigenen, kleinen Haus in dem großen Hause des Klosters. Die Kutte war der Kokon, in dem die Metamorphose des Menschen zum Mönch stattfand; sie war die innerliche Klausur, in die sich der junge Mönch zurückzog, um dem Vorbild Christi nachzueifern, der begraben ward, um am dritten Tage in anderer Gestalt wiedergeboren zu werden.«[210]

In Kapitel 55 der Regel Benedikts sind die Kleidervorschriften zusammengefaßt. Das Mönchsgewand sollte den klimatischen Bedingungen Rechnung tragen und den Brüdern entsprechend ihrer Körpergröße ausgegeben werden. Über Farbe, Qualität des Stoffes sowie über die Formen der einzelnen Bestandteile des Klostergewandes gibt die Regel keine genaue Auskunft. Um hier größere Probleme zu vermeiden, ordnete Benedikt an, daß die Mönche sich an den ortsüblichen Bräuchen orientieren und das beschaffen sollten, was billig sei. Jeder Mönch erhielt vom *camerarius* je zwei Kukullen, zwei Tuniken, ein Skapulier, Socken, Schuhe und für die Reise eine Hose, die er bei Rückkehr wieder gewaschen in der Kleiderkammer abgeben sollte. Die Kukulle und die Tunika, die auf Reisen getragen wurden, bestanden aus besserem Material. Obwohl Benedikt sich nicht explizit über das Aussehen der Mönche äußerte, ermöglichte die von ihm angewiesene Grundausstattung jedem, die Kleidung zu wechseln, zu waschen und zu reparieren, denn ein jeder erhielt noch eine Nadel.[211]

abgelegt haben, das Klostergewand abgenommen werden soll. Sie mögen in einfacher und billiger Kleidung (*indumentum simplex et uile*) das Kloster verlassen. Vgl. Turk, J., *Cistercii Statuta Antiquissima* (16) XVI, p. 18.

209 »Exuti ergo veterem hominem, novum se induisse gaudebant.« *Exordium parvum* 15, Bouton/van Damme, p. 77.

210 Aries, Ph./Duby, G. (Hrsg.), 1985, p. 63.

211 Die Zisterzienser wiesen viele Dinge zurück, die im benediktinischen Mönchtum zur Gewohnheit geworden waren, wie die Frocke (*froccos*), Pelze (*pellicias*) und leinene Hemden (*staminia*), Kapuzen (*caputia*), Hosen (*femoralia*), Kämme (*pectina*) und Decken (*coopertoria*) sowie Bettmatratzen (*stramina lectorum*). Vgl. *Exordium parvum* 15, Bouton/van Damme, p. 77.

Cura corporis und monastische Askese

Zu Benedikts Zeiten war eine Ordenstracht noch kein Thema. Erst die Cluniazenser setzten ein einheitliches Mönchsgewand durch. Im 12. Jahrhundert wurden die religiösen Gemeinschaften vielfältiger, damit auch die Kleidung. Die Zisterziensermönche trugen eine weiß-graue Kukulle (*cuculla*) mit weiten Ärmeln und einer Kapuze, die wahrscheinlich aus ungebleichter Schafwolle bestand. Darüber trugen sie ein aus einem langen Tuchstreifen bestehendes Schulterkleid. Das Skapulier (*scapulare*) war von dunkler Farbe und reichte auf der Vorder- und Rückseite von den Schultern bis zu den Füßen. In Benedikts Regel fungierte das Skapulier als Arbeitsschürze, so auch bei den Zisterziensern.[212] Als Unterkleid trugen die Mönche eine aus Wollfäden gewebte Tunika, da sie Leinen ablehnten. Hinzu kamen noch die Fußbekleidung (*caligae, subtalares*), der Gürtel (*cingulum*), ein Messer (*cultellus*) sowie eine Nadel (*acus*).[213]

Die neu aufkommenden Gewänder waren bei Zeitgenossen wie Petrus Venerabilis oder Rupert von Deutz († 1129) durchaus umstritten, denn sie hatten ein feines Gespür für die sozialen und theologischen Konsequenzen. Ein modifiziertes oder gar völlig anderes Gewand war der sichtbarste Ausdruck dafür, daß sich die Gemeinschaft der Mönche aufzuspalten begann. Ihre gemeinsame Kraft zerfiel, und durch Konkurrenz schädigten sie einander. Die Autorität einer bis dahin relativ homogenen sozialen Kraft wurde nicht nur geschwächt, sondern teilweise sogar in Frage gestellt. Genau diese Abspaltung beklagte Rupert von Deutz, als er in seinem Regelkommentar darauf hinwies, daß das Mönchs- bzw. Nonnengewand gemäß dem geltenden Brauch für alle schwarz sei. Und an die Adresse der Zisterzienser gerichtet fuhr er fort, »vielleicht, wenn wir weiße Gewänder benutzt hätten, würden sie selbst jetzt schwarze verwenden.«[214] Genau diesen Aspekt des Sich-unterscheiden-Wollens, der im neuen Gewand sichtbar wurde, kritisierte auch Petrus Venerabilis.[215]

Durch den Wettbewerb der verschiedenen Mönchsgemeinschaften untereinander erhielten Form, Farbe und Material der Kleidung eine symbolische Aufwertung. Der Zisterzienser und spätere Bischof Otto von Freising (um 1112–58) schrieb dazu:

> »Die einen also, die ein apostolisches Leben führen und schon in ihrem Äußeren die Reinheit der Unschuld zeigen wollen, tragen ein flecken-

---

212 Vgl. RSB 55,6.
213 Vgl. Dolberg, L., 1893.
214 »Fortisan si nos albidis vestibus usi fuissemus, ipsi nunc nigris uterentur.« Rupert von Deutz, *Super quaedam capitula Regulae Divi Benedicti Abbatis* III,13, PL 170, c. 521D
215 Petrus Venerabilis, *Epistola* 28, Bd. 1, p. 59f

loses linnenes Gewand, andere Ordensangehörige kleiden sich zur Abtötung des Fleisches rauher in eine wollene Kutte; wieder andere, die auf jegliche äußere Betätigung verzichten, wollen durch ihre Kleidung ihr engelgleiches Leben andeuten und stellen dessen Süßigkeit lieber durch die Form als durch die Weichheit der Kleidung symbolisch dar. Denn sie tragen auf dem Leib ganz rauhe Röcke und ziehen darüber andere, weitere mit Kapuzen versehene, die aus sechs Teilen bestehen, gleichsam sechs Flügeln, wie sie die Seraphim haben. Mit zweien dieser Teile, nämlich der Kapuze, bedecken sie den Kopf, mit zwei anderen, den Ärmeln, richten sie alle ihre Bewegungen wie Hände zu Gott empor und fliegen gen Himmel, mit den beiden letzten hüllen sie den Leib vorn und hinten ein und zeigen sich durch Gottes vorbeugende und nachfolgende Gnade gegen alle grimmigen Geschosse des Versuchers gefeit. Sie unterscheiden sich aber darin, daß die einen zum Ausdruck ihrer Weltverachtung diese Kleidung nur in Schwarz tragen, während andere der Farbe und dem gröberen oder feineren Stoff keine Bedeutung beimessen und ein weißes oder graues oder anders gefärbtes, jedoch geringes und rauhes Gewand tragen.«[216]

Dieses Zitat spielt auf verschiedene ästhetische Aspekte der Kleidung an. Einer der wichtigsten ist die Farbsymbolik und deren biblische Konnotationen. Die Zisterzienser wählten sich ein weißes (graues) Gewand. Deshalb möge die Farbe weiß hier im Mittelpunkt der Betrachtung stehen. Ein Zeichen der Verklärung Jesu vor Petrus, Johannes und Jakobus bestand nach Matthäus (17,2) in der Farbwandlung der Kleider, die weiß wie Licht wurden. Der Engel der Auferstehung trug nach Matthäus (28,3) ein »Gewand weiß wie Schnee«, und in der Apostelgeschichte des Lukas (1,10) wird von zwei Männern in

---

216 »Alii quippe apostolicam vitam ducentes, in ipsoque habitu innocentiae puritatem pretendentes munda et linea toga utuntur, alii eiusdem ordinis viri ob mortificationem carnis tunica lanea asperius vestiuntur, alii omnibus exterioribus occupationibus liberi angelicam vitam in veste pretendentes eius suavitatem forma pocius ipsa quam sui mollicie typice figurant. Ponunt enim ad carnem tunicas asperrimas superque eas alias cum caputiis latiores, ex senis partibus tamquam totidem alis ad instar Seraphim constantes. E quibus duabus, id est caputio, caput tegentes, duabus, id est manicis, omnem actionem suam velud manus ad Deum dirigendo ad superna volantes, duabus reliquum corpus ante et retro velantes, divina se gratia preveniente et subsequente, contra omnia seva temptatoris iacula se munitos ostendunt. Differunt autem in hoc, quod alii ob contemptum mundi exprimendum eandem vestem nigram tantum gerunt, alii vero de colore vel grossitudine nichil causantes albam vel griseam aliamve, abiectam tamen et asperam, ferre consueverunt.« Otto von Freising, *Chronica* VII, 35.

Cura corporis und monastische Askese

weißen Gewändern gesprochen, die Christi Himmelfahrt beiwohnten und den Leuten die Wiederkunft voraussagten. In der Offenbarung des Johannes (Apk.4,4) werden die 24 Ältesten in weißen Kleidern und mit goldenen Kronen dargestellt. In ähnlicher Weise beschreibt die Apokalypse (Apk.7,9) die 144 000 Auserwählten. Sie stehen in weißen Gewändern mit Palmenzweigen vor dem himmlischen Thron und vor dem Lamm Gottes. Von ihnen erfahren wir (Apk.7,14–17):

»Diese sind's, die gekommen sind aus der großen Trübsal und haben ihre Kleider gewaschen und haben ihre Kleider hell gemacht im Blut des Lammes. /Darum sind sie vor dem Thron Gottes und dienen ihm Tag und Nacht in seinem Tempel; und der auf dem Thron sitzt wird über ihnen wohnen. /Sie werden nicht mehr hungern noch dürsten; es wird auch nicht auf ihnen lasten die Sonne oder irgendeine Hitze; /denn das Lamm mitten auf dem Thron wird sie weiden und leiten zu den Quellen des lebendigen Wassers, und Gott wird abwischen alle Tränen von ihren Augen.«

Dieser Abschnitt könnte auch als kurzes theologisches Programm der Zisterzienser gelesen werden. Weiß wurde allgemein mit Reinheit und Unschuld in Verbindung gebracht. Die Farbe verwies auf ein heiliges Leben und auf Menschen, die den Frieden lieben. Selbst in der Mitte des 14. Jahrhunderts betonten die Zisterzienser ihren weißen Habit als *signum puritatis et interioris munditiae*.[217] Der schwarze Habit der Benediktiner hingegen galt als Zeichen der Weltverachtung und Demut, der Trauer, der Sünde und des Todes.[218] Ursprünglich bestand das Rohmaterial der Gewänder aus schwarzer Schafwolle. Im 11./12. Jahrhundert jedoch wurde die Wolle immer häufiger eingefärbt. Grau und braun wurden mit freiwilliger Erniedrigung und Weltentsagung in Verbindung gebracht (Franziskaner, Kapuziner).[219] Die Farben changieren in ihren Symbolwerten. Eine Kombination wie bei den Dominikanern mit weiß und schwarz konnte die Bedeutung noch steigern. Sie trugen eine weiße Tunika und ein weißes Skapulier, darüber einen schwarzen Mantel mit Kapuze oder Kapuzenkragen.[220] Im Spätmittelalter begannen die Zisterzienser, ab und an ihren weißen bzw. grauen Habit mit einem dunkleren Gewand

---

217 Vgl. Canivez, *Statuta* III, 1350:3.
218 Auch Abaelard ordnete für die Nonnen von Paraklet ein schwarzes Gewand, als Zeichen der Trauer und Buße, an. Vgl. Abaelard, *Epistola* 7, p. 281.
219 CIS, Stichwort: Farbensymbolik, pp. 130–132.
220 CIS, Stichwort: Dominikaner, p. 98.

zu vertauschen. Dies hatte allerdings recht pragmatische Gründe. Bereits im Jahre 1350 tolerierte das Generalkapitel den schwarzen Habit beim Essen, damit die weißen Gewänder nicht zu sehr beschmutzt würden.[221]

Eine zweite Eigenschaft des Mönchsgewandes ist apotropäischer Natur, und diese wurde an das Schnittmuster der Kukulle gebunden. Bereits in Otto von Freisings Worten klang dies im Vergleich mit dem Seraphim an. Bei Idung von Prüfening entzündete sich der Streit an einer cluniazensischen Eigenheit des Mönchsgewandes, der Frocke,

> »die aus der Talarkukulle entstanden war [...], ein bis an die Füße reichendes Gewand, das in bauschigen Falten den Körper umhüllte, mit weiten und langen Ärmeln, aber ohne Kapuze, da es über der Kukulle getragen wurde«.[222]

Eingeleitet wird der Disput mit der Frage des Cluniazensers, weshalb das Gewand des Mönches dem des Engels entspreche. Der Zisterzienser erklärte, daß nach Papst Bonifatius,

> »das Leben des Mönches ein engelgleiches sei und dessen Habit ein engelgleicher. Er verhüllt nämlich den Kopf des Mönches gleichsam durch seine zwei Flügel, seine Arme durch zwei Flügel und seinen Körper durch zwei Flügel. Siehe, sechs Flügel hat der klösterliche Cherubim in einem Gewand wohlgemerkt! in unserer Mönchskutte, weil euer Gewand keine Mönchskutte ist, da es keine langen Ärmel hat. CLUNIAZENSER: Auch wir haben sechs Flügel, wenn nicht in einem, so doch in zweien, nämlich in der Frocke und unserer Kukulle. ZISTERZIENSER: So ist es auch bei dem Bauern, wenn er gekleidet ist in Rock und Mantel und der Kleriker in Chorrock und Mantel: Euer Habit ist irregulär und kann nicht auf diese Weise gerechtfertigt werden. CLUNIAZENSER: Es ist die Meinung der heiligen Väter, daß die guten Mönche mit den guten Engeln zu vergleichen seien und die schlechten mit den abtrünnigen Engeln. Der Abt von Clairvaux bezeugt dasselbe mit diesen Worten: *Die klösterliche Lebensweise macht ihre Lehrer und Liebhaber den Engeln ähnlich, den Menschen unähnlich, ja noch mehr, sie stellt das göttliche Bild im Menschen wieder her, macht uns*

---

221 Vgl. Canivez, *Statuta* III, 1350:3.
222 Zimmermann, G., 1973, pp. 90f. Die Frocke ist ein zusätzliches Kleidungsstück, welches bei Benedikt nicht erwähnt und deshalb auch von den Zisterziensern abgelehnt wurde. Vgl. *Exordium parvum* 15, Bouton/van Damme, p. 77.

Christus gleich, genau wie die Taufe. Wir werden darin gleichsam ein zweites Mal getauft, während wir, indem wir unsere Glieder abtöten, welche auf der Erde sind, uns wieder mit Christus umkleiden und durch die Ähnlichkeit mit seinem Tod erneut in ihn eingepflanzt werden. ZISTER-ZIENSER: Es liegt noch ein anderes, feineres und heiligeres Sinnbild in unserer Kukulle. CLUNIAZENSER: Welches ist das? ZISTERZIEN-SER: Sie hat die exakteste Form des Kreuzes Christi, um es deutlicher zu formulieren: unsere Kukulle ist das Kreuz, gleichsam ein schreckliches Zeichen für die Macht der Finsternis. Durch dieses Zeichen ist der Mönch gegen dieselbe Macht der Finsternis geschützt, wenn er, während er schläft, mit seiner Kukulle bekleidet ist. Wer sähe nicht, daß diese Kleidung die geeignetste für Mönche sei? Diejenigen, die sich gemäß ihres Gelübdes selbst verleugnen, tragen das Kreuz Christi in ihrem Inneren, dessen Zeichen das Kreuz ist, welches sie an ihrem Äußeren tragen. Die Kukulle ist deshalb ein Zeichen der Vollkommenheit, weil, wie der selige Ambrosius bezeugt, zu den Vollkommenen gesagt worden ist: *Wer mir nachfolgen will, der verleugne sich selbst und nehme sein Kreuz auf sich und folge mir, sprach der Herr.* Der Mönch schläft in seiner Kutte daher sicherer und schicklicher. Der hl. Benedikt hat dies nicht ausdrücklich niedergeschrieben, sondern, wie ich glaube, gemeint, indem er vorschrieb, daß wir bekleidet schlafen sollten. CLUNIAZENSER: Und wir, obwohl wir nicht in Kukullen, sondern nur in Hemden schlafen, schlafen dennoch bekleidet, weil ein Hemd ja ein Kleidungsstück ist. ZISTERZIENSER: Dies ist jene schwache Begründung, mit der ich mich verteidigt hatte, als ich noch in eurem Orden war.«[223]

223 »CISTERCIENSIS: [...] vitam monachi esse angelicam et habitum eius esse angelicum. Velat enim caput monachi quasi duabus alis et brachia quasi duabus alis et corpus quasi duabus alis. Ecce sex alae monasterialis cherubin in una veste – scilicet cuculla nostra, quia vestra non est cuculla, carens manicis.
CLUNIACENSIS: Si non in una veste, tamen in duabus, frocco videlicet et nostra cuculla, habemus et nos sex alas.
CISTERCIENSIS: Ita et rusticus, quando indutus est tunica et cappa et clericus superpellicio et cappa: irregularis habitus vester non poterit hoc modo defendi.
CLUNIACENSIS: Sanctorum patrum sententia est, quod boni monachi comparandi sint bonis angelis, mali vero apostaticis. Idipsum testatur abbas Claravallensis his verbis: *Monastica conversatio professores et amatores suos angelis similes, dissimiles hominibus facit, immo divinam in homine reformat imaginem, configurans nos Christo instar baptismi. Et quasi secundo baptizamur, dum per id quod mortificamus membra nostra quae sunt super terram, rursus Christum induimus, complantati denuo similitudini mortis eius.*

Durch die symbolische Interpretation der Kreuzform des Gewandes und der sich damit verbindenden religiösen Kraft setzte Idung von Prüfening das Seelenheil des Mönches in Beziehung zum Schnittmuster der Kukulle. Mit anderen Worten: die seelische Ruhe des Mönches während der Zeit des Schlafes im Dormitorium wurde wesentlich von deren Gestalt bestimmt! Caesarius von Heisterbach hob in einer Wundergeschichte ebenfalls die Bedeutung des Mönchsgewandes für das Seelenheil hervor. Er berichtete von einem Mönch aus Frankreich, der in seinen letzten Zügen lag. Da dieser aufgrund seiner schweren Krankheit von innerer Hitze und der Hitze der Luft zusätzlich gepeinigt wurde, bat er den Krankenmeister um Erlaubnis, die Kapuze und das Skapulier abzulegen. Dieser gewährte ihm seine Bitte, kurz bevor er den Saal verließ. Als der Krankenmeister zurückkam, fand er den Mönch nur noch tot vor. Darüber erschrocken, kleidete er ihn wieder ordnungsgemäß an. Als der Verstorbene in der Kirche aufgebahrt lag, erhob er sich plötzlich und verlangte, den Abt zu sprechen. Die Mönche, durch dieses Ereignis völlig verstört, holten den Vater. Nun berichtete der Mönch, daß ihm vom hl. Benedikt der Eintritt ins Paradies verwehrt wurde, weil er ohne Mönchsgewand verstarb und somit sich nicht als Zisterzienser an der Paradiespforte ausweisen konnte. Nachdem der Unglückliche nun in aller Verzweiflung um Fürsprache bei einem alten Greis nachsuchte, durfte er noch einmal in seinen Leib zurückkehren, um mit seinem alten Mönchsgewand bekleidet zu werden. Als dies geschehen war, hauchte er wieder seinen Geist aus.[224]

CISTERCIENSIS: Est et alia sublimior et sacratior figura in cuculla nostra.
CLUNIACENSIS: Quae est illa?
CISTERCIENSIS: Habet enim rectissimam crucis Christi formam, et ut expressius dicam: cuculla nostra est crux, scilicet signum potestati tenebrarum terribile. Quo signo contra eandem tenebrarum potestatem est munitus, si, dum dormit, monachus est cuculla sua vestitus. Quis non videat vestem istam monachis esse convenientissimam? Ipsi enim secundum professionem suam semetipsos abnegantes, crucem Christi portant in homine interiore, cuius signum est crux, quam portant in homine exteriore. Est ergo cuculla signum perfectionis, quia, ut testatur beatus Ambrosius, perfectis dictum est: *Qui vult venire post me, abneget semetipsum et tollat crucem suam et sequatur me, dicit dominus.* Tutius itaque atque decentius in cuculla sua dormit monachus, quod non scripsit, sed, ut arbitror, intellexit sanctus Benedictus, precipiens ut vestiti dormiamus.
CLUNIACENSIS: Et nos, licet non in cucullis sed in solis camisiis, tamen vestiti dormimus, quia camisia vestis est.
CISTERCIENSIS: Haec est illa ratiuncula qua ego me defendi quando eram in ordine vestro.« Idung von Prüfening, *Dialogus duorum monachorum* III,46–49.

224 Vgl. Caesarius von Heisterbach, *Dialogus miraculorum* XI,36 (*De monacho qui propter cucullam quam moriens exuerat prohibitus est intrare paradisum*).

Es wurde festgestellt, daß im 12. Jahrhundert die Schnittmuster von Kukullen durchaus unterschiedlich waren und in Abhängigkeit von Klöstern oder Orden standen.[225] Der Streit um die Form der Gewänder zielte jedoch nicht so sehr auf die Feinheiten, sondern vielmehr auf die prinzipiellen Bestandteile der Mönchstracht. Die Kukulle wurde über ihre Form des Kreuzes zum Zeichen der Vollkommenheit und Göttlichkeit. Ihr Träger näherte sich diesen Bedeutungen an.

Neben der Farbe und der Form der Kleidung vermittelte auch die Qualität des Stoffes Bedeutungen. Otto von Freising betonte die Rauheit des Gewandes als Zeichen der Demut und Buße, und der hl. Bernhard kritisierte die zur Schau gestellten Eitelkeiten in Form von kostbaren Stoffen und zu weitgeschnittenen Kapuzen und Ärmeln.[226] Die Art und Qualität des getragenen Stoffes charakterisierte ihren Besitzer. Leinen, welches in der Spätantike noch erlaubt war, wurde im Hochmittelalter mit Verweichlichung gleichgesetzt. Die Zisterzienser haben leinene Hemden nicht erlaubt und ihren Gebrauch bei den Cluniazensern bemängelt. Seide galt als Luxusartikel. Pelze waren ebenfalls ein Stein des Anstoßes, obwohl sich deren Verwendung durch das nördliche, rauhe Klima durchaus begründen ließ.[227]

Die Debatte um Kleidungsstücke hatte auch noch ein heiteres Moment. Diesmal machten sich die Zisterzienser bei ihren Zeitgenossen in den anderen Klöstern unbeliebt und regten diese zu Spötteleien an. Den Weißen Mönchen nämlich war es verboten, Hosen (*femoralia, braccae*) im Kloster zu tragen, da Benedikt diese ausdrücklich nur auf Reisen gestattete.[228] Nigel Wireker und Walter Map machten sich über diese Eigenart lustig, während Wilhelm von Malmesbury den Weißen Mönchen Anerkennung dafür zollte.[229] Nigel Wireker schrieb:

> »Kurzhosen werden nicht Verdruß in den Nächten bereiten/ Dem, der im Bette liegt, solche Befürchtung bleib fern!/ Lange Hosen sind fremd den Zeugungsgliedern da unten,/ Die liegen immer frei nachts sowohl wie am Tag./ Was nur soll ich dann tun, wenn der Wind aus Süden sich

225 Vgl. Zimmermann, G., 1973, p. 100f.
226 Vgl. Bernhard von Clairvaux, *Epistola* 1,11, SW II, p. 258 [SBO VII, p. 9].
227 Vgl. Zimmermann, G., 1973, pp. 101ff. Petrus Venerabilis hat den auch für ihn nicht mehr tragbaren Kleiderluxus in Cluny in seinen Statuten einzuschränken versucht, indem er bestimmte Stoffe verbieten ließ. Vgl. Petrus Venerabilis, *Statuta* 16–18, pp. 54–58.
228 Vgl. *Exordium parvum* 15, Bouton/van Damme, p. 77.
229 Vgl. Walter Map, *De nugis curialium* Dist. I,25, pp. 100ff; Wilhelm von Malmesbury, *De gestis regum Anglorum* IV, §336, p. 382f.

aufmacht/ Und mit einem Mal gar meinen Hintern entblößt?/ Wer wäre mit welchem Gesicht die Schande zu tragen imstande,/ Wer setzte seinen Fuß dann noch ins Kloster hinein?«[230]

Die vorgebrachten Einwände sind besonders delikat. Es ging hier in erster Linie um die Frage: Wie muß die Kleidung beschaffen sein, um einen würdigen Altardienst gewährleisten zu können? Petrus Venerabilis verteidigte das Tragen von Hosen aufgrund der klimatischen Verhältnisse in Mitteleuropa und trug somit dem Gebot Benedikts Rechnung, Mäßigkeit und Vernunft walten zu lassen. Ein anderer Grund erscheint mir aber wichtiger. Walter Map wie Petrus Venerabilis verwiesen auf die moralische Dimension der Hose. Es sei wohl das Mindestmaß an Anstand, Reinlichkeit und Ehrbarkeit, so argumentierten sie, wenn Mönche, die ja meist auch Priester gewesen sind, Hosen trügen, damit ihr Geschlechtsteil gerade bei den heiligen Handlungen verborgen bleibe. Die Messe am Altar ›unten ohne‹ zu zelebrieren, wurde als entwürdigend empfunden.[231] Gefahren lauerten ebenfalls im Dormitorium, indem nachts immer ein Licht brennen sollte. Obwohl die Mönche in Kukulle zu schlafen hatten, war ihre Blöße jederzeit gut zugänglich.

Bernhard trat in seiner Polemik gegen die Cluniazenser die Flucht nach vorn an. Seine Kritik war grundsätzlicher Natur, denn er setzte das Gewand des Mönches in Beziehung zu seinem Charakter, d.h. die Kleidung mußte auch etwas von seiner inneren Einstellung widerspiegeln.[232] Das Mönchsgewand galt als *signum perfectionis*, als ein Zeichen der Vollkommenheit. Dem sollte sich der Mönch in seinem Verhalten als würdig erweisen.[233] Bernhard ging

230 »Taedia de nocte femoralia nulla jacenti/ In lecto facient; sit procul iste timor./ Nescia braccarum genitalia membra deorsum/ Nocte dieque simul libera semper erunt./ Ergo quid facerem, veniens si ventus ab Austro/ Nudaret subito posteriora mea?/ Qua facie tantum quis sustinuisse pudorem/ Possit et ad claustrum postea ferre pedem?« Nigel de Longchamps, *Speculum stultorum* (2139–2146) p. 78; dt. Übers. (2137–2144) p. 74.

231 »Et in hac districcione uestium de femoralibus admirandum duco, quod eis uti oportet in altaris obsequio, et cum inde recesserint deponuntur. Sacrarum uestium hec est dignitas; hec autem sacra non est, nec inter sacerdotalia uel leuitica computatur, aut benedicitur; typica uero est et pudenda contegit, uenerisque secreta signare uidetur et castigare ne prodeant. Cur ab illis a<b>stinendum sit quidam michi racionem dedit, ut scilicet circa loca illa frigeant, ne prosiliat ardor uel fiat impetus in incestum. Absit hoc! et decurtentur interiores a zona tunice, manente suprema, et non decaluentur a ueste uenerabili et ab omni alias approbata religione loca celanda.« Walter Map, *De nugis curialium* Dist. I,25, p. 100 u. p. 102.

232 Vgl. Bernhard von Clairvaux, *Apologia* X.24, SW II, p. 186 [SBO III, p. 101]; vgl. auch *Epistola* 1,5 u. 1,11, SW II, p. 250 u. p. 258 [SBO VII, p. 5 u. 9].

233 Sich zu verkleiden war kein Problem. »Wer derlei wollte, konnte sich verkleiden, als König das Gewand eines Pferdehändlers, als Ritter die Lumpen eines Aussätzigen anlegen; er

Cura corporis und monastische Askese

zurück auf den inneren Menschen und seine Tugenden. So schrieb er in der *Apologia* sehr polemisch:

»Eure größte Sorge ist, daß der Körper bekleidet wird, wie es der Regel entspricht, die Seele aber, nackt und ohne die ihr gebührende Kleidung, wird gegen die Regel vernachlässigt. Wenn man sich für den Körper mit solchem Eifer um Tunika und Kukulle sorgt, weil ja der nicht als Mönch gilt, dem sie fehlen, warum kümmert man sich nicht in gleicher Weise durch Frömmigkeit und Demut, die wahren geistlichen Kleider, um den Geist?«[234]

In diesen Worten spiegelt sich ein unüberbrückbarer Widerspruch seiner Zeit. Von jemandem, der besonders tugendhaft und fromm leben wollte, wurde erwartet, daß er sich in einen religiösen Stand begab. Denn die notwendige gesellschaftliche Akzeptanz und Anerkennung ergab sich primär aus dem äußerlichen Zeichen, dem Gewand, welches die Zugehörigkeit zu einer bestimmten religiösen Gemeinschaft dokumentierte. Aber die Kukulle machte noch keinen Mönch, und einer, der dieses Kleidungsstück nicht trug, konnte frommer und demütiger leben als ein Mönch. Dennoch waren diese äußeren Zeichen wichtig. Denn Charaktereigenschaften waren an den sozialen Status gebunden. Deshalb konnte aufrichtige innerliche Einkehr leicht an gesellschaftlichen Konventionen zerbrechen.[235]

Bernhards Askeseideal ist zwar wesentlich durch das der Wüstenväter geprägt worden, allerdings dürfte auch ihm klar gewesen sein, daß ein Leben, wie es der hl. Antonius in Ägypten führte, in seiner Zeit nicht mehr nachzuleben war. Im Gegensatz zu Bernhard berief sich Abaelard in seinen Empfehlungen für Heloise bei all den *Indifferentia*, d.h. bei den Dingen, die Benedikt weder ausdrücklich erwähnte noch *expressis verbis* verboten hatte, auf den gesunden Menschenverstand.[236] Abaelard wie Bernhard betonten den

wurde trotzdem rasch an seinem Verhalten als der erkannt, der er wirklich war. Denn Kleidung war Verhaltensweise und bezeichnete den Platz des Menschen in seiner Gruppe.« Borst, A., 1973, p. 202f.

234 »Maxima cura est, ut corpus regulariter induatur, et contra Regulam suis vestibus anima nuda deseritur. Cum tanto studio tunica et cuculla corpori procurentur, quatenus cui deerunt, monachus non putetur, cur similiter spiritui pietas et humilitas, quae profecto spiritualia indumenta sunt, non providentur?« Bernhard von Clairvaux, *Apologia* VI,12, SW II, p. 166 u. p. 168 [SBO III, p. 91f].

235 Dies gilt vor allem für jene, die sich der Institution Kirche verweigerten. Sie wurden oft kurzerhand zu Ketzern erklärt.

236 Vgl. Abaelard, *Epistola* 5, p. 248 u. p. 251.

Rückzug ins Innere und maßen der äußeren Erscheinung weniger Bedeutung zu. Der Abt von Clairvaux verfing sich jedoch in einem Paradoxon. Einerseits warf er den Cluniazensern vor, daß sie sich zu viel aus Äußerlichkeiten machen würden, wo doch der innere Mensch umgestaltet werden müsse. Andererseits insistierte er darauf, daß das Innere des Menschen auch einen adäquaten Ausdruck in seinem Äußeren finden müsse. Während Bernhard Schmutz und äußere Vernachlässigung gemäß den Wüstenvätern als Zeichen der Heiligkeit empfand, waren Zeitgenossen wie Petrus Venerabilis oder Rupert von Deutz anderer Meinung. Für Rupert von Deutz war die Dürftigkeit der Kleidung kein Zeichen des Ruhmes Gottes, gerade wenn daraus Stolz erwuchs.[237] Petrus Venerabilis reagierte ähnlich wie Rupert in seiner Beschreibung der Kartäuser. Die äußerst lumpigen Kleider (*vestes vilissimas*) seien schrecklich anzusehen (*visu horrendas*) und gehen weit über das Maß der Frömmigkeit hinaus. In Cluny wurde generell mehr Wert auf die allgemeine Sauberkeit sowie ein korrektes Äußeres der Mönche in ihrer Kleidung gelegt.[238]

Hygiene und liturgische Reinheit

Liturgische Reinheit und hygienische Standards gingen bei den Zisterziensern Hand in Hand. Sie lassen sich nicht voneinander trennen. Eine gute, wasserreiche Quelle war eine entscheidende Vorbedingung für eine erfolgreiche Klostergründung. Die Zisterzienser entwickelten meist aus einer Kombination von Quell- und Flußwasser ausgefeilte Frisch- bzw. Abwassersysteme, die nicht nur von planerischer Weitsicht zeugen, sondern auch von einer Liebe zum Detail.[239] Das Wasser wurde in vier Bereichen in unterschiedlichen Funktionen benötigt: als Trink- bzw. Waschwasser in der Küche und im Lavatorium, zum Beseitigen von Unrat in den Latrinen und der Küche, als Energiequelle für Mühlen und andere Werkstätten sowie zur Bewässerung der Gärten und zur Anlage von Fischteichen. Die Bedeutung, die der Wasserkunst beigemessen wurde, geht schon aus zeitgenössischen Schriften hervor.

237 Vgl. Zimmermann, G., 1973, p. 115 u. p. 402f (Quellen II/144).
238 Vgl. Zimmermann, G., 1973, p. 109 u. p. 399 (Quellen II/139).
239 Dies läßt sich auch bei anderen Mönchsgemeinschaften wie den Kartäusern oder den Benediktinern von Canterbury beobachten. In England kann dies heute noch an zwei Beispielen, Mount Grace Priory und dem Wasserversorgungsplan von Prior Wibert (1151–67) für Christ Church Canterbury, umfassend studiert werden. Vgl. Grewe, K., 1991; Grewe, K., 1991a; Willis, R., 1868.

Arnaud de Bonneval beschreibt im zweiten Buch der *Vita Prima* die Verlegung von Clairvaux und schildert bei dieser Gelegenheit eindrucksvoll das neu angelegte Wassersystem.

»Der Ort sei begünstigt durch einen Fluß (Aube), der sich dorthin ergieße, und biete Raum genug für alle Bedürfnisse des Klosters: für Wiesen, Wirtschaftsgebäude, Pflanzungen und Weingärten. [...] Die einen fällten Holz, andere behauten Steine zu Quadern, andere führten Mauern auf, wieder andere verzweigten den Fluß durch Errichtung weitläufiger Uferwälle und leiteten das stürzende Wasser auf die Mühlen. Aber auch die Walker, die Müller, die Gerber, die Schmiede und alle die anderen Handwerker stellten ihren Berufen entsprechende Geräte und Maschinen her, damit der durch unterirdische Kanäle geführte Bach überall im Hause, wo immer es erwünscht wäre, fließendes Wasser hervorsprudelte und endlich, nachdem er in allen Werkstätten seinen Dienst getan und das Haus gereinigt haben würde, seine zerstreuten Wasser wieder in sein ursprüngliches Bett zurückführte und dem Flusse seine Wasserstärke zurückgäbe.«[240]

Im 12. Jahrhundert kristallisierten sich zwei Haupttypen der Wasserbewirtschaftung heraus. Bei einer Ansiedlung auf einer Terrasse oder einem Talhang mußte ein Kanal- bzw. Zuleitungssystem gebaut werden. Bei einer Ansiedlung auf der Talsohle waren meist Dämme zu errichten. Wichtig ist in diesem Zusammenhang, daß das Leitungs- bzw. Kanalsystem die Eckwerte für die späteren Abteigebäude vorgab. Die Klosteranlage wurde so geplant, daß die Kirche sich immer am höchsten Punkt befand.[241] Das Rohrleitungs- bzw. Kanalsystem ist für lange Dauer angelegt worden. Die Quellen wurden oft mit

240 »Addunt etiam se considerasse inferius aptam planitiem, et opportunitatem fluminis quod infra illabitur, ibique locum esse spatiosum ad omnes monasterii necessitates, ad prata, ad colonias, ad virgulta et vineas (*Vita Prima* II,5:29, PL 185, c. 284D–285A): [...] Alii caedebant ligna, alii lapides conquadrabant, alii muros struebant, alii diffusis limitibus partiebantur fluvium, et extollebant saltus aquarum ad molas. Sed et fullones, et pistores, et coriarii, et fabri, aliique artifices, congruas aptabant suis operibus machinas ut scaturiret et prodiret, ubicumque opportunum esset, in omni domo subterraneis canalibus deductus rivus ultro ebulliens; et demum congruis ministeriis per omnes officinas expletis, purgata domo ad cardinalem alveum reverterentur quae diffusae fuerant aquae, et flumini propriam redderent quantitatem. Inopinata celeritate consummati sunt muri, totum monasterii ambitum spatiosissime complectentes. Surrexit domus, et quasi animam viventem atque motabilem haberet nuper nata ecclesia, in brevi profecit et crevit.« *Vita Prima* II,5:31, PL 185, c. 285C–D; dt. Übers. p. 129f.
241 Vgl. Benoit, P./Wabont, M., 1991, pp. 201–206.

12   Fountains: Quellhaus

kleinen steinernen Häuschen eingefaßt (Abb. 12).[242] In Fountains wie in Rievaulx Abbey sind Teile der gemauerten Kanäle noch erhalten bzw. Reste von Leitungsrohren gefunden worden.[243]

Das Necessarium
Die in Rievaulx und Fountains erhaltenen Kanäle dienten vor allem zur Entsorgung der Latrinen.[244] Die sogenannten Necessarien befanden sich in der Regel am südlichen Ende des Laienbrüder- bzw. Mönchsdormitoriums. In Rievaulx sind die Latrinen der Mönche noch einigermaßen erhalten, in Fountains die der Laienbrüder (Abb. 13 und 14). Das System in Fountains Abbey ist denkbar einfach und effektiv. Die Necessarien für die Laienbrüder wurden zweigeschossig mit zwei Kammern angelegt. Es gab einen direkten Zugang für die Konversen von innen über das Dormitorium im Obergeschoß

242 Über das Quellhaus in Fountains Abbey (Robin Hood's well) gibt es noch keine gesicherten Untersuchungen. In Valle Crucis (Zisterzienser) und Mount Grace Priory (Kartäuser) hingegen sind die originalen Quelleinfassungen noch erhalten. Vgl. Bond, J. C., 1991, p. 157.
243 Eine ausführliche Beschreibung einer zisterziensischen Anlage (Fontenay) mit all den hier angesprochenen Aspekten findet sich bei Benoit, P./Wabont, M., 1991, pp. 207–211.
244 Es sei hier nur erwähnt, daß auch andere Gebäude außerhalb der Klausur wie Infirmarium, Gästehaus oder Abthaus an das Kanal- bzw. Leitungssystem angeschlossen waren.

Cura corporis und monastische Askese

13 Fountains: Latrinen der Laienbrüder, Obergeschoß

14 Fountains: Latrinen der Laienbrüder – Blick von Süden

(Abb. 14). Sie waren aber auch zu ebener Erde von außen zu erreichen (Abb. 13). Die acht Eingänge im Erdgeschoß sind durch Rundbögen eingefaßt.

Die *Ecclesiastica Officia* widmen auch den menschlichen Bedürfnissen einige Aufmerksamkeit. So gibt es neben dem Hinweis, daß die Latrinen von den Küchendiensten am Sonnabend gereinigt und in der späteren Prozession mit Weihwasser besprengt werden sollten[245], auch klare Anweisungen, wie sich die Mönche auf der Latrine zu verhalten haben.

> »Diejenigen Mönche aber, die auf die Latrine gehen, verbergen ihr Gesicht in der Kapuze, so gut sie können. Und so sollen sie sitzen, nachdem sie die Ärmel vor sich hochgeschlagen und die Kukulle bis zu den Füßen heruntergelassen haben. Wenn sie dann im Skapulier sitzen, sollen sie sich trotzdem vorn, soweit sie können, bedecken.«[246]

In dieser Anweisung werden drei Dinge deutlich: zum einen der rituelle Charakter – nichts wurde, selbst an diesem Ort, dem Zufall überlassen – zum zweiten das Verbergen des Gesichtes als eine Geste der Scham, die zugleich aber auch ein Zeichen für das Vorhaben ist und somit keiner wortreichen Erklärung bedurfte[247], schließlich drittens das gespannte Verhältnis zur Sexualität, da sich der Mönch vorn, so weit es ging, zu bedecken hatte. Letzteres wird in den Bestimmungen für das Verhalten im Dormitorium noch deutlicher. Die Mönche sollten sich ehrbar und behutsam aus- bzw. anziehen, damit sie niemals nackt erschienen.[248] Diese Angst war allen Mönchsgemeinschaften gemeinsam.[249]

---

245 Vgl. *Ecclesiastica Officia* 108,25 und 55,14.

246 »Intrantes autem domum necessariam. quantum possunt abscondant vultus in caputiis suis: et ita assideant manicis ante se plicatis. et cuculla ad pedes demissa. Si quando vero sederint in scapularibus. nichilominus quantum potuerint se ab anteriori parte cooperiant.« *Ecclesiastica Officia* 72,15–16.

247 Es ist an dieser Stelle daran zu erinnern, daß im Dormitorium ein striktes Schweigegebot bestand, und wenn es etwas zu erfragen bzw. zu sagen gab, sollte dies per Handzeichen geschehen.

248 »Exuentes et induentes se. honeste et caute faciant. ne nudi appareant.« *Ecclesiastica Officia* 72,18.

249 Die *Consuetudines* der großen Bendediktinerabtei St. Mary in York geben ein treffliches Beispiel für die Schwarzen Mönche. Das erhaltene Manuskript wird in die Zeit um 1400 datiert. Im Abschnitt über das Dormitorium (*De Dormitorio*) wird überaus detailliert beschrieben, wie sich die Mönche züchtig ins Bett zu legen hatten. Vgl. *The Ordinal and Customary of the Abbey of Saint Mary York*, Bd. 1, pp. 29–31.

Cura corporis und monastische Askese

Die Lavatorien

Bei den Benediktinern wie auch bei den Zisterziensern war es üblich, daß sich die Mönche mehrmals am Tag Hände und Gesicht wuschen.[250] Dies geschah meistens nach dem Aufstehen und vor den Mahlzeiten. In den cluniazensischen *Consuetudines* wurde auf Sauberkeit, insbesondere wenn es sich um den Altardienst handelte, größten Wert gelegt. Die Mönche sollten sich vor dem Dienst die Hände oder Hände und Gesicht waschen sowie ihre Haare kämmen.[251] Der ›Waschraum‹ der Mönche war das Lavatorium.

In der Regel befinden sich die Lavatorien in zisterziensischen Klöstern wie in Rievaulx (Abb. 15) und Fountains (Abb. 16) entweder in Form großer ›Waschbecken‹ rechts und links vom Eingang des Refektoriums an dessen Außenwand oder wie in Le Thoronet (Abb. 17) in der Form eines Brunnenhauses gegenüber dem Speisesaal.

Das polygonale Brunnenhaus in Le Thoronet (Abb. 17), dessen Brunnen noch in Funktion ist, wurde gegen Ende des 12. Jahrhunderts aus großen, akkurat behauenen Steinquadern erbaut. Der Brunnen selbst (Abb. 18) besteht aus einem polygonalen Unterbau, aus dessen Mitte sich eine Säule erhebt, die auf halber Höhe noch eine Wasserschale trägt, und einer pyramidalen Bekrönung, die durch eine Kugel ihren Abschluß findet. Das Wasser ergießt sich über die mittlere Schale in das große Becken. Die Schlichtheit und archaische Monumentalität dieses Brunnenhauses folgt in Le Thoronet der Architekturauffassung der gesamten alten Klosteranlage. Sie gewinnt ihren Reiz aus der sorgfältigen Verarbeitung und genauen Verfugung der Steinquader.[252]

Die sorgsame architektonische Gestaltung der Brunnenhäuser zeugt von einem besonderen Gestaltungswillen. So bezeichnete Wolfgang Braunfels das Brunnenhaus als den kleinsten »Typus eines Zentralbaus in Stein, den das Mittelalter geschaffen hat.«[253] Heinrich Grüger hat einige zisterziensische Brunnenhäuser untersucht und sie ihrer Grundrißform nach zu katalogisieren versucht. Die Formen reichen vom einfachen Quadrat bis zum Zwölfeck.[254] Die Form des Zentralbaues *en miniature* erinnert an frühchristliche Baptisterien, die im Mittelalter Vorbildwirkung hatten und – lösgelöst vom Zweck

---

250 Die Eremitenorden waren in dieser Hinsicht nachlässiger. Vgl. Zimmermann, G., 1973, pp. 117–133.
251 Vgl. Zimmermann, G., 1973, pp. 118ff u. p. 408f (Quellen III/12).
252 Vgl. Dimier, A., 1962, pp. 179–188.
253 Vgl. Braunfels, W., 1978, p. 147.
254 Vgl. Grüger, H., 1984.

15   Rievaulx: Refektorium mit Lavatorium – Blick nach Süden

16   Fountains: Refektorium mit Lavatorium – Blick nach Süden

Cura corporis und monastische Askese

17   Le Thoronet: Brunnenhaus am südlichen Kreuzgangflügel

der Taufe – zu großartigen Raum-
schöpfungen wurden.[255]

In Rievaulx und Fountains Abbey finden sich grandiose Beispiele
für den zweiten Typ von Lavatorien.
Diese sind nicht nur von beeindruk-
kender Größe, sondern setzen auch
gestalterisch durch profilierte Blendarkaden und durch die teilweise or-
namental gestalteten Konsolen Akzente. In Rievaulx (Abb. 15) werden
die Blendarkaden aus einfachen
Rundprofilen gebildet, die auf ver-
schiedenartig ausgearbeiteten Wandkonsolen aufliegen. Die Ornamentik wechselt, soweit es sich aus den
Resten schließen läßt, von Konsole
zu Konsole. In Fountains Abbey

18   Le Thoronet: Brunnenschale

255 Über den Zentralbau siehe: Bandmann, G., 1951, pp. 200–207.

Hygiene und liturgische Reinheit   197

(Abb. 16) wechseln gestelzter Spitzbogen mit Rundbogen im Rhythmus. Die Konsolen sind im Vergleich zu Rievaulx einfacher und ohne plastische Verzierung. Unterhalb der Konsolen verläuft eine horizontale Steinbank, die am Fußende mit einer Wasserrinne versehen ist. Die Arkaden der Lavatorien ordnen sich der Gestalt der Haupteingänge der Refektorien unter. Der Kulminationspunkt ist das Eingangsportal des Refektoriums. Die Rundbogenportale bestehen aus mehreren Bögen, die auf einem Band von Kapitellen aufliegen. Die in die Gewände eingestellten Säulen sind nicht mehr erhalten.

Diese aufwendig gestalteten Lavatorien in Rievaulx und Fountains erwecken den Eindruck, als wollten sie mit dem traditionell repräsentativ gestalteten Ostflügel konkurrieren. Die Wirkung täuscht insofern, als daß das einfache Pultdach des Kreuzganges nicht erhalten ist und die Lavatorien heute gleichsam als Fassadenelemente des Refektoriums erscheinen.[256]

In Rievaulx und Fountains haben die Lavatorien wahrscheinlich nicht nur zum einfachen Waschen gedient, sondern sie könnten, wie Peter Fergusson annimmt, auch der Ort für die wöchentliche Fußwaschung (*mandatum*) gewesen sein. Eine Miniatur aus dem Evangeliar Heinrich des Löwen (um 1185–88), die das Letzte Abendmahl und das Mandatum darstellt, mag die Funktion der Lavatorien von Fountains und Rievaulx verdeutlichen. Die Mönche saßen bei der Fußwaschung in den Arkaden (Abb. 19).[257]

Die Fußwaschung hat ihren Ursprung in der Gründonnerstagsprozession und erinnert an die Fußwaschung Jesu beim letzten Abendmahl.[258] Bereits Benedikt legte in seiner Regel fest, daß alle Mönche, die den Küchendienst begannen und die ihn beendeten, den anderen die Füße waschen sollten. Wenn Gäste das Kloster erreichten, gab es eine ähnliche Zeremonie. Der Abt goß den Gästen Wasser über die Hände und wusch ihnen anschließend zusammen mit den Mönchen die Füße. Das Mandatum war eine außerordentliche Demutsgeste.[259]

Das Kapitel 108 der *Ecclesiastica Officia* beschreibt die wöchentliche Fußwaschung am Sonnabend ausführlich. Nichts blieb dem Zufall überlassen. Alles war minutiös geregelt: die Reihenfolge der Tätigkeiten, die Rangfolge bei der Fußwaschung, die Gesten der Ehrerbietung bis hin zur Anweisung, daß das Wasser wenn nötig erwärmt werden durfte. Zum Abschluß wuschen sich alle

---

256 Weder Fountains noch Rievaulx Abbey besaßen ein Kreuzganggewölbe aus Stein.
257 Vgl. Fergusson, P., 1986, p. 178f.
258 Zur Fußwaschung im Mönchtum allgemein siehe Schäfer, T., 1956.
259 Vgl. RSB 35,9 u. 53,13.
260 Vgl. *Ecclesiastica Officia* 108,27–44.

Cura corporis und monastische Askese

19   Evangeliar Heinrich des Löwen, Cod. Guelf. 105 Noviss. 2° fol. 170ʳ

die Hände und trockneten sich mit Handtüchern, die der Küchendienst bereitzustellen hatte, ab.[260] Der Sinn dieser Demutsgeste bestand jedoch ursprünglich im Waschen der schmutzigen Füße.

Im cluniazensischen Einflußbereich ging die Prozedur etwas anders vonstatten. Hier gab es noch eine *praelavatio*, sehr zum Ärger der Zisterzienser. Die Mönche hatten sich vor dem Mandatum die Füße zu säubern und traten dann

Hygiene und liturgische Reinheit   199

mit bereits gereinigten Füßen zur Fußwaschung an.[261] Das Mandatum ist
formalisiert und wird hier zum Ritual. Es schien seiner spirituellen Bedeutung
enthoben zu sein.[262] Idung von Prüfening ließ deshalb den Zisterzienser im
Dialogus spöttelnd sagen:

»Ich kann freilich jene eure Gewohnheit, die mich gelegentlich zum
Lachen bringt, nicht mit Stillschweigen übergehen, nämlich daß die
wöchentlichen Küchenhilfen weder die Küche betreten, noch die Füße
der Brüder waschen, wie es die Regel vorschreibt, statt dessen berühren
sie äußerst kurz von oben den Spann mit drei angefeuchteten Fingern
und ziehen die Hand sogleich zurück. CLUNIAZENSER: Es ist
alsdann nicht nötig, daß die Füße gewaschen werden, weil ja jeder
einzelne vorher sich selbst seine Füße wäscht. ZISTERZIENSER:
Wenn es nicht notwendig ist, die Füße zu waschen, dann ist es viel
weniger nötig, sie zu berühren. Nun, unsere Küchengehilfen, die der
Regel gehorchen, waschen unsere Füße, so daß eine andere Waschung
nicht notwendig ist.«[263]

Rasur und Bad
Während der hl. Benedikt das Baden vor allem den kranken Mönchen aus
therapeutischen Gründen empfahl, schwieg er sich über das Rasieren aus.[264]

---

261 Vgl. Zimmermann, G., 1973, pp. 122f u. p. 415 (Quellen III/33).
262 Ähnliches läßt sich auch über die Fußwaschung der Armen am Gründonnerstag sagen. Hier
wurden ursprünglich wirklich 13 Arme in den Kreuzgang geholt. Die Mönche wuschen
deren Füße, trockneten sie ab und küßten sie. Anschließend gaben sie jedem eine Münze.
Zum Abschluß erhielten die Armen noch eine Mahlzeit (*Ecclesiastica Officia* 21,8ff). Im
13. Jahrhundert wurde die Armenfürsorge für viele Klöster zu einem kostspieligen
Problem. Im Rechnungsbuch von Beaulieu Abbey finden sich deshalb genaue Anweisungen für den Portarius, wer als arm zu gelten hatte und wer zur Fußwaschung zugelassen
wurde. Am härtesten traf es die Prostituierten, denn die bekamen nichts, ausgenommen
in einer Zeit großer Not. Vgl. *Account Book of Beaulieu Abbey*, Nr. 31, p. 174f.
263 »CISTERCIENSIS: [...] Illam tamen consuetudinem vestram, quae michi aliquando
risum movit, silentio preterire non possum, quod ebdomadarii coquinae nec coquinam
intrant nec pedes fratrum lavant, sicut precipit Regula, sed cum tribus digitis madefactis
tangunt pedes desuper brevissimo tactu, statim manum retrahentes.
CLUNIACENSIS: Non est necesse tunc lavari pedes, quia unusquisque prius sibimetipsi
suos lavat pedes.
CISTERCIENSIS: Si non est necesse lavari, multominus necesse est tangi. Nostri vero
coquinarii, Regulae obedientes, ita nostros lavant pedes, ut alia ablutio non sit necessaria.«
Idung von Prüfening, *Dialogus duorum monachorum* II,62–63.
264 Vgl. RSB 36,8.

Cura corporis und monastische Askese

Die *Ecclesiastica Officia* legten fest, daß sich die Mönche innerhalb von sechs Tagen vor Weihnachten, vor der Quadragesima, vor Ostern und Pfingsten, vor dem Fest von Maria Magdalena (22. Juli), Mariae Geburt (8. September) und Allerheiligen (1. November) die Tonsur schneiden lassen und sich rasieren sollten. Die Küchendiener brachten zu diesem Zweck warmes Wasser in die Klausur. Der Kustos, der für die Kämme, Scheren, Rasiermesser und Wetzsteine verantwortlich war, bereitete die Utensilien vor und schärfte Messer und Scheren. Die Mönche rasierten bzw. tonsierten sich paarweise. Wer mit wem, bestimmte der Abt.[265] Die ganze Prozedur geschah in Schweigsamkeit. In Hirsau und Cluny war es aber auch möglich, dies unter Psalmensingen zu tun.[266] Die Rasur hatte für die Zisterzienser eine besondere Bedeutung. Die Weißen Mönche nannten ihre Laienbrüder auch *fratres barbati*. Insofern galt der Bart auch als Zeichen für einen Laienbruder.

Die Badetermine lagen meist vor den großen Hochfesten. Über die zisterziensischen Sitten ist in den *Ecclesiastica Officia* nichts zu finden. Die medizinisch-therapeutische Wirkung von Bädern war im Mittelalter allgemein anerkannt. Hildegard von Bingen empfahl neben den warmen Bädern auch kalte im Sommer bzw. Schwitzbäder je nach körperlicher Konstitution.[267] Abgesehen davon, daß die kranken Mönche wohl direkt im Infirmarium gebadet haben, bleibt unklar, wo bei den Zisterziensern die gesunden Mönche ihr Bad nahmen. Ein vorzüglicher Ort wäre der Wärmeraum (*calefactorium*) gewesen.

Beim Baden lockte die Versuchung, und dies mag ein Grund dafür gewesen sein, daß es unter gesunden Mönchen gemieden werden sollte. Die *Decreta* von Lanfranc enthalten eine längere Passage über das Baden, und die Vorkehrungen, die hier getroffen wurden, sollten einerseits die Freude am Bad mindern und andererseits die fleischlichen Begierden möglichst gar nicht erst aufkommen lassen. Die Strenge der Vorschriften legt vor allen Dingen die Vermutung nahe, daß es weniger um die Blicke ging, im Sinne der *concupiscentia occulorum*, sondern vielmehr, wie im folgenden Kapitel am Beispiel von Aelred noch deutlich wird, um die unmittelbaren eigenen sexuellen Erfahrungen, angefangen vom Betasten des Körpers bis hin zur Selbstbefriedigung.

Alle Brüder, die ein Bad nehmen wollten, wurden vom Abt, Subprior oder einem Seniormönch vorher belehrt und kontrolliert. Als Helfer fungierten nur reife Mönche. Novizen und Knaben durften nicht allein baden, sondern nur

---

265 Vgl. *Ecclesiastica Officia* 85.
266 Vgl. Zimmermann, G., 1973, p. 127.
267 Vgl. Hildegard von Bingen, *Causae et curae*, Kap. 15, pp. 257–259.

mit älteren Brüdern. Natürlich badete jeder in seinem Zuber, die durch Vorhänge voneinander getrennt wurden. Es galt auch hier Schweigegebot. Die Mönche wurden angewiesen, nach dem Waschen nicht länger aus Freude im Bad zu verweilen, sondern aufzustehen, sich anzuziehen und in den Kreuzgang zurückzukehren.[268]

Zusammenfassend läßt sich sagen, daß das äußere Erscheinungsbild des Mönches nicht gleichgültig war, daß es grundlegende hygienische Standards (Waschen, Rasur, Tonsur und Baden) gab, die sich mit der liturgischen Reinheit verbanden. Baden wurde eher aus therapeutischen denn aus hygienischen Gründen erlaubt, und wie an den Vorschriften über die Latrine schon zu sehen war, wurde auch beim Bad die Nacktheit zum Problem. Im Gegensatz zu den Zisterziensern haftete den Reinigungen der Cluniazenser ein »stark ethisch-ästhetischer Zug« an. Der Mönch sollte sauber zu den liturgischen Feiern erscheinen, die Rasur wurde von Psalmengesängen begleitet, und die Fußwaschung verkam zum Ritual, bei dem die bereits vorher gesäuberten Füße nur noch symbolisch gereinigt wurden.[269]

Die Kunst, schweigend zu reden – Zeichensprache in den Klöstern

Die Zeichensprache der Mönche ist ein relativ wenig beachteter Aspekt der ästhetischen Kultur mittelalterlicher Klöster. Einerseits verwundert es, da aus diesen Quellen interessante Rückschlüsse auf den Klosteralltag möglich sind. Andererseits ist es jedoch verständlich, weil ihre Erforschung erhebliche methodische Schwierigkeiten enthält. Zeichensprache war, solange sie verbale Kommunikation ersetzen sollte, d.h. täglich gebraucht wurde, etwas sehr Lebendiges und unterlag somit auch zeitlichen Veränderungen. Es gab nicht nur Unterschiede im Vokabular hinsichtlich der religiösen Gemeinschaften oder Orden, sondern auch nach Raum und Zeit. Der überlieferte Quellenbestand ist im Detail, aufgrund regionaler Besonderheiten, oft schwer zu interpretieren. Dies betrifft vereinzelt Begriffe, vor allem aber die Umsetzung des Zeichens in die entsprechende Körpergeste. Hinzu kommt, daß die uns heute vorliegenden *Signa*-Listen vermutlich nur einen Ausschnitt des wirklich gebrauchten klösterlichen Vokabulars darstellen, von dem schwer zu sagen ist, ob es als repräsentativ gelten kann. Schließlich gibt es, zumindest was die Ausführung der Zeichen als Gesten betrifft, keine verläßliche kontinuierliche Tradition.

---

268 Vgl. *Decreta Lanfranci*, p. 9f.
269 Vgl. Zimmermann, G., 1973, p. 133.

Cura corporis und monastische Askese

Der Schwerpunkt meiner Darstellung liegt auf der ästhetischen Dimension der Zeichensprache als Gebärdensprache.[270] Ich betone bewußt deren ambivalenten Charakter, der einerseits in der subversiven Kraft des Zeichensystems lag, indem es unkontrollierbare und wahrscheinlich auch ungewollte Freiräume eröffnete, und der andererseits in der Ausführung der Gesten gründete, d.h. wie mit den Körperteilen gesprochen wurde. Deshalb ist die Zeichensprache auch innerhalb monastischer Kreise immer beargwöhnt worden, da man in der unsachgemäßen Ausführung wie im übermäßigen Gebrauch einen gravierenden Verstoß gegen Klosterdisziplin bzw. -ordnung sah.

Nach einer kurzen Einführung in das System der Zeichensprache, in ihre Bedeutung und Funktion als eine Form nonverbaler Kommunikation möchte ich einige Argumente vorbringen, die verständlich machen sollen, wieso diese Form der Kommunikation zugunsten von mehr Redezeit wieder in den Hintergrund gedrängt wurde: Erstens waren Mißverständnisse bei nicht exakter Ausführung der Zeichen unvermeidbar. Zweitens konnte das Zeichensystem, wenn es einmal in seiner Funktionsweise verstanden wurde, beliebig erweitert werden und entzog sich somit der Kontrolle von Abt oder Prior. Drittens bestand ein Vorteil dieser stummen Verständigung darin, daß eine Kommunikation über größere Entfernung möglich war, ohne entdeckt zu werden. Denn Zeichensprache setzt Sichtkontakt voraus. Es war jedoch um vieles einfacher, jemanden, der nicht zu sehen war, zu hören. Schließlich ist viertens daran zu denken, daß die Ausübung der Zeichen entweder willkürlich oder unwillkürlich, bei schlechter Ausführung, in Gestikulation übergehen konnte. Gestikulation wurde zutiefst bekämpft, da sie nicht nur einen heftigen Verstoß gegen eine demütige, dem Mönch adäquate Körperhaltung – die immer auch als ein Spiegel der Seele gesehen wurde – war, sondern weil die Mönche aufgrund dieser unkontrollierten Körperbewegungen in die Nähe von Außenseitern der Gesellschaft, den Gauklern und Schauspielern (*histriones*), rückten.

Zeichensprache und Schweigegebot

Ein wichtiges Element des Lebens im Kloster war das Schweigegebot. In der Tradition von Bibel[271] und frühchristlichen Autoren wie Cassian[272] und

---

270 Thomas von Aquin erinnerte in seiner *Summa theologica* aus einer völlig anderen Perspektive an die Wichtigkeit der Gebärdensprache. Im Anhang zur *Summa* (Supplementum, Quaest. 9, Artikel 3,2) fragte er sich, ob nicht auch über Gebärdensprache das Sündenbekenntnis erfolgen könne, wenn der- oder diejenige taubstumm waren und das Seelenheil es erforderte.

271 Die Bibelstellen sind recht zahlreich. Als ein Beispiel mag Psalm 140,3 gelten: »Herr, stelle einen Wächter vor meinen Mund und bewahre die Armut meiner Lippen (*pone Domine*

Augustinus[273] betonte auch der hl. Benedikt das Schweigen als eine durchaus bedeutsame Tugend des Mönches.[274] Reden, so die Meinung führender monastischer Theologen, barg, sofern nicht über Göttliches gesprochen wurde, immer die Gefahr der Sünde in sich, die, wenn sie begangen wurde, auch geahndet werden mußte.[275] Gefürchtet waren Geschwätzigkeit, Gespräche über Beschauliches, der neugierige Tratsch sowie der Klatsch über Neuigkeiten und weltliche Ereignisse. Die Schweigsamkeit hingegen zählte schon in den Bereich der Tugenden. Sie ist ein wichtiges Merkmal der Demut.[276] Den Geboten Benedikts folgend, galt das Schweigegebot auch für zisterziensische Mönche, und zwar in zweifacher Hinsicht: Zeitlich sollte es besonders intensiv während der Mittagsruhe und nach der Komplet, d.h. während der Nacht beobachtet werden. Räumlich waren Kirche, Kapitelsaal, Dormitorium, Kreuzgang, Refektorium und Küche, allgemein gesagt, die engere Klausur, die Orte, denen bezüglich des Schweigens besondere Aufmerksamkeit geschenkt wurde.[277]

Dennoch blieb es nicht aus, daß mündliche Weisungen an Orten größter Schweigsamkeit aufgrund bestimmter Notwendigkeiten gegeben werden mußten. Dafür gab es, abgesehen von der Aufgabenverteilung im Kapitelsaal[278]

custodem ori meo serva paupertatem labiorum meorum).« Für weitere Bibelstellen: vgl. Rijnberk, G., 1953, p. 16f.

272 In Cassians De institutis coenobiorum IV,17 wird das Schweigen bei Tisch hervorgehoben, und in Buch XI,4 betonte er die Bedeutung des Schweigens in der Bekämpfung des Stolzes, der nach seiner Meinung aus der Beschäftigung mit Wissenschaft und aus der Beredsamkeit erwuchs.

273 Vgl. Augustinus Sermo 211,VI (5), PL 38, c. 1057f.

274 Vgl. RSB 6 (De taciturnitate).

275 Vgl. RSB 42,9.

276 Benedikt betrachtete als neunte Stufe der Demut die Schweigsamkeit (RSB 7,56–58).

277 Die Ecclesiastica Offica haben kein gesondertes Kapitel zum Schweigen. Dies ist durchaus verständlich, da die wichtigsten Bestimmungen bereits in der Regel Benedikts festgehalten waren. Gleichwohl aber finden sich zahlreiche Bemerkungen zur konkreten Beobachtung des Schweigens in bestimmten Räumen oder zu bestimmten Zeiten. Diese werden entweder direkt benannt (z.B.: Schweigen im Kapitelsaal [70,62]; Schweigen auf den Grangien [84,23]; Reden im Kloster nur nach Erlaubnis [88,10], und Kapitel 88,19 verbietet Reden bei Tisch) oder erschließen sich indirekt, indem als Ersatz für die Worte Zeichen erlaubt sind (z.B. Kapitel 75,51 u. 108,20 Küche). Hinweise direkter Art finden sich beispielsweise in den bei Guignard abgedruckten Statuten des Generalkapitels (Kap. 77: Quod infirmarius loqui potest cum solatio suo und Kap. 85: De scriptoriis), bei Canivez in den Statuta von 1152:3 (De poena loquentium ad mensam) und 1152:4 (Cum quot monachis liceat Abbati hospiti simul loqui) und im Usus Conversorum 6 (Vbi teneant silentium) bei Guignard (p. 281f) und Lefèvre (p. 90f).

278 Im Kapitelsaal wurden nach der morgendlichen Ansprache bzw. der Lesung eines Kapitels der Regel Benedikts und dem Schuldkapitel auch wichtige Angelegenheiten des Klosters besprochen. Vgl. Ecclesiastica Officia 70 (De capitulo et confessione).

und den besonderen Situationen[279], prinzipiell drei Möglichkeiten. Erstens stand der sogenannte Sprechraum (*parlatorium*) für Anweisungen zur Verfügung.[280] Zweitens durfte in bestimmten Situationen Wichtiges durch knappe Worte mündlich weitergegeben werden[281], und schließlich bestand drittens die Möglichkeit, per Zeichensprache Notwendiges auszutauschen.[282]

Zeichensprache galt als eine Form des Sprechens und bedeutete immer eine wenn auch ausdrücklich erlaubte Übertretung des Schweigegebotes[283], und wie beim normalen Reden wurde eine Beziehung zwischen Körperhaltung bzw. Körpergeste und Sprechen (Bezeichnen) hergestellt.[284] Ein ungebührlicher Gebrauch dieses schweigenden Sprechens, sei es am falschen Ort, zur falschen Zeit oder in unwürdiger Form, konnte genauso geahndet werden wie eine Übertretung des Schweigegebotes durch Reden.[285] Der Zisterzienser

279 Etwa wenn der Abt es anders verfügt hat, oder bei Anwesenheit von Gästen (RSB 42,10).
280 In den *Ecclesiastica Officia* (72,9–12) findet sich unter den besprochenen Räumen, jener der heute *Parlatorium* genannt wird (Abb. 30). Im Text heißt er *Auditorium* (Hörsaal). Diese Bezeichnung weist im Gegensatz zum Begriff *Parlatorium* (Sprechraum) in congenialer Weise auf das hin, worum es ging. Dieser Raum war nicht zum Sprechen im Sinne einer Konversation gedacht, sondern zum Zuhören. Denn im ›Hörsaal‹ empfing der Untergeordnete von seinem Vorgesetzten eine Anweisung.
281 Zum Beispiel durften die Kranken mit ihrem Arzt (*infirmarius*) reden. Vgl. *Ecclesiastica Officia* 92,1.
282 So zum Beispiel während der Arbeit (*Ecclesiastica Officia* 75,9), in der Küche (75,51), im Refektorium (89,8) oder bei Bitten an den Kellermeister (108,20).
283 Dafür gibt es zahlreiche Belege. So wird in verschiedenen Bestimmungen der *Ecclesiastica Officia* der Gebrauch der Zeichensprache eingeschränkt bzw. verboten: z.B. während den Pausen bei der Arbeit (75,25), im Kreuzgang (75,50), im Kreuzgang nach der Vesper (79,1), auf den Grangien zwischen Mönchen und Konversen bzw. Familiaren (84,26). Im Dormitorium wird Reden und Zeichensprache auf eine Ebene gehoben, wenn es heißt, daß weder ein Wort noch Zeichen gebraucht werden dürfte, wenn man nicht ordnungsgemäß bekleidet war (75,27). In dieselbe Richtung zielen Bernhards Äußerungen in seiner dritten Predigt zur Fastenzeit. Dort ruft er alle Glieder des Körpers (*membra*), die sündigen können, zur Buße, d.h. zum Fasten auf, wie zum Beispiel den Gaumen (*gula*), das Auge (*oculus*), das Ohr (*auris*), die Zunge (*lingua*) und die Hand (*manus*). Letztere möge unnötige Zeichen unterlassen und Werke, die nicht angewiesen wurden (*Ieiunet manus ab otiosis signis, et ab operibus omnibus, quaecumque non sunt imperata*). Vgl. Bernhard von Clairvaux, *Sermones per annum: Sermones in Quadragesima* 3,4, SW VII, p. 470 [SBO IV, p. 367].
284 So schrieb Hugo von St. Viktor in seinem Novizenspiegel über die Art und Weise des Redens: »Qualitas, id est modus loquendi, in tribus constat, hoc est quo gestu, quo sono, qua significatione quid dicitur. Disciplina jubet ut loquentis sit gestus modestus et humilis, sonus demissus et suauis, significatio uerax et dulcis.« Hugo von St. Viktor, *De institutione novitiorum* 1070–1073, p. 88.
285 Das bereits erwähnte Statut 3 von 1152 bestraft Zuwiderhandlungen im Refektorium mit dem Entzug von Wein, und wenn dieser nicht gereicht wird, mit dem Entzug von einem *pulmentarium*, sofern zwei serviert werden.

Helinand von Froidmont (um 1160–1230) warnte in einer Predigt seine Zuhörer, daß Mönche, die wegen vermeintlich geringer Sünden wie z.b. Mißbrauch der Zeichensprache auf äußerst brutale Weise im Jenseits dafür bestraft werden würden. Er schrieb:

> »Ein gewisser Heiliger sah nämlich, daß schwerste Strafen den Seelen der Toten für solche Ausschreitungen, die wir Törichten für sehr leicht halten, auferlegt werden: wie [...] für eine überflüssige Menge von Zeichen, durch welche Kurzweiliges und Beschauliches gegenseitig ausgetauscht worden ist, sind die Finger der Nachlässigen entweder bis zur Handfläche beschnitten oder auf Ambosse gelegt und durch Schläge gepeinigt worden.«[286]

Die Anfänge der Zeichensprache liegen im dunkeln. Ob sie bereits vor oder zu Benedikts Zeiten im Kloster praktiziert wurde, ist nicht zu belegen.[287] Die ersten Zeugnisse stammen aus der Zeit Odos von Cluny (um 879–942). Johannes von Salerno, ein Schüler Odos und dessen Biograph, berichtete in seiner *Vita Sancti Odonis*, daß die Mönche unter Odo, um das Schweigen nicht zu brechen, bereits mit Zeichen kommuniziert hätten.[288] Dies schien jedoch unter Mönchen nicht unumstritten zu sein. Auch Konrad von Eberbach erwähnte im *Exordium magnum* den Gebrauch der Zeichensprache unter Odo von Cluny und zitiert reformfeindliche Mönche, die diese Praxis als schändlich denunzierten.

---

286 »Vidit enim sanctus quidam gravissimas inferri poenas animabus defunctorum pro talibus excessibus, quos nos insipientes levissimos aestimamus: ut [...] pro signorum multitudine superflua, quibus ludicra et otiosa quaeque contulissent ad invicem, digiti negligentium vel excoriabantur usque ad palmam, vel super incudes tunsionibus quassabantur.« Helinand von Froidmont, *Sermo XXII*, PL 212, c. 668.

287 So erwähnt Augustinus in *De magistro* 3,5 (PL 32, c. 1197), als er das Verhältnis von (Wort-) Zeichen zu seiner Bedeutung diskutiert, die Taubstummensprache (*ut homines cum surdis gestu quasi sermocinentur*), nicht jedoch die klösterliche Zeichensprache, als Möglichkeit, ohne Worte zu kommunizieren und dennoch Bedeutungen zu vermitteln. In Benedikts Regel gibt es eine Stelle, die als eine Anspielung auf Zeichensprache gedeutet werden könnte. Im Kapitel 38,7 (*De ebdomadario lectore*) heißt es: »*Si quid tamen opus fuerit, sonitu cuiuscumque signi potius petatur quam voce.*« Was mit »eher hörbaren Zeichen als durch die Stimme« gemeint ist, vermag ich nicht zu sagen. Interessant ist allerdings die Parallele zu Cassians *De institutis coenobiorum* IV,17, wo es heißt: »Und wenn er bemerkt, daß etwas auf- oder abgetragen werden muß, macht er dennoch lieber durch ein Geräusch als mit der Stimme darauf aufmerksam (*qui tamen si quid mensae superinferri uel auferri necessarium esse peruiderit, sonitu potius quam uoce significat*).«

288 Vgl. Johannes von Salerno, *Vita Sancti Odonis* I,32, PL 133, c. 57B.

Cura corporis und monastische Askese

»Gewisse andere Mönche, die einige von den Brüdern sahen, die mühsam das Schweigen hielten und wenn es nötig gewesen wäre, Zeichen
anstelle von Wörtern benutzten, riefen, sehr von gallebitterem Zorn
bewegt: O Unglückliche, was tut ihr? [...] Wo, so frage ich, gebietet dies
die Hl. Schrift, daß ihr die Hände anstelle der Sprache benutzen sollt?
Werdet ihr nicht selbst überführt, dem Schöpfer Unrecht zu tun, indem
ihr den natürlichen Gebrauch der Sprache und das Werkzeug der
Stimme den Händen überlaßt, und euch in unvernünftiger Weise
empört?«[289]

Die Kritik zielte auf zwei zentrale Punkte ästhetischen Charakters: einmal auf
die Zeichensprache als ungebührliche Geste, wie sie später noch ausführlich
erläutert wird, zum anderen durch die Anspielung auf die Hände auf ein bestimmtes Konzept von den Sinnen bzw. sinnlicher Wahrnehmung. Vorder-
gründig wird gegen eine Mißachtung von Gottes Ordnung polemisiert. Wenn
Gott dem Menschen eine Zunge zum Reden verliehen hat, so möge dieser sie
auch dafür benutzen. Die tiefere Bedeutung liegt jedoch in dem, was die Hände
mit den Sinnen zu tun haben. In der Hierarchie, die der hl. Bernhard von den
fünf äußeren Sinnen (*visus*, *auditus*, *odoratus*, *gustus* und *tactus*) aufstellte,
galten der Gesichtssinn als höchster (*principalis sensus*), der Geschmacks- und
Tastsinn jedoch als die niedrigsten Sinne (*infimus/ignobilior*), da es hier zu einer
unmittelbaren Berührung zwischen wahrgenommenem Objekt und wahr-
nehmendem Sinnesorgan kommt. Während der Gesichtssinn an höchster
Stelle des Leibes, im Kopf, lokalisiert wurde, verlegte Bernhard das Zentrum
des Tastsinnes primär in den Bereich der Hände (*tamen proprie manuum est*).[290]
Dieser Faden läßt sich jedoch noch weiter spinnen. Eine Folge des Sündenfalls
und der Vertreibung aus dem Paradies war die Handarbeit (*opus manuum*). Mit
den Händen zu arbeiten wurde zum Zeichen von Buße und Demut, und zwar
im wörtlichen Sinne von *humilitas*. Gott wird hier in seiner Negativität auf der
allgemeinsten Stufe physischer Wahrnehmung erfahren, nämlich im *unmittelbaren* körperlichen Mühsal, im *unmittelbaren* körperlichen Schmerz. Die
Lectio divina hingegen führte zur wahren Schau Gottes (*visio Dei*), nicht mit

289 »alii quidam monachi uidentes quosdam de fratribus [...] silentium etiam studiose tenentes
et, si necesse fuisset, signis pro uerbis utentes, nimio iracundiae felle commoti, O infelices,
inquiunt, quid facitis? [...] Vbi quaeso, scriptura hoc iubet, ut manibus pro lingua utamini?
Nonne ipsi creatori iniuriam facere conuincimini, qui relicto naturali usu linguae et uocis
organo manibus irrationabiliter tumultuamini?« *Exordium magnum* I,6, p.14.
290 Vgl. Bernhard von Clairvaux, *Sententiae* III,73, SW IV, pp. 473–481 [SBO VI/2, pp. 108–
112].

einem äußeren Organ, sondern mit dem inneren Auge, und bestand in einer geistigen *Unmittelbarkeit.*

Die Zeichen, die Mönche als Ersatz für das gesprochene Wort in Anspruch nahmen, sind in den sogenannten *Signa*-Listen überliefert.[291] Sie nennen die Begriffe und beschreiben ihre Umsetzung in Gesten. Die frühesten heute bekannten Listen stammen aus dem letzten Viertel des 11. Jahrhunderts und finden sich in den *Consuetudines* Udalrichs bzw. Bernhards von Cluny[292] und in den *Consuetudines* Wilhelms von Hirsau.[293] Aus zisterziensischen Klöstern sind ebenfalls *Signa*-Listen überliefert, die von Anselm Dimier und Bruno Griesser ediert worden sind.[294] Neben diesen Listen gibt es noch weitere, die hier aber keine Rolle spielen sollen.[295]

Struktur des Zeichensystems

Aus dem überlieferten Zeichenbestand wie aus der Struktur der Zeichen und ihrer Verknüpfung geht hervor, daß die Zeichensprache der Mönche nie lebendige Sprache ersetzen sollte bzw. konnte, sondern lediglich dazu diente, notwendige, einfache und kurze Botschaften auszutauschen, vor allem dann, wenn äußerste Schweigsamkeit geboten war. So heißt es in den *Consuetudines* der Regularkanoniker von Klosterrath (vor 1122):

»Doch weil da mehrere Dinge sind, die sich nicht mit Zeichen ausdrük-ken lassen, ist es richtig, daß es nahe beim Kapitelsaal einen Sprechraum gibt, wo die Brüder, aber nur mit Erlaubnis, über das Notwendige

---

291 Der überwiegende Teil der wichtigsten Texte zur Zeichensprache ist in Umiker/Seboeck (1987) in Form eines Sammelbandes neu herausgegeben worden. Hinzuzufügen sind die Arbeiten von Banham, D., 1991; Griesser, B., 1947; Jarecki, W., 1981; Müller, G., 1909; Sherlock/Zajac, 1988 und Schmitt, J. C., 1990, Kapitel 7.

292 Beide Listen sind nahezu identisch. Sie enthalten 118 Zeichen und wurden von Walter Jarecki (1981) neu ediert. Er datierte Bernhards Liste in die Zeit um 1075, Udalrichs Liste in die Zeit um 1083.

293 Die Liste Wilhelms von Hirsau enthält 359 Zeichen.

294 Anselm Dimier (1938) edierte eine Liste aus Clairvaux (um 1527) mit 220 Stichworten, abgefaßt in 275 Hexametern. Bruno Griesser (1947) kompilierte eine Liste aus verschiedenen Handschriften (meist 15. Jahrhundert), die 172 Stichworte in 190 Versen enthält. Außerdem edierte er noch die lateinische Fassung einer Liste aus Kloster Loccum (Abschrift des 18. Jahrhunderts auf der Basis eines Textes aus dem 16. Jahrhundert), die mit der deutschen nicht völlig übereinstimmt und 141 Begriffe zählt.

295 Debbie Banham (1991) edierte eine angelsächsische Zeichenliste, Walter Jarecki (1981) besorgte neben den bereits erwähnten *Signa*-Listen aus Cluny und Hirsau kritische Ausgaben der Listen von Petrus Boherius sowie den Klöstern St. Viktor, Fleury und Bury St. Edmunds.

Cura corporis und monastische Askese

miteinander sprechen können, jedoch nicht sitzend, es sei denn mit dem Herrn Abt oder dem Prior.«[296]

Auch in den *Ecclesiastica Officia* der Zisterzienser finden sich diesbezügliche Hinweise. So wird im Kapitel über die Arbeit den Mönchen, wenn sie irgend etwas nicht durch Zeichen verständlich machen können, eine verbale Äußerung zugestanden. Diese sollte allerdings sehr kurz sein und nur die Arbeit betreffen.[297]

Robert Barakat, der die heute noch existierende zisterziensische Zeichensprache untersuchte, bezeichnete diese Gesten auch als technische Gesten.[298] Ein Blick in die größte uns überlieferte *Signa*-Liste macht diesen Aspekt deutlich.[299]

---

296 »Sed quia sunt plura, quae signis exprimi nequeunt, vicinum capitulo esse convenit auditorium, ubi fratres non tamen nisi per licentiam, quae necessaria sunt, loqui sibi possunt, nec sedendo, nisi cum domno abbate vel priore.« *Consuetudines Canonicorum Regularium Rodenses* 31,159, Bd. 1, p. 342.

297 »Quod si signo non poterit. verbum faciat omnino breviatum et de labore tantum.« *Ecclesiastica Officia* 75,9.

298 Die technischen Gesten »as group are limited since they are formulated by a particular group of professional people, monks, deaf-mutes, and others, to communicate silently when and where speech is awkward or impossible. Sign languages are made up of technical gestures and include those of some North American Indian tribes, truck drivers, merchants, referees, umpires and some monastic orders such as the Cistercians or Benedictines. Brief, effective communication is possible with such signs by stringing them together in utterances using the spoken language as a model for syntax.« Barakat, R., 1975, p. 21. Barakat unterschied insgesamt vier Gruppen von Gesten, die bereits erwähnten *technical gestures* von den *autistic gestures* (»personal gestures which are quite without meaning when divorced from speech. They are directly linked to speech, to intonation and pitch patterns and serve to mark certain features of speech such as the parts of speech.« p. 20), den *culture induced gestures* (»those specific bodily movements that are determined by and that are peculiar to the given culture of which they are a product. [...] They are not definitely linked to speech in any real way but they can serve, like autistic gestures, to emphasize speech in some instances.« p. 20) und die *semiotic gestures* (»constitute a rather large group of gestures that are indeed substitutes for speech. They are simple signals or symbols which have meaning only within a given cultural context and once removed from that context their meanings are altered or completely changed, although the basic configurations remain the same.« p. 20).

299 Aus zwei Gründen greife ich hier bewußt auf die Hirsauer Liste zurück und nicht auf die, die von Zisterziensern überliefert worden sind. Erstens geht es mir an dieser Stelle nur um die Struktur des Zeichensystems, und da davon auszugehen ist, daß alle überlieferten Listen nicht vollständig sind, erscheint es mir sinnvoller, die Liste mit dem größten Zeichenvorrat als Beispiel zu benutzen. Zweitens gehe ich davon aus, daß die Zeichensprache anderer religiöser Gemeinschaften nach gleichen Prinzipien funktionierte. Allerdings werden im Zeichenvorrat die Unterschiede deutlich: einmal in regionaler Hinsicht (z.B. Pflanzen, Tiere) und zum anderen in religiöser Hinsicht – Chorherren haben andere liturgische Eigenheiten als Benediktiner oder Zisterzienser.

Die Liste Wilhelms von Hirsau zählt 359 Zeichen, die in 26 Abschnitte untergliedert sind.[300] Die Einteilung ist in ihrer Systematik nicht immer stringent durchgehalten. Ein kurzer Blick auf die Überschriften zeigt, daß es sich um alltägliche Dinge oder Verrichtungen handelt, die durch Gesten ersetzt werden konnten. Knapp einhundert Zeichen entfallen auf Lebensmittel wie Obst, Gemüse, Fische, Gewürze etc., d.h. Speisen und Getränke. Weitere große Gruppen sind Zeichen für Kleidung inklusive liturgischer Gewänder, für einfache Gefäße und liturgische Geräte, für Bücher, Personen, Räume und Gebäude, für Werkzeuge und Tiere. Auffällig an allen Listen ist die geringe Zahl von Verben. In der Hirsauer Liste erschienen sie unter der Rubrik für *Verschiedenes* (*De signis diversarum rerum*) und machen zusammen mit Adjektiven nicht einmal zwanzig Zeichen aus.

Bei den Zeichen selbst lassen sich Generalzeichen und Zusatzzeichen oder Sonderzeichen unterscheiden, d.h. es gibt einfache und zusammengesetzte Zeichen. So heißt das Generalzeichen für Brot (*panis*):

»Mache einen Kreis mit beiden Daumen und jenen beiden Fingern, die ihnen folgen (Zeigefingern); deshalb, weil das Brot rund ist.«[301]

Für ein besonderes Brot, zum Beispiel den Zwieback (*panis bis cocti*), ist das Generalzeichen mit dem spezifischen Zusatzzeichen zu kombinieren.

»Nachdem das allgemeine Zeichen vorangestellt worden ist, blase ein klein wenig gegen den aufgerichteten [Zeige-]Finger. Sodann erhebe geschwind den folgenden Finger [Mittelfinger] und halte beide voneinander getrennt.«[302]

---

300 Die Unterteilungen lauten im einzelnen wie folgt: *De ipsis autem signis aliqua ponam, et primum, que ad victum pertinent; De signis leguminis; De signis piscium; De signis ciborum; De signis pomorum; De signis pomorum peregrinorum (Ad signa pomorum, que terris nostris rara et inusitata sunt); De signis holerum; De signis aromatum; De signis diversi liquoris; De signis vasorum; De signis vestimentorum; De signis ecclesiasticorum; De signis missarum vel horarum; De signis indumentorum sacerdotalium; De his, que ad divinum pertinent obsequium; De signis librorum; De signis analogii, formule et ligni, in quo lumen habetur; De signis personarum; De signis diversarum rerum; De signis edificiorum; De signis cere, candele, cuiuslibet laterne at absconse; De his, que ad scribendum pertinent; De signis ferramentorum; De signo ridendi et sanguinis de naso fluentis et vomendi; De diversis animalibus; De agrestibus animalibus.*

301 »fac unum circulum cum utroque pollice et his duobus digitis, qui eos sequuntur; pro eo quod et panis debet esse rotundus.« PL 150, c. 941 [Jarecki, W., 1981, Nr. 1, p.163] Die von Jarecki edierte Liste stimmt im Wortlaut nicht mit der in der *Patrologia Latina* völlig überein.

302 »generali signo praemisso, contra erectum indicem paululum suffla, deinde sequentem digitum leva separatos ab invicem utrosque tenens.« PL 150, c. 941 [Jarecki, W., 1981, Nr. 3, p. 163].

Cura corporis und monastische Askese

Eine weitere Unterscheidung der Zeichen ergibt sich aus dem Verhältnis von Zeichen und seinem Bezeichneten. Wie am Beispiel des Brotes (General-zeichen) zu sehen war, steht die zu machende Geste in Beziehung zur Form des Brotes, die mit der Geste imitiert werden soll. Bei dieser Art der Bezeichnung, die sich noch an vielen anderen Beispielen belegen ließe[303], steht das Zeichen in einer sinnfälligen Beziehung zur Form des Bezeichneten. Diese ikonischen Zeichen[304] entsprechen den pantomimischen Zeichen bei Barakat.[305]

Eine andere Gruppe sind die abstrakten Zeichen. Sie haben keine direkte Beziehung zur Form des Bezeichneten, sondern folgen einer Konvention. So heißt es für einen Fremdsprachigen: »Berühre mit dem Finger die Lippen, wegen der Sprache.«[306]

Der Fakt des Anderssprachigen hätte auch mit Hinweis auf die Zunge erfolgen können. Schließlich bedeutet *lingua* Zunge und Sprache. Robert Barakat nannte die konventionell und willkürlich vereinbarten, d.h. symboli-schen Zeichen *pure signs*.[307]

Eine letzte Gruppe, die ich noch hervorheben möchte, sind Zeichen die eine inhaltliche Beziehung zum Bezeichneten aufweisen, indem z.B. bei einer Person auf eine markante Eigenschaft oder Tätigkeit, an der diese identifiziert werden kann, hingewiesen wird. Die Bedeutung der Zeichen erschließt sich gewissermaßen über kausale Zusammenhänge. Sie sind indexikalischer Natur. Barakat nennt sie *qualitative signs*.[308] So wird der Prior in der Hirsauer Liste zum Beispiel dadurch bezeichnet, daß der Mönch mit zwei Fingern das Läuten einer kleinen Glocke imitiert.[309] Selbst beim bereits erwähnten Zwieback bleibt diese Beziehung erhalten. Denn der angeblasene Zeigefinger steht für Hitze (backen) und der danach aufgerichtete zweite Finger für doppelt ge-backen.

---

303 Beim Hirsch sollte mit den Zeigefingern das Geweih angedeutet werden (*Pro signo cervis utriusque omnes digitos fac quasi cornua prominere*). Vgl. PL 150, c. 957 [Jarecki, W., 1981, Nr. 358, p. 230].

304 Ikonische Zeichen sind strukturell bedingt und erschließen sich über die Form, d.h. die Gestalt des Zeichens.

305 Vgl. Barakat, R., 1975, pp. 35ff; Barakats Klassifikation läßt sich auf die historische Zeichensprache nur sehr begrenzt anwenden, da er eine noch heute praktizierte, um vieles erweiterte zisterziensische Zeichensprache untersuchte.

306 »Pro signo hominis, qui alterius est linguae, cum digito labia tange, propter loquelam.« PL 150, c. 954 [Jarecki, W., 1981, Nr. 264, p. 214].

307 Vgl. Barakat, R., 1975, p. 39.

308 Vgl. Barakat, R., 1975, p. 40.

309 »Pro signo prioris, simula cum duobus digitis scillam tenere. et ita eam sonare.« PL 150, c. 953 [Jarecki, W., 1981, Nr. 236, p. 209].

Die Klassifizierung der Zeichen in symbolische, ikonische und indexikalische ist eher theoretisch-idealtypischer Natur, denn in der Praxis kommen sie kaum in Reinkultur vor. Die semiotischen Konturen verschwimmen, da sie oft in kombinierter Form, wie es beim Zwieback zu sehen war, verwendet wurden.

Die Verständigung mit Zeichen
Wie diese Kommunikation im Detail funktionierte, kann heute nur noch spekulativ beantwortet werden, da keine der *Signa*-Listen die Anwendung erläutert bzw. irgendwelche Verknüpfungsregeln im Sinne einer Grammatik der Zeichen enthält. Aufgrund der wenigen in den Listen aufgezeichneten Verben, des Fehlens elementarer Hilfsverben wie ›sein‹ und ›haben‹ sowie der bereits erwähnten theologischen Gleichsetzung von Sprache und Zeichensprache bezüglich des Schweigegebotes erhält die Zeichensprache eher einen technischen Hilfscharakter.[310] Dies geht auch aus den *Ecclesiastica Officia* der Zisterzienser deutlich hervor. Zeichensprache war oft nur zu benutzen, wenn es darum ging, bestimmte benötigte Dinge (Nahrungsmittel oder Werkzeuge)[311] zu signalisieren oder kurze Informationen weiterzugeben bzw. ein Ereignis zu vermelden (z.B. wenn ein Diensthabender das Kapitel verlassen mußte, um seinen Pflichten nachzukommen oder wenn Gäste angekommen waren).[312]

Grundsätzlich lassen sich folgende Rahmenbedingungen für einen Austausch von Informationen per Zeichensprache zusammenfassen. Erstens mußte jeder Mönch, der dieses System erfolgreich benutzen wollte, die Zeichen nicht nur verstehen, sondern auch eindeutig ausführen können. Des weiteren mußte er die kulturellen Codes beherrschen, da Zeichen eine doppelte Bedeutung haben konnten. So konnte mit dem Zusatzzeichen für Forelle auch eine Frau bezeichnet werden:

> »Für das Zeichen der Forelle füge folgendes, nachdem du das Generalzeichen vorausgeschickt hast, hinzu: Ziehe den [Zeige-]Finger von der einen Augenbraue zur anderen. So bezeichnet man auch die Frau, wegen des Bandes [Schleiers?], daß an dieser Stelle von den Frauen getragen wird.«[313]

---

310 Was jedoch nicht heißen soll, daß die Zeichensprache nicht auch anders benutzt werden konnte und sicherlich auch wurde.
311 Vgl. *Ecclesiastica Officia* 75,51 (Küche) u. 75,9 (Arbeit).
312 Vgl. *Ecclesiastica Officia* 70,85 (Kapitel) u. 87,2:5:7 (Gäste). Ähnliches gilt für Kellermeister, Infirmarius und Kantor sowie deren Gehilfen. Für die Konversen vgl. *Usus conversorum* 6, Guignard, p. 281f [Lefèvre, p. 90f].
313 »Pro signo truitae generali signo praemisso hoc adde, ut digitum de supercilio ad super-

Cura corporis und monastische Askese

Hinzu kommt, daß es regionale und religiöse Unterschiede gab. Obwohl Walter Jarecki in seinem Vergleich verschiedener *Signa*-Listen in Teilen gewisse Verwandtschaften feststellen konnte, ist doch davon auszugehen, daß ein Mönch, wenn er in ein anderes Kloster kam, wo andere oder modifizierte *Consuetudines* beobachtet wurden, auch den Gebrauch der Zeichensprache modifizieren oder gar neu erlernen mußte, dies allerdings eher aus Gründen eines anderen Vokabulars als aufgrund anderer Verknüpfungsregeln.

Außerdem läßt sich feststellen, daß, je komplexer das Zeichen und je größer die Geschwindigkeit im Gestikulieren gewesen sind, die Verständigung schwieriger wurde. Komplexität des Zeichens bezieht sich hier nicht nur auf dessen Zusammensetzung (Generalzeichen plus Sonderzeichen), sondern auch auf dessen Charakter (symbolisch, ikonisch oder indexikalisch) sowie seine Mehrfachbedeutung als Einzelzeichen und in Kombination mit anderen Zeichen. Daß es wirklich Verständigungsprobleme geben konnte, belegt eine Wundergeschichte des Caesarius von Heisterbach, in der er erzählte, daß sich zwei Mönche per Zeichensprache verständigten, wobei der eine von beiden die Zeichen nicht verstand und sich schließlich mit seinem Kollegen zum Prior begab, um sich die Botschaft übersetzen zu lassen.[314]

Die Ambivalenz der Zeichensprache und ihre subversive Kraft

Die Zeichensprache im Kloster war, wie bereits erwähnt, selbst im Mönchtum nicht ganz unumstritten. Die Gründe dafür liegen nicht nur in der Hierarchie der Sinne, in einer Verletzung der göttlichen Ordnung, in den Mißverständnissen, die bei ungenauer Kenntnis der Zeichen oder durch ihre schlechte Ausführung entstanden, sondern vielmehr im unkontrollierten Gebrauch, und dies im doppelten Sinn des Wortes: zum einen hinsichtlich der Kontrollierenden, zum anderen mit Blick auf die Ausführenden.

So beschuldigten in der bereits zitierten Passage aus dem *Exordium magnum* die Gegner Odos dessen Anhänger, sie würden durch ihre Hände in unvernünftiger Weise Unruhe stiften (*manibus irrationabiliter tumultamini*). Die Kartäuser haben, wahrscheinlich aus diesem Grund, ihre Mönche angehalten, die Zeichensprache nicht zu benutzen. In ihren *Consuetudines* heißt es:

cilium trahas. Dicitur etiam signum feminae, propter ligaturas, quae in tali loco habentur a feminis.« PL 150, c. 942 [Jarecki, W., 1981, Nr. 18, p. 166].

314 »Ego signum eius non intelligens, et ante Priorem illum ducens, quaesivi quid signaret.« Caesarius von Heisterbach, *Dialogus duorum miraculorum* II,21, p. 90.

»Denn allein lebend benutzen wir die in den zönobitischen Klöstern
benutzten Zeichen nicht oder nur sehr selten. Wir meinen nämlich, die
Zunge allein genüge, um Nötiges zu sagen, ohne dabei die anderen
Glieder zu gebrauchen. Und zwar darum, weil man mit einem oder zwei
oder gewiß wenigen Worten anzeigen kann, was die Sache erfordert,
wenn die Not so dringend ist.«[315]

Dahinter steckt nicht nur die Angst vor unkontrolliertem Gebrauch der
Zeichensprache, sondern die strenge Auffassung, daß auch die stumme Verständigung ein Reden ist und somit dem Schweigegebot zuwider läuft. Daß
Zeichensprache als schweigendes Reden interpretiert wurde, steht wörtlich in
den *Consuetudines Rodenses*.[316] Bei den Zisterziensern ist dies gewissermaßen
zwischen den Zeilen herauszulesen.[317] Im *Exordium magnum* werden Mönche
dafür getadelt, daß sie sich in ungebührlicher Weise den Zeichen, Spielen und
anderen Leichtfertigkeiten widmeten (*signis, iocis et leuitatibus indulgentes*).[318]

Der große Vorteil der Zeichensprache, sich stumm verständlich machen zu
können, hatte auch gravierende Nachteile. Mönche unterlagen immer, sofern
sie ihr Dasein als Berufung empfanden, einer doppelten Kontrolle. Zum einen
sollten sie selbst und ständig ihr Gewissen erforschen, zum anderen unterlagen
sie der ständigen Beobachtung durch ihre Mitbrüder und durch ihre Vorgesetzten. Ein Bruch des Schweigegebotes durch unsachgemäßen Gebrauch der
Zeichen war allerdings schwerer zu entdecken als ein Bruch durch Reden. Der
Kontrollierende mußte den Sünder sehen, und dies war oft viel schwieriger als
je-manden, der nicht gesehen werden konnte, zu hören.[319] Des weiteren

315 »Soli enim degentes signa coenobiorum, aut nulla aut pauca novimus, sufficere putantes
linguam solam, non etiam caeteros artus reatibus implicare loquendi. Et ideo si tanta
necessitas urget, uno vel duobus, aut certe paucissimis verbis quod res postulat maluimus
[*al.* malumus] indicare.« Guigo I, *Consuetudines Cartusiae* 31,3, PL 153, c. 703f; dt.
Übers. Posada, G., 1980, p. 300.
316 »quodammodo tacentes loquantur«. *Consuetudines Canonicorum Regularium Rodenses*,
31,158, Bd. 1, p. 342.
317 In den *Ecclesiastica Officia* wird oft aus den genannten Gründen die Zeichensprache
eingeschränkt oder untersagt. So wurde die Zeichensprache generell für *locis et horis
incompetentibus* untersagt (84,27). Die Mönche durften nicht ohne vorherige Erlaubnis
mit den Konversen bzw. mit den Familiaren auf den Grangien per Zeichensprache reden
(*Caveant etiam ne cum conversis vel cum familia significent* [84,26]). Auch den Novizen
wurde diese Art der Verständigung mit den Mönchen untersagt (*Cum monachis non
significet* [102,14]). Im Kapitel 79,1 wird der Gebrauch der Zeichensprache im Kreuzgang
nach der Vesper eingeschränkt.
318 Vgl. *Exordium magnum* V,19, p. 379.
319 Vgl. Müller, G., 1909, p. 245.

erlaubte Zeichensprache eine Verständigung über größere Distanzen und, was vielleicht die größte Befürchtung war, sie konnte zu einer Art Geheimsprache weiterentwickelt werden, die dann auch ganz andere Botschaften zu überbringen wußte. So erzählte der Pariser Universitätsprofessor und spätere Kardinal, Jakob von Vitry (um 1170–1240), in einem seiner *exempla* von Mönchen, die mit den Füßen redeten. Er schrieb:

»Ich habe von gewissen Mönchen gehört, die, da ihnen befohlen wurde, daß sie das Schweigen halten und auch keine Zeichen mit den Händen geben sollten, weil sie Eitles und Kurioses ihren Brüdern mit den Händen erzählten, und da sie es auf andere Weise nicht wagten, sich gegenseitig mit den Füßen unterhielten und sich so die Kämpfe der Könige, die Taten der Krieger und nahezu alle Neuigkeiten und Gerüchte von der ganzen Welt mitteilten.«[320]

Da der Gebrauch der Zeichensprache eine Kenntnis ihrer Struktur und Regeln voraussetzte, liegt es auf der Hand, daß neue Zeichen in individueller Übereinkunft erfunden werden konnten. Das System der Zeichensprache ist ein offenes Zeichensystem. Der große Vorteil aus der Sicht derer, die sich neuer Zeichen subversiv bedienten, bestand darin, daß, selbst wenn sie erwischt wurden, niemand – außer denen, die die Codes kannten – die Botschaft entziffern konnte. Die plausible Ausrede, daß man eben noch Schwierigkeiten mit dieser Form der Verständigung hätte, war dann auch schwer zu widerlegen. Aber auch hier galt, daß nur kurze Botschaften übermittelt werden konnten.[321] Der große Nachteil für diejenigen, die kontrollierten, liegt ebenso auf der Hand. Sie verloren ihre Kontrolle, denn die Übeltäter waren schwerer auszumachen, und selbst dann blieb die Botschaft ein Geheimnis.

Der m.E. wohl wichtigste und auch durch Quellen zu belegende Kritikpunkt bezog sich auf die Ausführung der Gesten und zielte auf die ästhetische Dimension der Zeichensprache *par excellence*. Jean Claude Schmitt machte hinsichtlich der Ausführung der Gesten auf eine wichtige Unterscheidung aufmerksam, indem er *gestus* und *gesticulatio* als Gegensatzpaar darstellte. Das

---

320 »Audivi de quibusdam monachis, cum interdiceretur eis quod silentium tenerent nec etiam manibus signa facerent, eo quod vana et curiosa per signa sociis cum manibus nunciabant, cum alio modo non auderant, pedibus invicem loquebantur, regum prelia et gesta pugnatorum et fere omnia nova et rumores de toto mundo sociis intimantes.« Jakob von Vitry, *Exempla*, Nr. 48, [fol. 46ʳ], p. 19.
321 Ich denke hier an einfache Zeichen für Dinge wie zum Beispiel ›der Abt kommt‹ oder ›die Luft ist rein‹.

Wort *gestus* bezeichnete die entsprechend den kulturellen Standards ordnungsgemäß ausgeführte Geste, während mit dem Wort *gesticulatio* die ausschweifenden, regellosen und eitlen Gesten beschrieben wurden.[322]

In der Einleitung wurde bereits das Analogieverhältnis von Körper und Seele dargestellt, das für das christliche Denken im Mittelalter sehr bedeutsam war. Aus dieser Sicht folgte eine direkte Beziehung zwischen dem Inneren der Seele und dem Äußeren des Körpers, indem angenommen wurde, daß sich die Seele in den (äußeren) Gesten des Körpers spiegelt. In den *Consuetudines* der englischen Benediktinerabtei Eynsham (Oxfordshire) heißt es beispielsweise über die Novizen:

> »Der Novize möge lernen, ordnungsgemäß einherzuschreiten, d.h. nicht eilenden Schrittes, nicht zügellos in den Hüften, nicht die Schultern hin- und herwerfen, nicht mit aufwärts gerichtetem Hals, nicht mit umherschweifenden Augen, weil, wie der selige Ambrosius sagt, die Bewegung des Körpers gewissermaßen die Stimme der Seele ist.«[323]

Es geht also wieder um die adäquate äußere Darstellung einer inneren Einstellung. Und genau in diesem Punkt wurde die Zeichensprache besonders gefährlich, denn der Grad zwischen einer würdevollen, ruhigen, kontrollierten und maßvollen Geste und einer unwürdigen, überhasteten, unkontrollierten Geste war äußerst schmal. Ausschweifende Gesten, die die Würde des Mönches als Standesgenosse verletzten, wurden auch deshalb hart bestraft, weil sie die Mönche durch ihre Körperhaltung, d.h. durch ihr äußeres Auftreten, mit den Schauspielern und Gauklern auf eine Stufe stellten. Gerald von Wales überlieferte eine diesbezüglich turbulente Szene im Refektorium von Christ Church in Canterbury. Gerald speiste mit Prior und Konvent im Refektorium. Dort fiel ihm nicht nur die große Anzahl der Gänge (*numerositatem ferculorum*), sondern auch die ungeheure Maßlosigkeit der Zeichen (*signorum superfluitatem nimiam*) auf. Am meisten erboste ihn, daß die Mönche durch Gestikulationen mit Fingern, Händen und Armen (*digitorum et manuum ac brachiorum gesticulationibus*) sowie durch Zischlaute (*sibilis ore*) kommunizierten, was keines-

---

322 Vgl. Schmitt, J. C., 1990, Einleitung, insbesondere p. 31.

323 »Doceatur novicius regulariter incedere, non citato gressu, non dissolutis renibus, non iactabilius humeris, non erecto collo, non vagabundis oculis, quia sicut ait beatus Ambrosius: Vox quaedam est animi corporis motus (*De officiis ministrorum* I,18,71).« The Customary of the Benedictine Abbey of Eynsham in Oxfordshire III,2, p. 44; Der Rückgriff auf Ambrosius bzw. Augustinus (*Epistola* 211, PL 33, c. 961) verweist auf die weit zurückreichende Tradition.

Cura corporis und monastische Askese

wegs der Würde des Ortes entsprach. Es schien ihm, als befände er sich auf einer Theaterbühne (*ludos scenicos*) zwischen Schauspielern (*histriones*) und Gauklern (*joculatores*). Deshalb plädierte er dafür, daß anstelle der Geschwätzigkeit mit Zeichen und Zischlauten (*garrulitate signis et sibilis*) mit menschlichen Worten maßvoll gesprochen werde (*verbis humanis cum modestia loqui*).[324] Da das Refektorium ein Ort besonderer Würde war, wog die Kritik besonders schwer.

In ähnlicher Weise kritisierte Aelred von Rievaulx die laxe Körperhaltung mancher Kleriker beim Gesang während des Gottesdienstes und stellt diese ebenfalls auf eine Stufe mit den Histrionen.

»Öfters kannst du sehen, wie ein Mann mit offenem Mund ausatmet, als hätte man ihm die Luft abgeschnitten, nicht mehr singt und mit einem lächerlichen Zurückhalten seiner Stimme sozusagen das Schweigen bedroht, bald auch, wie er die Kämpfe der Sterbenden oder die Qualen der Leidenden nachahmt. Zwischendurch wird in schauspielerischen Gebärden der ganze Körper bewegt, man verzieht die Lippen, rollt die Augen, spielt mit den Schultern und macht bei gewissen Noten entsprechende Fingerbewegungen. Und diese ganze lächerliche Zügellosigkeit nennt man Gottesdienst [...]. Die ausgelassenen Gesten der Sänger sowie die beifallheischenden Variationen und Pausen der Stimmen verfolgt es [das Volk J.R.] mit Gelächter und Gekicher, so daß du meinen könntest, sie wären nicht zum Gottesdienst, sondern zum Theater, nicht zum Gebet, sondern zum Zuschauen zusammengekommen.«[325]

Zusammenfassend läßt sich sagen, daß der Argwohn gegenüber der Zeichensprache im allgemeinen bzw. gegenüber ihrem Mißbrauch im besonderen nicht nur aus dem Kontext des Schweigegebotes zu erklären ist, sondern viel tiefer wurzelte, nämlich in einer bestimmten Auffassung von den Sinnen und ihrer Hierarchie sowie in den Gesten als Körpersprache und ihrer Bedeutung

324 Gerald von Wales, *De rebus a se gestis* V, RS 21,1, p. 51.

325 »Videas aliquando hominem aperto ore quasi intercluso halitu expirare, non cantare, ac ridiculosa quadam uocis interceptione quasi minitari silentium; nunc agones morientium, uel exstasim patientium imitari. Interim histrionicis quibusdam gestibus totum corpus agitatur, torquentur labia, rotant oculi, ludunt humeri, et ad singulas quasque notas digitorum flexus respondet. Et haec ridiculosa dissolutio uocatur religio; [...] sed lasciuas cantantium gesticulationes, meretricias uocum alternationes et infractiones non sine cachinno risuque intuetur, ut eos non ad oratorium, sed ad theatrum, nec ad orandum, sed ad spectandum aestimes conuenisse.« Aelred von Rievaulx *De speculo caritatis* II,23,67.

für die verschiedenen sozialen Gruppen. Das Reden mit den Händen wurde nicht nur als Verletzung von Gottes Ordnung aufgefaßt, in der alles seinen Platz hatte und in der der Mund bzw. die Zunge das Organ des Redens war, sondern auch als eine Erniedrigung, indem die Hände, die dem niedrigsten Sinn dienten, dafür in Anspruch genommen wurden. In ihrer gestischen Ausführung wurde Zeichensprache Teil des äußeren Ausdrucks des Mönches, der zugleich als Spiegel seiner inneren Einstellung betrachtet wurde. Hinsichtlich Körpersprache und Körperhaltung rückten die unkontrollierten Gesten (*gesticulationes*) den Mönch in die Nähe der Schauspieler (*histriones*) und Gaukler (*joculatores*), d.h. Menschen, die als Außenseiter der Gesellschaft galten. Die ästhetische Dimension liegt in ihrem doppelten Zeichencharakter: im engeren Sinn als Bedeutung transportierendes Kommunikationsmittel und im weiteren Sinn als Teil von Körpergesten, die Hinweise auf die innere Einstellung der Person geben sollten.

Aelred von Rievaulx –
Liebe und Freundschaft im Kloster

»Deus amicitia est.«
Aelred von Rievaulx

Aelred von Rievaulx gehört zur ersten Generation der englischen Zisterzienser und gilt als ihr bedeutendster Vertreter.[1] Aus seiner Feder stammen zwei Schriften, die interessante Aussagen zur ästhetischen Kultur enthalten. Die eine handelt über die Liebe (*De speculo caritatis*), und die andere hat die Freundschaft (*De spiritali amicitia*) zum Thema. Obwohl Aelreds Ziel primär nie darin bestand, systematische Abhandlungen über Wahrnehmung, Sinne und Sinnlichkeit zu verfassen, enthalten seine Schriften an verschiedenen Stellen reichlich Material dazu. Was Aelreds Texte so interessant macht, ist ihr pädagogischer Charakter, ist ihr Bezug zur klösterlichen Alltagspraxis. Der Abt von Rievaulx beabsichtigte in diesen Traktaten nie, eine abstrakte, spekulative, theologisch durchdachte und intellektuell möglichst pfiffige Theorie zu entwerfen, sondern eher einen praktischen Leitfaden für Mönche, der ihnen Lebenshilfe sein sollte. Die Ideen mußten deshalb möglichst allgemeinverständlich, klar strukturiert und leicht nachzuvollziehen sein. Sie wurden zu diesem Zwecke vereinfacht, didaktisch systematisiert und mit vielen Beispielen aus dem Klosteralltag angereichert. Im Mittelpunkt dieses Kapitels stehen Aelreds Aussagen zu Wahrnehmung und Sinnlichkeit, insbesondere zur *affectus*-Lehre, sowie seine Konzepte von Liebe und Freundschaft. Im Widerstreit von Gefühl und Verstand hatte die *ratio* zwar das letzte Wort, dennoch gingen Aelreds Vorstellungen über den Umgang mit der sinnlichen Wahrnehmung, seine Anschauungen zu den Gefühlsantrieben, zur Liebe und Freundschaft oft weit über die zeitgenössischen Standards hinaus.[2]

---

1   Zu Aelreds Leben und Wirken gibt es inzwischen eine sehr umfangreiche Literatur. Grundlegend für Aelred als historische Person und sein kirchenpolitisches Wirken sind nach wie vor das Einführungskapitel von M. Powicke in seiner Edition von Aelreds Vita (pp. ix–cii) und die Studie von Aelred Squire (1969) sowie eine dieser Studie vorausgehende Artikelserie (Squire, A. 1960, 1961, 1961b). Hinsichtlich der jüngsten Literatur sind es Marsha L. Dutton u. Brian P. McGuire, auf die ich mich wesentlich bei der Interpretation von Aelred als historischer Person stütze. Während M. Dutton (1990) Aelreds Lebensweg konsequent aus den zeitgenössischen politischen und kulturellen Verhältnissen erklärt, versucht B. P. McGuire (1994) Aelred eher aus seiner mentalen Disposition heraus zu verstehen.

2   Aelreds teilweise einzigartigen Anschauungen im Bereich zwischenmenschlicher Beziehun-

Biographie

Die wichtigsten Informationen zur Aelreds Leben entstammen seiner Vita, die Walter Daniel aufgezeichnet hat. Walter war selbst Mönch in Rievaulx und mit Aelred befreundet. Er ist wahrscheinlich auch sein Arzt gewesen.[3]

Im Jahre 1110 erblickte Aelred als Kind einer Priesterfamilie in Hexham (Northumbria) das Licht der Welt.[4] In seinem Namen drückt sich bereits die Besonderheit dieser Region aus. Aus der landessprachlichen Form *Ethelred* wurde die latinisierte bzw. normannisierte Form *Aelredus*. Northumbria ist damals ein Landstrich gewesen, der weder schottisch noch englisch war, sondern einer der insbesondere in religiöser Hinsicht stark in seiner angelsächsischen Vergangenheit wurzelte.[5]

Aelreds Vorfahren hatten sich bereits einen Namen als Kleriker in Durham und Hexham gemacht.[6] Sein Urgroßvater, Alured Westou († 1085), war Sakristan und Priester in Durham gewesen und hatte sich dort vor allem um die Reliquien des hl. Cuthbert gesorgt. Gleichzeitig hatte er eine erbliche Priesterstelle in Hexham, die er aber niemals persönlich ausübte, be-

gen führten dazu, in ihm eher eine Ausnahme zisterziensischer Spiritualität zu sehen. Dies ist in mehrfacher Hinsicht problematisch. Erstens müßte dies, wenn man mit gleicher Elle mißt, auch für den hl. Bernhard gelten. Zweitens ist einem *argumentum ex silentio* immer mit Vorsicht zu begegnen, da unsere Quellenüberlieferung lückenhaft ist und es auch immer bleiben wird. Drittens wissen wir fast nichts über die realen disziplinarischen Toleranzen im Klosterleben, und schließlich viertens läßt sich auf der vorhandenen Quellenbasis diesbezüglich weder Aelreds Ausstrahlung in seinem Freundeskreis beurteilen noch ist bekannt, inwieweit andere seinem Beispiel folgten. '

3 *Vita Ailredi.* Trotz hagiographischer Topoi ist die Vita immer noch die wichtigste Informationsquelle über Aelreds Leben. Auf den Charakter und den literarischen Stil der Vita wird im folgenden Kapitel ausführlicher eingegangen. Wichtige zeitgenössische Reminiszenzen an Aelred finden sich zudem in Jocelin von Furness', *Vita St. Waldeni* und in Gilbert von Hoylands Auslegung des Hohenliedes (*Sermo* 41). Zum Leben und Wirken Walter Daniels siehe *Vita Ailredi*, pp. xi–xxxii u. zu Walter als *infirmarius* vgl. p. xxvii.

4 Aelreds Wurzeln in Northumbria lassen sich auch an seinem Namen aufzeigen. Walter Daniel versuchte sich sogar an einer Interpretation des Namens und übersetzte den englischen Namen Alred ins Lateinische mit *totum consilium*. Alred hieße dann soviel wie Ratgeber. »Congruit eciam eius nomini interpretacio magni consiliarii, quod uersum in Latinum *totum consilium* uel *omne consilium* facit. Etenim *Alred* Anglicum est, illudque quod diximus exprimit in Latino.« *Vita Ailredi*, p. 8.

5 B. P. McGuire betont zu Recht die Rolle und Bedeutung der regionalen Heiligen, angefangen von denen der Kirche zu Hexham bis hin zu St. Cuthbert (vgl. McGuire, B. P., 1994, pp. 11–26 und Raine, J., 1864, pp. xi–xl). Wie komplex eine Identitätsfindung in Northumbria in der ersten Hälfte des 12. Jahrhunderts sein konnte, hat Rosalind Ransford (1982) eindrucksvoll an Aelred und seinen historischen Schriften demonstriert.

6 Zu Aelreds familiärer Herkunft siehe Raine, J., 1864, pp. l–lxxv.

sessen.[7] Der Großvater von Aelred, Eilaf († 1113), war einst Säkularkanoniker und Schatzmeister in Durham. Er führte wie sein Vater den Titel *larwa* (Gelehrter). Im Zuge der Reformierung und Neuorganisation des Kathedralkapitels in Durham unter Bischof Wilhelm von St. Calais († 1096)[8] mußte er sich jedoch mit der Priesterstelle in Hexham begnügen.[9] Aelreds Vater, Eilaf († 1138), erbte diese Priesterstelle. Das Vererbungsrecht wurde jedoch im Zuge von Reformen später aufgehoben, denn verheiratete Priester waren der neuen kirchlichen Führungsschicht ein Dorn im Auge.[10]

Über Aelreds Mutter ist so gut wie nichts bekannt. Walter Daniel nannte nicht einmal ihren Namen[11], und Aelred selbst erwähnte seine Mutter nur ein einziges Mal in der Reklusenregel, indem er Gott dankte, daß er und seine Schwester, obwohl in Sünde gezeugt, die Schwangerschaft überlebt haben.[12]

Die ersten vierzehn Jahre seines Lebens verbrachte Aelred zwischen Hexham und Durham. Er genoß eine Schulausbildung, über die allerdings nichts

---

7 Aelred erzählte die Geschichten über seine Ahnen und deren Verdienst um die Pflege der Reliquien des hl. Cuthbert Reginald, einem Mönch von Durham, der diese in seinen *Libellus de admirandis Beati Cuthberti virtutibus* aufnahm. Der Text wurde wahrscheinlich nach 1147 verfaßt.

8 Als nach 1083 Wilhelm Bischof von Durham wurde, tauschte er die verheirateten Kanoniker gegen Mönche von den wiederbelebten Klöstern Wearmouth und Jarrow aus.

9 Aelred erzählt im Kapitel IX seiner Geschichte über die Heiligen der Kirche von Hexham (*De sanctis ecclesiae Haugustaldensis*, pp. 190f) von seinem Großvater, *Aluredus filius Westou*, der den Titel eines *larwa* (Gelehrter) führte und der nach Hexham kam, um dort die Kirche, die von den Barbaren zerstört worden war, wieder aufzubauen. Allerdings werden in Aelreds Erzählung die Spannungen, die z.B. durch die Reformen des Erzbischofs von York entstanden waren, ausgeblendet.

10 Vgl. *Vita Ailredi*, pp. xxxiii–xxxix. Um 1113 übergab der Erzbischof von York, Thomas II (1108–14), die Kirche von Hexham Augustinern. Die normannischen Bischöfe setzten nun konsequent die sogenannten Gregorianischen Reformen um und beendeten damit eine Jahrhunderte alte Tradition verheirateter Priester mit erblichen Posten. Aelreds Vater blieb die Pfarrei, um den Unterhalt für sich und seine Familie zu bestreiten. Während Aelred der Meinung war, daß die religiösen Verdienste seines Vaters den Makel des Verheiratetseins aufwogen, beschrieb Richard, Kanoniker in Hexham, Eilafs religiöse Verdienste als eher unbedeutsam. Vgl. Richard Prior von Hexham, *De antiquo et moderno statu ejusdem ecclesiae* II,8–10 pp. 54–56. u. McGuire, B. P., 1994, pp. 23ff.

11 Vgl. Walter Daniel, *Epistola ad Mauricium*, p. 71.

12 Vgl. Aelred von Rievaulx, *De institutione inclusarum* 32, p. 673. Es ist sonderbar, daß Aelred und Walter die Mutter so stark ignorierten. Brian Patrick McGuire sieht in dieser Ignoranz mehr als nur das schlechte Gewissen, ein Kind aus einer verbotenen Verbindung von einem verheirateten Priester und dessen Frau zu sein. Er sucht die Gründe vielmehr in Aelreds Charakter und seinem Ideal zwischenmenschlicher Beziehungen. Auffällig ist, daß Aelred nur sehr wenig Interesse für das emotionale wie spirituelle Leben von Frauen aufbringt. Auch die Reklusenregel, wie McGuire feststellte, sagt mehr über die Gedankenwelt des Autors als über die Hoffnungen und Ängste seiner Schwester aus. Vgl. McGuire, B. P., 1994, pp. 27–38.

---

genaues bekannt ist.[13] Die folgenden zehn Jahre bis etwa 1134 verlebte er am Hofe von König David I. in Schottland.[14] Aelred wurde zusammen mit dessen Stiefsöhnen Waldef und Simon sowie dem Thronerben Heinrich erzogen und bekleidete später das Amt eines Stewards (*echonomus*).[15] Aelred beschrieb diese Zeit rückblickend als eine der seelischen Verwirrung und Irrung.

»Die Kette meiner üblen Gewohnheit fesselte mich, die Liebe meines Blutes hielt mich unter Zwang, die Bande meines gesellschaftlichen Ansehens umgarnten mich, vor allem aber die Fessel einer Freundschaft, die mir kostbarer war als alle Kostbarkeiten meines Lebens.«[16]

Aelred war seinen Aufgaben bei Hofe gewachsen, und König David war ihm wohlgesonnen. Innerlich fühlte er sich jedoch unzufrieden. Sein Biograph Walter Daniel spielte auf sexuelle Eskapaden während dieser Zeit an. Er schrieb, daß Aelred mehrmals seine Jungfräulichkeit verlor.[17] Aelred ließ auch selbst einiges zwischen den Zeilen erkennen, als er seine Schwester vor der Lust des Fleisches warnte und sie an seine Jugendsünden erinnerte.[18]

Im Jahre 1134 reiste Aelred im Auftrag von König David nach York, um mit Erzbischof Thurstan geschäftliche Dinge zu besprechen. Während dieser Reise besuchte er die Zisterziensermönche in Rievaulx. Aelred soll, so Walter Daniel, von dieser Lebensführung so ergriffen gewesen sein, daß er sich entschloß, seinen guten Posten bei Hofe für ein Leben in Rievaulx einzutauschen. Die genauen Umstände seines Eintritts sind unklar und können nur hypothe-

13 Marsha Dutton vermutet, daß Aelred aufgrund der Familientradition zur Schulausbildung nach Durham gegeben wurde. Vgl. Dutton, M., 1990, p. 38.

14 Bisher wurde immer diskutiert, welche Beweggründe Aelreds Familie hatte, ihren Sohn am schottischen Hof erziehen zu lassen. Marsha Dutton kehrte die Frage um: Welches Interesse hatte König David, Aelred bei Hofe zu akzeptieren? Dutton sieht im Erzbischof von York, Thurstan, und im Prior von Hexham, Aschatil, die wichtigsten Figuren, die Aelreds Aufnahme am Hof aus kirchenpolitischen Gründen unterstützt haben könnten. Vgl. Dutton, M., 1990, pp. 38–41.

15 *Vita Ailredi*, pp. 2ff. Aelred spielt im *Spiegel der Liebe* auf seine Tätigkeit bei Hofe an, als im Vorwort, an den hl. Bernhard gerichtet, schrieb: »als ich aus der Küche ins Kloster kam, habe ich nur den Ort, nicht aber die Beschäftigung getauscht (*de coquinis ad heremum ueniens locum non officium mutaui*)«. Vgl. *De speculo caritatis, Prologus* 2.

16 »uinculabat me catena pessimae consuetudinis meae, uinciebat amor sanguinis mei, stringebant uincula socialis gratiae, maxime nodus cuiusdam amicitiae, dulcis mihi super omnes dulcedines illius uitae meae.« *De speculo caritatis* I,28,79; dt. Übers. p. 102.

17 »Alredus eodem tempore uirginitatem suam aliquociens deflorauerit.« Walter Daniel, *Epistola ad Mauricium*, p. 76. Brian McGuire hat auf die unfreiwillige Komik in Walters Worten aufmerksam gemacht. Vgl. McGuire, B. P., 1994, p. 50.

18 Vgl. Aelred von Rievaulx, *De institutione inclusarum* 32.

tisch erklärt werden.[19] Was Aelred jedoch in Rievaulx erwarten durfte, kam seinen religiösen Ambitionen und politischen Fähigkeiten sehr entgegen.

Sein erster Novizenmeister war Simon, der spätere Abt von Warden, einer Tochtergründung von Rievaulx.[20] Aelred begriff schnell und paßte sich in das Konventsleben gut ein, so daß er schon bald mit weltlichen Aufgaben des Klosters betraut wurde. Seine am Hof gesammelten Erfahrungen im Umgang mit Adel und kirchlichen Würdenträgern kamen ihm nun zugute. Innerlich bekämpfte er, wie später noch gezeigt wird, seine Leidenschaften und versuchte sie mit teilweise recht drastischen Methoden zu besiegen.[21] Aber er entwickelte auch die ersten großen Freundschaften zu Hugo und Simon. Letzterem gedachte Aelred im *Spiegel der Liebe*, indem er den Tod seines Freundes in einer ergreifenden Klage betrauerte.[22]

Im Jahre 1138 war Aelred wahrscheinlich zusammen mit seinem Abt, Wilhelm von Rievaulx, zugegen, als sein Vater Eilaf kurz vor dessen Tod den Grundbesitz von Hexham aufgab. Im selben Jahr wurde die Region durch einen Krieg zwischen England und Schottland in Mitleidenschaft gezogen. Dieser kulminierte in der »*Battle of Standard*« in der Nähe von Northallerton, ungefähr 15 Meilen nordwestlich von Rievaulx. Obwohl Aelred einen Traktat über die Schlacht verfaßt hat, ist nicht sicher, ob er dem Ereignis beiwohnte. In dieser Zeit arrangierte Aelred außerdem die Übergabe von Wark castle. Dieses gehörte Walter Espec, dem Gründer von Rievaulx Abbey.[23]

---

19 Marsha Dutton hat berechtigte Zweifel an dieser Darstellung geäußert und vermutet, daß dem Klostereintritt bereits diesbezügliche Überlegungen vorausgegangen sind. Es ist wahrscheinlich, daß Aelred schon vorher über Rievaulx informiert war. David hat, wie es aus einem Brief (*Epistola* 519) des hl. Bernhard an den König hervorgeht, die Mönche in Rievaulx aktiv unterstützt. Des weiteren interpretiert Dutton Aelreds Besuch bei Thurstan als eine Art Vorstellungsgespräch, in dem Aelred dem Erzbischof seine Absichten darlegte. Ungewöhnlich waren außerdem Aelreds Empfangskomitee in Rievaulx und dessen sehr schnelle und unkomplizierte Aufnahme, die gegen Benedikts Regel (Kapitel 58,1–4) verstieß. Wie Walter Daniel schrieb, wurde Aelred von Prior, Gästemeister (*hospitalis*) sowie vom Pförtner (*portarius*) empfangen und am folgenden Tag aufgenommen (*Vita Ailredi*, p. 14f). Eine letzte Ungereimtheit bleibt noch anzumerken. Wenn Aelred wirklich in einer Mission des Königs unterwegs gewesen wäre, dann hätte er zuerst zum Hof zurückkehren müssen, um seinen Report abzuliefern. Danach hätte er dann den König um Erlaubnis bitten können, ins Kloster einzutreten. Vgl. Dutton, M., 1990, pp. 45–47.
20 Vgl. *Vita Ailredi*, p. 16. Warden Abbey (Bedfordshire) wurde 1136 von Walter Espec gegründet.
21 Der Gedanke wird ausführlich im Abschnitt »Die Grenzen von Liebe und Freundschaft«, S. 268ff, behandelt.
22 Vgl. Aelred von Rievaulx, *De speculo caritatis* I,34.
23 Vgl. *Vita Ailredi*, pp. xlv–xlvii.

Im Jahr 1140 starb der Erzbischof von York. Die Jahre nach Thurstans Tod wurden kirchenpolitisch vor allen Dingen durch den Streit um dessen Nachfolge bestimmt. Der hl. Bernhard und sein ehemaliger Sekretär, Abt Wilhelm von Rievaulx, waren in diesen Disput verwickelt. Um 1142 wurde deshalb Aelred nach Rom geschickt. Er sollte die zisterziensischen Interessen beim Papst vertreten. Auf seiner Rückreise besuchte er Clairvaux und informierte Bernhard über den letzten Stand der Dinge.[24]

Nach seiner Rückkehr war Aelred kurze Zeit als Novizenmeister tätig[25], bis er 1143 zum Abt des neuen Tochterklosters St. Laurentius in Revesby gewählt wurde.[26] Nur vier Jahre später riefen ihn die Mönche des Mutterklosters zurück und wählten ihn zu ihrem dritten Abt.[27] Dieses Amt hatte er bis zu seinem Tod inne.

Aelred war als Abt nicht unumstritten. Walter Daniel ergriff oft für ihn Partei und verteidigte ihn gegen seine Kritiker.[28] Er war sowohl in der inneren Führung des Konvents als auch in der Vertretung der Klosterinteressen nach außen erfolgreich, und im Gegensatz zu Bernhard hat er sich nie über seine zeitaufwendigen Amtsgeschäfte beschwert. Als Abt ist er aus den verschiedensten Gründen viel auf Reisen gewesen und vertrat dort nicht nur klostereigene Interessen.[29] Unter seiner Regierung hatte die Abtei, in personeller wie in wirtschaftlicher Hinsicht, ein ungeheures Wachstum zu verzeichnen.[30] Der Erfolg basierte einerseits auf Aelreds diplomatischen Fähigkeiten außerhalb der Klostermauern[31] und andererseits auf seiner Gabe, Menschen unterschiedlichster Herkunft und Begabung in eine Gemeinschaft einzubinden. Aelred hat durch seine gute Menschenkenntnis, seinen Sinn für die Wichtigkeit mensch-

---

24 Vgl. *Vita Ailredi*, p. 23. Bernhard beauftragte wahrscheinlich bei dieser Gelegenheit Aelred mit der Abfassung einer Schrift über die Liebe (*caritas*).
25 Vgl. *Vita Ailredi*, p. 23.
26 Vgl. *Vita Ailredi*, p. 27.
27 Vgl. *Vita Ailredi*, p. 33.
28 Vgl. *Vita Ailredi*, pp. 33–35.
29 Aelred setzte sich nachdrücklich bei König Heinrich II. für die Anerkennung von Papst Alexander III. ein. Vgl. Grill, L., 1967.
30 Die Zahlen, die Walter Daniel für Aelreds Todesjahr gibt: 140 Mönche und 500 Laienbrüder, sind wahrscheinlich zu hoch. Dies schmälert jedoch nicht Aelreds Erfolg, von dem auch die Abteigebäude, die zu seiner Zeit errichtet worden waren, ein beeindruckendes Zeugnis ablegen. Vgl. *Vita Ailredi*, p. 38f.
31 So sieht Leopold Grill einen Zusammenhang zwischen Aelreds Engagement für Papst Alexander III. und der Bestätigung alter bzw. Ausstellung neuer Privilegien für Rievaulx Abbey durch denselben Papst. Vgl. Grill, L., 1967, p. 371 und *Cartularium abbathiae de Rievalle*: Nr. 250, pp. 185–188; Nr. 254f, p. 190.

licher Beziehungen, aber auch durch seine Autorität und sein Charisma die Klosterordnung aufrechterhalten. Was ihn von den meisten Zeitgenossen in gleicher Position unterschied, war sein pädagogischer Ansatz. Der Abt von Rievaulx setzte viel weniger auf Drohung und Strafe als auf das positive Beispiel und die Wirkung der *caritas* in ihrem umfassendsten Sinn.[32] Sein Nachfolger, Abt Silvanus, hatte große Schwierigkeiten, die Klosterdisziplin wieder in den Griff zu bekommen.[33]

Aelreds letztes Lebensjahrzehnt wurde von seinen schweren physischen Leiden überschattet. Deshalb genehmigte ihm das Generalkapitel auch einige Erleichterungen. Ihm wurde eine Hütte gleich neben dem Krankentrakt (Infirmarium) gebaut.[34] Von dort führte er seine Amtsgeschäfte weiter, hier kam er den Gebetsstunden nach, dies war aber auch der Ort, an dem er Besucher und Freunde empfing.[35] Der Abt von Rievaulx starb am 12. Januar 1167 und wurde im Kapitelsaal neben Abt Wilhelm beigesetzt.[36]

Aelreds Persönlichkeit ist besser zu verstehen, wenn religiöses Gefühl und seine politischen Fähigkeiten als Einheit begriffen werden.[37] Sein Eintritt ins Kloster hatte zwei Seiten: eine persönlich-spirituelle und eine kirchenpolitische. Einerseits fand er in Rievaulx die Ruhe, sich Gott zuzuwenden, sich den Schriften der Väter zu widmen und die Bibel zu studieren. Schließlich begann er selbst zu schreiben. Sein Ausgangspunkt lag nicht in der formalen Schriftgelehrsamkeit, sondern in persönlichen Erfahrungen. Sein Werk umfaßt ein breites Spektrum. Es zeigt seine Vielseitigkeit, Offenheit und sein Interesse an

32 Vgl. Pfeiffer, M., 1997, p. 206f.
33 Vgl. *Vita Ailredi*, p. 40. Walter gibt hier eine idealisierte Beschreibung der Klosterdisziplin (Vgl. dazu *Vita Ailredi*, p. 40, Anm. 3). Wie Brian P. McGuire (1994, p. 96) gezeigt hat, kannte Aelreds Toleranz auch Grenzen. Er selbst deutete in einer Predigt zu Allerheiligen (*Sermo* 26.18) an, daß er ein Mitglied der Klostergemeinschaft, ob Mönch oder Laienbruder ist nicht klar, aus dem Kloster verbannt hat. Die Kritik an flüchtenden Mönchen kam auch vom Papst. In einer Urkunde aus den 70er Jahren (*Cartularium abbathiae de Rievalle* Nr. 261, p. 194) bittet Alexander III. alle Leute des Erzbistums York, keine flüchtenden Mönche aus Rievaulx aufzunehmen. McGuire (1994, p. 132f) hat zu Recht darauf hingewiesen, daß diese Disziplinverstöße nicht nur in Rievaulx zu finden waren. Darüber hinaus ist bemerkenswert, daß sich weder Abt Silvanus noch sein Nachfolger Ernald (ab 1189) um Aelreds Kanonisierung bemüht haben. Es lassen sich deshalb auch persönliche Animositäten vermuten, die sich an der Frage, wie eine Abtei zu leiten sei, rieben.
34 Aelreds Quartier ist jüngst von Peter Fergusson lokalisiert worden. Er vermutet es im Long House, daß sich am nördlichen Kreuzgangflügel des Infirmariums befand. Vgl. Fergusson, P., 1998.
35 Vgl. *Vita Ailredi*, p. 39f.
36 Vgl. *Vita Ailredi*, p. 62 u. 64.
37 Vgl. McGuire, B. P., 1994, p. 55.

religiösen Themen wie an weltlich-zeitgeschichtlichen Ereignissen. Die Bandbreite seiner Schriften reicht von Predigten[38], Traktaten über die Liebe[39], die geistliche Freundschaft[40] und die Seele[41] bis hin zu hagiographischen Texten[42], einem Ratgeber für seine Schwester[43] sowie weltlich-historischen Werken.[44] Unglücklicherweise ist sein Briefwechsel[45] verlorengegangen. Dieser könnte wahrscheinlich noch viele Details aus seinem Leben erhellen.

Andererseits wurde Aelred zu einer öffentlichen Person, deren kirchenpolitischer Ruf weit über die Klostermauern hinaus bekannt war. Auf der Ebene des Zisterzienserordens trugen die Visitationen der Tochterklöster und die Reisen zum Generalkapitel nach Cîteaux dazu bei, ihn bekannt zu machen. Kirchliche Missionen und Verhandlungen mit der Kurie ließen ihn auf höchster kirchenpolitischer Ebene agieren. Hinzu kamen die weltlichen Verpflichtungen eines Abtes wie z.B. das Schlichten von Rechtsstreitigkeiten oder der Auftritt als Zeuge bei der Besiegelung von Urkunden und Verträgen. Aelred pflegte darüber hinaus seine Kontakte sowohl zu alten Freunden wie auch zu den Stätten seiner Kindheit und Jugend (Hexham und Durham) weiter.[46] Schließlich wurde unter seiner Amtszeit ein Großteil des Klosters neu gebaut. Die in dieser Zeit entstandene Abtei stellte sowohl hinsichtlich ihrer Größe wie durch ihre architektonische Formensprache manche Bischofskirche in den Schatten.

Aelreds Anthropologie

Der Ausgangspunkt

Aelred beschrieb im ersten Buch des *Spiegels der Liebe* seine Auffassung vom Menschen.[47] Drei Prämissen bestimmen seine Anthropologie und seine Vor-

---

38 *Sermones.*
39 *De speculo caritatis.*
40 *De spiritali amicitia.*
41 *De anima.*
42 *De uita sancti Eduardi, De uita sancti Niniani episcopi, De sanctis ecclesiae Haugustaldensis.*
43 *De institutione inclusarum.*
44 *Genealogia regum Anglorum, De bello standardii.*
45 Aelred hatte eine ausgedehnte Korrespondenz. Dies wird bereits in seiner Vita von Walter Daniel (*Vita Ailredi*, p. 25 u. p. 42) angedeutet. Daß sein Briefwechsel als Kompendium in Rievaulx Abbey existierte, belegt ein Eintrag im Katalog der Klosterbibliothek (Nr. 44: *Epistole Ailredi in uno volumine*).
46 Vgl. Stacpool, A., 1967.
47 Wie aus den Briefen, die der Schrift vorangestellt worden sind, hervorgeht, verfaßte Aelred den Traktat auf Bitten Bernhards von Clairvaux. Er war damals (1142–43) noch Novizen-

stellung von *caritas*.[48] Der Mensch als Geschöpf Gottes ist als einziges vernunftbegabt und damit überhaupt erst fähig, Gott zu lieben.[49] Zweitens hatte Gott alle Dinge in der Welt nicht nur geschaffen, sondern auch gut geordnet. Jedem Geschöpf verlieh er seine Natur (*natura*), um gut, seine Schönheit (*species*), um wohlgestaltet zu sein, und seine Nützlichkeit (*usus*), um gemäß der guten Ordnung einem Zweck zu dienen.[50] Drittens ist sein Bild vom Menschen in die Heilsgeschichte eingebunden, d.h. eschatologisch ausgerichtet, und es hängt von Gottes Gnade ab, ob der Mensch in den Genuß der Glückseligkeit (*beatitudo*) gelangt.[51]

Voraussetzung für die Glückseligkeit des Menschen ist seine Verbundenheit mit dem Schöpfer im Geist und durch den Geist (*mens*). Erst das unterscheidet den Menschen vom Tier. Durch die Kräfte des Geistes (*mens*) ist der Mensch in der Lage, an der Ewigkeit (*aeternitas*) und an der Weisheit (*sapientia*) zu partizipieren und die Süße der Glückseligkeit (*dulcedo*) zu kosten.[52]

Aelred unterschied religionsgeschichtlich zwei Zustände, den des Paradieses vor dem Fall von Adam und Eva und den nach dem Fall. Das große Ziel des Menschen besteht darin, den Urzustand, d.h. das Bild Gottes (*imago Dei*) in seiner Seele wieder zurückzugewinnen. Dies ist ein mühevoller und steiniger Weg und ohne Gottes Gnadenerweis nicht möglich. Was Aelred von anderen monastischen Theologen abhob, war sein spezielles Interesse an diesem Phänomen. Nicht das gewissermaßen abstrakte Verhältnis und die Qualität von Mensch und Gottes Ebenbild in dessen Seele waren ihm wichtig, sondern der Prozeß, wie die Menschen mit diesem Problem im Verlauf ihrer Geschichte umgegangen sind. Nicht der universalgeschichtliche Ablauf stand für Aelred im Vordergrund, sondern die Frage, was ereignet sich eigentlich mit dem

meister. Neben biblischen Quellen schöpfte Aelred besonders aus der Väterliteratur, hier insbesondere aus Augustinus. Sein Werk verrät aber auch die Kenntnis zeitgenössischer Schriften, wie die des hl. Bernhard und die Hugo von St. Viktors. Aelred Squire hat gezeigt, daß Aelreds *De speculo caritatis* nicht in einem Zug niedergeschrieben wurde und daß der Text auf einer Sammlung einzelner schon früher bearbeiteter Themen beruht. Vgl. Squire, A., 1963.

48 Die meines Wissens umfassendste und detaillierteste theologische Studie zu Aelreds Menschenbild ist jüngst von Gerd Fösges publiziert worden (Fösges, G., 1994). Unter theologischen Fragestellungen bildet für Fösges die Anthropologie den Ausgangspunkt und die Grundlage zum Verständnis für Theologie und Spiritualität.

49 Vgl. Aelred von Rievaulx, *De speculo caritatis* I,1,3.

50 »Naturam, qua bona sunt; speciem, qua pulchra sunt; usum, ut bene ordinata alicui rei proficiant.« *De speculo caritatis* I,2,4.

51 Vgl. *De speculo caritatis* I,3,8.

52 Vgl. *De speculo caritatis* I,3,9.

Ebenbild Gottes in der Seele des einzelnen Christen im Aufstieg zur Einheit mit Gott?[53]

Den Urzustand bzw. den Zustand der menschlichen Seele nach dem Fall beschrieb Aelred wie folgt: Dem Geist (*mens*) kommen drei Fähigkeiten bzw. Eigenschaften zu: Gedächtnis (*memoria*), Erkenntnisvermögen (*scientia*) und Liebe (*amor*) oder Willen (*uoluntas*). Für den Urzustand bedeutete dies:

> »Das Gedächtnis ist für die Ewigkeit empfänglich, das Erkenntnisvermögen für die Weisheit, die Liebe für die Glückseligkeit. In diesen drei Anlagen war der Mensch nach dem Bild der Dreifaltigkeit geschaffen; sein Gedächtnis hielt Gott fest, ohne ihn je zu vergessen, sein Wissen erkannte ihn ohne Irrtum und in Liebe umfaßte er ihn, ohne etwas anderes zu begehren. Daher war er glückselig.«[54]

Das Glück des vernunftbegabten Geschöpfes (*beatitudo rationalis creaturae*) bestand darin, sich an Gott zu binden (*adhaerere*), sein Unglück (*miseria*) darin, Gott zurückzuweisen (*recedere*).[55] Jedoch geblendet von den eigenen Begierlichkeiten wandten sich die Menschen von Gott ab, indem sie den freien Willen mißbrauchten.[56] Das Bild Gottes im Menschen ist dadurch zwar nicht völlig entstellt worden, aber das Gedächtnis nun der Vergeßlichkeit unterworfen, das Erkenntnisvermögen unterliegt dem Irrtum, und die Liebe neigt zur Begierlichkeit.[57]

Der Mittler zwischen Gott und Mensch, Jesus Christus, der menschgewordene Sohn Gottes, hat durch seinen Tod am Kreuz die Schuld getilgt und somit der Menschheit die Chance eingeräumt, zu Gott zurückzukehren. Der Mensch hatte sich aus Stolz (*superbia*) von Gott abgewandt, kann aber in Demut (*humilitas*) und in Liebe (*caritas*) wieder zu Gott zurückfinden. Wenn die Menschen gewillt sind, diesen Weg zu beschreiten, können sie durch das

---

53 Vgl. Brooke, O., 1967, p. 282.

54 »Adhaesio plane ista non carnis, sed mentis est, in qua tria quaedam naturarum auctor inseruit, quibus diuinae aeternitatis compos efficeretur, particeps sapientiae, dulcedinis degustator. Tria haec memoriam dico, scientiam, amorem siue uoluntatem. Aeternitatis quippe capax est memoria, sapientiae scientia, dulcedinis amor. In his tribus ad imaginem Trinitatis conditus homo, Deum quidem memoria retinebat sine obliuione, scientia agnoscebat sine errore, amore amplectabatur sine alterius rei cupiditate. Hinc beatus.« Aelred von Rievaulx, *De speculo caritatis* I,3,9; dt. Übers. p. 59.

55 Vgl. *De speculo caritatis* I,4,10.

56 »Libero ergo male usus arbitrio, amorem suum ab illo incommutabili bono deflexit, et ad id quod minus erat propria cupiditate caecatus reflexit«. *De speculo caritatis* I,4,12.

57 »Nam et memoriam corrumpit obliuio, scientiam error obnubilat, amorem cupiditas coangustat.« *De speculo caritatis* I,4,13.

Studium der Heiligen Schrift das Gedächtnis auffrischen, durch das Geheimnis des Glaubens das Erkenntnisvermögen (*intellectus*) erneuern und durch ein stetes Wachstum der geordneten Liebe (*caritas*), die Liebe (*amor*) wieder in Ordnung bringen.[58] Aelred schrieb:

> »Eines ist wohl klar: So, wie sich der Mensch nicht durch die Schritte seiner Füße, sondern durch den Antrieb des Herzens voll Stolz von seinem höchsten Gut abgewendet hat, in seinem Innern alt wurde und das Bild Gottes in sich entstellt hat, ebenso wird er, wenn er durch den Antrieb seines Herzens voll Demut vor Gott hintritt, als Bild seines Schöpfers erneuert. [...] Wenn sich daher ein Mensch in seinem Geist ganz und gar mit Liebe bekleidet hat, wird diese jene beiden Fähigkeiten, das Gedächtnis und das Erkennen [...], wiederherstellen. Es ist daher für uns überaus heilsam, daß uns dieses eine umfassende Gebot auferlegt wird: Es bewirkt die Entmachtung des alten Menschen, die Erneuerung der Seele und ihre Wiederherstellung als Abbild Gottes.«[59]

Aelreds ›Theorie‹ der Wahrnehmung

Monastische Theologen schrieben über die Sinne und über den Umgang mit ihnen, wenn sie über die Seele oder deren Vermögen handelten, und dies meist aus einer moraltheologischen Perspektive. Sie waren kaum an einer analytisch-systematischen Darstellung von Wahrnehmung und Sinnen interessiert. Dies war auch nicht notwendig, da sie zur Erreichung ihrer Zwecke bestimmte Interpretationen einfach als Allgemeingut voraussetzen konnten. Zum besseren Verständnis des Folgenden stelle ich deshalb einige allgemeine Aspekte voran. Den Leitfaden bilden die Anschauungen des Aquinaten aus der *Summa theologica* über die äußeren und inneren Sinne.

---

58 »reparatur tandem memoria per sacrae Scripturae documentum, intellectus per fidei sacramentum, amor per caritatis quotidianum incrementum. Perfecta erit imaginis reformatio si memoriam obliuio non interpolet, scientiam nullus error obnubilet, nulla amorem cupiditas interpellet.« *De speculo caritatis* I,5,14.

59 »Patet, ni fallor, quia sicut non pedum passu, sed mentis affectu a summo bono recedens, et in semetipsa ueterascens humana superbia, Dei in se corrupit imaginem, ita mentis affectu ad Deum accedens humana humilitas, renouatur in imaginem eius, qui creauit eum. [...] Proinde hanc caritatem si mens perfecte induerit, profecto duo illa [...] memoriam scilicet et scientiam, ipsa reformabit. Ideo saluberrime nobis indicitur istius unius praecepti compendium, in quo et ueteris hominis exspoliatio, et mentis renouatio, et diuinae imaginis constitit reformatio.« *De speculo caritatis* I,8,24; dt. Übers. p. 67.

Thomas unterschied in der Diskussion über die »Seelenvermögen im besonderen« (*De potentiis animae in speciali*) drei Tätigkeiten der Seele (*operatio animae*), die vernünftige (*rationalis*), die sinnliche (*sensibilis*) und die ernährende (*vegetabilis*) sowie fünf *genera* von Seelenvermögen: das Ernährende (*vegetativum*), das sinnlich Wahrnehmende (*sensitivum*), das Strebende (*appetivum*), das örtlich Bewegende (*motivum*) und das Verstehende (*intellectum*). Während die Tätigkeiten (*operationes*) der Seele in bezug auf die Lebenstätigkeit differenziert wurden, unterschied er die Gattungen (*genera*) nach dem Objekt, auf das sich das jeweilige Seelenvermögen bezog. Darüber hinaus legte Thomas von Aquin eine Hierarchie bzw. Wertigkeit dieser Vermögen fest. Je allgemeiner der Gegenstand ist, dem sich ein Vermögen zuwendet, desto wertvoller das Vermögen selbst.[60] An unterster Stufe steht das vegetabile, gefolgt vom sensiblen, an der Spitze das vernünftige Vermögen.

Hinsichtlich der menschlichen Seele und deren Kapazitäten der Wahrnehmung stellte Thomas den fünf äußeren Sinnen (*quinque sensus exteriores*) wie Geschmack (*gustus*), Tastsinn (*tactus*), Geruchssinn (*olfactus*), Gehörsinn (*auditus*) und Gesichtssinn (*visus*) vier innere Sinne bzw. Seelenkräfte (*quatuor vires interiores*) wie den Gemeinsinn (*sensus communis vel proprius*), die Vorstellungskraft (*phantasia sive imaginatio*), die Einschätzungskraft (*vis aestimativa*) und die Gedächtniskraft (*vis memorativa*) gegenüber.

Eine graphische Darstellung dieser Sinne bzw. Seelenvermögen findet sich in einem Manuskript, welches wahrscheinlich aus einem französischen Zisterzienserkloster stammt, als Illustration zu *De spiritu et anima* (Pseudo-Augustinus). Die Handschrift, heute Trinity College Cambridge, wird ins frühe 13. Jahrhundert datiert (Abb. 20a und b).[61]

Die Abbildung ist insofern bemerkenswert, da in ihr versucht wird, die Seelenvermögen nicht nur zu bezeichnen, sondern sie auch räumlich zu lokalisieren. Der Gemeinsinn befindet sich gemäß dieser Darstellung hinter der Stirn, im Mittelteil folgen Vorstellungskraft (*imaginativa*) und Einschät-

---

60 Vgl. Thomas von Aquin, *Summa theologica* I,78,1.
61 Vgl. Trinity College Cambridge, ms O.7.16. Der (unvollständige) Text umfaßt die fol. 1ʳ–46ʳ. Die fol. 46ᵛ und 47ʳ enthalten das Konspekt des Textes sowie die graphische Darstellung der Sinne bzw. Seelenvermögen. Der vollständige Text ist in der *Patrologia Latina* als Pseudo-Augustinus abgedruckt (PL 40, c. 779–832) und wird gewöhnlich Alcher von Clairvaux zugeschrieben, obwohl diese Zuweisung auch nur hypothetischen Charakter trägt. Das Manuskript war in England weit verbreitet und läßt sich, zumindest als Katalogeintrag, auch in drei Zisterzen (Holme Cultram, Meaux, Whalley) nachweisen. (Zu den verschiedenen Katalogeintragungen vgl. Bell, D. N., 1994, p. 158f; für Zisterzienserbibliotheken vgl. Bell, D. N., 1992, p. 21f).

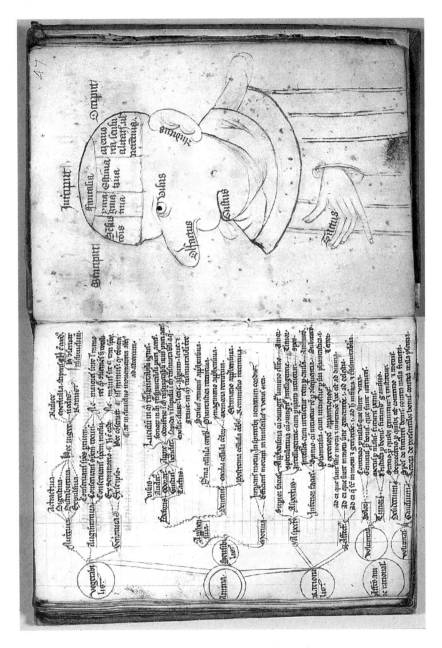

20ab   Konspekt zu *De spiritu et anima* und Darstellung der Seelenvermögen
Trinity College, Cambridge, ms 0.7.16 f. 46ᵛ und f. 47ʳ

Aelreds Anthropologie   231

zungskraft (*estimativa*), darüber die Phantasie, und im Hinterkopf sitzt das Gedächtnis (*memoria*). Das der Skizze gegenüberliegende Konspekt zeigt, wo Sinne und Seelenvermögen im Kontext der Seele (*anima*) einzuordnen sind. Wie bei Thomas wird auch hier zwischen drei Seelentätigkeiten unterschieden, der ernährenden (*vegetabilis*), sinnlichen (*sensibilis*) und vernünftigen (*rationalis*). Innerhalb der sinnlichen Tätigkeit wird zwischen der inneren (*deintus*) und äußeren (*deforis*) Wahrnehmung (*apprehensiva*) unterschieden. Während die äußere sich auf die fünf Sinne (*visus, auditus, odoratus, gustus, tactus*) bezieht, entsteht die innere Wahrnehmung in bzw. aus den einzelnen Seelenkräften, wobei die bereits beschriebene räumliche Plazierung jener nun präzisiert werden muß, denn sie stimmt mit der Skizze nicht vollständig überein. Der Gemeinsinn (*sensus communis*) und die *Phantasia* werden der vorderen Kammer des Gehirns (*prima cellula cerebri*) zugeordnet. Im mittleren Teil (*media cellula cerebri*) sitzen die Vorstellungskraft (*imaginatio*) und das Gedächtnis (*memoria*), während die Einschätzungskraft (*estimatio*) und Besinnung (*reminiscio*) im hinteren Teil des Kopfes (*postrema cellula cerebri*) ihren Platz haben.

Für die äußeren Sinne gab es bei Thomas von Aquin eine klare Hierarchie. Je weniger stofflich ein Sinn ist, desto höher sein Rang. Tastsinn und Geschmackssinn stehen in der Skala ganz unten, da sie auf einem Kontakt mit dem wahrzunehmenden Objekt beruhen. Sie sind am meisten stofflich (*maxime materialis*). Der Gesichtssinn jedoch ist der vollkommenste von allen, da er der geistlichste bzw. geistigste ist (*maxime spiritualis*).[62] Eine Hierarchie, deren Anklänge auch in einer Predigt des hl. Bernhard zum Thema *Discretio vitae a quinque sensibus animae* noch vernommen werden können.[63] Dort verglich der Abt die fünf äußeren Sinne mit fünf Formen der Liebe (*amor*). Die Hierarchie der Sinne zeigte sich für Bernhard bereits in ihrer vertikalen Anordnung im Körper. Er schrieb:

»Aber auch das steht fest: unter den Sinnen des Leibes ist der Gesichtssinn würdiger als alle anderen Sinne, der Gehörsinn würdiger als die drei übrigen. Der Geruchssinn scheint den Geschmacks- und Tastsinn zwar nicht an Nützlichkeit, wohl aber an Würde zu übertreffen; der Geschmackssinn überbietet wieder den Tastsinn. Schon die Anordnung der Sinneswerkzeuge bekundet dies. Wer wüßte nicht, daß die Augen ihren Platz ganz oben im Körper haben und die Ohren weiter unten sitzen? So liegt die Nase tiefer als die Ohren, der Gaumen tiefer als die

---

62 Vgl. Thomas von Aquin, *Summa theologica* I,78,3.
63 Bernhard von Clairvaux, *Sermo de diversis* 10, SBO VI,1, pp.121–124.

Nase. Daß auch die Hände und die übrigen Körperteile, auf die der Tastsinn sich erstreckt, tiefer liegen als der Gaumen, sieht jeder.«[64]

Bei den inneren Sinnen ist die Lage etwas schwieriger, denn sie können weder logisch einem äußeren Sinn zugeordnet werden noch ist ihre Zahl unumstritten gewesen.[65] Nach Thomas ist der Gemeinsinn auf die Aufnahme der sinnfälligen Formen hin geordnet (*ad receptum formarum ordinatur*) und die Vorstellungskraft auf das Bewahren und Behalten dieser Formen (*ad harum autem formarum retentionem seu conservationem*). Die Einschätzungskraft hingegen ist auf Bestimmtheiten gerichtet, die durch die äußeren Sinne nicht wahrgenommen werden können (*ad apprehendum autem intentiones quae per sensum non accipiuntur, ordinatur*). Die Gedächtniskraft schließlich bewahrt Wahrgenommenes auf (*conservandum*).[66]

Während Thomas seine Überlegungen im Kontext der Seelenvermögen entwickelte, eröffneten sich auf einer allgemeineren Ebene noch ganz andere spekulative Perspektiven. In einem Glossar des Salomon von Konstanz (um 1165) befindet sich eine Darstellung des Mikrokosmos (Abb. 21). Die Lehre vom Mikrokosmos (Menschenwelt) und Makrokosmos (Sternenwelt) setzte den Menschen mit seinen Sinnen und Temperamenten in Beziehung zum Universum.[67] Hier werden die fünf äußeren Sinne nicht nur auf die vier Elemente bezogen, sondern auch auf die Planeten.[68] So entspricht der Erde der

---

64 »Iam vero et id manifestum est, quoniam in corporis sensibus visus quidem ceteris omnibus, auditus vero reliquis tribus dignior est; odoratus quoque et gustum, et tactum, etsi non utilitate, dignitate tamen superare videtur, et gustus tactui superexcellere, quod manifestat etiam dispositio ipsa membrorum. Oculis siquidem in summitate locatis, aures inferiores esse quis nesciat? Sic et auribus nares, et naribus fauces, ipsis quoque faucibus manus pariter et reliquas corporis partes, ad quas pertinent tactus, subesse manifestum est.« Bernhard von Clairvaux, *Sermo de diversis* 10.4, SBO VI,1, p. 123; dt. Übers. nach Agnes Wolters, Bd. 4, p. 54.

65 Thomas argumentierte hier gegen die Fünfzahl der inneren Sinne bei Avicenna, der in *De anima* zwischen *phantasia* und *imaginativa* unterschied. Vgl. *Summa theologica* I,78,4.

66 Vgl. Thomas von Aquin, *Summa theologica* I,78,4.

67 Honorius von Augustodunensis machte diese Lehre durch eine stark vereinfachte Darstellung im *Elucidarium* (um 1120) populär. Dieses Handbuch diente vor allem dem niederen und weniger gebildeten Klerus als Informationsquelle. Seine Beschreibung des Mikrokosmos (*Elucidarium* I,11) stimmt genau mit der Darstellung im Glossar von Bischof Salomon überein.

68 Die Lehre von den vier Elementen ist antiken Ursprungs und geht auf das Bemühen griechischer Philosophen zurück, Urstoffe zu finden, aus denen sich alles herleiten läßt. Alle Dinge bestehen demzufolge aus einer Mischung dieser Elemente. Während in der Heilkunde (z.B. bei Hildegard von Bingen) die Elemente und deren Eigenschaften bei der speziellen Diät eine große Rolle spielten, fand die Diskussion über ein fünftes Element

---

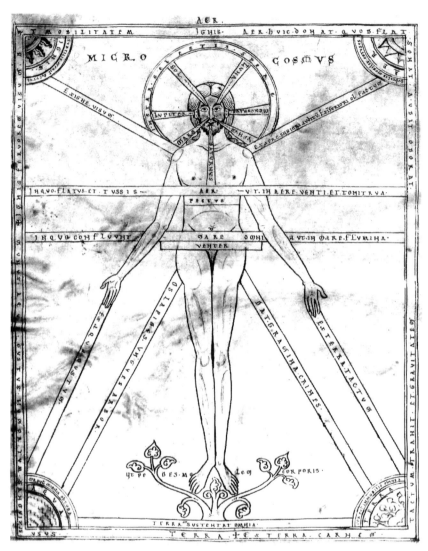

21   Der Mensch als Mikrokosmos   *Bayr. Staatsbibl. München, Cod. lat. ms 13002, f. 7ᵛ*

Tastsinn, dem Wasser der Geschmackssinn, der Luft auf minderer Ebene der Geruchssinn, auf einer höheren der Gehörsinn und schließlich dem Feuer der Gesichtssinn. Hinsichtlich der Planeten entsprechen Geschmackssinn (und Tastsinn?) Saturn, der Geruchssinn Mars und Venus, der Gehörsinn Jupiter und Merkur, der Augensinn Sonne und Mond. Auch hier gibt es eine

Hierarchie, denn dem Feuer, dem wertvollsten Element – weil am wenigsten stofflich –, korrespondieren Augensinn und die zwei bedeutendsten Planeten, Sonne und Mond. Eine Darstellung des Mikrokosmos aus Wilhelm von Conches *Philosophia mundi* (13. Jahrhundert) schließt gewissermaßen den Kreis, denn hier finden sich die vier Elemente und ihre Eigenschaften in Relation zu Tierkreiszeichen und Kalendermonaten.[69]

Aelred von Rievaulx entwickelte in seiner Schrift *De anima* einige Gedanken zur sinnlichen Wahrnehmung, die weder systematisch angelegt noch als solche ausgewiesen sind, denn dies war nicht sein Ziel. Zudem enthalten sie nur Splitter von dem oben gerade dargestellten Spektrum. Hinzu kommt, daß Aelreds Vorstellungen weder neu noch originell sind. Aelred folgte im wesentlichen Augustinus, jedoch mit beachtlichen Freiheiten in der Interpretation.[70] Dennoch ist es an dieser Stelle sinnvoll, näher darauf einzugehen. Im Kontext der allgemeinen Anschauungen von Mikrokosmos und Makrokosmos bzw. dem besonderen Seelenvermögen auf der einen Seite sowie Aelreds fragmentarischen Äußerungen zu den verschiedenen Aspekten desselben Themas auf der anderen Seite werden dessen Anschauungen über die Sinne, über das Gedächtnis sowie seine Lehre von den *affectus* besser verständlich.

Aelreds Ausgangspunkt ist die Feststellung, daß die Seele des Menschen nicht aus vielen Teilen besteht, sondern eine Einheit bildet[71] und

»daß sie [...], gemessen am Stand des gegenwärtigen Lebens ein gewissermaßen vernünftiges Leben ist, welches glücklich oder unglücklich sein kann. Sie ist veränderbar in der Zeit aber nicht im Ort und in ihrer eigenen Art unsterblich.«[72]

(*quinta essentia*) nur unter Alchimisten große Resonanz. In der Astrologie wurden die Konstellationen von Planeten bzw. die Tierkreiszeichen auf die Eigenschaften und Lebensperspektiven der Menschen bezogen.

69 Vgl. Wilhelm von Conches, *Philosophia mundi*, Add.11.676, fol. 16, British Library, London.

70 Der Herausgeber und Übersetzer von *De anima*, C. H. Talbot, faßte Aelreds Vorgehen und Methode in fünf Punkten zusammen: Aelred vermied strikt Spekulationen und dialektisches Vorgehen in der Erörterung von bestimmten Problemstellungen, war primär mit Fragen der Schöpfung und der Erbsünde befaßt, folgte Augustinus ohne Widerspruch und vertraute blind den Kirchenvätern. Alles in allem, Aelred »made no claim to originality and contented himself with providing a synthesis of the ideas culled from the voluminous works of him whom he called ›that inimitable man, who left nothing untouched‹. His approach to this subject shows great differences as regards thought, method, and sources from that adopted by his three religious colleagues and contemporaries, William of Saint Thierry, Isaac of Stella, and Alcher of Clairvaux.« C. H. Talbot (engl. Übers. von *De anima*) pp. 16–28, Zitat p. 23.

71 Aelred von Rievaulx, *De anima* I,9.

72 »Mihi uidetur, anima hominis [...] secundum praesentis uitae statum uita quaedam est

Darüber hinaus besitzt die menschliche Seele die drei bereits genannten Fakultäten: Gedächtnis (*memoria*), Vernunft (*ratio*) und Wille (*uoluntas*).[73] Das Verhältnis aller drei Fakultäten zueinander erklärte Aelred in Analogie zur Trinität, d.h. sie können theoretisch voneinander geschieden werden, *in praxi* sind sie jedoch nicht voneinander zu trennen.[74]

Leben auf der allgemeinsten Ebene hieß für Aelred sinnliche Wahrnehmung, Bewegung und Atem.[75] Dieses Leben, so Aelred, richtet sich

> »auf Berührung und durch sie empfindet es Heißes, Warmes, Hartes, Weiches, Leichtes, Schweres, Rauhes und Sanftes. Sodann fühlt und begreift es zahllose Unterschiede der Farben, Formen, Düfte, Geschmacksrichtungen und Klänge durch Sehen, Riechen, Schmecken und Hören. Es erstrebt das mit seiner Eigenart Übereinstimmende und flieht das Entgegengesetzte. Manchmal zieht sich dieses Leben in gewissen Zeitabständen von den Sinnen zurück, und während die Aktivität der Sinne durch gewisse Ruhezeiten erneuert wird, wälzt es die Bilder der Dinge, die es durch sie aufgenommen hat, in vielfältiger Weise hin und her. Das nennt man Schlaf oder Träumen.«[76]

Im ersten Teil des Zitats spricht Aelred zugleich von den äußeren und den inneren Sinnen, ohne darauf ausdrücklich Bezug zu nehmen. Denn das, was harmonisch ist oder als solches empfunden wird, entspringt der *vis aestimtiva*. Hier erfolgt eine qualitative Abstraktion vom eigentlich Wahrgenommenen. Das gefällte Urteil »harmonisch« ist eine ästhetische Wertung. Im zweiten Teil des Zitats stellt Aelred faßt beiläufig eine generelle Eigenschaft der inneren Sinne fest, nämlich ihre Distanz zur unmittelbaren Wahrnehmung. Insofern kommt dem Wirken der inneren Sinne im Schlaf oder Traum eine besondere Bedeutung zu. Was Aelred hier als eine Abkoppelung von Leben und Sinnen

---

rationalis, tempore non loco mutabilis, suo modo immortalis, quae beata potest esse uel misera.« *De anima* I,12.

73 Vgl. *De anima* I,32.

74 »Possent enim ab inuicem uel cogitatione separari. Vnde perspicuum mihi uidetur tria haec, memoriam, rationem et voluntatem, unius esse substantiae.« *De anima* I,36 (Zitat) und I,37.

75 Auf die Frage, wann ist eine Person noch am Leben, antwortete Aelred: »Breuiter dico: sensu, motu, et flatu. Haec tria insunt homini quamdiu uiuit.« *De anima* III,4.

76 »Intendit se uita ista in tactum, et eo calida, frigida, dura, mollia, leuia, grauia, aspera sentit et lenia. Deinde innumerabiles differentias, colorum, formarum, odorum, saporum, sonorum, uidendo, olfaciendo, gustando, audiendo sentit et percipit, ac suae qualiti conuenientia appetit, et refugit contraria. Remouet se aliquando uita ista a sensibus certo interuallo temporum, et eorum motus quasi per quasdam ferias reparans, imagines rerum quas per eum hausit, secum cateruatim et multipliciter uersat, et hoc totum somnus et somnia.« *De anima* I,17.

beschrieb, als ein Nachdenken über Bilder und Objekte, die sowohl durch die äußeren Sinne erfahren und im Gedächtnis gespeichert wurden wie auch durch Kombination dieser erst geschaffen werden, ist nichts anderes als das Wirken der Phantasie bzw. *imaginatio* und der *vis aestimativa* im Schlaf respektive im Traum. Dem Zusammenspiel beider Kräfte in Kombination mit den drei Fakultäten der Seele kommt unter moralischen Aspekten eine große Bedeutung zu. Auf diese werde ich später noch eingehen.

Der Unterschied zwischen dem tierischen Leben und dem menschlichen Leben besteht nach Aelred darin, daß sich die Seele nicht nur durch sinnliches Verlangen (*sensuali appetitu*), um der Lust (*uoluptas*), der Notwendigkeit (*necessitas*) oder der Affekte (*affectus*) willen, beeinflussen läßt, also nur den sinnlich vitalen Bedürfnissen wie Geschlechtstrieb (*coitus*), Essen und Trinken (*cibus et potus*) bzw. der Sorge um den Nachwuchs (*ad foetos suos conseruandos*) folgt, sondern daß in ihr über das Wahrgenommene ein Vernunfturteil gefällt wird, dem dann der Wille zustimmen muß.

> »Was immer mit den Augen wahrgenommen wird, was immer mit den Ohren gehört wird, was immer durch die Nase gerochen wird, was immer mit den Händen berührt wird, was immer mit dem Geschmack geschmeckt wird, wird dem Gedächtnis dargeboten; über all das fällt der Verstand ein Urteil und der Wille stimmt zu.«[77]

Daraus wird deutlich, daß die Sinne an sich weder gut noch böse sind und daß dem Gedächtnis nur die Funktion eines moralisch neutralen Speichers zukommt. Solange die Seele im Körper ist, benutzt sie die körperlichen Werkzeuge (*instrumentis corporeis*) und Organe. Die Sinneswahrnehmung (*motu sensuali*) ist als ein solches Werkzeug zu begreifen.[78] Aelred verdeutlichte dies am Augensinn (*uisus*), der wie alle Sinne prinzipiell gut ist. Das Problem bestand ihm zufolge darin, wie geschaut wird, d.h. wie die Sinne gebraucht werden. Wenn ein Mann zum Beispiel eine (verheiratete) Frau (*mulier*) anschaut, um sie zu begehren (*ad concupiscendam*), dann ist es schlecht (*malus*). Ist der Blick (*aspectus*) sittsam (*pudicus*), dann ist es gut.[79]

Die Frage, die sich hier anschließt, heißt: Wie werden die Informationen aus der sinnlichen Wahrnehmung dem Gedächtnis dargeboten? Aelreds Ant-

---

77 »Memoriae repraesentatur quidquid oculis cernitur, quidquid auditur auribus, quidquid naribus trahitur, quidquid manibus tangitur, quidquid gustui sapit: de quibus omnibus ratio iudicat, consentit uoluntas.« *De anima* I,44.
78 Vgl. *De anima* III,29.
79 Vgl. *De anima* II,25f.

wort ist relativ einfach. Die Sinne (*sensus*) nehmen etwas wahr und geben dieses dem Gedächtnis (*memoria*) weiter bzw. prägen die Bilder (*imagines*) von den wahrgenommenen Gegenständen im Gedächtnis ein. Aelred beschrieb dies metaphorisch und verglich das Gedächtnis mit einer riesigen Halle (*ingens aula*), die unzählige Schätze enthält (*innumerabiles thesauros*). Genauso ist das Gedächtnis ein riesiger Lagerplatz von Eindrücken, die auf verschiedene Weise abgerufen werden, aber auch dem Vergessen anheimfallen können.[80] Denken heißt dann, diese Bilder im Gedächtnis zu aktivieren bzw. durch Vorstellungskraft neue Bilder zu schaffen.[81] In Thomas' Terminologie geschieht die erste Ordnung der Sinneseindrücke durch den *sensus communis*. Die Vorstellungskraft (*phantasia/imaginatio*) aktiviert die eingeprägten Bilder, und die *vis aestimativa* kann sogar neue schaffen. Vergessen heißt aber ein Nachlassen der *vis memorativa*.

In Aelreds Dialog ergab sich aus der etwas mechanischen Auffassung vom Gedächtnis als Raum und der Lagerung von Bildern als Ein-drücke ein Problem hinsichtlich der Größe und Kapazität der Seele. Dieser Ansatz führte zu der Frage, inwieweit kann in das Gedächtnis eine Stadt wie London, die offensichtlich viel größer ist als der Mensch, eingeprägt werden? Aelred fand den Ausweg, indem er zwischen körperlicher Masse (*moles corporea*) und geistiger Natur (*spiritalis natura*) unterschied.[82] Die geistige Natur ermöglicht es, größere Gegenstände im Gedächtnis abzubilden.

Aelred differenzierte, wie bereits erwähnt, zwischen Bildern, die durch die sinnliche Wahrnehmung im Gedächtnis aufbewahrt, und Bildern, die in der Seele durch die Vorstellungskraft erst geschaffen werden. Deshalb sprach er der vernünftigen Seele (*anima rationalis*) vier Kräfte zu: erstens eine sinnliche Kraft (*uis sensualis*), die Farben, Töne, Düfte etc. wahrnimmt; zweitens eine Vorstellungskraft (*uis imaginaria*), die neue Bilder auf der Basis bereits vorhandener hervorbringt; drittens die Unterscheidungskraft (*uis rationalis*), die zwischen wahr und falsch, gut und böse unterscheidet; viertens eine geistige Kraft (*uis intellectualis*), die einen Aufstieg zur reinen Wahrheit (*puram ueritatem transit*) erlaubt.[83] Aelred vermischte hier mehrere Ebenen, weil er die Seelenvermögen bzw. -kräfte auf unterschiedliche Bezugspunkte hin ordnete.[84] Die für ästhe-

---

80 Vgl. *De anima* II,3.
81 Aelred spricht zu Johannes, seinem Dialogpartner: »Nihil enim te putas posse cogitare, nisi per imagines corporum, quas uel sensu percepisti, uel imaginando finxisti.« *De anima* I,13.
82 Vgl. *De anima* II,7.
83 Vgl. *De anima* III,9.
84 Während die *vis sensualis* und die *vis imaginaria* zu den inneren Sinnen gerechnet werden können und hinsichtlich der Urteilskraft neutral sind, ist die *vis rationalis* eine handlungsorientierte Entscheidungskraft, die eigentlich als Fakultät der Seele angesprochen werden

tische Phänomene und Urteile interessanteste Kraft ist die der Vorstellung (*uis imaginaria*), weil sie für Visionen und Träume maßgeblich ist. Aelred gestand den Träumen Wirklichkeitserfahrungen zu, d.h. das Geträumte ist nichts Unwirkliches, nichts Phantastisches, sondern besitzt für den Träumenden eine reale Erfahrung.

»Wenn du von einem beliebigen Menschen träumst, glaubst du, den Menschen zu sehen. Folglich, sobald du, erwacht, zu dir selbst zurückgekehrt bist, weißt du, daß du nicht jenen Menschen, sondern dessen Bild gesehen hast. Wenn er dir in der Tat irgend etwas im Schlaf erzählt hat, scheint es dir als Schlafendem gewiß, körperliche Worte durch körperliche Töne zu hören. Aber nachdem du aufgewacht bist, bemerkst du, daß du durch imaginäre Stimmen imaginäre Worte gehört hast. Dennoch hast du durch jene eingebildeten Worte etwas erfahren, was nicht eingebildet ist.«[85]

Visionen und Träume spielten im christlichen Glauben eine große Rolle, denn durch sie wurde den Menschen oft Zukünftiges vorausgesagt.[86] Die prophetische Dimension der Phantasie war aber nur die eine Seite der Medaille, die andere bezog sich auf recht irdische Wünsche. So war Aelred durchaus mit dem Thema sexueller Phantasien und dem nächtlichen unfreiwilligen Samenerguß vertraut. Wie war nun die Pollution eines Mönches zu bewerten? Einen Ausweg fand Aelred im Zustand des Willens und der Vernunft während des Schlafes. Beide werden nicht aktiv, d.h. bewußt gebraucht, sondern befinden sich eher in passiver Ruhe. Aelred konnte deshalb schreiben:

»Hiernach wird, das, was immer gegen deinen Willen in dir geschieht, wie der nächtliche Samenerguß, die Erregung des Fleisches und die übrigen Dinge solcher Art, mehr der Passivität als der Aktivität zugeschrieben. Daher sagt man, daß irgend etwas von diesen Dingen erst Sünde ist, wenn sich der Wille jenen anschließt und die willentliche Zustimmung zur Eingebung gewährt.«[87]

müßte. Noch schwieriger in diesem Zusammenhang ist die Einordnung der *vis intellectualis*, die auf das Erkennen und Verstehen von Gott ausgerichtet ist.

85 »Cum de homine quolibet somnias, hominem te putas uidere. Cum ergo expergefactus in teipsum redieris, scis te non hominem illum, sed eius uidisse imaginem. Si uero aliqua tibi in somnis dixerit, dormienti quidem uidetur tibi per corporales sonos uerba corporalia audire. At experrectus, agnoscis te per imaginarias uoces imaginaria uerba audisse. Attamen forte per illa imaginaria aliqua non imaginaria didicisti.« Aelred von Rievaulx, *De anima* III,28.

86 Vgl. dazu Abschnitt »Vorstellungen vom Jenseits und vom Tod«, pp. 281ff.

87 »Hinc est, quod quidquid contra uoluntatem tuam fit in te, sicut est nocturna illusio, carnis

Aus dieser Äußerung wird nochmals deutlich, daß der Wille bei den Fakultäten der Seele *primus inter pares* ist und das Wollen oder Nicht-Wollen über Schuld bzw. Unschuld entschied. Im Gegensatz dazu sind die Äußerungen des hl. Bernhard zur sinnlichen Wahrnehmung nicht nur restriktiver, sondern auch mit Blick auf die Fakultäten der Seele besonders streng, da Bernhard dem Gedächtnis eine besondere Rolle zuerkannte. Wie Aelred sah auch der Abt von Clairvaux im Gedächtnis den großen Lagerraum sinnlicher Eindrücke. Während aber Aelred das Gedächtnis eher als neutralen Speicher betrachtete, degradierte Bernhard dieses zur Kloake.

> »Manche bittere Eindrücke hat er (Reiz der Lust) jedoch dem Gedächtnis eingeprägt und böse Spuren hinterlassen. In diese Truhe läuft nämlich wie in eine Jauchengrube der ganze Unrat hinab, fließt die ganze Unreinheit hinein. Ein gewaltiges Buch, in dem alles aufgezeichnet ist, und zwar mit dem Griffel der Wahrheit.«[88]

Wie aber soll nun der Mönch mit seinem Gedächtnis, d.h. mit seiner Wahrnehmung, seinen Sinneseindrücken bzw. seiner Lebenserfahrung umgehen? Bernhards Antwort ist radikal, und seine Strenge steht Aelreds Toleranz beinahe diametral entgegen. Zuerst muß der Mensch den Blick nach innen wenden und sich in seinem Elend selbst erkennen.[89] Ihm muß klar werden, daß die Sinne gleich offenen Fenstern – eine Metapher, die bereits von Gregor dem Großen verwendet wurde[90] – alles hereingelassen haben und daß er demzufolge zuerst die Fenster schließen muß, um später sein Gedächtnis überhaupt reinigen zu können.

> »Schließe die Fenster, verriegle die Zugänge, verstopfe sorgfältig die Löcher! So erst wirst du, wenn kein neuer hinzukommt, den alten Schmutz wegputzen können.«[91]

---

commotio, et caetera huiusmodi, passioni magis deputantur quam actioni. Tunc enim primo aliquid horum dicitur esse peccatum, cum se illis applicans uoluntas, uoluntarium praebuerit suggestioni consensum.« Aelred von Rievaulx, *De anima* II,35.

88 »sed amara quaedam impressit signa memoriae, sed vestigia foeda reliquit. In illud siquidem repositorium, velut in sentiam aliquam, tota decurrit abdominatio, immunditia tota defluxit. Volumen grande, cui universa inscripta sunt, stilo utique veritas.« Bernhard von Clairvaux, *Ad clericos de conversione* III.4, SW IV, p. 160 [SBO IV, p. 75].

89 Vgl. *Ad clericos de conversione* II.3.

90 Gregor der Große, *Moralia in Iob* 21,4f, CC 143A, pp. 165 ff.

91 »Claude fenestras, obsera aditus, foramina obstrue diligenter, et sic demum non subeuntibus novis, sordes poteris expurgare vetustas.« *Ad clericos de conversione* VI.8, SW IV, p. 170 [SBO IV, p. 80].

Parallel dazu müssen Wille und Vernunft geläutert werden. Erst dann kann die Reinigung des Gedächtnisses erfolgreich sein.[92] Nun war Bernhard auch klar, daß die Sünden nicht einfach aus dem Gedächtnis gelöscht werden können. Deshalb bestand sein Ziel darin, die Sünden, abgehoben von persönlicher Schuld, als *exempla* zu erinnern.[93] Es wurde somit möglich, die pessimistische Rückschau in einen optimistischen, hoffnungsvolleren Blick nach vorn zu transformieren. Der Preis allerdings, den Bernhard für seine Strenge zu entrichten hatte bzw. den er von anderen Mönchen, für die er ja primär schrieb, einforderte, war ungeheuer hoch, denn seine Auffassung von den Sinnen erklärte diese nicht nur für allgemeingefährlich, sondern das Postulat nach der Zensur der eigenen Vergangenheit, d.h. nach der Reinigung des Gedächtnisses löschte jede persönliche Identität aus. Der allgemeinen Forderung, den eigenen Willen zu eliminieren, entsprach auf der Seite des Gedächtnisses die Auslöschung der eigenen Lebensgeschichte. Genau in diesem Punkt besteht, wie noch gezeigt werden wird, der fundamentale Unterschied zu Aelred. Der Abt von Rievaulx suchte Negatives nicht auszulöschen, sondern forderte, wie vor allem aus seiner *affectus*-Lehre hervorgeht, einen produktiven Umgang mit der eigenen sinnlichen Wahrnehmung, mit der durch sie gespeicherten Vergangenheit, kurzum, mit der wie auch immer gearteten persönlichen Lebenserfahrung.[94]

Der Mensch zwischen Liebe und Begehrlichkeit

Aelred sah den Grundkonflikt im Leben der Menschen in zwei Kräften, die in ihren Seelen widerstreiten, d.h. die Seele befindet sich mit sich selbst im Widerspruch. Das allgemeine Prinzip der Liebe (*amor*) besteht aus zwei gegensätzlichen Elementen, dem der *caritas* oder geordneten Liebe und dem der *cupiditas*, der alten Begehrlichkeit.[95]

> »Die Liebe hebt unsere Seelen zu dem empor, wofür sie geschaffen ist, die Begierde jedoch drängt sie dorthin, wohin sie aus eigener Schuld abgeglitten ist.«[96]

---

92 Vgl. *Ad clericos de conversione* XV.28f.

93 Vgl. *Ad clericos de conversione* XV.28. Das *exemplum* ist hier im Sinne der literarischen Gattung zu verstehen, als lehrhaftes Fallbeispiel. Die individuell handelnden Personen sind nur Charaktertypen.

94 Vgl. Coleman, J., 1991, pp. 216ff.

95 Aelred von Rievaulx, *De speculo caritatis* I,9,27.

96 »Animam itaque nostram ad id ad quod facta est, caritas subleuat; ad id uero, ad quod illa sponte defluxit, premit cupiditas.« *De speculo caritatis* I,8,26; dt. Übers. p. 68.

Aelred beschrieb den Widerspruch, in dem die Seele gefangen ist, mit einem paradoxen Ausspruch des Paulus: »Ich tue nicht, was ich will« (Röm 7,15). Es ist der Konflikt zwischen dem alten Menschen und dem neuen, der hier mit Paulus erklärt wird. Der Apostel sprach davon, daß das Fleisch (*caro*) gegen den Geist (*spiritus*) begehrt und der Geist gegen das Fleisch (Gal 5,17). Geist und Fleisch sind nicht als gegensätzliche Naturen gedacht. Aelred erklärte:

> »Mit dem Begriff ›Geist‹ meint er die durch die Eingießung der Liebe
> erneuerte Seele. [...] Mit dem Wort ›Fleisch‹ bezeichnet er jedoch die
> elende Knechtschaft der Seele durch die Reste des alten Menschen.«[97]

Die Reste des alten Menschen sind seine Begierden und Laster. Sie lenken die Aufmerksamkeit von Gott ab. Deshalb diskutierte Aelred diese ausführlich. Der Abt von Rievaulx unterschied sehr feinsinnig verschiedene Arten von Begierden (*concupiscentia*). Das Begehren des Fleisches (*concupiscentia carnis*) wird Begierlichkeit (*cupiditas*) genannt. Das Begehren des Geistes (*concupiscentia spiritus*) heißt geordnete Liebe (*caritas*). Letztere entspringt dem Geiste Gottes, erstere nicht dem Fleisch (*caro*) an sich, sondern dem Menschen. Damit argumentierte Aelred gegen einen Dualismus von Leib und Seele, wie ihn die Manichäer propagiert haben.[98]

Der Konflikt zwischen den sinnlich vitalen Bedürfnissen und der geistigen Erneuerung der Seele wird nun vermittelt durch das dem Menschen eigene Entscheidungsvermögen, den freien Willen (*liberum arbitrium*) und durch die Gnade oder das Erbarmen Gottes (*miserentis Dei*). Aelred war sich des Widerspruchs zwischen der Entscheidungsfreiheit und dem Prinzip der Gnade Gottes sehr wohl bewußt. Er löste ihn deshalb nur scheinbar auf, indem er schrieb:

> »Zwar geschieht das alles, was wir tun, kraft der Gnade Gottes, dennoch
> tun wir es, und zwar sowohl mit dem Willen als auch mit der Vernunft,
> und deshalb in freier Entscheidung. [...] Wie ist das also? Etwa so, daß
> die Gnade die Entscheidungsfreiheit aufhebt, den Willen auslöscht und
> das Urteil der Vernunft unmöglich macht? Keineswegs!«[99]

---

97 »sed spiritus appellatione mentis ex caritatis infusione exprimens nouitatem [...] carnis
quoque uocabulo ex reliquiis uetustatis miseram animae insinuans seruitutem«. *De speculo
caritatis* I,9,27; dt. Übers. p. 69.
98 Vgl. *De speculo caritatis* I,10,28.
99 »Haec omnia, licet ex Dei gratia est quod agimus, tamen agimus, nec sine uoluntate, nec sine
ratione agimus; ac per hoc non sine libero arbitrio agimus. [...] Quid ergo? Itane, ut liberum
tibi tollat arbitrium, destruat uoluntatem, iudicium rationis absumat? Absit!« *De speculo
caritatis* I,10,30 u. I,11,33; dt. Übers. p. 71 u. p. 72.

Die Entscheidungsfreiheit wird durch die Gnade nicht ausgelöscht. Die Gnade macht den Willen geneigt, das Gute zu wollen.[100] Das Paradoxon des menschlichen Handelns, wie es in seiner Schrift *De anima* wiederkehrt, wird nicht aufgelöst. Der Mensch kann aus eigener Kraft sündigen, für die guten Taten aber benötigt er die Gnade Gottes. Diese wirkt im freien Willen.

Gottes Ordnung – die ewige Ruhe in Gott

In Gott, so Aelred, findet der Mensch die wahre Ruhe (*uera requies*), den wahren Frieden (*uera pax*), den wahren Seelenfrieden (*uera tranquillitas*) und den wahren Sabbat des Geistes (*uerum mentis sabbatum*).[101] Die Menschen sind aber nur ein Teil der Schöpfung. Sie ordnen sich in Gottes Kosmos ein, d.h. dem System unter, welches durch Gottes Liebe zusammengehalten wird. Nach dieser Liebe zu streben, heißt nach Ruhe zu streben.

»Wenn du alle Geschöpfe vom ersten bis zum letzten, vom größten bis zum geringsten, vom höchsten Engel bis zum kleinsten Wurm, ein wenig aufmerksamer betrachtest, wirst du bestimmt die Güte Gottes erkennen, die wir nur als seine Liebe bezeichnen können. Sie strömt nicht an einem bestimmten Punkt ein, verströmt sich auch nicht im Raum, noch wirkt sie da und dort verstreut, sondern in der beständigen, unfaßbaren, in sich gleichbleibenden Einfachheit der substantiellen Gegenwart enthält sie alles, umfaßt sie alles und durchdringt sie alles. Sie vereint unten und oben, den einen Gegensatz mit dem anderen, Kaltes und Warmes, Trockenes und Nasses, Zartes und Grobes, Hartes und Weiches, und verbindet sie in Eintracht und Frieden. In der gesamten Schöpfung kann es daher nichts Störendes geben, nichts Unpassendes, nichts Entstellendes, nichts, was Verwirrung schafft oder die Schönheit des Ganzen verunstaltet, sondern alles verharrt in der Ruhe seiner Ordnung, wie sie Gott für das Universum im voraus festgelegt hat, in ungetrübtem Frieden.«[102]

100 »Ut autem bonum uelint, Dei gratia operatur, non liberum destruens arbitrium, ut nihil uelint, sed ad hoc inclinans, ut bonum uelint.« *De speculo caritatis* I,12,38.
101 Vgl. *De speculo caritatis* I,18,52.
102 »Porro si omnem creaturam a prima usque ad nouissimam, a summa usque ad imam, a summo angelo usque ad minimum uermiculum subtilius contempleris, cernes profecto diuinam bonitatem, quam non aliud dicimus, quam eius caritatem, non locali infusione, non spatiosa diffusione, non mobili discursione, sed substantialis praesentiae stabili et incomprehensibili in se permanente simplicitate omnia continentem, omnia ambientem, omnia penetrantem, ima superis coniungentem, contraria contrariis, frigida calidis, siccis humida, lenibus aspera, duris mollia, concordi quadam pace foederantem; ut in ipsa

Sollten Elemente den Versuch unternehmen, aus dieser Ordnung auszubrechen, so könnten sie dies tun, jedoch werden sie niemals die Allmacht Gottes brechen und das System aus dem Gleichgewicht bringen. Im Gegenteil, das Unruhige (*inquietum*) und das Ungeordnete (*inordinatum*) haben sogar eine wichtige pädagogische Funktion. Sie machen im Vergleich das Schöne noch schöner (*pulchriora*) und das Gute noch besser (*meliora*).[103]

Die vernunftbegabte Seele (*anima rationalis*) drängt ihrer Natur gemäß zur Glückseligkeit (*beatitudo*), die ihr verlorengegangen ist.[104] Die angestrebte Ruhe ist demzufolge weder in körperlichem Wohlbefinden noch in weltlichen Gütern zu finden. Sie findet sich allein in der Liebe (*caritas*) und der brüderlichen Zuneigung (*delectio fraterna*).[105]

Selbsterkenntnis und Umkehr (*conversio*)

An Aelreds direkten bzw. indirekten Bezügen zum Klosterleben läßt sich erkennen, daß der *Spiegel der Liebe* primär für Mönche bestimmt war. Das heißt, der Lebensweg, der unausgesprochen allem unterliegt, ist der monastische. Aelred nimmt nicht zufällig das Beispiel seiner eigenen Bekehrung in den Text auf. Er berichtete über sein Leben vor dem Eintritt in das Kloster:

> »Gütiger Herr, ich habe die Welt durchstreift und das, was in der Welt ist. Denn ›*alles was in der Welt ist,* [...] *ist Augenlust, Fleischeslust oder Hoffart des Lebens*‹. Darin suchte ich die Ruhe für meine unglückliche Seele, indes fand ich überall Mühe und Klage, Schmerz und Bedrängnis des Geistes.«[106]

Vor allem die familiären Bande und die geknüpften weltlichen Freundschaften hielten ihn ab, den entscheidenden Schritt zu gehen. Diese Einstellung überrascht nicht, schließlich hatte Aelred einen geachteten Posten am schottischen Hof. Er schrieb über seine freundschaftlichen Kontakte zu anderen:

creaturae uniuersitate nihil aduersum, nihil possit esse contrarium, nihil quod dedeceat, nihil quod perturbet, nihil quod ipsam uniuersitatis pulchritudinem decoloret, sed in ipsius ordinis tranquilitate, quem ipsi uniuersitati praefixit, cuncta quasi tranquillissima quadam pace quiescant.« *De speculo caritatis* I,21,59; dt. Übers. p. 88f.

103 Vgl. *De speculo caritatis* I,21,59.

104 Vgl. *De speculo caritatis* I,22,62.

105 Vgl. *De speculo caritatis* I,27,78.

106 »Ecce, dulcis Domine, perambulaui mundum, et ea quae in mundo sunt, quia *quidquid in mundo est* [...] *aut concupiscentia carnis, aut concupiscentia oculorum, aut superbia uitae.* Quaesiui in his requiem infelici animae meae, sed ubique labor et gemitus, dolor et afflictio spiritus.« *De speculo caritatis* I,28,79; dt. Übers. p. 101.

»Die teuren Bande der Freundschaft gefielen mir wohl, doch immer mußte man vor einer Beleidigung auf der Hut sein, und es war ganz sicher, daß irgend einmal die Trennung kommen würde. Ich dachte an das dabei empfundene Glück, an den Anfang, verfolgte die weitere Entwicklung und sah das Ende voraus. Mir wurde klar, daß ich schon am Anfang der Zurechtweisung, in der Mitte der Beleidigung, am Ende aber der Verdammung nicht ausweichen konnte. Die Möglichkeit des Todes ließ mich erschaudern.«[107]

Aelred hat das Nachdenken über die Beziehung der Freundschaft nie aufgegeben. Jahre später legte er in einem kleinen Traktat *De spiritali amicitia* seine eigene Auffassung von Freundschaft dar. Sie wird später noch zu besprechen sein.

Wenn sich nun im einzelnen Menschen die Erkenntnis durchsetzt, daß er den falschen Gütern nachjagte, wird dies außerdem von der Einsicht begleitet, nun den »richtigen« Weg einzuschlagen. Damit befindet sich der Mensch bereits an einer wichtigen Schnittstelle seines Lebens, die im Mittelalter als *conversio* bezeichnet wurde. Das Wort bedeutete ursprünglich die Umkehr von erwachsenen Menschen, d.h. ihre Hinwendung zu einem strengeren religiösen Leben. Häufig war damit der Eintritt in ein Kloster gemeint. Der Weg, den es nun zu beschreiten galt, war ein asketischer. Askese ist hier in seiner ursprünglichen griechischen Wortbedeutung zu lesen. Es ging nämlich nicht primär um einen einfachen Verzicht, sondern um die Einübung einer bestimmten Lebensweise. Aelred sprach in diesem Zusammenhang von einer geistlichen Beschneidung (*circumcisio spiritalis*), der wahren und vollkommenen Beschneidung des äußeren und inneren Menschen.

»Sie begrenzt die Begehrlichkeit, löscht die Leidenschaft, zügelt die Gaumenlust, drängt den Zorn zurück, überwindet den Neid von Grund auf und rottet den Stolz, die Stammutter aller Laster, aus. Sie mäßigt durch geistliche Freude die Stiche der verzehrenden Traurigkeit und wehrt die Mattigkeit des ihr folgenden Überdrusses ab. Sie durchbohrt die Pest der Habsucht mit dem scharfen Dolch der Freigebigkeit und befreit und beschützt die Seele vor dem Laster des Götzendienstes.«[108]

---

107 »Placebat amicitiae grata connexio, sed semper timebatur offensio, et certa erat futura quandoque divisio. Consideravi iucunditatem illarum initia, attendi processus, finem prospexi. Vidi nec initia reprehensione, nec media offensione, nec finem carere posse damnatione. Mors suspecta terrebat.« *De speculo caritatis* I,28,79; dt. Übers. p. 102.

108 »uera et perfecta circumcisio, resecans uoluptatem, exstinguens libidinem, coercens gulam, cohibens iracundiam, inuidiam penitus euertens, omnium uitiorum generatricem expugnans

Die Haltung, die im Kloster eingeübt wurde, läßt sich am besten durch das System der Tugenden beschreiben. Die Kardinaltugenden wie Mäßigkeit (*temperantia*), Klugheit (*prudentia*), Stärke (*fortitudo*) und Gerechtigkeit (*iustitia*) sind in diesem Zusammenhang zu nennen. Wobei im Kloster der Demut (*humilitas*) eine besondere Rolle zukam. Diese Haltungen, mit all ihren Zwischenstufen, galten für Aelred aber nur dann als Tugenden, wenn es darum ging, die Liebe (*caritas*) zu erwerben und zu bewahren. So schrieb er:

>»Mag sich deshalb ein Mensch aus Ruhmsucht auch ein wenig beherrschen, mag ein geldgieriger und listiger Kluger in der öffentlichen Meinung noch so viel gelten, mag sich auch ein Philosoph in unglaublichem Gleichmut abhärten und durch kein Unglück erschüttert werden – was nicht der Wurzel der Liebe entsprungen ist, darf nicht zu den Früchten der Tugend gerechnet werden.«[109]

Caritas ist als grundlegendes Prinzip in allen Tugenden enthalten und geht gleichzeitig über alle hinaus. Liebe vereint alles (*omnia in caritate*), und deshalb konnte Aelred über das Verhältnis von Liebe (*caritas*) zu den Tugenden (*uirtutes*) sagen:

>»Die Mäßigkeit kämpft gegen die Begierden, die Klugheit gegen die Irrtümer, die Stärke gegen die Widerwärtigkeiten, die Gerechtigkeit gegen das Unrecht. In der Liebe aber ist die Reinheit vollendet. [...] Was ist die Mäßigkeit? Doch nur Liebe, die sich von keinem Genuß verführen läßt. Was die Klugheit? Nur Liebe, die sich von keinem Irrtum bezwingen läßt. Was die Stärke? Nur Liebe, die kraftvoll alles Widrige erträgt. Was die Gerechtigkeit? Auch nur Liebe, die durch ausgleichende Steuerung die Ungerechtigkeiten dieses Lebens beilegt. Im Glauben wird die Liebe daher zugrundegelegt, in den übrigen Tugenden geübt, in sich selbst aber vollendet.«[110]

superbiam. Haec edacis tristitiae stimulos spiritali quadam suauitate contemperans, sequacis acediae occurrit languori. Haec auaritiae pestem liberalitatis grauissimo mucrone confodiens, ab idololatriae uitio animam liberat ac conseruat.« *De speculo caritatis* I, 17, 50; dt. Übers. p. 82.

109 »Proinde quantulumcumque sibi temperans popularis gloriae cupidus uideatur, quantumlibet prudens pecuniosus quispiam et astutus uulgi iudicio aestimetur, quanquam etiam immani stupore durescens philosophus quis nullis aduersitatibus moueatur, quidquid de radice caritatis non pullulauerit, a uirtutum fructibus sequestrandum nostri philosophi censuerunt«. *De speculo caritatis* I, 33, 93; dt. Übers. p. 113.

110 »Verum temperantia pugnat contra libidines, prudentia contra errores, fortitudo contra aduersitates, iustitia contra inaequalitates; sed in caritate perfecta castitas [...] quid est

Ich habe in der Einleitung bereits dargelegt, warum im Kloster Demut und Mäßigkeit als die Tugenden *par excellence* angesehen wurden. Auch *caritas* setzt, um überhaupt als geordnete Liebe bezeichnet werden zu können, eine demütige Haltung voraus. Wie aber steht es mit der Mäßigkeit? Hier folgt Aelred ganz dem hl. Bernhard, der in seinem Traktat *De diligendo Deo* die Frage, wie man Gott lieben soll, dahingehend beantwortet hatte: das Maß Gott zu lieben ist, ihn ohne Maß zu lieben.[111] So bemerkte auch Aelred ganz in diesem Sinne:

»Maßlosigkeit braucht man nicht zu fürchten, denn in der Liebe zu dir ist kein Maß vorgeschrieben. Der Tod, der alle irdische Freundschaft zerreißt, hat keinen Schrecken, denn das Leben stirbt nicht. In der Liebe zu dir braucht man keine Beleidigung zu fürchten, denn es gibt keine, außer, man läßt davon ab, dich zu lieben. Es kann auch kein Argwohn aufkommen, denn du urteilst nach dem Zeugnis des Gewissens. Hier findet man Freude, da die Furcht keinen Zutritt hat, hier den Frieden, da der Zorn besänftigt ist, hier Sorglosigkeit, da man die Welt gering schätzt.«[112]

Aelreds Lehre der *affectus*

Vorbetrachtungen

Die Lehre von den *affectus* ist ein wesentlicher Bestandteil der Idee von *caritas*. Hier kommt Aelreds Verständnis von Sinnen und Sinnlichkeit sehr gut zum Ausdruck. Der Begriff *affectus* läßt sich nicht mit einem Wort übersetzen. Bedeutungen wie Strebevermögen, Leidenschaft, Gefühl, Zuneigung oder Regung zeugen von dem Spektrum dessen, was alles mit *affectus* beschrieben

temperantia, nisi amor, quem nulla uoluptas illicit; quid prudentia, nisi amor, quem nullus error seducit; quid fortitudo, nisi armor fortiter aduersa sustinens; quid iustitia, nisi amor aequo quodam moderamine inaequalitates huius uitae componens? In fide ergo caritas inchoatur, in caeteris uirtutibus exercetur, in seipsa perficitur.« *De speculo caritatis* I,31,89; dt. Übers. p. 109.

111 »Causa diligendi Deum, Deus est; modus, sine modo diligere.« Bernhard von Clairvaux, *De diligendo Deo* I.1, SW I, p. 74 [SBO III, p. 119].

112 »non modi excessus timetur, quia in tui dilectione nullus modus praescribitur; non mundialis amicitiae diremptrix mors formidatur, quia uita non moritur. In tui dilectione non timetur offensio, quia nulla est, nisi ipsa deseratur dilectio; non interuenit ulla suspicio, quia iudicas ipsius conscientiae testimonio. Hic iucunditas, quia timor excluditur; hic tranquillitas, quia ira compescitur; hic securitas, quia mundus contemnitur.« Aelred von Rievaulx, *De speculo caritatis* I,28,80; dt. Übers. p. 103.

werden kann. Aufgrund der schillernden Bedeutungen werde ich mich im folgenden bemühen, wo es sprachlich sinnvoll ist, das lateinische Wort *affectus* bzw. dessen deutsche Form *Affekt* zu benutzen. Dort, wo ich eine spezielle Übersetzung bevorzuge, erscheint diese mit dem lateinischen Begriff in Klammern.

Die Bedeutung, die Aelred den Affekten beimaß, wird besonders deutlich, wenn man sich die Stelle in Erinnerung ruft, an der die *affectus*-Lehre innerhalb des Traktates über die Liebe eingebaut ist. Deshalb werde ich nicht mit seiner Definition der *affectus* beginnen, sondern noch einmal kurz auf den Kontext eingehen. Aelred bestimmte Liebe als eine

> »Kraft oder natürliche Anlage der vernunftbegabten Seele, durch die sie von Natur aus die Fähigkeit hat, etwas zu lieben oder nicht zu lieben. Liebe nennt man aber auch das Handeln dieser vernunftbegabten Seele, bei dem sie diese Kraft einsetzt und entweder in rechter oder unrechter Weise gebraucht. Dieses Handeln bezeichnet man gewöhnlich als Liebe mit einer entsprechenden Hinzufügung: zum Beispiel, Liebe zur Weisheit oder Liebe zum Geld.«[113]

Die Liebe an sich ist immer gut. Die Unterscheidung liegt in ihrem Gebrauch. Aelred nimmt hier einen seiner Hauptgedanken wieder auf. Der rechte Gebrauch (*rectus usus*) der Liebe wird als geordnete Liebe (*caritas*) bezeichnet, ihr Mißbrauch (*abusus*) als Begierde (*cupiditas*).[114]

Der Gebrauch selbst setzt sich aus der Wahl (*electio*), der Regung (*motus*) und dem Genuß (*fructus*) zusammen. Die Wahl steht am Anfang, indem der Verstand darüber befindet, was als zu liebendes Objekt ausgewählt wird. Denn die Vernunft oder der Verstand entscheiden darüber, was gut und was böse ist. Aelred wies zur Veranschaulichung auf den Kreislauf, in dem sich die Gottlosen bewegen (*circuitus impiorum*), hin. Am Anfang steht der Wunsch, etwas zu begehren. Nach dem Genuß überkommt den Menschen ein Gefühl der Leere, weshalb nun die Begierlichkeit zu einem neuen Ding geweckt wird. Um diesem *circulus vitiosus* zu entwischen, forderte Aelred das vollkommenste Gut (*perfectum bonum*), d.h. Gott als Objekt zu erwählen.[115] Gott zu lieben bedeutet, ihn und

---

113 »Dicitur enim amor animae rationalis uis quaedam siue natura, qua ei naturaliter inest ipsa amandi aliquid, non amandiue facultas. Dicitur et amor ipsius animae rationalis quidam actus uim illam exercens, cum ea utitur uel in his quae opportet, uel in his quae non opportet, qui quidam actus cum additamento amor appellari solet; uerbi gratia amor sapientiae, amor pecuniae«. *De speculo caritatis* III,7,20; dt. Übers. p. 192.
114 Vgl. *De speculo caritatis* III,7,21.
115 Vgl. *De speculo caritatis* III,9,26.

seinen nächsten zu lieben. Deshalb müssen, allerdings in verschiedener Weise, Gott und der Nächste zum Genuß erwählt werden.

»Gott, um ihn in sich selbst zu genießen und um seinetwillen, den Nächsten aber, um ihn in Gott zu genießen, ja mehr noch: Gott in ihm.«[116]

Die Regung (*motus*) beschreibt den Verlauf, in dem sie sich in der Tat, im Verlangen, d.h. im Handeln äußert. Die Liebesregung (*amoris motus*) führt innerlich zum Wunsch und äußerlich zur Tat;

»zum Wunsch, wenn sich der Geist nach dem Gut, das er zu genießen beschlossen hat, in innerer Bewegung und innerem Streben ausstreckt; zur Tat aber, wenn eine verborgene Kraft der Liebe den Menschen dazu antreibt, auch äußerlich etwas zu unternehmen.«[117]

Aelred stellte hier nun die Frage nach den Antrieben der Liebe zu diesen beiden Verhaltensweisen, die er gesondert erläutern möchte. Diese Triebkräfte sind die *affectus*. Das Gefühl[118] (*affectus*) und der Verstand (*ratio*) bewegen den Menschen zu bestimmten Verhaltensweisen. Genau an dieser Stelle, im Verhältnis von *affectus* und *ratio*, treffen sich Ästhetik und Ethik. Darauf werde ich später wieder zurückkommen.

Schließlich muß noch das dritte Element im rechten Gebrauch der Liebe erläutert werden: der Genuß (*fructus*). Der Genuß kommt im Ziel zur Geltung.[119] Einen Gegenstand zu gebrauchen, hieß für Aelred, ihn zu genießen: »Genießen aber heißt: etwas mit Vergnügen und Freude gebrauchen.«[120]

---

116 »Nam Deus, ut eo fruamur in seipso, et propter seipsum; proximus, ut ipso fruamur in Deo, immo et Deo fruamur in illo.« *De speculo caritatis* III,9,28; dt. Übers. p. 197. Aelred erläuterte auch, was unter ›seinen Nächsten lieben‹ zu verstehen sei. So sollte ein guter Christ seine Blutsverwandten (*ad domesticos sanguinis*), diejenigen, die ihm durch Freundschaft und gegenseitige Dienste nahestehen (*qui nobis specialis amicitiae foedere, uel officii uicissitudine copulantur*), des weiteren diejenigen, die unter dem Joch derselben Berufung stehen (*qui nobiscum eodem iugo professionis subduntur*), aber auch die Andersgläubigen wie Juden, Häretiker oder Heiden sowie seine Feinde lieben. Vgl. *De speculo caritatis* III,4,9f.

117 »Ad desiderium, cum ad id quo fruendum iudicauerit, animus se motu quodam interno et appetitu extendit. Ad actum, cum mentem ad aliquid etiam exterius agendum, amoris ipsius uis quaedam occulta compellit.« *De speculo caritatis* III,10,29; dt. Übers. p. 198.

118 Gefühl ist in diesem Sinne eine irrationale Kraft, ein emotionaler Antrieb, der wirkt und deshalb aktiv zu denken ist.

119 »Est autem electio ex ratione, motus in desiderio et actu, fructu in fine. [...] Sed in hac electione caritas inchoatur, motu extenditur, in fructu uero perficitur.« *De speculo caritatis* III,8,22 u. III,8,24.

120 »Frui autem dicimus, cum delectatione ac gaudio uti.« *De speculo caritatis* III,8,23; dt. Übers. p. 194. Hildegard Brehm hat in ihrer Übersetzung des *Spiegels der Liebe* (Anmer-

---

Einen Gegenstand zu genießen, bedeutet aber nicht automatisch, daß dies mit Liebe geschieht, denn die Liebe ist nur dann gut, wenn sie sich auf das sittlich Rechte bezieht, d.h. auf das, was man tun muß, sonst ist sie schlecht.[121] Trügerische Reichtümer (*fallaces divitias*), flüchtige Ehren (*futiles honores*) oder auch körperliche Genüsse (*corporeas voluptates*) sind kein Genuß, sie fallen unter die Begierden.

Die *affectus* in ihren unterschiedlichen Ausprägungen

Aelred bestimmte den Affekt als »eine unwillkürliche, freudige Hinwendung der Seele zu irgend jemandem«.[122] Die Affekte sind als Ursprünge oder Wurzeln der Liebe (*amoris origines* [...] *sive radices*) zu betrachten. Durch sie erregt (*excitari*) oder bedrängt (*pulsari*) zu werden, ist weder lobenswert noch tadelnswert, egal ob sie gut oder schlecht sind.[123] Aelred unterschied nun verschiedene Arten von *affectus*. Der geistliche Affekt (*affectus spiritalis*) wird entweder durch die Heimsuchung des Heiligen Geistes (*Spiritus sancti visitatione*) oder durch den Einfluß des Teufels erzeugt (*ex diaboli immissione generatur*).[124] Der vernünftige Affekt (*affectus rationalis*) entsteht durch die Betrachtung der Tugend eines anderen (*ex consideratione alienae uirtutis oboritur*)[125], während der unvernünftige Affekt (*affectus irrationalis*) in der Zuneigung zu einem anderen wegen seiner Fehler besteht (*quo quislibet erga aliquem comperto eius uitio, quadam mentis inclinatione mouetur*).[126] Der vernünftige Affekt ergreift die Menschen z.b. im Gedenken an die Leiden der Märtyrer, sein Gegenteil überkommt die Menschen, wenn sie sich durch unnütze Philosophie die Zuneigung anderer erschleichen. Der geschuldete Affekt (*affectus officialis*) wird durch empfangene Wohltaten wie Geschenke oder Dienstleistungen geweckt (*qui munerum uel obsequiorum gratia partitur*).[127] Der natürliche Affekt (*affectus naturalis*) verbindet z.b. die Blutsverwandten, die Mutter mit ihrem Kind

kung 13, p. 209) auf den unterschiedlichen Gebrauch von *fructus* und *fruitio* bei Aelred und Augustinus hingewiesen. Augustinus definierte Genießen als »etwas um seiner selbst willen gebrauchen (*Frui est enim amore inhaerere alicui rei propter se ipsam*)«. Vgl. Augustinus, *De doctrina christiana* I,4,4.

121 »si sit ad id quod debet, et sicut debet, amor bonus est, si uero ad id quod non debet, uel aliter quam debet, malus amor est.« Aelred von Rievaulx, *De speculo caritatis* III,8,23.

122 »Est igitur affectus spontanea quaedam ac dulcis ipsius animi ad aliquem inclinatio.« *De speculo caritatis* III,11,31.

123 Vgl. *De speculo caritatis* III,16,39.

124 Vgl. *De speculo caritatis* III,11,31.

125 Vgl. *De speculo caritatis* III,12,33.

126 Vgl. *De speculo caritatis* III,12,34.

127 Vgl. *De speculo caritatis* III,13,35.

oder den Menschen mit seinem Leib (*cuilibet ad carnem suam, matri ad filium, homini ad domesticum sanguinis sui*).[128] Schließlich gibt es noch den fleischlichen Affekt (*affectus carnalis*), der zwei Erscheinungsformen besitzt. In der einen wird durch das äußere Gebaren eines Menschen (*exterioris hominis habitudo*), nicht durch dessen Tugend (*uirtus*) die Zuneigung erreicht, die andere zeigt sich,

> »wenn einer angesichts einer Schönheit von einem süßen Verlangen ergriffen wird, das ihn zum Bösen verführt.«[129]

Die Gefühlsliebe (*amor affectus*) wird von der Vernunftliebe (*amor rationalis*) überragt. Die vernunftgeleitete Liebe wurde von Aelred als nützlicher betrachtet, weil Gott in ihrem Zentrum steht.[130] Ziel ist es letztlich, die Balance zwischen dem, was mit innigen Gefühlen das Herz berührt, und dem, was der Vernunft gemäß zu gewähren ist, zu halten.[131] Deshalb galt Aelred diejenige Liebe als die vollkommenste, in der Gefühl (*affectus*), Vernunft (*ratio*) und Wille (*uoluntas*) in eins zusammenfallen. Die Liebe aus dem Affekt heraus mag beglückend sein, aber auch sehr gefährlich, da Falsches begehrt werden kann. Eine Liebe *ex ratione* ist zwar fruchtbar, aber sehr schwer zu tun, da sie ohne zusätzliche Motivation über das Gefühl auskommen muß. Eine Liebe jedoch, die Gefühl, Vernunft und Wille vereinigt, ist vollkommen.[132] Sie kulminiert in der geordneten Liebe (*amor ordinatus*), die besagt,

> »daß man nichts liebt, was man nicht lieben darf, daß man aber alles liebt, was man lieben muß, daß man jedoch nichts mehr liebt, als es zu lieben ist, ferner nichts in gleicher Weise liebt, was eine unterschiedliche Liebe verdient, und nichts unterschiedlich liebt, was gleiche Liebe verdient.«[133]

Ihren Charakter und ihre Grenzen beschreibt Aelred folgendermaßen:

> »Es muß also die Wahl richtig, das Streben angemessen und die Tat vernünftig sein, dann werden die Grenzen der geordneten Liebe nicht

---

128 Vgl. *De speculo caritatis* III,14,36.

129 »Porro quem ad noxiae uoluptatis memoriam in quamlibet speciem suauitas male blanda compungit«. *De speculo caritatis* III,15,38; dt. Übers. p. 204.

130 Vgl. *De speculo caritatis* III,18,41.

131 Vgl. *De speculo caritatis* III,19,47.

132 Vgl. *De speculo caritatis* III,20,48.

133 »ut nec diligat homo quod diligendum non est, diligat autem quidquid diligendum est, amplius tamen non diligat quam diligendum est; nec aeque diligat quae dissimiliter diligenda sunt, nec dissimiliter quae aeque diligenda sunt.« *De speculo caritatis* III,18,41; dt. Übers. p. 207.

überschritten. Freilich ist auch noch von Bedeutung, wieviel einer an Gefühl, Unterscheidungskraft und Stärke in diese Liebe einbringen kann: Gefühl, damit sie köstlich, Unterscheidungskraft, damit sie klug, und Stärke, damit sie beharrlich ist; Gefühl, um zu verkosten, was er im Streben erwählt, Unterscheidungskraft, um im Handeln das rechte Maß nicht zu überschreiten, und Stärke, um nicht durch irgend eine Versuchung von der Liebe abgebracht zu werden. [...] Kann er jedoch kein Gefühl aufbringen, so soll er wenigstens Unterscheidungskraft und Stärke zeigen, und wenn er auch nicht zur Süßigkeit vordringt, so wird er dennoch um nichts weniger einst zur Seligkeit gelangen.«[134]

Im letzteren Fall, da nämlich, wo das Gefühl nicht zugegen ist, soll die Vernunft siegen, d.h. aber, ein Gegenstand wird dann nicht wegen der Annehmlichkeit des Affektes, nicht wegen des Glücksgefühls für würdig befunden, sondern weil er der Liebe würdig ist, gerade deshalb ist er auch beglückend.[135]

Die Kontrolle der *affectus*

Um die geordnete Liebe zu erreichen, ist es notwendig, die Affekte zu kontrollieren. Aelred versuchte eine Einteilung der Affekte in solche, die zuzulassen, und solche, die nicht zuzulassen sind. Die Klassifizierung ist nicht so streng zu nehmen, da das Urteil über einen Affekt selten kategorisch gefällt werden kann, sondern situationsgebunden abgewogen werden muß. Es ist nämlich nicht immer sinnvoll und gut, einen Affekt abzulehnen, der der Tugend zuwiderläuft, sondern unter bestimmten Umständen kann es hilfreicher sein, diesen Affekt bis zu einem gewissen Grade zuzulassen, um ihn dann in einen anderen, tugendhafteren zu überführen.

Der geistliche Affekt, der durch Gott selbst bewirkt wird, ist zuzulassen und zu stärken, jener aber, der durch den Teufel hervorgerufen wird, darf nicht zugelassen werden. Der *affectus spiritalis* birgt, obwohl ihm zu folgen ist, wenn er durch Gott bewirkt wird, eine sehr große Gefahr in sich. Dieser Affekt ist dadurch ausgezeichnet, daß er oft kein Maß kennt. Diese Maßlosigkeit, obwohl

---

134 »Sit ergo electio sana, desiderium competens, actus rationalis; et sic non excedet limitem caritatis. Interest sane quantum fuerit quis in hac dilectione affectuosus, discretus, fortis. Affectuosus ut dulciter, discretus ut prudenter, fortis ut diligat perseveranter. Affectuosus, ut quod eligit in desiderio, sapiat; discretus, ne in actu modum excedat; fortis, ne inde eum aliqua tentatio avertat. [...] Si quis autem in tribus his noscitur esse perfectus, non solum feliciter, sed et suaviter amat. Sane si non poterit affectuosus, sit tamen discretus et fortis, et si non ad praesentem suauitatem, non minus tamen ad futuram proficiet felicitatem.« *De speculo caritatis* III,21,51; dt. Übers. p. 213.
135 Vgl. *De speculo caritatis* III,20,48.

sie als einzige toleriert wird, kann die Kräfte des Leibes übersteigen. Deshalb soll dieser Affekt, wenn er in die Tat umgesetzt wird, durch die Vernunft gezügelt werden.[136]

Der unvernünftige Affekt (*affectus irrationalis*), der sich dem Laster (*uitio*) zuneigt, wie auch der fleischliche Affekt (*affectus carnalis*), der zum Laster (*uitio*) hinführt, dürfen nicht oder nur bedingt zugelassen werden.[137] Aelred war sich der äußerlichen Attraktivität eines Menschen sehr wohl bewußt, auch der Ambivalenz, die dahinter verborgen liegt. Hat ein tugendhafter Mensch auch äußere Vorzüge, so sollten diese nur aufgrund ihrer Äußerlichkeit nicht gänzlich abgelehnt werden. Sie gehören ja zu einem tugendhaften Charakter und dürfen deshalb zugelassen werden.[138]

Differenzierter gestaltet sich die Sache bei den noch verbleibenden Affekten. Der vernünftige Affekt (*affectus rationalis*) gehört zu den vollkommeneren Affekten (*perfectior affectus*). Er entsteht aus der Betrachtung der Tugend (*contemplatio uirtutis*) eines anderen Menschen. Aelred unterscheidet nun bei den Konsequenzen, d.h. der aus dem Affekt resultierenden Handlungen, zwischen einer inneren und einer äußeren Übung. Bei der inneren Übung (*interior exercitatio*) darf man dem Drängen (*impetus*) des Gefühls, ohne zu zögern, folgen, denn bei der inneren Heiligkeit (*interior sanctitas*) ist ein Übermaß (*nimietas*) nicht zu fürchten. Bei der äußeren Übung der Tugend (*exterior uirtutum exercitatio*) muß der Affekt durch die Lenkung der Vernunft gemäßigt werden (*rationis est moderamine temperanda*).[139]

Dem geschuldeten Affekt (*affectus officialis*) ist grundsätzlich Folge zu leisten, denn es gebührt dem Anstand, sich für eine erwiesene Hilfe oder für eine erhaltene Gabe dankbar zu zeigen. Dennoch ist Vorsicht geboten, denn Gabe ist nicht gleich Gabe, und Hilfe ist nicht gleich Hilfe. Wer aufgrund von Schmeicheleien nachgibt (*delinitus obsequiis*) oder sich durch Geschenke bestechen läßt (*muneribus illectus*), ist zu verachten. Der geschuldete Affekt kann

---

136 »Habet autem hoc affectus proprium ut plerumque modum nesciat, humanas non metiatur uires, corporeas passiones absorbeat, ac impetu quodam caeco irruens in amatum, solum id meditetur, quod appetit, despiciat quidquid extra est; [etiam quod graue, quod arduum, quod impossibile quoque, ac si leue ac uacuum laboris opus aggrediens, molestissimas hominis exterioris iniurias prae interni affectus delectatione non sentiat.] Proinde ut uoluntas iugi feruore calescat, ut illatas extrinsecus passiones patienter quis, immo gaudenter sustineat, usque ad ipsius desiderii motum affectus huius est impetus perferendus, ad uoluntarios uero actus progrediens ne metas corporeae possibilitatis excedat, ratione est moderamine coercendus.« *De speculo caritatis* III,23,54.

137 Vgl. *De speculo caritatis* III,23,53.

138 Vgl. *De speculo caritatis* III,27,65.

139 Vgl. *De speculo caritatis* III,24,55f.

---

immer nur der Anlaß sein, einen Menschen zu lieben. Deshalb soll dieser nach genauer Prüfung der Person in den vernunftgemäßen übergehen, d.h. die Person wird nun nicht mehr aufgrund der erwiesenen Gefälligkeiten geliebt, sondern wegen ihrer Tugend. Generell gilt, daß die Vergeltung für die Gefälligkeiten nicht dem Affekt entsprechend, sondern der Vernunft gemäß (*secundum rationem*) geleistet werden soll.[140]

Der natürliche Affekt (*affectus naturalis*) ist ebenfalls ambivalent. Denn es ist einerseits unmöglich, diesen Affekt zu unterdrücken, andererseits aber ein Zeichen besonderer Tugend, ihm nicht zu folgen. Aelred schlug hier eine Brücke zu zwei Formen der Liebe (*amor*), zur Liebe gemäß dem Gefühl (*affectum*) und zur Liebe gemäß der Vernunft (*secundum rationem*). Der *affectus naturalis*, dem die Liebe aus dem Gefühl folgt,

>»treibt den Menschen nämlich immer zum Weichlichen und Angenehmen hin; was köstlich, fein, lustvoll und auserlesen ist, nimmt er gerne an. Was aber hart, was rauh ist und was dem Eigenwillen widerspricht, flieht und meidet er voll Abscheu. Deshalb ist die Liebe, die diesem Affekt folgt, verkehrt: sie entkleidet den Menschen des Menschlichen und bekleidet ihn mit der Art eines Tieres: was vernünftig, was ehrenwert und schließlich auch, was nützlich ist, das verschüttet sie gewissermaßen und verdeckt es. [...] Wer nämlich seinem Gefühl entsprechend liebt, haßt in Wirklichkeit, [...]. Wer aber dem Gefühl entsprechend haßt, der liebt der Vernunft entsprechend.«[141]

Der Vernunft gemäß lieben heißt aber um Gottes willen lieben (*propter Deum deligitur*). Denn auch Menschen, die gefühlsmäßig verachtet werden, sollen gemäß Gottes Gebot behandelt werden. Der Freund darf um seinetwillen geliebt werden, der Feind kann nur um Gottes willen geliebt werden. Im ersten Fall wird gemäß dem Antrieb des *affectus* geliebt, im zweiten Fall siegt die Vernunft. Der *affectus naturalis*, den jeder besitzt und auch fühlt, muß vor allem durch die Vernunft geleitet werden.[142]

---

140 Vgl. *De speculo caritatis* III,25,57–59.
141 »Semper etenim affectus iste mollia suggerit et suauia; quod iucundum, quod tenerum, quod uoluptuosum, quod delicatum libenter amplectitur; quod uero arduum, quod asperum, quod uoluntati contrarium, omni horrore refugit et euitat. Quocirca affectus huius exsecutio amor peruersus est, homine exuens homine, formam induens bestialem; quod rationis, quod honestatis, postremo quod utilitatis obruens, quodam modo et abscondens. [...] Qui enim amat secundum affectum, utique odit [...]. Qui vero odit secundum affectum, secundum rationem diligit.« *De speculo caritatis* III,26,61; dt. Übers. p. 220f.
142 Vgl. *De speculo caritatis* III,26,62f.

Zusammenfassend läßt sich feststellen, daß die Affekte eine unwillkürliche freudige Hinwendung zu irgend etwas darstellen. Sie sind nützlich, denn

»wir sollen durch sie als Ansporn zur Liebe angeregt werden, nach den Gütern zu streben, die uns zu lieben aufgegeben sind. Ferner sollen wir durch die Süßigkeit, die uns die Gefühlsantriebe einflößen, mit mehr Genuß und daher auch mit mehr Sorgfalt an der Liebe festhalten, so daß wir die Taten, mit denen wir uns nach den erstrebten Gütern ausstrecken, um so freudiger verrichten, je mehr unsere Gefühle daran beteiligt sind, und um so eifriger, je freudiger wir sind. [...] Wenn man seine Werke jedoch nach dem Affekt ordnet, ist das gegen die rechte Rangordnung.«[143]

Unter moralischen Aspekten sind sie *an sich* weder gut noch schlecht. Dennoch müssen sie auf ihren Ursprung (*origio*), auf ihre Entwicklung (*processus*) und auf ihren Endzustand (*finis*) hin überprüft und beobachtet werden. Affekte können in beide Richtungen ineinander übergehen, d.h. sie können eine Wendung zur Tugend wie zum Laster zur Folge haben. Es besteht auch die Möglichkeit, daß verschiedene Affekte in der Seele miteinander ringen.[144] Deshalb ist es sehr bedeutsam, eine gute Unterscheidungskraft zu besitzen, um die Affekte gemäß ihrer Wertigkeit einschätzen zu können. Es gilt nicht nur den Umgang mit den Affekten entsprechend der Situation abzuwägen, sondern auch die Fähigkeit auszubilden, die Affekte ihrer Wertigkeit gemäß zu beurteilen und ihre Nützlichkeit zu begreifen.

»Dem Antrieb, der unser Herz für Gott empfänglich macht, soll vor allen übrigen der Vorzug gegeben werden. Hierauf ist der vernunftgemäße Affekt dem geschuldeten, der geschuldete dem natürlichen, der natürliche aber dem fleischlichen vorzuziehen.«[145]

Die Werke werden gemäß der Vernunft geordnet. Sie hängt wie ein Damoklesschwert über den Gefühlen.

---

143 »Illa nimirum, ut in eorum desiderium, quae diligenda sunt, ipsis affectibus, quasi amoris quibusdam aculeis excitemur; ut ipsum amorem, ipsorum affectuum infusa dulcedine suauius, ac proinde diligentius teneamus, ut actus ipsos quibus ad desiderata tendimus, quanto affectuosius, tanto delectabilius, quanto autem delectabilius, tanto feruentius exerceamus. [...] sed ipsa opera secundum affectum ordinare, praeter ordinem est.« *De speculo caritatis* III,30,73; dt. Übers. p. 228f.
144 Vgl. *De speculo caritatis* III,28,66–III,29,72.
145 »Proinde in his affectibus haec ratio seruanda est, ut is quo animus noster excitatur in Deum, caeteris omnibus praeponatur; deinde rationalis officiali, officialis naturali, naturalis carnali.« *De speculo caritatis* III,29,72; dt. Übers. p. 228.

Aelreds Lehre der affectus

Aelreds Lehre der *affectus* – Grenzen und Perspektiven

Aelred schrieb den *Spiegel der Liebe* in einer Zeit, in der er als Novizenmeister tätig war. Gerade diese Perspektive, die ebenfalls in seinem Werk *Über die geistliche Freundschaft* wahrgenommen werden kann, ist von besonderer Bedeutung. Ein markantes Zeichen dieser Schrift zeigt sich im Bemühen, die Überlegungen so anschaulich wie möglich zu beschreiben. Sein Ausgangspunkt war die Erfahrung.[146] Seine Sprache ist nicht die rational klare, abstrakt sezierende eines Scholasticus. Sie ist vielmehr geprägt durch die Bibel und die Tradition der Väter, durch Bilder und Metaphern. Daß er nicht primär an einer theoretisch-theologischen Abhandlung interessiert war, sondern an einer eingängigen Lektüre, die für sein Publikum verständlich, nicht nur anschaulich sein, sondern möglichst in die Praxis des Zusammenlebens hinüberführen sollte, läßt sich an den eingefügten *exempla*, die persönlicher Natur sein konnten oder dem (Kloster-)Alltag entnommen waren, aber auch an den Wiederholungen erkennen, die das Ganze didaktisch einprägsamer machen sollten. Insofern hatte Aelred, obwohl er im großen heilsgeschichtlichen Kontext dachte und damit für die christliche Gemeinschaft schrieb, vor allem den Mönch vor Augen.

Aelreds große Leistung besteht darin, daß er die Welt der Sinne und Gefühle nicht *per se* verdammte, sondern sie als menschliche Eigenart grundsätzlich akzeptierte. Er war bemüht, die Impulse, die aus diesen physiologisch unabwendbaren und deshalb moralisch »neutralen« Strebevermögen oder Antrieben hervorgehen, zu ergründen. Auf den hier gewonnenen Einsichten aufbauend, unternahm er den Versuch, die *affectus* zu differenzieren und in einen größeren theologisch bestimmten Rahmen einzuordnen.

Die eschatologische Perspektive, die Ausrichtung des Lebens auf Gott und die damit verbundene Lebensweise erforderte einen Leitfaden, wie mit den *affectus* am besten umzugehen sei. Aelred unterwarf deshalb das Strebevermögen dem Urteil der Vernunft.

---

146 Der Begriff der Erfahrung ist sehr schillernd und entzieht sich einer Definition, weil er auf eine ganzheitliche Wahrnehmung in zweifacher Hinsicht zielt. Im engeren Sinn geht es um die Erfahrung Gottes, wie sie sich im kontemplativen Gebet ereignen konnte. Dort wird Gott nicht mehr diskursiv erkannt, sondern für einen kurzen Moment vollkommen geschaut, d.h. sinnlich komplex erfahren. Da dieser Moment an sich unbeschreibbar ist, verwandten mittelalterliche Autoren hierfür vor allem sinnliche Metaphern des Sehens, Schauens, Berührens, Riechens und Schmeckens. Im weiteren Sinn geht es um die eigene Lebenserfahrung bzw. nach Eintritt in das Kloster um die monastische Erfahrung, d.h. den vom Mönch konkret erfahrenen Klosteralltag. Hier spielen die konkreten persönlichen Erlebnisse eine große Rolle.

In Aelreds Anthropologie wurde deutlich, daß der Mensch sich gerade durch die Gabe der Vernunft und den Gebrauch des Verstandes vom Tier unterscheidet. Er wurde gemäß dem Ebenbild Gottes geschaffen, und sein großes Ziel nach der Vertreibung aus dem Paradies besteht darin, wieder zu Gott zurückzukehren. Auf diesen Punkt sind die ethischen Maximen ausgerichtet. So formen die moralischen Vorstellungen die ästhetischen. In der Liebe (*caritas*) wirken Wille (*uoluntas*), Vernunft (*ratio*) und Gefühl (*affectus*) zusammen. Etwas schön finden ja, aber nicht alles, was schön ist, ist wirklich schön. Genießen ja, aber nicht jeder Genuß ist wirklich Genuß. Der äußere Mensch wird deshalb nicht primär durch seine Gestalt oder Kleidung charakterisiert, sondern vor allem durch seine Tugend, die sich in seinem Handeln ausdrückt. So konnte Aelred paradoxe Antworten geben, wie die, daß ein schöner Mensch nicht schön sei. Denn was schön und was nicht schön ist, entscheidet in letzter Instanz die Vernunft. Ein moralisch verwerflicher Charakter kann niemals als ein schöner Mensch gelten, auch wenn seine Gestalt, seine Kleidung im ersten Moment so wahrgenommen wurde. Aber das Gefühl beim Anblick eines tugendhaften Menschen, der von schöner Gestalt ist, darf zugelassen werden, denn es wirkt ja unterstützend.

Diese moralisch bestimmten ästhetischen Urteile sind aber nicht unproblematisch, vor allem dann, wenn es um das Ausleben spontaner sinnlicher Erfahrungen geht. Das wird bei Aelred besonders deutlich, da er seine Ideen nicht primär als intellektuelle Übung auffaßte, sondern vielmehr als Leitfaden zum persönlichen Handeln entwarf. Die Beschränkung der Spontaneität ist eine Folge, die aus der Betonung der Reflexivität in der Bewertung sinnlicher Erfahrungen entsteht. Reflexiv deshalb, weil physiologisch der spontane Antrieb aus dem Affekt vor der Handlung steht und weil das äußerlich Schöne vor dem innerlich Schönen wahrgenommen wird. Inwieweit eine Handlung gut ist oder eine spontane Gefühlsbewegung bejaht werden kann, zeigt sich erst, wenn die Vernunft zustimmt. Der ästhetische Lernprozeß des Mönches bestand darin, seine Wahrnehmung, seine Erlebnisse und Gefühle an den ethischen Normen auszurichten. Bezogen auf die *affectus* hieß das, ein entsprechendes Unterscheidungsvermögen aufzubauen, die Wertigkeit der Affekte zu erkennen und notfalls auch ihren Widerstreit in der Seele auszufechten.

Die Sache ist aber noch komplizierter, denn mit dem Begriffspaar *affectus* und *ratio* korrespondieren Intuition und Analyse.[147] Dieser Problemkreis bedarf

---

147 O. Brooke hat diese Unterscheidung hinsichtlich des *connatural knowledge* der Menschen von Gott unternommen. Er unterschied zwischen dem *pre-theological* und dem *theological*

einer eigenständigen Untersuchung, und da sie im Rahmen dieser Arbeit nicht geleistet werden kann, möchte ich mich hier auf einige hinweisende Bemerkungen beschränken. Der Affekt und die Intuition haben insofern eine Gemeinsamkeit, als sie sich letztlich einer diskursiven Logik entziehen, während *ratio* als Instanz bzw. die verstandesmäßige Analyse eines Vorganges diese zur Voraussetzung haben. Auf der anderen Seite bekennen sich gerade monastische Theologen dazu, daß es Affekte gibt, die zuzulassen, ja gerade wünschenswert sind, bzw. daß Gott auch intuitiv erstrebt werden kann, genauso wie Vernunftschlüsse zu Trugschlüssen führen können. Das Paradoxe an diesem Problem besteht darin, daß ein Glauben ohne Intuition und Affekte emotional leer ist, ohne diskursiver Logik aber nicht institutionalisiert werden kann, willkürlich wird und schließlich je nach Standpunkt als wahrer Glaube oder als häretisch beurteilt wird.

Aelreds *De spiritali amicitia*

Zeit, Aufbau und Inhalt

Die Schrift *Über die geistliche Freundschaft* gehört zu Aelreds letzten Werken. Er hat sie wahrscheinlich um 1160 beendet, begonnen wurde der Traktat jedoch viele Jahre früher. Kein anderes Werk ist so von seinen persönlichen Erfahrungen im Umgang mit Menschen geprägt worden. Das Thema Freundschaft hat ihn sein Leben lang in verschiedenster Weise begleitet und beschäftigt. Zwei Freundschaften, die den Abt besonders bewegt haben, werden beispielhaft im Text erwähnt.[148] Zum einen Aelreds Jugendfreundschaft mit Simon, die durch dessen frühen Tod ein plötzliches Ende fand, noch bevor sie richtig begonnen hatte. Zum anderen die spätere Verbindung mit einem nicht mehr namentlich zu bestimmenden jüngeren Mönch, den er wahrscheinlich von seiner Romreise (1142) aus Frankreich mitbrachte.

Die Schrift *De spiritali amicitia* führt einen zentralen Gedanken aus dem *Spiegel der Liebe* zu Ende. Dort wurde die Liebe (*caritas*) als grundlegendes

---

context. Im theologischen Kontext haben insbesondere monastische Theologen wie Aelred und der hl. Bernhard die intentionale bzw. intuitive Seite des Wissens von Gott durch Hervorhebung der Gotteserfahrung und Liebe zu ihm stärker betont (Vgl. Brooke, O., 1967, pp. 278ff). Der hl. Bernhard schrieb in seiner Predigt *Ad clericos de conversione*: »Nutzlos ziehst Du Geschriebenes zu Rate, frage lieber die Erfahrung. [...] Nicht Bildung lehrt dies, sondern die Salbung, nicht das Wissen begreift, sondern das Gewissen.« (*sine causa paginam consulis; experientiam magis require. [...] Non illud eruditio, sed unctio docet, nec scientia, sed conscientia comprehendit*). Bernhard von Clairvaux, *Ad clericos de conversione* XIII.25, SW IV, p. 208 u. p. 210 [SBO IV, p. 99f].
148 Aelred von Rievaulx, *De spiritali amicitia* III,119–127.

Prinzip menschlichen Daseins formuliert. Als zwischenmenschliche Beziehung baut die geistliche Freundschaft auf *caritas* auf, geht aber dann über sie hinaus. Denn Freundschaft hat Liebe zur Voraussetzung, aber die Liebe hat nicht unbedingt Freundschaft zur Folge.

»Nach Gottes Willen sind mehr Menschen in den Schoß der Liebe als in die Arme der Freundschaft aufzunehmen. Das Gesetz der Liebe treibt uns, nicht nur die Freunde, vielmehr auch die Feinde ans Herz zu ziehen. Freunde jedoch nennen wir nur solche, denen wir getrost unser Herz und alles, was in ihm ist, anvertrauen; ihnen sind wir verbunden durch das gleiche Gesetz des Glaubens und der Hilfe.«[149]

Die Beschäftigung mit dem Thema Freundschaft begann bereits in seiner Jugendzeit mit der Lektüre von Ciceros *Laelius – De amicitia*. Die Worte des Altmeisters fanden offene Ohren. So bekannte Aelred gleich im Prolog, daß er sich schon in seiner Schulzeit ganz der Liebe (*amor*) verschrieben und sich den *affectus* hingegeben hatte. Lieben und geliebt zu werden (*amare et amari*) galten ihm als höchstes Gut. An Tullius schätzte er nicht nur die Grundsätze (*sententiae*), die dieser über die Freundschaft verfaßt hatte, sondern zeigte sich ebenso von der Süße des Stils (*eloquentiae suauitate*) beeindruckt. Mit seinem Eintritt in Rievaulx und dem damit verbundenen Studium der Heiligen Schrift änderte sich seine Meinung über Cicero. Aelred wollte geistig lieben (*spiritaliter amare*), konnte es aber nicht. Mit der Niederschrift des Traktates zur Freundschaft beabsichtigte er, für sich selbst Regeln einer keuschen und heiligen Liebe zu entwerfen.[150]

Aelred verfaßte die Schrift in der Form eines Dialoges zwischen ihm und drei von seinen Mönchen aus Rievaulx. Die Gespräche fanden an drei verschiedenen Zeitpunkten statt, denen im Traktat drei Bücher entsprechen. Die Dialogform kommt dem didaktischen Charakter des Traktates entgegen. Selbst wenn die Schrift ursprünglich wirklich primär als Selbstverständigung gedacht war, wie Aelred im Prolog behauptet, so ist ihre weitere Verwendung als Lehrtext bereits in der Form angelegt. Nicht nur die zusammenfassenden Wiederholungen, sondern auch die gegebenen *exempla* sprechen dafür. Zudem

---

149 »Multo enim plures gremio caritatis quam amicitiae amplexibus recipiendos, diuina sanxit auctoritas. Non enim amicos solum, sed et inimicos sinu dilectionis excipere, caritatis lege compellimur. Amicos autem eos solos dicimus, quibus cor nostrum, et quidquid in illo est, committere non formidamus; illis uicissim nobis, eadem fidei lege et securitate constrictis.« Aelred von Rievaulx, *De spiritali amicitia* I,32.

150 Vgl. *De spiritali amicitia*, Prologus 1–6.

waren sein Geschick im Umgang mit Menschen, seine persönlichen Freundschaften und seine Erfahrungen als Novizenmeister eine günstige Basis für die Beschäftigung mit diesem Thema. Als Novizenmeister hatte er diesbezüglich sicherlich viele Fragen zu beantworten. Auch kam es darauf an, dem Novizen die Prinzipien des monastischen Lebens möglichst anschaulich zu erläutern. Im Bemühen um einen eingängigen Text neigte der Abt von Rievaulx hin und wieder zu Vereinfachungen.

Im ersten Buch bespricht er seine Ideen mit Ivo[151], im zweiten und dritten Buch mit Walter und Gratian.[152] Am Beginn des zweiten Buches gibt Walter zu verstehen, daß er Aelreds Notizen aus dem Gespräch mit Ivo, welches bereits einige Zeit zurücklag, gelesen hat und eine Fortsetzung wünscht.[153]

Jedem Buch entspricht eine bestimmte Frage, deren Beantwortung zum Ziel gestellt ist. Im ersten Buch wird erörtert, was geistliche Freundschaft und was ihr Ursprung ist.[154] Im zweiten Buch beschreibt Aelred ihre Schönheit und ihren Segen (*fructum excellientiamque*), um schließlich im dritten Buch die Frage zu beantworten, wie eigentlich die Menschen beschaffen sein müssen, damit die Freundschaft bis an ihr Lebensende erfolgreich bestehen kann.[155]

Aelred griff aber nicht nur in der Form auf Cicero zurück, sondern auch im Inhalt. Denn sein Ausgangspunkt ist Ciceros Definition von Freundschaft, die nichts anderes sei

»als Übereinstimmung in allen göttlichen und menschlichen Dingen, verbunden mit Wohlwollen und Liebe.«[156]

Obwohl Aelred im Prolog selbst schrieb, daß er den Gedanken der Freundschaft mit der Autorität der Heiligen Schrift untermauern möchte, ist seine

---

151 Es wird angenommen, daß Ivo einst Mönch in Rievaulx war und möglicherweise im Zusammenhang mit der Gründung von Warden (1135) die Mutterabtei verließ. Es könnte sich dabei auch um denselben Ivo handeln, für den Aelred den Traktat *De Iesu puero duodenni* verfaßte. Vgl. Aelred of Rievaulx, *Spiritual Friendship*, p. 51, Anmerkung 2; Aelred of Rievaulx, *Pastoral Prayer*, p. 3, Anmerkung 2.

152 Walter wird als Walter Daniel identifiziert, Aelreds Biographen. Über Gratian ist nichts bekannt. Ob er eine fiktive Gestalt ist oder ob er wirklich Mönch in Rievaulx war, ist nicht definitiv zu sagen.

153 Vgl. Aelred von Rievaulx, *De spiritali amicitia* II,4 ff.

154 »quid sit amicitia, et quis eius fuerit ortus vel causa commendantes«. *De spiritali amicitia*, Prologus 7.

155 »quomodo et inter quos possit usque in finem indirupta seruari, prout potuimus enodantes.« *De spiritali amicitia*, Prologus 7.

156 »Est enim amicitia nihil aliud nisi omnium divinarum humanarumque rerum cum benevolentia et caritate consensio«. Cicero, *Laelius de amicitia* 6(20).

Version keine simple Christianisierung von Cicero, sondern ordnet sich sehr wohl in den größeren Rahmen seiner Anthropologie ein.[157] Ihm ging es wie vielen mittelalterlichen Autoren nicht darum, einen Gedanken möglichst originell auszudrücken, sondern vielmehr, wie Brian P. McGuire schrieb, um die Verbindung von persönlicher Erfahrung mit intellektuellen und ethischen Standards.[158] Darüber hinaus standen beide Autoren in einer völlig anders funktionierenden Gesellschaft. Während Cicero noch als Staatsbürger dachte und versuchte, öffentliche und private Interessen zu vermitteln, und dabei das Gemeinwohl über das Eigeninteresse setzte, war Aelreds Perspektive eine heilsgeschichtliche. Unausgesprochen setzte der Abt von Rievaulx in seinem Credo, daß Freundschaft in Christus ihren Anfang hat, in Christus fortgeführt und schließlich in ihm vollendet wird[159], einige Annahmen voraus, die hier benannt werden müssen. Erstens, wahre Freundschaft ist nur unter Christen möglich. Zweitens, wahre Freundschaft existiert nur zwischen Männern. Drittens, wenn Aelred in diesem Zusammenhang von Männern spricht, meinte er letztlich Mönche.[160] Denn Freundschaft ist für ihn eine Tugend,

»die zwei Seelen durch das Band der Liebe und des Wohlgefallens so fest verknüpft, daß aus beiden eine wird.«[161]

Die Formulierung *unum de pluribus* erinnert an eine wichtige Charakterisierung des Lebens der Apostel, nämlich daß sie in der Gemeinschaft mit Christus ein Herz und eine Seele (*cor unum et anima una*) werden.

Die Wurzeln von Freundschaften und ihre verschiedenen Arten
Die Geschöpfe wurden, so Aelred, für die Gemeinschaft geschaffen. Dem Menschen ist von Natur aus die Liebe zum Freund gegeben worden. Die Erfahrung hat dieses Gefühl nur noch bestärkt, und die Autorität des Gesetzgebers hat sie geordnet.[162] In der Ordnung des Paradieses gab es keine Hierarchie, und die Liebe war nicht getrübt durch Haß, Neid, Mißgunst und Streit. Dies ist auch der wahren Freundschaft eigen. Nach dem Fall behielten

---

157 Vgl. Aelred von Rievaulx, *De spirituali amicitia*, Prologus 5.
158 Vgl. McGuire, B. P., 1994, p. 42.
159 Vgl. Aelred von Rievaulx, *De spirituali amicitia* I,10.
160 Aelred hat auch im Kloster seine früheren freundschaftlichen Kontakte nie aufgegeben. Das spricht jedoch keineswegs gegen den primären Adressaten Mönch.
161 »Amicitia igitur ipsa uirtus est qua talis dilectionis ac dulcedinis foedere ipsi animi copulantur, et efficiuntur *unum de pluribus*.« Aelred von Rievaulx, *De spirituali amicitia* I,21.
162 »Amicitiae, ut mihi uidetur, primum ipsa natura humanis mentibus impressit affectum, deinde experientia auxit, postremo legis auctoritas ordinauit.« *De spirituali amicitia* I,51.

die Menschen aber ihre Sehnsucht nach Freundschaft und Liebe (*amicitiae et societatis affectum*). Sich um eine Freundschaft zu bemühen, hieß auf Gottes Weg zurückzukehren, wie es in Aelreds Anthropologie geschrieben stand. Die Freundschaft selbst ist durch Eigenschaften charakterisiert, die auch der Weisheit zugesprochen werden: Ewigkeit (*aeternitas*), Wahrhaftigkeit (*ueritas*) und Liebe (*caritas*).[163] Sie ist durch Gott vermittelt und findet in Gott ihre Vollendung. Aelred begann das erste Buch mit einer Anspielung darauf, indem er den Dialog mit dem Satz eröffnete: »Hier sind wird beide, ich und du, und ich hoffe als dritter ist Christus bei uns.«[164]

Am Ende des ersten Buches schließt sich der Kreis. Aelred beantwortet Ivos Frage, ob denn Gott Freundschaft ist (*Deus amicitia est*), in Abwandlung der Worte des Johannes: »Wer in der Freundschaft bleibt, der bleibt in Gott und Gott in ihm.«[165]

Aelred unterschied drei Arten von Freundschaft, die fleischliche (*amicitia carnalis*), die weltliche (*amicitia mundialis*) und die geistliche (*amicitia spiritalis*). Er stellte aber nicht einfach das Weltliche dem Geistlichen gegenüber, sondern unterteilte den Bereich des Nicht-Geistlichen, indem er zwischen der weltlichen und fleischlichen Freundschaft noch einmal differenzierte.

Die fleischliche Freundschaft (*amicitia carnalis*) erwächst aus dem Gefühlsleben (*ab affectione procedit*) und entstammt der Zustimmung zu den Lastern (*creat uitiorum consensus*). Durch das Umherschweifen von Ohren und Augen dringen die Bilder schöner Körper oder sinnenfreudige Dinge in die Seele, die ihr nun glauben machen, daß sie, wenn sie ungehemmt genieße, glücklich sei.[166] Allein zu genießen ist aber weniger schön. Deshalb sucht der Mensch nach jemandem, der das gleiche will oder nicht will, und schließt so einen Bund, der, so Aelred, nun irrtümlich Freundschaft genannt wird. Solche Freundschaft kennt kein Maß (*non modum seruans*) und läßt sich auf verschiedene Weise vom Ungestüm der Gefühle fortreißen (*sed secundum impetum affectionis per diuersa raptatur*).[167]

Die weltliche Freundschaft (*amicitia mundialis*) entzündet sich an der Hoffnung auf Gewinn (*spes quaestus accendit*) und besteht in der Gier auf vergäng-

163 Vgl. *De spiritali amicitia* I,66–68.
164 »Ecce ego et tu, et spero quod tertius inter nos Christus sit.« *De spiritali amicitia* I,1.
165 »*Qui manet* in amicitia, *in Deo manet, et Deus in eo.*« *De spiritali amicitia* I,70. Bei Johannes (I Joh 4,16) heißt es: »*Deus caritas est et qui manet in caritate in Deo manet et Deus in eo*«.
166 »sequens aures et oculos suos per uaria fornicantes; per quorum aditus usque ad ipsam mentem pulchrorum corporum, uel rerum uoluptuosarum infertur imago, quibus ad libitum frui putat esse beatum«. *De spiritali amicitia* I,39.
167 Vgl. *De spiritali amicitia* I,40f.

liche Güter (*rerum uel bonorum temporalium cupidine*). Nichts in ihr ist gewiß (*certum*), nichts beständig (*constans*), nichts sicher (*securum*). Dennoch keimt in ihr ein Zweig fast echter Freundschaft (*uerae amicitiae portionem*), nämlich wenn sich die Menschen in der Hoffnung auf den gemeinsamen Gewinn verbinden und diesen unter sich fair teilen. Da aber der Zweck ihrer Verbindung auf vergänglichem Besitz beruht, kann es nie wahre Freundschaft sein.[168]

Geistliche Freundschaft entsteht nur unter guten Menschen (*inter bonos*), die von gleicher Lebensart (*uitae*), von gleichen Sitten (*morum*) und von gleichem Eifer (*studiorum*) sind. Aelred bezeichnete denjenigen von den Sterblichen als gut, der

»*nüchtern, gerecht und gottselig lebt in dieser Welt*, der von niemandem verlangt, daß er sündige, und es auch selbst nicht tut, wenn man es ihm zumutet.«[169]

Nur aus solchem Verhalten erwächst die mit *Wohlwollen und Liebe* einhergehende *Übereinstimmung in menschlichen und göttlichen Dingen* (*in rebus humanis atque diuinis cum beneuolentia et caritate consensio*). Der Freundschaft sind somit auch Eigenschaften der Liebe (*caritas*) eigen. Alles Sündhafte ist ausgeschlossen. Es gibt nichts Unehrenhaftes (*inhonestum*), nichts ist unecht (*simulatum*) oder geheuchelt (*fictum*).[170] Diese Freundschaft basiert auf innerer Zuneigung (*affectio*), ist durch gegenseitiges Wohlwollen (*delectio*) charakterisiert und baut auf gegenseitigem Vertrauen auf. So wird ein Gefühl von Sicherheit (*securitas*) vermittelt, weil man sich dem Freunde in allen Lebenslagen und mit allen Problemen anvertrauen kann. Aus der Erfahrung, daß alles miteinander geteilt werden kann, entsteht eine gewisse Annehmlichkeit (*iucunditas*).[171] Die wahre Freundschaft ist freiwillig (*uoluntarium*), wahrhaftig (*uerum*) und heilig (*sanctum*)[172], kurz gesagt, sie ist eine Tugend, denn über ihr »waltet die Klugheit, thront die Gerechtigkeit, wacht die Tapferkeit, schwebt die Mäßigkeit«.[173]

Freunde, die sich auf dieser Basis im Geiste Christi zusammenfinden, werden ein Herz und eine Seele. Sie steigen Stufe für Stufe gemeinsam zur

168 Vgl. *De spiritali amicitia* I,42–45.
169 »qui [...] *sobrie et iuste et pie* uiuens *in hoc saeculo*, nihil a quolibet inhonestum petere, nec rogatus uelit praestare.« *De spiritali amicitia* II,43.
170 Vgl. *De spiritali amicitia* II,18.
171 Vgl. *De spiritali amicitia* III,51.
172 Vgl. *De spiritali amicitia* II,18.
173 »prudentia dirigit, iustitia regit, fortitudo custodit, temperantia moderatur.« *De spiritali amicitia* I,49.

Freundschaft in Christus auf und »werden mit ihm in dem einen Kusse eines Geistes«.[174]

Aelred gebraucht hier die Metapher des Kusses, die vor allem in mystischen Schriften eine große Rolle spielt. Für den Abt von Rievaulx bleibt der Kuß nicht nur auf die Passagen des Hoheliedes bezogen, sondern er ist auch Symbol irdischer Zuneigung, allerdings in einem streng vorgegebenen Rahmen. Aelred unterschied drei Arten des Kusses (*osculum*), den körperlichen (*corporale*), den geistlichen (*spiritale*) und den geistigen (*intellectuale*). Im ersten berühren sich die Lippen zweier Menschen, im zweiten vereinigen sich ihre Herzen und im dritten strömt Gottes Gnade in sie.[175]

Der körperliche Kuß (*osculum corporale*) darf nur aus ehrbaren Gründen gewährt werden, z.B.

»als Zeichen der Versöhnung, wenn Freunde werden, die vordem Feinde waren; als Zeichen des Friedens, wenn man in der Kirche, bevor man kommuniziert, mit dem äußeren Kuß den inneren Frieden bezeugen will; als Zeichen der Liebe, wie ihn Braut und Bräutigam sich geben, wie zwischen Freunden üblich, wenn sie nach langer Abwesenheit sich wiedersehen; als Zeichen der katholischen Einheit, wenn der Gast begrüßt wird.«[176]

Aelred ist sich natürlich bewußt, daß diese Form des Kusses nicht nur keusch lebenden Religiösen eigen ist, sondern auch als ein Zeichen irdischer Lust verstanden wird und in dieser Form selbstverständlich zu verabscheuen ist.

Der geistliche Kuß (*osculum spirituale*) ist den Freunden eigen, da er auf dem Gesetz der Freundschaft basiert. Nicht die Münder berühren einander (*oris attactu*), sondern die Herzen neigen sich einander zu (*mentis affectu*). Durch die Vereinigung der Seelen (*spiritus*) und durch die Gnade Gottes steigen die Freunde zum höchsten empor, dem Kuß Christi (*osculum Christi*).[177]

---

174 »Itaque amicus in spiritu Christi adhaerens amico, efficitur cum eo *cor unum anima una*; et sic per amoris gradus ad Christi conscendens amicitiam, unus cum eo spiritus efficitur in osculo uno.« *De spiritali amicitia* II,21.

175 »Osculum corporale impressione fit labiorum, osculum spiritale coniunctione animorum, osculum intellectuale per Dei spiritum infusione gratiarum.« *De spiritali amicitia* II,24.

176 »in signum reconciliationis, quando fiunt amici, qui prius inimici fuerant ad inuicem; in signum pacis, sicut communicaturi in ecclesia interiorem pacem exteriori osculo demonstrant; in signum dilectionis, sicut inter sponsum et sponsam fieri permittitur; uel sicut ab amicis post diuturnam absentiam et porrigitur et suscipitur; in signum catholicae unitatis, sicut fit cum hospes suscipitur.« *De spiritali amicitia* II,24.

177 Vgl. *De spiritali amicitia* II,26.

Wie gewinnt man einen Freund?

Im dritten Buch erklärte Aelred seinen beiden Zuhörern Walter und Gratian, was zu beachten ist, wenn jemand eine Freundschaft begründen will. Hier bemühte sich der Abt redlich, praktische Hinweise zu geben und diese an möglichst anschaulichen Beispielen zu erläutern.

Wie die Liebe (*caritas*) eine Sache der Gefühle (*affectus*) und der Vernunft (*ratio*) ist, so gilt auch für die Freundschaft, daß sie Neigung (*affectus*) und die Gebote der Vernunft (*ratio*) vereinen muß. Die Vernunft soll vor allem die Gefühle im Zaum halten. Bereits bei der Wahl des Freundes sollen die Menschen sich niemals der Zügellosigkeit der Sinne hingeben (*affectionis lasciviam*)[178], damit die Liebe keusch ist (*ut amor ex ratione castus sit*).[179] Denn wie bei der geordneten Liebe (*caritas*) verlangt die geordnete Freundschaft (*amicitia ordinata*), daß die Vernunft (*ratio*) die Affekte (*affectus*) beherrscht.[180] Dennoch macht Aelred ein Zugeständnis. Obwohl es besser ist, nicht den Gefühlen, sondern der Vernunft zu folgen (*ratio sequenda est, non affectus*), darf bei gleicher Tugend (*uirtutis aequalitas*) das Gefühl (*affectus*) mitentscheiden.[181]

Aelred schlägt seinen beiden Zuhörern nun folgenden Weg vor. Ein Freund ist zuerst auszuwählen (*electio*), danach zu prüfen (*probatio*), und wenn er sich als Freund als würdig erweist, darf er schließlich angenommen werden (*admissio*). Am Ende steht dann die volle Übereinstimmung (*summa consensio*), wie sie schon bei Cicero dargelegt ist.[182]

Bereits bei der Auswahl ist höchste Vorsicht geboten. Auf der Suche nach Freunden sind generell die Zornigen (*iracundos*), diejenigen die einen unsteten Charakter besitzen (*instabiles*), die Argwöhnischen (*suspiciosi*) und die Schwätzer (*uerbosi*), vor allem aber die, »die ihre Leidenschaften nicht beherrschen lernen können noch wollen«, auszuschließen.[183] Aelred benannte dann gemäß der Heiligen Schrift[184] fünf Charaktereigenschaften, die eine Freundschaft zerstören. Diese sind Zank (*conuicium*), Schimpf (*improperio*), Hochmut (*superbia*), Vertrauensbruch, d.h. das Verraten von Geheimnissen (*reuelatio secretorum*), Hinterlistigkeit (*plaga dolosa*) sowie Beleidigungen oder Kränkungen (*laedere*).[185] Diese Eigenschaften sind für Aelred konkrete Erscheinungs-

178 Vgl. *De spiritali amicitia* III,130.
179 Vgl. *De spiritali amicitia* III,3.
180 Vgl. *De spiritali amicitia* III,118.
181 Vgl. *De spiritali amicitia* III,116.
182 Vgl. *De spiritali amicitia* III,8.
183 »qui has passiones, nec ordinare nec moderari possunt aut nolunt.« *De spiritali amicitia* III,55.
184 Vgl. *Ecclesiastes* 22,26–27.
185 Vgl. *De spiritali amicitia* III,23–25.

formen der Leidenschaften (*passiones*), von denen ab und an ein jeder versucht wird, die es aber zu überwinden gilt.[186] Die Leidenschaften, die durch die *affectus* bewegt werden, sind nicht an und für sich zu verdammen, denn es gibt auch einige, die zugelassen werden dürfen. Nur die moralisch verwerflichen sind durch Tugendübung zu überwinden.

In diesem Zusammenhang ist eine weitere von Aelred vorgenommene Differenzierung interessant. Im Buch III gibt der Abt eine kurze Zusammenfassung des bisher Erörterten.[187] Hier werden vier Gruppen von Menschen erwähnt, aus denen niemand zum Freund erwählt werden darf, die aber weder durch ihre Leidenschaften noch durch Temperament charakterisiert werden, sondern eher aufgrund ihres gesellschaftlichen Ansehens. Aelred spricht von den Verkommenen (*turpes*), den Geizigen oder Habsüchtigen (*avari*), den Ehrgeizigen (*ambitiosi*) und den Verbrechern (*criminosi*).[188] Diese Menschen erschienen ihm noch schlimmer als diejenigen, die durch ihre Leidenschaften geplagt sind, deshalb hielt er sie auch keiner Diskussion für würdig.

Nachdem ein Freund ausgewählt worden ist, muß er noch auf die Probe (*probatio*) gestellt werden. Aelred erwog die Prüfung von vier Charaktereigenschaften: der Treue (*fides*), der Absicht (*intentio*), des Taktgefühls (*discretio*) und der Geduld (*patientia*).

Die Treue (*fides*), auch als Mutter (*mater*) der Freundschaft bezeichnet, zeigt sich vor allem in der Not (*in necessitate*). Freunde müssen zusammenhalten, was immer auch geschieht, und weil sich eine Freundschaft erst in der Zeit entwickelt, ist es ratsam, so der Abt, einem Freund nicht von Beginn an alles anzuvertrauen, sondern ihn peu à peu ins Vertrauen zu ziehen.[189]

Da die Freundschaft eine Tugend (*uirtus*) ist und kein Geschäft (*quaestus*), wird sie durch Liebe und Gnade (*gratia*), nicht durch Geld (*pecunia*) erworben. Deshalb darf die Absicht (*intentio*) niemals in zeitlichem, d.h. irdischem Gewinn (*temporaliter fructuosum*) liegen. Aelred verweist hier auf die goldene Regel des Herrn: Liebe deinen Nächsten wie dich selbst.[190]

Der Takt (*discretio*) und die Geduld (*patientia*) erscheinen im Verhältnis zu Treue und Absicht wie das Salz in der Suppe. Sie sind keine bloße Zutat, sondern, um im Bild zu bleiben, bestimmen den Geschmack. Beide machen die Freundschaft erst zu dem, was sie sein soll. Aelred drückte dies mit einem

---

186 Vgl. *De spirituali amicitia* III,32.
187 Vgl. *De spirituali amicitia* III,54–59.
188 Vgl. *De spirituali amicitia* III,59.
189 Vgl. *De spirituali amicitia* III,62–65.
190 Vgl. *De spirituali amicitia* III,68–70.

anderen Vergleich aus. Wer der Tugend des Taktgefühls entbehrt, gleicht einem Schiff ohne Steuer (*instar navis absque gubernaculo*). Takt drückt sich vor allem darin aus, daß der Situation angemessen agiert und reagiert wird. Deshalb soll ein jeder zuerst seine eigenen Ansprüche und Erwartungen auf Angemessenheit überprüfen. Aelred erwartet, daß Freunde sich gegenseitig zur Tugend ermahnen und ihre Fehler korrigieren.[191] Die Zurechtweisung (*arguere*) möge mit Takt erfolgen, d.h. der Freund ist aufrecht zu tadeln (*monitio*), aber im rechten Maß (*sed in omnibus seruanda moderatio est*), d.h. im rechten Tonfall und dem Fehler angemessen, damit er nicht vor anderen Menschen unsinnigerweise bloßgestellt wird.[192] Zum Takt gehört auch, daß die Bedürfnisse des Freundes rechtzeitig erkannt werden, daß der eine der Bitte des anderen zuvorkommt und ihm die gewünschte Gefälligkeit erweist, ohne daß dieser ausdrücklich darum gebeten werden muß.[193] Die gegenseitige Erziehung erfordert Geduld, Toleranz und Ausdauer. Nur mit ihr gelangen die Freunde auch zum Erfolg.[194]

Eine letztes wichtiges Merkmal der Freundschaft ist die Gleichstellung (*aequalitas*) der Freunde sowohl im sozialen wie im kulturellen Sinn.

»In der wahren Freundschaft, der schönsten Gabe, die Natur und Gnade schenkten, steigt der Höhergestellte herab, der Geringere empor; wird der Reiche arm, der Arme reich; jeder gibt dem anderen ab, so daß sie völlig gleichgestellt sind [...]. Wenn die Gleichheit nicht gewahrt wird, entbehrt die Freundschaft der rechten Pflege.«[195]

Wird all dies beachtet, so führt die Liebe der Freunde in Gott zur Glückseligkeit. Der Weg dorthin ist mit vielen Hindernissen gepflastert, die es gemeinsam zu überwinden gilt. Dennoch bleibt die irdische Freundschaft immer hinter der himmlischen zurück. Anders gesagt, sie bildet den ersten Teil des Weges.

»Die heilige Liebe, die den Freund umarmt, führt hinauf zu jener seligen Liebe, die uns Christus in die Arme schließen läßt. Dann genießt man in vollen Zügen diese geistigste aller Früchte der heiligen Freundschaft, er-

---

191 Vgl. *De spiritali amicitia* III,72–75.
192 Vgl. *De spiritali amicitia* III,104.
193 Vgl. *De spiritali amicitia* III,100.
194 Vgl. *De spiritali amicitia* III,73.
195 »Itaque in amicitia quae naturae simul et gratiae optimum donum est, sublimis descendat, humilis ascendat; diues egeat, pauper ditescat; et ita unusquisque alteri suam conditionem communicet ut fiat aequalitas [...]. Non enim amicitia recte colitur, a quibus aequalitas non seruatur.« *De spiritali amicitia* III,91 u. III,97.

wartend die volle Seligkeit. [...] Im Himmel wird die Freundschaft, die wir hier auf Erde nur wenigen schenken können, auf alle übertragen und von allen wiederum Gott zurückgeschenkt, denn Gott ist alles in allem.«[196]

Obwohl die Mönche in der Erwartung des Heils lebten, ist ihre Zukunft immer gewiß und ungewiß zugleich gewesen. Denn einerseits waren vor allem die Zisterzienser der Meinung, daß sie Gott näher stünden als alle anderen, und doch waren auch sie von der Gnade Gottes abhängig.

Die Grenzen von Liebe und Freundschaft

Innerhalb der großen Debatte zu Individuum und Individualität im Mittelalter[197] richtete Caroline Walker Bynum ihr Augenmerk auf das Verhältnis des einzelnen zu seiner sozialen Gruppe. Ein wichtiges Merkmal des 12. Jahrhunderts ist die Vielfalt von neuen, vor allem religiösen Gemeinschaften. Die oft hervorgehobene neue Qualität der Ich-Erfahrung ging nicht zu Lasten der sozialen Gruppe, sondern prägte sich innerhalb dieser aus, d.h. das Verhalten des einzelnen wurde an den Maßstäben der Gemeinschaft beurteilt und zwar daran, wie er seine soziale Rolle in dieser ausfüllte.[198] Für die Zisterzienser war

---

196 »Ita a sancto illo amore quo amplectitur amicum, ad illum conscendens, quo amplectitur Christum; spiritalem amicitiae fructum pleno laetus ore carpebit; plenitudinem omnium expectans in futurum. [...] cum haec amicitia ad quam hic paucos admittimus, transfundetur in omnes, et ab omnibus refundetur in Deum, cum *Deus* fuerit *omnia in omnibus*.« *De spiritali amicitia* III,134.

197 Erinnert sei hier an Beiträge von C. Morris, C. W. Bynum, W. Ullmann, J. F. Benton, J. Kantor, M. D. Coupe, R. D. Logan oder jüngst A. Gurjewitsch. In Collins Studie, die den Ausgangspunkt der Debatte bildete, dominierte eine retrospektive Sicht, die nach der Geburt oder den Wurzeln des modernen Menschen im Sinne eines selbstbestimmten Wesens fragte. Hierbei wurden drei methodische Probleme offenbar. Erstens, wie von Gurjewitsch zu Recht kritisiert worden ist, war Collins Sicht teleologisch geprägt, d.h. seine Frage nach den Wurzeln legte unausgesprochen eine Kontinuität zur Gegenwart nahe. Darüber hinaus wurden die Spezifika der sozialen und kulturellen Bedingungen der zeitgenössischen mittelalterlichen Gesellschaft und deren Einfluß auf die Entwicklung des einzelnen vernachlässigt. Der zweite Problemkreis betraf den Begriff *Individuum* und dessen moderne Konnotationen. Zum einen wurden in den lateinischen Quellen zur Beschreibung einer neuen Ich-Erfahrung Begriffe wie *homo interior, seipsum* oder *anima* verwendet, zum anderen wurden Termini wie *indivuduus, individus* oder *individuatio* auf Dinge (*res*) angewendet und gehörten zum Vokabular scholastischer Theorien. Auch der von Gurjewitsch vorgeschlagene Begriff der *persona* löst das Problem nicht, da dieser oft im Zusammenhang mit Amt und Würden gebraucht wurde, damit aber persönliche Qualitäten in den Hintergrund traten. Schließlich wurde drittens die Frage gestellt, inwieweit es überhaupt zulässig sei, von einer Untersuchung intellektueller Eliten auf wirkliche Veränderungen in der Allgemeinheit zu schließen.

198 Vgl. Bynum, C.W., 1982, pp. 82–109.

die Klostergemeinschaft der fruchtbare Boden für die Entwicklung der Seele wie für das spirituelle Wachstum des einzelnen Mönches.[199] Im Zentrum stand dabei der Dienst am Nächsten. Während Benediktiner und Kanoniker den Dienst am Nächsten eher als aktives Handeln verstanden – sei es im vorbildlichen Tun oder in einem konkreten Dienst –, haben die Zisterzienser die *affectus*, d.h. die emotionale Entwicklung betont und das Lernen durch Erfahrung in den Vordergrund gerückt. Oder wie Bynum es pointiert ausdrückte, die Weißen Mönche strebten nicht nach effektiver, sondern nach affektiver *caritas*.[200] Das ist der Rahmen für Aelreds Vorstellung von geistlicher Freundschaft. Die Stärken und Grenzen seiner Auffassung sollen nun abschließend an zwei Problemkreisen diskutiert werden. Der erste bezieht sich auf die institutionellen Grenzen von Freundschaft im Kloster, der zweite auf die mögliche Nähe von Freunden zwischen Homoerotik und Homosexualität.

Gleichheit, affektive Zuneigung, gegenseitiges Vertrauen und Offenheit sind bedeutende Charakteristika, die Aelred von einer wahren Freundschaft erwartete. Dieses Ideal hatte sich in einer Gemeinschaft zu bewähren, die streng hierarchisch gegliedert war und die in ihrer Zusammensetzung immer auch ein Spiegel der Gesellschaft blieb. Darüber hinaus war sich Aelred bewußt, daß die Novizen bzw. neuen Mönche ihre fleischlichen Begierden nicht über Nacht ablegen.[201]

Das Kloster war weder ein machtfreier Raum noch war das Mönchsleben unpolitisch. Je größer die Konvente, desto größer auch die Spannungen, die sich aus persönlichen Antipathien, aus Neid gegenüber dem wirklich oder vermeintlich Bevorzugten oder gar aus Intrigen ergaben.

Die drei klassischen englischen Beispiele für Freundschaften zwischen Mönchen im 11./12. Jahrhundert – St. Anselm und sein Kreis, Aelred von Rievaulx und Simon, schließlich der später sehr enttäuschte Jocelin von Brakelond und sein Abt Samson – verzerren den Blick, da die Protagonisten aufgrund ihrer besonderen Stellung als Äbte bzw. Erzbischof privilegiert waren. Durch ihre Ämter besaßen sie viel größere Freiheiten in der Organisation ihrer

---

199 Vgl. Bynum, C.W., 1982, pp. 59–81.
200 Vgl. Bynum, C.W., 1982, pp. 71ff.
201 Aelred unterschied in einer Predigt (*Sermo* XL) zwischen Anfängern (*incipientes*), Fortgeschrittenen (*proficientes*) und Vollkommenen (*perfecti*). Die Neuankömmlinge wurden vor allem durch die fleischlichen Begierden über die Maßen ermüdet. Zu diesen fleischlichen Lastern (*carnalia uitia*) zählte Aelred Unzucht (*fornicatio*), Schwelgerei (*luxuria*), Völlerei (*gula*), Trunkenheit (*ebrietas*) und dergleichen. Vgl. Aelred von Rievaulx, *Sermo* XL,11 (*In die sancto Paschae*) p. 320.

zwischenmenschlichen Beziehungen. Dennoch treten auch an diesen Freundschaften die grundlegenden Probleme bzw. Widersprüche, die sich aus dem Anspruch von Gleichberechtigung und gegenseitigem Vertrauen ergaben, deutlich hervor. Sie kollidierten mit der streng hierarchischen Organisation eines Konvents und der Forderung nach bedingungslosem Gehorsam.

Der Abt war Vater, spiritueller Vater, Integrationsfigur für die Gemeinschaft, die höchste Autorität in der Interpretation der Klosterregel, aber auch der Mittler zwischen den Bedürfnissen der Gemeinschaft und der Institution gemäß Regel und *Consuetudines*. Die Leitung des Konvents bewegte sich zwischen zwei Polen: Furcht und gute Beispiele.[202] Emotional saß ein Abt oft zwischen den Stühlen, denn er war der Abt für alle Mönche. Aelred von Rievaulx kann in zweifacher Hinsicht hier als Ausnahme gelten. Zum einen hat er versucht, Strafen, die verängstigen, zu vermeiden. Zum anderen ist er, was den Umgang mit den *affectus* und zwischenmenschlichen Beziehungen betrifft, viel weiter gegangen als seine beiden Kollegen. Anselm von Canterbury erschien eher reserviert. Insbesondere nach dem Tod seines Freundes Osbern ging er emotional auf Distanz, während es dem verschlagenen, politisch taktierenden Samson, Abt von Bury St. Edmunds, in letzter Konsequenz um den Machterhalt und um seine Autorität ging. Demgegenüber betonte Aelred Wohlwollen (*dilectatio*), innerlich empfundene Freude (*affectio*), Vertrauen (*securitas*) und Freude (*iucunditas*).[203]

Aelreds Vorstellungen kollidierten allerdings erheblich mit dem, was die Klostergemeinschaft strukturell ausmachte, nämlich eine streng hierarchisch gegliederte Gemeinschaft, die auf bedingungslosem Gehorsam basierte, zu sein. Gleichheit im Kloster hieß Gleichheit vor Gott. Bereits der hl. Benedikt beschrieb das Kloster als eine Schule (*schola*), in der der Abt als Lehrer (*magister*) die Schüler (*discipuli*) in der Lehre (*doctrina*) unterweist[204]; als Kampfplatz, auf dem die Mönche als *milites Christi* mit den edlen und starken Waffen des Gehorsams (*oboedientia fortissima atque praeclara arma*) kämpfen[205]; schließlich als Werkstatt (*officina*), in der der Mönch als Arbeiter (*operarius*) mit den Werkzeugen der guten Werke (*instrumenta bonorum operum*) seinen Dienst (*officium*) tut.[206] Alle drei Einrichtungen – Schule, Militärdienst und Werkstatt – sind hierarchisch gegliedert und setzten Gehorsam voraus.

---

202 Vgl. Dumont, Ch., 1972, p. 126.
203 Vgl. Aelred von Rievaulx, *De spiritali amicitia* III,51.
204 Vgl. RSB Prolog 45; 2,11–13.
205 Vgl. RSB Prolog 3.
206 Vgl. RSB 4,78; 7,49; 4 Überschrift; Prolog 39; 16,2.

Selbst eine unausgesprochene Aufhebung der Hierarchie ist nur denkbar für eine kleine Gemeinschaft, nicht aber innerhalb eines großen Konvents. Je größer die Gemeinschaft ist, desto schwieriger wird es, die Einheit, die durch die Identifikation des einzelnen mit dieser erreicht werden soll, zu stiften. Schlimmer noch, je größer und unüberschaubarer, d.h. unpersönlicher ein Konvent wird, desto eher neigen dessen Mitglieder dazu, Gruppen zu bilden und ihren persönlichen Interessen zu folgen.[207] Freundschaften würden die Kluft hier nur vertiefen.

Aber Benedikt forderte auch, daß der Abt keinen Mönch favorisieren und jedem die gleiche Zuneigung (*caritas*) entgegenbringen solle und daß eine Ordnung (*disciplina*) für alle gemäß ihren Verdiensten gelte.[208] Der Grund ist einfach: Bevorzugung stiftet Unfrieden. Dieselbe Haltung läßt sich auch bei Anselm von Canterbury nach dem Tod seines Freundes Osbern wiederfinden[209], aber auch Aelred war sich dessen bewußt. So ließ er Walter Daniel fragen:

»Nun möchte ich wissen: wenn ein Freund so mächtig ist, daß er Ämter und Würden vergeben kann, wie er will, muß er dann seine Freunde, die er liebt und die ihn lieben, vor anderen bevorzugen? Muß er bevorzugen, die er mehr liebt, vor denen, die er weniger liebt?«[210]

Der Abt gab eine diplomatische Antwort. Man solle immer dem Verstand folgen, nicht den Gefühlen. Jedoch bei gleicher Tugend möge das Gefühl den Ausschlag geben.[211] Jocelin von Brakelond fügte noch eine weitere Nuance

207 Vgl. Derda, H. J., 1992, p. 87.
208 Vgl. RSB 2,22.
209 »He wanted to share his mind and heart with people who would be affectionate towards him but who would not come to expect too much of him. He was always on his guard for the moment when a friend started claiming exclusiveness. Such a friend, if he continued in his demands, would eventually be dropped. Anselm wanted to love, but gently and from a distance. For him the individual was only a stepping stone, and a fragile and dubious one, to the much more dependable world of unchanging ideas and truths.« McGuire, B. P., 1974, p. 143.
210 »Sed scire uelim si amicus potentior fuerit, possitque ad honores uel quaslibet dignitates, quos uoluerit promouere, utrum debeat eos quos diligit et a quibus diligitur, caeteris in tali promotione praeferre, et inter ipsos quem amplius diligit eis quos minus diligit anteferre?« Aelred von Rievaulx, *De spiritali amicitia* III,114.
211 »Quocirca semper in his ratio sequenda est, non affectus; [...] Vbi tamen uirtutis inuenitur aequalitas, non multum improbo, si aliquantisper affectus suas inserit partes« (*De spiritali amicitia* III,116). Um hier kein Mißverständnis aufkommen zu lassen, Aelred war keineswegs an Demokratie interessiert, nicht an Gleichheit im modernen Sinn, sondern, wie McGuire es formulierte, an der (spirituellen) Einheit der Gemeinschaft. Vgl. McGuire, B. P., 1994, p. 56.

hinzu. Er beschwerte sich darüber, daß Samson, nachdem er Abt geworden war, ihn vernachlässigte, vor allem aber seinen Charakter zum Negativen hin änderte.[212] Was Jocelin über die Wahl eines neuen Priors anmerkte, mag auch für Samson gegolten haben.

> »Lobe zurückhaltender den neuen Mann, weil Amtswürden den Charakter ändern oder den wahren vielmehr erst zum Vorschein bringen.«[213]

Eine freundschaftliche Beziehung, wie sie sich Aelred vorstellte, geprägt von Offenheit und gegenseitigem Vertrauen, birgt in einer Beziehung zwischen Abt und Mönch noch viel mehr Zündstoff. Weit schwerwiegender als die Bevorzugung eines einzelnen ist die Untergrabung der Autorität. Aelred war sich dessen sehr wohl bewußt und diskutierte auf Anfrage von Gratian ein persönliches Beispiel. Ein Freund hatte im Zorn den Abt in Gegenwart von anderen Mönchen beleidigt. Alle wunderten sich, daß Aelred diese Demütigung still ertrug. Der Abt beschwichtigte Gratian und Walter dahin gehend, daß diese Verfehlung nicht ernsthaft war und es sich keineswegs gelohnt hätte, deswegen den Frieden aufs Spiel zu setzen.[214]

Offenheit und gegenseitiges Vertrauen waren ein teures, aber leicht verletzbares Gut. Deshalb schlug Aelred vor, die Freunde sehr sorgsam auszuwählen und sie mit höchster Vorsicht zu testen.[215] Daß allzu menschliche Eigenschaften wie Neid und Haß auch unter den Mönchen im Kloster zugegen waren, hat Jocelin am eigenen Leib gespürt, indem er sich in unvorsichtiger Weise gegenüber vermeintlichen Freunden freimütig zur Abtwahl geäußert hatte.

> »Zu einer gewissen Zeit konnte ich meinen Geist nicht im Zaum halten, so daß ich mit meiner Meinung kopfüber vorpreschte, glaubend, daß ich zu vertrauenswürdigen Ohren sprach.«

---

212 »The position of abbot brought demands that Samson felt Jocelin could not begin to understand. Friendship and intimacy were quite in order when one was master of the novices or even subsacristan, in need of other monks to support one's building program, but as abbot, Samson felt he had to be alone in order to care for the needs of Saint Edmunds. Like innummerable leaders before and since, Samson identified his own personality with the institution he was heading. This passionate concern left no room for a friendship of equality with Jocelin.« McGuire, B. P., 1978, p. 382.
213 »parcius lauda nouum hominem, quia honores mutant mores, uel pocius monstrant«. *Cronica Jocilini de Brakelonda*, p. 129.
214 Vgl. Aelred von Rievaulx, *De spiritali amicitia* III,18–21.
215 Vgl. *De spiritali amicitia* III,7.

Enttäuscht zog Jocelin seine Lehren:

»Eines bleibt mir, daß ich mich in Zukunft in acht nehme. Und falls ich
so lange lebe, daß ich das Abbatiat noch einmal vakant sehe, werde ich
darauf achten, zu wem und wann ich über eine derartige Sache spreche,
damit ich weder Gott durch Lügen beleidige noch einen Menschen
durch rücksichtsloses Gerede.«[216]

Aelreds Konzept ist hinsichtlich des institutionellen Spielraumes realistisch,
insofern er auf seinen Erfahrungen aufbauen konnte und als Abt einen viel größeren Entscheidungsspielraum hatte, der auch, indem er Toleranz walten ließ,
den einzelnen Mönchen zugute kam. Seine Vorstellungen von Freundschaft
sind anspruchsvoll, weil diese nicht auf ein Zweckbündnis reduziert sind,
sondern Werte wie Offenheit, Aufrichtigkeit und Vertrauen nur der wahren
Freundschaft zugerechnet werden. Das Konzept ist utopisch, insofern die
Institution Kloster durch Hierarchie und Gehorsamsgelübde für den normalen
Mönch viel engere Grenzen setzte, die geforderte Gleichheit in einer Beziehung
von Partnern mit unterschiedlichem Status nach außen als Bevorzugung bzw.
Untergrabung der Autorität erscheinen mußte, und weil in zahlenmäßig
großen Konventen die Fraktionsbildung nicht nur dem apostolischen Gedanken der Gemeinschaft, ein Herz und eine Seele zu werden, zuwiderlief, sondern
auch, weil ein durchschnittlicher Abt mit der Leitung eines großen Konvents
auf der Basis solcher Großzügigkeiten reichlich überfordert gewesen wäre.

Im letzten Abschnitt möchte ich auf das Verhältnis von Aelreds *affectus*-
Lehre zu seiner Persönlichkeit näher eingehen. Im Mittelpunkt steht dabei die
Sexualität und der Grundwiderspruch, der sich in seiner Auffassung von
Sinnlichkeit und davon, wie mit den Sinnen umgegangen werden soll, ausdrückt. Einerseits verdammte Aelred die Sinne und sinnlichen Freuden
(*uoluptates*), sofern sie unreinen Wünschen (*immunda desideria*) und fleisch-
licher Lust (*concupiscentia carnis*) entsprangen, andererseits konnten dieselben
Sinne sehr wohl Freude (*iucundum*) bereiten und zur Ehre (*gloriosum*) gerei-
chen, wenn sie durch Mäßigkeit (*temperantia*) im Zaum gehalten wurden und
auf Gott ausgerichtet waren.[217] So konnte Aelred die *concupiscentia oculorum*

---

216 »Quodam tempore non potui cohibere spiritum meum quin precipitarem sententiam
meam, putans me loqui fidis auribus [...]. Unum restat, quod cauaem mihi de cetero, et,
si tamdiu / uixero ut uideam abbatiam uacare, uidebo quid, cui, et quando loquar de tali
materia, ne uel Deum offendam mentiendo uel hominem importune loquendo.« *Cronica
Jocilini de Brakelonda* p. 14f.
217 Vgl. Aelred von Rievaulx, *De speculo caritatis* II,22,65f.

einerseits verteufeln, weil sie, in der Betrachtung und Wertschätzung von Äußerlichkeiten, durch Nichtigkeiten vom eigentlichen Ziel ablenkte[218], andererseits wußte er die physische Attraktivität seines Freundes Simon zu schätzen, und da es ihnen nicht erlaubt war zu reden, ließen sie Blicke sprechen.[219]

John Boswell interpretiert in seinem Buch *Christianity, Social Tolerance and Homosexuality* Aelreds sexuelle Neigungen klar als homosexuell.[220] Dies hat heftigen Widerspruch hervorgerufen, und zwar nicht nur aus theologisch-moralischen, sondern auch aus wissenschaftlich-methodischen Gründen, denn es gibt kein mittellateinisches Wort, das Homosexualität und eine damit verbundene Kultur, wie wir sie kennen, ausdrückt.[221] Gleichwohl wird heute niemand bestreiten wollen, daß es im Mittelalter gleichgeschlechtliche Beziehungen gegeben hat. In bezug auf Aelred interessiert mich die Frage: Wie lassen sich Aelreds sexuelle Neigungen charakterisieren, und was bedeutet dies für seine Persönlichkeit und seine Auffassung von Sinnlichkeit?

Brian Patrick McGuire hat sich in einer Antwort auf John Boswells Thesen sehr intensiv mit der Frage zu Aelreds sexuellen Neigungen beschäftigt und diese auf mehreren Ebenen detailliert diskutiert.[222] Aelred, so McGuires

---

218 Vgl. *De speculo caritatis* II,23–24.

219 Vgl. *De speculo caritatis* I,34,107.

220 Vgl. Boswell, J., 1980, pp. 221–226.

221 Die Debatten um Aelreds Sexualität sind inzwischen zu einem Kirchenpolitikum geworden. Marsha Dutton (vgl. Dutton, M., 1994) zog ein sachliches Resümee der Diskussion. In ihrer Schlußfolgerung (pp. 189–195) jedoch hat sie diesen Weg der Tugend verlassen. Als ein Ergebnis hält sie fest, daß die Frage, ob Aelred homosexuell war, falsch ist, mehr noch, daß diese Frage, weil sie heute nicht mehr zu beantworten sei und weil sie über Aelreds Persönlichkeit nichts aussage, gar nicht zu stellen sei. Erstens kann die Qualität einer Fragestellung erst beantwortet werden, wenn diese umfassend untersucht worden ist. Zweitens ist aus wissenschaftlicher Perspektive ein Frageverbot unseriös. Ich weiß, daß viele heutige Zisterzienser ›Aelredianer‹ sind, und ich vermute, daß die Beschäftigung mit Aelred sie aufgrund der Diskussion um seine Sexualität von institutionell-kirchlicher Seite in Mißkredit bringen könnte. Diese Befürchtungen sind verständlich. Jedoch ist das eigentliche Problem ein kirchenpolitisches, kein wissenschaftliches. Letzteres erledigt sich von selbst, das andere nicht. Außerdem möchte ich zu bedenken geben, daß Marsha Duttons erkenntnistheoretische Strenge eine andere Konsequenz hat. Denn dann müßten auch alle emotional-psychologischen Momente aus der historischen Betrachtung von Frömmigkeit, Spiritualität und Mystik oder aus der Forschung über das Charisma bedeutender Christen verschwinden.

222 McGuire verschob jedoch das Erkenntnisinteresse, indem er den Schwerpunkt weniger auf die Gewißheit oder Ungewißheit von Aelreds Homosexualität legte, sondern danach fragte, ob Aelreds Eintritt ins Kloster eine Flucht vor seinen Leidenschaften war. Vgl. McGuire, B. P., 1994a, p. 186.

Hauptthese, erlaubte zwar seinen Mönchen gegenseitige Zuneigung auch offen auf der Gefühlsebene zu zeigen, dennoch wußte er sehr scharf zwischen Zuneigung mit homoerotischen Zügen und genitalem Verkehr zu trennen. Auf der persönlichen Ebene, so McGuire weiter, hieß es für ihn, seine Leidenschaften, insbesondere die der Masturbation, zu besiegen und seine homosexuellen Gefühle in homoerotische Beziehungen zu transformieren.

Neben dem bereits erwähnten philologischen Argument, daß es keinen adäquaten lateinischen Ausdruck für Homosexualität gab, wies McGuire vor allem auf zwei Eigenarten mittelalterlicher Autoren hin, die eine Analyse zusätzlich erschweren. Zum einen waren die Schriftsteller in ihren Formulierungen kaum um Originalität bemüht. Zum anderen griffen sie gern auf *exempla* zurück. Die vor allem aus didaktischen Gründen eingebauten (persönlichen) Beispiele gehen zwar meist auf eigene Erlebnisse zurück, stilisieren diese jedoch. So orientierte sich Aelred in der Darstellung seiner eigenen erotischen Erfahrungen literarisch an Augustinus' *Confessiones* und griff natürlich auch sprachlich auf dessen Ausdrücke zurück.[223] Allerdings waren Augustinus und die Väter nur der Ausgangspunkt zur Beschreibung seiner Erfahrungen.

Eine weitere wichtige Beobachtung, die sich aus der Lektüre der entsprechenden Passagen seines Werkes ergibt, ist dessen Blindheit gegenüber Geschlechterverhältnissen.[224] Wobei McGuire dies dahin gehend präzisierte, daß Aelred aus seiner monastisch-theologischen Perspektive alle Arten von sexuellen Beziehungen außerhalb der Ehe als sündig betrachtete, und damit ist es, aus dieser grundsätzlichen Sicht, letztlich gleichgültig, ob es sich um hetero- bzw. homosexuelle Beziehungen handelt.[225] Andererseits steht Aelred auch in einer langen Denktradition, deshalb verwundert es kaum, daß der Abt in der Reklusenregel doch einen Unterschied macht, indem er gleichgeschlechtliche Beziehungen gegenüber heterosexuellen als verdammungswürdiger betrachtete.

Über Aelreds sexuelle Eskapaden in seiner Jugend am schottischen Hof ist viel spekuliert worden. McGuire stützt mit philologisch-theologischen Argumenten die Hypothese, daß er in dieser Zeit auch sexuelle Kontakte zu Männern hatte. Zum einen benutzte Aelred zur Beschreibung dieser Beziehungen das Wort *amicitia*, über dessen klassischen Sinn er sich im klaren gewesen sein dürfte. *Amicitia* bezeichnete hier Freundschaften zwischen Männern.

223 Vgl. McGuire, B. P., 1994a, pp. 190ff. Den wichtigsten Begriff, den Aelred an verschiedenen Stellen verwendet, ist der der *malae consuetudines*.
224 Vgl. Boswell, J., 1980, p. 223, Anmerkung 48.
225 Vgl. McGuire, B. P., 1994a, p. 194f.

Zum anderen schrieb er, daß durch eine solche Verfehlung die Seele der Verdammung (*dammnatio*) anheimfällt, d.h. er beging eine tödliche Sünde.[226] Außerdem ließ er in der Reklusenregel durchblicken, daß er im Gegensatz zu seiner Schwester seine Jungfräulichkeit bereits verloren hatte.[227] Gleiches berichtete auch Walter Daniel.[228] Obwohl diese Passagen keineswegs als streng autobiographische Beschreibungen, die Aelreds Innenleben ungebrochen offenbaren, gelesen werden dürfen, so legen sie doch nahe, daß ein Grund ins Kloster einzutreten, für ihn darin bestanden haben könnte, die Krise um seine Sexualität aufzulösen.

Nach dem Eintritt in Rievaulx suchte Aelred nach neuen Beziehungen und fand sie in der Freundschaft zu Simon. Diese war durch den frühen Tod Simons nur von relativ kurzer Dauer. Aelred betrauerte den Tod seines Freundes in einer ergreifenden Klage am Ende des ersten Buches im *Spiegel der Liebe*.[229] Obwohl es auch hierfür literarische Vorbilder gab – das bekannteste ist Bernhards Totenklage über seinen Bruder Gerhard[230] –, hob McGuire drei Eigenheiten hervor. Aelred bekannte sich zu den Tränen für den verlorenen Freund und beurteilte sie als durchaus legitim. Zweitens enthält diese Lobrede (*encomium*) anläßlich des Todes ein speziell aelredianisches Element. Aelred modellierte die Jugend seines Freundes Simon am *exemplum* von Christus als Knaben.[231] Schließlich beschrieb der Abt die Freundschaft als ständige Bewußtheit von Simons Gegenwart.[232] Aelred konnte Simons physische Attraktivität ohne weiteres herausstellen, da er von seinem tadellosen Charakter überzeugt war und er ihm als Vorbild galt (*o exemplar uitae meae, compositio morum meorum*). Um die tiefe emotionale Bindung hervorzuheben, griff Aelred auf Metaphern aus dem Hohelied zurück. Er umarmte seinen Freund nicht mit den Händen, sondern mit dem Herzen. Er küßte ihn nicht mit dem Mund, sondern mit dem Geist.[233] Gleichzeitig aber begegnete Aelred Vorwürfen, daß seine Liebe zu Simon zu menschlich (*carnalis*) gewesen sei. Daß

---

226 Vgl. McGuire, B. P., 1994a, p. 198f.
227 »Quam miser ego tunc qui meam pudicitiam perdidi, tam beata tu, cuius uirginitatem gratia diuina protexit.« Aelred von Rievaulx, *De institutione inclusarum* III,32, p. 674.
228 Vgl. Walter Daniel, *Epistola ad Mauricium*, p. 76.
229 Vgl. Aelred von Rievaulx, *De speculo caritatis* I,34.
230 Vgl. Bernhard von Clairvaux, *Sermones super Cantica Canticorum* 26,II.3, SW V, pp. 391ff [SBO I, pp. 171ff].
231 Vgl. Aelred von Rievaulx, *De speculo caritatis* I,34,100.
232 Vgl. *De speculo caritatis* I,34,107; McGuire, B. P., 1994a, p. 203f.
233 »Amplexabar te, dilecte frater, non carne, sed corde. Osculabar te, non oris attactu, sed mentis affectu.« *De speculo caritatis* I,34,109.

Aelred die Gesten der Umarmung und des Kusses hier spiritualisierte, interpretiere ich als ein Zeichen seiner Ungewißheit und Unsicherheit, wie sich seine Beziehung zu Simon nach außen hin für die Mönche darstellte. Denn Umarmung und Kuß waren durchaus legitim, wenn es aus ehrbaren Gründen geschah.[234]

Zusammenfassend läßt sich sagen, daß Aelred keine Scheu hatte, »ehrbare« Gefühle auch äußerlich zuzulassen, daß er damit weit über die bisherige monastisch-asketische Tradition hinausging und daß er homosexuelle Beziehungen in letzter Konsequenz für das Leben im Kloster ausschloß.

Die Beherrschung der *affectus* spielte in Aelreds Leben nicht nur eine theoretische, sondern auch ganz praktische Rolle, indem er nämlich zuerst einmal sich selbst beherrschen lernen mußte. Wenn McGuire in seiner Analyse Recht hat, wurde Aelred nicht nur in seiner Jugend, sondern auch später noch im Kloster von dem Verlangen nach Selbstbefriedigung geplagt.[235] Auch hier besteht das philologische Problem darin, daß Aelred den mittellateinischen Fachausdruck *mollities corporis* nicht verwendet, sondern immer nur Anspielungen macht.[236] So erzählt er in der Reklusenregel von einem Mann,

> »der mit dem Tag seines Eintritts ins Kloster fürchtete, daß seine Keuschheit bald durch natürliche Triebe, bald durch die Heftigkeit lasterhafter Gewohnheit, bald durch die Einflüsterungen des hinterlistigen Verführers gefährdet würden.«[237]

Um der Entflammung der Lust (*incendium*) Herr zu werden, kasteite er seinen Körper und sprang in kaltes Wasser.[238] Die Erzählung in der dritten Person ist ein rhetorischer Zug. Aelred spricht hier wahrscheinlich von sich selbst.[239] Aber er erzählte auch direkt von seinem Laster. Der Abt gestand seiner Schwester, daß er durch die Hinwendung zu Gott und durch dessen Gnade von der

---

234 Vgl. Aelred von Rievaulx, *De spiritali amicitia* II,24.
235 Vgl. McGuire, B. P., 1994, pp. 59ff.
236 Vgl. McGuire, B. P., 1994, p. 62.
237 »Noui ego monachum, qui cum in initio suae conuersionis, tum naturalibus incentiuis, tum uiolentia uitiosae consuetudinis, tum suggestione callidi tentatoris, pudicitiam suam periclitari timeret«. Aelred von Rievaulx, *De institutione inclusarum* 18, p. 653.
238 Vgl. *De institutione inclusarum* 18.
239 Walter Daniel berichtete ähnliches in der Vita. Aelred hatte sich unter dem Fußboden seiner Novizenzelle einen kleinen Wassertank, der durch ein verborgenes Flüßchen gespeist wurde, gebaut. Er sprang dann mit dem ganzen Körper in das eiskalte Wasser hinein, um in sich die Glut aller Laster auszulöschen (*et aqua frigidissima totum corpus humectans calorem in sese omnium extinxit uiciorum*). Vgl. *Vita Ailredi*, p. 25.

---

schlechten Gewohnheit (*mala consuetudo*) befreit wurde.[240] Eine ähnliche Formulierung gebrauchte Aelred im fünften Abschnitt der *Oratio pastoralis*, wo er für seine eigenen Bedürfnisse betete. Er bat Gott um Unterstützung im Kampf

»gegen die Gebrechen und bösen Regungen, die der Seele noch zu schaffen machen, sei's infolge meiner alten, üblen Gewohnheiten, sei's infolge meiner zahllosen täglichen Nachlässigkeiten, sei's infolge der Schwachheit meiner verderbten, verkehrten Natur, sei's infolge geheimer Anfechtungen von seiten böser Geister.«[241]

Aelred war bemüht, seinen *affectus carnalis* in den *affectus rationalis* zu transformieren, um von dort durch Gottes Gnade zum *affectus spiritalis* aufzusteigen. Hinsichtlich seiner Freundschaftslehre bedeutete dies, von der fleischlichen Freundschaft zur geistigen emporzuklettern. Das spirituelle Ziel bestand darin, nicht nur Gott und seinen Nächsten zu lieben, sondern Gott in seinem Nächsten und seinen Nächsten in Gott zu lieben. Der Abt von Rievaulx fand schließlich die Lösung für sein Beziehungsproblem in einer Gemeinschaft, die ihm erlaubte, auch emotional Liebe und Freundschaft zu anderen zu entwickeln, die aber immer homoerotisch bleiben mußte. So zog er am Ende des *Spiegels der Liebe* sein Fazit:

»Es ist kein geringer Trost in diesem Leben, jemanden zu haben, mit dem du in innigster Zuneigung und in der Gemeinschaft heiliger Liebe vereint sein darfst und auf dem dein Geist ruht. Ihm kannst du dein Herz ausschütten, kannst zu ermutigenden Gesprächen wie zu tröstlichen Liedern unter all den Trauergesängen deine Zuflucht nehmen und zu seiner wohltuenden Freundesliebe inmitten der vielen Ärgernisse dieser Zeit voll Zuversicht kommen. Seinem liebenden Herzen darfst du all deine innersten Gedanken wie dir selber ohne Zögern anvertrauen und durch seine geistlichen Küsse wie durch heilende Umschläge die Krankheiten deiner unruhigen Sorgen herausschwitzen. Er weint mit dir in deinen Ängsten, freut sich mit dir im Glück und sucht mit dir im Zweifeln. Ihn kannst du durch die Fesseln der Liebe in jenes geheime

---

240 Vgl. Aelred von Rievaulx, *De institutione inclusarum* 32. McGuire verweist hier auf Augustinus, der den Begriff mit sexuellen Konnotationen gebrauchte.

241 »contra uitia et passiones malas quae adhuc impugnant eam, siue ex antiqua consuetudine mea pessima, siue ex quotidianis et infinitis negligentiis meis, siue ex infirmitate corruptae et uitiatae naturae meae, siue ex occulta malignorum spirituum tentatione«. Aelred von Rievaulx, *Oratio pastoralis* 5; dt. Übers. p. 193.

Gemach deiner Seele einführen, wo er auch bei körperlicher Abwesenheit im Geist dennoch gegenwärtig ist, wo du allein mit ihm um so lieber plauderst, je größer die Abgeschiedenheit ist, wo du allein mit ihm Gedanken austauschst und fern vom Lärm der Welt im Schlummer des Friedens, in der Umarmung der Liebe, im Kuß der Einheit allein mit ihm ruhst, während der Heilige Geist seine Süßigkeit über euch ausgießt. Ja, du bist ihm dort so nahe und verbunden und vereinigst deine Seele mit der seinen, so daß aus zweien einer wird.«[242]

242 »Porro non modicum uitae huius solatium est, habere quem tibi affectu quodam intimo ac sacratissimi amoris unire possis amplexu, habere in quo requiescat spiritus tuus, cui se refundat animus tuus, ad cuius grata colloquia, quasi ad consolatoria quaedam carmina inter tristia quaeque confugias; ad cuius amicitiae gratissimum sinum inter tot saeculi scandala securus accedas, cuius amantissimo pectori, ac si tibi ipsi omnium cogitationum tuarum uiscera sine cunctatione committas, cuius spiritalibus osculis, quasi medicinalibus quibusdam fomentis languores tumultuantium curarum exsudes; qui tibi collacrymetur in anxiis, collaetetur in prosperis, tecum quaerat in dubiis; quem uinculis caritatis in illud secretatarium tuae mentis inducas, ut licet absens corpore, spiritu tamen praesens sit, ubi solus cum solo tanto dulcius quanto secretius fabuleris, solus cum solo conferas, ac quiescente mundi strepitu in somno pacis, in amplexu caritatis, in osculo unitatis, interfluente Spiritus sancti dulcedine, solus cum solo repauses: immo ita te ei adiungas et applices, et animum animo misceas, ut de pluribus unum fiat.« Aelred von Rievaulx, *De speculo caritatis* III,39,109; dt. Übers. p. 225f.

Die Zeremonie des Abschieds

> »Der Mensch soll viel trauern,
> denn die Zeit der Trauer ist gekommen,
> und dies ist Anlaß genug,
> ständig Tränen zu trinken.
> Er soll trauern,
> doch nicht ohne die Gesinnung des Vertrauens
> und nicht ohne Trost.«[1]
> Bernhard von Clairvaux

Die Vorstellungen von einem Jenseits, von einem möglichen Weiterleben nach dem Tod, die Art und Weise, wie man eines natürlichen Todes starb sowie die Praxis der Grablege gestatten uns einen tiefen Einblick in die Mentalität des mittelalterlichen Menschen. In all diesen Dingen zeigt sich aber auch, wie stark sich die Einstellungen im Laufe der Jahrhunderte verändert haben. Der Verlust einer nahestehenden Person weckt Gefühle der Trauer, löst Betroffenheit aus, schmerzt. Dies war früher so und gilt noch heute. Aber die Formen unserer Trauer, die Formen, in denen wir heute unseren Schmerz und unser Leid auszudrücken vermögen, haben sich gewandelt, mithin ihre symbolischen Formen, die dies verkörpern.

Ich möchte in diesem Kapitel anhand von Jenseitsbeschreibungen zisterziensischer Autoren, Walter Daniels Schilderung von Aelreds Tod sowie am Beispiel des klösterlichen Sterberituals, einschließlich der Gestaltung der Grablegen, die ästhetischen Implikationen, die sich mit dem Tod und dem Jenseits verbinden, herausarbeiten, d.h.: Wie wurden die abstrakten theologischen Prämissen vom Jenseits sinnlich für jeden begreifbar dargestellt und ausgemalt, in welchen Formen manifestierten sich – vor allem hinsichtlich der monastischen Sterbeliturgie – die sinnlichen Momente von Trauer, Schmerz, Leid und Trost? Der Kreis schließt sich in der Eigenart der Gestaltung zisterziensischer Grabplatten.

Das Mönchtum, insbesondere die Zisterzienser, hatten einen großen Anteil an der Popularisierung einer detaillierten, sinnlich ergreifenden Jenseitstopographie im 12. bzw. frühen 13. Jahrhundert. Der Sterberitus im Kloster besaß theatralische Dimensionen. In ihm vereinten sich rituelle Formen der

---

1 Lugeat abundanter, quia lugendi tempus advenit, et ad sorbendas iuges lacrimas ista sufficiunt. Lugeat, sed non sine pietatis affectu et obtentu consolationis. Bernhard von Clairvaux, *Ad clericos de conversione* XI.23, SW IV, p. 202 [SBO IV, p. 96].

Interaktion zwischen Sterbendem, Abt und Konvent mit einer grandiosen Inszenierung für die Sinne. Gesang, Gebet, Weihrauch, Mimik und Gestik begleiteten den Sterbenden bis ins Grab, und die Gaumenfreuden anläßlich der Gedächtnismahle waren der wohlverdiente irdische Lohn für den anstrengenden liturgischen Dienst, für die absolvierten Fürbitten und den geleisteten Beistand für die verstorbene Seele.

Vorstellungen vom Jenseits und vom Tod

Die Jenseitsvorstellungen und damit auch die Annahme vom Tod als einer Form des Übergangs (*inter-itus*) sind, wie Arnold Angenendt eindrucksvoll dargelegt hat, tief in der christlichen Eschatologie verankert. Sie haben ihre Wurzeln in der theologischen Auffassung des Verhältnisses von Körper und Seele.[2] Allerdings gilt es zu betonen, daß sich die mittelalterlich-christlichen Vorstellungen vom Jenseits, vom Tod und dem Verhältnis von Körper und Seele über einen langen Zeitraum entwickelt haben, daß es in jeder Zeit divergierende Meinungen gab und daß es den meisten Autoren, abgesehen von den kompendienartigen Sammlungen der Hochscholastik wie der *Summa theologica* eines Thomas von Aquin, kaum auf eine systematische Darstellung bzw. eine inhaltlich-theoretische Geschlossenheit ankam. Dabei bedienten sich die christlichen Schriftsteller gemäß ihrer Zeit und ihres kulturellen Milieus Ideen unterschiedlicher philosophisch-religiöser Herkunft.[3]

Die Vorstellung von einem Jenseits mit Himmel, Hölle und Fegefeuer setzte den Glauben an die Unsterblichkeit der Seele, an eine bestimmte stoffliche Qualität[4] derselben – denn sie konnte gepeinigt werden – und an die Möglichkeit der Läuterung dieser durch ein komplexes System von Strafen voraus. Auch für den hl. Bernhard war klar, daß es weder Buße noch Glückseligkeit ohne Leib geben konnte. So schrieb er über den Verstorbenen:

»Er muß nämlich diesen Leib selbst, den er jetzt ablegt, einmal wieder aufnehmen, und zwar nicht zur Buße, sondern zur Bestrafung, wobei

---

2 Vgl. Angenendt, A., 1984.
3 Vgl. Lang, B./McDannell, C., 1988, pp. 19–154.
4 Die Qualität und Beschaffenheit der Seele hatte neben den sich daraus ergebenden theologischen Problemen auch ganz praktische Anforderungen. Eine rein immaterielle Seele war nicht wahrnehmbar, kaum vorstellbar und überstieg den Erfahrungshorizont der meisten Gläubigen. So stellten sich die Menschen in Anlehnung an ältere Traditionen die Seele als feurige Kugelgestalt, als geflügelte Seele sowie in Menschengestalt vor. Letzteres war vor allem im 12. Jahrhundert sehr beliebt. Vgl. Angenendt, A., 1984, pp. 103–107.

die Lage für die Sünde selbst und den Leib gewissermaßen ähnlich zu sein scheint: So wie die Schuld immer nur bestraft und niemals gesühnt werden kann, so werden auch im Leib nie die Qualen zu Ende gehen, noch wird der Leib selbst in den Qualen zugrunde gehen können.«[5]

Bereits Paulus (2. Kor. 5,3–4) ist die Idee einer nackten Seele suspekt gewesen. Leib und Seele gehörten zusammen, und eine Auferstehung der Seele ohne den Körper war nicht denkbar. Gleichwohl ist unklar gewesen, welche Qualität beide nach der Auferstehung haben werden. Allerdings setzte sich schon früh die vor allem durch das Mönchtum propagierte Auffassung vom Leib als Gefängnis der Seele durch. Auch der hl. Bernhard sah in gewisser Weise im Leib ein Hindernis, vor allem dann, wenn der Körper mehr Aufmerksamkeit erhielt, als ihm gegenüber der Seele zuzubilligen war.[6] Und selbst Aelred wünschte in seiner Sterbestunde, aus diesem Kerker (*de hoc carcere*) bald befreit zu werden.[7] Die Vorstellung von der Unsterblichkeit der Seele und vom Leib als Gefängnis derselben führte dazu, daß das Leben auf der Erde nur als ein Durchgangsstadium betrachtet wurde. Deshalb konnte Aelred als Sterbender auch sagen, daß er vom Exil in die Heimat (*exilio ad patriam*) gehe. Das Kloster war nur eine Vorstufe, obwohl es als himmlisches Jerusalem bezeichnet wurde und die Mönche bemüht waren, ein engelgleiches Leben zu führen. Mit dem Tod wird nicht einfach die Seele vom Körper befreit, sondern die Möglichkeit geschaffen, mit Christus für immer eins zu werden.[8]

Im 12. und 13. Jahrhundert änderte sich unter dem Einfluß des aristotelischen Denkens die traditionelle, auch von Bernhard und Aelred vertretene Auffassung. Der Leib wird nicht länger als Gefäß der Seele betrachtet. Wie die Seele dem Leib Vollkommenheit verleiht, gewinnt sie die ihre nur durch den Leib.[9]

5   »Habet enim hoc ipsum, quod nunc ponit, quandoque recipere corpus, non tamen ad paenitentiam, sed ad poenam, ubi nimirium peccati ipsius et carnis quodammodo similis videbitur esse condicio, ut quemadmodum culpa semper puniri poterit nec umquam poterit expiari, sic nec in corpore aliquando tormenta finiri, nec corpus ipsum exinaniri valeat in tormentis.« Bernhard von Clairvaux, *Sermo ad clericos conversione* IV.6, SW IV, p. 164 [SBO IV, p. 77].

6   Vgl. Bernhard von Clairvaux, *Sermo ad clericos conversione* VIII.15, SW IV, p. 188 [SBO IV, p. 89].

7   Sowohl Aelred als auch Bernhard haben ein ambivalentes Verhältnis zur Körperlichkeit. Während einerseits der Leib unter asketischen Aspekten gezüchtigt werden sollte, galt andererseits der unverweste Körper (*corpus incorruptum*) eines Heiligen nach dessen Exhumierung gerade als Zeichen für dessen Heiligkeit.

8   Vgl. Angenendt, A., 1984, p. 102.

9   Vgl. Angenendt, A., 1984, p. 111. Arnold Angenendt wies auf eine interessante Parallele

Das eigentliche Problem im Verhältnis Körper–Seele beginnt für Aelred erst nach dem Tod. Ihm ist klar, daß eine sündige Seele spürbar bestraft werden muß. Gemäß seiner Theorie der sinnlichen Wahrnehmung ergibt sich nun die Frage: Wie kann eine Seele Schmerzen erleiden, die nicht mehr durch ihren Körper, der ja abgestorben ist, sinnlich wahrnehmen kann? Aelred versuchte einen Ausweg zu finden, indem er zwei Annahmen voranstellte. Erstens,

»wenn die Werkzeuge, welche die Seele im Körper halten, abgestorben sind und sie beginnt, nicht mehr im Körper zu sein, sieht sie sich sogleich im Bild ihres Körpers, in welchem sie bald von Geistern, die zu diesem Zweck eingerichtet worden sind, aufgenommen wird, entweder als eine zu tröstende, zu läuternde oder zu folternde.«[10]

Die zweite Annahme bezieht sich in Anlehnung an Gregor den Großen (*Dialogi* 4,30) auf eine Unterscheidung von körperlichem Fühlen (*sensus corporeus*) und visionärem Wahrnehmen (*sentire*).[11] Ein Geist (*spiritus*) ohne Körper kann nicht körperlich wahrnehmen (*corporaliter non sentit*). Deshalb, so Aelred, hatte Gregor der Große einen körperlichen Sinn und eine nicht-körperliche Vision (*visio non corporalis*) unterschieden. Die Seele leidet, indem sie sich in der Vision bildlich brennen sieht, d.h. durch ihre Vorstellungs-kraft.[12] Wie aber kann sie sich selbst brennen sehen? Aelred griff nun wieder auf das Beispiel des hl. Lazarus und des reichen Mannes zurück und schlußfolgerte mit Augustinus (*De civitate Dei* 21,10,1), daß der reiche Mann durch un-körperliche Flammen, die den körperlichen gleichen, gepeinigt wird und daß in diesen Flammen nicht der Körper, sondern der Geist im Abbild des Körpers gequält wird. Ob die Seele gefoltert wird und auf welche Weise dies durch wirkliches Feuer vor dem Jüngsten Gericht geschieht, darüber habe er, gestand Aelred, bei Augustinus nichts gefunden.[13] Aus dieser Ungewißheit ergaben sich

zwischen der neuen Auferstehungstheologie mit ihrer neuen Wertschätzung des Leibes und der Entwicklung der Grabplastik hin, die sich in dieser Zeit von der Ritzzeichnung über das Halbrelief hin zur Vollplastik entwickelte. So nahm auch hier die neue Theorie ästhetische Gestalt an. Vgl. Angenendt, A., 1984, p. 116.

10 »ita profecto cum, deficientibus instrumentis, quibus tenebatur in corpore, coeperit non esse in corpore, statim se uidet in sui corporis imagine, in qua mox a spiritibus ad hoc ordinatis suscipitur, uel consolanda, uel purganda, uel torquenda.« Aelred von Rievaulx, *De anima* III,29.

11 Vgl. *De anima* III,32.

12 Vgl. *De anima* III,32.

13 »Itaque beatus Augustinus illam flammam, in qua urebatur diues, dicit incorpoream flam-mae corporeae similem, in qua non corpus sed in similitudine corporis spiritus torquebatur. Quod uero anima hominis uel quomodo igne corporali ante ultimum iudicium cruciatur, nunquam in Augustino me memini reperisse.« *De anima* III,33.

immer wieder paradoxe Lösungen. Bereits Augustinus hatte die Schwierigkeit, die Verdammung der Gottlosen im ewigen Feuer plausibel darzustellen.[14] Er erklärte sie schließlich mit der Allmacht Gottes, wodurch dieser Flammen erzeugen kann, die nicht verbrennen, aber peinigen, und indem Gott dem Körper bzw. der Seele eine solche Stofflichkeit verleiht, die dieses in Ewigkeit auszuhalten vermag. Das zweite Paradoxon bezog sich auf den Tod. Über den biologischen Tod bestand Einigkeit. Schwieriger war es mit dem metaphorischen Tod der Seele im Sinne ewiger Verdammnis und Trennung von Gott.[15]

Ein Meilenstein in der Entwicklung christlicher Jenseitsvorstellungen war die Umwandlung des antiken Schattenreichs der Toten (Hades, Tartaros) in einen Strafort, an dem *alle* Menschen entsprechend ihrer irdischen Verfehlungen zu büßen hatten.[16] Indem das Jenseits mit der Idee des Gerichts verbunden wurde, ergab sich eine grobe Zweiteilung derer, die zu richten waren, in Gute und Böse. Damit verband sich eine Aufteilung des Jenseits in einen Ort für die Guten bzw. Gerechten (Himmel/Paradies) und einen für die Bösen (Gehenna/Hölle). Gottes Gegenwart im Himmel leuchtete hell, die Landschaft des Paradieses entsprach einem lieblichen Ort, während die Hölle mit Finsternis und Feuer assoziiert wurde.

Bedeutsam ist nun, daß die Urchristen noch in einer nahen Erwartung der Endzeit lebten. Mit dem Ausbleiben der *Eschata* ergab sich ein theologisches Problem mit ganz praktischen Konsequenzen. Es stellten sich fundamentale Fragen für die Gläubigen: Was passiert mit den Toten bis zur Auferweckung? An welchem Ort befinden sie sich, und in welcher Verfassung harren sie dort aus? Der Ausweg wurde in einem Zwischenort gefunden, an welchem die Toten ruhen bzw. schlafen.[17] Die Redewendungen *obdormivit* und *requiescat in pace* vergleichen den Toten mit einem Schlafenden. Diese Vorstellung ist älter als das Mittelalter. Das Bild des Schlafes nahm dem Tod das definitive Ende. Der Verstorbene entschlief und ruhte nun in Frieden.[18]

---

14 Vgl. Augustinus, *De civitate Dei* 21,2ff.
15 Vgl. Vorgrimmler, H., 1993, p. 28.
16 Homer und dem Alten Testament sind jenseitige Straforte fremd. In der späteren griechischen Mythologie gibt es zwar Bestrafungen im Totenreich, sie treffen jedoch nur besondere Helden. Die ersten jüdisch-christlichen Illustrationen finden sich in der Apokalypse des Johannes bzw. in apokryphen Texten (Petrus Apokalypse, Thomasakten) oder im jüdischen Buch Henoch. Petrus-Apokalypse in: Hennecke, E., Bd. 2, 1966, pp. 468–483; Thomasakten in: Hennecke, E., Bd. 2, 1966, pp. 297–372; Buch Henoch, siehe Uhlig, S., 1984.
17 Vgl. Angenendt, A., 1984, pp. 80–86.
18 Jakobus de Voragine berichtete in der *Legenda Aurea* die Geschichte von den sieben schlafenden Ephesern, deren Aufgabe es war, den Glauben an die Auferstehung zu bestärken

Walter Daniel sprach ebenfalls noch von einem Zwischenort, dem *refrigerium*.[19] Das Substantiv *refrigerium* leitet sich vom Verb *refrigare* = abkühlen ab. In seiner topographischen Bedeutung bezeichnete es einen Ort der Erquikkung und der Ruhe. Diese ursprüngliche Bedeutung ging für die Menschen nördlich der Alpen – vor allem hinsichtlich ihrer empirischen sinnlichen Erfahrbarkeit – verloren. Für die hitzegeplagte mediterrane Bevölkerung hat ein kühler Ort als Ort der Ruhe und Erfrischung eine viel tiefere Bedeutung.[20] Aelred erwähnte in *De anima*, allerdings in einem anderen Zusammenhang und in Anlehnung an Gregor den Großen (*Dialogi* 4,37), einen jenseitigen Zwischenort, den *locus amoenus*. Es ist ein Ort, an dem sich die Verstorbenen wohl fühlen können, ein Ort für die Sinne.

»Es gab reizvolle, grünende Orte, geschmückt mit duftenden Blüten der Kräuter, in welchen Zusammenkünfte weißgekleideter Menschen gesehen wurden. Und ein so großer Duft der Süße war in demselben Ort, daß dieser selbst die dort Wohnenden oder Umherwandernden sättigte. Die einzelnen Wohnungen der verschiedenen Leute waren voll der Größe des Lichtes.«[21]

Diese Jenseitsbeschreibung hat neben antiken Vorbildern[22] noch einen sehr diesseitigen Bezug, denn die Klöster wurden als irdisches Paradies bzw. himm-

(Vgl. Jacobus de Voragine, *Legenda Aurea* CI [96], *De septem dormientibus*, pp. 435–438). Das *requiescat in pace* hatte allerdings einen Doppelsinn. Thietmar von Merseburg beschrieb in seiner Chronik die Plünderung des Grabes von Willigis, seinem Vorgänger auf dem Bischofsstuhl. Er befürchtete nun die Rache des Toten. *In Friede ruhen* hieß bei Thietmar, der Tote möge in Ruhe gelassen werden und er möge auch die Lebenden in Ruhe lassen. Vgl. Thietmar von Merseburg, *Chronik* VI,45, FStGA, Bd. 9, p. 293.

19 Vgl. *Vita Ailredi*, p. 55.
20 Mit *refrigerium* wurde aber auch das Gedächtnismahl der ersten Christen an den Gräbern der Märtyrer bezeichnet. Vgl. Ariès, P., 1978, p. 39.
21 »Amoena erant atque uirentia loca odoriferis herbarum floribus adornata, in quibus albatorum hominum conuenticula uidebantur, tantusque in eodem loco odor suauitatis inerat, ut ipsa suauitatis fragrantia illic habitantes, uel deambulantes satiaret. Ibi mansiones diuersorum singulae magnitudinae lucis plenae.« Aelred von Rievaulx, *De anima* III,42.
22 In der antiken Mythologie waren es die elysischen Gefilde, die eine ideale Landschaft darstellten. Da Aelred Vergils *Aeneis* kannte, sei hier auf die Passage über die *locos laetos* hingewiesen. Bei Vergil heißt es: »kamen zum Orte der Freude, zu lieblich-leuchtender Grünung/ glückgesegneter Haine sie hin, zu den Seligen Wohnsitz./ Fülle des Äthers umwebt das Gefild mit purpurnem Lichte,/ eigene Sonne kennen sie hier und eigene Sterne./ Einige üben die Glieder auf grasgepolstertem Ringplatz,/ messen im Kampfspiel sich und ringen in gelblichem Sande./ Andere stampfen im Reigentanz bei fröhlichen Liedern./ [...] Andere sieht zur Rechten er da und zur Linken im Grase/ schmausen, sie singen im Chor des Kriegsrufs jubelnde Weise,/ dort im lorbeerduftenden Hain, woher sich nach oben/ flutenreich durch

lisches Jerusalem gedeutet und die Mönche als deren Bewohner.[23] So bezeichnete auch Walter Daniel Rievaulx als eine Art zweites Paradies (*alterum paradisum*) und beschrieb die Lage seines Klosters dementsprechend: Rievaulx, so Walter, wurde, wie bereits der Name ausdrückt, im Tal nahe dem Fluß Rie gegründet. Die hohen Hügel, die das Tal gleich einer Krone umschließen, sind mit Bäumen verschiedenster Art eingekleidet (*uestiuntur*). Das Rauschen des Flusses ist gleich einer lieblichen Melodie (*melos delectabile*), und wenn der Zuhörer noch den harmonischen Klang der Zweige vernimmt, erfüllt es ihn mit Freude.[24] Sicherlich, die Beschreibung folgt zeitgenössischen Maßstäben, sie ist stilisiert und idealisiert. Dennoch spiegelt sie reale Erfahrungen in der Beobachtung der Natur wider.

Im 12. Jahrhundert änderten sich die Jenseitsvorstellungen. Sie wurden differenzierter, vor allem aber topographisch genauer. Unter dem Einfluß des scholastischen Denkens ist die noch vom hl. Bernhard propagierte patristische Vorstellung eines »allgemeinen zwischenzeitlichen Wartezustandes« langsam aufgegeben worden. Von da an entschied das individuelle Gericht sofort über den Verbleib entweder im Himmel oder in der Hölle. Allerdings gab es eine Ausnahme für die weniger Vollkommenen, die noch eine Hoffnungsrunde zur Läuterung erhielten. Sie kamen ins Purgatorium.[25] Das Fegefeuer, so schrieb Jacques Le Goff, ist

> »ein intermediäres Jenseits, in dem bestimmte Tote eine Prüfung zu bestehen haben, die durch die Fürbitte – die geistliche Hilfe – der Lebenden verkürzt werden kann. [...] Das Fegefeuer ist in doppelter Hinsicht intermediär: Man ist dort nicht so glücklich wie im Paradies, aber auch nicht so elend wie in der Hölle, und es währt nur bis zum Jüngsten Gericht. Um es zu einem wahrhaft intermediären Ort zu machen, genügte es, es zwischen Paradies und Hölle anzusiedeln.«[26]

Wald hinwälzt des Eridanus Woge. (*devenere locos laetos et amoena virecta/ fortunatorum nemorum sedesque beatas./ largior hic campos aether et lumine vestit/ purpureo, solemque suum, sua sidera norunt./ pars in gramineis exercent membra palaestris,/ contendunt ludo et fulva luctantur harena; pars pedibus plaudunt choreas et carmina dicunt./ [...] conspicit ecce alios dextra laevaque per herbam/ vescentis laetumque choro paeana canentis/ inter odoratum lauris nemus, unde superne/ plurimus Eridani per silvam volvitur amnis*).« Vergil, *Aeneis* 6,638–644 u. 656–659.

23 Vgl. Bernhard von Clairvaux, *Epistola* 64, SW II, p. 554–557 [SBO VII, p. 157f] und *Sermones super Cantica Canticorum* 55,2, SW VI, p. 238f [SBO II, p. 112f]; Leclercq, J., 1957, pp. 66ff u. Lang, B./McDannell, C., 1988, pp. 105–117.

24 Vgl. *Vita Ailredi*, p. 12f.

25 Vgl. Angenendt, A., 1984, p. 85 u. Le Goff, J., 1981.

26 Le Goff, J., 1981, p. 14 u. p. 274.

Die Zeremonie des Abschieds

Als ein Ort der Reinigung vereinte das Purgatorium die Forderung nach Gerechtigkeit mit dem Verlangen nach Barmherzigkeit. Aus der augustinischen Einteilung von vier Klassen: den ganz Guten (*valde boni*), den nicht ganz Guten (*non valde boni*), den nicht ganz Schlechten (*non valde mali*) und den ganz Schlechten (*valde mali*), wurden drei Gruppen.[27] Während nun die ganz Guten und die sehr Schlechten sofort in den Himmel bzw. in die Hölle kamen, blieb für die beiden mittleren Gruppen noch die Hoffnung, im Fegefeuer geläutert zu werden. Daß die Idee vom Fegefeuer erst reifen mußte, zeigt sich recht deutlich an einigen Äußerungen Aelreds und Otto von Freisings (1138–58). Aelred, der sogar auf Vergil (*Aeneis* 6,733–43) als Zeugen für eine jenseitige Läuterung zurückgriff, war sich unsicher, was an jenem Ort der Reinigung geschah und welche Formen der Läuterung es gab. Der Begriff *purgatorium* ist ihm noch unbekannt gewesen. Deshalb sprach er von reinigenden Strafen (*poenae purgatoriae*) und berief sich in der Darstellung auf Augustinus (*De civitate Dei* 21,13).[28] Auch Otto von Freising war sich nicht sicher, ob das Fegefeuer wirklich existierte, und schrieb, daß gewisse Leute behauptet haben (*quidam asserunt*), es gebe in der Unterwelt noch einen Läuterungsort (*locum purgatorium*). Ihn beschäftigten mehr die theologischen Konsequenzen, d.h. der Sinn und die Bedeutung eines solchen Ortes in Beziehung zu bisherigen theologischen Spekulationen über das Jenseits.[29]

Das Purgatorium verdrängte die Ideen vom *refrigerium* und von Abrahams Schoß als mögliche Zwischenorte, und Dante sollte zum größten Theologen des Fegefeuers werden. Wie Jacques Le Goff gezeigt hat, waren die Zisterzienser maßgeblich an der Entstehung und Ausbreitung der Idee vom Fegefeuer beteiligt.[30] Die große ästhetische Leistung der vor allem monastischen Schriftsteller, der Bildhauer und Buchmaler, bestand in der einprägsamen Ausformung eines abstrakten Gedankens, der entweder durch die detaillierten Beschreibungen in der Phantasie der Zuhörer bzw. Leser konkrete Gestalt annahm oder an den großen Gerichtsportalen durch direkte Anschauung für viele sinnlich erfahrbar wurde. Im Rückgriff auf dieselbe religiöse Tradition wundert es kaum, daß es vor allem ab dem Hochmittelalter viele ikonographische Parallelen zwischen den Jenseitsbeschreibungen in der Literatur und den Darstellungen desselben Sujets in Buchmalerei, baugebundener Halbplastik bzw. Relief gab. Während sich die meisten scholastischen Theologen mit intellek-

---

27 Vgl. Le Goff, J. 1981, p. 268–273.
28 Vgl. Aelred von Rievaulx, *De anima* III,36f.
29 Vgl. Otto von Freising, *Chronica* VIII,24.
30 Vgl. Le Goff, J., 1981, p. 203f u. p. 220.

tuellen Andeutungen über die Topographie von Hölle und Fegefeuer sowie über die Art und Weise der Bestrafung begnügten, fanden vor allem monastische Autoren in der Erzählung eine phantasiereiche Ausformulierung. Die Mönche waren weit weniger an der kirchlich-dogmatischen Richtigkeit als vielmehr an der moralisch-pädagogischen Wirksamkeit interessiert. Die allgemeinen Eckdaten wurden je nach kultureller Tradition und Bildung individuell ausgestaltet. Anhand dreier Beispiele, der Erzählung H(einrich) von Saltreys vom *Purgatorium des hl. Patrick*, einer spätmittelalterlichen Aufzeichnung einer Vision Adam von Kendalls, sowie den *exempla* des Caesarius von Heisterbach wird nicht nur die Liebe zum Detail deutlich, sondern auch die sinnliche Kraft dieser Darstellungen. Die Berichte sprechen in der Regel in je unterschiedlicher Weise alle Sinne an, seien es häßliche Geschöpfe, stinkende Gerüche, übel schmeckende Speisen, schrille Schreie, taktile Empfindungen wie heiß und kalt oder die Wahrnehmung von Schmerzen und Qualen. Darüber darf allerdings nicht vergessen werden, daß die gnadenlose Darstellung von Gewalt als Waffe im Kampf gegen die Laster eingesetzt wurde. Die Geschichten wurden zu einem moralischen Druckmittel. Sie trafen auf den fruchtbaren Boden allgemeiner kollektiver Ängste, die von Krieg und Gewalt über Naturkatastrophen bis hin zu den alltäglichen Erfahrungen von Krankheit, Hunger, Dürre, Kälte und Finsternis reichten. Insofern traf die ästhetische Überhöhung in der Darstellung auf einen Kern realer zeitgenössischer Erfahrungen. Schließlich zeugen manche Berichte von einer krankhaften Besessenheit hinsichtlich sadistischer Freuden in der Schilderung von Gewalt sowie in der Kritik der sinnlich vitalen Bedürfnisse wie Essen, Trinken, Sexualität. Letzteres kam häufig im Mönchtum vor.[31]

Der Zisterzienser H(einrich) von Saltrey verfaßte um 1200 eine kleine Schrift mit dem Titel *De purgatorio sancti Patricii*.[32] Die Geschichte war im Mittelalter weit verbreitet. Auch Caesarius von Heisterbach wußte davon zu berichten.[33] In der erzählten Vision wird der Eingang zum Fegefeuer geographisch in Irland auf Station Island im Lough Derg lokalisiert. Dieser Ort wurde damit zum irdischen Einstieg für eine jenseitige Welt. Der erste Teil der Erzählung beschreibt, wie dem hl. Patricius († 461), der sich redlich mühte, die Iren zu bekehren, von Christus eine Grube (*fossa una rotundam*) gezeigt wurde, in der jeder Bußwillige, wenn er einen Tag darin ausharre, von den

---

31 Ein einprägsames Beispiel für derartige Auswüchse ist die *Visio Tnugdali* oder *Tundali*.
32 Vgl. Easting, R., 1986; Eckleben, S. 1885; Le Goff, J., 1981, pp. 233–246. Ich habe den lateinischen Text der Bamberger Handschrift, die von Ed Mall ediert wurde, benutzt.
33 Vgl. Caesarius von Heisterbach, *Dialogus miraculorum* XII,38 (*De purgatorio sancti Patricii*).

Die Zeremonie des Abschieds

Sünden gereinigt sei. Des weiteren kann er die Qualen der Schlechten (*tormenta malorum*) schauen, aber auch die Freuden der Guten (*gaudia bonorum*). Der zweite Teil berichtet von der Reise des Ritters Owein (um 1150) und von dessen Erlebnissen durch dieses Fegefeuer. Owein betrat einen großen Raum (*aula*), der einem Kreuzgang ähnlich sah (*in modum claustri monachorum super columpnas erat fabricata*), aber finster war und allen Lichtes ermangelte (*magis tenebris, lucis totius amittit claritatem*). Dort traf er auf zwölf nach Art der Mönche gekleidete Männer. Alle bis auf einen, der ihnen vorstand, schwiegen. Jener aber begrüßte Owein und erläuterte ihm die Regeln der Prüfung. Während der Reise wurde Owein durch eine Vielzahl von Dämonen (*multitudo demonum*), gegen die er sich durch die Anrufung Christi schützen konnte, permanent in Versuchung geführt. Der Ort war finster, voller Schreie und stinkender Dämpfe. Der Ritter sah, wie Frauen und Männer nackt mit glühenden Nägeln an Händen und Füßen an den Boden geheftet waren[34], wie Menschen beiderlei Geschlechts, jung und alt, zur Beute von Drachen (*dracones*), Schlangen (*serpentes*) und Kröten (*bufones*) wurden oder Menschen an ihren Augen, Ohren, Nasen, Mündern, Brüsten oder gar an ihren Genitalien mit Eisenhaken aufgehängt wurden.[35] Leute wurden in Öfen (*furnaci*) gebacken, in Rauch und Schwefeldampf gedünstet (*fumo et vapore sulphureo*) oder in der Pfanne (*in sartaginibus ferreis*) gebraten. In einem anderen Haus, welches als Bad (*balnearium*) bezeichnet wurde und dessen Fußboden aus einer großen runden und tiefen, mit kochendem flüssigem Metall gefüllten Grube bestand, sah er unzählige Menschen ihre schweren Strafen büßen.[36] Danach kam Owein zu einem Feuerstrom aus verschiedenen Metallen (*omne generi metalli*), der sich zwischen zwei Bergen befand (*inter duos montes positum*). Dort erblickte er den Eingang zur Hölle (*introitus gehenne*) und gelangte schließlich über eine sehr schmale Brücke zu den Mauern des Paradieses, deren Tore aus reinstem Gold und mit Edelsteinen besetzt waren (*cuius porte ex auro purissimo*

---

34 »Campus hic plenus erat hominibus utriusque sexus diuerseque etatis nudis et in terra iacentibus. Horum corpora super faciem terre extenta erant, ventribus in terram dimissis eisque clauis ferreis atque candentibus per pedes et manus affixi tenebantur.« *De purgatorio sancti Patricii*, p. 164.

35 »Nonnulli quoque, vncis ferreis, eorum oculis, auribus, naribus, faucibus, mamillis, aut genitalibus infixis, appensi, crudele prebebant spectaculum intuentibus.« *De purgatorio sancti Patricii*, p. 167.

36 »Trahentes ergo eum domum introeunt, in qua miles visibilem, terribilem atque omni tormento vidit penam grauiorem. Etenim totius domus pauimentum plenum erat fossis profundissimis et rotundis [...]. Erant autem pleni usque ad summum diuersis metallis bullientibus atque liquatis.« *De purgatorio sancti Patricii*, p. 170.

lapidibus fulgebant preciosis). Von diesem Gebäude ging ein lieblicher Duft (*suauissimi odoris fragrancia*) gleich Zimt und Balsam (*sicut cynamomum et balsamum aromatizans odorem*) aus. Diese Stadt (*ciuitas*) erstrahlte als himmlisches Jerusalem im vollen Glanz des Lichtes (*tante lucis illustrata splendore*).

Die Strafen lassen an sadistischen Grausamkeiten nichts zu wünschen übrig. Es wäre sicherlich eine lohnende Aufgabe, die regional übliche Strafpraxis mit den Strafen des Fegefeuers zu vergleichen. Hier lassen sich bestimmt viele Parallelen auffinden. Das Fegefeuer beinhaltet klassische apokalyptische Motive wie Finsternis, glühende Hitze, Eiseskälte und glühende Feuerströme. Hinzu kommen klassische Sujets wie die schmale Brücke, die die Guten von den Bösen trennt, Berge und Flüsse. Die Schilderung des Paradieses als *locus amoenus*, auch das entspricht dem Zeitgeist, ist äußerst knapp und wirkt wie ein kurzer Anhang. Paradiesschilderungen sind moralisch-didaktisch weniger wirkungsvoll gewesen als das Fegefeuer oder die Hölle. Hier konnte am Register der Ängste viel effektiver gezogen werden. Das einzig wirklich Bemerkenswerte gegenüber anderen Visionen sind der irdische Einstieg und die Tatsache, daß der Bericht nicht einer Vision oder einem Traum entsprang, sondern daß ein einfacher Erdenbürger ohne weiteres in diese Unterwelt hinabsteigen konnte. Hinsichtlich der Sinne fällt auf, daß in all diesen Darstellungen Sujets bevorzugt werden, die ihre Wirkung aus einer gewissen Unmittelbarkeit der sinnlichen Wahrnehmung erzielen, d.h. es werden in den zu büßenden Strafen primär die niederen Sinne wie Tast- und Geschmackssinn angesprochen. Der physische Schmerz ist eine existentielle Erfahrung und wird wie Hitze und Kälte direkt wahrgenommen. Beim Essen und Trinken übel schmeckender oder glühender Flüssigkeiten werden Geschmacks- und Tastsinn bemüht. Hingegen wirken all die Dinge, die über die Augen, das Gehör bzw. die Nase wahrgenommen werden, indirekt. Sie verstärken den gewollten Effekt psychologisch. Am Scheideweg von mittelbarer und unmittelbarer Wahrnehmung steht der Geruchssinn, dessen Wirkung beim Essen übel riechender Speisen wohl jedem gegenwärtig ist. Diese umgekehrte Hierarchie der Sinne ist hinsichtlich der gewollten psychologischen Wirkung zwar verständlich, dennoch erscheint sie paradox. Denn im irdischen Leben sollte die Wahrnehmung in Richtung der höheren Sinne konditioniert werden, während bei der Bestrafung auf die Wirkung der niederen Sinne gesetzt wurde.

Das zweite Beispiel ist einer Vision eines schottischen Zisterzienserabtes entnommen. Die Vision ist wohl die häufigste Form der Jenseitserfahrung im Mittelalter gewesen. Peter Dinzelbacher, der sich ausführlich mit der Visionsliteratur beschäftigt hat, konnte zwei Etappen herausarbeiten, die sich jedoch historisch überschneiden. Die vom 6. bis ungefähr zum 13. Jahrhundert reichende ältere betont die Räume und schildert detailfreudig deren Ausgestaltung, während die mit dem 12. Jahrhundert beginnende zweite mystisch orientiert ist, die Personenbeziehungen in den Vordergrund rückt und vorwiegend von Frauen stammt.[37] Die Vision des Zisterziensers Adam Kendall, Abt von Holm Cultram (1212–23) in Schottland, schlägt die Brücke zu den Strafen als Buße, wie sie im folgenden noch zu besprechen sind. Der Bericht wurde von Walter Bowermaker zwischen 1441 und 1447 aufgezeichnet.[38] Adams Schau gehört zur älteren Tradition, spielt im Mönchtum und wurde für diesen Leser- bzw. Hörerkreis aufgeschrieben. Interessant sind das Bild, welches retrospektiv vom Abt in der Vision entworfen wird, und die Art der zu büßenden Strafen. Adam hatte versucht, u.a. mit Konventsgeldern sich ein Bischofsamt zu kaufen. Der Versuch schlug fehl, worauf er seines Amtes enthoben wurde. Kurze Zeit später hatte er eine Vision, die ihm sein schreckliches Ende vor Augen hielt. Geführt von einem früheren Mönch, seinem Kellermeister Thomas, kam er in ein Haus, das einem Refektorium glich (*in modum refectorii*). Von den reichlich gedeckten Tischen mit besten Speisen (*optimis ferculis*) strömten die Wohlgerüche (*suavissimus odor/suavitatis fragrantia*) seiner Nase entgegen. Auf die Frage, für wen dies sei, antwortete sein Begleiter, dies sei für die einfachen Mönche und Konversen (*refectorium claustralium et pauperum conversorum*), die in Demut geduldig das Joch des Gehorsams getragen hätten (*qui jugum interioris disciplinae et exterioris obedientiae patienter et perseveranter portantes*). Im nächsten Gebäude trafen sie auf Tische, überfüllt mit schmutzigen Fleischspeisen (*sordidissimis ferculis abundantissime repletis*) aus schrecklich stinkenden Kadavern (*fercula de carnibus cadaverum horribiliter foetentium*). Adam mußte sich die Nase zuhalten, weil er den Gestank nicht ertragen konnte. Auf seine Frage, für wen das sei, erhielt er zur Antwort, für die Kellermeister und ihre Genossen (*refectorium cellerariorum [...] sociis suis*), die unter Mißachtung ihres Armutsgelübdes und Ausnutzung ihrer Reisetätigkeit an herrschaftlichen Tafeln der Völlerei (*gula*) und Zecherei (*ebrietas*) verfallen waren. Schließlich betraten sie einen dritten Raum, der unter der Erde lag und einer Krypta bzw. einem Keller entsprach. Adam sah aufgehängte fette Fleischstücke (*carnes*) in schweflgem Feuer (*igne teterrimo et sulphureo vehementer inflammati*), deren Fett nach unten in eine darunter befindliche Grube tropfte. Die Gruben faßten jeweils eine Person (*fossae factae in terra [...] ad humani*

---

37 Vgl. Dinzelbacher, P., 1989, p. 18–32.
38 Vgl. Walter Bowermaker *Continuatio* zu Johann von Ford: *Scotichronicon.*

corporis mensuram et capacitatem), die, gierig und mit offenem Mund, dieses schweflige Fleisch in sich hineinschlangen. Dies war der Raum für die Äbte (*abbatibus*), die separat wohnten und aufgrund ihrer Macht nach Herzenslust fett aßen und viel tranken (*qui seorsum in cameris libenter morabantur, quorum fuit studium comedere pinguia, et bibere multum*). Schließlich wies ihn sein Begleiter noch auf eine leere Grube hin und sprach zu Adam, es sei seine Grube, die er nach dem Tod, den ihm die Himmelsmutter kurze Zeit später voraussagte, besetzen werde. Zurückgekehrt verfiel er der Raserei (*furia*) und starb, wie vorherbestimmt, an Christi Himmelfahrt.

Auch in dieser Erzählung dominieren die sogenannten niederen Sinne. Was diese Vision aber besonders interessant macht, ist die Beziehung zwischen der Hierarchie der Strafen und ihrer sinnlichen Umsetzung. Die glücklichen Mönche und Konversen befinden sich nicht etwa, wie zu erwarten gewesen wäre, in einem Paradiesgarten, sondern im Schlaraffenland. Sie genießen hier als Lohn (*sic*!) genau das, was ihnen auf Erden die Selbstdisziplinierung ihres Körpers und ihrer Sinne verbot. Hier stellt sich nun die Frage: Heiligt der pädagogische Zweck die Mittel? Es ist bemerkenswert, daß nur die untersten Schichten der Klosterhierarchie die Tafelfreuden genießen. Es sind jene Leute, die zu Lebzeiten nicht nur die größeren Entbehrungen auf sich nehmen mußten, sondern diese kleinen Freuden hinsichtlich der unmittelbaren sinnlichen Erfahrung oft auch höher schätzten als die spirituellen. Insofern ist es verständlich, daß für die einfachen Klosterangehörigen eine gute Tafel im Jenseits motivierender war als der Lichtstrahl Gottes. Die Bestrafung der Höhergestellten bleibt ebenfalls dem System der niederen Sinne verhaftet. Auch hier wird deutlich, daß den irdischen Bedürfnissen eine größere Wirkung zugesprochen wurde als den himmlischen. Während die einfachen Mönche den Genuß aus der Entbehrung wertschätzten und in diesem Sinne eine Art jenseitige Sehnsucht entwickelten, war die Sachlage für den Kellermeister und seine Genossen eine andere. Hier wurde nicht nur der Mißbrauch der besonderen Stellung bestraft, sondern auch mit gleicher Münze heimgezahlt. Um wieviel tiefer muß ein Mensch, der den oben beschriebenen Fraß im Jenseits vorgesetzt bekommt, fallen, wenn er doch schon auf Erden den Olymp einer *belle cuisine* erklommen hat. Schließlich bleibt noch der Abt. Und für ihn gilt, je größer die Strafe, desto unmittelbarer das empfundene Leid.

Das letzte Beispiel ist dem *Dialogus miraculorum* Caesarius von Heisterbachs entnommen. Hier deutet sich bereits ein Wandel in der Darstellung an, der auf eine Veränderung im Umgang mit dem Jenseits schließen läßt. Caesarius widmete einen ganzen Abschnitt (*Distinctio XII*) seiner Wundergeschichten dem Lohn der Toten. In den 55 *exempla*[39] beschrieb er auf verschiedene Weise Hölle (25), Fegefeuer (16) und Paradies (14).[40] Seine Geschichten allerdings konzentrieren sich weniger auf eine detaillierte Ausmalung jenseitiger Strafen. Caesarius begnügte sich mit Andeutungen, die jedoch für die Zeitgenossen vielsagend waren. Im Vordergrund stand nicht mehr die Strafe als solche, sondern der moralische Aspekt der gerechten Strafe durch Gott, der sich niemand entziehen kann. Außerdem war Caesarius bemüht, die Wahrhaftigkeit der Wundergeschichten durch die Nennung von Zeugen bzw. durch den Verweis auf vertrauenswürdige Personen zu betonen. Bereits im ersten Kapitel legte Caesarius die wichtigsten Strafen dar. Abgesehen davon, daß es in der Hölle unzählige (*innumerabilis*) Strafen gibt, hob er dennoch neun besonders hervor: Pech (*pix*), Schnee/Kälte (*nix*), Nacht/Finsternis (*nox*), Wurm/Ungeziefer (*vermis*), Geißel/Peitsche (*flagra*), Fesseln (*vincula*), Eiter/Fäulnis (*pus*), Scham/Schande (*pudor*), Schrecken (*horror*).[41] Die Aufzählung ist willkürlich, sie folgt eher den Gesetzen zur Gestaltung eines Verses (Klang, Reim, Silbenzahl). Die Strafen entsprechen jedoch jenen, die im Purgatorium vollstreckt wurden. Das Purgatorium, so Caesarius, hat reinigende Wirkung, ist zeitlich begrenzt und dauert maximal bis zum Tag des Jüngsten Gerichts. Hier werden die Tyrannen, die Aufseher/Steuervollstrecker, Wucherer, Ehebrecher, Hochmütigen oder andere, die Gott schwer beleidigt haben, zur Rechenschaft gezogen. Als Beispiel möge die Strafe des Priors von Clairvaux, die Caesarius von Heisterbach in seinen Wundergeschichten berichtete, genügen. Der Prior erschien kurz nach seinem Tod Aszelina, einer Magd Gottes, im Gebet. Er war bis dahin in großer Pein gewesen. Sein Aussehen verriet seinen eher erbärmlich anmutenden Zustand. Aszelina erschrocken über die Gestalt des Priors, glaubte sie doch, daß er immer ein heiliger Mann gewesen war, fragte ihn, was geschehen sei. So erzählte der Prior von seiner Strafe, die

---

39 Es ging in diesen *exempla* nicht um Einmaligkeiten, sondern um Alltäglichkeiten, d.h. um den beispielhaften Charakter des dargestellten Sachverhalts. Die geschilderten Beispiele wurden didaktisch so aufbereitet, daß einem jeden klar wurde, es könne auch ihn treffen. Inhalt dieser Geschichten sind entweder die kurzzeitigen Reisen von Lebenden ins Jenseits oder die Rückkehr der Toten. Jean Claude Schmitt hat die letzteren umfassend studiert und den zisterziensischen Beitrag hervorgehoben. Naturgemäß spielen bei den Zisterziensern die Mönche die Hauptrolle, hinzu kommen Laien, d.h. Bauern, Adlige und Städter. Aber auch die Ordensschwestern sind erstaunlich gut vertreten. Die Autorität der *exempla* entsteht bei Caesarius durch eine objektive Schilderung, d.h. er erzählt keine eigenen Visionen, sondern die anderer Menschen, und durch die mögliche Wiederholbarkeit. Vgl. Schmitt, J.C., 1994, pp. 143–150.
40 Vgl. Le Goff, J., 1981, pp. 365–369.
41 Vgl. Caesarius von Heisterbach, *Dialogus miraculorum* XII,1 (*De poenis et gloria mortuorum*).

---

er bis dahin zu erdulden hatte. Sie wurde ihm von Gott auferlegt, weil er das Laster des Geizes unter dem Anschein der Tugend verbergend allzusehr damit beschäftigt war, die Reichtümer des Kloster zu vermehren.[42]

Die in Hölle und Fegefeuer angedrohten Strafen mußten Furcht einflößen, denn sie wurden je nach Stärke des individuellen Glaubens als physische Realität angenommen. Es ist daher nicht verwunderlich, daß es auch Gegenmaßnahmen gab, denn auf die im Fegefeuer zu büßende Strafe konnte Einfluß genommen werden. Prinzipiell galt, daß sowohl die Lebenden für die Verstorbenen wie die Verstorbenen für die Lebenden etwas tun konnten. So schrieb Aelred in *De anima*:

> »Die Lebenden bedürfen unseres Rates, während für jene [Toten] durch die Wohltat der Gebete, durch das heiligste Opfer des heiligen Altares, aber auch durch die Spende von Almosen und den Gesang der Psalmen entweder Ruhm erhöht oder Strafe vermindert wird. Diejenigen jedoch, die gemäß dem Zustand der Seelen nach diesem Leben in allen Dingen vollkommen sind, bedürfen nicht nur unserer nicht, sondern stehen uns obendrein am meisten bei.«[43]

Zum einen war es möglich, durch die Anrufung von Heiligen eine Fürsprache zu erhalten. Zum anderen schufen die Klöster mit der Gebetsverbrüderung eine Möglichkeit, durch kollektives Beten und Gedenken dem einzelnen zu helfen. Darüber hinaus war es möglich, büßen zu lassen, d.h. stellvertretend die eigenen Verfehlungen durch andere geeignete Personen sühnen zu lassen bzw. Bußstrafen in eine zweckmäßigere Form, die meist kürzer, dafür intensiver

---

42 »In monasterio Claraevallis Prior quidam mortuus est nostris temporibus, vir admodum religiosus, et amator disciplinae praecipuus. Hic post mortem ancillae Dei Aczelinae in oratione visibiliter apparens, forma et habitu statum suum satis ostendit. Erat enim facies eius pallida ac macilenta, cuculla tenuis et attrita. Quem cum interrogasset quomodo haberet, respondit: In magnis poenis hactenus fui; sed gratia cuiusdam fratris qui mihi plurimum astitit, in proxima sollennitate Dominae nostrae liberator. Stupente illa ac dicente, nos putavimus vos esse virum valde sanctum; respondit: Nihil aliud Deus in me punivit, nisi quia nimis fui sollicitus ampliare possessiones monasterii, sub specie virtutis vitio avaritiae deceptus.« Caesarius von Heisterbach, *Dialogus miraculorum* XII,25 (*De purgatorio cuiusdam Prioris de Claravalle*).

43 »Isti nostro egent consilio, dum eis et orationum beneficio, et sacratissimo sacri altaris sacrificio, largitione etiam eleemosynarum, et decantatione psalmorum uel gloria cumulatur, uel poena minuitur. Porro qui sunt secundum statum animarum post hanc uitam ex omni parte perfecti, non solum nostri non egent, sed nobis insuper plurimum suffragantur.« Aelred von Rievaulx, *De anima* III,48; Die gleiche Anschauung findet sich explizit auch beim hl. Bernhard in einer Predigt zum Hohelied (66.10).

war, umzuwandeln. Dies basierte auf der Annahme, daß primär die Tat gesühnt, nicht aber die individuelle Schuld in Rechnung gestellt wurde. Die Intention bzw. Umstände der Tat fanden keine Berücksichtigung. Im 12. Jahrhundert setzte auch hier mit Abaelards Gesinnungsethik ein Wandel ein. Der Unterschied zwischen Sünde und Laster lag von da an im Einverständnis der Person zur Handlung. Eine einfache Umrechnung von Bußstrafen war nun nicht mehr möglich.[44]

Die wichtigsten Bußübungen bestanden im Gebet, in der Spende von Almosen, im Fasten sowie im Feiern von Messen. Das Gebet wurde vor allem von den Mönchen und Klerikern bevorzugt, die Almosenspende von den Wohlhabenden, das Fasten von den Arbeitenden.[45] Somit spiegelte diese Aufteilung auch die Teilung der Gesellschaft.[46]

Die Buße durch das Stiften einer Messe hatte größere Konsequenzen, denn diese durfte nur von einem Priester zelebriert werden und setzte die Anerkennung seiner Sühnekraft voraus, die ihn erst zum Mittler zwischen Gott und Menschen machte. Während ursprünglich nur Christus als Mittler anerkannt wurde, änderte sich im Frühmittelalter Schritt für Schritt die Auffassung von Messe, Priester und Meßopfer. So galt im 12. Jahrhundert die Messe

»als ein Opfer, das der zelebrierende Priester vom Volk annimmt, um es in mittlerischer Funktion Gott zur Sühnung der Sünden darzubringen. Der Meßpriester fungiert hier als *mediator inter deum et homines*.«[47]

Zur Sühnung von Schuld wurden jetzt auch Privatmessen gelesen. Die Häufung von Privatmessen, die zugleich auch eine nicht zu unterschätzende Einnahmequelle für die Klöster darstellten[48], hatte für diese zwei wichtige Konsequenzen. Zum einen wurde es notwendig, die Mönche zu Priestermönchen zu weihen. Zum anderen ergaben sich daraus bauliche Konsequenzen für die Kirchen, denn die sich mehrende Zahl von Altären mußte räumlich so angeordnet werden, daß sie die liturgischen Alltagspflichten nur wenig oder gar

44 Vgl. Angenendt, A., 1984, pp. 149ff; Le Goff, J., 1981, p. 260 u. Abaelard, *Scito te ipsum*. Auch Aelred war der Meinung, daß nur eine willentliche Zustimmung (*voluntarium consensum*) eine sündige Handlung zur wirklichen Sünde macht. Deshalb besteht sie im schlechten Gebrauch des freien Willens (*liberi arbitrii malum usum*). Vgl. Aelred von Rievaulx, *De anima* II,35.
45 Caesarius von Heisterbach illustrierte diese verschiedenen Möglichkeiten in seinen Wundergeschichten (*Distinctio* XII).
46 Vgl. Angenendt, A., 1984, p. 149.
47 Angenendt, A., 1984, p. 145.
48 Die Zisterzienser lehnten diese Einnahmequelle in ihrer Frühzeit noch ab.

nicht behinderte.[49] Dies war die Aufgabe für die Baumeister. Die apsidialen Ostabschlüsse der großen französischen Kathedralen vermitteln ein eindrucksvolles Bild davon. Die Zisterzienser konnten sich dieser Entwicklung ebenfalls nicht verschließen. Die Umbauten in Pontigny oder Clairvaux sind frühe prominente Beispiele. Für England seien stellvertretend die neuen rechteckigen Presbyterien der Klosterkirchen von Rievaulx Abbey (erstes Viertel des 13. Jahrhunderts) und Fountains Abbey (1210–50) genannt. Es mußte aber nicht immer ein Um- oder Neubau erfolgen. Altäre konnten auch später noch in den Seitenschiffen des Langhauses untergebracht (Rievaulx) oder unmittelbar an die Pfeiler gestellt werden (Zinna). Indem aber mehr Privatmessen zelebriert wurden, entstand auch ein akustisches Durcheinander. Während früher die Messen chronologisch aufeinander folgten, wurden die Messen nun, da sie jetzt meist synchron vor ein und demselben Altar gehalten wurden, entweder nur noch gesummt bzw. still gelesen oder die Mönche gingen zu Schachtelämtern über.[50]

Das Bild vom Tod – Trauer und Schmerz

Sterben war ein Prozeß, der sich in der Regel über einen längeren Zeitraum erstreckte und der in seinem Ablauf und seinen Formen von bestimmten kulturellen Traditionen und Normen geprägt wurde.[51] In dieser allerletzten Phase des Lebens hatte jeder Mensch zugleich seinen letzten großen Auftritt. Sterben im Kloster unterschied sich von den anderen Möglichkeiten nur in der besonders umfangreichen und feierlichen Zeremonie, nicht aber in der prinzipiellen geistigen Grundhaltung.

Im Mittelalter war Sterben eine öffentliche Angelegenheit. Die Menschen starben im Beisein von Verwandten, Freunden und Bekannten. Das ergab sich meist schon aus den Wohnverhältnissen, da den meisten Menschen nur ein gemeinsamer Wohnraum zur Verfügung stand. Für Äbte, Bischöfe und weltliche Herrscher erweiterte sich der Rahmen entsprechend der sozialen Position sowie der politischen Bedeutung des einzelnen.

Sterben hieß in jener Zeit nicht passives Warten auf den Tod, sondern bedeutete eine aktive Vorbereitung. Die Menschen von damals müssen, glaubt man den schriftlichen Zeugnissen, ihr Ende gespürt haben. Der Tod war ihnen

49 Vgl. Möbius, F., 1984.
50 Vgl. Ariès, P., 1978, p. 205.
51 Vgl. dazu Ariès, P., 1978, Erstes Buch – Die Zeit der Ruhenden, pp. 13–375; Ohler, N., 1990.

vertraut, er kündigte sich an. Zwar entschied Gott letztlich darüber, wann und wo der Erdenbürger abberufen wurde, er selbst jedoch hatte über das Wie zu entscheiden. Nichts war schlimmer als ein plötzlicher Tod (*mors repentia*), bei dem der Mensch unvorbereitet, ohne seine letzten Dinge geregelt zu haben, starb.[52] Für Äbte war es charakteristisch, daß sie auf dem Sterbebett ihre Mönche noch einmal ermahnten und über ihre Nachfolge entschieden. Dies entsprach den testamentarischen Verfügungen auf weltlicher Seite. Schließlich war die Nachfolge auf dem Abtstuhl nicht unumstritten, auch bei den Zisterziensern nicht.[53] Aber es gab auch andere Aspekte. So berichtete Eadmer in der *Vita* Anselms von Canterbury, daß der große Meister, als er bereits sterbenskrank war und von einem Mönch auf sein bevorstehendes Ende hingewiesen wurde, noch einen Wunsch äußerte. Er antwortete dem Bruder, er wolle Gottes Wille respektieren. Aber er möge ihn noch ein Weilchen auf der Erde belassen, zumindest solange, bis er die Frage nach dem Ursprung der Seele gelöst habe. Denn er zweifelte daran, ob irgend jemand außer ihm das Problem jemals lösen könne.[54]

Neben der praktischen Bedeutung eines geordneten Sterbens war die *ars moriendi* auch ein beliebtes literarisches Thema. Dort wurde die Zeit von den ersten Zeichen des Todes bis zum finalen Akt häufig dramatisiert, ästhetisch überhöht, und wie in Aelreds *Vita* die Sterbephase schon lange vor dem eigentlichen Sterbedatum eingeleitet. In der Dramaturgie der Erzählung spielen Visionen, in denen das Todesdatum vorausgesagt wird, eine bedeutende Rolle. Diese Ankündigungen konnten in zweifacher Weise geschehen. Zum einen wurde der Tod anderen Menschen angedeutet. Zum anderen erfuhr der Sterbende in einem Traum selbst den Zeitpunkt seines Todes. Aelreds Tod wurde zuerst einem Mönch seines Klosters angekündigt. Dieser befand sich träumend plötzlich vor einem höchst kunstvoll gearbeiteten Gebäude, welches keine Fenster, aber eine winzige Tür hatte. Der Mönch

---

52 Vgl. Ohler, N., 1990, p. 52f u. pp. 184ff.

53 Erinnert sei hier an die Wahl von Heinrich Murdac (1144), der eigentlich nur die Wahl des neuen Abtes zu Fountains Abbey beobachten sollte, sich schließlich dann selbst zum Abt wählen ließ. Bedeutsam ist, daß der Vorgänger, Abt Richard II. (1139–43), nicht in Fountains, sondern in Clairvaux starb. Eine ähnliche Situation wiederholte sich, als Heinrich sich zum Erzbischof von York (1147) wählen ließ. Die beiden nachfolgenden Äbte Maurice und Thorold kamen von Rievaulx und fühlten sich von Heinrich dermaßen kontrolliert, daß beide nach kurzer Zeit zurücktraten.

54 »Verum si mallet me adhuc inter vos saltem tam diu manere, donec quaestionem quam de origine animae mente revolvo absolvere possem gratanter acciperem, eo quod nescio utrum aliquis eam me defuncto sit soluturus.« *Vita Sancti Anselmi*, p. 142.

wurde von einem wunderbaren Duft angezogen, und je näher er dem Gebäude kam, desto süßer wurde der Duft. Man könnte meinen, der Mönch näherte sich dem Backhaus! Ein Sonnenstrahl erleuchtete das Innere. Als er nun das Gebäude betrat, sah er den Abt wie tot auf einem Bett ruhen. Der Bruder brach sofort in tiefe Trauer aus und begann zu klagen. Plötzlich erschien ihm eine Figur, die heller war als der Sonnenstrahl und mehr leuchtete als tausend Kerzen. Die Figur, die im Raume schwebte, erklärte ihm, daß er nur die Seele des Abtes sähe, und wenn die kleine Wolke, die jetzt noch sein Bild trübe, verzogen sei, erst dann würde er sterben.[55] Bernhards Tod wurde einem Mönch sieben Jahre im Voraus geweissagt.[56] Das blendende Licht, der süße Duft sowie die sieben Jahre, all das sind symbolgeladene Metaphern. Sie stehen hier für das Göttliche an sich.

Im zweiten Fall offenbarte sich Aelred einem schlafenden Mönch im Traum und kündigte ihm sein eigenes Todesdatum an. Bernhard hingegen beruhigte seine Klosterbrüder selbst, indem er ihnen mitteilte, daß er schon wisse, wann er zu sterben habe. Damit sprach er ihnen aber auch Trost zu, und genau dies betonte Gaufried von Auxerre in Bernhards *Vita*:

»Wie aber der heilige Vater mit seinem Herzen voll Mitleid und Erbarmen seine ihm so treuen Brüder und seine Söhne vor Angst in Erwartung der bevorstehenden schweren Verlassenheit und schmerzlichen Verwaisung sich gar jämmerlich abhärmen und verzehren sah, da erquickte er sie mit Worten süßen Trostes und ermunterte sie, den Anker ihrer Hoffnung und ihres Glaubens in der sicheren Bucht der göttlichen Barmherzigkeit mit unzerreißbarer Liebe ganz fest zu versenken, und versprach seinerseits, ihnen auch nach dem Tode nie fern sein zu wollen. Huldvoller, als es sich sagen läßt, versuchte er bittend und beschwörend unter reichlichen Tränen, unseren Herzen die Gottesfurcht und die Liebe zur heiligen Reinheit und zu aller Vollkommenheit einzuprägen.«[57]

---

55 Vgl. *Vita Ailredi*, p. 52f. Hervorhebenswert ist, daß Walter die Glaubwürdigkeit des Mönches, der die Vision hatte, extra betont.

56 Vgl. *Vita Prima* V,3,17.

57 »Videns autem Pater sanctus, compassionis et misericordiae visceribus affluens, charissimos sibi fratres, et filios miserabiliter admodum tabescentes et arescentes prae timore et exspectatione supervenientis desolationis gravissimae et lamentabilis orbitatis dulcissimis eos consolationibus refovebat: et monens eos in tuto divinae clementiae sinu spei fideique suae anchoram per inconvulsibilem charitatem firmius radicare, se quoque promittebat nec post mortem aliquando defuturum. Propensius autem, quam noster queat exprimere sermo,

Bernhard tröstete seine Brüder zum einen dadurch, daß er ihnen auch späterhin beistehen werde. Als Toter wird er zum Mittler zwischen Himmel und Erde. Andererseits mahnte er seine Brüder zur Pflichterfüllung, die ihr eigenes Seelenheil voranbringen soll. Schließlich war es keine Trennung für immer. Das wahre Vaterland lag im Jenseits und der Tod war nur ein Übergang. Damit ist der Tod, spirituell gesehen, keine traurige Angelegenheit gewesen. Dennoch blieb er Zeichen der Sünde und die Taufe galt als *conditio sine qua non* für einen Neuanfang nach dem Tod. Für die Hinterbliebenen bedeutete der Tod eines nahestehenden Menschen dennoch Schmerz und war ein Anlaß zur Trauer.

Trauer konnte sich in verschiedenen Weisen manifestieren. Das aus dem 11. Jahrhundert stammende Sakramentar von Bischof Warmundus von Ivrea zeigt in Bildfolge eine Bestattungszeremonie. Die Darstellungen dokumentieren einen ganzen Kanon von Trauergesten.[58] Auf den Bildern sind Frauen zu sehen, die weinen, sich mit den Händen an die Brust schlagen, die sich die Haare raufen oder die klagend mit erhobenen Händen den Trauerzug begleiten. Sie lamentierten und stimmten gewöhnlich den *planctus*, das Klagelied, an. Klagen und Schreien gehörten zum Begräbniszeremoniell. Die Intensität und das Maß richteten sich jedoch nach dem Stand der Verstorbenen. Von den sozial angeseheneren Personen wurde erwartet, daß sie ihre Trauergefühle im Zaum hielten, daß sie ihre Affekte zu kontrollieren wußten, und das galt auch und im besonderen Maße für die Mönche.[59] Deren Trauerritual wird noch zu beschreiben sein. Gebet und Liturgie unterbinden hier exzessive Gesten.

Die Ambivalenz zwischen irdischem Schmerz und himmlischer Freude, die gerade im Mönchtum immer vertreten war, spricht auch aus den Totenklagen von Aelred und Bernhard.[60] Der Abt von Clairvaux bat seine Brüder um Vergebung für die Tränen. Doch der Schmerz, der tief in seiner Brust saß, mußte heraus. Zu fühlen sei zutiefst menschlich, rechtfertigte sich Bernhard und schrieb:

»Menschlich, sage ich, und unvermeidlich ist es, für teure Menschen zu empfinden: das Gefühl der Freude, wenn sie uns nahe sind, und

---

rogans obsecransque per multas lacrymas, timorem Dei, et sacrae puritatis, ac totius perfectionis amorem nostris imprimere animis conabatur.« *Vita Prima* V,2,9 (PL 185, c. 356B); dt. Übers. p. 242f.

58 Sakramentar von Bischof Warmundus von Ivrea: Ivrea, Kapitularbibliothek, Ms. 86, fol. 191–206v; Abbildungen in: Schmitt, J.C., 1990, pp. 202–211; Bilder 1–10.

59 Vgl. Fichtenau, H., 1984, p. 64.

60 Zu Bernhard vgl. *Sermones super cantica canticorum*, Sermo XXVI,10 SW V, pp. 402ff [SBO I, pp. 177ff].

Gedrücktheit, wenn sie fern sind. Nicht müßig wird das gemeinschaftliche Zusammenleben sein, zumal unter Freunden, und was die wechselseitige Liebe unter denen, die sich nahe sind, bewirkt hat, das verraten der Schauder vor der Trennung und der Schmerz derer, die voneinander getrennt wurden.«[61]

Die Totenklagen richteten sich nicht in erster Linie an den Verstorbenen, sondern an die Hinterbliebenen. Deshalb beklagten Aelred und Bernhard vor allem *ihren* Schmerz, *ihre* Trauer und *ihr* Leid. Schmerz (*dolor*) und Trost (*consolatio*) werden zu den zwei Seiten einer Medaille.[62] Obwohl die Ausdrucksformen des Schmerzes persönlicher und intensiver wurden, darf nicht vergessen werden, daß die uns heute überlieferten Trauerklagen von Aelred wie von Bernhard sorgfältig komponierte Texte sind, die in ihrer Stilistik einer langen literarischen Tradition folgen. Peter von Moos hat beide Totenklagen analysiert.[63] Er konnte zeigen, daß hier meisterhaft verschiedene literarische Ebenen ineinanderfließen. Stilistik, Rhetorik, literarische Traditionen korrespondieren mit Inhalt und Gedankenführung, und die Verwendung literarischer Topoi schließt den Ausdruck individueller Empfindungen keineswegs aus. Besonders interessant sind seine Schlußfolgerungen, in denen er Eigenarten der zisterziensischen *consolatio* benennt.[64] So sind Bernhards und Aelreds Klagen in einen »thematisch fremden Rahmen eingefügt« und führen in ihrer Struktur von der Klage zum Trost. Die stichwortartige synoptische Übersicht der vielen thematischen Konstanten und Motive mit dem Verweis auf die jeweiligen Quellen macht die Gemeinsamkeiten der verschiedenen Klagen besonders anschaulich. Ob man jedoch von einem zisterziensischen »Stil« sprechen kann oder besser von zisterziensischen Eigenheiten, sei dahingestellt.

---

61 »Humanum, inquam, et necesse affici erga caros, sive delectabiliter, cum praesto sunt, sive, cum absunt, moleste. Non erit otiosa socialis conversatio, praesertim inter amicos; et quid effecerit mutuus amor in sibi praesentibus, horror indicat separationis, et dolor de invicem in separatis.« Bernhard von Clairvaux, *Sermones super Cantica Canticorum* XXVI,10, SW V, p. 404 [SBO I, p. 178].

62 Gleiches gilt für Aelreds Trauer über seinen verstorbenen Freund Simon: »Verzeih mir also, daß ich ein wenig meinen Schmerz beweine! Meinen Schmerz – habe ich gesagt – nur meinen, denn dein Tod ist kein Grund zur Trauer, da ihm ein so lobwürdiges, liebenswürdiges und allen teures Leben vorausgegangen ist (*Dimitte me ergo, ut plangam paululum dolorem meum. Meum, inquam, meum; neque enim tua mors flenda est, quam tam laudabilis, tam amabilis, tam omnibus grata uita praecessit*).« Aelred von Rievaulx, *De speculo caritatis* I,34,99; dt. Übers. p. 117.

63 Zu Bernhard: vgl. Moos, Peter von, 1971, Bd. 3/1, pp. 278–331; zu Aelred: ders., Bd. 3/1, pp. 340–397.

64 Vgl. Moos, Peter von, 1971, Bd. 3/1, pp. 397–401.

Ein Ausdruck des Schmerzes sind die Tränen. Im Mittelalter wurde viel geweint und, zumindest aus offiziell kirchlicher Sicht, wenig gelacht. Tränen bildeten literarische Topoi, besonders in der monastischen Literatur.[65] Es gab Freudentränen beim Anblick Gottes, beim Wiedersehen von Freunden, aber auch Tränen des Abschieds, des Schmerzes, der Trauer, des Todes. Für die Mönche jedoch bedeuteten Tränen vor allem Buße und Reue (*lacrima poenitentis*).[66] So sprach der hl. Bernhard in einer Predigt zur Fastenzeit auch vom Brot der Tränen (*panis lacrimarum*):

>»Unser neues Leben gefällt dem noch zu wenig, der noch nicht das Vergangene beweint, der noch nicht weint über die begangenen Sünden, noch nicht weint über die verlorene Zeit. Wenn du nicht weinst, spürst du nicht die Wunden der Seele, die Verletzung des Gewissens. Aber auch nach den künftigen Freuden sehnst du dich nicht genug, wenn du nicht täglich unter Tränen danach verlangst.«[67]

Weinen gehörte zu einer grundlegenden Fähigkeit des Mönches oder sollte dazu gehören. Da aber das Weinen in asketischer Tradition auch als eine Gnadengabe (*donum lacrymarum*)[68] verstanden wurde, erhielten diejenigen, die immer weinen konnten, charismatische Züge. Auf der anderen Seite wurde die Unfähigkeit, immer weinen zu können, als Zeichen der Unvollkommenheit gewertet, und im Hexenhammer gilt die Unfähigkeit zu weinen als sicheres Zeichen für eine Hexe.[69] Die Frage ist jedoch: Inwieweit sind, in einer konkreten Situation, die gezeigten Emotionen echt gewesen? Inwieweit können sich Authentizität, symbolische Handlung und Ritual vermischen? Die Frage nach den wirklich geweinten Tränen kann definitiv niemals beant-

---

65 Vgl. Leclercq, J., 1957, p. 58f; Stichwort: *Larmes* (Pierre Adnès), DSAM, Bd. 9, c. 287–303.

66 Im westlichen Mönchtum haben Tränen eine lange Tradition. Abgesehen von der Heiligen Schrift seien hier drei wichtige Quellen, aus denen auch die Zisterzienser geschöpft haben, genannt. Johannes Cassian widmete in den *Collationes patrum* zwei Kapitel (9,28 u. 29) der Tränengabe sowie der Verschiedenheit geistlicher Tränen. Benedikt sprach in der Regel vom Gebet unter Tränen (RSB 52,4 u. 49,4) und vom Sündenbekenntnis unter Tränen (RSB 4,57). Gregor der Große handelte im Kapitel über die Zerknirschung (*Dialogi* III,34) von Tränen, insbesondere von der Gnadengabe der Tränen.

67 »Parum ei placet huius vitae novitas, qui necdum vetera plangit, necdum plangit admissa peccata, necdum plangit tempus amissum. Si non plangis, plane non sentis animae vulnera, conscientiae laesionem. Sed nec futura satis gaudia concupiscis, si non quotidie postulas ea cum lacrimis;« Bernhard von Clairvaux, *In Quadragesima Sermo 2*, SW VII, p. 460 [SBO p. 362].

68 Vgl. Gregor der Große, *Dialogi* III,34.

69 Vgl. Hexenhammer 3,15,11.

---

wortet werden. Und selbst wenn Weinen als Topos für eine soziale Interaktion einer bestimmten gesellschaftlichen Schicht verstanden wurde, ist damit immer noch nicht gesagt, ob die durch Tränen gezeigte Reue bzw. Buße echt oder nur vorgetäuscht worden war. Symbolisches und Authentisches kann sich durchaus vermischen. In dem Moment aber, wo das Tränenvergießen zu einer erwarteten symbolischen Leistung wird, geht nicht nur die Spontaneität verloren, sondern werden auch immer Zweifel an der Aufrichtigkeit der gezeigten Emotion bestehen. Entsprechen die gezeigten Emotionen nicht dem emotionalen Zustand der Person, sind sie ritualisiert bzw. formalisiert, dann läßt sich auch von einer Ästhetisierung der Handlungsweise sprechen. Dies zeigt sich am besten an den Klageweibern. Wie in der Antike, so hielt sich auch im Mittelalter der Brauch, die Dienste professioneller Klageweiber in Anspruch zu nehmen bzw. andere Leute wie Untergebene, Vasallen etc. mittrauern zu lassen.[70] Im Kloster war dies nicht notwendig, hier gab es, wenn man so will, eine authentische Trauergemeinde, die den Tod eines Konventsmitgliedes beklagte. Die professionellen Klageweiber (*lamentatrices*) und zur Trauer verpflichteten Leute täuschten den Schmerz nur vor. So schrieb Aelred in *De anima*:

> »Ich glaube nämlich nicht, daß Schmerz falsch ist, es sei denn, wenn der Mensch Schmerz vortäuscht, obgleich er keinen empfindet, so wie die Klageweiber, die gemietet werden, damit sie den Toten laut beklagen. Deren Schmerz kann als falsch bezeichnet werden, weil sie nicht über den Toten trauern, sie täuschen nur vor, daß sie über den Toten Schmerz empfinden.«[71]

Eine andere Form der Ästhetisierung, besonders unter dem Aspekt der Affektkontrolle bzw. der nicht vorhandenen Zuneigungen, bietet die Sterbeliturgie im Mönchtum. Der Ritus vermochte beides aufzufangen. Der wirklich Trauernde konnte unter weinenden Gebeten und im Gesang seinem Herzen Luft machen, während diejenigen, die eine weniger emotionale Bindung zu dem Verstorbenen hatten, in der Reflexion über das irdische Schicksal ihre liturgischen Pflichten erfüllten, und zwar mit der Gewißheit, daß auch sie einst die Fürsprache und Bittgebete ihrer Brüder benötigen werden.

70 Vgl. Ariès, P., 1978, pp. 184–189.
71 »Neque enim existimo falsum esse dolorem, nisi forte, cum homo se fingit dolere, cum minime doleat, sicut lamentatrices quae conducuntur ut mortuum plangant. Illarum dici potest falsus dolor, quae super mortuo nihil dolentes, dolere se super mortuo simulant.« Aelred von Rievaulx, *De anima* III,16.

Zum Abschluß möchte ich noch einen letzten Aspekt kurz anreißen. Der Akt des eigentlichen Sterbens gab den Trauernden einen Hinweis auf den Zustand der Seele des Sterbenden. Das Ideal bestand im friedvollen Einschlafen, in einem Tod ohne Agonie. Dieser schöne Tod war allerdings auch literarisch bedingt, denn nur der Selige entschlief friedlich und ruhig.[72] In Wirklichkeit werden sich die Szenen dramatischer abgespielt haben. Zum einen war jedem Gläubigen, ob reich oder arm, klar, was ihn im Jenseits erwartete. Dem Sünder stand dann gewiß der Schweiß im Gesicht. Zum anderen darf nicht vergessen werden, daß die meisten Leiden und Gebrechen, an denen die Menschen starben, ohne Schmerzlinderung blieben.[73] Schmerz und Leiden sind existentielle Erfahrungen des Menschen. Aber gerade im Mönchtum, der christlichen Elite im Mittelalter, waren Schmerzen auch immer Zeichen von Strafe für begangene Sünden und das Leiden eine Form der Buße. So wundert es nicht, daß Walter von Aelred erzählte, daß er, obwohl er physische Schmerzen hatte, dennoch seelisch stark war.[74] Walter geht jedoch noch weiter. Wohl nicht zufällig berichtete er, daß Aelred in den letzten Stunden seines Lebens aus der Passion Christi vorgelesen wurde, und wohl auch nicht zufällig waren die letzten Worte des Abtes die von Christus am Kreuz nach dem Lukas-Evangelium: *In deine Hände befehle ich meinen Geist* (Luk. 23,46). Damit wurde Aelred Jesus gleichgesetzt und sein Sterben idealisiert. Er starb den Tod des Gekreuzigten!

Aelreds Tod und klösterlicher Sterberitus

Die Vita als hagiographische Literatur

Die *Vita Ailredi* gehört zum Genre hagiographischer Literatur. Sie stellt eine Lebensbeschreibung dar, die über den Werdegang Aelreds berichtet, vor allem aber über seine guten Werke erzählt und über die Wunder, die er durch Gott wirkte. In all diesen Erzählungen wird sein tugendhaftes Leben betont. In einer derartigen Lebensbeschreibung ging es nicht darum, die biographische Entwicklung einer Person darzustellen. Im Mittelpunkt des Interesses standen vielmehr die gnadenhaften Begabungen und verdienstvollen Leistungen. Zwei Merkmale sind diesen »Biographien« eigen: Zum einen scheinen die Personen

---

72 Vgl. Ohler, N., 1990, p. 69.
73 Vgl. Angenendt, A., 1997, pp. 674–676.
74 Gleiches schrieb auch Eadmer über Anselm von Canterburys Verfassung in dessen letzten Stunden: »*Spiritu itaque fortis, sed carne nimium fragilis*« (*Vita Sancti Anselmi*, p. 141). Bei Walter Daniel hieß es: »*carne nimium fragilis, spiritu tamen fortissimus*«. *Vita Ailredi*, p. 57.

zeitlos oder a-historisch zu sein. Heilige werden häufig vom Endpunkt ihres Lebens her dargestellt, wirken zeitlos und bedürfen eigentlich keines historischen Kontextes. Zum anderen zeichnen sich die erzählten Geschichten durch eine gewisse Typik bzw. durch die Verwendung literarischer Topoi aus. Die Verwendung derartiger stilistischer Mittel beruhte auf einem Gefühl des »Nicht-selbst-sein-Wollens«. Damit konnten die Viten auch ohne Kenntnis der Person verfaßt werden.[75] Eine weitere Eigenart liegt in der Schilderung des Lebensweges. Dieser war keineswegs kontinuierlich. Gerade die Umkehr (*conversio*), die zum kontemplativen Leben führte, wird betont. So geschah der Eintritt ins Kloster häufig sehr plötzlich, meist durch göttliche Offenbarungen.[76]

Im 12. Jahrhundert machte sich eine neue Tendenz, die mit dem obengenannten Heiligenideal zu brechen begann, bemerkbar. Die Beschreibungen wurden persönlicher und das alte Ideal insofern aufgegeben, als nun die Vernunft die inneren Werte erkennen sollte und das Äußere weniger wichtig genommen wurde.[77]

Mit dem Schreiben einer Vita verfolgte der Hagiograph im wesentlichen zwei Ziele. Einerseits war die Lebensbeschreibung, eingeschlossen der gewirkten Wunder, eine Voraussetzung für die spätere Kanonisation, die wiederum finanzielle Früchte tragen konnte.[78] Andererseits sollte durch die *Vita* das Leben eines Menschen, der sich um Christus besonders verdient gemacht hatte, im Gedächtnis der folgenden Generationen wachgehalten werden. Sie diente den Nachfolgenden, vor allem in didaktischer Hinsicht, als Vorbild für einen tugendhaften Lebenswandel.[79]

---

75 Vgl. Angenendt, A., 1994, pp. 138–148.

76 Aelred kehrte von seiner Dienstreise nach York nicht mehr an den schottischen Hof zurück und blieb in Rievaulx (vgl. *Vita Ailredi*, pp. 10–16). Bei Bernhard verhielt es sich ähnlich. Anstelle nach Deutschland zum Studium zu reisen, bekehrte er beinahe seine ganze Verwandtschaft zur *vita contemplativa*. Die entscheidende Eingebung erhielt der spätere Abt von Clairvaux beim Gebet in einer kleinen Kirche, wie Wilhelm von St. Thierry berichtete. Vgl. *Vita Prima* I,3,9–10.

77 Aelred beschrieb im *Spiegel der Liebe* einen ähnlichen Sachverhalt. Er betonte, daß Personen nicht nur gemäß dem Herzen, sondern auch gemäß der Vernunft zu beurteilen sind. Vgl. Aelred von Rievaulx, *De speculo caritatis* III,18,42.

78 Klöster, in denen die Gebeine von Heiligen ruhten, konnten dadurch zu einer größeren Popularität gelangen. Der Vermehrung des Ruhmes folgte meist eine beträchtliche Erhöhung der Finanzen, da die Gläubigen erwarteten, daß die Heiligen auch nach ihrem Ableben, insbesondere an ihrer Grablege, Wunder wirkten. Wie rasch dies gehen konnte, war in Canterbury zu beobachten. Die Reliquien von Thomas Becket machten diesen Ort zum populärsten Pilgerzentrum Englands.

79 Heiligenviten gehören zur Erbauungsliteratur und wurden im Refektorium, abends im Kreuzgang oder während der liturgischen Feier am Festtag des jeweiligen Heiligen auszugs-

Die Zeremonie des Abschieds

Die Vitenschreiber orientierten sich natürlich an literarischen Vorbildern. Eines der frühesten Beispiele aus dem monastischen Bereich ist die *Vita Antonii*, die von Athanasius verfaßt wurde. Walter Daniel kannte zumindest die Vita des Martin von Tours (um 316–397), die Sulpicius Severus (um 400) abfaßte, da er sie sinngemäß zitierte.[80] Aus dem Katalog der Bibliothek von Rievaulx Abbey (13. Jahrhundert) geht hervor, daß auch noch andere Heiligenviten zugänglich waren, so z.B. die *Dialogi* von Papst Gregor mit der Vita Benedikts, die *Vita Edwardi* von Aelred, die Vita des hl. Ambrosius und andere.[81] Von besonderer Bedeutung aber ist, daß Walter Daniel nicht nur ein Zeitgenosse von Aelred war, sondern auch längere Zeit mit ihm im selben Kloster lebte. Er konnte deshalb persönliche Erfahrungen mit einfließen lassen.[82]

Die *Vita Ailredi* ist insofern ein besonderes historisches Zeugnis, weil ihr Verfasser in einem Brief an einen gewissen Maurice (*Epistola ad Mauricium*) zur ästhetischen Qualität des Textes selbst Stellung bezog.[83] Walter Daniel schrieb den Brief, der durchaus den Zeitgeist widerspiegelt, um die gegen ihn erhobenen Vorwürfe zu entkräften. Denn die literarische Qualität der Vita war unter seinen Zeitgenossen nicht unumstritten.[84] Gleich zu Beginn des Briefes referierte Walter den Kernpunkt der Anschuldigungen.

»Um gleich zur Sache zu kommen, Herr, du mahnst mich eindringlich, daß ich die Namen der Zeugen einfügen solle, welche mir als Eingeweihte erscheinen im Bericht der Wunder, die ich in der Vita unseres ehrwürdigen Vaters Aelred, Abt von Rievaulx, durch die Hilfe Gottes veröffentlicht habe; dies erstens wegen der einfachen Menschen, die Großes nicht aufzunehmen vermögen, wenn viele Leute nicht dasselbe erzählen, zweitens wegen der Ungläubigen, die die Wahrheit ver-

weise gelesen. Die ausgewählten *exempla* sollten die Mönche zu einer Nachahmung (*imitatio*) der Tugend anregen. Zugleich galt der Heilige als Mittler, da Gott durch ihn seine Wunder wirkte, sowie als Helfer und Fürsprecher, da der Heilige seinen Anhängern auch nach dem Tode stets verbunden blieb.

80 Vgl. *Epistola ad Mauricium*, p. 77.
81 Vgl. *Bibliotheca Aelrediana*, pp. 149–176.
82 An der Art und Weise, wie Walter Daniel in dem Brief die Lebensgeschichte Aelreds und seine eigene Glaubwürdigkeit verteidigte, läßt sich erkennen, wie sich die Rezeptionsbedingungen, aber auch die literarischen Ausdrucksweisen zu verändern begannen.
83 Über seine Identität existieren bisher nur Vermutungen. Vgl. *Vita Ailredi*, pp. xxix–xxxi.
84 Maurice hatte zwei Prälaten Walters Werk gezeigt. Diese waren offensichtlich damit unzufrieden und so beschrieb er in dem obengenannten Brief deren Kritik. Diese bezog sich vor allem auf die Unglaubwürdigkeit der behaupteten Wunder und Walters literarischen Stil, d.h. darin verwendeten extravaganten sprachlichen Wendungen.

höhnen, und schließlich drittens wegen den zweien, wenn ich mich nicht täusche, diesen Prälaten, die die Wunder selbst nicht glauben wollten, als ihr sie ihnen vorgelesen habt, obgleich es für alle zu meiner Verteidigung wirklich genügen müßte, daß ich selbst im Verlaufe des Werkes versicherte, daß ich nur das veröffentlicht habe, was ich selbst gesehen und gehört habe, und viele sehr bekannte Dinge überging, die ich aus dem glaubwürdigen Mund heiliger Mönche vernommen hatte.«[85]

Ein kritischer Geist wurde laut, der die Wunder vielfältigster Art nicht mehr so einfach zu akzeptieren begann. Es mußten also glaubwürdige Zeugen benannt werden, und Walter Daniel war bestrebt, seine Glaubwürdigkeit zu erhärten, indem er an vier Beispielen die gegen ihn gerichteten Vorwürfe zu entkräften versuchte. Der Zweifel, der an den gewirkten Wundern geäußert wurde, spiegelt zwei Seiten des christlichen Glaubens und seiner weiter voranschreitenden Institutionalisierung im 12. Jahrhundert wider. Einerseits wurden Glaubensweisheiten auf ihre Vernünftigkeit geprüft, d.h. der Diskurs wurde rationaler. Das klingt simpel, ist aber paradox. Denn der Charakter von Wundern besteht ja gerade in ihrer Unfaßbarkeit, in der sich darin spiegelnden sichtbaren Allmacht Gottes, also in einer gewissen Irrationalität. Wunder sind im Sinne des Glaubens wie auch im Sinne einer kritischen Rationalität *per definitionem* unerklärbar. Andererseits war das Papsttum bestrebt, die Kontrolle über die ausufernde Heiligenverehrung zu erlangen, indem es nach dem Monopol der Kanonisation strebte. Die Kontrolle über den Heiligenkult war ein wesentliches Stück apostolischer Macht.[86]

Der zweite Aspekt der Einwände betrifft die ästhetische Qualität des Textes. Auf der Ebene der literarischen Stilmittel warfen die Prälaten Walter eine unsachgemäße Handhabung derselben vor. Dies wurde an zwei Beispielen diskutiert. Im ersten Fall verglich Walter Aelreds Leben am schottischen Hofe mit dem eines Mönches. Im zweiten Fall beschrieb er den Leichnam mit

---

85 »Igitur, domine, ut ad rem ueniam, iniungis quatinus interseram nomina testium, qui conscii michi existunt in relacione miraculorum, que in uita patris nostri uenerabilis abbatis Ryeuallensis Aldredi Deo auctore descripsi, tum propter simplices qui magna non capiunt nisi multi eadem dicant, tum propter infideles qui eciam uera subsannant, tum quoque propter duos, ni fallor, illos prelatos, qui uobis legentibus ipsa miracula credere noluerunt, cum tamen omnibus ad meam uero defensionem sufficere debuisset, quod in serie ipsius operis asserui me non nisi uisa uel audita in medium protulisse, plurimaque preclara pretermisisse que sanctorum ore monachorum probata susceperam.« *Epistola ad Mauricium*, p. 66.
86 Wunderglauben und Heiligenverehrung waren feste Bestandteile der Volksfrömmigkeit und bekamen häufig eine innere Dynamik, die sich der Kontrolle der Institutionen entzog.

Metaphern, die weit über das real Faßbare hinausgingen.[87] Literarisch stritt man sich um die rhetorischen Figuren der Übertreibung (*superlacio* oder Hyperbel) und der *intelleccio*. Walters Argumentation spricht für sich selbst. Deshalb sei sie nun ausführlich zitiert.

»Oh diese, auf dem Gebiet der Rhetorik unkundigen Menschen, die durch den Glanz ihrer Farben das Antlitz der Kunst so angenehm erleuchtet, indem sie unter vielerlei Figuren einzelnes bezeichnet. Welchen Grund geben sie vor? Offensichtlich deswegen, weil Aelred in derselben Zeit [am schottischen Hof – J.R.] einige Male seine Jung-fräulichkeit des Glanzes beraubt habe und daß solch ein Mensch von mir nicht mit einem Mönch verglichen werden sollte. Ich aber habe an jener Stelle nicht über Aelreds Keuschheit, sondern über seine Demut gesprochen. Demut habe ich mit der Bezeichnung Mönch gerühmt, nicht Zügellosigkeit behauptet. Weizen habe ich gezeigt, nicht Schwin-delhafer gepriesen. Über Laster habe ich geschwiegen, Tugenden ver-kündet. Und wann, frage ich, ist Getreide ohne Hülse? So ist niemand rein von Sünde, nicht einmal ein Kind, das einen Tag auf der Welt ist. Es gibt außerdem eine rhetorische Figur, die man *intellectio* nennt, bei der die ganze Sache aus einem kleinen Teil erkannt wird, oder ein Teil aus dem Ganzen. Als ich den Namen Mönch auf Aelred bezog, habe ich diese Figur angewandt, indem ich ein Teil vom Ganzen anführte. Ich nannte ihn einen Mönch, nicht weil er damals völlig keusch, sondern weil er sehr demütig gewesen war. Demut und Keuschheit machen eigentlich den Mönch. Da ein guter Mönch niemals ohne Demut ist und das Ganze von einem kleinen Teil erkannt wird, wird hierdurch die Sprachregel nicht verletzt, sondern lobenswerterweise bewahrt. Ich habe gut geredet, als ich das Wort ›Mönch‹ benutzte, um einen de-mütigen Mann zu beschreiben. Diese meine Freunde haben mich deshalb schlecht getadelt. Und dann, sagen sie, hast du dich nicht vorsichtig genug ausgedrückt, weil du in deinem Büchlein offen be-kannt hast, daß der Leib des toten Aelred geleuchtet hätte wie ein Karfunkel und geduftet hätte wie Weihrauch. Im Gegenteil, ich befand mich im Einklang mit der Regel, aber von Bauern und Ungebildeten sollte es nicht ohne Grund anders gesehen werden. Der Maulwurf allerdings, obwohl er keine Augen hat, fürchtet er dennoch die Strahlen der Sonne. Auch meine blinden Freunde erröten nicht, am Licht

87 Dieser Fall wird im folgenden Abschnitt erläutert.

Anstoß zu nehmen. Übertreibung (Hyperbel) ist nämlich eine Rede, die die Wahrheit übersteigt, mit der Absicht irgend etwas zu vermindern oder zu vermehren. Durch diese Farbe und durch andere wirkt die Mutter Weisheit im Bild der Kunstrede. Der heidnische Poet, der sagte: ›Eine Rede süßer als Honig floß aus seinem Mund‹ mag hierzu ein Beispiel sein. Und in unseren Büchern steht: ›Schneller waren sie als die Adler und stärker als die Löwen‹ (2 Sam. 1,23). Und das steht in der Vita des seligen Martin: ›reiner als Glas, weißer als Milch‹. Oh Trottel! Diese bekannten Dinge sind nicht bemerkenswert, vielmehr einfach empfehlenswert, indem sie große Sachen rühmen und die törichten Tadler erbittern. Was denn? Leuchtete Aelreds toter Körper mir etwa nicht, als er gewaschen wurde? Es schien ein Licht uns allen, die wir zugegen waren. Und wie? Vielmehr noch, als wenn ein Karfunkel dagewesen wäre. Daß er auch den Duft des Weihrauches überstieg, schien uns so, wir alle nahmen das so wahr. Kein Wunder. Niemals nämlich vorher in seinem Leben hatte dieser schöne und zierliche Mann so weißes Fleisch gehabt, wie als er tot darniederlag. Ich sage ohne Besorgnis der Lüge, ich sah niemals so weißes Fleisch irgendeines anderen Lebenden oder Toten. Verzeiht mir also, daß ich eine unvergleichbare Sache, wie es sich gehört, mit der erlaubten Übertreibung gepriesen habe. Im übrigen werden die Autoritäten der Rhetorik eure Tölpelhaftigkeit durch öffentliche Widerlegung anprangern. Ich verschone euch vorläufig.«[88]

88 »O ignaros homines rethorice discipline que splendore colorum suorum sub multimodis figuris faciem artis delectabiliter specificando illuminat! Nam quid cause pretendunt? Idcirco uidelicet quod Alredus eodem tempore uirginitatem suam aliquociens deflorauerit talem hominem a me non debuisse monacho comparari. Ego autem illo in loco non de castitate Alredi sum locutus set de humilitate. Hanc itaque commendaui nomine monachi, non lasciuiam introduxi. Triticum ostendi, non lolium predicaui. De uiciis tacui, uirtutes insinuaui. Et quando, queso, frumentum nichil habebit acuris? Sic nemo mundus a sorde, nec infans cuius est / diei unius uita super terram. Est autem figura rethorica que intelleccio appellatur per quam res tota parua ex parte cognoscitur aut de toto pars. Hac uero ibi usus sum ut nomen monachi Alredo designarem, de toto astruens partem, uocans eum monachum, non quia castus tunc admodum fuit, set quia ualde humilis. Humilitas et castitas proprie monachum faciunt. Et quoniam sine humilitate bonus nunquam est monachus et res tota parua de parte cognoscitur, nec per hoc dicendi regula infringitur set laudabiliter seruatur, bene pro humili monachum dixi; male ergo uituperauerunt me amici mei isti. Et hoc, inquiunt, quod in libello tuo corpus Alredi defuncti luxisse ut carbunculum et ut thus redolisse, professus es, non satis caute posuisti. Immo regulariter, at rusticis et idiotis aliter non immerito oportuit uideri. Talpa nempe licet oculos non habeat solis tamen radios reformidat. Et amici mei ceci offendere in lumine non erubescunt. Etenim superlacio est oracio superans ueritatem alicuius augendi minuendiue causa. Hoc colore mater sapiencia

Die Zeremonie des Abschieds

Walters Anwort ist nicht ohne bissigen Spott. Er, der eigentlich als Mönch demütig sein sollte, fühlte sich als Autor und literarisch Gebildeter heftig in seiner Ehre verletzt und stellte die Prälaten mit den *rusticis* und *idiotis* auf eine Stufe. Die Vorwürfe sind allerdings einer näheren Betrachtung wert, denn in Walters Ansichten spiegelt sich ein weiterer Topos hagiographischer Literatur, der des *puer senex*. In derartigen Texten ist es üblich gewesen, daß die Jugend der dargestellten Person teleologisch vom Ende her beschrieben worden ist und das Verhalten in Kindheit und Jugend dem eines Erwachsenen entsprach. Das Stilmittel ist ein Erbe der heidnischen Antike und wurde auch im Mönchtum gepflegt.[89] Darin bildete auch Walter Daniel keine Ausnahme. Obwohl ein Kind, begehrte Aelred keine weltlichen Dinge, sondern wandte sich bereits im Kindesalter Gott zu, und am schottischen Hof schien der Mönch im Verhalten des Höflings bereits durch.[90] Walter hingegen berief sich ausdrücklich auf die Figur der *intelleccio*. Das Stilmittel ist abgeleitet aus der *Rhetorica ad Herennium*.[91] Kulturhistorisch bildete dieses Werk eine wichtige Brücke zwischen der griechischen und römischen Kultur.[92] Für Walter wie für seine Zeitgenossen war klar, daß jemand, der am Hofe lebte, sich auch sexuell betätigte. Dennoch verschwieg er die Thematik nicht, sondern trat die Flucht nach vorn an, indem er die Demut betonte und damit die monastische Laufbahn schon vorweg-

in pictura eloquencie cum ceteris artificiose operatur. Hinc est illud ethnici dicentis: cuius ore sermo melle dulcior profluebat. Et in literis nostris: *aquilis uelociores leonibus forciores.* Illudque in uita beati Martini: uitro purior lacte candidior. O hebetes! note iste non sunt notabiles, immo plane commendabiles, res magnas commendantes et stultos reprehensores irritantes. Quid enim? Alredi corpus num mihi non luxit cum lauaretur defunctum? Vere lux nobis omnibus qui affuimus. At quomodo? Plus multo quam si carbunculus affuisset. Quod eciam super odorem thuris redolebat, sic nobis uisum est, sic sensimus omnes. Nec mirum. Nunquam enim antea in uita sua carnem sic candidam gessit pulcher ille et decorus quomodo quando iacebat defunctus. Dico sine scrupulo mendacii, nuncquam ego tam candidam carnem uidi alterius cuiuslibet uiui uel defuncti. Ignoscite ergo michi quod rem incomparabilem licita superlacione merito magnificaui. Alioquin auctores eloquencie stoliditatem uestram publica redargucione dampnabunt. Ego interim parco uobis.« *Epistola ad Mauricium,* pp. 76f.

89 Vgl. Shulamith, S., 1990, p. 20 u. Curtius, E. R., 1948, pp. 108–112. Gregor der Große (*Dialogi* II,1) schrieb dem heiligen Benedikt bereits als Knaben einen altersweisen Verstand zu (*ab ipso pueritiae suae tempore cor gerens senile*). Wilhelm von St. Thierry berichtete über den kleinen Bernhard, daß in seinem jugendlichen Verhalten die monastischen Tugenden schon erkennbar waren und daß Bernhard sein Taschengeld als Almosen für Arme spendete. Vgl. *Vita Prima* I,2,5.

90 Vgl. *Vita Ailredi* p. 2.

91 »Intellectio est, cum res tota parva de parte cognoscitur aut de toto pars.« *Rhetorica ad Herennium* IV,44.

92 Vgl. *Epistola ad Mauricium,* Anmerkung 2, p. 76 u. Curtius, E. R., 1948, p. 74f.

nahm.[93] Walter blieb im Bild, wenn er in Aelreds Jugend das Bäumchen erkannte, das, später ausgewachsen, solch perfekte Früchte tragen sollte.[94]

Literarischer Tod und klösterlicher Sterberitus

Die letzten Lebensjahre von Aelred waren von schweren chronischen Leiden bestimmt. Walter Daniel berichtete, daß Aelred in dieser Zeit schrecklich (*horribiliter*) von Gicht (*artetica*) befallen war. Auf Bitten gestattete das Generalkapitel dem Abt, im Infirmarium zu schlafen, und erlaubte ihm aufgrund seiner schlechten körperlichen Verfassung auch noch andere Erleichterungen. Um Aelred das Leben ein wenig angenehmer zu gestalten, bauten ihm die Mönche eine kleine Zelle (*mausoleum*) neben dem Infirmarium. So konnte der Abt vermehrt Besuche empfangen, ohne die anderen Mönche zu stören.[95] Trotz seiner heftigen Leiden blieb er im Amt und versah seine Aufgaben weiter nach Kräften. Gegen Ende seiner Lebenszeit, so Walter Daniel, wurde seine asketische Lebensweise noch strenger, seine private Frömmigkeit noch stärker, ja er hielt sogar Konversation mit den Engeln.[96]

Aus der Perspektive seines Biographen beginnt bereits hier, vier Jahre vor dem Tod des Abtes, die Phase des sich nahenden Endes. Damit nimmt die Beschreibung von Aelreds Tod ungefähr ein Viertel des gesamten Textes ein. Eingeleitet wird die Phase des unmittelbar bevorstehenden Todes durch eine dramatische Verstärkung der Schmerzen zu Heiligabend 1166. Die *Vigilia natalis Domini* dürften nicht zufällig gewählt worden sein. Die Schilderung

93 In Walters Schilderung verhält sich Aelred nicht wie ein angehender Höfling. Im Gegenteil, er kleidete sich sparsamer, hielt sich bei Speisen und Getränken zurück und Frauen waren tabu. Seine Gedanken kreisten, wenn auch verworren, schon um das Göttliche. Das Verlangen nach Gott begann sich unaufhaltsam durchzusetzen. In der Polemik gegen Maurice entzündete sich der Streit an der Interpretation der Formulierung *magis monachus* bzw. *quasi monachum*. Vgl. *Vita Ailredi*, p. 4 u. p. 76.

94 Vgl. *Vita Ailredi*, p. 7.

95 Vgl. *Vita Ailredi*, p. 39f. Die Anfrage an das Generalkapitel wird in das Jahr 1157, zehn Jahre vor Aelreds Tod, datiert. In den von Canivez edierten Statuten findet sich kein konkreter Hinweis. Powicke sieht einen Zusammenhang zwischen der Befreiung schottischer Äbte vom Generalkapitel durch Beschluß desselben (Canivez, *Statuta* I, 1157:62) im Jahre 1157 – sie mußten von da ab nur alle vier Jahre in Cîteaux erscheinen – und Aelreds Dispens insofern, als daß sich hier eine günstige Gelegenheit ergab, die Erleichterungen für Aelred gleich mit einzureichen.
Bernhard lebte ebenfalls für kurze Zeit in einer Hütte nahe dem Kloster. Wie Wilhelm von St. Thierry berichtete, reiste Wilhelm von Champeaux, Bischof von Châlon, im Jahre 1118 zum Generalkapitel nach Cîteaux, um für Bernhard wegen dessen äußerst bedrohlich erscheinenden Gesundheitszustandes Erleichterungen zu erwirken. Vgl. *Vita Prima* I,7,32.

96 Vgl. *Vita Ailredi*, p. 49f.

gleicht einem Endspurt um die Heilsgewißheit. Während die strengere Lebens-führung Aelreds Beitrag für sein Seelenheil ist, sind die verstärkten Leiden und seine letzten Worte gleichsam göttliche Zeichen der Passion Christi, damit der Erlösung.

Wenn ein Mönch seine letzte Stunde herannahen sah, begann ein präzis eingehaltenes Szenario. Zuerst wurde das *cymbalum* geschlagen.[97] Es signali-sierte den Brüdern, was zu tun war. Am Klang der Glocke bzw. am Cymbalum erkannte der Mönch, was geläutet wurde, und die Anzahl bzw. Frequenz der Schläge sagte ihm, ob es zum Gebet in die Kirche, zum Essen ins Refektorium oder ans Bett eines todkranken Bruders ging. Im Zentrum des Sterberituals standen Buße, Salbung und Kommunion.[98] – Als Aelred sein Ende kommen sah, sprach er zu seinen Brüdern:

»Mit Gott zu sein, ist bei weitem das Beste, Brüder. Wie lange werde ich noch in dieser sehr harten Beschwerlichkeit des Fleisches aushalten können? Deshalb möchte und wünsche ich, wenn es Gott gefällt, daß er mich aus diesem Gefängnis schnell herausführe und an den Ort der Ruhe geleite, *an den Ort des wunderbaren Tempels*, bis zu ihm selbst.«[99]

Aelred lag schweißgebadet in seinem Bett, sein Gesicht hatte eine blaß-rötliche Färbung, in seinen Augen standen Tränen, seine Lippen waren zerbissen. Während seine physischen Leiden zunahmen, litten die Mönche, die an seinem Bett wachten, seelische Qualen. Aelred selbst wird von Walter als schwach (*fragilis*) im Fleisch, jedoch als sehr stark (*fortissimus*) im Geist geschildert. Auch dies ist ein klassischer Topos. Am 3. Januar rief er ein letztes Mal die Mönche zu sich, um eine Ansprache zu halten. Er bat um Beistand durch ihr Gebet und sprach:

»Ich gehe von diesem Exil in die Heimat, von der Finsternis zum Licht, von diesem vergeblichen irdischen Leben zu Gott, denn es ist nun Zeit, daß er mich zu sich nehme«.[100]

---

97 Das *cymbalum* war ursprünglich ein Holzbrett oder ein gebogener Metallstab, der mit einem Klöppel geschlagen wurde. Vgl. *Ecclesiastica Officia*, p. 39.

98 Vgl. Angenendt, A., 1997, pp. 664–683.

99 »›cum Christo‹, inquit, ›esse / multo magis optimum, fratres. Et quomodo diu durare potero in hac durissima molestia carnis? Ego igitur uolo et desidero, si Deo placet, quatinus me de hoc carcere cito educat et in locum refrigerii deducat, *in locum tabernaculi admirabilis usque ad* [Ps 41,5] seipsum‹.« *Vita Ailredi*, p. 55.

100 »vado de hoc exilio ad patriam, de tenebris ad lucem, de hoc seculo nequam ad Deum, quia iam tempus est ut me recipiat ad se«. *Vita Ailredi*, p. 57.

Des weiteren ermahnte er die Mönche, Gottes Weg nicht zu verlassen, tröstete sie und gab ihnen Hoffnung. Trost, weil er vom Exil ins Vaterland ging, denn dies war kein Grund zur Trauer. Hoffnung, indem er Gottes Segen für den Konvent erbat.[101] Danach übergab er seine persönlichen Dinge – einen glossierten Psalter, Augustinus' Bekenntnisse, einen Text des Evangeliums nach Johannes und ein kleines Kreuz, welches er von Heinrich, Erzbischof von York, einst zur Erinnerung geschenkt bekam – den Brüdern und ermahnte sie gleichzeitig, bei der Wahl seines Nachfolgers Sorgfalt walten zu lassen, denn nicht die persönlichen Vorteile sollten im Vordergrund stehen, sondern das Gemeinwohl. Schließlich gab der Abt den Brüdern seinen Segen.[102] Dies entsprach – obwohl Aelred es ausdrücklich ablehnte, seinen letzten Willen zu bekunden, weil er nichts an Eigentum besäße (*non facio testamentum, quia nichil possideo proprium*) – einer üblichen, aber auch erwarteten Nachlaßregelung.

Am folgenden Tag kam Abt Roger von Byland (1142–96) und erteilte ihm die Sterbesakramente (*sancta unio* und *viaticum*).[103] Er salbte den Sterbenden mit dem heiligen Öl und gab ihm die letzte Wegzehrung, das *Viaticum*. Die letzte Ölung erfolgte nach einem genau vorgeschriebenen Muster. Walter beschrieb sie folgendermaßen: Zuerst wurden Daumen, Zeigefinger und Mittelfinger der rechten Hand benetzt, weil Aelred mit diesen viele Dinge über Gott geschrieben hatte. Es folgten Gesicht, Stirn, Ohren, Hals, Augen und Nase, der ganze Kopf und schließlich die Hände. Das wundersame daran war, daß die Flüssigkeit im Kelch nicht zu versiegen schien. Obwohl immer mehr verbraucht wurde, sollte es dennoch nicht weniger werden.[104]

Anschließend, so verlangte es der Ritus, sprach der Sterbenskranke das *Confiteor*, bekannte seine Sünden und bat die Brüder um Vergebung, wie auch sie ihn um Vergebung bitten mußten.[105] Bei den Cluniazensern geschah dies,

---

101 Vgl. *Vita Ailredi* p. 57f.
102 Vgl. *Vita Ailredi* p. 58.
103 Vgl. *Ecclesiastica Officia* 93.
104 Vgl. *Vita Ailredi*, p. 63.
105 Die *Ecclesiastica Officia* (93,34–35) enthalten hinsichtlich des *Confiteor* einen interessanten Zusatz. Wenn nämlich der kranke Mönch oder Konverse des Lateinischen nicht mächtig war, durfte das Sündenbekenntnis auch in der Volkssprache gehalten werden. Dem Klangbild des Lateinischen wurde das Seelenheil des einzelnen vorgezogen. Während die Mönche im Gottesdienst die Liturgie in höchster Vollendung zelebrieren wollten und jeden Fehler peinlichst bestraften, zeugte dieser Akt der Toleranz in der Sterbestunde des Mönches von wahrer Nächstenliebe. Auch Thomas von Aquin dachte über alternative Formen des Sündenbekenntnisses nach. Hier ging es allerdings nicht um mangelnde Lateinkenntnisse, sondern um Menschen, die taubstumm waren und ihre Sünden durch Gesten bekennen sollten. Vgl. *Summa theologica, Supplementum, Quaest.* 9, Artikel 3,2.

indem sich die um Verzeihung Bittenden in einer Demutsgeste zu Boden warfen. Der Abt erteilte dann die Absolution.

Einige Tage später konnte Aelred keine feste Nahrung mehr zu sich nehmen. Er lag reglos im Bett, seine fünf Sinne aber blieben bis zum Ende wachsam. Da die Mönche nun dachten, ihr Abt sei im Begriff, die Welt zu verlassen, versammelten sie sich um sein Bett. Walter wachte von da an bis zum Ende an der Seite des sterbenden Freundes. Es gab jedoch Augenblicke, die Walter Ehrfurcht einflößten, da er meinte, daß Aelred mit Engeln Gespräche führte, die er aber nicht verstehen konnte. Dessen nicht genug. Der sterbende Abt erschien noch einem seiner engeren Diener im Traum, nachdem dieser, durch Wachen übermüdet, eingenickt war. Aelred verkündete dem Mönch den genauen Zeitpunkt seines Todes. Er hatte nur noch zwei Tage zu leben.

An seinem vorletzten Tag versammelten sich die Äbte Richard von Fountains (1150–70) und Roger von Byland sowie Mönche und Konversen an seinem Bett. Ein Mönch las aus der Passion Christi. Walter schien es, daß Aelred, obwohl er nicht mehr fähig war zu sprechen, den Text durch Gesten mit der Hand und mittels Bewegungen seiner Lippen kommentierte. Später nahm Walter den Kopf des Sterbenden in seine Arme und flüsterte ihm folgendes ins Ohr: »Herr, schau zum Kreuz und dein Auge sei dort, wo auch dein Herz ist.«[106]

Daraufhin öffnete Aelred seine Lider, empfahl seine Seele an Gott (*commendatio animae*), indem er zum Kreuz schaute und zum Gekreuzigten sprach: »Du bist mein Gott und mein Herr, du bist mein Refugium und mein Retter, du bist meine Freude und meine Hoffnung in Ewigkeit. *In deine Hände befehle ich meinen Geist.*«[107]

Aelred sprach als letzten Satz die Sterbeworte aus dem Lukas-Evangelium (23,46). Sein Atem wurde schwerer. Als die Mönche spürten, daß sein Tod sehr nah war, betteten sie ihn auf ein mit Asche (*cinis*) bestreutes härenes Gewand (*cilicium*) nach Sitte der Mönche (*more monachorum*). Die Asche wurde in Form eines Kreuzes (X-Form) aufgestreut.[108] Diese Form der Aufbahrung ist ein Zeichen höchster Demut. Das härene Gewand galt als Büßergewand, das

---

106 »Domine, respice ad crucem et ibi sit oculus tuus ubi est etiam cor.« *Vita Ailredi*, p. 61.
107 »Tu es deus meus et dominus meus, tu refugium meum et saluator meus, tu gloria mea et spes mea in eternum. *In manus tuas commendo spiritum meum.*« *Vita Ailredi*, p. 61.
108 Die zisterziensischen *Consuetudines* verlangen nur ein grobes Tuch oder eine Decke (*sagum*), die über die Asche (*cinis*) und die Binsenmatte (*matta*) bzw. über das Stroh (*stramen*) gelegt wird. Vgl. *Ecclesiastica Officia* 94,1.

Aschenkreuz in X-Form stand als Monogramm für Christus[109], und die Asche selbst war ein Zeichen der Vergänglichkeit.[110]

Schließlich übergab der Abt seinen Geist in die Hände des Vaters und ruhte in Gott. Aelred starb, wie Walter berichtet, in der Zeit der vierten Vigil in der Nacht vor den Iden des Januar, d.h. am 12. Januar um halb elf Uhr abends.[111] Nachdem der Abt verstorben war, wurde sein Körper gewaschen. Dies geschah wahrscheinlich im Infirmarium. Die *Ecclesiastica Officia* teilen nur mit, daß der Verstorbene zum Waschen getragen werden soll und der Prior anweisen möge, durch wen und in welcher Weise er gewaschen bzw. verhüllt werden soll.[112] Walter Daniel nahm die Waschung zum Anlaß, Aelreds Körper zu preisen. Sein Bericht endet mit dem Vermerk der Beisetzung am folgenden Tag im Kapitelsaal. Da für Walter Daniel eine besondere Schilderung von Totenoffizium und Beisetzung nicht bedeutsam war, sei sie hier in Kurzform gemäß den *Ecclesiastica Officia* noch angefügt.

Nach der Waschung wurde der Leichnam wieder mit dem Mönchsgewand bekleidet, durch den Abt mit Weihrauch inzensiert und mit Weihwasser besprengt. Anschließend wurde der Tote in einer Prozession zur Kirche getragen, deren Spitze die Ministranten, die das Kreuz, die Laterne und das Weihrauchfaß trugen, bildeten. Der Verstorbene wurde im Chor aufgebahrt

---

109 Solch ein Aschenkreuz wurde auch bei einer Kirchweihe auf dem Fußboden im Hauptschiff ausgestreut. Nach Beendigung der Allerheiligenlitanei schrieb der Bischof, während das *Canticum Benedictus* ertönte, mit seinem Stab das griechische und lateinische Alphabet in die Balken des Kreuzes ein. Damit wurde die Besitznahme der Kirche durch Christus symbolisiert. Vgl. LHL, Braun, J., 1924, p. 35.

110 In der Aschermittwochsliturgie wurde den Gläubigen vom Priester Asche in Form eines Kreuzes auf das Haupt gestreut. Dazu sprach der Priester die Worte:»Gedenke, Mensch, daß du Staub bist und wieder zu Staub werden wirst (*Memento homo, quia pulvis es et in pulverem reverteris*).« Vgl. LHL, Braun, J., 1924, p. 35; Dieser Brauch leitet sich von dem am Aschermittwoch üblichen Ritus der *Ausweisung der öffentlichen Büßer* her. Die *expulsio poenitentium* ist als Mahnung zur Demut und Buße zu verstehen. Philippe Ariès stellte fest, daß sich die Begriffe Staub und Asche in der Sprache der alten Fastenliturgie und der Vulgata vermischen. »Das Wort *cinis* ist mehrdeutig. Es bezeichnet zum einen den Staub der Straßen, mit dem die Büßer als Zeichen von Trauer und Demut bedeckt sind, wie sie sich auch in Sackleinen oder härene Gewänder kleideten (*in cinere et in cilicio, sacum et cinerem sternere*). Es bezeichnet aber auch die Asche der Verwesung und des Zerfalls: ›Gedenke, Mensch, daß du Staub [*pulvis*] bist und wieder zu Staub [*in pulverem*] wirst‹, sagt der Ministrant, wenn er am Aschermittwoch die Stirnen mit Asche schwärzt. Asche versteht sich aber noch als Produkt der Auflösung durch Feuer, was damals Reinigung bedeutet(e).« Ariès, P., 1978, p. 143.

111 Vgl. *Vita Ailredi*, p. 62.

112 »Post illam collectam deferatur mortuus ad lavandum. Provideat autem prior a quibus et quomodo abluatur et involvatur.« *Ecclesiastica Officia* 94,17f.

und hinter seinem Kopf ein Leuchter aufgestellt. Dahinter postierten sich die Brüder mit Kreuz, Weihwasser und Weihrauch. Es begann die Totenwache.[113] Die Dauer der Aufbahrung hing von der Bedeutung des Mönches ab. Die zisterziensischen *Consuetudines* sahen, wenn möglich, eine Bestattung am selben bzw. am folgenden Tag vor.[114] Aelred, so schrieb Walter Daniel, wurde bereits am nächsten Tag begraben. Der heilige Bernhard soll, wie Gaufried berichtete, drei Tage aufgebahrt gelegen haben. In Clairvaux fanden sich viele Leute ein, die von ihm Abschied nehmen wollten. Die Schilderung von Gaufried ist insofern interessant, als daß sie betont, daß viele Frauen vor den Klostertoren vergebens um Einlaß baten. Aber wie mit der Männerwelt verfahren wurde, geht aus seinen Aufzeichnungen nicht hervor.[115]

Je nach liturgischem Kalender und Tageszeit wurde dann die Glocke zum *Officium pro defunctis* geschlagen. Im Wechsel von Gebet und Gesang, eingehüllt in Weihrauch und weihwassersprengend, baten die Mönche Gott um eine gnädige Aufnahme der Seele des Toten im Himmel. Dieses *Officium* ist bestimmt durch seinen Trauercharakter ähnlich dem *Officium* der Kartage zu Ostern. Die brennenden Kerzen, die den Raum erleuchteten und den Toten umgaben, dienten nicht nur zur Erhellung des Kirchenraumes. Sie waren als *lumen sacrum* oder *lumen liturgicum* ein Symbol der Festlichkeit, und ihr Licht sollte auch die Dämonen vertreiben. Die *Ecclesiastica Officia* legen mit Nachdruck fest, daß ohne Messe kein Bruder begraben werden durfte.[116] Außerdem bestimmte ein Statut aus dem Jahre 1186:

»Wenn der Tote in den Chor hineingeführt wird, mögen auch die, die zur Ader gelassen wurden und die Kranken sowie all jene, die außerhalb des Chores sind, eintreten. Ähnlich bei den feierlichen Exequien, wenn er zum Grab zu tragen ist. Wenn irgendeiner von ihnen es dennoch nötig haben wird, zu sitzen, wird es erlaubt werden. Ähnlich bei den

---

113 Vgl. *Ecclesiastica Officia* 94,21ff. Die Aufbahrung des Leichnams im allgemeinen Bestattungsritus unterlag im 12./13. Jahrhundert einem Wandel. Ursprünglich wurde der Leichnam öffentlich zur Schau gestellt und mit entblößtem Gesicht zum Friedhof getragen. Später verhüllte man ihn im Leichentuch, schließlich verschwand seine Gestalt völlig im Sarg. Die Kunst des Makaberen führte im Hochmittelalter dann das vor, was den Blicken der Menschen entzogen wurde: die Verwesung. Die sich langsam ändernden Formen der Bestattung bis hin zu neuen Formen der Gestaltung von Grabsteinen bzw. Grabmonumenten verdeutlichen diesen Mentalitätswechsel. Vgl. Ariès, P., 1978, p. 165 u. pp. 216ff.

114 Vgl. *Ecclesiastica Officia* 95,1ff.

115 Vgl. *Vita Prima* V,2,14.

116 »Quia vero cavendum est omnimodis ne sine propria missa quisquam fratrum sepulture mandetur«. *Ecclesiastica Officia* 97,9.

Psalmen ringsum den Toten, mögen die dasein, die in angemessener Weise zugegen sein können.«[117]

Das Kapitel 98 der *Ecclesiastica Officia* regelt schließlich minutiös das Procedere der Beisetzung. Der Leichnam wurde in einer Prozession, unter Gebet und Psalmensingen, mit Weihrauch, Weihwasser und Kerzen, zum Grab getragen, das sich je nach Amt und Würde der Person auf dem Friedhof, in der Kirche oder im Kapitelsaal befinden konnte.[118] Aelred wurde im Kapitelsaal begraben und fand neben seinem Vorgänger, Abt Wilhelm die Stätte seiner letzten Ruhe.[119]

An der Prozession zum Grabe sollte, wenn möglich, die ganze klösterliche Gemeinschaft teilnehmen. Der Tote wurde an der Südseite der Grube abgelegt. Der Abt, der am Kopfende stand, besprengte den Leichnam und die Ministranten mit Weihwasser. Schließlich wurde der Tote noch inzensiert. Die Beweihräucherung des Grabes geschah durch einen Mönch. Schließlich wurde der Leichnam unter Gebet und Psalmengesang beigesetzt. Die Zisterziensermönche wurden nicht in einem Sarg bestattet, sondern in ihrer Kukulle.

In der Verantwortung des Kantors lag es nun, die folgenden 30 Tage, an denen für den Toten eine Kollekte zu lesen war, abzuzählen und die Brevia, die für den Toten auszusenden waren, zu schreiben.[120] Brevia sind kleine Zettel, die, nachdem der Tod eines Bruders darauf vermerkt worden ist, an andere Klöster versandt wurden. Bei den Zisterziensern gingen sie wahrscheinlich nur an das Generalkapitel in Cîteaux. Nach dem 30. Tag erhielt der Verstorbene die Absolution und ging nun in das unpersönliche Jahresgedächtnis des Ordens ein.

Während Walter Daniel in seiner Erzählung der Ereignisse über weite Strecken einfach nur den monastischen Sterberitus beschrieben hat, stach er mit der Beschreibung von Aelreds nacktem Körper, wie bereits erwähnt, in ein Wespennest. Seine Zeitgenossen wußten diese literarische Stilisierung nicht zu schätzen. Zuerst jedoch Walters Worte:

»Sein Fleisch war reiner als helles Glas und weißer als Schnee, als ob er die Glieder eines fünfjährigen Jungen hätte, ohne den kleinsten Makel, alles war voll der Süße, der Anmut und des Angenehmen. Kein Haar-

---

117 »Quando praesens defunctus in choro introducitur, et minuti et infirmi, et quicumque sunt extra chorum, intrent. Similiter ad solemnes exequias cum ferendus est ad tumulum. Si quis tamen ex eis necesse habuerit sedere, licebit. Similiter ad psalmos circa defunctum, adsint qui competenter adesse poterunt.« Canivez, *Statuta* I, 1186:14.

118 Vgl. *Ecclesiastica Officia* 98.

119 Vgl. *Vita Ailredi*, p. 64.

120 Vgl. *Ecclesiastica Officia* 115,43.

Die Zeremonie des Abschieds

ausfall hatte ihn kahlköpfig gemacht, keine lange Krankheit krumm, kein Fasten bleich, keine Tränen triefäugig, sondern weil die Teile des Körpers völlig unversehrt waren, leuchtete der tote Vater wie ein Karfunkelstein, duftete wie Weihrauch und erschien in der weißen Farbe des Fleisches wie ein reines und unbeflecktes Knäblein.«[121]

Walter griff auf das Stilmittel der Übertreibung (Hyperbel/*superlacio*), welche eine besondere Form des Vergleiches und ebenfalls antiken Ursprungs ist, zurück.[122] Es besagt, daß, indem sich der Autor über die Wahrheit hinwegsetzt, etwas erhöht oder vermindert wird. Walter versuchte mit diesem unangemessenen Vergleich die Einzigartigkeit und Besonderheit des Verstorbenen herauszustellen.[123] Den Ausdruck *caro vitro purior* übernahm er wahrscheinlich aus der Vita des heiligen Martin[124] und den Topos des *puer senex* kehrte er hier in gewisser Weise einfach um. Dem Greis wird nun die Frische der Jugend zuteil. Zudem galt ein makelloser Körper als ein Zeichen von Heiligkeit. Auch dies war ein Grund für die von Walter gewählte Beschreibung. Auf der anderen Seite bieten sogar realistische Beobachtungen Anknüpfungspunkte.[125] Wenn das Blut aufhört zu zirkulieren, nimmt die Haut naturgemäß eine helle, blasse Färbung an. Diese weiße Haut läßt sich dann unschwer als Zeichen der Reinheit interpretieren.[126] Eine leuchtend weiße Haut bzw. ein so

121 »cuius caro uitro purior, niue candidior, quasi quinquennis pueri membra induerat, que ne parue quidem macule neuus fuscabat, set erant omnia plena dulcedinis decoris et delectacionis. Neque defeccio capillorum caluum fecerat eum nec longa infirmitas curuum, nec ieiunia pallidum nec lacrime lippum set, integerrimis partibus corporis existentibus, lucebat pater defunctus ut carbunculus, ut thus redolebat, apparebat in candore carnis ut puerulus purus et inmaculatus.« *Vita Ailredi*, p. 62.

122 »Superlactio est oratio superans veritatem alicuius augendi minuendive causa.« *Rhetorica ad Herennium* IV,44. Vgl. auch Curtius, E. R., 1948, pp. 171–174.

123 Dieser Vergleich hat einen nicht unerheblichen Nebeneffekt. Wenn Zeitgenossen in dieser Weise umschrieben wurden, wertete man sie gewöhnlich gegenüber den »Alten« auf. Im Falle von Aelred konnte ein Zeitgenosse für Zeitgenossen zum Vorbild werden. Das schärfte aber auch das Bewußtsein für die eigene Gegenwart.

124 Walter Daniel, *Epistola ad Mauricium*, p. 77. Maurice Powicke (*Vita Ailredi*, p. 61, Anm. 4) zitiert diese Stelle aus der *Vita S. Martini, Epistola* III,17. Allerdings hat er seine Quelle für die Vita des hl. Martin nicht angegeben. Der lateinische Text der kritischen Ausgabe von Jacques Fontaine hat eine andere Lesart. Dort heißt es: »*membra autem eius candida tamquam nix uidebantur*«.

125 Es sei an dieser Stelle daran erinnert, daß Walter höchstwahrscheinlich auch Aelreds Krankenmeister war.

126 Für Nordeuropäer ist dieser Gedankensprung leicht nachvollziehbar. Es wäre interessant zu wissen, in welchem Maße Heilige, die aus dem mediterranen Bereich stammten und schon aufgrund der intensiven Sonneneinstrahlung eine viel dunklere Hautfarbe hatten, genau so charakterisiert worden sind.

dargestellter Körper spielt natürlich auf die Gestalt der Engel an, deren Körper als makellos galten.

Unter anderen Vorzeichen wurde das Alter recht realistisch dargestellt. Hildegard von Bingen (1098–1179) beschrieb aus medizinischer Sicht in *De operatione Dei* das Alter in Analogie zum Monat November. Wie dieser Monat kalt und unwirtlich ist, plagen den Greis seine Gebrechen und Leiden.

»Ähnlich schwach wird auch der alternde Mensch wieder durch die Kälte; er vermag die Fröhlichkeit seiner Jugendzeit nicht mehr zu halten. Infolge der schwächenden Austrocknung, in der er wie dürr ist und von krankhaften Säften überschwemmt wird, fängt er zu klagen an. Aus Furcht vor der Kälte schleppt sich solch ein Greis, da er seiner eigenen Natur nach kalt geworden ist, mit seinen Gliedern ans Feuer. [...] Weil aber der Mensch in seiner fleischlichen Gesinnung keine freudvollen Werke mehr verrichten kann, läßt er das Tageslicht der Heiligkeit unbeachtet, beginnt zu seufzen und zu jammern und vergißt in dieser seiner Gesinnung sein Wesen und seine Herkunft. Dies Seufzen bleibt weiter bestehen, voller Schmerz, da der Mensch sich so sehr vom Geschmack seiner geistlichen Natur entfremdet hat. Wenn dann die Gnade des Heiligen Geistes die Seele nicht mehr entfacht, kann es soweit kommen, daß sie den Werken, die der Körper von ihr verlangt – wenngleich unfreiwillig – zustimmt und sie ausführt.«[127]

Eine derartige Beschreibung konnte sogar zu literarischen Ehren gelangen. Im *Roman de la Rose* wird das Alter allegorisch als Lastergestalt eingeführt. Hier werden in einem noch viel stärkeren Maße das Häßliche und der innere Verfall des alternden Menschen betont.

»Danach war Frau ALTER gemalt,/ die wohl um einen Fuß kürzer war,/ als sie sonst zu sein pflegte;/ kaum konnte sie noch selber essen,/ so alt war sie und in die Kindheit zurückgefallen./ Ihre Schönheit war sehr

---

127 »Non dissimiliter, cum homo ad senectutem pervenerit, frigiditate attenuatur, et gaudium juventutis non habens, ex defectu ariditatis suae, in qua macie afficitur et indiguis humoribus defluit, tristatur. Quilibet enim senex propter timorem frigoris ad ignem se calefaciens membra sua colligit, quoniam naturaliter frigidus est, [...] quia per carnalem naturam jucunda opera habere non potest, diurnum lumen sanctitatis transiliendo, semper ingemiscit, et in natura sua quid sit vel unde venerit obliviscitur. Gemitus vero anima plenus doloribus existit, cum gustus spiritalis naturae suae ab ea alienatus fuerit, quia per gratiam Spiritus sancti non accensa, opera quae corpus ab ea postulat, licet invita, ad operandum ei consensit.« Hildegard von Bingen, *De operatione Dei* I,4,98, PL 197, c. 883f; dt. Übers. v. H. Schipperges, p. 162f.

zerstört,/ sehr häßlich war sie geworden./ Ihr Haupt war ganz ergraut/ und weiß, als stünde es in Blüten./ Das wäre kein schwieriges Sterben gewesen,/ wenn sie gestorben wäre, und auch kein großer Schaden,/ denn ihr ganzer Körper war durch ihr Alter ausgetrocknet und verfallen./ Ihr Gesicht war schon sehr welk,/ das früher glatt und voll gewesen war;/ jetzt war es ganz voller Falten./ Ihre Ohren waren voller Haare,/ ihre Zähne hatte sie alle verloren,/ nicht ein einziger war ihr geblieben./ Von so großem Alter war sie,/ daß sie die Entfernung von vier Klaftern/ nicht ohne Stock hätte gehen können.«[128]

Ein weiterer Einwand von Walters Kritikern richtete sich gegen dessen Behauptung, daß Aelreds Körper wie Weihrauch duftete (*ut thus redolebat*). Auch das Bild des Weihrauchs ist nicht zufällig gewählt. Der Topos des Duftens, des Wohlgeruches, ist ein gängiges Merkmal bei der Exhumierung von Heiligen. Gewöhnlich strömte aus dem geöffneten Grab ein Wohlgeruch aus, und der Leichnam zeigte sich in alter Frische. Neben dem Zeichen der Heiligkeit ist Weihrauch auch ein Zeichen der Ehrung, denn während der liturgischen Zeremonien wurden bestimmte Gegenstände wie auch Personen beweihräuchert. Außerdem wurde mit Weihrauch eine Verbindung zum Göttlichen symbolisiert. *Gleichsam wie Weihrauch steige mein Gebet vor deinem Angesicht auf*, heißt es in Psalm 141,2. Auf der anderen Seite diente der Weihrauch ganz praktischen Zwecken, indem sein Duft den Leichengestank überdeckte.[129] Der Totenritus im Kloster sah eine ständige Wache der Mönche an der Seite des aufgebahrten Toten bis zu dessen Bestattung vor. Daß der Leichengestank nicht immer überdeckt werden konnte, läßt ein Statut des Generalkapitels von 1207 ahnen. Dort heißt es:

»Wenn irgendein Toter wegen des unerträglichen Gestanks nicht in der Kirche ausgehalten werden kann solange bis er die Messe habe, soll er an demselben Tag bestattet und die Messe am folgenden Morgen für ihn

128 »Après fu Vieillece portraite/ Qui estoit bien un pié retraite/ De tel come ele soloit estre;/ A poine qu'el se pooit paistre,/ Tant estoit vieille e redotee./ Mout estoit sa biauté gastee,/ Mout estoit laide devenue./ Toute sa teste estoit chenue/ E blanche con s'el fust florie./ Ce ne fust mie grant morie/ S'ele morist, ne granz pechiez,/ Car toz ses cors estoit sechiez/ De vieillece e aneïentiz./ Mout estoit ja ses vis flestiz,/ Qui fu jadis soés e plains;/ Or estoit toz de fronces pleins./ Les oreilles avoit mossues,/ E toutes les denz si perdues/ Qu'ele n'nen avoit mais nes une./ Tant par estoit de grant vieillune/ Qu'el n'alast mie la montance/ De quatre toises senz potence.« Guillaume de Lorris/Jean de Meung, *Rosenroman*, Bd. 1, Verse 339–360.
129 Vgl. Ohler, N., 1990, p. 83.

gesungen werden, [...] als sei er am gleichen Tag dem Begräbnis übergeben worden.«[130]

Liest man unter diesem Aspekt den Satz: *Quod eciam super odorem thuris redolebat*, daß er also den Duft des Weihrauches überstieg, so läßt sich eine makabere Doppelsinnigkeit, ob gewollt oder ungewollt, nicht übersehen.

Weihrauch, duftende Substanzen und wohlriechende Salböle haben eine lange kultische Tradition. *Aromata* wurden aber nicht nur für kultische Zwecke verwendet. Sie dienten auch als Gewürze, Arzneimittel und Aphrodisiaka. Paul Faure hat in seiner *Kulturgeschichte der Wohlgerüche* nicht nur interessante historische Kontinuitäten aufgezeigt, sondern auch das grundsätzliche Problem des Duftes für unsere Wahrnehmung erörtert. Einerseits lassen sich *Aromata* nur in Analogie zu anderen bekannten Substanzen beschreiben, andererseits bleiben die Beschreibungen in höchstem Maße subjektiv.[131] *Aromata* spielten vor allem im Hohelied eine große Rolle. Insofern ist Bernhards Interpretation über die *Cantica canticorum* von großem Interesse. Hier greift der Abt gern auf diese sinnlichen Metaphern zurück, ohne die geringste empirische Erfahrung mit den meisten dieser im Hohelied vorkommenden Duftstoffe gehabt zu haben. Welche Gerüche oder Düfte sich der Heilige dabei vorgestellt hat, bleibt sein Geheimnis. Ihm kam es auch nicht darauf an, den wirklichen Duft so realistisch es ging wiederzugeben, sondern diesen symbolisch so plausibel wie möglich zur Charakterisierung göttlicher Dinge einzusetzen.[132] Bereits im Alten Testament wird an verschiedenen Stellen Räucherwerk (*thymiama*) erwähnt. Im Buch Exodus (30,22–38) wird ausführlich ein Räucheraltar beschrieben. Das Räucherwerk selbst konnte aus einer Mischung verschiedener Aromastoffe bestehen. Im *Ecclesiasticus* (24,20–22) spricht die Weisheit:

»Ich strömte einen lieblichen Geruch aus wie Zimt und köstliche Würze und duftete wie die beste Myrrhe, wie Galbanum und Onych und Stakte und wie der Weihrauch im Tempel.«

Die Substanzen wurden aus allen vier Himmelsrichtungen herbeigeschafft:

---

130 »Si aliquis defunctus pro intolerabili foetore sustineri in ecclesia non potest usque dum missam habeat, sepeliatur ipsa die et in crastino missa cantetur pro eo [...] si eodem die traditus fuerit sepulturae.« Canivez, *Statuta* I, 1207:6.
131 Vgl. Faure, P., 1987, pp. 11ff.
132 Vgl. Bernhard von Clairvaux, *Sermones in Cantica Canticorum: Sermo* 42 (Nardenduft); *Sermo* 43 (Das Myrrhenbüschlein) und *Sermo* 44 (Zypernwein und Engaddibalsam).

»Das Harz des Storaxbaums oder Styrax wurde im Norden in Kilikien geerntet, der Balsam von En-Gedi westlich eines der letzten Rastplätze Mose und des israelitischen Volkes während der babylonischen Gefangenschaft, das syrische Galbanum im Osten, der reine Weihrauch im Süden in Arabien. Die ganze Erde mit ihren vier Himmelsrichtungen sollte also den Ruhm des Höchsten, seinen Namen und sein Gesetz preisen.«[133]

Diese Aromastoffe unterschieden sich auch farblich. So ergibt Styrax eine gelbrote Färbung, Balsam grün, der Saft des Steckenkrautes eine gelbe Farbe und Weihrauch weiß.[134] Schließlich ist zu berücksichtigen, daß verschiedene Räucherstoffe eine unterschiedliche Wirkung auf den menschlichen Körper und auf die Sinneswahrnehmung ausüben:

»Der komplexe Duft der Myrrhe, dem alles Liebliche fehlt, rüttelt die Sinne wach, wirkt herzstärkend und adstringierend. Während der Weihrauch ein erhebendes Gefühl vermittelt, hat die Myrrhe eine aufrüttelnde Wirkung.«[135]

Wie die Zisterzienser konkret mit Weihrauch umgingen, d.h. ob eine besondere Zusammensetzung von Aromastoffen für einen speziellen Gebrauch vorgesehen war, ist nicht bekannt. Zum einen war Räucherwerk sehr teuer, zum anderen sprechen Quellen wie das Rechnungsbuch von Beaulieu Abbey oder die *Ecclesiastica Officia* nur von Weihrauch, ohne auf nähere Einzelheiten einzugehen.

Die letzte Ruhestätte – Grab und Grabstein

Der Friedhof, obwohl Stätte der Ruhe, wurde als öffentlicher Platz, als Markt, als Platz für Versammlungen oder als Asylstätte genutzt.[136] Der Begräbnisplatz im Zisterzienserkloster unterschied sich davon jedoch deutlich. Dieser lag innerhalb der Klostermauern, meist nördlich oder östlich vom Presbyterium, war der Öffentlichkeit nicht zugänglich und diente in der Regel nur den Mönchen, Konversen, zum Kloster gehörenden Dienstleuten und im Kloster verstorbenen Gästen als Stätte der letzten Ruhe.[137] Oft waren Obstgärten und

---

133 Faure, P., 1987, p. 90.
134 Vgl. Faure, P., 1987, p. 89f.
135 Faure, P., 1987, p. 31.
136 Vgl. Ariès, P., 1978, pp. 83–94.
137 Im *Exordium parvum* gibt es einen späteren Zusatz (*De consecratione cimiterii nostri*), in dem berichtet wird, daß Papst Eugen III. während seiner Gallienreise im Jahre 1148 auch

Friedhof identisch. Die bereits zitierte Beschreibung von Clairvaux macht aus dem Friedhof einen Paradiesgarten.[138]

Eine Bestattung *ad sanctos* und *apud ecclesiam* spielte hinsichtlich der Heilsökonomie eine große Rolle.[139] Die allgemeinen Bestimmungen aus dem *Decretum Gratiani* besagten, daß in der Kirche niemand zu bestatten sei, ausgenommen im Atrium, in den Gängen und Nischen der Kirche, jedoch niemals in der Nähe des Altares, wo der Leib und das Blut des Herrn gespendet werden.[140] Zu den Menschen, die innerhalb der Kirche bestattet werden durften, zählten vor allem Bischöfe, Äbte, würdige Priester und gläubige Laien.[141] Schließlich wurde ein Begräbnis in der Nähe einer Märtyrergedenkstätte als besonders wirkungsvoll eingeschätzt.[142] Honorius Augustodunensis (um 1090–1156) nannte im *Elucidarium* zwei wichtige Gründe dafür. Zum einen konnten die Märtyrer durch Fürbitten (*precibus*) den Toten helfen, zum anderen war es auch den Freunden und Verwandten möglich, indem sie am Grab zusammenkamen und für den Verstorbenen zu Gott beteten, noch etwas für diesen zu tun.[143]

Angesichts der Tatsache, daß das Kloster als ein besonders heiliger Ort galt, bemühten sich auch Laien, dort begraben zu werden. Dies geschah meist in zweifacher Weise. Zum einen konnten sich Laien, meist Adlige, ihr Begräbnis im Kloster gegen entsprechende Schenkungen sichern. Die andere Möglichkeit bestand darin, auf dem Totenbett den Habit zu nehmen. Der prominenteste Fall hierfür ist der Stauferkaiser Friedrich II. (1194–1250).[144] Allerdings wurde, wie das Beispiel des Landgrafen von Thüringen († 1227) zeigt, Wert

Cîteaux besuchte und bei dieser Gelegenheit den neuen Friedhof weihte. Dieser war mit Holzkreuzen (*crucibus ligneis* [...] *distinguentibus*) eingefriedet. Vgl. Bouton/van Damme, p. 85f.

138 Vgl. Abschnitt »Essen und Trinken im Mittelalter«, pp. 124ff.

139 Vgl. Ariès, P., 1978, pp. 43–120.

140 »Prohibendum est etiam secundum maiorum instituta, ut in ecclesia nullatenus sepeliantur, sed in atrio, aut in porticu, aut in exedris ecclesiae. Infra ecclesiam uero, aut prope altare, ubi corpus Domini et sanguis conficitur, nullatenus sepeliantur.« *Decretum Gratiani*, *Decreti secunda pars causa* XIII., Quest. II, cap. 15, Bd. 1, c. 726.

141 »Nullus mortuus infra ecclesiam sepeliatur, nisi episcopi, aut abbates, aut digni presbiteri, uel fideles laici.« *Decretum Gratiani*, *Decreti secunda pars causa* XIII., Quest. II, cap. 18, Bd. 1, c. 727.

142 »Quod uero quisque apud memorias martirum sepelitur, hoc tantum michi uidetur prodesse defuncto, ut conmendans eum etiam martirum patrocinio affectus supplicationis pro illo augeatur.« *Decretum Gratiani*, *Decreti secunda pars causa* XIII, Quest. II, cap. 19, Bd. 1, c. 727.

143 Vgl. Honorius Augustodunensis, *Elucidarium* II,32, PL 172 c. 1156 C/D.

144 Matthäus von Paris, *Chronica Majora*, RS 57, Bd. V, p. 190.

darauf gelegt, wirklich erst tot zu sein. Caesarius von Heisterbach berichtete, daß der Landgraf in seinem letzten Willen ausdrücklich darauf bestand, erst die Kukulle zu erhalten, wenn er wirklich tot sei.[145] Ansonsten hätte er nämlich, wenn er wider Erwarten weitergelebt hätte, Mönch bleiben müssen. Sterben im Mönchsgewand war eine gängige Sitte. Durch die Kutte, die als »ehrenrettendes und heilssicherndes Bußkleid« galt, erhoffte man sich spirituellen Gewinn.[146] Diese Praxis bot in der Frühzeit der Zisterzienser reichlich Konfliktstoff. So bestrafte das Generalkapitel im Jahre 1196 den Abt von Val-Roi, weil er eine Frau (*mulier*) im Kloster bestattet hatte, 1201 erfolgte eine Bestrafung des Abtes von Vieu-Ville, und vier Jahre später wurde ähnliches vom Abt von Fontguillem berichtet.[147] Gerald von Wales erzählte im *Speculum ecclesiae* (um 1200) über die Mönche von Abbey Dore, daß sie sterbenskranke Laien (*languentes graviter ut velut in extremis agentes*) auf Karren zum Kloster transportiert haben (*in rhedis aut vehiculis aliis transferentes*), und behauptete von ihnen, daß sie sogar Frauen auf der Bahre zu Mönchen machten, indem sie ihnen eine Tonsur schnitten und die Kukulle anzogen (*cucullata solemniter et monachata*), nur um sie im Kloster bestatten zu können.[148]

Die Beschwerden des Generalkapitels, die Bestattung prominenter Adliger bzw. die überlieferten Exzesse geben nur unzureichend Auskunft über die alltägliche Praxis in einem Zisterzienserkloster. Joan Wardrop hat die Urkunden zu Fountains Abbey untersucht und dabei festgestellt, daß sich die Donatoren im Austausch für ihre Schenkung sehr oft einen Begräbnisplatz gesichert haben.[149] Fünf Punkte sind diesbezüglich besonders hervorzuheben. Erstens, die Praxis, Laien im Kloster zu bestatten, beginnt bereits einige Jahre nach der Gründung der Abtei. Im Jahre 1135 wird Serlo de Pembroke, der dem königlichen Hof angehörte (*de domo regis*), in Fountains bestattet. Er schenkte der Abtei in einer Zeit großer ökonomischer Schwierigkeiten das Dorf Cayton, aus welchem die Mönche sofort eine Grangie gemacht haben.[150] Zweitens, die

---

145 »Hic cum moriturus esset, praecepit amicis suis dicens: Mox ut mortuus fuero, cucullam ordinis Cisterciensis mihi induite, et ne hoc fiat me vivente diligentissime cavete.« Caesarius von Heisterbach, *Dialogus miraculorum* XII,2.

146 Erinnert sei an dieser Stelle an die bereits zitierte Geschichte des Caesarius, in der einem Mönch der Eintritt ins Paradies verwehrt wurde, weil er aufgrund seiner Krankheit nicht in seinem Mönchsgewand starb. Vgl. »Die Kleidung«, S. 179ff.

147 Vgl. Canivez, *Statuta* I, 1196:26, 1201:15 u. 1205:28.

148 Vgl. Williams, D. H., 1991, p. 104f u. Gerald von Wales, *Speculum ecclesiae*, p. 202f u. p. 200f.

149 Vgl. Wardrop, J., 1987, pp. 260–276.

150 »Infirmatus, vocat ad se sanctum abbatem de Fontibus, et in extremis agens, villam ipsam quam ex dono regis tenuit, solemni donatione facta, monasterio de Fontibus contulit

---

22   Rievaulx: Galiläa – Blick nach Norden

Mönche in Fountains akzeptierten Menschen aller sozialer Schichten – auch Bauern – zum Begräbnis, und die Schenkung selbst entsprach nicht immer dem gesellschaftlichen Rang. Die Klientel wohnte oft soweit entfernt, wie die Besitzungen der Mönche reichten. Von den über neunzig urkundlich bezeugten Personen sind nur neun Frauen, die persönlich um ein Begräbnis in der Abtei baten, davon zwei in Verbindung mit ihren Ehemännern.[151] Drittens wird aus Wardrops Darstellung deutlich, daß die Begräbnispolitik zugleich eine aktive Eigentumspolitik war. Denn Begräbnisse wurden nicht nur gegen eine Schenkung gewährt, sondern auch für die Bestätigung bestehender Rechte und im Fall von Pachtland, um sicherzugehen, daß das Land möglichst rasch wieder an die Abtei zurückfällt.[152] Viertens, bis auf zwei Ausnahmen (*cimiterium*) wird in den Urkunden der Begräbnisplatz nie explizit erwähnt.[153] Schließlich fünftens, Fountains ist nie für diese Praxis von Generalkapitel gerügt worden.

Im Kloster befanden sich die begehrtesten Begräbnisstätten in der Kirche, in der Nähe des Hauptaltars und im Kapitelsaal. Ein gewöhnlicher Mönch wurde auf dem Klosterfriedhof in einfachster Weise, ohne Sarg und Holzkreuz,

---

inperpetuum possidendam. Confirmat rex donationem factam, et redacta est villa in grangiam, perutilem usque hodie ad monasterij sustentationem. Mortuus est idem Serlo apud Fontes, et inter sanctos sortitus est sepulturam.« *Narratio de fundatione* p.56.

151 Vgl. Wardrop, J., 1987, p. 264.

152 Vgl. Wardrop, J., 1987, p. 272f. Wie kurios es zugehen konnte, belegt ein Beispiel aus der Chronik von Meaux Abbey: Amandus Pincerna übergab mit einer Landschenkung seinen Leichnam den Mönchen von Meaux zur Bestattung (um 1210–20). Nachdem Amandus in Meaux bestattet worden war, raubten die Nonnen von Swine (Yorkshire) den Toten und begruben diesen in ihrem Kloster. Es entstand ein Streit um die mit dem Begräbnis verbundenen Landrechte. Der Streit wurde beigelegt, indem entschieden wurde, daß die Nonnen den Leichnam behalten dürfen und von den Mönchen aus Meaux außerdem noch 20 Mark (*xx marcas*) erhalten sollten! Im Gegenzug wurde der Fluß auf dem umstrittenen Stück Land geteilt, so daß beide Häuser davon profitierten. *Chronica monasterii de Melsa*, Bd. 1, p. 355f.

153 Vgl. Wardrop, J., 1987, p. 261.

23   Rievaulx: Kapitelsaal - Blick nach Osten

beigesetzt. Äbte fanden meist in der Kirche, wie z.b. der hl. Bernhard, oder im
Kapitelsaal, wie Aelred (Abb. 23), die Stätte ihrer letzten Ruhe.[154] Stifter waren
um einen Platz in der Kirche bemüht, während andere betuchte Laien vor allem
in der Galilaea bzw. im Atrium bestattet wurden (Abb. 22).[155] Im ausgehenden
Mittelalter begrub man besonders verdienstvolle Mönche auch im Kreuzgang,
was, wie noch zu sehen sein wird, Folgen für die Gestaltung der Grabplatten
hatte. Die vermehrte Zahl der Bestattungen in Zisterzienserklöstern warf zwei
grundsätzliche Probleme auf: Das eine bezog sich auf den Ort und den mit der
Zeit entstandenen Platzmangel, das andere ergab sich aus den Ansichten über
die Gestaltung der Grabplatten.

Philippe Ariès belegte den Wandel in der Einstellung der Menschen zum
Tod u.a. mit den Veränderungen in der Gestaltung der Gräber.[156] Speziell für
das Mittelalter sah er im Flachgrab eine eigenständige Schöpfung.

154 Vgl. *Vita Prima* V,2,15; *Vita Ailredi*, p. 64.
155 Speziell für die Bestattung von Weltlichen lassen sich kaum Regeln aufstellen. Hier spielen
     die individuellen Konstellationen eine große Rolle. Wie Postles gezeigt hat, lassen sich für
     englische Zisterzienserklöster auch Urkunden finden, in denen der Begräbnisplatz bereits
     mit der Schenkung festgelegt wurde (z.B. *sub tecto* [Sibton], *in atrio* oder *in cimeterio
     dictorum monachorum* [Rufford]). Vgl. Postles, D., 1996, p. 634.
156 In der Grabplastik begannen zwei Motive zu dominieren – das des Ruhenden (*gisant*) und
     das des Betenden (*priant*). Die in Frieden Ruhenden stellen den Verstorbenen nicht als

Die letzte Ruhestätte – Grab und Grabstein   325

»Das nahezu schmucklose, aber doch durch eine Gravur oder Skulptur identifizierte Flachgrab ist also zweifellos eine originäre Schöpfung des mittelalterlichen Geistes und seiner mehrdeutigen Sensibilität – Zeichen eines Kompromisses zwischen der traditionellen Bettung in geweihter Erde und dem neuen Bedürfnis nach verhaltener Bekräftigung der eigenen Identität.«[157]

Die ersten Vorschriften zur Grablege in zisterziensischen Klöstern finden sich unter den *Capitula* zur *Summa cartae caritatis*. Kapitel 25 legt ausdrücklich fest, daß nur Gäste (*hospites*) und für das Kloster arbeitende Dienstleute (*mercenarios nostros*) ein Recht auf ein Begräbnis innerhalb der Klostermauern (*intra monasterium*) haben. Wie die Gäste zu begraben sind, wird ausführlich im Kapitel 101 der *Ecclesiastica Officia* beschrieben. Interessant ist ein Querverweis zu den Generalkapitelstatuten des Jahres 1161. Das Statut 4 spricht in diesem Zusammenhang von Priestern und anderen Religiosen.[158] Während die *Ecclesiastica Officia* nur eine Ausnahme *pro reverentia persone* vorsehen, ansonsten aber keine Unterscheidung treffen und eine Aufbahrung im Chor nicht erwähnen, wird im Statut 4 ausdrücklich eine Aufbahrung im Chor für Religiosen verlangt. Weitere Bestimmungen, die die anfängliche Strenge zu lockern begannen, finden sich unter den Generalkapitelstatuten der Jahre 1157 und 1180. Im Statut 63 des Jahres 1157 wird erstmals offiziell dem Stifter die Möglichkeit der Grablege eingeräumt sowie denjenigen, die auf dem Weg zum Kloster sterben,[159] und das Statut 5 des Jahres 1180 genehmigt nun auch, daß Könige, Königinnen und Bischöfe in zisterziensischen Abteien offiziell bestattet werden durften.[160] Zisterzienserklöster wurden wahrscheinlich ab der zweiten Hälfte des 12. Jahrhunderts auch zu Grablegen von Adelsgeschlechtern. Die Bestrafung des Abtes von Bebenhausen auf dem Generalkapitel von 1219 – er hatte dem Geschlecht der Pfalzgrafen von Tübingen einen günstigen

---

Toten, sondern als Schlafenden dar. Im 14. Jahrhundert setzte sich die Trennung von Körper und Seele durch. In der Grabplastik wurde die *wandernde Seele* meist in Form eines kleinen Kindes dargestellt. Vgl. Ariès, P., 1978, pp. 308ff.

157 Ariès, P., 1978, p. 307.

158 »Presbyter et omnes religiosi qui in hospitio moriuntur, in choro deferantur, et nullus alius nisi tamen honesta fuerit persona.« Canivez, *Statuta* I, 1161:4.

159 »Ad sepeliendum, non nisi fundatores recipiantur. Si quis tamen vivus adducebatur et mortuus est in via, nec sine gravi scandalo aut grandi periculo remitti potest; qui eum sepelierit, in proximo Capitulo confiteatur factum et necessitatem.« Canivez, *Statuta* I, 1157:63.

160 »In oratoriis nostris non sepeliantur, nisi reges et reginae et episcopi; in capitulis abbates vel etiam praedicti, si maluerint.« Canivez, *Statuta* I, 1180:5.

24   Fountains: Kapitelsaal – Blick nach Südosten

25   Fountains: Kapitelsaal, Grundriß (nach J. A. Reeve)

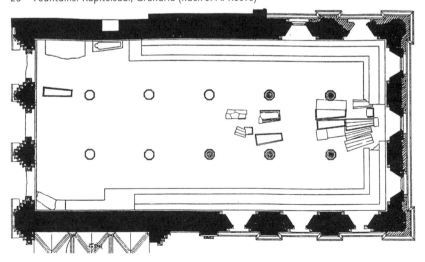

Die letzte Ruhestätte – Grab und Grabstein   327

Ruheplatz im Kapitelsaal verschafft – erscheint daher eher als Anachronismus.[161]

Anhand schriftlicher Quellen und archäologischer Grabungsberichte hat R. Gilyard-Beer die räumliche Anordnung der Gräber im Kapitelsaal von Fountains Abbey rekonstruiert (Abb. 24 und 25).[162] Interessanterweise beginnt die Grablege in Fountains erst mit dem sechsten Abt, Richard von Clairvaux († 1170). Die früheren Äbte wurden aus verschiedenen Gründen nicht in Fountains Abbey bestattet.[163] Richard war damit der erste Abt, der im wahrscheinlich gerade vollendeten Kapitelsaal begraben wurde. Er blieb allerdings nicht der einzige. Denn bis zum Jahre 1346 bestatteten die Mönche an diesem Ort 19 ihrer Äbte. Die späteren Äbte fanden in der Kirche die Stätte ihrer letzten Ruhe.

Die Wahl des Begräbnisplatzes auch innerhalb von Kirche oder Kapitelsaal ist keineswegs willkürlich gewesen. Die Mehrheit der Gräber in der Kirche befand sich, eingefaßt von den Chorgestühlreihen des Konventes, im östlichen Teil des Mittelschiffes. Sie wurden auf den Sitz des Abtes bzw. Priors ausgerichtet. Die Nähe zu beiden bestimmte den Platz der Grablege. Aber auch die räumliche Nähe zum Hochaltar oder zu Altären bestimmter Heiliger war von Bedeutung. Im Kapitelsaal von Fountains fällt auf, daß die erste Reihe der Gräber, d.h. diejenigen, die sich zu Füßen von Abt und Prior befinden, nachträglich eingeschoben worden ist (Abb. 25). Gilyard-Beer konnte feststellen, daß sich hier spätere Äbte einfach vorgedrängelt hatten, indem sie ihre Gräber in den Freiraum zwischen der ersten Reihe von Abtsgräbern und dem Sitz von Abt und Prior legten.

Auch in Byland Abbey fanden die ersten Äbte im Kapitelsaal ihre letzte Ruhestätte (Abb. 26). Von besonderem Interesse ist die Frage, ob der Stifter, Roger de Mowbray, hier beigesetzt worden ist, und wenn ja, wo er begraben liegt. Hierüber ranken sich allerdings einige Sagen.[164] Für den Tod Roger de Mowbrays gibt es zwei Dokumente, eines aus Byland[165] und das andere von

---

161 Vgl. Canivez, *Statuta* I, 1219:19; Brand/Krins/Schiek, 1989, pp. 9–23.

162 Vgl. Gilyard-Beer, R., 1987.

163 Der erste Abt, Richard I († 1139), starb während eines Besuches in Rom und wurde dort begraben. Sein Nachfolger, Richard II († 1143), starb während der Reise zum Generalkapitel in Clairvaux und fand dort seine letzte Ruhestätte. Heinrich Murdac († 1153), ab 1147 Erzbischof von York, liegt in York Minster begraben. Maurice trat 1148 zurück und ging in den Ruhestand nach Rievaulx, und Thorold, der 1150 seinen Abtstab niederlegte, kehrte ebenfalls nach Rievaulx zurück.

164 Vgl. Gilyard-Beer, R., 1983.

165 »Rogerus de Mowbray, qui fundavit abbatiam de Bellalanda, et plura alia loca sancta. Hic

26 Byland: Kapitelsaal, Grabplatte

Newburgh[166], einer Augustinerabtei, die ebenfalls von de Mowbray gegründet wurde. Beide Dokumente stimmen darin überein, daß Roger de Mowbray am Kreuzzug teilnahm, von den Sarazenen gefangengenommen und von den Templern wieder ausgelöst worden ist. In der Aufzeichnung

27 Byland: Kapitelsaal, südliche Wandnische

von Byland verstarb Mowbray im Heiligen Land, im zweiten Dokument kehrte er nach einigen Abenteuern, vom Kämpfen ermüdet, nach England zurück. Gemäß dieser Überlieferung starb er in hohem Alter und wurde in einem Wandrücksprung im Kapitelsaal von Byland begraben. Es gibt tatsächlich diesen Wandrücksprung, nur läßt sich dort kein Grab nachweisen (Abb. 27). Die im Newburgh-Dokument erwähnte Grabplatte, ein einfacher Stein mit einem eingeritzten Schwert, befand sich ursprünglich in der nordöstlichen Ecke des Kreuzganges, d.h. vor dem Portal, durch welches die Mönche vom Kreuzgang in die Kirche gelangten. Die wirkliche Grablege läßt sich nicht mehr verifizieren. Gilyard-Beer vermutete, daß die Mönche von Byland einen Grabstein als Gedenkstein im Kapitelsaal aufstellten, um das Prestige zu wahren, d.h. sie setzten damit ein Zeichen für die Rechtmäßigkeit der Stiftung wie für eine unge-

cruce signatus ivit in terram sanctam, et captus a Saracenis, redemptus fuit per militia templi, et mortuus in terra sancta, sepultus est apud Sures.« *Monasticon Anglicanum*, Bd. 5, p. 346.

166 »Tunc ipse Rogerus, cruce signatus ivit in Terram Sanctam, et ibi in magno praelio captus a Saracenis, redemptus est per militiam Templi; et diversis praeliis fatigatus reversus est in Angliam, et in suo itinere invenit draconem cum leone pugnantem in valle quae dicitur Saranell, percussitque draconem usque ad mortem, et secutus est eum leo in Angliam usque ad castellum de Hode; vixitque postea xv. annos, et mortuus est senectute bona, et sepultus in Ballalanda in quadam fornace in muro capituli ex parte australi juxta matrem suam Gundredam, et supra sepulchrum ejus depictus est gladius lapide insignitus, ubi nemo positus est in praesentem diem.« *Monasticon Anglicanum*, Bd. 6, p. 320.

brochene Tradition. Die Umstände waren den folgenden Generationen nicht mehr geläufig, so daß sie das echte Grab an dieser Stelle vermuten konnten.[167] Die Gestaltung der Grabplatten für zisterziensische Äbte entwickelte sich allmählich von einer einfach glatt behauenen Platte ohne Ornament, Bild oder Inschrift über verschiedene Stufen der Ausschmückung (einfache Inschrift ohne Symbol oder Bild, Krümme mit und ohne Inschrift, Abbild des Abtes mit Krümme und Buch) bis zum Halbrelief im ausgehenden Mittelalter; letzteres blieb stets die Ausnahme. Verglichen mit zeitgenössischen Grabplastiken von Bischöfen oder weltlichen Herrschern fallen die Grabmonumente der zisterziensischen Äbte besonders zurückhaltend aus. Die Zisterzienser mögen sich in der Frühzeit von den anderen Benediktinern darin unterschieden haben, daß sie auf ein Abbild des Abtes verzichtet haben und diesen ähnlich den Konventssiegeln durch seine Krümme repräsentierten (Abb. 26). Aber auch sie beschritten im Laufe der Zeit den Weg vom anonymen zum individuellen Grab.

Ein Grund für die anfängliche schlichte Gestaltung der Grabplatten ohne Namenszug könnte neben der reformmonastischen Zurückhaltung in der den Klöstern eigenen Form des Totengedächtnisses, der Memoria, begründet liegen.[168] Während im Frühmittelalter noch der Lebenden und Toten gleichzeitig gedacht wurde, verschob sich das Gewicht im Hochmittelalter auf den Zeitpunkt des Todes und die individuell zu sühnende Strafe. Die neue Form dieses auf den Tod bezogenen Gedenkens, beginnend bereits in der Sterbestunde über den 3., 7., 30. Tag bis hin zum Jahrestag, bedurfte auch auf der formalen Ebene einer Neuorganisation. Es wurden nun kalendarisch geordnete Bücher, die sogenannten Nekrologien, angelegt. Dort erhielt jeder, der des Gedenkens für würdig befunden wurde, einen namentlichen Eintrag. Der Namensnennung während des Stundengebetes, der Meßfeier oder innerhalb der *commemoratio* während des täglichen Kapitels kam eine besondere Bedeutung zu. Mit der Namensnennung wurde der Tote vor Gott vergegenwärtigt und mit dem Fürbittgebet wiederholt Gottes Beistand für den Verstorbenen erbeten. Insofern erscheint die Namensnennung auf dem Grabstein in einem anderen Licht. Während die Laien ihr Totengedächtnis am Grab des Verstorbenen hielten, war für die Mönche die liturgische Memoria ausschlaggebend. In dieser Hinsicht begründete der Namenszug auf der Grabplatte eher eine diesseitige Memoria im Sinne von historisch-korporativen bzw. genealogischen Traditionen.

167 Vgl. Gilyard-Beer, R., 1983, p. 66.
168 Vgl. Angenendt, A., 1984, pp. 164–199.

Die Zeremonie des Abschieds

Für die Zisterzienser gestaltet sich die Sache etwas komplizierter. Die *Ecclesiastica Officia* (52,1) erlaubten nur ein jährliches kollektives Personengedenken für die verstorbenen Ordensmitglieder und deren Wohltäter, welches am 11. Januar (III. *idus januarii*) gehalten wurde.[169] In den wenigen erhaltenen zisterziensischen Nekrologien erscheinen deshalb vornehmlich die Namen von Stiftern oder anderen Wohltätern, d.h. all die Namen derer, die nicht zum Orden gehörten, aber derer persönlich gedacht werden sollte.[170] In dieser Hinsicht ist eine Bemerkung des hl. Bernhard in einem Brief an Petrus Venerabilis besonders interessant, in dem er durch seinen Sekretär Nikolaus mitteilen läßt, daß auf dem Generalkapitel (sic!) ihm und seiner Mönche, der lebenden wie verstorbenen gedacht wurde.[171]

Die zweite große Gedächtnisfeier fand am 20. November (XII. *kal. decembris*) für die verbrüderten Gemeinschaften statt.[172] Dieses unpersönliche Gedenken ohne Nennung des Namens mußte vielen Ordensangehörigen suspekt gewesen sein. In einem Statut aus dem Jahre 1180 kritisierte das Generalkapitel die Praxis einiger Mönche und Konversen, sich wenigstens in anderen Mönchsgemeinschaften ein persönliches Jahresgedächtnis zu erbitten.[173] Den zisterziensischen Verzicht auf ein individuelles Gedächtnis hat Joachim Wollasch nicht spirituell, sondern im Hinblick auf die ökonomischen Konsequenzen erklärt. Während Cluny unter der Last der zum Jahresgedenken zu stiftenden Mahlzeiten für die Armen fast zusammenbrach, beschränkten sich die Zisterzienser auf eine jährliche symbolische Gabe und befreiten sich somit von dieser sozial-caritativen Leistung.[174] Was nun die einfache Gestaltung der Grabplatte anbelangt, so bleibt dennoch das Argu-

---

169 Im Kalendarium bei Guignard heißt es: »*Commemoratio omnium fratrum et familiarum defunctorum ordinis nostri.*« Guignard, Ph., p. 308.

170 Verglichen mit den cluniazensischen Nekrologien, die mehrere tausend Namen enthalten konnten, fallen die zisterziensischen sehr dürftig aus. Da die Datenbasis für diese recht schmal ist, sind auch die Aussagen über den Inhalt und die möglichen Entwicklungen sehr vage. In Anbetracht des Zweifels an der Wirksamkeit eines kollektiven Gedächtnisses ist es kaum verwunderlich, wenn in einem erhaltenen Beispiel, einem Fragment des Nekrologs des Klosters Heiligkreuz aus dem Ende des 13. Jahrhunderts, auch vermehrt die Ordensmitglieder einen Eintrag erhielten. Wobei hier die Konversen in relativ hoher Zahl vertreten sind. Vgl. Watzl, P.H., 1962.

171 Vgl. Bernhard von Clairvaux, *Epistola* 389, SW III, p.740 [SBO VIII, p. 357]

172 Vgl. Guignard, Ph., p. 393f.

173 »Inquietant multi ex nobis monachi sive conversi conventus alios servitia propria in morte sua petentes; tales petitiones ultra non fiant, quia omnia communia sunt nobis.« Canivez, *Statuta* I, 1180:8.

174 Vgl. Wollasch, J., 1973, pp. 231f.

ment, daß auch für die Weißen Mönche hinsichtlich der Heilsökonomie nicht der Grabesort, sondern das liturgische Gedächtnis von ausschlaggebender Bedeutung war.

Für die Gestaltung der Grabplatten von Äbten erließ das Generalkapitel im ausgehenden 12. Jahrhundert ebenfalls Richtlinien. Das Statut 78 aus dem Jahr 1191 schreibt vor, daß die Grabplatten innerhalb des *claustrums* gleich dem Fußbodenniveau sein müssen.[175] Diese Vorschrift wurde vier Jahre später und noch einmal in den Jahren 1202 und 1220 (Dist. X,33; Dist. X,27) wiederholt mit dem Zusatz, der die Forderung begründete.[176] Die Vorübergehenden sollten nicht behindert werden. Ausnahmen wurden offiziell nur für besonders angesehene Stifter gestattet. So bekam der Abt von Royaumont 1263 die Auflage, Bilder, Plastiken, Wandteppiche sowie die neu angefertigten Säulen mit Engeln, die um den Hochaltar standen, aus Gründen der alten Demut und Einfachheit wieder zu entfernen. Ausgenommen davon waren die königlichen Grabstätten sowie die Grabmonumente derer, die dem königlichen Geschlecht angehörten.[177]

Der Vergleich der einfachen Grabplatten aus England und Wales (z.B. Byland, Flaxley, Margam, Tintern), die entweder Krümme oder eine Krümme mit Hand zeigen, mit den zeitgenössischen Siegeln englischer Konvente scheint mir besonders interessant.[178] T. A. Heslop hat die Siegel englischer Zisterzienserklöster des 12. und 13. Jahrhunderts untersucht.[179] Die Zisterzienser unterschieden ursprünglich, im Gegensatz zu den Benediktinern, nicht zwischen Konventsiegel und Abtsiegel. Die Statuten aus dem Jahr 1200 schreiben eine einfache Gestaltung vor: ein simples Abbild des Abtes mit Stab oder ohne Abbild mit Hand und Stab.[180] Im Jahre 1218 wurde ausdrücklich der Besitz zweier Siegel verboten. Die Kodifikationen des Jahres 1257 (Dist. VIII,1)

---

175 »Lapides in claustris suppositi mortuis solo aequentur.« Canivez, *Statuta* I, 1191:78.

176 »Lapides positi super tumulos defunctorum in claustris nostris coaequentur terrae, ne sint offendiculo transeuntium.« Canivez, *Statuta* I, 1194:7; vgl. Lucet, B., 1964, p. 128

177 »Item, abbati Regalis montis praecipitur auctoritate Capituli generalis, quod picturas, imagines et sculpturas, cortinas, columnas cum angelis circa maius altare de novo factas, ad humilitatem et simplicitatem antiquam Ordinis redigat, ita tamen quos sepulchris regalibus vel eorum qui de regali genere prodierunt, nullum praeiudicium per praeceptum huiusmodi generatur; quod si adimpletum non fuerit infra mensem, idem abbas cum priore suo a vino abstineat donec praeceptum Capituli effectum debitum sortiatur.« Canivez, *Statuta* III, 1263:9.

178 Vgl. Butler, L., 1993.

179 Vgl. Heslop, T. A., 1986.

180 »sed sola et simplici effigie cum baculo, vel sine effigie cum manu et baculo annotetur.« Canivez, *Statuta* I, 1200:15.

Die Zeremonie des Abschieds

gestatteten nun zwei Siegel, wobei das Abtsiegel die Umschrift Contrasigillum talis abbatiae tragen sollte.[181] Mit dem *Act of parliament* aus dem Jahr 1307 wurden die englischen Zisterzienser gezwungen, zwei Siegel einzuführen.[182] Heslop faßte seine Ergebnisse wie folgt zusammen: Die frühen Siegel ähnelten eher in der Größe als in der bildlichen Gestaltung einander. Es gab sowohl Siegel mit Krümme und Hand als auch jene, die den Abt abbildeten. Im 13. Jahrhundert wurde die Gestaltung einheitlicher, wobei die Parallelen vor allem innerhalb der Filiationen zu finden sind. Nach 1307 wurde in einigen Abteien ein neues Siegel angefertigt, andere Konvente änderten nur die Umschrift. Im ausgehenden 12. Jahrhundert bevorzugten Zisterzienser eher das Abbild des Abtes im Gegensatz zu Stab und Hand. Zeitgenössische Formen flossen sehr wohl in die Gestaltung der Siegel ein. Die Zisterzienser hielten sich allerdings in der Größe und in der Ornamentierung gegenüber den zeitgenössischen Siegeln benediktinischer Abteien moderat zurück. Das Motiv des Stabes und der Hand als Symbol des Abtes wurde nach 1257 zur bevorzugten Form des Abtsiegels. Während in den frühen Jahren im Siegel die Figur des Abtes oder die Abbildung der Krümme mit Hand den Abt mit Konvent repräsentierte, wurden Krümme und Hand später zum bevorzugten Symbol für den Abt.

Die wenigen frühen Beispiele der Grabplatten englischer Zisterzienserklöster des 12. und 13. Jahrhunderts sind entweder überhaupt nicht gestaltet oder zeigen das Symbol des Abtes, seltener noch eine Inschrift. Sie sind eigentlich unpersönlich. Die Grabdenkmale in Bebenhausen lassen die weitere Entwicklung ahnen. Durch die Inschrift – im einfachsten Falle wurden nur die Person benannt sowie die dazugehörigen Daten eingeschrieben – wurde das Gedenken persönlicher. Mit der Abbildung des Abtes – nicht im Sinne eines Porträts – und mit einer persönlicheren Umschrift wurde das *memento* weiter individualisiert. Es sollte aber nicht vergessen werden, daß man der Äbte aufgrund ihres Wirkens für die Abtei ohnehin gedachte. Die lange anhaltende Anonymität des Grabsteines bei den Zisterziensern kann aber auch als Zeichen der Demut interpretiert werden.

Eine Ausnahme besonderer Art war der Schrein eines Heiligen. Obwohl sich die Zisterzienser der Pilgerbewegung anfänglich verschlossen, so ließ sich dies spätestens nach dem Tod des hl. Bernhard nicht mehr ganz so streng einhalten. In Rievaulx Abbey haben sich die Überreste des später errichteten

---

181 Vgl. Lucet, B., 1977, p. 297f
182 Vgl. Heslop, T. A., 1986, p. 282.

28 Rievaulx: Wilhelms Schrein, Rekonstruktion (nach Peter Dunn)

Grabmonumentes für den Schrein von Abt Wilhelm, dem ersten Abt des Klosters, erhalten (Abb. 28 und 29).[183] Wilhelm ist ursprünglich im Kapitelsaal gemäß den Bräuchen bestattet worden. In der Mitte des 13. Jahrhunderts wurde für ihn ein Grabmonument in der westlichen Wand des Kapitelsaales nördlich vom Eingang errichtet. Dies ist insofern bemerkenswert, als daß über seine Heilig- oder Seligsprechung keine offiziellen Dokumente existieren und daß heute Aelred, einer seiner Nachfolger, der weitaus bekanntere Zisterzienser ist.

Der Schrein wurde von einer baldachinartigen Steinkonstruktion, bestehend aus einem sechsteiligen Gewölbe und einem *Agnus Dei* als Schlußstein, überdacht, welches wiederum von einem Dreiecksgiebel bekrönt wurde. Die beiden Stirnseiten blieben offen, so daß man vom Kreuzgang in den Kapitelsaal

29 Rievaulx: Wilhelms Schrein am Eingang zum Kapitelsaal

Die Zeremonie des Abschieds

hineinschauen konnte. Damit war aber auch der Schrein selbst, der die Reliquien barg, gut zugänglich. Reste einer dazugehörigen Altarplatte tragen die Inschrift: *SCS WILLMUS*.... Das ungewöhnliche Grabmonument korrespondiert mit der außergewöhnlichen Gestaltung des Kapitelsaales, der im Osten apsidial geschlossen wurde. Im Kapitelsaal sind die Reste von zehn Gräbern nachweisbar, wobei nur drei Grabplatten mit einer Inschrift versehen worden sind, die anderen blieben ohne jedweden Schmuck.

183 Vgl. Peers, C., 1929.

Die Architektur im Orden von Cîteaux

>»Quid est Deus?
>Longitudo, latitudo, sublimitas et profundum.«
>Bernhard von Clairvaux, *De consideratione* XIII.27

Die Geschichte der Weißen Mönche begegnet uns heute vor allem in der Architektur ihrer Klöster. Die Abteien haben die Jahrhunderte mehr oder weniger gut überdauert. Sie sind Zeugnis einer uns heute entfernten, wenn nicht gar fremd gewordenen Kultur. Aber die Steine und Mauern sind nicht tot, sie erzählen über sich selbst, über ihre Baumeister und über diejenigen, die sie schützend beherbergten. Sie offenbaren die Schwierigkeiten beim Bau, das Vermögen oder Unvermögen ihrer Baumeister, schließlich geben sie uns eine Vorstellung von dem, was technischer Sachverstand, handwerklich-praktische Fähigkeiten, organisatorisches Talent sowie körperliche Anstrengungen, die oft auch erzwungen wurden, imstande waren zu leisten.

Architektur ist eine wichtige Quelle für die Erforschung einer spezifischen ästhetischen Kultur. Bauwerke entstehen aus dem Zusammenspiel verschiedener Faktoren (ökonomischer, politischer, kultureller). Sie sind in ihrem Ergebnis mehr als die architektonische Hülle. Dies gilt in besonderem Maße für die Klosterarchitektur. Die Gestalt, Anordnung und Funktion der Räume, die architektonische Formensprache, das verwendete Material und dessen Oberfläche, baugebundener plastischer Schmuck, Bemalung, gestaltete Fußböden und Fenster sowie die heute meist verlorene Innenausstattung fügen sich zu einem Ganzen. Aber selbst wenn man gedanklich alles wieder an seinen Platz stellt, darf niemals vergessen werden, daß es erst die Mönche waren, die im täglichen liturgischen Dienst diesen Ort belebten und ihm Bedeutung verliehen.

Im letzten Kapitel möchte ich die zisterziensischen Bauleistungen unter verschiedenen Aspekten beschreiben und sie in einen größeren Gesamtzusammenhang einordnen. Nach einigen allgemeinen Überlegungen zu methodischen Fragen, zur geographischen Lage der Klöster, zu Bauaufgaben und Baumaterial werden in einem ersten Schritt baugebundene Gestaltungsaufgaben (Wanddekoration, Fußböden, Grisaillefenster) eingehend beschrieben, um den Blick für die Komplexität der Gestaltungsanforderungen bzw. für eine mögliche Homogenität im Zusammenspiel verschiedener Medien zu schärfen. Dem folgen Überlegungen zu ästhetischen Themen *par excellence*: architektonisches Wissen um Maß – Proportion – Licht. Anschließend werde ich, aus-

gehend von der Beschreibung charakteristischer Merkmale der frühen Klosterbaukunst, die Bauorganisation und die Frage nach den Baumeistern, soweit es
die englischen Quellen erlauben, exemplarisch darstellen und kritisch beantworten. Den Abschluß bildet die Beschreibung und Diskussion eines konkreten
Bauwerks, der zweiten Steinkirche von Fountains Abbey (begonnen um 1150).

Allgemeine Vorbetrachtungen

Diese Vorbetrachtungen sind vier Aspekten gewidmet, die in den architekturhistorischen Analysen häufig zu kurz kommen, aber für die ästhetische Kultur
sehr wichtig sind: methodische Überlegungen zur (Architektur-)Wahrneh-
mung, Fragen zu Raumorganisation und ›Baustil‹, die Lage der Abteien, die
Wahl des Baumaterials und die Gestaltung der Gewölbe.

Methodische Überlegungen – Raumorganisation und ›Baustil‹

1. Der hl. Benedikt war bemüht, einen Tagesablauf zu organisieren, der jede
Form von Müßiggang ausschließen sollte. Beten, Essen, Trinken, Schlafen,
Arbeiten – alles hatte seine Zeit und seinen Ort. Wolfgang Braunfels ana-
lysierte benediktinische Klosterbaukunst deshalb unter der Prämisse des »Zusammenhang[s] von Orden und Ordnung«. Die Mönche schufen sich Gebäu-
dekomplexe und Raumfolgen, die das Leben nach der Regel Benedikts nicht
nur ermöglichten, sondern auch rationalisierten. Der inneren Ordnung sollte
eine äußere entsprechen, »der Tagesordnung nach Stunden entsprach eine
Tagesordnung nach Räumen.«[1] Diese Architekturauffassung verband

> »die höchste Idealität mit strengstem Funktionalismus. [...] Einem
> vollkommenen Leben sollte das vollkommene Kloster entsprechen.«[2]

Braunfels' Grundsatz erscheint in einem klareren Licht, wenn seine Thesen mit
denen von Peter Czerwinski zur Wahrnehmung von Raum und Zeit im
Mittelalter kombiniert werden. Czerwinski sieht in den Denk- und Wahrnehmungsstrukturen keine anthropologische Konstante. Im Gegensatz zu den
Denk- und Wahrnehmungsstrukturen der Menschen moderner bürgerlicher
Gesellschaften, die, vermittelt durch die Ware-Geld-Beziehung und der ihr
konform gehenden Rationalität, die universelle Herrschaft des Allgemeinen
und der Abstraktion etabliert haben, waren mittelalterliche Denk- und

1 Braunfels, W., 1969, p. 8–17.
2 Braunfels, W., 1969, p. 14.

Wahrnehmungsstrukturen anders organisiert.[3] Mittelalterliche Räume sind weder systematische noch kontinuierliche Räume, sondern aggregativ nebeneinander liegende Bedeutungsräume. Sie erlaubten weder eine zusammenhängende Erfahrung noch zusammenhängendes Handeln. Die qualitativ verschieden Räume und Zeiten unterliegen keinem

> »sie generierenden *tertium comparationis* [...], keinem Gesetz der Identität, keiner transzendentalen Abstraktion [...]. Die wichtigste Form einer Vermittlung ist der Sprung.«[4]

Das sogenannte benediktinische Klosterschema, welches die Zisterzienser nicht erfanden, wohl aber zur Perfektion führten, hatte sein Zentrum im Kreuzgang.[5] Der Kreuzgang ist weder durch die Regel Benedikts noch durch *Consuetudines* formal und funktionell bestimmt worden. Seine Nutzung war keineswegs festgelegt. Legler sieht deshalb in der Schöpfung des Kreuzganges als Bautypus im 9. Jahrhundert sowie in dessen Weiterentwicklung eine eigenständige Leistung des abendländischen Mönchtums.[6]

Der Kreuzgang wird meist aus einem quadratischen Innenhof gebildet und verbindet die wichtigsten Klausurgebäude miteinander. Architekturhistoriker waren von der funktionalen zisterziensischen Raumorganisation[7] so beein-

---

3 Vgl. Czerwinski, P., 1993, p. 22.
4 Czerwinski, P., 1993, p. 58.
5 Rolf Legler hat den Kreuzgang als Bautypus untersucht. Der Analyse liegt folgende formalarchitektonische Definition zugrunde:»Dieser ›eigentliche‹ Kreuzgang wird gebildet aus vier Galerien, die sich mit jeweils einer Seite an die Hofwand der Konventsgebäude lehnen und an der entgegengesetzten Seite zum Hof hin von einem fortlaufenden System von Öffnungen durchbrochen sind. Diese vier Galerien sind durchgängig an den Ecken miteinander verbunden und bilden so zusammen ein kontinuierliches Gangsystem. Galerie und Hof sind durch eine verschieden hoch ausfallende Bank getrennt. Der Zugang zum Hof ist lediglich durch einzelne, regelmäßig oder unregelmäßig verteilte Unterbrechungen dieser sonst durchgezogenen Bank gewährleistet. Diese Gangarchitektur ist eine selbständig autonome, den Konventsgebäuden vorgelegte Architektur mit eigener Hoffassade und eigenem Dach. Je nach Betrachterstandpunkt hat diese Kreuzgangarchitektur zwei Außenseiten: Vom Hof her gesehen ist die durchbrochene Seite Innenseite, die von den Konventsgebäuden gebildete Innenwand Außenseite; vom Gang her betrachtet ist die dem Licht geöffnete Arkaden-, Polyforien- oder Fensterreihe Außenseite, die geschlossene rückwärtige Wand Innenseite. Der Umstand, daß eine der beiden Gangseiten von der Hofwand der Konventsgebäude gebildet wird, schmälert keineswegs den autonomen Charakter dieser Architektur« (Legler, R., 1984, p. 218).
6 Vgl. Legler, R., 1984, p. 207. Er konnte zeigen, daß der Klosterplan zu St. Gallen das früheste Dokument ist, in dem ein wirklicher Kreuzgang abgebildet ist. Die ersten archäologischen Belege stammen aus der zweiten Hälfte des 10. Jahrhunderts sowie aus dem frühen 11. Jahrhundert: St. Pantaleon in Köln (um 965); St-Fortunat in Charlieu (Anfang 11. Jahrhundert) und St-Martin-du-Canigou (Anfang 11. Jahrhundert). Vgl. Legler, R., 1984, pp. 185–188.

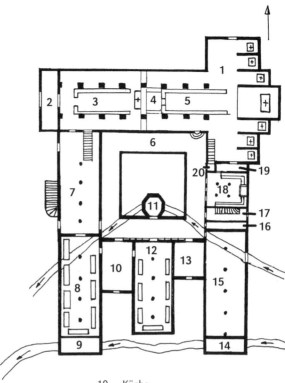

30 Idealer Klosterplan
Legende:
1   Abteikirche
2   Galiläa
3   Chor der Laienbrüder
4   Chor der kranken Mönche
5   Mönchschor
6   Kreuzgang
7   Cellarium
8   Refektorium der Laienbrüder
7+8 Obergeschoß: Schlafsaal der Mönche
9   Latrinen der Laienbrüder

10   Küche
11   Brunnenhaus
12   Refektorium der Mönche
13   Wärmehaus
14   Latrinen der Mönche
15   Tagesraum der Mönche
16   Sprechraum
17   Aufgang zum Schlafsaal der Mönche
18   Kapitelsaal
19   Sakristei
20   Armarium
15+20 Obergeschoß: Schlafsaal der Mönche

7   Ein organisatorisch-praktisches Motiv und ein liturgisch-spiritueller Aspekt haben die effektivere Raumorganisation begünstigt. Zum einen setzte sich das Klosterschema just in dem Moment durch, als die Zahl der Chormönche und Konversen rapide anstieg. Wenn aber die Organisation unüberschaubarer wird, mußte sie klarer strukturiert werden, d.h. nicht nur, daß verschiedene neue administrative Funktionen hinzukommen, sondern auch, daß die räumliche Organisation des täglichen Lebens effizienter organisiert werden muß. Zum anderen hat Peter Fergusson, wie bereits erwähnt, die Drehung des Refektoriums um 90° bei den Zisterziensern in Beziehung zu einer generellen Anbindung der südlichen Klausurgebäude (Küche, Wärmeraum) an den südlichen Kreuzgangflügel gestellt und dafür auch liturgische Gründe genannt.

druckt, daß sie einen idealen Klosterplan erstellten (Abb. 30).[8] Dieses Schema, welches von den Gründervätern weder gefordert noch legislativ festgeschrieben wurde, steht am Endpunkt eines längeren Ringens und wurde so zum eindrucksvollen Zeichen jener auch ästhetisch angestrebten *uniformitas*. Es ist jedoch auch Ausdruck der beschriebenen Denk- und Wahrnehmungsstrukturen. Die einzelnen Räume organisieren sich nicht als systematische Raumfolgen, sondern aggregativ als Bedeutungsräume und verbinden Raumorgani-

8   Vgl. Aubert, M., 1947, Bd. 2, gegenüber p. 1 und Dimier, A., 1962, p. 33. Die Geschichte des Weges bis zum ›Idealplan‹ liegt noch nicht lückenlos vor. Einerseits gibt es kaum archäologische Quellen, die diese frühe Zeit erhellen können. Grabungen sind selten durchgeführt worden und wenn doch, konzentrierten sie sich, wie die Mehrzahl der älteren Architekturhistoriker, auf die Kirchen. In dieser Beziehung ist Marcel Auberts Buch eine rühmliche Ausnahme. Er behandelte das Kloster als Gebäudekomplex. Andererseits gibt es auch keine literarischen Quellen aus der Frühzeit, die mehr Licht in das Dunkel bringen könnten. Zudem bestand in der älteren Forschung häufig der Brauch, den hl. Bernhard für alles verantwortlich zu machen, wie es z.B. in der These vom »Bernhardinischen Plan« zum Ausdruck kommt. Essers These vom »Bernhardinischen Plan« bezieht sich vor allem auf die Filiationen von Clairvaux und dann speziell auf die Gestaltung des Presbyteriums einschließlich der Ostkapellen. Sie ist selbst in dieser Form keineswegs mehr haltbar. Ich teile weder Essers Auffassung, »daß die Anwendung des geraden Ostschlusses in einer persönlichen Anteilnahme des hl. Bernhard an dieser Bauform begründet ist«, noch die grundsätzliche Feststellung, »daß bei jeder echten Formprägung – insbesondere im Mittelalter und in der mittelalterlichen Baukunst – die Zweckmäßigkeit einer Form immer nur die selbstverständliche Voraussetzung, niemals aber der Grund für ihre Anwendung ist. [...] In womöglich noch eindeutigerer Weise ist jede als schöpferische Tat entstandene mittelalterliche Kirche wesentlich ihres jeweiligen Gehaltes willen erstellt und ist jede architektonische Form als von diesem geistigen Gehalt bestimmtes Teilstück geschaffen worden. Jeder Kirchenbau war damit in seiner Ganzheit wie in allen Einzelformen die Verkörperung einer bestimmten Bedeutung, der die Gestaltung entsprach.« Deshalb konnte W. Esser schlußfolgern, »daß Bernhard von Clairvaux die Bauform des allseits geraden Ostschlusses wegen einer ihr zukommenden Bedeutung zur Anwendung gebracht hat.« Vgl. Esser, W., 1953, p. 203f. Esser nimmt den hl. Bernhard in der *Apologia* zu wörtlich und kann die entscheidende Frage nach der formalen Beziehung zwischen Gestalt und Gehalt nicht konkretisieren. Um den symbolischen Gehalt in den Vordergrund zu rücken, behauptet er, daß ein rechteckiger Raum nicht leichter zu wölben sei als ein apsidialer. Dies möchte ich bestreiten, denn in der Regel deckt die Apside nicht den vollen Kapellenraum, sondern mußte mit einer Längstonne oder einer anderen Gewölbeform kombiniert werden. Das Argument eines reformerischen Verzichts auf Apsiden, da sie als Hoheitsmotiv zisterziensischer Lebensweise gegenüber unangemessen erscheinen, ist ebenfalls fragwürdig. Denn es müßte auch der Umkehrschluß gelten. In England haben viele der großen Bischofskirchen einen rechteckigen Ostabschluß (Yorkshire: York Minster, Beverley Minster, Ripon etc.). Hier hätten die Zisterzienser von Fountains, Kirkstall, Roche, Rievaulx, Jervaulx oder Byland wieder zur Apside zurückkehren müssen, um sich hinsichtlich der Form des Ostabschlusses von den Bischofskirchen unterscheiden zu können. Zur Entwicklung rechteckiger Presbyteriumsformen in England siehe Hearn, M. F., 1971.

sation mit der Zyklizität der Zeit, denn die Klausur ist ein Umgang; der *Kreis*lauf klösterlichen Lebens.

Eine solche Betrachtungsweise läßt die Diskussion über die hierarchische Struktur der Raumfolgen überflüssig werden, denn die Kirche steht nicht in architektonischer Konkurrenz zum Kapitelsaal oder Refektorium, sondern bildet einen eigenen Bedeutungsraum.[9] Die Hypothesen korrespondieren außerdem, wie später noch zu sehen ist, mit der Logik des Entwerfens mittelalterlicher Baumeister, die weder im mathematischen Sinne logisch entwarfen, noch das ganze Gebäude detailliert, systematisch in einem Zug planten.[10]

2. Die Zisterzienserarchitektur des 12. und frühen 13. Jahrhunderts ist von reformmonastischen Bauideen geprägt, wie sie Ernst Badstübner beschrieben hat.[11] Die Kirche ist in erster Linie ein Betraum, zweckbetont und schlicht gestaltet, der erst durch die Gemeinde der Mönche seine Bedeutung erhält. Reformorden strebten eine klare Gliederung der Räume an, vermieden die Zergliederung von Wandflächen und verzichteten weitgehend auf Türme, die dem Baukörper zusätzlich Plastizität verliehen. Die Wände wurden nicht aufgelöst und auf ein durchlässiges Skelett reduziert, wie es in der Kathedralarchitektur des 12. und 13. Jahrhunderts geschah. Hier spiegelten sich ein anderes Verhältnis von Innen- und Außenraum wider sowie eine andere Beziehung des Baukörpers zu seiner Umwelt. Die Kathedrale als Bedeutungsraum definierte sich über die Außenraumbeziehung zur Stadt. Sie war nicht nur Hülle für eine geistige Vertiefung, sondern übernahm zugleich didaktische Funktionen und bildete transzendentale Wirklichkeiten ab.[12]

Der Zeichencharakter von Architektur ist deshalb von großer Bedeutung. In Czerwinskis Ansatz gibt es jedoch (noch) keine Trennung zwischen Signifikat und Signifikant. Er konstatierte, daß archaische Wahrnehmung vorbürgerlicher Gesellschaften keinen Gegensatz von Heiligem und Profanem, keine Differenz zwischen Signifikat und Signifikant kennt, sondern nur quantitative Differen-

---

9 Wolfgang Braunfels hat versucht, innerhalb der Klausurgebäude eine hierarchische Ordnung zu etablieren. Dem Kirchengebäude kam demzufolge oberste Priorität zu. An zweiter Stelle rangierte der Kapitelsaal und dann schließlich das Refektorium und das Brunnenhaus. Vgl. Braunfels, W., 1969, p. 15f.

10 Vgl. dazu Abschnitt »Baugeometrie«, pp. 372ff.

11 Siehe dazu: Badstübner, E., 1980, pp. 276–81; sowie Badstübner, E., 1987, Thesen VI–IX, und Kapitel IV, pp. 81–103.

12 Vgl. Badstübner, E., 1980, p. 276. Die genannten Kriterien, die reformmonastisches Bauen charakterisieren, sind als Tendenz und Bemühung zu verstehen, den selbstgestellten Zielen gerecht zu werden, denn auch die Zisterzienser sind bald Kompromisse eingegangen.

zen unterscheidet.[13] Dies bedarf m.E. einer Präzisierung. Denn eine ganzheitliche Wahrnehmung kann sowohl qualitativ differenziert sein als auch (scheinbare) Gegensätze aufheben. Wenn spätestens seit Augustinus auch das Böse seinen Platz in Gottes Ordnung hat, heißt das noch lange nicht, daß das Böse und Gute nur quantitativ gedacht werden könne; ähnliches gilt für das Heilige und Profane. Des weiteren, wenn Grenzen aufgehoben werden, bedeutet dies nicht, daß diese plötzlich nicht mehr existieren. Aus der Perspektive einer ganzheitlichen Wahrnehmungs- und Denkstruktur, wie sie Czerwinski beschrieb, ist Dialektik die Einheit und Aufhebung von Gegensätzen, nicht jedoch ihre Negierung! Mit der These, daß eine vorbürgerliche Wahrnehmung zwischen Signifikat und Signifikant nicht unterschied, wird er selbst zum Opfer modernen Kategoriendenkens. Aus moderner Sicht können wir nur ein Entweder (es gibt den Unterschied zwischen Signifikat und Signifikant) – Oder (es herrscht Identität) denken. Was aber spricht für eine graduelle Annäherung je nach Bedeutungszusammenhängen?[14] Was damit gemeint ist, soll an drei Beispielen dargelegt werden: Sugers Beschreibung von St. Denis, Bernhards Charakterisierung von Clairvaux und Petrus Damianis Sicht auf Cluny.

Abt Suger beschrieb den unter seiner Leitung begonnenen Neubau von St. Denis in zwei kleinen Schriften (*Liber de rebus in administratione sua gestis & Libellus alter de consecratione ecclesiae Sancti Dionysii*) mit recht überschwenglichen Worten, speziell wenn es sich um die neue Ausstattung der Kirche handelte. Suger erwähnt Jerusalem nicht direkt, sondern beläßt es in *De consecratione* bei einer Anspielung auf den Berg Zion.

»Mit Eifer betrieben wir also unter großem Aufwand drei Jahre hindurch, mit einer vielköpfigen Schar von Arbeitern, sommers wie winters, die Vollendung des Werkes, damit wir nicht vor Gott mit Recht beklagen mußten: *Deine Augen sahen meine Unvollkommenheit,* und kamen voran, wobei Er selbst uns half. Entsprechend den göttlichen Dingen wurde *zur Freude der ganzen Welt im Norden der Berg Sion*

---

13 Vgl. Czerwinski, P., 1993, pp. 64ff. Czerwinskis bestechendstes Argument hinsichtlich der Aufhebung von Signifikat und Signifikant ist die Hostie, die den Leib Christi nicht symbolisiert, sondern durch Transsubstantiation selbst zum Leib Christi wird (vgl. Czerwinski, P., 1993, p. 86).

14 Czwerwinskis These der Identität von Subjekt und Objekt in der Wahrnehmung vorbürgerlicher Gesellschaften kann ich nicht folgen. Seiner Feststellung das ›Fiktionales‹ als real wahrgenommen wurde und ›Reales‹ fiktional erscheinen konnte, ist nicht zu widersprechen, jedoch hat die Beziehung zwischen Signifikat und Signifikant nichts mit der Frage ob wahr oder falsch zu tun.

als *Stadt des größen Königs gegründet*, in deren Mitte Gott unbewegt steht; [...] In der Mitte nämlich erhoben zwölf Säulen, die die Zahl der zwölf Apostel vorstellen [...] den Bau unvermittelt hoch«.[15]

Bernhard hingegen beschrieb sein Kloster direkt als himmlisches Jerusalem. In einem Brief an Bischof Alexander von Lincoln bat er jenen, daß ein gewisser Philipp, der sich auf der Pilgerfahrt nach Jerusalem befand und in Clairvaux Station machte, auf eigenen Wunsch dort bleiben dürfe. Bernhard schrieb:

»Euer Philipp wollte nach Jerusalem aufbrechen. Er fand einen Weg, die Reise abzukürzen, und kam rasch, wohin er wollte. In kurzer Zeit überquerte er dieses große und weite Meer, erreichte in günstiger Fahrt schon den ersehnten Strand und landete schließlich im Hafen des Heils. Schon stehen seine Füße in den Hallen Jerusalems, und den er in Ephrata gehört hatte, betete er willig an an dem Ort, wo seine Füße stehen, nachdem er ihn in bewaldeter Gegend (Ps 131,6) gefunden hat. Betreten hat er die heilige Stadt, [...] Er ist also nicht nur ein neugieriger Zuschauer, sondern ein frommer Bewohner und eingeschriebener Bürger in Jerusalem; freilich nicht in dem irdischen, das am Berg Sinai in Arabien liegt und das mit seinen Söhnen in der Knechtschaft lebt, sondern in jenem freien Jerusalem, das unsere Mutter im Himmel ist. Wenn ihr es Wissen wollt: Clairvaux ist es. Dieses selbst ist Jerusalem, dem himmlischen ganz verbunden durch Frömmigkeit der Seele, Nachfolge im Leben und besondere Verwandtschaft des Geistes.«[16]

---

15 »Insistentes igitur per triennium multo sumptu, populoso operariorum conuentu estate et hieme operis perfectioni, ne nobis conqueri Deo, *inperfectum meum uiderunt oculi tui*, iure oportet, admodum ipso cooperante proficiebamus, instarque diuinorum *fundabatur exultationi uniuerse terre, mons syon latera aquilonis ciuitas regis magni*, cuius *in medio Deus non commouebitur* [...]. Medium quippe duodecim columpne duodenarium apostolorum exponentes numerum [...] altum repente subrigebant.« Suger von St. Denis, *De consecratione* 58f, p. 188.

16 »Philippus vester, volens proficisci Ierosolymam, compendium viae invenit, et cito pervenit quo volebat. Transfretavit in brevi hoc mare magnum et spatiosum, et, prospere navigans, attigit iam litus optatum atque ad portum tandem salutis applicuit. Stantes sunt iam pedes eius in atriis Ierusalem, et quem audierat in Ephrata, invento in campis silvae libenter adorat in loco ubi steterunt pedes eius. Ingressus est sanctam civitatem, [...] Factus est ergo non curiosus tantum spectator, sed devotus habitator et civis conscriptus Ierusalem, non autem terrenae huius, cui Arabiae mons Sina coniunctus est, quae servit cum filiis suis, sed liberae illius, quae est sursum mater nostra. Et si vultis scire, Claravallis est. Ipsa est Ierusalem, ei quae in caelis est, tota mentis devotione, et conversationis imitatione, et cognatione quadam spiritus sociata.« Bernhard von Clairvaux, *Epistola* 64, SW II, pp. 555ff [SBO VII, p. 157f].

In ganz ähnlichen Tönen lobte Petrus Damiani in einem Brief an den heiligen Hugo, Abt von Cluny, dessen Kloster. Er verglich es mit dem Paradies.

»Ich habe das Paradies gesehen, bewässert von den vier Strömen des Evangeliums; es wurde befruchtet von den Flüssen der geistigen Tugenden; ich habe den Garten der Wonne gesehen, in dem Rosen und Lilien die verschiedensten Düfte verströmen. Er verbreitet den lieblichen und honigsüßen Wohlgeruch aromatischer Kräuter und Blumen. Von diesem Garten allein könnte Gott der Allmächtige in Wahrheit sagen: ›Siehe, der Duft meines Sohnes ist wie der Duft eines fruchtbaren Feldes, das der Herr gesegnet.‹ (Gen 27). Was aber ist das Kloster von Cluny anderes als der fruchtbare Acker des Herrn? Gleicht nicht dieser Konvent der Mönche, die in der Liebe des Herrn leben, einem himmlischen Garbenbündel? Dieser Gottesgarten wird mit dem Pflug der heiligen Predigt geackert und eingesät mit dem Samen des heiligen Wortes. Dort also sammelt sich die geistliche Ernte an, um später in den himmlischen Speicher eingebracht zu werden.«[17]

Bedeutungen konstituieren sich gemäß den geltenden kulturellen Codes und dem individuellen Vorwissen bzw. den gesammelten Erfahrungen. Während für Suger St. Denis durch die neue materielle Ausstattung *zum* himmlischen Jerusalem wird, auch ohne die Gläubigen, *ist* für Bernhard Clairvaux das himmlische Jerusalem, allerdings nicht aufgrund gestalterischer Extravaganz, sondern des moralischen Lebenswandels seiner Bewohner! Dennoch ist Clairvaux nicht identisch mit dem himmlischen Jerusalem. Die Mönche leben zwar sittsamer als die Bewohner des irdischen Jerusalem, sind jedoch keine *perfecti*. Was das wahre Jerusalem mit Clairvaux verbindet, ist die Gemeinschaft im Geise (*quadam spiritus sociata*). Ähnliches gilt für Petrus Damiani. Cluny ist nicht das himmlische Paradies, sondern das himmlische Paradies auf Erden. Um die graduellen Unterschiede bildhafter auszudrücken: Wenn man Signifikat

---

17 »Vidi siquidem paradisum quatuor Evangeliorum fluentis irriguum, imo totidem spiritualium rivis exuberare virtutum: vidi hortum deliciarum diversas rosarum ac liliorum gratias germinantem, et mellifluas aromatum ac pigmentorum fragrantias suaviter redolentem, ut de illo vere valeat Deus omnipotens dicere: ›Ecce odor filii mei sicut odor agri pleni, cui benedixit Dominus (Gen.xxix).‹ Et quid aliud Cluniacense monasterium, nisi agrum Domini plenum dixerim, ubi velut acervus est coelestium segetum, chorus tot in charitate degentium monachorum? Ager ille quotidiano sanctae praedicationis ligone praescinditur, et in eo coelestis eloquii semina consperguntur. Illic spiritualium frugum proventus aggeritur, ut horreis postmodum coelestibus inferatur.« Petrus Damiani, *Epistola* 4, PL 144, c. 371; dt. Übers. nach Oursel, R., 1979, p. 99.

und Signifikant mit zwei sich überschneidenden Kreisflächen vergleicht, so würden sich beide überschneiden. Die Schnittfläche wäre jedoch für Suger, Bernhard und Petrus Damiani immer eine andere.

3. Zisterzienserarchitektur heißt nicht zisterziensischer Baustil. Zisterzienser fühlten sich nicht einer Quelle verpflichtet. Peter Fergusson gebrauchte eine treffende Metapher, um diesen Sachverhalt zu beschreiben. Die Zisterzienser benutzten das architektonische Vokabular der jeweiligen Zeit, hatten aber ihre eigene Syntax. Das zisterziensische Moment ist das *Wie*. Die Einflüsse konnten aus unterschiedlichen Richtungen kommen: spirituelles Ideal, eigene Traditionen, ökonomische Ressourcen, regionale Bautraditionen, Einfluß der Mutterabtei etc.

Wolfgang Bickel hat in seiner Betrachtung zisterziensischer Architektur diese Vielzahl berücksichtigt und drei Determinantenpaare aufgestellt:

a) Die asketisch-spiritualistische und sensitive Determinante: »Die Vorstellungen von der Gestalt einer Abteikirche. Einerseits das Ideal eines Oratoriums, das ganz der spiritualistischen Frömmigkeit in asketischer Beschränkung entspricht, andererseits der Kirchenbau, dessen Ausführung dem Gefühlsbereich mittelalterlicher Frömmigkeit, der die Anschauung des sinnlich erfaßbaren Schönen braucht, nachkommt.«

b) Die burgundische Determinante und die Ortsdeterminante: »Forderungen aus der burgundischen Tradition des Ordens, die bis in die Spätzeit immer wieder auf Verwendung burgundischen Formengutes drängte, dagegen die kunstgeographischen Lokaltraditionen, die aus der Lage des betreffenden Klosters als Ansprüche der einheimischen Mönche, der Handwerker, der Bauherren eingebracht wurden.«

c) Die Traditions- und Epochendeterminante: »Die im Orden stets vorhandene Betonung der konservativen Formen als Zeichen der Hochschätzung der Ordensanfänge hier, dort die Forderungen des Zeitstils, der künstlerischen Epoche.«[18]

Unter dem Aspekt dieser Determinanten ergibt sich ein eigenständiges, dynamisches, widersprüchliches und gerade deshalb lebendiges Bild zisterziensischer Architektur, das seine Konturen aus den individuellen Lösungen der einzelnen Klöster gewinnt. Die Architektur der Weißen Mönche vereinigte reformmonastische Ansprüche und ordenspolitische Ziele mit einer effizienten räumlichen Organisation des Klosterlebens.

18 Bickel, Wolfgang, 1986, p. 184.

Die Lage der Klöster

Die abgeschiedene Lage zisterziensischer Abteien wird meist nur als Fakt konstatiert oder in zeitgenössischen Beschreibungen der Mönche als *locus amoenus* bzw. himmlisches Jerusalem verklärt. Ich möchte an dieser Stelle hinsichtlich der geographischen Lage der Klöster die Aufmerksamkeit auf zwei Aspekte richten. Der eine betrifft wahrnehmungspsychologische Effekte der Annäherung an eine Abtei. Der andere bezieht sich auf die Qualität der Örtlichkeit im Spiegel zeitgenössischer gesundheitsprophylaktischer Ansichten. Letzteres hat zwar unmittelbar mit der ästhetischen Kultur nichts zu tun, dennoch ist es nur die Kehrseite ein und derselben Medaille.

Ein wahrnehmungspsychologischer Aspekt, der Zisterzienserklöster auszeichnet, wird besonders deutlich im Vergleich der Zisterze Fontenay mit einer Pilgerkirche wie Ste. Madeleine in Vézelay.[19] Der Kontrast könnte größer nicht sein. Beide Gotteshäuser erlangten ihre Berühmtheit in der ersten Hälfte des 12. Jahrhunderts. Sie liegen im Burgundischen in räumlicher Nähe zueinander, ungefähr 100 km voneinander entfernt.

Die heutige Kirche Ste. Madeleine, eine der wichtigsten Pilgerkirchen auf dem Weg nach Santiago de Compostella, wurde nach einem großen Brand des Jahres 1120 am nördlichsten Ende der Stadt, an ihrem höchsten Punkt wieder aufgebaut.[20] Sie gibt sich bereits von weitem dem Besucher als Silhouette zu erkennen. Der Weg bis zum Ziel ist allerdings mühsam. Der Besucher stimmt sich auch heute noch am besten auf Ste. Madeleine ein, indem er sich zu Fuß, über einen Teil des alten Pilgerweges, der Kirche nähert. Vézelay ist ringsum von Hügeln umgeben. Wie früher der Pilger, so steigt auch der heutige Besucher hinab ins Tal, überquert das Flüßchen Cure und stattet zuerst der Kirche in St. Père einen Besuch ab. Danach geht es über einen Hügel nach Vézelay. Man erreicht die Stadt am südlichen Fuß des Berges. Von da an geht es entlang der Hauptstraße, die in leichten Kurven den Ort durchzieht und dabei steil ansteigt, direkt zur Kirche. Die Strapazen des Weges hinterlassen ihre Spuren. Der Wanderer ist erschöpft und zugleich am Ziel. Durch das Auf und Ab des alten Pilgerpfades entzieht sich das Heiligtum oft seinen Blicken. Wer sich darauf einläßt, wird auch heute noch eine dramatische Steigerung verspüren.

Einen ganz anderen Eindruck erhält der Besucher, der sich Fontenay zu Fuß nähert. Wenn der Lärm der Touristen und die schillernden Farben der Busse

---

19 Ich wähle dieses französische Beispiel deshalb, weil für England aufgrund der landschaftlichen Gegebenheiten und hinsichtlich der historischen Entwicklung der Pilgerstätten einschließlich ihrer Bedeutung eine solche Gegenüberstellung nicht möglich ist.

20 Zur Geschichte von Vézelay vgl. Jean-Nesmy, C., 1983.

nicht wären, könnte man auch heute noch, ohne von der Abtei groß Notiz zu nehmen, an ihr ahnungslos vorbeigehen. Deshalb empfiehlt es sich, das Kloster über einen Umweg zu betreten, indem man den Klosterkomplex zuerst links liegen läßt und entlang der Fischteiche bis zum Ende des Tales wandert, dann das Flüßchen überquert und auf der gegenüberliegenden Bergseite zurück in Richtung Kloster läuft. Auf dem Rückweg passiert man den ursprünglichen Gründungsort und erreicht, vom *L'etang St. Bernard* kommend, die Klosterpforte.

Die Landschaft, die der heutige Wanderer durchquert, ist natürlich nicht die mittelalterliche. Darum geht es auch nicht. Wichtig ist vielmehr, daß ein damaliger Besucher des Klosters bzw. ein Pilger sich seinem Ziel mühsam annähern mußte, daß dies zeitaufwendig, manchmal auch nicht ganz ungefährlich war. Während Ste. Madeleine, im Ort gelegen und von Häusern umgeben, bereits von weitem zu sehen war, konnte Fontenay, einsam im Wald, leicht verpaßt werden.[21] Es sei noch einmal daran erinnert, daß die Macht des Waldes für die Mehrheit der mittelalterlichen Menschen den psychologischen Rahmen bestimmte. Es entstand somit eine unsichtbare Grenze zwischen Wald und Kloster, ein plötzlicher Übergang von ›Wildnis‹ zu einer von Mönchen bewohnten Insel. Genau dieser Kontrast machte das Kloster zu einem Stück erfahrbaren Paradieses, zu einem himmlischen Jerusalem, wie es der hl. Bernhard beschrieb.[22] Diese Weltabgeschiedenheit, oder Welt in einer Anderwelt, korrespondierte mit der aggregativen Raumwahrnehmung. Solange Räume als gleichwertige koexistieren konnten, galt der Klosterbezirk als eigenständiger Bedeutungsraum. Weltabgeschiedenheit definierte sich nicht primär über absolute Entfernungen, sondern über die Qualität der vorhandenen Zwischenräume zu Dörfern, Städten oder Residenzen. Visuelle und akustische Störungen waren unmittelbar zu vermeiden, politisch-rechtliche, die sich aus dem Grundbesitz bzw. grundherrlichen Rechten ergaben, mittelbar. Interessant ist, daß die Zisterzienser ihre Zwischenräume als derartige Bedeutungsräume oft durch

21 Gleiches gilt für Fountains Abbey. Ein Spaziergang von Ripon entlang des Flüßchen Skell nach Fountains Abbey, an einem typischen englischen Herbstag, im Wechsel von Frühnebel, Sonnenschein und Nieselregen, bei kühlem Wind läßt jedes romantische Gefühl versiegen. Aber gerade dieses Image hat die Vorstellung von »einer der schönsten Ruinen Europas« (Baedecker) wesentlich geprägt. Dieser Ort im Tal des Skell war um 1132, als das Kloster gegründet wurde, eine höchst unwirtliche Gegend. Sie hatte aber strategische Vorteile, gleichwohl dies bei der Entscheidung dort zu siedeln, kaum eine Rolle gespielt haben dürfte. Bis ins ausgehende 15. Jahrhundert, als der Turm am nördlichen Seitenschiff errichtet worden war, mußte man sich bis auf einen Steinwurf der Abtei nähern, um sie überhaupt optisch wahrnehmen zu können.

22 Vgl. Bernhard von Clairvaux, *Epistola* 64, SW II, p. 555ff [SBO VII, p. 157f].

Bauernlegen erst schufen. Hier wird nicht nur das moderne Verständnis von Raum als kontinuierliche geographische Einheit zum Problem, sondern auch unsere Trennung zwischen Natur- und Kulturraum. Die Gestaltqualitäten des Zwischenraumes als ›Wildnis‹ (*eremus*) ergeben sich nicht aus dem Naturraum ›Wildnis‹, sondern aus dem Bedeutungsraum ›Wildnis‹, der sich sowohl aus den physisch-realen wie aus den theologisch-fiktionalen Daten konstituierte.

Das irdische Paradies lag, und dies ist seine Kehrseite, an einem der ungesündesten Orte jener Zeit. Denn in Tälern ist es meist feucht, oft gar neblig. Die Luft ist schwerer und wird nur wenig bewegt. Bereits bei Vitruvius steht zu lesen, wie und an welcher Stelle Ansiedlungen bzw. Wohngebäude gesundheitsprophylaktisch sinnvoll gebaut werden sollen. Vitruv schöpfte seine Erkenntnis aus zeitgenössischen medizinischen Anschauungen. Für die Gesundheit des Menschen waren die Qualität der Luft, das Maß an Feuchtigkeit und die Temperatur von großer Wichtigkeit. Vitruvius empfahl für den idealen Platz einer Ansiedlung:

> »Der gesunde Platz aber wird hoch liegen, frei von Nebel und Reif sein, weder nach den heißen noch nach den kalten Himmelsgegenden gerichtet, sondern den gemäßigten zugewandt; ferner (wird der Platz gesund sein), wenn die Nachbarschaft von versumpftem Gelände gemieden wird.«[23]

In gleicher Tradition betonen auch die mittelalterlichen *Regimina sanitatis* reine Luft, die in Bewegung ist und weder zu feucht noch zu trocken, weder zu heiß noch zu kalt sein durfte. Wohnungen in der Nähe von Friedhöfen, Ställen, Kloaken und Latrinen zu errichten galt als ungesund. Winde aus dem Norden oder Osten waren ideal. Gemäß der Hauptwindrichtung waren die Fenster einzubauen. Häuser aus unbehauenem Stein und Gips, inklusive des Daches, galten als ungesund. Bei mehrgeschossigen Wohnbauten lag der ideale Ort im ersten Geschoß (*inter duo sollaria*). Wohnen im Erdgeschoß oder Souterrain wurde, weil die Luft hier dick und schwer war, als ungünstig angesehen.[24] Ob sich die Zisterzienser bei der Aufstellung ihrer Siedlungsmaxime überhaupt mit solchen Überlegungen auseinandersetzten, ist unge-

---

23 »Is [locus saluberrimus] autem erit excelsus et non ne/bulosus, non pruinosus regionesque caeli spectans neque aestuosas neque frigidas sed temperatas, deinde si vitabitur palustris vicinitas.« Vitruvius, *De Architectura* I,4, p. 44.
24 Vgl. Sotres, P. G., 1993, pp. 331–333. Im *Tacuinum sanitatis* gibt es auf fol. 78 (Manuskript der Universitätsbibliothek Liège) eine Darstellung unter dem Titel *camere et aer ipsius*, die dies ebenfalls verdeutlicht. Vgl. The Medieval Health Book, Nr. 79.

wiß. Daß sie zumindest einige Aspekte berücksichtigten, läßt sich nicht nur an der Lage wie an der Struktur der Infirmarien ablesen, sondern zeigt sich vor allem darin, daß in England ungefähr die Hälfte der Zisterzienserkonvente mindestens einmal umzog.[25]

Baumaterial: Statussymbol – Spolien – Materialimitation

Wenn Klosterbauten beschrieben und deren Baumaterialien angeführt werden, bleibt oft unerwähnt, daß in damaliger Zeit Bauen in Stein an sich eine ungemein aufwendige und kostspielige Angelegenheit war. Bauen in Stein, ob mit behauenem Stein oder Feldstein, war nicht nur ein Zeichen von Haltbarkeit und Dauer, sondern auch ein Statussymbol, ein Hinweis auf Wohlstand und Reichtum. Viele wohlhabende Zisterzienserklöster waren von einer steinernen Umfassungsmauer umgeben und hatten neben den Klausurgebäuden auch aus Stein aufgeführte Wirtschaftsgebäude und Werkstätten. Hierzu zählen auch die Stadthöfe und Wohngebäude auf den Grangien.[26]

Während eine Adelsburg eher fortifikatorischen Grundsätzen zu genügen hatte, war das Kloster mit seiner steinernen Umfassungsmauer eine friedvolle Burg Gottes. Steinbau bedeutete hier nicht Wehrhaftigkeit, sondern Dauerhaftigkeit im Sinne des ewigen Reiches Gottes. Dennoch demonstrierten auch klösterliche Gebäude aus Stein Status, Reichtum und Macht. Wie verträgt sich dies aber mit der gelobten Armut? Die gelobte Armut bezog sich nur auf die freiwillige individuelle Entsagung, nicht auf die Gemeinschaft. Im mitteleuropäischen Raum, wo wichtige kulturelle Standards zur sozialen Grobgliederung der Gesellschaft ähnlich waren, funktionierte dies. In Irland jedoch, wo selbst Könige oft noch in Lehmbauten lebten, sind zisterziensische Steinbauten wahrscheinlich ganz anders wahrgenommen worden.[27]

Ein weiterer Aspekt ist die Materialqualität. Denn Materialeigenschaften wie Härte, Farbe oder Oberflächenstruktur spielten ebenfalls eine große Rolle. Die Entscheidung für oder gegen ein bestimmtes Material konnte auf verschiedenen Überlegungen basieren. Neben finanziellen und baupraktischen Aspek-

---

25 Vgl. Bell, D. N., 1998.

26 In Wales sind einige Gebäude von Grangien, wenn auch stark zerstört, noch zu besichtigen (vgl. Williams, D. H., 1990, pp. 112ff). Einen besseren Eindruck vermitteln die heute noch gut erhaltene Grangie in Cornet (Commune de Saulcy/Bar-sur-Aube) und der Weinkeller *Le cellier de Colombé* (Commune de Colombé-le-Sec/Bar-sur-Aube) von Clairvaux (vgl. Czmara, Jean-Claude, o. J.).

27 Roger Stalley hat gezeigt, daß die Zisterzienser den Steinbau in größerer Dimension und für breitere Bauaufgaben in Irland erst eingeführt haben. Vgl. Stalley, R., 1987, pp. 7ff.

ten[28] interessieren hier vor allem die materialästhetischen wie Härte, Oberflächenbeschaffenheit und Farbe. Die Härte des Steins entschied über die Möglichkeit der Bearbeitung wie über dessen Verwendung für Mauerwerk, statisch wichtige Elemente sowie für baugebundenen Schmuck. Die Oberflächenbeschaffenheit, d.h. die haptischen Qualitäten, schließt die Farbgebung ein. In Ste. Madeleine in Vézelay nutzte der Baumeister zum Beispiel die naturgegebene Verschiedenfarbigkeit des Sandsteins für architektonische Akzente.

Aus der oft anzutreffenden Ressourcenknappheit von Steinmaterial machten die Mönche aber auch eine Tugend. So bauten die irischen Zisterzienser häufig in Feldstein, und im Südosten Englands bevorzugten nicht nur die Weißen Mönche Ziegel und Feuerstein.[29] Die Backsteingotik im norddeutschen Raum spricht für sich selbst. Die Möglichkeit, aus Lehm relativ einfach Profilsteine zu formen, führte hier nicht nur zur Übernahme von Hausteinformen in Backstein bzw. zu eigenständigen dekorativen Elementen, die durch die verschiedene Art des Versetzens ein und desselben Formates entstanden sind, sondern auch zur Rationalisierung, indem aus einem bestimmten Satz von Grundformen durch Kombination derselben verschiedene Profile an Säulen, Pfeilern, Bögen und Fenstergewänden hergestellt werden konnten.[30]

Eine weitere Variante bestand in der Wiederverwendung alter Materialien bzw. in der Materialimitation. Die Wiederverwendung von Altem gründete in zwei verschiedenen Motiven. Zum einen war es preiswert und praktisch zugleich, vorhandene Steine erneut zu verwenden. Dies geschah vor allem dort, wo bereits eine Vorgängerbau existierte, der nun abgerissen und neu gebaut werden sollte. Fountains und Rievaulx Abbey sind gute Beispiele hierfür. Zum anderen konnte die Wiederverwendung symbolische Bedeutung haben wie im Falle des Neubaus von St. Denis durch Abt Suger.[31] In ganz anderer Weise haben die Zisterzienser von Bonmont alte Materialien wiederverwendet. Sie

28 Beide Aspekte wirkten natürlich vorentscheidend. Schenkten die Stifter anläßlich der Klostergründung einen Steinbruch, so war die Beschaffung der Steine relativ einfach, vorausgesetzt, der Steinbruch lag in räumlicher Nähe zum Kloster und der Transport war ohne größere Schwierigkeiten zu bewerkstelligen. Sollte die neue Kirche nicht übermäßig mit Hypotheken belastet werden, blieb nur noch eine Reduzierung in der Größe bzw. der Verzicht auf steinerne Gewölbe. In Canterbury, wo genügend finanzielle Mittel zur Verfügung standen, konnten es sich die Mönche leisten, die Steine aus Nordfrankreich heranzuschaffen (vgl. Gervasius von Canterbury, *Opera historica* (*pars prima*), RS 73,1, p. 7).
29 Behauene Steinquader wurden nur für die Tür- oder Fenstergewände bzw. für die Mauerecken verwendet (z.B. die Zisterze Coggeshall).
30 Z.B. Kloster Chorin: vgl. dazu Krause, M./Nisch, G., 1991.
31 Vgl. Suger, *De consecratione* 20, p. 175.

Die Architektur im Orden von Cîteaux

31   Fountains: Fugenmalerei im südlichen
Querhaus, Westwand

33   York Minster: südliches Seitenschiff –   32   York Minster: Hauptschiff nach Osten
Blick nach Osten

ließen sich Steine aus Nyon (*Colonia Julia Equestris*) kommen und verwendeten die ursprünglichen Gesimsstücke umgedreht als Pfeilerbasen.[32] Während
bei Suger primär politische und spirituelle Intentionen eine Rolle spielten,
dürfte in Bonmont der Sinn für das rein Praktische vorgeherrscht haben.

Materialien konnten auch imitiert werden, wobei der Fakt des Vortäu-
schens irrig ist. Drei Beispiele mögen dies illustrieren: Fugenmalerei, Holzgewölbe und die Verwendung von *Purbeck Marble*. Die Oberfläche des
Mauerwerks wurde oft verputzt und mit Fugenmalerei versehen (Abb. 31). Das
Mauerwerk ist jedoch nicht, wie man annehmen könnte, aus Feldstein gesetzt,
sondern besteht aus regelmäßig behauenen Steinquadern mit einer glatten,
sorgfältig bearbeiteten Oberfläche. Die Mörtelfugen sind auch nicht dicker als
die auf dem Putz nachgezeichneten. Außerdem folgen sie verschiedenen
Mustern. Hier wird sauber gefugtes Mauerwerk imitiert, aber sollte dies auch

---

32 Vgl. Eggenberger, Peter/ Sarott, Jachen, 1990, p. 22.

Allgemeine Vorbetrachtungen   351 vorgetäuscht werden? Im Minster zu York wurden bereits im Mittelalter Holzgewölbe eingezogen, die den Anschein vermitteln, aus Stein gefertigt zu sein. Es ist bekannt, daß für das Minster Steingewölbe vorgesehen waren, dessen Ansätze sowohl im Hauptschiff wie im Querhaus noch zu erkennen sind (Abb. 32).[33] Sie wurden wahrscheinlich aufgrund der großen Breite von Hauptschiff und Querhaus und den damit verbundenen statischen Problemen für die Wölbung nicht gebaut. Die Baumeister waren sich nicht sicher, ob es ihnen gelingen würde, ein Gewölbe aus Stein in dieser Dimension dauerhaft zu errichten. Täuscht deshalb das Holzgewölbe Stein vor? Schließlich sei noch auf ein drittes, typisch englisches Phänomen hingewiesen, die Verwendung von *Purbeck Marble* (Abb. 33). Dieses Gestein, das seinen Namen von der Insel Purbeck erhielt, ist kein Marmor, sondern Kalkstein. Poliert sieht es echtem Marmor sehr ähnlich, weshalb sich die Bezeichnung Purbeck-Marmor durchsetzte. Die Verwendung des dunkelfarbigen Kalksteins für Bündelpfeiler und Säulen entsprang seiner Farbe und der Möglichkeit, architektonisch Akzente zu setzen – und nicht der Vorstellung, Marmor vorzutäuschen.

Gewölbe

Der Wechsel im Baumaterial wie der von Holz zu Stein hatte gerade bei den Gewölben in ihrer neuen Formenvielfalt große Auswirkungen auf die Raumakustik. Wolfgang Braunfels hob in diesem Zusammenhang die Bedeutung von Liturgie und Gesang hervor.

»Im Vollzug der täglichen Liturgie erfüllte sich die Zisterzienserästhetik auf ihrer höchsten Ebene. Über die Akustik der Zisterzienserkirchen liegen keine Messungen vor, doch stellt jeder einzelne der Kirchenchöre einen Resonanzkörper dar, der den Ton zugleich sammelt und dämpft. Echowirkungen wurden vermieden, jedes Wort sollte fest und klar erklingen. Wo Stille in den meisten Stunden des Tages oberstes Gebot war, entwickelten die Sinne genaues Unterscheidungsvermögen für die Klangstufen des Gesanges.«[34]

Inwieweit die Zisterzienser einen Zusammenhang zwischen Steingewölbe, neuen Gewölbeformen und verbesserter Raumakustik herstellten, ist nicht zu

---

33 Die Gewölbeansätze im Nord-Querhaus sind in der nordwestlichen und nordöstlichen Ecke noch erhalten. Sie werden von Rippen des Holzgewölbes leicht verdeckt. Im Langhaus wurden sie als Ausgangspunkt für das Holzgewölbe benutzt. Die heutigen Gewölbe sind allerdings neu. Sie mußten nach den Bränden 1829/40 und 1984 erneuert werden.
34 Braunfels, W., 1969, p. 152.

klären. Ich vermute, daß brand-
schutztechnische Erwägungen – zumindest am Anfang – im Vordergrund standen. Mit dem Einbau der
neuen Gewölbe wurden dann auch
die klanglichen Vorzüge entdeckt,
die heute noch in Le Thoronet (12.
Jahrhundert) zu bewundern sind. Das
Kirchenschiff hat eine Nachhallzeit
von über zehn Sekunden. Diese ver-
leiht dem einstimmigen Gesang ein ungeheures Volumen. Daß die Mönche
eine Sensibilität für eine gute Akustik besaßen und bestrebt waren, einen
möglichst guten Klang ihrer Gesänge zu erzielen, belegen nicht nur ihre
Äußerungen zum Gesang, sondern auch bewußt eingebaute Hohlräume, die
als Resonanzkörper dienen sollten, in Wänden, Gewölben oder unter den
Chorgestühlen.[35] In Fountains Abbey wurden sogenannte *acustic jars* (Abb. 34)
unter den Chorgestühlen eingebaut. Diese sind allerdings ein Produkt des
ausgehenden Mittelalters und werden in die Zeit von Abt Marmaduke Huby
(1495–1526) datiert.[36]

34   Fountains: acustic jar

Baugebundene Gestaltungsaufgaben

Wanddekoration
Englische Zisterzienserkirchen sind in ihrem Inneren häufig mit weißer Farbe
getüncht gewesen, die Wandflächen wurden mit ein- oder mehrfarbiger
Fugenmalerei dekoriert, Gewölberippen erhielten farbliche Akzente, schließlich ließ man auch Wände bzw. Gewände mit gemalten Ornamenten verzieren.
Ab dem frühen 14. Jahrhundert lassen sich sogar figürlich-farbliche Darstellungen nachweisen.

35 Vgl. dazu Harrison, K., 1968.
36 »The nineteenth-century excavations revealed a masonry-lined pit of Abbot Huby's time on
    each side of the choir, returned against the back of the pulpitum, with recesses in the masonry
    that had held pottery jars. These pits and their acustic jars, one of which is preserved in the
    abbey museum, formed a hollow space beneath the wooden platforms on which the stalls
    stood, to give more resonance to the singing.« (Gilyard-Beer, R., 1970, p. 30f). Auch die
    Kartäuser nutzten solche Effekte, wie die akustischen Schallgefäße in den Wänden der Abtei-
    kirche der Kartause von Pletriach (Slowenien/um 1403–20) belegen. Vgl. Zadnikar, M.,
    1983, p. 107f.

Jürgen Michler hat gezeigt, daß die Farbfassung sakraler Räume integraler Bestandteil des architektonischen Designs war.[37] Obwohl er sich primär mit den hochgotischen Sakralräumen beschäftigt hat, lassen einige seiner Beobachtungen auch Rückschlüsse auf die Phase des Umbruchs von romanischen zu gotischen Formen zu. Wichtig ist, daß die Farbfassung an den konstruktiven Elementen (Pfeiler, Dienste, Gewölberippen etc.) dazu diente, die baulichen Funktionen der einzelnen Glieder hervorzuheben und zu differenzieren, während die farbliche Gestaltung der Wände nur eine flächenhafte Gliederung darstellt. In Fountains Abbey lassen sich beide, die alte und die neue Form der farblichen Gestaltung von Wandflächen und Strukturelementen, nachweisen. Die Farbfassungen zisterziensischer Architektur sind aber nur verständlich, wenn die Einstellung des Generalkapitels zur Farbgestaltung berücksichtigt wird.

Die offizielle Haltung des Ordens zur Farbdekoration geht eindeutig aus den legislativen Texten hervor. Die Dekoration wurde auf ein Minimum reduziert. Figürliche Darstellungen hatte das Generalkapitel untersagt; ausgenommen davon war das Holzkreuz, welches bemalt werden durfte. Die Malerei, so die Begründung, störe die Meditation und lasse die Disziplin sinken. Dieses Argument richtete sich auf das Innere des Mönches, seine Selbstkontrolle und die Gefahr der *concupiscientia oculorum*. In den Statuten des Generalkapitels und in den Kodifikationen von 1257 (Dist. I.4) wird noch ein zweiter, bereits bekannter Grund angeführt.[38] Überflüssiger Reichtum (*superfluitas*) und die Neugierigkeit (*curiositas*) stehen nicht mehr im Einklang mit der einst gelobten Armut und mindern das Ansehen des Ordens. Dieser Passus bezog sich nicht nur auf die Farbdekoration, sondern erstreckte sich auf Fenster, Plastik, Gebäude und die Fußbodenfliesen. Das Generalkapitel war vor allem um die Repräsentation und das Ansehen des Ordens nach außen besorgt. Es kämpfte in gewisser Weise gegen einen Anachronismus an. Denn in jener Zeit, in der die Wandflächen der Arkaden und die des Obergadens, welche traditionell die figürlichen Bildprogramme trugen, diese Funktion an die Glasmalerei abgaben[39], erhielt die Farbfassung eine qualitativ andere

---

37 Vgl. Michler, J., 1977.
38 »Superfluitates et curiositates notabiles in sculpturis, picturis, edificiis, pavimentis et aliis similibus que deformant antiquam ordinis honestatem, et paupertati nostre non congruunt, in abbatiis, in grangiis, vel cellariis ne fiant interdicimus, nec picture preter ymaginem Salvatoris. Tabule vero que altaribus apponuntur uno colore tantum modo colorentur. Hec omnia patres abbates in suis visitationibus diligenter inquirant et faciant observari.« Lucet, B., 1977, p. 208
39 Vgl. Michler, J., 1977, pp. 59ff.

Die Architektur im Orden von Cîteaux

Bedeutung. Hinsichtlich der Wand gliederte sie nun die Fläche, hinsichtlich der konstruktiven Elemente betonte sie jetzt durch unterschiedliche Farbfassung deren Funktionen.

David Park, der das farbliche Dekor englischer Zisterzienserbauten untersuchte, faßte die Vielfalt der Farbgestaltungen in vier Gruppen, die sich auch zeitlich gliedern lassen, zusammen.[40] Für den hier zur Diskussion stehenden Zeitraum sind insbesondere die Dekorationen in Weiß und die Kombination von weißer Farbe mit anderen von Interesse. In den frühesten erhaltenen Beispielen vom Kontinent wie in Obazine wurden die Fugen mit weißer Farbe nachgezogen. Es finden sich auch Beispiele von weiß gekalkten Wänden. Aber ob diese aus der Perspektive des Generalkapitels immer als »bemalt« angesehen wurden, muß offen bleiben. Für England mögen Fountains, Kirkstall und Jervaulx (zweite Hälfte des 12. Jahrhundert bis erstes Viertel des 13. Jahrhundert) als frühe Beispiele gelten.

In Fountains Abbey lassen sich einige dieser Formen in verschiedenen Varianten nachweisen. Weiße Tünche ist an vielen Stellen der Klausurgebäude noch sichtbar, so an den Bögen der östlichen Arkaden der südlichen Querhauskapellen (Abb. 35) oder am Lavatorium (Abb. 16). An der Westwand des südlichen Querhauses haben sich weiße Einzellinien auf geputztem Untergrund erhalten, die Quadersteinmauerwerk imitieren (Abb. 31). Die Linien folgen jedoch nicht den darunterliegenden tatsächlichen Mauerwerksfugen. Doppellinien, die Mauerwerksfugen beidseitig verstärken, finden sich an den Tagestreppen zum Mönchsdormitorium (Abb. 36) oder an den Säulen im *Cellarium* unter dem Schlafsaal der Laienbrüder (Abb. 37). Genau hier deutet sich der Wechsel in der Auffassung

35 Fountains: südliches Querhaus, Ostkapellen – Blick nach Südosten

---

40 Vgl. Park, D., 1986; Park unterscheidet vier Stufen der Farbgestaltung: 1. *decoration in white*; 2. *decoration combining white and other colours*; 3. *coloured decoration*; 4. *figure painting*.

36 Fountains: Tagestreppe zum Mönchsdormitorium, Fugenmalerei

37 Fountains: Gewölbeansatz im Cellarium,
Fugenmalerei

38 Fountains: Refektorium, Westwand,
Fenstergewände mit bemalten Putzresten

39 Fountains: Durchgang vom Kreuzgang
zum Cellarium (Outer Parlour), Putzritz-
zeichnung

Die Architektur im Orden von Cîteaux

an. Während die Fugenmalerei im südlichen Querhaus bzw. an der Dormitoriumstreppe die Wandfläche gliedert, betont sie im *Cellarium* die konstruktive Seite der Gewölberippen.

Einfache dekorative Formen sind heute noch im oberen Teil der Fenster des Refektoriums zu beobachten (Abb. 38). Diese sind einigen Mustern der Bodenfliesen ähnlich. Eine gewisse Besonderheit ist das Fischschuppenmuster, welches sich am nördlichen Pfosten des Durchgangs vom Kreuzgang in den *Outer parlour* befindet (Abb. 39). Hier ist die Putzritzvorzeichnung noch erhalten.[41] Diese frühen Formen der Wanddekoration betrachtete David Park als typisch zisterziensisch, da sie sich fast ausnahmslos auf Zisterzienserbauten beschränken.[42] Diese Schlußfolgerung ist in dreifacher Hinsicht problematisch. Erstens ist die Datenbasis seiner Analyse relativ klein. Außerdem haben neuere bauarchäologische Untersuchungen in Fountains Abbey rote Fugenmalerei an der nördlich überbauten Presbyteriumswand ans Licht gebracht, so daß zur gleichen Zeit (ca. 1150–80) verschiedene Optionen bestanden. Dies spricht gegen eine Hierarchie der Farbgestaltung, wie sie Park postuliert hat. Zweitens hat Jürgen Michler gezeigt, daß Fugenmalerei in Weiß durchaus zum Gestaltungsrepertoire gotischer Sakralräume gehörte. Letzteres könnte allerdings auch als Echo auf zisterziensisches Wirken gedeutet werden. Schließlich muß drittens berücksichtigt werden, daß selbst das Minster von York aus der Zeit Thomas von Bayeux's (um 1100), dessen Reste noch in den Fundamenten des heutigen Minsters sichtbar sind, außen weiß verputzt worden war und daß darüber mit roter Farbe die Fugen nachgezeichnet worden sind.

Warum die Zisterzienser in der farblichen Wandgestaltung gerade Weiß bevorzugten, läßt sich aus den ordenseigenen Zeugnissen nicht hinreichend

41 Dasselbe Muster findet sich auch als Kapitellverzierung an den noch verbliebenen Arkaden des Kreuzganges von Rievaulx Abbey (Abb. 49). Die heute noch sichtbaren Kreuzgangarkaden sind allerdings aus Trümmern der alten wieder zusammengesetzt worden.

42 »To summarise, white masonry pattern – both single-line and double-line, though increasingly the latter – was used up to the first decades of the thirteenth century. Other simple designs in white were also employed in this initial period. After the early thirteenth century, however, there are no examples in England of decoration in white only, without other colours. In white masonry pattern there is a tendency for the thickness of the individual lines to decrease as the twelfth century progresses, perhaps reflecting the general better quality of the latter masonry which tends to have thinner joints. Decoration in white was used to articulate all kinds of architectural features – walls, windows, doorways and vault ribs. The effect of these simple designs in white, especially when on a white or other light ground, and occuring in association with the grisaille glass used in this early period, must have been very serene and austere, and entirely in keeping with the spirit of the early Cistercians.« Park, D., 1986, p. 188f.

40 Fountains: Durchgang zwischen südlichem Querhaus und Kapitelsaal, mehrfarbige Fugenmalerei

erklären. Neben der symbolischen Farbdeutung[43] sind insbesondere praktische Erwägungen sowie regionale Traditionen zu berücksichtigen. Der Farbstoff war leicht zu beschaffen und hatte den Effekt, die Räumlichkeiten zusätzlich aufzuhellen. Außerdem korrespondierte das weiß-graue Gewand der Zisterzienser mit der hellen Wanddekoration.

Die bereits erwähnten weißen Linien sind durch Kombination mit anderen Farben erweitert worden. Im Kapitelsaal von Jervaulx (frühes 13. Jahrhundert) wurden die Kämpfer mit Zinnoberrot hervorgehoben. In Fountains sind die weiß gezeichneten Fugen im Gewölbe der Passage zwischen dem Südquerhaus und dem Kapitalsaal durch schwarze Linien verstärkt worden (Abb. 40), und die Stufenportale des Kapitelsaales enthalten Reste roter Linien in den Archivolten. Im Ambulatorium von Abbey Dore wurde weiß mit rot, pink, gelb und schwarz kombiniert. Diese Form der Dekoration, so scheint es, wurde nur bis in das zweite Viertel des 13. Jahrhunderts angewandt. Sie hat nichts spezifisch Zisterziensisches an sich.

Aus dem ersten Drittel des 14. Jahrhunderts datieren Fragmente figürlichen Wandschmucks.[44] In der *capella ante portas* in Hailes (1320–30) sind

---

43 Vgl. dazu pp. 182ff.
44 Die ersten Beschwerden über figürliche Dekorationen sind im Generalkapitel bereits im frühen 13. Jahrhundert verhandelt worden (vgl. Canivez, *Statuta* I, 1204:40; *Statuta* II, 1242:54 u. 1251:60 sowie *Statuta* III, 1263:9).

Die Architektur im Orden von Cîteaux

sowohl heraldische Motive wie Grotesken abgebildet. Interessant ist in diesem Zusammenhang ein kleiner Traktat in Form eines langen Gedichtes, der unter dem Titel *Pictor in carmine* bekannt geworden ist.[45] In 138 Kapiteln, die zwischen zwei und sechs Distichen variieren, werden Szenen aus dem Alten und Neuen Testament beschrieben, die als Vorlage für figürliche Darstellungen dienen sollten. Die meisten überlieferten Handschriften stammen aus dem 13. Jahrhundert. M.R. James, der das Gedicht edierte, schrieb es hypothetisch einem englischen Zisterzienser zu.[46] Der Text selbst ist, soweit meine Kenntnis reicht, für Zisterzienser folgenlos geblieben.

Auf Holz gemalte Bilder haben sich nicht erhalten. Hierfür gibt es nur Anhaltspunkte aus der Literatur. So berichtet die Chronik von Meaux, daß unter Abt Roger (1286–1310) für den Hochaltar exzellent bemalte Tafeln gearbeitet wurden, und sein Nachfolger, Abt Adam von Skyrne (1310–39), soll ein Gerät (*apparatum*) mit der Geschichte der Propheten konstruiert haben, das ebenfalls um den Hochaltar aufgestellt worden sein soll.[47]

Es bleibt festzuhalten, daß es höchstwahrscheinlich keine spezifisch zisterziensische Tradition in der Wanddekoration gibt.

Fußböden

Gegen Ende des 12. Jahrhunderts begannen französische Zisterzienserkonvente die Fußböden in ihren Kirchen sowie in anderen Klausurgebäuden neu zu gestalten.[48] Gestampfter Erdboden oder einfache Steinplatten wurden durch Fußbodenfliesen ersetzt. Die Herstellung dieser Fliesen erforderte besonderes Geschick, und es ist anzunehmen, daß sich die Zisterzienser, wenn überhaupt, nur anfangs eigener Werkstätten bedienten. Für Meaux Abbey läßt sich eine kleine Produktionsanlage mit Brennofen nachweisen. Sie wird in die Zeit von Abt Wilhelm Driffield (1249–69) datiert. In dieser Zeit ist, laut Klosterchronik, der neue Fußboden in der Kirche verlegt worden.

---

45 Vgl. James, M. R. (ed.) 1951, pp. 151–166.

46 Die Zuschreibung basiert im wesentlichen auf zwei Indizien. Einerseits muß der Autor mit Bernhards *Apologia* vertraut gewesen sein, und zweitens sind bisher nur englische Handschriften gefunden worden. Hinzu kommt, daß überliefert wurde, daß Adam von Dore eine Antwort auf Gerald von Wales' *Speculum Ecclesiae* geschrieben haben soll, der sich in diesem Buch in einigen Passagen über Zisterzienser äußert. Adams Text ist jedoch nicht überliefert. Aufgrund dieser Indizien nahm James Adam von Dore hypothetisch als Autor an. Vgl. James, M. R., 1951, pp. 144–146.

47 Vgl. *Chronica monasterii de Melsa*, Bd. 2, p. 237f u. p. 312f.

48 Einige Beispiele sind im Ausstellungskatalog *Saint Bernard et le monde cistercien* beschrieben und abgebildet. Vgl. Pressouyre/Kinder (Hg.) 1990, pp. 258ff.

Die Herstellung der Fliesen verlief in folgenden Schritten.[49] Das Grund-
material für die Fliesen war Lehm, den die Fliesenmacher im Oktober
ausgruben. Dieser wurde dann bis zum Frühjahr gelagert und wenigstens
einmal gewendet. Die ›Ruhezeit‹ nutzten die Handwerker, um die alten Öfen
zu reparieren bzw. um neue Öfen zu bauen. In den Monaten April/Mai wurden
die Fliesen geformt und dabei gleichzeitig der Lehm mit der Hand gereinigt.
Für das Herstellen der Formen benutzte man hölzerne Rahmen oder Schablonen. Die meist quadratischen Rohlinge wurden dann zum Trocknen für einige
Zeit zwischengelagert. Neben einfachen geometrischen Formen (Quadrat) mit
und ohne Ritzmuster finden sich später Halbreliefffliesen und zweifarbig gestaltete Muster, die durch Verwendung verschiedenfarbiger Lehmarten entstanden. Die Halbreliefs wurden mit vorher sorgfältig gearbeiteten Holz-
stempeln hergestellt. Das Stempeln selbst konnte aber erst geschehen, wenn der
Lehm durch Antrocknen die nötige Konsistenz erhielt. Der Stempel wurde in
einer Zwischengröße gefertigt, die zwischen dem ursprünglichen Rohling und
dem Endprodukt, das beim Brennen ebenfalls schrumpfte, lag. Eine weitere
Schwierigkeit ergab sich bei figürlichen Darstellungen oder Inschriften, da der
Stempel seitenverkehrt gefertigt werden mußte.[50] Bei der Verwendung ver-
schiedenfarbiger Lehmarten trat ein zusätzliches Problem auf. Für die ein-
fachste Variante einer mehrfarbigen Fliese nahm man für den Rohling dunklen
Lehm, prägte danach Mulden in Form des gewünschten Musters ein und füllte
diese mit hellem Lehm, so daß die Oberfläche wieder bündig war. Beim
Trocknen schrumpften die verschiedenen Lehmsorten in unterschiedlichem
Maße, so daß es häufig zu Rissen kam. Das Brennen erforderte hier besondere
Sorgfalt. Nachdem die Rohfliesen getrocknet waren, wurden sie vor dem
Brennen noch einmal nachgearbeitet und je nach Auftrag mit einer Glasur versehen. Um unterschiedliche Farbeffekte zu erreichen, mischte man der Glasur
verschiedene Metalle meist in pulverisierter Form bei. Gewöhnlich wurde Blei
verwendet. Für grüne Farbgebung setzte man Messing oder Kupfer zu, für
schwarz-braun Eisen. Für das Brennen der Fliesen nutzten die Fliesenmacher
die Sommermonate Juni, Juli und August.

Die vorbereiteten Öfen (Abb. 41) wurden meist mit Holz, manchmal aber
auch mit Kohle angeheizt. Der Prozeß des Brennens nahm eine Woche in

---

49 Für die folgenden Erläuterungen zum Prozeß der Herstellung von Fliesen siehe: Eames, E.,
   1992, pp. 7–17; zu den Ausgrabungen in Meaux vgl.: Eames, E., 1961.
50 Wie das Beispiel der sogenannten *Bawsey tiles* (um 1376) zeigt, wo der Name Thomas
   seitenverkehrt im gebrannten Endprodukt erscheint, bereitete dies manchmal Probleme.
   Vgl. Eames, E., 1992, p. 22f.

41   Meaux: Brennofen, Rekonstruktion (nach Elizabeth Eames)

Anspruch. Die größte Schwierigkeit bestand darin, eine gleichbleibende Brenntemperatur von rund 1100° C zu halten. Gewöhnlich ergab sich aber zwischen den unteren und oberen Schichten ein Temperaturunterschied von ungefähr 200° C. So wurde relativ viel Ausschuß produziert, da ein Teil der Fliesen verbrannte und ein anderer Teil mit zu niedrigen Temperaturen gebrannt wurde. Für die ästhetische Wirkung ist die gebrannte Oberfläche von eminenter Bedeutung. Glasierte Fliesen haben eine sehr lebendige Oberfläche. Sie zeigt nicht nur Einschlüsse fremder Materialien, sondern auch verschiedene Farbschattierungen. Dies ist besonders für die einfarbigen geometrischen Fliesen von Bedeutung.

Es ist auffallend, daß nur die ersten französischen Beispiele (um 1190) in ihrem Design als zisterziensisch gelten können. Christopher Norton hat in seinen Untersuchungen zu zisterziensischen Fußbodenfliesen in England drei Thesen aufgestellt: Erstens scheinen sich nur die frühesten Fußbodenfliesen (um 1200) französischer Zisterzen von ihren zeitgenössischen anderen Verwendungen zu unterscheiden, d.h. aber nicht, daß die Zisterzienser dieses

Baugebundene Gestaltungsaufgaben   361

Design erfunden haben. Zweitens könnte Beaulieu Abbey aufgrund ihrer Bedeutung sowie der frühen relativ sicheren Datierung einiger Fliesen in die Jahre um 1227 als Vermittler fungiert haben. Drittens zeigt die Entwicklung in England, daß es sinnvoller ist, von regionalen Entwicklungen auszugehen, die nicht in ein zeitliches Schema im Sinne stilistischer Entwicklungen gezwängt werden.[51] Der Beschreibung einzelner Beispiele sei die generelle Haltung des Ordens vorangestellt.

Der hl. Bernhard kommentierte in der *Apologia* auch ausgeschmückte Fußböden in Kirchen und fragte sich:

> »Warum haben wir nicht wenigstens vor den Bildern der Heiligen Ehrfurcht? Ist doch sogar der Boden, der mit Füßen getreten wird, voll davon! Oft spuckt man auf das Antlitz eines Engels, oft werden die Züge irgendeines Heiligen von den Tritten der Vorübergehenden zerstampft. Und wenn man schon nicht die heiligen Bilder schont, warum nicht wenigstens die schönen Farben? Warum schmückst du, was bald darauf der Entstellung nicht entgehen kann? Warum malst du, was mit Füßen getreten werden muß? Was sollen dort die lieblichen Bilder, wo sie ständig mit Staub beschmutzt werden? Mit einem Wort, was haben diese Dinge mit den Armen zu schaffen, den Mönchen, den Männern des Geistes?«[52]

Bernhard kritisierte allerdings eine völlig andere Form der Fußbodengestaltung. Wie Christopher Norton angemerkt hat, beziehen sich die Vorwürfe des Abtes auf das römische Mosaik (*opus tesselatum*). Aus Bernhards Argumen-

---

51 »Stylistically, however, there is nothing specifically Cistercian about these pavements, and if they are somewhat backward or out-of-date in style and technique, this should be attributed not to any deliberate conservatism or aesthetic purity on the part of the Cistercians, but rather to an accident of history: the tilers arrived in the North of England at the very time when mosaic tiles where about to go out of fashion in France and southern England, and they continued to make pavements in the same style, almost unaffected by the new developments taking place further south. I do not doubt that, if the standard regional style at that period in the North of England had consisted of two-colour tiles, as was the case in the Wessex region, the Cistercians would have adopted them just the same.« Norton, C., 1986, p. 253.

52 »Ut quid saltem Sanctorum imagines non reveremur, quibus utique ipsum, quod pedibus conculcatur, scatet pavimentum? Saepe spuitur in ore Angeli, saepe alicuius Sanctorum facies calcibus tunditur transeuntium. Et si non sacris imaginibus, cur vel non parcitur pulchris coloribus? Cur decoras quod mox foedandum est? Cur depingis quod necesse est conculcari? Quid ibi valent venustae formae, ubi pulvere maculantur assiduo? Denique quid haec ad pauperes, ad monachos, ad spirituales viros?« Bernhard von Clairvaux, *Apologia* XII.28, SW II, p. 196 [SBO III, p. 106].

tation sind zwei Aspekte hervorzuheben. Zum einen stellt er den Bildinhalt in Beziehung zu seinem Gebrauch, zum anderen verurteilt er die Fußbodengestaltung nicht pauschal. Denn aus der Sicht des Abtes von Clairvaux bedürfen Bilder der Heiligen einer anderen Plazierung, da sie so nicht angemessen verehrt werden können. Es ist allerdings fraglich, ob die Heiligenbilder immer als solche wahrgenommen wurden. Der Besucher eines Kirchenraumes mit Mosaiken hat ganz einfach auch technische Schwierigkeiten, die Bilder richtig zu erfassen. Einerseits sind die Distanz des Betrachtenden zum Fußbodenmosaik in der Regel zu klein und der Blickwinkel sehr ungünstig, um das ganze Bild vollständig erfassen zu können. Andererseits wird die Wahrnehmung der Fußbodenmosaiken durch die Orientierung und Bewegung im Raum selbst behindert. Orientierung und Bewegung im Raum sind von der Struktur des Raumes, von dessen Ausleuchtung, von seiner de-korativen Ausgestaltung und natürlich auch vom Zweck des Besuches abhängig. Ob man z.B. einer Prozession folgt, an einem einfachen Gottesdienst teilnimmt oder nur zu Geschäftsverträgen die Kirche betritt, prägt das Verhalten und die Aufmerksamkeit in unterschiedlicher Weise. Bernhard sprach in einem Nebensatz auch von den schönen Farben (*pulchris coloribus*), gegen die an sich nichts einzuwenden sei. Seine Polemik richtete sich hier primär gegen die Verschwendung durch unsachgemäßen Umgang, weniger gegen die Prachtentfaltung.

Die ersten Kritiken innerhalb des Ordens finden sich relativ spät. 1205 wird die Abtei von Pontigny verpflichtet, den neu gelegten Fußboden völlig zu entfernen. In der Begründung wird nicht nur auf das Armutsideal verwiesen, sondern besonders der zur Schau gestellte Überfluß (*superfluitas*) kritisiert.[53] Die Beschwerden häufen sich in kurzer Folge, und mit dem zweiten Drittel des 13. Jahrhunderts werden die Einwände nur noch formal vorgetragen, ohne die Fußbodengestaltung jedoch pauschal zu verdammen. Eine Zielscheibe der Kritik bildeten auch die Handwerker. Um 1210 verurteilte das Generalkapitel den Abt von Beaubec zu drei Tagen in leichter Buße, davon einem bei Brot und Wasser, weil er einen seiner Mönche an Nichtzisterzienser zum Verlegen (*construenda*) eines Fußbodens ausgeliehen hatte. Der Mönch ward unverzüglich zurückzurufen. Die Art und Weise der Gestaltung charakterisierte das Generalkapitel als leichtfertig (*levitatem*) und kurios (*curiositatem*) und forderte

53 »Et hoc ipsum provideat ut pavimentum suae ecclesiae quod et levitatem redolet et paupertatem sancti Cisterciensis Ordinis nutricem, superfluitate sua et curiosa varietate quodammodo detestatur, vel omnino amoveat, vel sic faciat emendari, ut neminem deinceps super hoc scandalizet.« Canivez, *Statuta* I, 1205:10.

zugleich eine Gestaltung gemäß der Reife (*maturitas*) des Ordens.[54] Diese Rüge legt wiederum nahe, daß einige Konvente klostereigene Produktionsstätten unterhielten.

Für den nördlichen Teil Englands liefern die Zisterzienserabteien von Byland, Fountains, Jervaulx, Louth Park, Meaux, Newminster, Rievaulx und Sawley für die Fußbodengestaltung reichlich Material.[55] Von den genannten Abteien ist Byland die einzige, in der noch größere Teile *in situ* zu besichtigen sind. Besonders bedauerlich ist die Tatsache, daß bei den Ausgrabungen von Jervaulx Abbey im 19. Jahrhundert der noch an originaler Stelle erhaltene Fußboden völlig zerstört worden ist. Die frühesten datierbaren zisterziensischen Beispiele fallen in das Ende des ersten Drittels des 13. Jahrhunderts. Bis auf Newbattle (*fleur-de-lis*) und Meaux (zwei einander gegenüber stehende Vögel) sind die Fußböden fast ausnahmslos mit nicht-figürlichen geometrischen Mustern ausgelegt gewesen. Die Farben beschränkten sich meist auf ein dunkles Grün bis Schwarz bzw. auf ein blasses Gelb.

Der Variantenreichtum in der Fußbodengestaltung von Byland Abbey gibt eindrucksvoll Auskunft über die Vielfalt und Flexibilität der Gestaltungsmöglichkeiten.[56] Der Fußboden wird zeitgleich mit dem Neubau der Ostpartien der Kirche sowie der Errichtung des Querhauses (1170–1200) datiert. Er ist von Beginn an vorgesehen gewesen. Das eigentlich Faszinierende an der Gestaltung des Fußbodens ist die Kombination verschiedener Muster, zusammengesetzt aus verschiedenen Techniken. Die einfachste Variante besteht in der Kombination heller und dunkler quadratischer Fliesen (Abb. 42).[57] Diese Arrangements haben zwei Eigenheiten. Zum einen werden die Flächen mit unterschiedlichen, aber in sich konsistenten geometrischen Formen gestaltet. Diese Aneinanderreihung erweckt den Anschein des Zufälligen, läßt aber die

---

54 »Abbas de Belbec qui monachum suum personis qui non sunt de Ordine ad construenda pavimenta quae levitatem et curiositatem praeferunt longo tempore concessit, tribus diebus sit in levi culpa, uno eorum in pane et aqua, et monachus infra festum Omnium Sanctorum revocetur, et non nisi personis Ordinis nostri de cetero commodandus, apud quas non praesumat construere pavimenta quae maturitatem Ordinis non praetendant.« Canivez, *Statuta* I, 1210:34.

55 Der immer noch lesenswerte und mit vielen Beispielen versehene Artikel ist: Eames, E./ Beaulah, G. K., 1956. Den neuesten Forschungsstand diskutiert Christopher Norton in dem bereits erwähnten Artikel. Ich greife im folgenden auf beide Darstellungen zurück.

56 Vgl. Beaulah, G. K., 1993.

57 Für Newminster gibt es ebenfalls eine gute Dokumentation, wobei umstritten ist, ob der Fußboden original so verlegt wurde oder nach bekanntem Schema aus alten Fliesen neu verlegt wurde. Zu den Mustern vgl. Honeyman/Bertram/Hunter, 1929.

Die Architektur im Orden von Cîteaux

42   Byland: Klosterkirche, Fußbodenfliesen im Hauptschiff

43   Byland: Fußbodenfliesen, Rondell im südlichen Querhaus

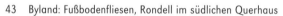

Oberfläche lebendiger wirken. Zum anderen sind nach längerer und eingehenderer Betrachtung der verschiedenen Muster die fehlplazierten Fliesen leicht zu erkennen. Die Verwendung heller und dunkler Fliesen hat noch einen zusätzlichen optischen Effekt. Je nachdem, ob man sich auf die hellen oder dunklen Fliesen konzentriert, entsteht ein anderes Muster. Beide Formen verhalten sich komplementär, die eine ist das Negativ der anderen.

Eine weitere Möglichkeit in der Gestaltung der Muster besteht in der Kombination verschiedener Formate und unterschiedlicher Farben zu geometrischen Ornamenten unter Rückgriff auf wenige Grundformen. Das System wurde erweitert durch die Kombination mit geschwungenen Formen. Diese Art der Gestaltung ist bedeutend aufwendiger und erfordert höhere Fertigkeiten beim Verlegen der Fliesen. Höhepunkt solcher Bemühungen waren die Rondells.[58] In Byland (Abb. 43) wird das Rondell von einem Quadrat eingefaßt, in dessen vier Ecken jeweils kleine Kreismuster eingeschrieben sind. Das Zentrum dieses ›Mosaiks‹ bildet eine sechzehnblättrige Blüte. Die einzelnen inneren Kreise sind jeweils mit verschiedenen Mustern ausgefüllt. Die Muster rufen die großen Fensterrosen ins Gedächtnis. Für Byland läßt sich sogar eine räumliche Beziehung herstellen. Die große Fensterrose befand sich in der Westfassade, und die Rose im Fußboden liegt vor dem Altar der nördlichen Kapelle des südlichen Seitenschiffes.

Christopher Norton hat zu Recht darauf hingewiesen, daß diese Fußböden gegenüber den anderen Formen sicherlich schlicht und einfach sind, dennoch stellen sie in der hier verwendeten Technik die raffiniertesten Beispiele aus ganz Europa dar. Mosaikfliesen dieser Art sind außerdem in der Herstellung teurer und erfordern mehr Aufwand beim Verlegen. Die englischen Zisterzienser erlagen in der Mitte des 13. Jahrhunderts den Versuchungen einer dekorativeren Ausgestaltung. Der Ehrgeiz triumphierte. Die großen Abteien besaßen auch die Mittel zur Finanzierung derartig kostspieliger Ausschmückungen. Eine ähnliche Tendenz läßt sich für französische Zisterzen anmerken. In der Mitte des 13. Jahrhunderts wurden hier ebenfalls zeitgenössische Vorbilder, die nichtzisterziensischen Quellen entsprangen, rezipiert. Resümierend stellte Christopher Norton für die frühe Entwicklung der Fußbodenfliesen in England fest, daß sich keine typisch zisterziensische Gestaltungsauffassung nachweisen läßt.

---

58 Rondells lassen sich auch für Louth Park, Meaux, Newbattle, Rievaulx und Sawley nachweisen. Die Rondelle von Meaux Abbey und Louth Park zählen zu den schönsten überhaupt. Vgl. Norton, C., 1986, p. 245f.

Die Architektur im Orden von Cîteaux

Grisaillefenster

Wanddekoration und Fußbodengestaltung sind bisher immer separat dargestellt worden. Am Beispiel zisterziensischer Grisaillefenster läßt sich zeigen,
daß zwischen den verschiedenen Medien (Wanddekoration – Fußbodengestaltung – Glasfenster) durchaus ein Zusammenhang bestehen kann.[59] Da
von den englischen Zisterzen Abbey Dore die einzige ist, die noch originales
mittelalterliches Glas (Mitte 14. Jahrhundert) in einigen ihrer Fenster hat, ist
es sinnvoll, einen Blick über den Kanal zu werfen.[60]

Helen Zakin konnte in ihrer Arbeit anhand französischer Zisterzen zeigen,
daß sich gleiche oder sehr ähnliche Motive aus der Fensterglasgestaltung in
verschiedenen anderen Medien wie Fußbodenfliesen, Wanddekoration,
Kapitellschmuck oder in illuminierten Handschriften nachweisen lassen.[61]
Zakin hat drei Stufen zisterziensischen Umgangs mit Schmuckelementen
hervorgehoben: erstens die Benutzung einer begrenzten Anzahl von dekorativen Motiven, zweitens die Anwendung dieser begrenzten Anzahl von Motiven
bei verschiedenen Gestaltungsaufgaben in verschiedenen Räumen und schließlich drittens die Anwendung ein und derselben Motive bei verschiedenen
Gestaltungsaufgaben in ein und demselben Raum.[62] Dieser Punkt ist besonders wichtig, denn die Wiederkehr gleicher Motive, d.h. die Adaption ein und
desselben Motivs in Fenster-, Fußboden- und Wandgestaltung, trägt zur
Vereinheitlichung der Raumwirkung bei. Leider gibt es keine Zeugnisse von
seiten der Auftraggeber, Abt und Konvent, die dieses Phänomen näher erklären. Es ist nicht einmal sicher, daß eine bewußte Entscheidung der Auftraggeber zu dieser Kohärenz geführt hat. Auffällig allerdings ist die Tatsache,
daß häufig die Motive, die in sich geschlossen waren, d.h. weder Anfang noch
Ende hatten, zur Anwendung gelangten.[63] Dabei spielt es nur eine untergeord-

---

59 Günther Binding hat in seinem Buch zum Maßwerk auf einen weiteren, bisher wenig
    beachteten Zusammenhang von Maßwerkmustern und Chorgestühlornamentik aufmerk-
    sam gemacht (vgl. Binding, G., 1989, pp. 269–73). Zisterziensische Chorgestühle sind bis
    auf wenige Ausnahmen (z.B. Teile des Chorgestühls in Bad Doberan) zerstört oder späteren
    Datums (Maulbronn/Mitte 15. Jahrhundert). Es bleibt eine Aufgabe der Forschung, diese
    Zusammenhänge für Ordensgemeinschaften zu untersuchen.
60 Zur zisterziensischen Glasmalerei in England siehe Marks, R., 1986, hier p. 219.
61 Vgl. Zakin, H., 1979, Kap. 3 (*Non-figurative patterns in Cistercian decorative media*) pp. 117–140.
62 Vgl. Zakin, H., 1979, p. 118.
63 Flechtbandornamente erfreuten sich generell großer Beliebtheit. In Maulbronn z.B. finden
    sich Flechtbandornamente an den Kapitellen der nördlichen und südlichen Chorkapellen.
    In Altzella wurde das Tympanon des Sommerrefektoriums damit verziert. Hier läßt sich
    auch eine Mischung aus *fleur-de-lis* und Flechtbandornamentik an gefundenen Schluß-
    steinen des Kreuzganges beobachten.

44   Flechtbandornamente, Reuner Musterbuch, f. 11ᵛ

nete Rolle, ob diese Flechtbandornamente einfach oder kompliziert
gestaltet wurden (Abb. 44). Diese
Motive lenken nicht von der Meditation ab, sondern fördern sie geradezu, weil sie den Blick fokussieren
und nicht umherschweifen lassen.
Außerdem strahlen sie Ruhe aus.

Die frühesten Bestimmungen zur
Glasgestaltung stammen aus den
ersten Beschlüssen des Generalkapitels vor 1150. Dort heißt es, daß nur
weißes Glas verwendet werden darf,
ohne Kreuze und bildliche Darstellungen.[64] Im Jahre 1159 werden
Farbfenster ausdrücklich untersagt,
und dort, wo sie inzwischen eingebaut worden sind, sollten sie inner-
halb von drei Jahren wieder entfernt werden.[65] Im Jahre 1182 wird das
Generalkapitel noch deutlicher. Die bemalten Fenster sind innerhalb von zwei
Jahren auszutauschen. Abt, Prior und Kellermeister müssen jede sechste
Woche bei Brot und Wasser fasten, solange die Fenster noch an ihrem Ort
sind.[66]

Die Verbote figürlicher Darstellungen und farbigen Glases führten dazu,
Grisailleglas zu verwenden und die Fensterflächen mit ornamentalen Formen
zu schmücken. Grisailleglas (von frz. *gris* »grau«) entsteht, indem auf farb-
losem Glas mit Schwarzlot in verschiedenen Grauabstufungen Konturen
aufgebracht werden. Durch Bleistege werden die einzelnen kleinen Scheiben zu
größeren Flächen zusammengesetzt. Scheibenform und Bleisteg ergaben die
ersten Ornamente. Grisaillemalerei war gegenüber anderen Techniken erheblich preiswerter.[67]

64 »Littere unius coloris fiant et non depicte. Vitree albe fiant et sine crucibus et picturis.« Turk,
    J., *Cistercii Statuta Antiquissima* (82) XLIII, p. 27.
65 »Vitreae diversorum colorum ante prohibitionem factae, infra, triennium amoveantur.«
    Canivez, *Statuta* I, 1159:9.
66 »Vitreae depictae infra terminum duorum annorum emendentur; alioquin ex tunc abbas et
    prior et cellerarius omni sexta feria ieiunent in pane et aqua, donec sint emendatae.« Canivez,
    Statuta I, 1182:11.
67 Vgl. Drachenberg, E./Müller, W., 1994, p. 11.

45a+b Obazine:
Grisaillefenster

Die frühesten Beispiele zisterziensischer Grisaillemalerei zeigen ein beschränktes Repertoire von Mustern, die aus zwei Grundtypen hervorgehen: zum einen Flechtbandornamente, zum anderen relativ abstrakte vegetabile Formen. Die Muster wurden nicht nur »wörtlich« wiederholt, sondern auch über die Landesgrenzen hinweg verwendet. Erst ab der Mitte des 13. Jahrhunderts werden die Muster vielfältiger und beginnen sich regional stärker zu unterscheiden.[68]

Die frühesten noch *in situ* erhaltenen Beispiele zisterziensischer Glasgestaltung stammen von Obazine. Zakin datiert sie aus stilistischen und baugeschichtlichen Gründen in die Zeit um 1175. Zwei Fenster sind mit Flechtbandornamenten (Abb. 45a), zwei mit Palmettenmotiven (Abb. 45b) dekoriert. Für die nicht-figurativen Glasmuster lassen sich keine einzelnen Quellen im Sinne einer bewußten Übernahme nachweisen. Zakin konnte

---

68 Vgl. Lymant, B., 1980, pp. 345–350.

46 Pontigny, Grisaillemotiv

47 Pontigny, Fliesenmotiv

allerdings zeigen, daß die meisten Ornamente im Formenschatz der französischen Romanik anzutreffen sind und somit allgemein zugänglich waren.[69]

In Pontigny erscheinen Ornamente der Glasfenster in ähnlicher Form auch im Design der Fußbodenfliesen.[70] So läßt sich beispielsweise das Flechtbandmotiv aus einem Grisaillefenster (um 1210) in einer Variation in den Fußbodenfliesen nachweisen (Abb. 46 und 47).

In England gibt es eine gewisse Parallele mit dem Fischschuppenmuster. Dieses erscheint als Verzierung der Kapitelle im Kreuzgang von Rievaulx Abbey (Abb. 48), in gemalter Version am nördlichen Pfosten des Durchgangs zum *outer parlour* in Fountains Abbey und schließlich in Glas in Abbey Dore.

Die Häufigkeit verwendeter Ornamente legt die Frage nahe, ob die Zisterzienser, vielleicht aus

48 Rievaulx, Kreuzgangkapitell mit Fischschuppenmuster

Gründen einer strukturellen Homogenität, nicht Musterbücher angelegt und diese dann innerhalb ihrer Filiation oder sogar darüber hinaus verbreitet haben. Das sogenannte *Reuner Musterbuch* könnte hierauf einige Hinweise

69 Vgl. Zakin, H., 1979, pp. 85ff.
70 Vgl. dazu auch Kinder, T. N., 1993.

Die Architektur im Orden von Cîteaux

geben.[71] Das zwischen 1208 und 1213 entstandene Werk wurde in der steirischen Abtei Rein verfaßt. Es enthält auf dreizehn Blättern neben einem Majuskelalphabet (f. 1^r), zwölf Szenebildern (f. 1^v–2^v), Illustrationen zum Physiologus (f. 3^r–3^v), Prachtinitialen nebst Initialenalphabet (f. 4^r–6^v) und Tierdarstellungen (f. 7^r–10^v) auch eine große Zahl verschiedener vegetabiler Muster (f. 10^v–11^r) bzw. Flechtbandornamente (f. 11^r–13^v) (Abb. 44). Es ist allerdings noch nicht gelungen, Formen aus dem Musterbuch in einzelnen Zisterzienserklöstern nachzuweisen. Inwieweit dieses Musterbuch wirklich als Vorlage für realisierte Projekte gedient hat, ist völlig offen.

Es bleibt festzuhalten, daß die englischen Zisterzienser in der Wanddekoration – auch in den frühen Jahren – hinsichtlich Farbe und Form höchstwahrscheinlich nichts Eigenständiges entwarfen, sondern auf Bekanntes zurückgriffen. Dies gilt definitiv für die Fußbodengestaltung, und für die Glasmalerei läßt sich feststellen, daß eher die strikte Verwendung von einfarbigem bzw. Grisailleglas zisterziensisch ist, keineswegs aber der Formenschatz der Flechtbandornamente. Von den im Reuner Musterbuch oder im *Pictor in carmine* gesammelten Formen lassen sich bisher keine direkten Umsetzungen belegen. Die ästhetischen Effekte bestanden je nach Medium in der Aufhellung des Raumes (weiße Farbtünche), in der Betonung struktureller Elemente bzw. in der Gliederung großer Mauerwerksflächen (Fugenmalerei), in der Verwendung geschlossener, die Meditation unterstützender Flechtbandornamente bzw. Fußbodenrondells und im Spiel mit Farbe und Struktur der Oberfläche bei den Fußbodenfliesen. Schließlich war es durch Verwendung gleicher bzw. sehr ähnlicher Ornamente in verschiedenen Medien in ein und demselben Raum möglich, einen sehr homogenen Eindruck zu erzeugen. Es ist außerdem deutlich geworden, daß zeitliche und regionale Einflüsse es nicht zulassen, von typisch zisterziensisch im Sinne des Ordensverbandes zu sprechen, sondern daß es sinnvoller ist, das zisterziensische Element im konkreten regional-zeitlichen Rahmen zu bestimmen.

71 Zur Datierung und Beschreibung der Handschrift siehe den Kommentar zur Faksimile-Ausgabe von Franz Untermann. Hier sei nur angemerkt, daß das Musterbuch nur die ersten dreizehn Blätter des insgesamt aus 149 Blätter bestehenden Kodex Vindebonensis 507 umfaßt.

Ästhetik des Bauens: Baugeometrie – Maß – Proportion – Licht

Die ästhetische Wirkung eines Baukörpers bzw. eines Ensembles von Gebäuden ergibt sich wesentlich aus der Organisation von Räumen, deren Proportionen, Maßen und der Lichtwirkung. Bevor ich jedoch diese Aspekte, die den bereits gestalteten Raum betreffen, näher betrachte, ist es sinnvoll, kurz auf die Eigenheiten des planerisch-konstruktiven Schaffensprozesses einzugehen.

Baugeometrie

Zur Arbeitsweise von Baumeistern, speziell zu den Entwurfstechniken und der Umsetzung von Entwürfen auf dem Bauplatz, gibt es inzwischen reichlich Literatur, doch zeigen sich bei näherer Betrachtung bei einigen dort vorgebrachten Hypothesen, wie Konrad Hecht nachweisen konnte, viele Ungereimtheiten bzw. stille unbewiesene Annahmen.[72] Dreh- und Angelpunkt ist die Behauptung, mittelalterliche Baumeister hätten ausgehend von einem Grundmaß alle Baumaße in einer Proportionsfigur *ad quadratum* oder *ad triangulum* entworfen.[73] Eine Proportionsfigur entsteht dann, wenn einem gleichseitigen Dreieck, einem Quadrat oder einem anderen gleichseitigen Vieleck dieselbe geometrische Figur diagonal eingeschrieben wird, sich die Seitenlängen also verkürzen. Diesen Schritt kann man mehrfach fortsetzen, dabei lassen sich auch verschiedene geometrische Formen miteinander kombinieren (Abb. 49). Hecht hat nun gezeigt, daß die bisherigen Theorien, die eine Anwendung von Proportionsfiguren der Architektur zugrunde legen, nicht haltbar sind, da sie in der Methodik den Kriterien eines strengen Beweisverfahrens nicht genügen. Um die These aufrecht zu erhalten, wurden willkürliche Aussagen als Tatsachen formuliert, Quellen unkritisch interpretiert oder Abweichungen bei Maßen geduldet, ohne die Toleranzen hinreichend zu begründen. Schließlich ergeben sich aus der Anwendung einer

---

72 Hecht, K., 1969–71. Hechts solide Analyse hat, soweit ich sehe, zwei Schwachpunkte, die zwar die Hauptthesen nicht entkräften, jedoch die Komplexität der Probleme verkürzen. Der Autor negiert indirekt, wahrscheinlich ohne sich dessen bewußt gewesen zu sein, eine Entwicklung geometrischen und mathematischen Wissens bei Baumeistern, weil häufig Beispiele des Spätmittelalters und der Renaissance dazu dienen, den allgemeinen Kenntnisstand »gotischer« Baumeister zu erhellen, d.h. früheren Baumeistern wird das Wissen aus späteren Quellen einfach unterstellt. Der zweite Mangel besteht darin, daß die Qualität mathematischen Wissens von Baumeistern und die Genesis desselben nur unzureichend erläutert wird.

73 Die einzelnen Autoren und deren Thesen werden bei Hecht ausführlich zitiert und kritisch diskutiert. Vgl. Hecht, K., 1969–71, pp. 2–112

Proportionsfigur, die sowohl die Horizontal- wie Vertikalmaße beinhaltet, trotz rationalem Grundmaß häufig irrationale Folgemaße, wodurch die Umsetzung sich äußerst kompliziert gestalten würde.

Wie war es nun um das geometrische und mathematische Wissen der Baumeister im 12. Jahrhundert, vor allem hinsichtlich der qualitativen Aspekte, bestellt? Lon R. Shelby, der sich ausführlich mit dem geometrischen Wissen von Baumeistern beschäftigt hat, unterscheidet praktisches geometrisches Wissen der Baumeister von dem schulischen geometrischen Wissen der Gelehrten.[74] Diese Unterscheidung taucht erstmals bei Hugo von St. Viktor († 1141)

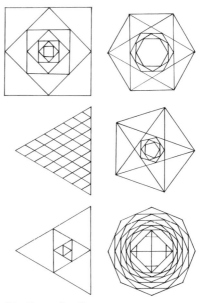

49 Proportionsfiguren

in einem kleinen Traktat, *Practica geometriae*, der zu den *Opera propaedeutica* gehört, auf.[75] Dort unterteilte Hugo die gesamte Geometrie in einen theoretischen Zweig, in welchem die Ergebnisse spekulativ durch Vernunftschluß erreicht werden, und in einen praktischen Teil, in dem die Ergebnisse aktiv durch mutmaßliche Manipulation mittels geometrischer Werkzeuge (wie z.B. Zirkel) erzeugt werden.[76] Die praktische Geometrie beinhaltet die Flächenmessung (*planimetria*), die Höhen- und Tiefenmessung (*altimetria*) sowie die Messung sphärischer Körper (*cosimetria*).[77]

74 Vgl. Shelby, L. R., 1972, pp. 396ff.
75 Roger Baron, der Herausgeber der Schrift, zählt sie zu den Frühwerken. Eine genaue Datierung des Werkes ist bisher nicht möglich gewesen. Der Text der *Practica geometriae* findet sich auf den Seiten 15–64 der *Opera propaedeutica*.
76 »His breuiter prelibatis, deinceps considerandum est quod omnis geometrica disciplina aut theorica est, id est speculatiua, aut practica, id est actiua. Theorica siquidem est que spacia et interualla dimensionum rationabilium sola rationis speculatione uestigat, practica uero est que quibusdam instrumentis agitur et ex aliis alia proportionaliter coniciendo diiudicat.« Hugo von St. Viktor, *Opera propaedeutica*, p. 16.
77 Vgl. Hugo von St. Viktor, *Didascalion* II,13 und *Opera propaedeutica*, p. 17. Ähnlich argumentierte auch Konrad Hecht, indem er unter Geometrie sowohl die Konstruktion geometrischer Figuren wie die Streckenmessung verstand (Vgl. Hecht, K., 1969–71, p. 276f).

Dominicus Gundissalinus (um 1110–81), Philosoph und Übersetzer, folgte im Abschnitt *De geometria* seines Werkes *De divisione philosophiae* Hugo von St. Viktor.[78] Er unterteilte die Geometrie ebenfalls in praktische und theoretische.[79] Gundissalinus ging aber noch einen Schritt weiter, indem er die zwei verschiedenen methodischen Zugänge nicht nur kurz charakterisierte, sondern auch die Personen benannte, die sie ausübten. Als *artifices vero theoretice* werden diejenigen bezeichnet, die sich als Buchgelehrte mit Euklid und den Vernunftbeweisen gemäß Boethius oder den arabischen Gelehrten beschäftigten. Ihr Werk war es, auf der logischen Ebene alle Zweifel auszuräumen. Im Unterschied dazu sind die *artifices vero practice* diejenigen, die die Kunst praktisch handwerklich ausübten, wie z.B. die Vermesser (*mensores*) und Handwerker (*fabri*).[80] Beide Gruppen wurden von ihm noch näher erläutert, wobei die Handwerker für unseren Zusammenhang besonders wichtig sind. Gundissalinus nannte Handwerker diejenigen, die handwerklich produzierten oder sich in den mechanischen Künsten betätigten (*qui in fabricando siue in mechanicis artibus operando desudant*). Dazu zählte er die Zimmerleute (*carpentarii*), die Schmiede (*ferrarii*) oder die Steinmetzen bzw. Baumeister (*cementarii*). Das Geschäft der Handwerker war es, ein in seinen körperlichen Maßen vollendetes Produkt herzustellen.[81] Für den Baumeister hat die Anwendung der praktischen Geometrie gewichtige Folgen.

Erstens: Während beim Theoretiker eine Aussage erst dann wahr ist, wenn auf beiden Seiten der Gleichung Identität herrscht, reichte dem Praktiker ein Näherungswert. Shelby hat dies u.a. anhand geometrischer Manipulationen für ein flächengleiches Dreieck und Quadrat bei Matthias Roriczer († um 1481) nachgewiesen. Die Flächen von Quadrat und Dreieck sind nur annähernd gleich, aber nicht identisch. Dies war für den Praktiker auch nicht von Belang, da er gemäß genau vorgeschriebener Operationen konstruierte und am Schluß wirklich die gewünschte Form erhielt.[82]

Zweitens: Praktische Geometrie bestand in einer sorgfältigen Ausführung vorgegebener konstruktiver Schritte, die durch die Manipulation geometrischer Formen entstehen und die in ihrer gesamten Abfolge keine zwingende

---

78 Vgl. Dominicus Gundissalinus, *De divisione philosophiae*, pp. 102–112.
79 »practice prout in materia senciuntur, theorice prout extra materiam intelliguntur. [...] Finis enim theorice est aliquid docere. finis uero practice est aliquid agere.« Dominicus Gundissalinus, *De divisione philosophiae*, p. 105 u. p. 107.
80 Vgl. Dominicus Gundissalinus, *De divisione philosophiae*, p. 108f.
81 Ebenda p. 109.
82 Vgl. Shelby, L. R., 1972, pp. 411ff.

Logik beinhalten. Dieses offene System gab dem Baumeister die Möglichkeit, an jeder x-beliebigen Stelle anders weiter zu konstruieren. Hierin besteht die kreative Option, aber auch die Gefahr kunsthistorischer Fehlinterpretationen, denn ein sogenannter Planwechsel, der meist mit einem Wechsel des Baumeisters begründet wird, ist unter Berücksichtigung der angewandten technisch-konstruktiven Methoden keineswegs so eindeutig. Darüber hinaus ist anzumerken, daß die Konstruktionslogik mit den bereits beschriebenen Denk- und Wahrnehmungsweisen korrespondiert. Genauso wie der Sprung die Vermittlung zwischen zwei aggregativ gedachten Räumen herstellt, kann der Architekt von einer konstruktiven Ebene bzw. Einheit in die nächste ›springen‹.

Drittens: Das Wissen über diese geometrischen Verfahren wurde im *learning by doing*-System angeeignet und von Generation zu Generation mündlich weitergegeben. Die Verfahrensschritte mußten auswendig gelernt werden.[83] Die Ausbildung eines Baumeisters erfolgte in einer mehrjährigen Lehrzeit, in der der Lehrling das Handwerk von der Pike auf lernen mußte. Der Lehrling erhielt sein praktisches Wissen durch den Meister, der sein Erfahrungswissen persönlich weitergab, das schließlich durch Wanderjahre vervielfältigt wurde. Mittelalterliche Baumeister waren sicher gebildet. Ihre mathematischen Kenntnisse mußten soweit ausgeprägt sein, daß sie in der Lage waren, Baumaterial zu kalkulieren, Strecken zu messen, verschiedene Maßzahlen zu ermitteln bzw. (maßstabsgerechte) Zeichnungen anzufertigen. Sie mußten aber weder des Schreibens und Lesens noch des Lateins kundig sein – obwohl dies einige sicherlich konnten –, denn sie waren keine Universitätsgelehrten. Die theologischen Ideen und symbolischen Bedeutungen, die sich in ihren Bauwerken zweifellos niedergeschlagen haben, dürften eher aus dem intensiven Austausch mit dem Bauherren (Bischof, Abt etc.) hervorgegangen sein.[84]

Schließlich viertens: Die uns überlieferten Traktate von Baumeistern zur Konstruktion verschiedener geometrischer Grundformen bzw. komplizierterer architektonischer Formen geben keine Theorien wieder, sondern sind rein technische Instruktionen ohne logische Begründungen und ohne Hinweise auf die theologischen Implikationen.[85]

Wenn im folgenden Maße und Proportionen in der Architektur besprochen werden, so ist es wichtig daran zu erinnern, daß sich die Werkzeuge eines

---

83 Vgl. Shelby, L. R., 1972, p. 411f u. p. 420.
84 Zur Bildung und Ausbildung mittelalterlicher Baumeister siehe Shelby, L. R., 1970.
85 Vgl. Shelby, L. R., 1975, pp. 141–143.

Baumeisters – neben seinem Erfahrungswissen – auf Seil, Richtscheit, Winkel, Lot, großem Stechzirkel und auf die ›Wasserwaage‹, die nicht mit Wasser, sondern mit einem Lot funktionierte, beschränkten.[86] Die geniale Leistung mittelalterlicher Baumeister besteht m.E. vor allem darin, mit den denkbar einfachsten Hilfsmitteln ein hohes Maß an Präzision erreicht zu haben. Das Verdienst der Baumeister zisterziensischer Klöster besteht in ihrem Streben nach Einfachheit und Klarheit im Grundriß und Aufbau sowie in der Gestaltung ausgewogener Proportionen. Sie haben mit einem Minimum an Aufwand ein Maximum an Wirkung erzielt.

Maß und Proportion

Maß und Proportion bestimmen wesentlich die Struktur und Wahrnehmung von Architektur. Das Maß beinhaltet einerseits das Abgemessene, d.h. die jeweils räumlichen Ausdehnungen eines Baukörpers, andererseits auch das Angemessene, d.h. das Verhältnis des Baukörpers zu anderen vergleichbaren Bauobjekten. Im ersten Fall dominiert das Ästhetische, im zweiten das Moralische. In der Proportion drückt sich das Verhältnis der einzelnen Teile zu ihrem Ganzen aus. Beide, Maß und Proportion, haben eines gemeinsam: Sie sind Beziehungsgrößen und Ausdruck konkreter Verhältnisse. Aber genau diese Relationen sind es, die auf den ersten Blick, individuell unterschiedlich, wahrgenommen werden. Nach dem je eigenen Bezugssystem erscheinen uns Gebäude groß oder klein, hoch oder niedrig, geräumig oder eng, hell oder dunkel. Absolute Maße spielen hier keine vordergründige Rolle.

Von besonderem Interesse sind die bewußten und quellenmäßig direkt nachweisbaren Einflüsse bestimmter Maße bzw. Proportionen auf die Gestaltung eines Bauwerks. Bei der Beantwortung dieser Problemstellung müssen m.E. drei Annahmen vorangestellt werden. Architektur darf erstens nicht teleologisch, d.h. von ihrem als stilistisch formvollendet angesehenen Endpunkt her, erklärt werden. Es muß zweitens die Zwecksetzung der Bauherren, d.h. das jeweilige räumlich-funktionale Konzept, respektiert werden, und schließlich drittens ist davon auszugehen, daß es kaum schriftliche Zeugnisse gibt, die die Entscheidungsfindung zwischen Baumeister und Bauherren dokumentieren, so daß einem Baumeister nicht voreilig theologische Konzepte unterstellt werden dürfen, nur weil sie sich in das Bauwerk hineininterpretieren lassen. Viele dieser Deutungen sind so allgemein, daß sie mit etwas gutem Willen überall nachgewiesen werden können.

---

86 Zur den Werkzeugen mittelalterlicher Baumeister siehe Shelby, L. R., 1961 u. 1965.

Otto von Simson hat in seinem Buch zu den gotischen Kathedralen den Einfluß des platonischen Denkens auf Augustinus und dessen Mittlerrolle hinsichtlich Maß und Proportion für das Mittelalter hervorgehoben.[87] Die diesbezüglichen Gedanken des Kirchenvaters finden sich vor allem in *De musica* und *De ordine*.

Musik wird von Augustinus in *De musica* in der Tradition des Pythagoras als eine Wissenschaft auf mathematischer Grundlage ausgeübt.[88] Einfachen arithmetischen Zahlenverhältnissen wie 1:1 (Gleichheit/Symmetrie), 1:2 (Octave), 2:3 (Quinte) und 3:4 (Quarte) wurde eine besondere Wertschätzung beigelegt.[89] Diese Verhältnisse haben eine Analogie in der Ordnung Gottes, denn der Schöpfer ordnete alles nach Maß, Zahl und Gewicht (Weish 11,21). Augustinus verband Maß und Proportion mit göttlichen Prinzipien und erst diese Analogie begründet die Bedeutung bestimmter Proportionen. Damit werden sie Ausdruck einer metaphysischen Wahrheit.

Der hl. Bernhard wurde diesbezüglich konkreter. In einer Predigt legte er den bereits zitierten Spruch folgendermaßen aus. Maß, Zahl und Gewicht sind Eigenschaften der Schöpfung und können auf Gott nicht angewendet werden. Das Gewicht (*pondus*) verweist auf die Würde (*dignitas*) eines Gegenstandes (*res*). Das Maß (*mensura*) bezieht sich bei gegenständlichen (*corporalis*) Dingen auf den Raum bzw. Ort (*locus*), bei geistigen (*incorporalis*) Dingen auf die Zeit (*tempus*). Die Zahl spiegelt einerseits die Zusammensetzung der Teile (*partium compositionem*) bei den körperlichen und andererseits die Mannigfaltigkeit (*varietas*) und Veränderlichkeit (*mutabilitas*) bei den unkörperlichen Dingen. Gott selbst jedoch ist unvergleichbar. Er hat nicht seinesgleichen, deshalb ist der Schöpfer unwägbar (*inaestimabilis*), unermeßlich (*immensus*) und unveränderlich (*invariabilis*).[90]

Die Schönheit, die sich in diesen von Gott geschaffenen Dingen spiegelt, ist demnach objektiv göttlicher Natur und unabhängig vom subjektiven Empfinden des einzelnen. Sichtbares verweist auf Unsichtbares. Die subjektive

---

87 Vgl. Simson, O. v., 1968, pp. 36ff.

88 Der Bezug zu Pythagoras wurde von Augustinus explizit in *De ordine* II,54 hergestellt. In diesem Werk gab er auch eine Kurzfassung des mathematischen Verständnisses von Musik im besonderen (*De ordine* II,39) wie der Wissenschaften im allgemeinen (*De ordine* II,44).

89 Vgl. Augustinus, *De musica* I,8–12. Aus heutiger Sicht ist es wichtig anzumerken, daß sich Augustinus in *De musica* nicht mit der Harmonielehre beschäftigte, sondern von der Bewegung ausging und damit auch Tanz und Dichtung in sein Musikverständnis einschloß. So entstanden die Proportionen nicht aus musikalischen Tonintervallen, sondern Längen und Kürzen zweier Bewegungen. Zu seiner Musikästhetik vgl. Edelstein, H., 1929.

90 Vgl. Bernhard von Clairvaux, *Sermo de diversis* 86, SBO VI,1, p. 328f

Empfindung sollte einem transzendenten Ideal untergeordnet werden. So schrieb Augustinus über die Vernunft und die Wissenschaften:

»In allen diesen Disziplinen begegnete ihr nur Zahlhaftes, und es offenbarte sich hier um so handgreiflicher, als sie es in ihrem eigenen Forschen und Erwägen als das Wahrhaftigste erkannte, während sie in den Bereichen der Gefühle nur Schatten und Spuren davon feststellen konnte. [...] Sie erwog sorgfältig alles und wurde sich ihrer ganzen großen Kraft bewußt, die sie einzig und allein den Zahlen verdankte.«[91]

Diese normative Ästhetik, die das gefühlsmäßige Erleben weitestgehend abqualifizierte, war Teil eines römisch-katholischen Disziplinierungsmechanismus, der allerdings auch seine Nischen kannte (Karneval etc.). Diese rigorosen theologischen Imperative ließen sich jedoch weder in der Musik noch in der Architektur konsequent durchhalten, weil immer wieder nach Wegen gesucht werden mußte, das Übersinnliche sinnlich erfahrbar zu machen.

Otto von Simson sah in der Schule von Chartres und in den Zisterziensern zwei Hauptgruppen, die das augustinische Denken im 12. Jahrhundert rezipierten und reflektierten. Während sich die Chartreser Gelehrten als Theoretiker von der mathematisch-abstrakten Seite, d.h. genauer von der theoretischen Geometrie her, dem Kosmos als Ausdruck der göttlichen Ordnung näherten, taten es die Zisterzienser eher von der praktisch-religiösen Erfahrung her, d.h. aus der Perspektive von Kontemplation und mystischer Schau. Die Ansichten der Schule von Chartres trugen wesentlich zur gesellschaftlichen Aufwertung des Architektenberufes bei. Denn der Baumeister als Schöpfer und Anwender göttlicher Prinzipien sollte in erster Linie ein *homo theoreticus* sein, was später zu dieser merkwürdigen gesellschaftlichen Stellung zwischen Handwerker und Gelehrten führte.[92] Pierre de Montreuil wurde nicht zufällig auf seinem Epitaph als *doctor lathomorum* bezeichnet. Mit Blick auf die praktischen Konsequenzen dieser normativen ästhetischen Ansichten für den Architekten, läßt sich von Simson nur zustimmen, wenn er schlußfolgert:

»Wir können noch nicht einmal mit Gewißheit sagen, daß die ästhetischen und technologischen Konsequenzen ihrer Kosmologie einen

91 »In his igitur omnibus disciplinis occurrebant ei omnia numerosa, quae tamen in illis dimensionibus manifestius eminebant, quas in se ipsa cogitando atque uoluendo intuebatur uerissimas, in his autem, quae sentiuntur, umbras earum potius atque uestigia recolebat. [...] Tractauit omnia diligenter, percepit prorsus se plurimum posse et quicquid posset numeris posse.« Augustinus, *De ordine* II,43.
92 Zum Architekt als Gelehrten vgl. Albertus Magnus, *Metaphysicorum* I,I,11.

unmittelbaren Einfluß auf die Gotik, den neuen Stil, der um 1140 aufkam, ausgeübt haben.«[93]

Die Zisterzienser entwickelten die ästhetischen Überlegungen primär aus ihrer Spiritualität. Triebfeder war einerseits eine rational-intellektuelle Einstellung, die zur Uniformierung drängte, und andererseits eine bestimmte moralisch-religiöse Einstellung, von der aus *necessitas* und *superfluitas* bestimmt wurden. Aus diesem Grund ist die zisterziensische Kritik an reich geschmückten religiösen Bauwerken, ob nach innen oder nach außen gerichtet, nie primär Stilkritik oder Kritik an der architektonischen Form im Sinne von gut oder schlecht gestaltet, sondern immer moralische Kritik im Sinne des jeweils Angemessenen (*forma ordinis*). Der heilige Bernhard brachte dies im Begleitschreiben zum Offizium für St. Viktor, in dem er scheinbar beiläufig sein Musikverständnis erläuterte, auf den Punkt. Dort heißt es:

> »Wenn man aber etwas Neues hören will und es ein Anlaß rechtfertigt, dann, möchte ich meinen, muß wie gesagt diese Würde des Lobes und des Urhebers verbürgt sein, die den Herzen der Zuhörer in gleicher Weise Lust und Nutzen bietet. Ferner sollen die Gedanken unzweifelhaft im Glanz der Wahrheit strahlen, sie sollen die Gerechtigkeit rühmen, zur Demut raten, Mäßigung lehren, sie sollen aber auch Licht in den Herzen entzünden, die Sitten formen, die Laster verdammen, den Neigungen Innerlichkeit, den Sinnen Beherrschung schaffen.«[94]

Bernhard argumentierte primär von einem theologisch-moralischen Standpunkt aus und stellte das Tugendhafte in den Vordergrund. Begriffe wie Wahrheit, Gerechtigkeit, Mäßigung, Demut oder Würde belegen dies. Das Offizium, musikalisch als Einheit von Wort und Ton, sollte helfen, die Persönlichkeit zu formen und ihren Charakter zu festigen, nie aber dazu dienen, »interesseloses Wohlgefallen« zu wecken. Dieser Anspruch gilt auch für die zisterziensische Architektur. Jedoch blieb hier die Forderung nicht nur sehr abstrakt, sondern wurde auch noch *ex negativo* durch Verbote bestimmt. Dies hängt vor allem damit zusammen, daß sich Musik dem Zuhörer auf eine andere

---

93 Simson, O. v., 1968, p. 85.
94 »Quod si nova audire libet et causa requiret, ea, ut dixi, recipienda censuerim, quae cordibus audientium, quo gratiora, eo utiliora reddat et eloquii dignitas, et auctoris. Porro sensa indubitata resplendeant veritate, sonent iustitiam, humilitatem suadeant, doceant aequitatem, quae etiam lumen mentibus pariant, formam moribus, crucem vitiis, affectibus devotionem, sensibus disciplinam.« Bernhard von Clairvaux, *Epistola* 398, SW III, p. 782 [SBO VIII, p. 378].

Art und Weise erschließt als Architektur. Sie wird anders wahrgenommen und im konkreten Fall ganz anders erfahren. Im Gegensatz zur Architektur weckt Musik Emotionen schneller und auf eine völlig andere Weise. Während der Mönch, wenn er im Chor singt, auch gleichzeitig Produzent ist, ist er in der Wahrnehmung von Architektur eher Konsument. Denn die Erfahrung eines Gebäudes ergibt sich in erster Linie aus der Raum-, nicht aus der Bauerfahrung. Während die Musik nur im Wechsel von Singen und Hören, daß heißt im ständigen Reproduzieren, für den Mönch erfahrbar wird, ist die Architektur, einmal errichtet, als Raumhülle ein ständiger Begleiter. Dennoch lassen sich auf der Ebene theoretischer Reflexion Analogien aufzeigen. Den kunstvollen Figuren im Gesang (Melismen, Tropen) entsprechen im Bereich der Architektur plastischer Bauschmuck, Wandmalereien, bunte figürliche Fenster oder detailreich ornamentierte Fußböden. Die Proportionen am Bau finden ihre Entsprechung in musikalischen Intervallen, Versmaßen und Rhythmus, womit sich der Kreis zu Augustinus wieder geschlossen hat. Die moralischen Prinzipien haben sich weder in der Musik noch in der Architektur auf Dauer durchgesetzt. Der ordenspolitischen Idealität standen die Dynamik regionaler Entwicklungen, der Sinn für das Praktische, die Spontaneität und der Einfallsreichtum einzelner gegenüber. Diese Widersprüchlichkeit wirkte produktiv auf die Gestaltung. Hier setzten Zwänge Kreativität frei.

In der Architektur zisterziensischer Kirchen ist in bemerkenswerter Weise die Anwendung bestimmter einfacher Proportionen nachweisbar, die jedoch nicht auf eine Proportionsfigur mit einem Grundmaß zurückgehen. Daß diese Maßverhältnisse auch religiös interpretiert werden können, steht außer Zweifel. Ich halte es jedoch für wahrscheinlicher, daß die angewandten Proportionen eine Folge einfacher geometrischer Manipulationen bzw. Konstruktionsprinzipien gewesen sind. Als Ausgangspunkt konnte z.B. ein Quadrat genommen werden, wobei ich hier unter *ad quadratum* nicht eine Proportionsfigur mit Grundmaß, sondern das Quadrat als Grundmodul im Sinne eines Rastersystems verstehe. Was hiermit gemeint ist, soll am Beispiel von Fontenay und Fountains Abbey verdeutlicht werden.

Hanno Hahn hat sich im Rahmen seiner Arbeit zum Kloster Eberbach mit den Proportionen früher Zisterzienserkirchen beschäftigt. Ich teile nicht, daß sei vorab gesagt, alle seine Schlußfolgerungen, die er aus der Proportionierung gezogen hat, vor allem die nicht, die in ihrer Verallgemeinerung auf ›Baugesetze‹ hinauslaufen.[95] Dennoch ist Hahns Proportionsanalyse in mehrfacher

---

95 Hahn ist sehr korrekt bei den Beispielen, die er selbst gesehen und vermessen hat. In der

Hinsicht beispielhaft. Erstens hat er klar definiert, an welchen Punkten er die Maße entnommen hat. Diese Meßpunkte sind für alle Beispiele gleich, damit auch vergleichbar. Zweitens hat er zwei Grundmaße ermittelt, aus denen sich die wichtigsten Abmessungen eines Kirchengrundrisses durch geometrische Manipulation der Strecken erzeugen lassen. Drittens hat er durch eigene Messungen die jeweiligen Toleranzen, die sich am Bau ergaben, ausgerechnet. Geht man von den mittelalterlichen Methoden des Vermessens aus, sind sie erstaunlich gering. Die maximale Toleranz betrug 40 cm. Schließlich konnte er viertens zeigen, daß sich diese Grundmaße an einigen Klosterbauten auch im Aufriß und im Grundriß des Kreuzganges wiederfinden lassen. Werden die Bauten in dieser Weise analysiert, so spielen die regionalen Maßeinheiten keine Rolle.[96]

Hahn kommt in seiner Beschreibung mit zwei Grundmaßen aus. Maß I entspricht der Breite des Langhauses eingeschlossen der Mauerstärke. Maß II umfaßt die Breite des Querhauses inklusive Mauerstärke. Die Maße I:II verhalten sich wie 3:4. Für Fontenay ergibt sich nun folgendes Bild (Abb. 50). Die Gesamtlänge der Kirche (ohne der später hinzugefügten Eingangshalle) inklusive Mauerstärke entspricht dem Dreifachen des Maßes I oder dem Vierfachen des Maßes II. Das Querhaus ist in seiner Länge (von Nord nach Süd) das Doppelte seiner Breite (Maß II). Maß II entspricht auch der Breite eines Seitenschiffes plus Mittelschiffsbreite inklusive Außenmauerstärke und Arkadenmauer. Das Langhaus vom Eingang (mit Außenmauer) bis zum Querhaus (ohne Gurtbogen der Vierung) entspricht dem Doppelten des Maßes I. Dem Maß I entspricht ebenso die Querhausbreite einschließlich Chorhaupt. Der Grundriß läßt sich außerdem in Quadrate zerlegen, die jeweils in ihren Seitenlängen dem Maß I oder II entsprechen. So decken zwei Quadrate vom Maß I das Langhaus ab. Da Maß I sowohl die Länge vom Chorhaupt bis zum östlichen Gurtbogen der Vierung bildet, als auch vom nördlichen

Bemühung, Regeln für frühe Zisterzienserbauten aufstellen zu wollen, neigte er dazu, das qualitative Verhältnis von regionalen Eigenheiten zu Ordensmaximen unterzubewerten. Im Falle von englischen Zisterzen würde ich eben nicht von einer Ausnahme, die durch englische Besonderheiten hervorgerufen wurde, sprechen (vgl. Hahn, H., 1957, p. 79), sondern von einer bewußten Adaption burgundischer Tradition bei Wahrung regionaler Besonderheiten. Ich werde bei der Besprechung der Länghäuser von Fountains und Rievaulx darauf zurückkommen.

96 Architekturhistoriker waren immer versucht, ein Gebäude hinsichtlich absoluter historischer Maßeinheiten gemäß christlicher Zahlensymbolik zu interpretieren. Ich halte diese Versuche für wenig fruchtbar, da häufig aus der Bandbreite historischer Maßeinheiten die theologisch passenden herausgesucht werden. R. E. Zupko hat englische Maßeinheiten für das Mittelalter untersucht und festgestellt, daß es selbst bei ein und demselben Maß lokale Unterschiede gab. Vgl. Zupko, R. E., 1974, pp. 240ff u. 1989, pp. 583ff.

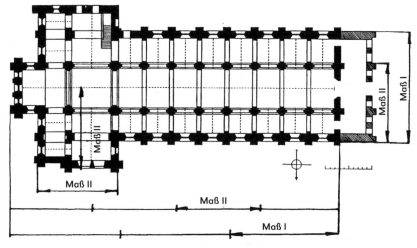

50   Fontenay: Grundriß mit Grundmaßen I und II nach Hahn

Gurtbogen der Vierung bis zur Außenkante des südlichen Querhauses, läßt sich auch hier ein Quadrat einzeichnen. Die Fläche des Querhauses ist deckungsgleich mit der zweier Quadrate von Maß II. Die Vierung selbst dient nicht als Grundmodul. Sie ist, eingeschlossen der Gurtbögen, doppelt so groß wie die Differenz zwischen Maß I und Maß II.

Werden nun die Proportionen in musikalische Einheiten übersetzt, so stehen Langhaus und Querhaus im Verhältnis 1:2, das entspricht der Oktave. Das Verhältnis von 3:4 (Quarte) entspricht nicht nur dem Verhältnis vom Maß I:II, sondern auch dem Verhältnis von Seitenschiff- und Mittelschiffsbreite zur Strecke vom westlichen Gurtbogen der Vierung bis zum Chorhaupt. Die Quinte (2:3) findet sich im Verhältnis von Vierungsbreite zur Gesamtbreite von einem Seitenschiff und dem Hauptschiff. Abgesehen vom Oktavverhältnis sind die anderen Proportionen von Quart und Quinte so schwierig nachzuvollziehen, daß es mir absurd erscheint, dem Baumeister unterstellen zu wollen, diese Maße bewußt eingebaut zu haben. Diese Proportionen sind schlicht eine Konsequenz, die sich aus der Anwendung von Grundmodulen ergibt, d.h. abgeleitete Größen. Der Baumeister mußte, wie Nicola Coldstream es auf den Punkt brachte, kein mathematisch-theoretisches Genie sein.[97]

97 »No mason needed to know the theoretical basis of what he was doing, nor did he need to demonstrate that this solution was mathematically correct. What he did need to know was how to manipulate the figures to achieve the desired result. [...] These dimensions could be

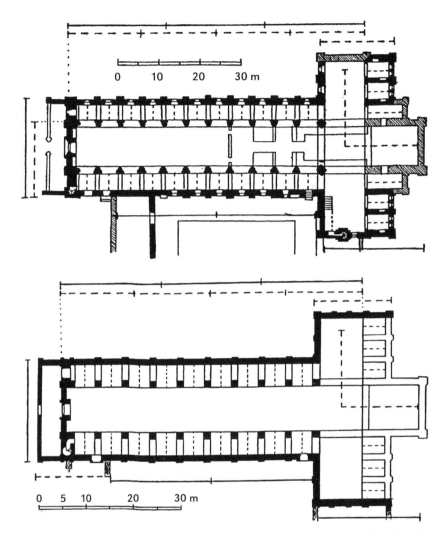

0   10   20   30 m

0   5   10   20   30 m

51a+b   Fountains(oben) und Rievaulx (unten): Grundrisse mit Grundmaßen I und II nach Hahn

Die Anwendung geometrischer Verfahren in der Baupraxis, das sei deutlich gesagt, ist eine Methode, deren Resultate immer auch die Handschrift ihres Meisters zeigen und manchmal auch mehrere Möglichkeiten der Deutung zulassen. Hahns Interpretation von Fountains Abbey (Abb. 51a) und Rievaulx Abbey (Abb. 51b) läßt die Probleme einer Suche nach einem übergreifenden Modus deutlich werden. Im Vergleich zum Idealbild von Fontenay wird auf den ersten Blick deutlich, daß die Länge der Kirche nicht mehr in das Proportionsschema paßt, weshalb Hahn begann, mehrere Typen zu unterscheiden. Ein weiteres Problem für Fountains besteht darin, daß Hahns Analyse nicht auf Baumaßen fußt, sondern nach Planmaßen erstellt wurde. Planungenauigkeiten von ein bis zwei Millimetern ergeben jedoch Differenzen in Originalgröße von einem halben bis eineinhalb Meter. Ich habe stichprobenartig einige Maße selbst abgenommen und bin zu etwas anderen Ergebnissen gelangt. Von besonderer Bedeutung sind nicht die Maßabweichungen an sich, sondern die Schwierigkeiten, die sich bei einer Proportionsanalyse ergeben.[98]

Der von mir gezeichnete Grundriß (Abb. 52) berücksichtigt keine Details (Nischen, Türen und Durchgänge), da der Schwerpunkt auf einem vermuteten Rastersystem liegt. Die schraffierten Stellen des Querhauses bzw. Presbyteriums sind abgebrochen worden, und speziell für das ehemalige Presbyterium existieren keine verläßlichen Maße. Ich habe mich hier an älteren Plänen orientiert. Das bedeutet aber auch, daß das Presbyterium hier keine Rolle spielen kann.

Die erste Überraschung bestand darin, daß in Fountains Abbey zwei Langhausarkaden im Verhältnis zur Mittelschiffsbreite nur annähernd ein Quadrat bilden. Nimmt man die Achsmaße, so ergibt sich in Nord-Süd-Richtung ein Plus von ca. 40 cm. Auch verhält sich Maß I : II nur annähernd wie 3:4, denn Maß I entspricht einer Länge von rund 23 m und Maß II einer Länge von rund 18 m.[99] Für das Querhaus gehen Hahns Proportionen ebenfalls nur mit erheblichen Toleranzen (ca. 1,5m) auf.

Der Grundriß läßt einen anderen sehr einfachen Modus vermuten, der an den von Villard de Honnecourt gezeichneten Grundriß einer »idealen« Zisterzienserkirche erinnert (Abb. 53). Die Achsmaße ergeben für das Langhaus eine gleichmäßige Struktur, wobei angemerkt werden muß, daß die im Grundriß eingezeichneten Mittelschiffsquadrate nicht völlig quadratisch sind, sondern in Nord-Süd-Richtung jeweils 20 cm mehr betragen. Das Quadrat in den Seitenschiffen bildet das Grundmodul, und das Rechteck des Mittelschiffjochs stünde im Seitenverhältnis von ca. 1:2. Ein Vergleich mit dem Langhaus von Rievaulx Abbey (Abb. 54), das wahrscheinlich einige Jahre

arrived at by halving and rotating squares; the fact that they are based on irrational numbers is of no consequence because they are set up without mathematics.« Coldstream, N., 1991, p. 34 u. p. 37.

98 Voraussetzung einer detaillierten Analyse wäre die genaue Vermessung der Kirche inklusive der Korrektur von Meßfehlern. Dies konnte von mir im Rahmen dieser Studie nicht geleistet werden. Für meine Zwecke ist jedoch der von mir gezeichnete Plan ausreichend.
99 Bei 23 m Gesamtbreite wäre Maß II = 17,25m.

Die Architektur im Orden von Cîteaux

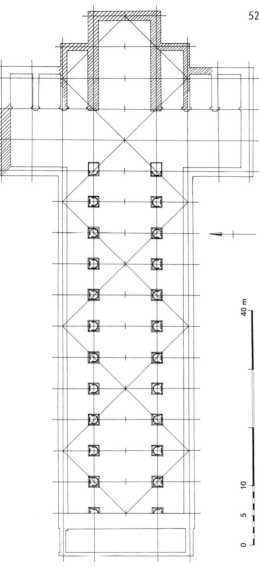

40 m

10

5

0

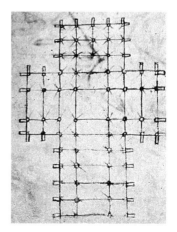

53 Villard de Honnecourt, Musterbuch,
Grundriß einer idealen Zisterzienserkirche

Ästhetik des Bauens: Baugeometrie – Maß – Proportion – Licht   385

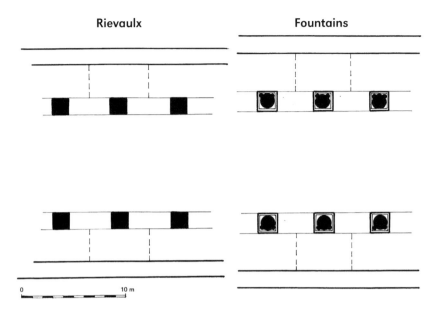

Rievaulx   Fountains

0   10 m

54   Grundrißproportionen von Fountains und Rievaulx im Vergleich

früher begonnen wurde, zeigt deutlich, daß in Fountains die Raumproportionen verbessert wurden.

Ich habe in den Grundriß noch vier diagonale Quadrate eingezeichnet, um
zu zeigen, daß die verschiedenen Maße auch komplizierter erklärt werden
können, und wenn man genügend Ausdauer aufbringt, um möglichst viele
Figuren in den Grundriß einzuzeichnen, wird man auch genügend Schnittstellen mit den wichtigsten Strukturelementen finden. All diese Punkte sind
jedoch bereits im Quadratraster markiert. Des weiteren ist zu beachten, daß der
Grundriß vor Ort eingemessen werden mußte, d.h. je komplizierter die Figuren, desto schwieriger das Einmessen. Zudem ist zu berücksichtigen, und dies
gilt auch für Fountains, daß viele Kirchen auf ihren Vorgängern errichtet
worden sind, d.h. der Grundriß konnte immer nur partiell aufgemessen
werden. Da ein Teil des Vorgängerbaues einstweilen stehen blieb, fehlten auch
wesentliche Sichtachsen, die zu einer exakten Peilung notwendig gewesen
wären.

Große Widersprüche bei Proportionsanalysen entstehen oft, wenn die sich
daraus ergebenden Fixpunkte für die Maße unterschiedlichen Charakter
haben, d.h. wenn einmal ein lichtes Maß, ein anderes Mal die Mauerstärke mit
berücksichtigt wurde, wenn einmal vom Fußbodenniveaux, ein anderes Mal

vom der Säulenbasis aus operiert wurde. Aus dieser Beobachtung resultiert eine grundlegende Frage, die sich auf qualitative Aspekte des Entwurfsprozesses und seiner Umsetzung bezieht: Aus welcher Perspektive plante ein Architekt die Raumproportionen, legte er lichte Maße, Achsmaße oder gar Außenmaße den Proportionen zugrunde? Ging der Baumeister von der Wahrnehmung des Raumes aus oder legte er der Planung bestimmte Strukturprinzipien zugrunde? Der Innenraum wird anders wahrgenommen als das Volumen des Baukörpers von außen. In Villards Beispiel und im Falle von Fountains, obwohl hier weder ein Kreuzrippen- noch ein Kreuzgratgewölbe intendiert war, ist im Grundriß die innere Struktur des Gebäudes maßgebend, die Proportionen des Grundrisses ergeben sich aus den Achsmaßen. Hahns Analyse, indem sie Mauerstärken einschließt, denkt Proportionen vom Außenraum her.

Die Untersuchung der Grundrisse jedenfalls verweist auf lebendige Variationen eines Themas oder gar auf völlig andere Lösungen. Schematismus war den Baumeistern fremd. Es bestand weder ein Zwang, *ad quadratum* zu konstruieren, noch ein Zwang, ein und denselben Abschnitt am Bau als Grundmaß zu definieren. Außerdem ist daran zu erinnern, daß in der Regel nur der erste Baumeister, der an einem noch ›jungfräulichen‹ Ort die Maße des Gebäudes absteckte, nach den oben beschriebenen Prinzipien arbeiten konnte. Für spätere Baumeister am selben Ort stellte sich die Frage nach den Proportionen des gesamten Gebäudes nicht mehr in dieser Weise. Denn sie waren häufig mit Umbauten oder mit dem Neubau von Teilbereichen wie Langhaus, Querhaus oder Chor befaßt. Sie mußten eine zeitgemäße Architektur entwerfen, die die geforderten neuen Räume mit dem bereits Vorhandenen in Einklang brachte.

Licht

Das Licht ist eine lebendige Größe und reicht weit über die physikalische Wirkung hinaus.[100] Seine Qualität ändert sich nicht nur durch die Brechung im Fensterglas, sondern variiert schon im natürlichen Rhythmus von Tag und Nacht, so wie es entsprechend der jahreszeitlichen Veränderungen an Intensität zu- oder abnimmt. Außerdem erscheint das Licht im mediterranen Raum heller und wärmer als im nördlichen Teil Europas. Nach Sonnenuntergang, auch das sollte nicht vergessen werden, wurde die Kirche mit Kerzen beleuchtet. So erhielten die Räume eine andere Atmosphäre.

---

100 Neben dem sinnlich-erfahrbaren Phänomen spielten Licht und Lichtmetaphern auch in der Spiritualität eine große Rolle. Seien es der hl. Bernhard, Abt Suger von St. Denis oder die Viktoriner, alle haben sich in unterschiedlicher Weise dieser Metaphern bedient.

Das Licht im sakralen Raum wird einerseits von der Ausrichtung der Kirche bestimmt. Christliche Kirchen sind in der Regel auf einer Ost-West-Achse gebaut.[101] Die Morgensonne erleuchtet das Presbyterium, die Abendsonne belichtet den Kirchenraum durch die Fenster in der Westfassade. Andererseits wird die Beleuchtung des Innenraumes durch die Größe der Fensteröffnungen, durch die Farbgestaltung der Wandflächen und Gewölbe, aber auch durch die Struktur bzw. Farbigkeit des Fensterglases bestimmt. Die Lichtintensität hängt wesentlich von konstruktiven Variablen wie der Art des Wandaufbaus und der Gewölbe ab.

Um 1100 wurde in der Architektur mit dem Wechsel vom Rund- zum Spitzbogen eine der wichtigsten statischen Voraussetzungen für neue licht-durchfluteten Räume geschaffen. Im Gewölbebau ergab sich nun durch eine einfache Veränderung des Spitzbogenwinkels die Möglichkeit, auch recht-eckige Flächen einfach und stabil in Stein zu wölben. Darüber hinaus eröff-neten sich neue Möglichkeiten, die am Bau wirkenden Kräfte zu kanalisieren und auf bestimmte Punkte zu konzentrieren. Damit konnte der Obergaden größere Fenster erhalten, und indem die Wandflächen ebenfalls durch große Fenster minimiert wurden, erhielt der Raum eine neue Qualität.

Die Vielfalt der Gewölbekonstruktionen, die vom Einfallsreichtum und der Experimentierfreudigkeit der Baumeister zeugt, kann noch heute in Burgund bewundert werden. Daß sich das Kreuzrippengewölbe später durch-setzen sollte, war keineswegs abzusehen. Die Kirchen von Tournus, Cluny III, Chapaize, Anzy-le-Duc, Vézelay oder Fontenay mögen für den Varianten-reichtum der Baumeister als Beispiele dienen.[102]

In Fontenay (Abb. 55), obwohl die Kirche nach basilikalem Schema gebaut wurde, ist die Tonne des Langhauses nicht mit Fensteröffnungen durchbro-chen worden. Sie verläuft kontinuierlich bis zum Presbyterium. Es gibt keine

---

101 Es gibt jedoch auch Ausnahmen zur Regel, die sich meist aus der Geländebeschaffenheit erklären lassen, wie z.B. Rievaulx Abbey.

102 Das Langhaus von Saint-Philibert in Tournus (um 1120) wurde mit Quertonnen ein-gewölbt, während man in den Seitenschiffen Kreuzgratgewölbe einzog. In St. Philibert sind die Seitenschiffe im Vergleich zum Hauptschiff relativ hoch und deren Fenster etwas größer als die des Obergadens. Die Folge ist ein verhältnismäßig gleichmäßig ausgeleuch-teter Raum. In Fontenay (um 1140) wurde das Langhaus mit einer Tonne eingewölbt, in den Seitenschiffen hingegen wurden quergestellte Spitztonnen eingebaut. Cluny III (Schlußweihe 1130) erhielt ein Spitztonnengewölbe. Chapaize besitzt ein Tonnengewölbe im Hauptschiff und Kreuzgratgewölbe in den Seitenschiffen. Im Gegensatz dazu sind die Hauptschiffe von Anzy-le-Duc (Ende 11. Jahrhunder) und Ste. Madeleine de Vézelay (1120–40) kreuzgratgewölbt.

103 Vgl. Oursel, R., 1979, p. 296.

ausgeschiedene Vierung, und das Querhaus ist niedriger als das Langhaus. Das Licht fällt über die Seitenschiffe ein. Die Lichtfülle wird im Altarraum des Presbyteriums gebündelt. Es wirkt wie ein Magnet, der den Besucher anzieht. Außerdem ändert sich die Färbung des Gemäuers je nach der Wärme des Lichtes. Die Lichtfülle im Presbyterium wird durch die Fenstergruppen an der Ostseite der Vierung und durch die Öffnungen in diesem selbst erreicht.

Die Synthese quantitativer und qualitativer Faktoren in der Lichtdramaturgie zeigt sich deutlich in der Kombination von Gebäudestruktur und Fensterglas. Durch die verordnete Verwendung einfarbigen Glases bei den Weißen Mönchen entfallen in frühen Zisterzienserkirchen die Farbspiele mittelalterlicher Glasmalerei. Dennoch sind die Fenster zisterziensischer Oratorien nicht ohne Wirkung geblieben. Die Ornamente der Grisaillefenster warfen ebenfalls ihre Schatten auf Wände und Fußboden. Das Spiel mit dem Licht war allerdings kein zisterziensisches Privileg. Ein Schauspiel ganz anderer Art zeigt sich in Ste. Madeleine von Vézelay (Abb. 56). Zu Mittag am Tag der Sommersonnenwende ergibt das Licht aus den Obergadenfenstern auf dem Kirchenboden des Hauptschiffes Lichtpunkte, die in der Mitte des Langhauses den Kirchenbesucher geradewegs zum Altar führen.[103]

55   Fontenay: Langhaus – Blick nach Osten

56   Vézelay: Hauptschiff – Blick nach Osten

Die frühen Klosterbauten der Zisterzienser

Die von den Weißen Mönchen angestrebte Einheit bezog sich im wesentlichen auf zwei Aspekte: zum einen auf die Raumgestaltung der Kirche, zum anderen auf die Raumorganisation der wichtigsten Konventsgebäude. Den ältesten Bauwerken der Zisterzienser ist in dieser Hinsicht bisher wenig Aufmerksamkeit geschenkt worden.[104] Hinsichtlich der angestrebten *uniformitas* gilt es zwei Fragen zu beantworten. Erstens – inwieweit waren die ersten Bauten am Gründungsort wirklich Provisorien? Zweitens – was bedeutet *uniformitas* hinsichtlich der frühesten Bauten?

Leopold Grill hatte berechtigt die Frage gestellt, wieso häufig, ohne vorausgehende kritische Prüfung, davon ausgegangen wird, daß die ersten Bauten bei Neugründungen, insbesondere in der Frühzeit des Ordens, bloße Provisorien gewesen sein müssen?[105] Ich möchte noch einen Schritt weitergehen. Was soll eigentlich ein Provisorium aus der Sicht damaliger Mönche gewesen sein? Gibt es in den mittelalterlichen Quellen Begriffe, die derartige Thesen stützen? In einem der frühesten Statuten des Generalkapitels wird nur das Minimum der zu errichtenden Gebäude (Bet-, Speise- und Schlafraum sowie das Gästehaus) festgelegt.[106] Es werden weder Angaben über Struktur, Form, Größe oder Ausstattung der Gebäude gemacht, noch geht daraus hervor, was und in welcher Qualität minimal gebaut werden mußte, um als ein vollwertiges Kloster zu gelten.

Die erste Abtei auf den britischen Inseln, Waverley (Surrey), wurde 1128 auf Initiative von Wilhelm Giffard, Bischof von Winchester († 1129), durch Mönche von L'Aumône besiedelt. Über die ersten Gebäude ist nichts bekannt. Zwischen 1129 und 1131/32 wurde eine Kirche in Stein errichtet, die bis 1203 in ihrer Gestalt unverändert geblieben ist. Für Louth Park (1139), Sawley

---

104 Außer der Studie von Hanno Hahn (1957) gibt es meines Wissens keine neuere umfassende Monographie, in welcher dieses Thema so ausführlich besprochen wurde. Die Gründe liegen insbesondere in den dürftigen Quellen, sowohl den literarischen wie auch den archäologischen. Neue Impulse sind daher vor allem aus archäologischen Untersuchungen zu erwarten, wie es zum Beispiel Glyn Coppacks Ausgrabungen innerhalb der Klosterkirche von Fountains Abbey gezeigt haben.

105 Vgl. Grill, L., 1969. Seine Bedenken werden durch die Beobachtungen von Jean Owens Schaefer gestützt. Vgl. Schaefer, J. O., 1982.

106 »Non mittendum esse abbatem novum in locum novellum [...] nec prius nisi extructis his officinis: oratorio, refectorio, dormitorio, cella hospitum, et portarii, quatinus ibi statim et Deo servire et regulariter vivere possint.« *Summa cartae caritatis et capitula* 9, Bouton/Van Damme, p. 121. Es ist interessant, daß hier der Kapitelsaal als eigenständiger Ort für das tägliche Kapitel noch nicht erwähnt wird.

(1148), Meaux Abbey (1150) und Kirkstall (1152) ist es sehr wahrscheinlich, daß Bauten aus Holz denen aus Stein vorangegangen sind.[107] Für Fountains haben die Ausgrabungen von Glyn Coppack Spuren eines Holzbaus zutage gefördert. Seine Interpretation der Reste ist allerdings recht zweifelhaft. Sie basiert auf wenigen ausgegrabenen Pfostenlöchern, die für eine Rekonstruktion, wie sie Coppack vorschlägt, m.E. nicht ausreichen.[108] Für Meaux Abbey bildet die Klosterchronik (um 1400) eine reiche Informationsquelle.[109]

Graf Wilhelm von Aumâle ließ (um 1150) für den neuen Konvent in Meaux zwei Gebäude nach billigem Muster (*ex vili cemate*), wahrscheinlich aus Flechtwerk und Lehm, erbauen. Eines war für die Konversen, das andere diente den Mönchen als Bet- und Wohnraum. Im Erdgeschoß richteten die Mönche ihren Schlafsaal ein, und im Obergeschoß feierten sie die Messe. Die Gebäude wurden von Abt Adam (1150–60) für zu klein befunden, worauf er selbst die Leitung für den Neubau übernahm.[110] Adam ließ jedoch wieder ein zweigeschossiges Gebäude aus Holz errichten, in dem sich wie im alten der Schlafsaal unten, der Betraum oben befand. Erst in den 1160er Jahren wurde nach finanziellen Turbulenzen und dem Rücktritt Adams unter dem neuen Abt Philipp (1160–82) mit einem Neubau in Stein begonnen. Aus diesem Beispiel wird zweierlei deutlich. Erstens mußte ein Holzbau, auch wenn er an unseren heutigen Vorstellungen gemessen wird, nicht notwendigerweise etwas Vorläufiges sein. Zweitens entsprechen weder die Raumorganisation noch die räumliche Ausbildung des Betraumes dem, was gleichzeitige Anlagen auf dem Kontinent berühmt gemacht hat: Klaustrum und dreischiffige Basilika mit oft rechteckigem Abschluß von Presbyterium und östlichen Querhauskapellen. Wie sah es aber in der Frühzeit in Cîteaux und bei den vier Primarabteien aus?

Aus dem *Exordium parvum* geht hervor, daß zuerst ein Kloster aus Holz (*monasterium ligneum*) für die Mönche aus Molesme in Cîteaux errichtet worden war.[111] Die Bedeutung von *monasterium* hinsichtlich der architektonischen Gestalt ist nicht mehr zweifelsfrei zu klären. Spätere literarische Quellen sprechen nur noch vom *oratorium*. Diese stammen von Manrique, Martène

---

107 Vgl. Fergusson, P., 1984, pp. 23ff.
108 Zum Grabungsbericht siehe Gilyard-Beer, R./Coppack, G., 1986.
109 Vgl. *Chronica monasterii de Melsa*, Bd. 1, pp.76ff u. Fergusson, P., 1984, p. 19 u. p. 133f.
110 Zu Adams Rolle als Baumeister siehe pp. 404ff.
111 »Tunc domnus Odo, dux Burgundiae, sancto fervore eorum delectatus sanctaeque romanae ecclesiae praescripti legati litteris rogatus, monasterium ligneum quod inceperunt de suis totum consumavit, illosque inibi in omnibus necessariis diu procuravit, et terris et peccoribus abunde sublevavit.« *Exordium parvum* 3, Bouton/van Damme, p. 60.

und Durand. Angelo Manrique erwähnte den Holzbau 1642 in seinen Annalen.[112] Dom Marténe und Dom Durand konnten ihn 1708 noch besichtigen und gaben in ihrem Bericht sogar eine kurze Beschreibung des Gebäudes. Die alte Kirche von Cîteaux war klein, einschiffig und gewölbt. Sie hatte drei Fenster im Sanktuarium und zwei im Hauptraum. Das Gebäude war sicherlich nicht mehr als eine Kapelle, ein Betraum, der aber den Anforderungen der ursprünglichen Gemeinde entsprochen und genügt haben dürfte.[113]

Von La Ferté, geweiht im Mai 1113, ist nichts Konkretes über das Aussehen der ersten Bauten bekannt. Leopold Grill führte zwei Indizien an, die nicht auf ein hölzernes Provisorium schließen lassen. Zum einen wird in einer Urkunde von 1112 La Ferté bereits ein Steinbruch zugewiesen, zum anderen läßt die Gründungsurkunde desselben Klosters, in der auch die Weihe beschrieben wird, keine Rückschlüsse auf irgendwelche befristeten Bauten zu.[114]

Die Gründung von Pontigny (1114) und Morimond (1115) fügt einen neuen Aspekt hinzu, denn beide Klöster entstanden an der Stelle einer Einsiedelei, die für die Neuansiedlung weichen mußte. Marténe und Durand konnten wenigstens noch die Ruinen des ersten Baues in Pontigny in der Nähe der heutigen Kirche besichtigen. Terryl N. Kinder hat die Gründungsgeschichte sowie die Gestalt der ersten Kirche kritisch untersucht und festgestellt, daß die äußerst spärliche Quellenlage fundierte Antworten kaum zuläßt.[115] Ein Plan aus dem Jahre 1760 zeigt die Abteigebäude inklusive der ersten Kapelle, die sich südöstlich des Presbyteriums befand. Das Oratorium, das wahrscheinlich zwischen 1708 und 1720 zerstört wurde, bestand im Plan aus einem rechteckigen Raum von circa 10 x 14 m.[116] Daß die Seitenwände aus Stein bestanden, kann nur vermutet werden, auch scheint es, daß der Raum

---

112 »monasterium de sectorum arborum male dolatis lignis fabricarunt«. Manrique, A., *Cisterciensium seu verius ecclesiasticorum annalium a conditio cistercio*, Lyon 1642, p. 10 (zitiert nach Schaefer, J. O., 1982, p. 10, Anmerkung 8).

113 Vgl. Martène, Edmond, *Voyage littéraire de deux religieux bénédictins de la congrégation de saint-Maur* [...] Amsterdam 1717, pp. 223–224 (nach Schaefer, J. O., 1982, p. 10, Anmerkung 9).

114 Vgl. Grill, L., 1960, p. 294. Die Gründungsurkunde in deutscher Übersetzung ist abgedruckt in: Sydow, J. (Hrsg.) 1989, p. 112.

115 Vgl. Kinder, T. N., 1980

116 Die Zeitspanne ergibt sich aus Dom Martenés Besuch in Pontigny (1708), der die Kapelle noch gesehen hat, und Robinets († 1720) Feststellung, daß das Oratorium »n'existe plus«. Die Größe resultiert einmal aus dem Plan selbst, zum anderen aus einem Reparaturbericht von 1650, in dem festgestellt wurde, daß für die Erneuerung des Daches mindestens 4000 Dachziegel notwendig sind. Kinder schloß auf eine Dachfläche von circa 80–100 m², was einer maximalen Ausdehnung von 8 x 12 m entsprechen würde. Vgl. Kinder, T. N., 1980, p.18.

Die Architektur im Orden von Cîteaux

nicht in Stein gewölbt war. Wichtiger ist jedoch der Hinweis, daß die Weißen Mönche mit der Ansiedlung in Pontigny den Ort einer Einsiedelei in Anspruch nahmen. Terryl Kinder wies jedoch darauf hin, daß Jean Owens Schaefers Behauptung, die Zisterzienser hätten das Bethaus des dort ansässigen Eremiten-priesters Ansius übernommen, keineswegs durch mittelalterliche Quellen zu belegen sei.[117] Gleichwohl es wahrscheinlich ist, daß die Mönche von Cîteaux eine Eremitage besiedelten, heißt dies noch nicht, daß die von Dom Martené beschriebene und im Plan abgebildete Kapelle, die des dort ansässigen Ein-siedlers war. Terryl Kinder stellte zu Recht die Frage, was braucht ein Eremit ein Bethaus von solcher Größe? Für Morimond gilt jedoch, daß der Einsiedler Johannes auf Bitten des Bischofs zugestimmt hat, seine Eremitage den Zister-ziensern zu überlassen.[118] Jedoch ist nichts über das Aussehen des Gebäudes bekannt. Da Pontigny und Morimond nicht die einzigen Beispiele sind, wo die Zisterzienser Plätze von Eremiten übernommen haben, zog Schaefer den Schluß, daß man die Übernahme dieser Bauten von Zisterziensern, sofern es die Quellen erlauben, als eine bewußte Weiterführung der Einsiedler-Archi-tektur interpretieren kann.[119] Diese Hypothese kann allerdings erst diskutiert werden, wenn die Architektur von Eremitenbehausungen besser erforscht und dokumentiert ist.

Für Clairvaux sieht die Quellenlage günstiger aus. Die Beschreibung der hölzernen Bauten durch Dom Manrique wird ergänzt durch die Pläne von Dom Milley. Im Grundriß (Abb. 57a) sind *monasterium vetus* und *capella* mit (12) und (13) gekennzeichnet, in der perspektivischen Darstellung (Abb. 57b) durch (16) und (17).[120] Zwei weitere Beschreibungen ergänzen das Bild. Die eine wurde niedergeschrieben, als die Königin von Sizilien 1517 Clairvaux einen Besuch abstattete[121], die andere entstammt der Feder von Dom Joseph Meglinger, der auf seinem Weg zum Generalkapitel 1667 Clairvaux besuch-

---

117 Vgl. Schaefer, J. O., 1982, p. 3; Die frühesten Dokumente für eine solche These stammen von Manrique (1642).
118 Vgl. Schaefer, J. O., 1982, p. 7f.
119 »At Pontigny and at Morimond just as at Fontenay, Hautecombe, Les Dunes, Aulps and other sites, the Cistercians took the hermit's structures for their own. In these examples, the earliest Cistercian architecture is a direct continuation of the hermit architecture of the eleventh century.« Schaefer, J. O., 1982, p. 8.
120 Ein Satz der originalen Stiche befindet sich in Paris, Bibliothèque Nationale, Estamps: Topographie de la France, Aube, Arrondissement Bar-sur-Aube, fol. 27, 28, 29 (zitiert nach Schaefer, J. O., 1982, p. 11, Anmerkung 22).
121 Vgl. Didron, *Un Grand Monastère au XVIᵉ siècle*, in: *Annales archéologiques* 3/1845, pp. 236–237 (zitiert nach Schaefer, J. O., 1982, p. 11, Anmerkung 23).

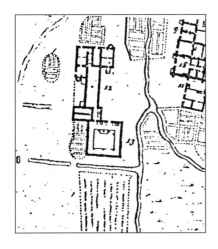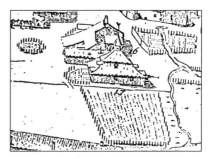

57 a+b   Clairvaux I: Grundriß und Vogel-
perspektive (nach Milley)

te.[122] Aus den genannten Quellen läßt sich eine Kapelle von annähernd
quadratischem Grundriß rekonstruieren. Diese war durch einen Umgang
unterteilt, der an allen vier Seiten entlang lief. So ergab sich in der Mitte ein
quadratischer zentraler Raum, an dessen Ostseite der Altar stand. Von Dom
Meglinger ist zu erfahren, daß ein Dach sowohl die Kirche als auch die
›Wohnräume‹ überspannte. Das Refektorium befand sich im Erdgeschoß und
grenzte an die Küche. Darüber lag der Schlafsaal, den die Mönche über eine
Treppe vom Refektorium aus erreichten. Am Ende der Treppe befand sich die
Zelle des hl. Bernhard. Der Altarraum selbst war ungeschmückt. Lediglich ein
bemaltes Holzkreuz zierte den Hauptaltar. Aus Bernhards *Vita* geht hervor,
daß diese Gebäude nicht als Provisorien gedacht und daß zumindest Teile der
Gebäude aus Stein gefertigt waren. Ernaldo hat uns ein Gespräch überliefert,
in dem sich Bernhard vom Neubau des Klosters hat überzeugen lassen. Ernaldo
legte Bernhard, der erst dagegen war, folgende Worte in den Mund:

»Ihr seht, mit wieviel Kosten und Schweiß wir bereits steinerne Häuser
erstellt, mit welch gewaltigen Auslagen wir durch alle Werkstätten
Wasserleitungen gezogen haben. Wenn wir dies alles wieder zusammen-
schlagen, werden die Weltleute schlimm von uns denken können und
uns vorwerfen, wir wären leichtsinnig und wankelmütig oder über-
mäßiger Reichtum, den wir nicht haben, verdrehe uns den Kopf.«[123]

122 Vgl. Henri Chabeuf, *Voyage d'un délégue au chapitre générale de Cîteaux en 1677*, in:
    Mémoires de l'académie des sciences, arts et belles-lettres de Dijon, 1883–84, pp. 314–317
    (zitiert nach Schaefer, J. O., p. 11, Anmerkung 24).
123 »Videtis, inquit, quia multis expensis et sudoribus iam domus lapideae consummatae sunt,

Die Architektur im Orden von Cîteaux

Diese Sätze sind natürlich nicht wörtlich zu nehmen, dennoch glaube ich, daß die moderate Haltung in den frühen Jahren ein Ergebnis der klugen Abwägung verschiedener Faktoren war.

Je länger ich mich mit diesem Thema beschäftigt habe, desto mehr festigte sich meine Überzeugung, daß zumindest für die erste Hälfte des 12. Jahrhunderts generalisierende Aussagen mehr verdecken als erhellen. So findet sich allein bei den Klöstern in Yorkshire und einigen ihrer Filiationen die ganze Breite des Spektrums. In Woburn wurden die ersten Gebäude vom Stifter und in Kirkstead vom Mutterkonvent in Auftrag gegeben. Es wurden Dörfer geräumt und zur Ansiedlung genutzt, alte Siedlungsplätze meist aus klimatischen Gründen verlassen, ein Eremitenplatz (Kirkstall) besiedelt bzw. sogenannte Holzprovisorien als Neubauten wiedererrichtet (Meaux). Für die genannten Konvente geben die Quellen, bis auf eine Ausnahme, keinen Aufschluß über das Raumprogramm und die Solidität der Architektur. Wenn ein Hinweis erscheint, dann meist in einer allgemeinen Formel wie *dispositis ex ordine humilibus officinis*[124] oder *aedificiis, de more, constructis.*[125] Die Schweigsamkeit in den Quellen hat m.E. zwei Ursachen. Einerseits hielten die Chronisten es nicht für würdig, solche Banalitäten mitzuteilen, andererseits müssen für die Leser der Texte die allgemeinen Formulierungen leicht verständlich gewesen sein. Kurzum, unter dem Gesichtspunkt der Gestaltungsprinzipien spiegeln die frühen Klosterbauten aus der ersten Hälfte des 12. Jahrhunderts eine Vielfalt an Varianten wider. Von *uniformitas* kann keine Rede sein. Rückblickend läßt sich sagen, daß in dieser Zeit experimentiert und Schritt für Schritt selektiert wurde. Ich glaube auch nicht, daß in der Frühzeit der Gedanke des Provisoriums zur Erläuterung der ersten Baulichkeiten greift, da die meisten Konvente viel dringlichere Aufgaben zu lösen hatten.

Mit dem Kapitel 9 zur *Summa cartae caritatis* wurde ein erster Schritt in Richtung Vereinheitlichung gegangen. Die Motive lagen hier eher im Bemühen um eine erfolgreiche und effiziente räumliche Organisation des Klosterlebens als in einer ästhetischen gedachten *uniformitas*. Wie sah es aber nun mit den Strukturen der Raumorganisation bei den frühen Zisterzienserkirchen aus?

---

aquaeductus cum maximis sumptibus per singulas officinas traducti. Si haec omnia confregerimus, poterunt homines saeculi male de nobis sentire, quod aut leves sumus et mutabiles; aut nimiae, quas tamen non habemus, divitiae nos faciunt insanire.« *Vita Prima* II,5,29, PL 185 c. 285A, dt. Übers. p. 129

124 Vgl. *Fundacio abbathiae de Kyrkestall*, p. 178.

125 Vgl. *Narratio de fundatione*, p. 88.

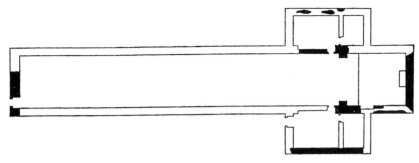

58   Waverley: Grundriß (nach Glyn Coppack)

Die Klosterkirche in Waverley ist erst 1203 erneuert worden. Waverley I, um 1129–31/32 errichtet, wurde aufgrund archäologischer Untersuchungen rekonstruiert. Der kreuzförmige Grundriß (Abb. 58) zeigt eine schmales, in der Länge überdimensionales Langhaus, ein beinahe quadratisches Presbyterium sowie ein recht unauffälliges Querhaus, das durch Verlängerung der Langhauswände nahezu abgeschnitten ist. An den beiden Ostseiten des Querhauses gab es jeweils eine Kapelle. Vom Grundriß her geurteilt, hatte die Kirche nur zwei Eingänge. Der eine befand sich am südlichen Ende der Westfassade und diente wahrscheinlich den Laienbrüdern als Zugang zum Kirchenraum. Der andere, wahrscheinlich für die Mönche, befand sich am südlichen Querhaus, und zwar am nördlichen Ende der westlichen Querhauswand. Das Zisterzienserkloster Lysa (nach 1135) besaß im Grundriß verblüffende Ähnlichkeit. Tintern Abbey hatte ursprünglich (nach 1131) auch ein einschiffiges Langhaus, genauso wie der von Glyn Coppack angenommene erste Steinbau in Fountains.[126] Die Anordnung und Form der Räume innerhalb dieser recht ungewöhnlichen Kirchen mußte dennoch den Vollzug der Liturgie gewährleisten. Wie läßt sich dies mit den Konversen, die den westlichen Teil des Langhauses beanspruchten, in Einklang bringen? Um 1187 werden in Waverley zur Wahl des neuen Abtes Christopher 120 Konversen

126 Ähnlich verblüffende Beispiele sind Rein und Kamp. Die ehemalige Abteikirche Rein (Österreich), von Ebrach 1129 besiedelt, wurde, wie Grill vermutet, getreu nach der Mutterabtei gebaut. Das Gotteshaus wurde um 1140 vollendet und bestand bis 1737 noch in seiner ursprünglichen Form. Es war ein einfacher langgestreckter Rechteckbau ohne Querhaus und ohne architektonisch hervorgehobenes Presbyterium oder östliche Seitenkapellen. Diese Schlichtheit ist auch für die erste deutsche Zisterze Kamp (1123) bezeugt. Die Abtei bestand bis zum Umbau zu Beginn des 15. Jahrhunderts ohne Querhaus. Vgl. Grill, L., 1960, p. 301f.

und 70 Mönche erwähnt, die immer noch dieselbe Kirche benutzten.[127] Der ursprüngliche Gründungskonvent mag in dem Kirchengebäude ausreichend Platz gefunden haben. Eine mögliche Erklärung für die Einschiffigkeit und die moderate Größe könnte deshalb im noch nicht entwickelten Konverseninstitut liegen.[128] Es bleibt aber die Frage, wie der Kirchenraum, nachdem sich die Zahl der Konversen erhöhte, liturgisch genutzt wurde. Darüber hinaus begannen ab der Mitte des 12. Jahrhunderts viele Konvente, ihre Presbyterien umzugestalten, um u.a. den Mönchen mehr Raum für das Zelebrieren von Privatmessen zu geben. Spielten die Privatmessen in Waverley überhaupt keine Rolle?

Die Interpretation der Raumformen ist äußerst schwierig. Formulierungen wie »gemäß der Sitte des Ordens« (*de more ordinis*) oder »dürftige Werkstätten« (*humilibus officinis*) erklären nichts. Es läßt sich jedoch vermuten, daß in dieser frühen Zeit auch hinsichtlich der strukturellen Raumgestaltung der Kirche keine übergreifenden allgemeinen Richtlinien gegolten haben, sondern daß sich die Zisterzienser eher – vielleicht auch aus zwingenden ökonomischen Gründen – in bereits vorhandene Strukturen einfügten, wie es bei der Übernahme von Eremitenoratorien den Anschein hat. Die ersten Äbte rechneten sicherlich nicht mit einer schnellen Erweiterung ihres Konvents und fügten sich, wie am Beispiel von Meaux zu sehen war, auch in einen zweiten simplen Holzbau. Peter Fergusson sieht in den Merkmalen der ersten englischen zisterziensischen Steinbauten in moderater Größe und mit minimaler Gliederung, mit seitenschifflosen Langhäusern, geraden Ostabschlüssen, ohne ausgeschiedene Vierungen, mit niedrigeren Querhäusern im Vergleich zum Langhaus, tonnengewölbten Kapellen (Waverley, Tintern, Fountains I und Sawley) vor allem französische Einflüsse. Diese Bauten konnten dann ein halbes Jahrhundert später sogar als Anregung für die englischen Prämonstratenserkirchen dienen.[129] Im Vergleich dazu haben einige frühe deutsche Zisterzen Anleihen aus der Hirsauer-Schule übernommen, wie z.B. apsidial geschlossenes Presbyterium mit oft gestaffelten Nebenkapellen.[130]

127 Vgl. *Annales monasterii de Waverleia*, p. 244.
128 Zu den Konversen vgl. pp. 83ff.
129 Langhaus ohne Seitenschiffe, rechtwinkliger Ostabschluß von Presbyterium und Seitenkapellen des Querhauses finden sich in Torre (Devon) um 1200, Cockersand (Lancashire) nach 1190, Egglestone (Yorkshire) nach 1190, Bayham (Sussex) nach 1208. Vgl. Fergusson, P., 1984, p. 28f.
130 Altenberg I, Walkenried I, Altzella oder Zinna mit seinen rechtwinklig ummantelten Apsiden mögen als Beispiele dafür gelten. Vgl. Badstübner, E., 1980, p. 210f.

Bauorganisation und Baumeister

Bauen ist ein hochgradig arbeitsteiliger Vorgang. Parallel zu den technischen Neuerungen im Bauwesen während des 12., aber vor allem des 13. Jahrhunderts verlief eine Ausdifferenzierung der Arbeitsfelder, damit eine Spezialisierung aller am Bau Beteiligten. Die Architektur wurde in ihrer Ausformung in unterschiedlichem Maß durch die Vorstellungen von Baumeister und Bauherr, durch die handwerklichen Fertigkeiten der Bauleute, durch das zur Verfügung stehende Material, den technischen Standard, aber auch durch topographische Gegebenheiten sowie durch finanzielle Möglichkeiten beeinflußt. Die Schwierigkeit besteht darin herauszufinden, wie am konkreten Objekt die einzelnen Einflüsse wirksam geworden sind. Ein möglichst umfassendes Verständnis der Bauorganisation ist aber notwendig, um die konkreten Bauwerke angemessen beurteilen zu können.

Die Quellen zum mittelalterlichen Baubetrieb sind sehr vielfältig. Chroniken und Urkunden[131], Rechnungsbücher[132], Statuten von Bauhütten[133], Illuminationen in Handschriften (Abb. 59)[134], erhaltene Risse[135] und In-

131 Aus Urkunden und Chroniken geht meist der zeitliche Rahmen einer Unternehmung hervor. Manchmal sind auch Namen von Personen überliefert worden, die unmittelbar am Bau beteiligt waren. Inwieweit die Namen mit den Baumeistern identisch sind, ist oft schwer zu entscheiden, da die mittelalterliche Terminologie nicht eindeutig ist. Ebenso schwierig ist die Frage zu beantworten, in welchem Umfang der Entwurf des Gebäudes bei der Grundsteinlegung ausformuliert war und welchen Grad der Vollendung das Gebäude bei der Weihe hatte. Zwei prominente Beispiele mögen das Dilemma des Informationsmangels illustrieren. Während Gervasius von Canterbury in seiner Chronik wenigstens noch über die besonderen Ereignisse während der Bautätigkeit berichtete, hielt es Abt Suger in seinem Bericht über den Neubau des Presbyteriums von St. Denis nicht einmal für notwendig, genauere Auskünfte über Baumeister und Werkleute mitzuteilen.
132 Dazu mehr im folgenden Abschnitt »Der mittelalterliche Baubetrieb«, pp. 401ff.
133 Vgl. Binding, G., 1993, pp. 110–120.
134 Abbildungen aus illuminierten Handschriften, wie hier eine Zeichnung (um 1530), die den Klosterbau zu Schönau zeigt, geben Auskunft über viele technische Details wie Gerüste, Transportmittel, Werkzeug, Maschinen etc. Das Baugeschehen ist auf diesem Blatt vom Brechen der Steine bis zum Versetzen derselben minutiös dokumentiert.
135 Erhaltene Entwurfszeichnungen im Maßstab 1:1 wie die in Byland Abbey an der Innenseite der Westfassade, auf dem Reißboden im Minster von York aus der Mitte des 14. Jahrhunderts, in der Kathedrale von Wells oder auf dem Fußboden der Galerie des unvollendeten Nordturmes in Soissons (nach 1235), des weiteren die berühmten ersten maßstabsgerechten Zeichnungen wie die Reimser Palimpseste (um 1250), die Risse vom Kölner Dom (um 1310) und dem Münster zu Strasbourg (um 1275/77) geben einen Einblick in die Methoden der Bauplanung. Auch die sogenannten Musterbücher wie das des Villard de Honnecourt (1. Hälfte des 13. Jahrhunderts), der *Pictor in carmine* oder das Reuner Musterbuch

Die Architektur im Orden von Cîteaux

59   Kloster Schönau. Zeichnung (um 1590) nach älterer Vorlage.
     Germanisches Nationalmuseum Nürnberg, K. 1532, Hz 195–204

stellen wichtige Quellen zum Verständnis von Gestaltung und Ausgestaltung der Räume dar. Dies hatte natürlich ästhetische Folgen, denn mit den maßstabsgerechten Zeichnungen und den Musterbüchern konnten architektonische Formen schnell und unkompliziert über große Entfernungen weitergegeben werden, ohne daß der Werkmeister sie jemals *in situ* am Original gesehen haben mußte. Zu Byland: Fergusson, P., 1979; Harrison, S., 1990, pp. 4ff; zu York Minster: Harvey, J., 1969; zu Wells: Harvey, J., 1974, p. 214f; zu Soisson: Barnes, C. F., 1972; zur Entwicklung der maßstabsgerechten Zeichnungen: Branner, R., 1963.

Bauorganisation und Baumeister   399

schriften[136] geben wichtige Informationen. Die Fülle des Materials darf aber nicht darüber hinwegtäuschen, daß es viele methodische Probleme in der Analyse gibt und daß deshalb eine definitive Bewertung und Interpretation der jeweils konkreten Quellen und Bauten kaum möglich ist. Die jüngere Baugeschichtsforschung hat die Sinne für die einzelnen Problemkreise wieder geschärft. Einerseits wurden die alten Quellen kritisch neu gelesen. Dabei hat es sich gezeigt, daß die Bedeutung der in den Texten verwendeten *Termini* (wie z.B. *magister operis, magister fabricae, custos operis, cementarius* etc.) vielfach nur aus dem Kontext zu erschließen ist. Andererseits erschien durch detaillierte Analysen von Rechnungsbüchern und Werkverträgen die Bauhütte als Organisationsform aller am Bau Beteiligten sowie die Beziehungen ihrer Mitglieder untereinander (Werkmeister, Parlier, Steinmetzen, Zimmerleute, Putzer etc.) in einem viel klareren Licht als bisher. Hierzu gehört auch die Analyse der Entwicklung des Werkmeisters zu dem, was wir heute Architekt nennen. Die jüngeren Forschungsergebnisse haben aber auch den Anteil bautechnischer Innovationen (standardisierte Steinformate, Verwendung von Schablonen, en-délit-Technik, tas-de-charge-Technik, verkleinerte maßstabsgerechte Risse etc.) am Bauprozeß bzw. die Wechselwirkung zwischen bautechnischer Neuerung und Neuerungen in der Baugestaltung hervorgehoben.[137]

Ich möchte exemplarisch anhand zweier konkreter Beispiele aus dem Kreis der Zisterzienser Englands: dem Baubeginn von Vale Royal Abbey (1278–80) und dem ›Architekten‹-Abt Adam von Meaux († 1180), Bauorganisation und das Problem des Zisterziensermönches als Baumeisters darstellen.

---

136 Neben Inschriften wie *Hoc fecit* [...] denke ich hier besonders an die in das Fußbodenlabyrinth eingeschriebenen Namen der Baumeister in Chartres (nicht mehr erhalten), in Reims aus dem Ende des 13. Jahrhunderts (Jean d'Orbais, Gaucher de Reims, Bernard de Soissons, Jean de Loup) und an das in die Zeit um 1288 datierte Fußbodenlabyrinth von Amiens (Robert de Luzarches, Thomas de Cormont, Renaud de Cormont). Des weiteren zeugen die Grabsteine berühmter Baumeister des 13. Jahrhunderts wie der des *doctor lathomorum*, Pierre de Montreuil, in St-Germain-des-Prés, der des Baumeisters von St-Nicaise in Reims, Hugues de Libergier (gest. 1263), oder der von Erwin von Steinbach (gest. 1318) in Strasbourg von der veränderten sozialen Stellung des Baumeisters.

137 Sowohl Salzman (1967) und Knoop-Jones (1949) bleiben die Standardwerke zum mittelalterlichen Baubetrieb in England. Zur neueren Literatur generell: Binding, G., 1993, Abschnitte A. (Organisation) u. C. (Ausführung); Kimpel, D., 1984; Schock-Werner, B. 1978; Warnke, M., 1984; Zum Problem der Baumeister: Gimpel, J., 1961; Erlande-Brandenburg, A., 1993; Harvey, J., 1984; Kimpel, D., 1985; Pevsner, N., 1942; Shelby, L. R., 1964; Zu technischen Fragen: Kimpel/Suckale, 1985, pp. 11–64 u. pp. 214–234; Kimpel, D., 1984; Conrad, D., 1990, pp. 117–278.

Der mittelalterliche Baubetrieb – Vale Royal Abbey

Die Zisterzienserabtei Vale Royal (Cheshire) war eine der letzten großen Neugründungen auf englischem Boden und – von den Ausmaßen der Kirche her geurteilt – das größte Projekt, das jemals in England gebaut wurde. Die Abtei St. Mary the Virgin, St. Nicholas und St. Nicasius von Vale Royal wurde vom englischen König Edward I. (1272–1307) im Jahre 1274 gegründet.[138] Der Gründungskonvent, der von Abbey Dore nahe Hereford ausgesandt wurde, ließ sich ursprünglich ungefähr vier Meilen südlich vom eigentlichen Bauplatz in Darnhall nieder. 1281 zogen die Mönche in ein provisorisches Kloster, das der König in unmittelbarer Nähe des Neubaus errichten ließ. Der endgültige Umzug in die neue Abtei fand 1330 statt. Die Klostergebäude waren zu dieser Zeit bei weitem noch nicht alle vollendet. Dennoch wurde bereits 1359 mit dem Umbau des Presbyteriums begonnen, das in seiner Größe, bestehend aus einem Kranz von dreizehn Kapellen, zumindest unter den englischen Zisterzen einzigartig blieb.

Mit dem Patronat des Königs waren allerdings einige Besonderheiten verbunden, die sich zumindest am Anfang positiv auswirken sollten. Während die großen Zisterzienserabteien in Yorkshire von mehreren Familien (Espec, Mowbray, de Lacy etc.) finanzielle Unterstützung erhielten, kam in Vale Royal der König anfänglich nahezu allein für die Finanzen auf. Außerdem wurde dem Konvent ein Steinbruch bei Eddisbury, der nur fünf Meilen von der Baustelle entfernt lag, gestiftet und das königliche Privileg, im angrenzenden Delamere Forest Bauholz zu schlagen, gewährt. Eine weitere Besonderheit des königlichen Patronats lag darin, daß die Administration der Baustelle in den Händen des Leonius lag, eines Verwalters im Dienste des Königs. Solange also das Interesse des Herrschers am Bau anhielt, waren kaum finanzielle Sorgen zu befürchten. Jedoch scheint es, daß sich die Verantwortlichen mit der Größe des Projektes etwas übernommen hatten. So klagte der Abt (um 1340), nachdem der Konvent das neue Haus bezogen hatte, darüber, daß die Kirche noch nicht eingewölbt sei, das Dach und die Glasfenster sowie die allgemeine Ausschmükkung der Kirchenraumes noch fehlen. Auch seien die Klausurgebäude, angepaßt an die Kirche, noch zu bauen.[139] Wenn dieser Bericht stimmt, lassen sich

---

138 Vgl. Brown/Colvin/Taylor, 1963, Bd. 1, pp. 248–257.

139 »in our said monastery we have one very large church commenced by the King of England at our first foundation, but by no means finished. For at the beginning he built the stone walls, but the vaults remain to be errected together with the roof and the glass and other ornaments. Moreover the cloister, chapter house, dormitory, refectory and other monastic offices still remain to be built in proportion to the church; and for the accomplishment of

---

Bauorganisation und Baumeister   401

zwei Schlußfolgerungen ziehen. Zum einen waren die ersten Gebäude, die der König zur Verfügung stellte und die Mönche 1281 bezogen haben, nicht aus Stein, und zum anderen konnten die Kirche und der Komplex um den Kreuzgang nach dem Umzug der Mönche (um 1330) nur eingeschränkt genutzt werden. Die Mönche kamen also vom Regen in die Traufe, was ja gerade durch die Bestimmungen des Generalkapitels vermieden werden sollte.

Da von der Abtei so gut wie nichts übrigblieb, läßt sich über die architektonische Formensprache nicht urteilen. Über die am Bau Beschäftigten jedoch läßt sich einiges aussagen. Knoop und Jones[140] haben aus zwei Quellen, dem *Rechnungsbericht des Leonius*[141] und dem *Ledger Book of the Vale Royal Abbey*, die Bauorganisation während der ersten drei Jahre von 1278 bis 1280 rekonstruiert. Ihre Ergebnisse lassen sich zwar nicht verallgemeinern, sind aber insofern von Bedeutung, als sie aus einer der frühesten, relativ detaillierten Quelle geschöpft werden können.

Als Werkmeister wird ein gewisser Walter von Hereford († 1309) erwähnt.[142] Über seine Aufgaben wird nichts Näheres berichtet, jedoch erhält er mit Abstand das größte Gehalt. Er wird, wie es für die Werkmeister jener Zeit üblich war, jeweils für das ganze Jahr bezahlt, während für alle anderen Stück- oder Wochenlohn gezahlt wurde. Walter von Hereford hat mit Sicherheit die Bauaufgaben überwacht und geleitet. Inwieweit er auch für die architektonischen Ideen verantwortlich zeichnet, darüber darf spekuliert werden.

Aus den Rechnungen für die Zimmerleute geht hervor, daß innerhalb der drei Jahre mehrere Holzhütten als Werkstätten und Unterkünfte für die Bauleute errichtet worden sind. Insgesamt berichten die Quellen von vier *lodges*. Damit konnte kontinuierlich auch im Winter weitergearbeitet werden. Aus den Lohnlisten läßt sich auch ersehen, daß bestimmte Steinmetze disponibel waren, d.h. neben dem Behauen von Steinen auch andere Arbeiten übernommen haben (Arbeiten im Steinbruch, Verlegen von Steinen etc.). Die durchschnittliche Zahl der Arbeitskräfte betrug 135, davon waren 40 Steinmetze, vier Zimmerer, 15 Steinbrecher, 36 Personen, die Erdarbeiten ausführten, sieben Schmiede und 33 Fuhrleute, die Transportarbeiten übernahmen.

this the revenues of our house are insufficient.« Brown/Colvin/Taylor, 1963, p. 249 u. *Vale Royal Ledger Book*, p. 163.

140 Vgl. Knoop, D./Jones, G. P., 1931.

141 Vgl. Exchequer K. R. *Enrolled Accounts*, Bundle 485, Nr. 22 (Public Record Office).

142 Walter von Hereford ist an verschiedenen Bauprojekten (sakralen, weltlichen und militärischen) nachzuweisen und stand von 1285–1309 als *principle mason-architect* im Dienste der Krone. Harvey, J., 1984, p. 136f.

In den Gewerken gab es jeweils noch eigene Hierarchien, je nach Qualifikation und Ausbildung. Die Zahl der Arbeitskräfte schwankte zwischen Sommer und Winter. Im Juni des ersten Jahres (1278) wurde überhaupt das Maximum mit 231 Bauleuten registriert. Interessant sind auch die Fluktuation der Bauleute wie deren Herkunft. Nach dem ersten Jahr wurden von den 92 Steinmetzen nur 29 wieder eingestellt, vom zweiten Jahr blieben zwei Drittel auf der Baustelle, und im dritten Jahr blieben etwas mehr als die Hälfte am Bau beschäftigt. Die Steinmetzen des Jahres 1278 blieben durchschnittlich nur ungefähr fünf Monate auf der Baustelle, die des Jahres 1279 rund neun Monate und die des Jahres 1280 immerhin um die zehn Monate. Besonders auffällig ist, daß diejenigen, die niedere und wenig qualifizierte Arbeiten erledigten, zum großen Teil aus der näheren Umgebung kamen, während die spezialisierten Kräfte größere Entfernungen zurücklegten. So entstammten 95% der Transportarbeiter, 85% der Erdarbeiter und der Arbeiter im Steinbruch, dagegen nur 50% der Zimmerleute und Schmiede und gar 5–10% der Steinmetzen aus dem lokalen Einzugsbereich. Daß die qualifizierteren Kräfte von weither angereist kamen, mag vor allem im Ruf der Baustelle, die unter königlichem Patronat stand, begründet liegen. Außerdem waren die Steinmetze ohnehin auf ewiger Wanderschaft. Ihre späteren Statuten belegen ihren überregionalen Charakter ganz im Gegensatz zu den lokalen Zünften. Viele Namen der Steinmetzen verweisen auf Orte, an denen sich bereits zisterziensische Ordenshäuser befanden. Einige Beispiele seien hier exemplarisch herausgegriffen: John de Dore, Hugh de Dore (Abbey Dore); William de Flaxlegh (Flaxley); Thomas de la Roche, Richard de la Roche (Roche Abbey); William de Buldewas, Alan de Buldewas (Buildwas); William de Crokisdene (Croxden); Roger de Clyve (Cleeve?); Thomas de Furneis (Furness?) oder Richard de Gerendon, Walter de Gerendon (Garendon).

An Leonius' Report fällt auf, daß an keiner Stelle, nicht einmal indirekt, von Konversen oder von Mönchen, die am Bau mitgewirkt haben könnten, die Rede ist. Rein verwaltungstechnisch ist dies jedoch plausibel, da weder Konversen noch Mönche Lohn erhalten hätten. Andererseits wären die mit Bauaufgaben betrauten Mönche und Konversen wohl kaum einer weltlichen Aufsicht unterstellt worden, sondern dem Schatzmeister bzw. Sakristan.

Darüber hinaus wäre es zumindest für die Steinmetzen, die aus Zisterzienserorten stammten, interessant zu wissen, ob sie etwas mit dem dortigen Kloster zu tun gehabt haben, und wenn ja, in welcher Beziehung sie zu diesem standen und warum sie gerade auf diese Baustelle gewandert sind. Darüber schweigt der Bericht. Daß es in Zisterzienserkonventen baukundige Fachleute gab und daß sich die Ordensspitze bereits im Jahre 1157 in einem Statut (Nr. 47) gegen den Verleih ordenseigener Bauhandwerker ausgesprochen hat, ist hinlänglich bekannt, auch, daß es wenig Wirkung zeigte. So wird gesagt, daß Bauleute aus Himmerod die Gewölbe des Domes zu Trier bauten, Bauleute aus Ebrach am Westbau des Bamberger Domes und später an St. Sebaldus in Nürnberg mitarbeiteten, wie auch von Bauleuten aus Walkenried behauptet wird, daß sie ihr Können für den Bischofsgang des Magdeburger Domes unter Beweis stellten.[143] Was aber bedeuten ordenseigene Bauleute? Sind dies Mönche gewesen oder vielmehr nur baukundige *mercenarii*? Und wenn man schon von ordenseigenen Bauleuten ausgeht, dann stellen sich zwei weitere Fragen: Erstens – gibt es konkrete Anhaltspunkte für das Verhältnis von ordenseigenen und fremden Arbeitskräften? Zweitens – wie waren hier die Kompetenzen und Qualifikationen verteilt? Um diese Fragen zu beantworten, bedarf es neuer aussagekräftiger Quellenfunde, die – und das liegt in der Natur der Sache – kaum existieren dürften.

Der Baumeister – Adam von Meaux

Auf der Suche nach mittelalterlichen Baumeistern besteht das erste Dilemma darin, daß der Begriff *architectus*, wie ihn Vitruvius gebrauchte – als eine Person, die sowohl theoretisch wie praktisch ausgebildet war –, im Mittelalter kaum benutzt wurde, und wenn doch, dann bezeichnete dieser Terminus etwas anderes als den Architekten im antiken Sinn.[144] Die gebräuchlichen mittelalterlichen Bezeichnungen für Bauleute (*cementarius, artifex, rector, carpentarius, mason oder free mason*) geben wenig Aufschluß über das tatsächliche Wirkungsfeld.[145]

---

143 Vgl. Conrad, D., 1990, p. 92.

144 Vgl. Vitruvius, *De architectura* I,1,1–3. »So far this survey has shown that, owing to the absence of professional architects in the Vitruvian sense, the terms ›architectus‹ and ›architector‹ were little used during the Middle Ages, and, when used, meant occasionally clercis specially interested or experienced in architecture, but as a rule masons regardless of their particular qualifications. A chronicler would not speak of ›architectis ascitis‹ in the plural if he had any feeling for the original significance of the *architecton*, the head-constructor.« Pevsner, N., 1942, p. 556.

145 Eine Begebenheit aus der Chronik von Meaux Abbey illustriert dies sehr eindrucksvoll. Um 1182–97 wird in der Klosterchronik ein gewisser Robertus erwähnt, der zwanzig Jahre lang das Amt eines Kantors ausübte (*qui amplius quam per 20 annos cantor exstitit*) und später zum *magister operis lapidei*, also zum Baumeister aufrückte. Besonders wichtig jedoch ist die Tatsache, daß Robertus nicht im Zusammenhang mit Baumaßnahmen erwähnt wird, sondern weil er finanzielle Transaktionen durchführte, die wiederum dem Kirchenbau zugute kamen (vgl. *Chronica monasterii de Melsa*, Bd. 1, p. 220). Im ausgehenden 12. Jahr-

Die Architektur im Orden von Cîteaux

Peter Fergusson hat für England eine Liste von Personen für das 12. Jahrhundert erstellt, die in den Quellen mit Bauaufgaben in Verbindung gebracht werden.[146] Die Liste enthält 33 Namen und 16 Abteien. Sie erscheint auf den ersten Blick recht eindrucksvoll. Bei näherem Hinsehen ändert sich das Bild. So fällt knapp die Hälfte der am Bau beteiligten Leute auf zwei Abteien, Fountains und Rufford. Adam von Meaux taucht an vier verschiedenen Stellen – Kirkstead, Meaux, Vaudey und Woburn – auf. Wird Roger der *artifex* mitgezählt, so erscheinen nur vier von den 29 in John Harveys Buch *English Medieval Architects*. Diese sind Godwin (*cementarius*) für Byland, Roger *the artifex* und Osmund für Rufford, schließlich Waryn für Sawley.[147] Eine stichprobenartige Überprüfung der Quellen hat gezeigt, daß die in den Urkunden genannten Personen, sofern man sie tatsächlich mit dem Kloster in Verbindung bringen kann, eher mit Verwaltungsaufgaben betraut waren. Sie können m.E. nicht als Baumeister im strengen Sinn betrachtet werden.[148] Dennoch ist die Annahme, daß in den frühen Jahren der Anteil der Eigenleistung beim Bau zisterziensischer Klöster größer war, durchaus sinnvoll. Denn die Anforderungen an Baumeister und Steinmetzen waren einfacher, die einzelnen Tätigkeiten noch nicht so auf Spezialisten verteilt und die Bauaufgabe selbst moderater. Regelmäßig behauene Steinquader, einfache Gewändeprofile, gestampfter Lehmboden, simple Gewölbe bei maßvollen Kirchenabmessungen sind sowohl für die meist handwerklich weniger spezialisierten Mönche wie auch für die ungelernten leichter zu meistern gewesen als mehrfarbig gebrannte Fußbodenfliesen, profilierte Gewände, Maßwerkfenster

hundert waren die Baustellen bereits hochgradig arbeitsteilig organisiert. Was konnte also ein Mönch, der mehr als zwanzig Jahre für den Gesang zuständig war, auf einer Baustelle leisten? Interessant ist allerdings, daß bereits in der Signaliste Wilhelms von Hirsau ein *magister cementariorum* erwähnt wird. Um ihn zu bezeichnen, sollte der Mönch die geballten Fäuste übereinanderstellen (*premisso generali pugnum super pugnum pone vicissim, quasi simules construentes murum*). Gemeint ist hier ein Maurermeister. Vgl. Jarecki, W., 1981, p. 213.

146 Vgl. Fergusson, P, 1984, p. 167f.
147 Vgl. Harvey, J., 1984, pp. 121, 223f u. p.315.
148 Ich habe einen Teil der Tabelle in meiner Magisterarbeit überprüft und festgestellt, daß die Übersicht in vielen Punkten mangelhaft ist. Obwohl Peter Fergusson selbst auf die Schwierigkeit der Interpretation verweist und einzelne Fälle als »ambiguous« bezeichnet, müssen m.E. einige Namen aus der Liste gestrichen werden. Denn viele der von Fergusson genannten Baumeister tauchen in Zeugenlisten von Urkunden auf. Das methodische Problem besteht hier nicht nur in der Deutung der Bezeichnung (*magister operis* etc.), sondern vor allem darin, daß nicht bekannt ist, wo die Urkunden ausgestellt worden sind. Somit ist nicht klar, ob die als Baumeister bezeichnete Person überhaupt am Klosterort gearbeitet hat.

sowie die Statik größerer Spannweiten der Gewölbe bei gleichzeitig reduzierten Mauerstärken. Daß es auch hier Ausnahmen gab, bestätigt nur die Regel. Es ist zudem allgemein bekannt, daß im ausgehenden 12. Jahrhundert das *opus manuum* von Zisterziensermönchen wohl kaum noch ernsthaft gepflegt wurde, zumindest was die niederen Tätigkeiten wie die Arbeit auf dem Feld u.ä. angeht. Es gilt außerdem zu bedenken, daß die Konversen sich auch während der Neu- und Umbauphasen um das leibliche Wohl des Mönchskonvents zu kümmern hatten, somit wesentlich mit anderen Aufgaben betraut waren. Außerdem ging ihre Zahl im 13. Jahrhundert stark zurück. Ihr Aufgabenfeld allerdings weist sie seitdem oft als selbständig handelnde Wirtschaftsfachleute aus. Schließlich geht aus dem Rechnungsbuch von Beaulieu Abbey hervor, daß das klostereigene Instandhaltungsdepartment nur Wartungs- und Reparaturarbeiten ausführen sollte. Für größere Bauvorhaben war es schlicht zu klein.[149]

Einige zisterziensische Quellen lassen vermuten, daß es in der Frühzeit ordenseigene Baumeister gab. Peter Fergusson hat die Karriere des ersten Abtes von Meaux Abbey (Yorkshire), Adam von Meaux († 1180), anhand von Quellen nachgezeichnet.[150] Er beansprucht für Adam, daß er möglicherweise von Geoffrey d'Ainai im Bauen unterrichtet worden ist.[151] Es wird außerdem die Vermutung ausgesprochen, daß Adam, bevor er in Woburn, Kirkstead und Vaudey arbeitete, auch in Fountains als Baumeister gewirkt haben soll und schließlich später in Meaux Hand anlegte.[152] Um Adams Rolle zu charakteri-

---

149 Vgl. *Account Book of Beaulieu Abbey*, pp. 202–205.
150 Vgl. Fergusson, P., 1984a; Fergusson, P., 1984, pp. 165–172.
151 Geoffrey war Mönch in Clairvaux und wurde als Vertrauter des hl. Bernhard 1133 nach Fountains geschickt, um die Mönche in zisterziensischen Gewohnheiten zu unterweisen.
152 »It is clear that he [Adam J.R.] replicated Geoffroi's role as a master mason who was dispatched by his mother house of Fountains to oversee setting out and building when new foundations were established. In the seventeen years he remained a monk at Fountains (1133–1150), he took charge of building at Kirkstead established in 1139, at Woburn in 1145, and at Vaudey (Lincs.) in 1147. Assuming the patron raised the wooden buildings, Adam's work must have been on the next generation of buildings necessitated by the expansion of the community. In addition, it is safe to assume that he worked on the buildings of Fountains prior to being sent to Kirkstead, and that he would have returned periodically to his own monastery during the period when he was supervising work at the other three houses. Whether he was absent at Vaudey in 1147 when Fountains was burned by an angry mob is not known, but he could well have been recalled there in the months following to assist in the massive reconstruction efforts. During the three years between the fire of 1147 and his appointment as Abbot of Meaux in 1150, work proceeded at Fountains on the church, claustral buildings, east guest house, and the other buildings. Adam could not have been at Fountains continuously, however, since the Meaux *Chronicle* says he was working at Vauday in 1149 when Count William made his visit there that led to the foundation of Meaux with Adam as founding abbot.« Fergusson, P., 1984a, p. 83.

60   ms 139, f. 159r, Corpus Christi, College Cambridge

sieren, bot Peter Fergusson drei Möglichkeiten an.[153] Er entschied sich für Adam als Baumeister (*master mason*), der an der zweiten Generation von Gebäuden (Steinbauten) tätig war.

Im folgenden werde ich zeigen, daß sich diese These durch die derzeit bekannten Quellen m.E. nicht bestätigen läßt. Adam war, so meine Gegenthese, höchstens als Verwalter (*monk-administrator*) tätig und hatte eher die Aufsicht über Holzbauten als über Steingebäude.

Wir wissen nur sehr wenig über Adam von Meaux. Abgesehen von einigen Urkunden[154], einem Vermerk in der Chronik von Fountains Abbey[155] und

---

153 »that of a monk/planner, or of a monk/administrator of the fabric, or of a monk/master mason.« Fergusson, P., 1984a, p. 84.

154 »Adam was addressed as abbot of Meaux in papal confirmations issued on 13 June 1151, 12 Jan. 1153–4 and 23 Nov. 1156; and he was present at the settlement by Ailred abbot of Rievaulx of the dispute between the abbeys of Savigny and Furness as to the subjection of Byland Abbey, 1154–55.« Clay, C. T., 1955, p. 28; Vgl. EYC, III, Nr. 1383, 1384 u. 1388.

155 Vgl. *Narratio de fundatione*, p. 94–96.

einer Fußnote im ältesten Manuskript eines Briefes von Erzbischof Thurstan an seinen Kollegen in Canterbury (Abb. 60) stammen die wichtigsten Informationen aus der Chronik von Meaux Abbey.[156]

Gemäß der Chronik von Meaux[157] begann Adam seine Karriere als Mönch im benediktinischen Kloster Whitby. Später zog er gemeinsam mit einigen anderen Mönchen nach York, um dort in St. Mary's Abbey einen monastischen Neubeginn zu wagen.[158] Thomas Burton, der Autor der Chronik, hat weder Adams Eintritt ins Kloster zu Whitby noch den Zeitpunkt seines Umzugs nach York präzise bestimmt. Er war sich dessen wohl auch nicht sicher, denn er schrieb »wie man sagt, ist Adam irgendwann Mönch in Whitby gewesen *(ut dicitur, aliquando fuit monachus de Whytby)«.*[159] Des weiteren ist

156 Die Chronik wurde von Thomas Burton (1396–99), dem 19. Abt von Meaux, im ausgehenden 14. Jahrhundert verfaßt. Burton hielt sich eng an Dokumente, die ihm zur Verfügung standen. So folgt die Gründungsgeschichte von Meaux Abbey recht genau den Ereignissen, die in der Urkunde des Gründers, des Grafen von Aumâle, aufgezeichnet sind (Vgl. EYC, III, Nr. 1379, pp. 89–91). Außerdem stand Burton, wie aus dem Bibliothekskatalog der Abtei hervorgeht, ein kleines Schriftstück (*tractatus parvus*) über die Gründungsgeschichte der Abtei zur Verfügung. Die Chronik existiert heute in zwei Handschriften (Ms Egerton 1141/British Library u. Phillips ms 6478, heute ms lat. 219/John Rylands Library, Manchester) die als Autograph des Autors angesehen werden. Zu Burtons Qualitäten als Chronist vgl. *Chronica monasterii de Melsa*, Bd. 1, pp. lxx–lxxxi u. Gransden, A., 1982, pp. 361–371; für den Bibliothekskatalog siehe *Chronica monasterii de Melsa*, Bd. 3, pp. lxxxiii–c, insbesondere p. lxxxiv, zur Manuskripttradition und -edition vgl. *Chronica monasterii de Melsa*, Bd. 1, pp. xliii–liv; Gransden, A., 1982, p. 358.

157 »Praedictus autem Adam, abbas noster primus, ut dicitur, aliquando fuit monachus de Whytby, et unus illorum qui egressi sunt de dicto monasterio de Whytby, ad monsterium beatae Mariae Eboraci inchoandum. Postmodum vero priorem dicti monasterii beatae Mariae Eboraci et alios, qui inde exierant et in territorio Riponensi monasterium ordinis Cisterciensis, quod Fontes dicitur, inchoaverant, secutus est. Pridie vero nonas Octobris, anno Domini 1132, facta est egressio monachorum Eboracensium de coenobio eorundem, et eodem anno incepta est abbatia Sanctae Mariae de Fontibus, sexto kalendas Januarii. Tresdecim monachi egressi sunt de coenobio beatae Mariae Eboraci, scilicet, Ricardus prior, primus abbas de Fontibus; Ricardus sacrista, secundus abbas de Fontibus; Robertus primus abbas de Kyrkestede; Gervasius supprior, primus abbas de Parco Ludae; Walterus eleemosynarius, secundus abbas de Kyrkestede; Ranulphus primus abbas de Lisa Norwagiae; Alexander primus abbas de Kyrkestallia; abbates septem. Reliqui vero quinque monachi non abbatiantes obierunt. Radulphus autem cantor, qui tertius decimus erat, solus regressus est: in cujus loco dictus Adam de eadem ecclesia Eboracensi venit ad Fontes; et ipse Adam primus abbas de Melsa. Hujus/autem coenobii Fontanensis octo sunt filiae; videlicet, Novum Monasterium, Kyrkestede, Parcus Ludae, Woburnia, Lisa, Kyrkestallia, Vallis Dei et monasterium nostrum de Melsa.« *Chronica monasterii de Melsa*, Bd. 1, p. 74f; Zur Gründungsgeschichte von Fountains Abbey vgl. pp. 73ff.

158 Zur Gründungsgeschichte von St. Mary's, York und dem historischen Kontext siehe: Wilson, C./Burton, J., 1988, pp. 1–3; Baker, D., 1970; Norton, C., 1994; Burton, J., 1994.

159 Angenommen, *inchohandum* bezieht sich wirklich auf die Gründung von St. Mary's

bekannt, daß Adam nicht zu der ersten Gruppe von Mönchen gehörte, die im Herbst des Jahres 1132 von St. Mary's, York, auszogen, um später unter der Schirmherrschaft des Erzbischofs von York Fountains Abbey zu gründen. Von Adam wird berichtet, daß er den Kantor Radulphus, der nach St. Mary's Abbey zurückkehrte, weil ihm das Leben in Skelldale zu hart erschien, ersetzte. So stieß Adam erst später zur Gemeinschaft von Fountains.[160]

Im Jahre 1150 wurde Meaux Abbey durch den Earl von Aumâle als Tochter von Fountains Abbey gegründet und Adam wurde ihr erster Abt. Wie Thomas Burton berichtet, dauerte Adams Abtszeit nur zehn Jahre, und während dieser Zeit war er natürlich auch für die Bauaktivitäten im Kloster verantwortlich. Aufgrund schlechter Leitungstätigkeit, insbesondere in wirtschaftlicher Hinsicht, wurde Adam genötigt zurückzutreten. Zu seinem Nachfolger wählten die Mönche Philipp (1160–82). Adam setzte sich jedoch nicht in Meaux oder Fountains, wie zu erwarten gewesen wäre, zur Ruhe, sondern er machte sich auf nach Watton und lebte dort sieben Jahre lang als Anachoret.[161] Nach einem

Abbey, York, dann wäre Adam um das Jahr 1088 von Whitby nach York gezogen. Es ist anzunehmen, daß der Wechsel von Whitby nach York als Profeßmönch erfolgte, d.h. Adam wäre zu diesem Zeitpunkt wenigstens 16 Jahre oder älter gewesen. Da dieser aber, wie Thomas Burton schrieb, im Jahr 1180 nach einem wechselvollen Leben in Meaux das Zeitliche segnete, müßte Adam im biblischen Alter von ungefähr 108 Jahren gestorben sein. Der einzige, der meines Wissens auf Adams unwahrscheinliches Alter aufmerksam gemacht hat, war Derek Baker (1970, p. 9f). Er hat diesen Punkt aber nicht weiter vertieft. Es bleibt die Frage, ob der Adam, der ins Kloster Whitby eintrat, derselbe ist, wie derjenige, der später Abt von Meaux wurde? Aufgrund des hohen Alters halte ich dies eher für unwahrscheinlich.

160 Daß Adam dem Konvent von St. Mary's Abbey, York, angehörte, ist zeitgenössisch nur durch eine Anmerkung in dem berühmten Schreiben Thurstans an seinen Kollegen in Canterbury belegt (Vgl. *Epistola Thurstini*, ms 139, fol. 159ʳ, Corpus Christi College, Cambridge [Abb. 60]). Weitere Daten wären am ehesten aus dem Klosterarchiv von St. Mary's, York zu erwarten gewesen. Das Archiv ist allerdings im Jahre 1644 bei der Belagerung von York in die Luft gesprengt worden (vgl. English, B./Hoyle, R., 1993). Eine letzte Möglichkeit hätte noch in einem Eintrag im *Liber vitae* bzw. in den Totenrollen von St. Mary's bestanden. Ein *Liber vitae* ist nicht überliefert, und die drei Sterberollen, die sich auf Mönche von St. Mary's, York, beziehen, werden vor 1132 datiert (Vgl. Bethell, D., 1966, p. 21f). Außerdem sei daran erinnert, daß die Zisterzienser ein kollektives Jahresgedächtnis pflegten.

161 Adam ließ sich wahrscheinlich nahe dem Doppelkloster der Gilbertiner nieder. Das Kloster Watton ist vor allem durch einen moralischen Skandal – eine Nonne wurde von einem Mönch oder Laienbruder geschwängert – bekannt geworden. Das Ereignis könnte sich zur selben Zeit, in der Adam dort sein Einsiedlerdasein fristete, zugetragen haben. Kein geringerer als Aelred von Rievaulx wurde von Gilbert von Sempringham gebeten, einen Bericht über den Skandal zu verfassen. Es sollte deutlich werden, daß der Vorfall kein Zeichen des sittlichen Verfalls des Konvents sei, sondern eine individuelle Verfehlung einzelner war. Vgl. Aelred von Rievaulx, *De sanctimoniali de Wattun* u. Constable, G., 1978.

großen Brand kehrte er jedoch nach Meaux zurück und starb dort im Jahr 1180. Adam wurde im Kapitelsaal des Kloster beigesetzt.[162] Werden Adams Lebensjahre zusammengezählt, so müßte er über einhundert Jahre alt geworden sein. Ob man nun Adams hohes Alter akzeptiert oder nicht, allein die letzten fünfzig Jahre seines Lebens, beginnend mit dem Auszug aus St. Mary's Abbey, York, sind immer noch aufregend genug. Sein besonderer Charakter ähnelt denen früher zisterziensischer Äbte – spirituell stark, aber unfähig, die tägliche Routine im Kloster zu organisieren und zu leiten.

Um Adam als Baumeister bezeichnen zu können, war es für Peter Fergusson wichtig, Adam mit dem Besuch Geoffrey d'Ainai's in Fountains Abbey im Sommer oder Herbst des Jahres 1133 in Verbindung zu bringen.[163] Adam war zu dieser Zeit bereits Mönch in Fountains. Wie aus der Klosterchronik hervorgeht, wurde Geoffrey von Bernhard beauftragt, nach England zu reisen, um die benediktinischen Mönche von Fountains in den zisterziensischen Gewohnheiten zu unterweisen.[164] Die Chronik von Fountains nennt Geoffrey

»einen heiligen und religiösen Mann, an dessen Vollkommenheit man nicht zweifeln darf, der beim seligen Bernhard in so hohem Ansehen stand und von dessen Seite zu unseren Vätern geschickt worden ist, damit er sie in den Anfängen des Ordens, der Art zu leben und die Sitten

---

162 »Habita ergo deliberatione, decimo anno administrationis suae cedens, apud Wattonam, novum tunc virginum monasterium, intendens deinceps soli Deo vacare ac anachoreticam vitam praeeligens ducere, se conclusit. Ibique tamdiu mansit inclusus donec, post septem annorum curricula, ecclesia sub qua manebat combureretur, et ipse ab igne extractus ad monasterium suum de Melsa est reversus; ubi fere per xiii. annos postea Deo devote famulando supervixit, et demum, morte mediante, in pace conquievit. Sepultus ergo est in capitulo ejusdem monasterii nostri de Melsa, juxta aquilonalem columnam juxta analogium, anno a fundatione hujus monasterii tricesimo.« *Chronica monasterii de Melsa*, Bd. 1, p.107f.

163 Vgl. Fergusson, P., 1984a, p. 82.

164 Dieses Vorgehen war keineswegs einzigartig. So wurden zum Beispiel der Mönch Achardus nach Himmerod entsandt und Robert nach Mellifont. Geoffrey ist allerdings erst im Sommer oder Herbst in Fountains gewesen, sicherlich nicht im Frühjahr, wie Peter Fergusson annahm. Derek Baker hat auf den ungewissen Zeitpunkt der Inkorporation von Fountains Abbey in den Zisterzienserorden aufmerksam gemacht. Eine Bestätigungsurkunde von König Heinrich I., die in die Zeit zwischen 30. April und 3. Mai fällt, beschreibt die Mönche von Fountains als Benediktiner (*Sciatis me concessisse Deo et ecclesie Sancte Marie de Fontibus et monachis in ea secundum regulam Sancti Benedicti viventibus* [...] Vgl. EYC, I, Nr. 61). Eine andere Urkunde von König Stephan aus dem Jahre 1136 bestätigt Land und andere Besitztümer der »*ecclesie Sancte Marie et abbati et monachis de Fontibus, qui sunt de Ordine Cisterciensis*« (Vgl. EYC, I, Nr. 63). Dies würde bedeuten, daß die Mönche von Fountains zwischen Sommer 1133 und Winter 1135 dem Zisterzienserorden inkorporiert worden sind. Vgl. Baker, D., 1969, p. 40f.

zu bewahren, gemäß der Disziplin des Ordens unterweise. Ich sah den Menschen, als ich mich dereinst noch im weltlichen Gewand befand. Er war in einem hohen Alter und von würdevoller Bescheidenheit, ein fleißiger Mann in menschlichen wie göttlichen Dingen. Denn er war Ordner und Einrichter vieler Klöster, besonders derer, die sich auf den Rat des heiligen Mannes zur höheren Vollkommenheit des Lebens dem Kloster Clairvaux unterwarfen, indem sie den Habit wechselten.«[165]

Über dessen Aufenthalt und Tätigkeiten in Fountains Abbey berichtet Serlo:

»Dieser Geoffrey, wie wir sagten, der nach Fountains kam, ist von den Brüdern mit Verehrung und würdevoll empfangen worden. Sie alle sind bei seiner Ankunft getröstet worden und nachdem sie die Botschaft des heiligen Abtes gehört hatten, beugten sie die Nacken unter die zisterziensische Disziplin. Sie hörten das Wort aus dem Mund des Alten und beachteten es. Gemäß seinem Rat errichteten sie Häuser, arrangierten den Gottesdienst so, wie der Alte sie lehrte zu singen und zu psallieren.«[166]

Abgesehen davon, daß Geoffrey d'Ainai als Baumeister überhaupt zweifelhaft ist[167], läßt sich aus diesen spärlichen Informationen kaum schließen, daß Geoffrey die Mönche in Fountains über konkrete und detaillierte architekto-

---

165 »virum sanctum et religiosum; nec dubitandum de ejus perfectione qui tanti habitus est apud beatum Bernardum, destinatus a latere ejus ad patres nostros, ut instituat eos prima ordinis elementa, modum vivendi, et mores conservandi, secundum ordinis disciplinam. Vidi ego hominem, in saeculari adhuc habitu constitutum, grandaevum aetate, et gravitatis modestae; virum industrium in divinis et humanis rebus. Multorum siquidem monasteriorum ordinator et institutor erat, eorum maxime qui ad consilium viri sancti ad majorem vitae perfectionem, mutato habitu Clarevallensi, se monasterio subdederunt.« *Narratio de fundatione*, p. 46f

166 »Hic Gaufridus, ut diximus, Fontes veniens, susceptus est a fratribus cum reverencia et honore condigno. Consolati sunt omnes in adventu ejus, et audito sancti abbatis mandato, Cisterciensi disciplinae colla submittunt; audientes verbum ex ore senis et custodientis illud. Ad ejus consilium casas erigunt, ordinant officinas, cantantes et psallentes prout senex docebat.« *Narratio de fundatione*, p. 47.
   R. Halsey interpretierte *casas* und *officina* als Häuser und Werkstätten, während D. F. L. Chadd *officinas* mit *divine service* übersetzte, vor allem mit Blick auf den Schluß des Satzes. Vgl. Halsey, R., 1986, p. 67; Chadd, D. F. L., 1986, p. 304, Anmerkung 34.

167 Zur Nennung von Geoffrey und Achardus als verantwortliche Baumeister für den Neubau der Klosterkirche von Clairvaux siehe Aubert, M., 1947, Bd. 1, p. 97. Die Datierungen von Aubert (*après 1133*) und Dimier (1135–45/Dimier, A./Pocher, J., 1962, p. 331) scheinen überholt. Wilhelm Schlink (1970, pp. 138–141) hat die begründete Vermutung geäußert, daß der Neubau des Presbyteriums in Clairvaux (Clairvaux II) kein einfacher Umbau, sondern ein Neubau war. Wie allerdings Clairvaux I aussah, ist kaum mehr zu

---

nische Konzepte in Kenntnis setzte. Außerdem sei daran erinnert, daß eine Ausbildung zum Baumeister nicht in einem mehrwöchigen Sommerkurs zu erlernen war. Es ist deshalb ratsam, Geoffrey nur als Vermittler allgemeiner architektonischer Ideen zu betrachten und nicht als Baumeister, der einen konkreten *Stil* empfahl.

Peter Fergusson schrieb Adam von Meaux eine Tätigkeit als Baumeister in Fountains, Kirkstead, Woburn, Vaudey und schließlich in Meaux zu. Was läßt sich über seine Tätigkeit an den verschiedenen Bauplätzen sagen?

In den Jahren 1979/80 hatte Glyn Coppack während der Ausgrabungen innerhalb des südlichen Querhauses der Abteikirche von Fountains Abbey hölzerne Vorgängerbauten, die er in die Zeit um 1133/34 datierte, entdeckt. Coppack rekonstruierte die Holzgebäude (Abb. 61) auf der Grundlage der Struktur der ausgegrabenen Pfostenlöcher.[168] Diese wiesen auf zwei Gebäude hin. Das eine war axial ost-west, das andere nord-süd ausgerichtet. Das erste Gebäude, welches Coppack als Oratorium identifizierte, besaß einen rechteckigen Grundriß. Seine Südwand verlief entlang der Pfostenlöcher 531, 541, 448, 545 und 544, und die Nordwand wird durch Pfostenloch 521 markiert. Die Maße des Gebäudes, gemäß dem ausgegrabenen Areal, sind mindestens 7,6 x 4,9 m. Coppack nahm an, daß das Gebäude länger war, d.h. sowohl in östlicher wie westlicher Richtung weiterging. Die exakte Ausdehnung konnte jedoch nicht bestimmt werden, da die spätere steinerne Kirche (Fountains II) Teile des Holzbaus überlagerte. Vom zweiten Gebäude läßt sich nur noch die Ostwand (Pfostenlöcher 549, 537, 531) nachzeichnen. Coppack gab ihm die Funktion eines *domestic* Gebäudes, d.h. eines Raumes zum Schlafen, Essen und

rekonstruieren. Richard Halsey hat außerdem gezeigt, daß Geoffreys Aktivitäten als Baumeister keineswegs durch historische Belege gesichert sind, denn abgesehen von der Chronik von Fountains gibt es weder einen detaillierten Bericht über sein architektonisches Wirken, noch bauten die Mönche, die von Clairvaux ausgesandt worden sind (Geoffrey/Fountains; Achardus/Himmerod; Robert/Mellifont), an den jeweiligen Orten eine Architektur, die der von Clairvaux ähnelte. Die frühen Gebäude von Fountains, Himmerod und Mellifont unterschieden sich von Clairvaux gravierend. Vgl. Halsey, R., 1986, pp. 66–68.

168 Vgl. Gilyard-Beer, R./Coppack, G., 1986, pp. 151–154.

169 Vgl. *Narratio de fundatione*, p. 50.

170 »Serlo tells us that under Geoffroi's instruction the Fountains monks built ›huts and offices‹. The bald statement conceals the truth, for what was provided was a new timber monastery built to the model already provided at Clairvaux, and on a new site. [...] Given that Geoffroi d'Ainai was responsible for laying out (if not the building of) the timber monastery of Fountains, it seems likely that he would have followed the layout of Clairvaux, his own home, closely.« Coppack, G., 1993, p. 18f u. p. 20.

Die Architektur im Orden von Cîteaux

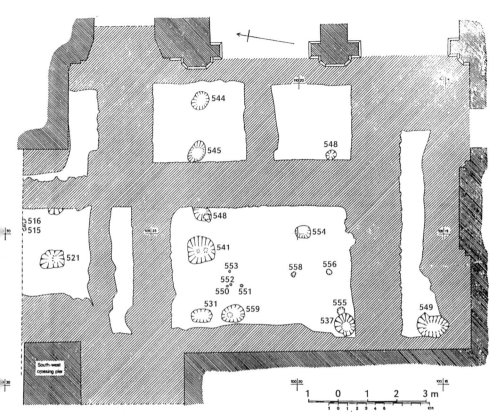

61   Fountains I: Ausgrabung (nach Glyn Coppack)

Trinken etc. Aufgrund der tieferen Pfostenlöcher vermutete er einen zwei-
geschossigen Bau, während das Oratorium aus nur einem Raum bestand.
Dieser Gebäudekomplex wurde mit einer Notiz in der Klosterchronik über
Zimmerleute[169] sowie dem Besuch von Geoffrey d'Ainai in Verbindung
gebracht und damit eine Analogie zum ersten Holzkloster in Clairvaux (Abb.
57a–b) hergestellt.[170] Ich halte diese Interpretation aus verschiedenen Gründen für unwahrscheinlich. Es ist hier jedoch nicht der richtige Ort, seine
Argumente ausführlich zu diskutieren. Für Adam von Meaux läßt sich nur
belegen, daß er die Holzbauten in Fountains, welcher Art und Funktion sie
auch immer waren, gekannt hat.

Die bereits erwähnten Ausgrabungen im südlichen Querhaus förderten
außerdem den Grundriß eines noch unbekannten steinernen Vorgängerbaues
ans Tageslicht, der heute allgemein als erstes steinernes Oratorium anerkannt

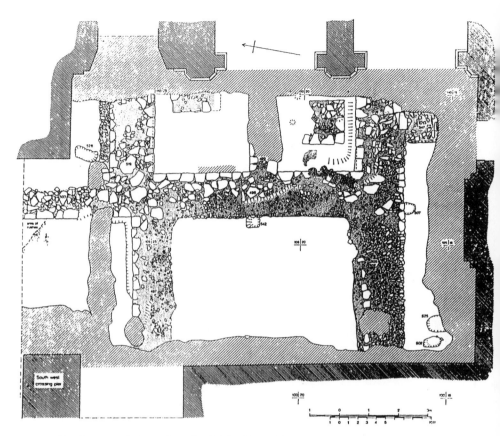

62 Fountains II: Ausgrabung (nach Glyn Coppack)

wird.[171] Der Baubeginn wird um das Jahr 1135 angesetzt.[172] Die ausgegrabenen Reste geben nur einen winzigen Teil der Kirche wieder (Abb. 62). Die
Rekonstruktion im Grundriß (Abb. 63) basiert auf einem Vergleich mit
anderen frühen Zisterzienserkirchen. Die Kirche war relativ klein, ungefähr
41 m lang und rund 24 m breit (Querhaus), ursprünglich einschiffig und mit
jeweils zwei gestaffelten rechteckigen Ostkapellen neben dem ebenfalls

---

171 Vgl. Gilyard-Beer, R./Coppack, G., 1986, pp. 154–158.
172 Der Datierung liegt folgendes Ereignis zugrunde: Um 1135 setzten sich zwei wohlhabende
     Kanoniker von York Minster in Fountains zur Ruhe. Das Geld, welches Hugh Dean of
     York Minster mit sich brachte, wurde in drei Teile aufgeteilt: einen für die Armen
     (Almosen), einen für die Bedürfnisse der Mönche und den dritten schließlich für den Bau
     des Klosters (vgl. *Narratio de fundatione*, p. 53f).

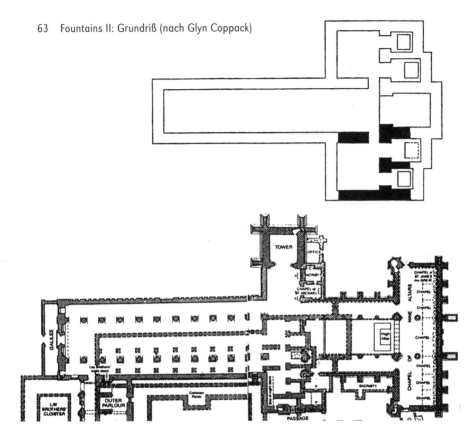

64   Fountains II: Grundriß (nach Glyn Coppack)

rechteckig geschlossenen Presbyterium.[173] Die Staffelform läßt sich aus den Resten der Fundamente für die Altäre der östlichen Kapellen im südlichen Querhaus schließen. Es wurde weiterhin von Coppack angenommen, daß die Kirche im Grundriß spiegelbildlich auf einer Ost-West-Achse angelegt war. Diese Hypothese ist später abgeändert worden (Abb. 64). Aufgrund verschiedener architektonischer Details nimmt Glyn Coppack nun eine Erweiterung

173 Die Länge des ersten Langhauses ist nicht bekannt und wurde auch bei den Grabungen nicht ermittelt. Coppack und Gilyard-Beer nutzten zur Bestimmung der Länge eine sonderbare Eigenheit der vier östlichsten Pfeiler an der Obergadenwand des südlichen Langhauses (Abb. 87). Der oberste Bereich der Wandvorlagen ist rund 25 cm nach rechts versetzt, damit diese wieder mit den Wandvorlagen an der Außenwand des südlichen Seitenschiffs korrespondieren. Ihre These ist, daß die südliche Mauer des alten kürzeren

des Langhauses von Fountains II um zwei Seitenschiffe an. Gleichzeitig wurde das Langhaus nach Westen verlängert.[174]

Daraus ergibt sich folgende Bauchronologie. Um 1135 wurde unter Abt Richard I. mit dem Bau der ersten Steinkirche, die ein Langhaus ohne Seitenschiffe hatte, begonnen. Ihre Vollendung fällt in die Amtszeit seines Nachfolgers, Abt Richard II. (1139–43). Um 1140 bestanden die Klausurgebäude, wie immer sie angeordnet waren, noch aus Holz. Im Jahr 1144 wurde ein enger Freund des hl. Bernhard, Heinrich Murdac, einst Abt in Vauclair, zum Abt von Fountains gewählt. Murdac war nun mit Sicherheit der erste Abt von Fountains, der nicht nur mit der kontinentalen Klosterarchitektur vertraut, sondern auch über die Aktivitäten in Clairvaux selbst informiert war. Ihm werden die ersten Klausurgebäude[175] in Stein sowie die Erweiterung der Klosterkirche nach dem Vorbild Fontenay[176] zugeschrieben. Die Kirche von 1146/47 wäre somit eine dreischiffige Basilika mit kreuzförmigem Grundriß.[177] Ob die Querhausarme dieselbe Höhe wie das Langhaus hatten, kann aus

Langhauses den Bauleuten die Sicht versperrt hat und sie dann die Pfeiler bzw. Wandvorlagen nicht exakt ausgerichtet aufgeführt haben. Nachdem die Maurer dann das Malheur bemerkten, korrigierten sie den Fehler, indem sie die Wandvorlagen ein Stück nach rechts versetzten. Diese Unregelmäßigkeit könnte, obwohl rein spekulativ, als ein Hinweis auf die Länge des seitenschifflosen Langhauses wie auf dessen Höhe verstanden werden. Vgl. Gilyard-Beer, R./Coppack, G., 1986, p. 177.

174 »The purpose was to provide a church for the lay brothers in the nave. Aisles were necessary as passages to provide access since the main body of the church was divided into liturgical units by screens« (Coppack, G., 1993, p. 31). Die Gründe dafür überzeugen mich nicht, denn nicht nur die Zahl der Laienbrüder, sondern auch die der Mönche wuchs. Dies hätte aber Konsequenzen für den Ostteil der Kirche (Chor und Presbyterium) haben müssen. Außerdem entstehen bei einer solchen Erweiterung beachtliche Ungereimtheiten in der Rekonstruktion des Aufrisses.

175 »Murdac's primary task was therefore to enlarge the first stone church and build permanent cloister buildings of the latest continental Cistercian design for the community.« Coppack, G., 1993, p. 29.

176 »Its appearance is unknown but another contemporary church, that of the Clairvaux colony of Fontenay, remains intact. Built between 1139 and 1147 it is closely contemporary with Murdac's churches and its stark Burgundian detailing with pointed arches to the main arcades might give a clue as to the appearance of the Fountains nave. Unlike Fontenay, Fountains appears to have had an upper storey lighting its nave, and it would have been roofed in timber. This was the model favoured at Clairvaux and the lack of a clerestory at Fontenay may simply be a mark of lower status within the order.« Coppack, G., 1993, p. 31f.

177 Die Zäsur von 1146/47 bezieht sich auf die Brandschatzung der Abtei in jenem Jahr, von der die Klosterchronik berichtet. Dabei wurden wahrscheinlich große Teile des Klosters, die Kirche eingeschlossen, schwer beschädigt, so daß der Brand direkt oder indirekt als Anstoß für den Neubau der Klosterkirche, die heute noch in Teilen steht, angesehen werden kann (vgl. *Narratio de fundatione*, pp. 97–102).

Coppacks Beschreibung nicht definitiv abgeleitet werden. Die Erweiterung des Langhauses begann um 1144 und wurde noch vor dem Feuer 1146/47 abgeschlossen. Nach dem Brand reparierten die Mönche notdürftig die alten Bauten und begannen um 1150 mit der neuen Klosterkirche. Der hier von Glyn Coppack vorgeschlagene Bauablauf sowie die von ihm rekonstruierte Form der Klosterkirche enthalten hinsichtlich Bauzeit und Gestalt der Kirche erhebliche Ungereimtheiten, die hier nicht besprochen werden können, weil sie den Umfang dieser Studie sprengen würden. Hinsichtlich Adams Architekturerfahrungen bleibt festzuhalten, daß er (un)mittelbar Kenntnis von Steinbauten erhielt und das benediktinische Klosterschema kennengelernt hat.

Die Stiftung für Kirkstead durch Hugh Brito Lord von Tattershall erfolgte vor 1139. Der Abt von Fountains sandte Brüder aus, um die notwendigen Gebäude errichten zu lassen. Im Februar des Jahres 1139 zog der neue Konvent unter Abt Robert de Siwella aus, um das neue Kloster zu besiedeln. Wie sich später herausstellen sollte, erwies sich das Gelände als ungeeignet für eine dauerhafte Niederlassung, so daß die Mönche 1187 (?) umzogen. Sie siedelten an einem neuen Ort, der es ihnen erlaubte, ein größeres Kloster für den inzwischen zahlenmäßig stark angewachsenen Konvent zu errichten.[178] Es ist nichts über die ersten Bauten, die an dem später aufgegebenen Siedlungsplatz errichtet worden sind, bekannt. Es ist auch nicht sicher, ob die Mönche an alter Stelle bereits einen Steinbau begonnen hatten oder noch in hölzernen Hütten lebten. Unter der Annahme, daß die Mönche einige Jahre in Holzgebäuden verbrachten und daß die Errichtung eines Klosters in Stein von moderater Größe für diesen Konvent mit seinen Möglichkeiten zwei bis drei Jahrzehnte in Anspruch nahm, erscheint es mir unwahrscheinlich, daß an dem alten Ort bereits dauerhafte Klostergebäude in Stein errichtet worden sind. Da Adam seine(n) Besuch(e) vor 1150 abstattete, glaube ich nicht, daß Adam dort bereits für die zweite Generation von Klosterbauten zuständig gewesen ist.

Die Zisterzienserabtei von Woburn wurde durch Hugh de Bolebec gegründet. In der Chronik von Fountains heißt es:

»Der heilige Abt nahm das Geschenk aus reicher Hand und nachdem die Gebäude nach der Sitte [des Ordens] errichtet worden waren,

---

178 Das genaue Datum ist unbekannt. Peter Fergusson datiert, aufgrund der Analyse architektonischer Reste von Kirkstead, den Umzug in die Zeit um 1175. Die erhaltene Urkunde von 1187 bestätigt seiner Meinung nach nur einen längst bestehenden Zustand. Vgl. Fergusson, P., 1984, p. 130f.

entsandte er ordnungsgemäß Brüder an selbigen Ort. Im Jahre der Fleischwerdung des Herrn 1145, im 13. Jahre der Gründung unserer Mutter [Fountains Abbey], ist vom Kloster Fountains eine Mönchsgemeinschaft unter Abt Alanus zu dem Ort ausgesandt worden, der jetzt Woburn genannt wird. Alanus ist einer von den ersten Vätern, die aus dem Kloster zu York ausgewandert sind.«[179]

Abgesehen von der Tatsache, daß dieselbe Chronik keinen Alanus kennt, der zu den dreizehn Mönchen von St. Mary's, York, gehörte, erfahren wir über die Klosterbauten nur das Übliche. In Woburn könnte sogar der Stifter für die Errichtung der ersten Gebäude zuständig gewesen sein. Die Floskel *de more* kann nicht genau interpretiert werden, da es keine Grabungen gibt, die auf die Gestalt der ersten Gebäude Rückschlüsse zulassen. Im 17. Jahrhundert wurden die Reste der Abtei in ein Landhaus integriert. Es bleibt auch hier fraglich, ob Adam zwischen 1145 und 1450 bereits Steinbauten begutachtete oder nur Holz- und Lehmbauten betreute.

Im Jahre 1147 wurde durch den Grafen von Aumâle, der drei Jahre später auch Adams Kloster in Meaux stiftete, *Vallis Dei* gegründet.[180] Der originale Platz in Bytham erwies sich als unzureichend, so daß der Konvent 1149 nach Vaudey umzog. Adam soll im Jahre 1149 genau zu dem Zeitpunkt in Vaudey gewesen sein, als der Graf von Aumâle dem Kloster einen Besuch abstattete. Dieses Zusammentreffen war die Geburtsstunde von Meaux Abbey. Im Gegensatz zu Peter Fergusson nehme ich an, daß die Mönche an dem neuen Ort umzugsbedingt mit Unterkünften aus Holz- oder Lehm begonnen haben. Es ist höchst unwahrscheinlich, daß der erzwungene Umzug so vorbereitet wurde, daß die ersten Unterkünfte, als die Mönche dort eintrafen, schon standen, so daß sie unmittelbar mit der steinernen Kirche beginnen konnten.

Die 1150 gegründete Abtei von Meaux geht auf eine Initiative von Adam selbst zurück.[181] Thomas Burton berichtete an zwei Stellen über die ersten Klostergebäude in Meaux. Er schrieb:

179 »Suscepit sanctus abbas donum de manu divitis, et aedificiis, de more, constructis, ad locum ipsum fratres regulariter destinavit. Anno millesimo centesimo quadraginta quinto incarnationis Dominicae, fundationis vero matris nostrae, decimo tertio, emissus est de monasterio Fontanensi, conventus monachorum, sub abbate Alano, ad locum qui nunc Woburniam nominatur. Hic unus ex primis patribus qui de coenobio Eboracensi egressi sunt.« *Narratio de fundatione*, p. 88.
180 Vgl. *Narratio de fundatione*, p. 93.
181 Zur Gründung von Meaux vgl. *Chronica monasterii de Melsa*, Bd. 1, p. 76f.

»Dann nämlich übertrug der Graf denselben Ort mit all seinen Rechten feierlich Gott und der seligen Jungfrau Maria, um dort ein Kloster der Mönche des Zisterzienserordens zu errichten. Er ließ auch ein großes Haus bauen, wenn auch nur nach billigem Schema, wo jetzt die Bäckerei entsteht, in welchem der ankommende Konvent wohnen sollte, bis für sie Fürsorglicheres eingerichtet wurde. Er ließ auch eine gewisse Kapelle neben dem obengenannten Haus errichten, welche nunmehr Stube des Kellermeisters genannt wird, wo alle Mönche sich im Untergeschoß später zur Ruhe legten und im Obergeschoß andächtiger die göttlichen Pflichten erfüllten. Obwohl die Gebäude noch nicht vollendet worden waren, führte er den Mönchskonvent, der vom Kloster Fountains an den fünften Kalenden ausgezogen war, an den Kalenden des Januar an dem vorbestimmten Ort ein«.[182]

Wie aus der kurzen Passage hervorgeht, zeichnete Wilhelm als Stifter für die ersten Gebäude selbst verantwortlich. Die Formulierung *ex vili cemate*, wörtlich »nach billigem Schema«, ist schwer zu interpretieren.[183] Schlamm, wahrscheinlich eher Lehm und Flechtwerk standen im Sinne des Ausdrucks wirklich für eine billige Konstruktion. Burton benutzte diesen Ausdruck gewiß, um den Gegensatz zwischen den ersten Bauten und den späteren Steingebäuden deutlich zu machen. Weiterhin wird hervorgehoben, daß bei Ankunft des Konvents noch nicht alle Gebäude vollendet waren. Ob die oben beschriebene Struktur der Gebäude Ähnlichkeit mit dem Holzkloster von Clairvaux hatte, ist ungewiß. Es fehlen hierfür jegliche archäologischen Untersuchungen. Schließlich ist, architektonisch gesprochen, die beschriebene Nutzung und Aufteilung der Räume ebenfalls nicht ganz klar. Die bautechnische Bedeutung von *inferiori solario* und *superiori solario* kann in unterschiedlicher Weise interpretiert werden. Denn *solarium* bezeichnet sowohl ein *Obergeschoß* oder

182 »Tandem ergo comes locum ipsum cum omnibus pertinentiis suis Deo et Beatae Virgini Mariae, ad monasterium monachorum Cisterciensis ordinis ibidem faciendum, solenniter conferebat. Fecit ergo aedificari quandam magnam domum, licet ex vili cemate, ubi nunc stabilitur pistrinum, in qua conventus adventurus, donec providentius pro eis ordinaretur, habitaret. Fecit etiam quandam capellam juxta domum praedictam, quae modo dicitur camera cellerarii, ubi monachi omnes in inferiori solario postea decubabant, et in superiori divina officia devotius persolvebant. Quibus nondum perfectis, conventum monachorum de monasterio de Fontibus quinto kalendas eductum in locum praedestinatum kalendis Januarii introduxit«. *Chronica monasterii de Melsa*, Bd. 1, p. 82f.
183 Peter Fergusson übersetzte *ex vili cemate* mit *common mud and wattle*. Vgl. Fergusson, P., 1984, p. 24.

eine *Empore* als auch einen *Söller* oder eine *Galerie*. Zumindest kann festgestellt werden, daß sich Schlaf- und Betraum unter einem Dach befanden. In der zweiten Hälfte der 1150er Jahre bauten die Mönche wieder eine Kapelle von ähnlicher Struktur, mit einem oberen (*partem superiorem*) und unteren (*partem inferiorem*) Teil.[184] Sie wählten jedoch einen anderen Ort. Das Baumaterial war wiederum Holz. Dieses stammte vom Abriß der Burg Montferant und wurde ihnen ausdrücklich zu Bauzwecken gestiftet.[185]

Für Meaux Abbey und Adams Rolle beim Bau der Klostergebäude sind zwei Punkte festzuhalten. Zum einen wurden die ersten Gebäude unter Aufsicht des Stifters errichtet, zum anderen erfolgte der Neubau, unter der Leitung von Adam, bewußt in Holz. Als Abt war Adam prinzipiell für alles verantwortlich. Seine Zeit wurde allerdings durch vielfältige Aufgaben in Anspruch genommen. Wie aus der Chronik hervorgeht, hat er sie nicht gemeistert. Er trat 1160 zurück.

Adams Anteil an den Bauaktivitäten ist aufgrund der spärlichen Quellenlage auf eine administrative Rolle zu beschränken. Gegen Peter Fergussons These spricht vor allem die Tatsache, daß Adam nicht sicher als Baumeister der zweiten Generation von Bauten nachweisbar ist und daß er in der berühmten Fußnote der *Epistola Turstini*, in der alle Mönche, die ein Amt oder eine spezielle Tätigkeit ausübten, mit dieser bezeichnet wurden, keine Zusatzbezeichnung erhielt.[186] Für die Architektur seines Klosters hieße dies, daß er nicht nur völlig unzeitgemäße oder zumindest recht eigenwillige Gebäude errichten ließ, sondern auch, daß Adam sich bewußt gegen Stein als Baumaterial entschied. Des weiteren erscheint es mir schwierig, Adam überzeugend als

184 Peter Fergusson übersetzte *ubi monachi omnes in inferiori solario postea decubabant, et in superiori divina officia devotius persolvebant* mit *where all the monks used the lower story as a dormitory and the upper to perform the divine service devoutly.* Vgl. Fergusson, P., 1984, p. 24.

185 »Et dum istae possessiones, ut praedictum est, perquirerentur, capella de qua superius fiebat mentio, quae tunc oratorium et dormitorium monachorum exstiterat,/ nimis arcta erat, ubi tot monachi et psallerent et pausarent. Abbas ipse Adam et monachi aedificaverunt magnam illam domum ubi nunc brasium nostrum conficitur de tabulis quae de ipso castro ligneo exstiterunt; cujus partem superiorem similiter pro oratorio, inferiorem vero pro dormitorio diutius habuerunt.« *Chronica monasterii de Melsa*, Bd. 1, p. 106f.

186 »De his tresdecim viii abbates fuerunt Ricardus prior primus abbas de fontibus, Ricardus sacrista secundus abbas de fontibus Robertus de Sutwelle abbas de Kirkestede Gervasius subprior abbas de parco Walterus elemosinarius ii^s abbas de Kirkest^s Rannulfus abbas de Norwegia Alexander abbas de Kirkestal Gaufridus pictor Gregorius Tomas Haimo Gamellus manachi (sic) obierunt Radulfus cantor solus recessit in cuius loco Adam de eadem ecclesia venit qui primus abbas de Melsa fuit.« ms 139, fol. 159^r.

Baumeister für vier Klöster (Fountains, Kirkstead, Vaudey und Woburn) zwischen 1135 und 1150 zu etablieren, da er einerseits bei wirklicher Betreuung der Bauaufgaben seinen liturgischen Verpflichtungen nie nachkommen konnte und da andererseits eine echte Betreuung auch bei Vernachlässigung des *opus Dei* unwahrscheinlich erscheint. Denn L. R. Shelby hat gezeigt, daß die spezifischen Tätigkeiten von Baumeistern in Planung, Organisation und Ausführung, insbesondere die spezifischen technischen Gegebenheiten auf der Baustelle, eine permanente Anwesenheit des Baumeisters notwendig machten. Nur er wußte, wie es am Bau weiterging.[187]

Die neue Kirche von Fountains Abbey – Fountains III

Der letzte Abschnitt in diesem Kapitel ist einem konkreten Bauwerk gewidmet: der dritten Klosterkirche von Fountains Abbey. Hier sollen die bereits im einzelnen behandelten Themenkreise (Ausgestaltung, Baumaterial, Maß & Proportion, Licht, architektonische Traditionen & Innovationen, Bauleute & Baumeister etc.) an einem Objekt zusammengeführt werden. Dies geschieht in drei Etappen. In einem ersten Schritt wird der zeitliche Rahmen für den Neubau bestimmt. Dem folgt eine detaillierte Beschreibung des Bauwerks. Abschließend werden die Ergebnisse zusammengefaßt und die Klosterkirche in einen größeren baugeschichtlichen Zusammenhang eingeordnet.

Für den Baubeginn der Klosterkirche wie für deren Erweiterung sind keine genauen Daten überliefert. Ein relativ präziser zeitlicher Rahmen läßt sich dennoch durch die Auswertung verschiedener Quellen bestimmen.[188] Abgesehen von einigen Urkunden, die über Schenkungen zum Neubau der Kirche[189],

---

187 »since the master mason as architect did not have the means of drawing detailed plans that could guide the workmen, it was necessary for the master mason as technical supervisor to be constantly attentive in directing construction work in all its technical details.« Shelby, L. R., 1964, p. 400.

188 Eine möglichst genaue Datierung des Baubeginns ist von großer Bedeutung, da fast zeitgleich die Neubauprojekte in Rievaulx (um 1147) und Kirkstall Abbey (nach 1152) begonnen worden sind.

189 Eine Urkunde (EYC, I, Nr. 79, pp. 75–77) von Papst Eugen III. (um 1146), in welcher dieser den Mönchen von Fountains ihre Privilegien bestätigte, erwähnt zwei Schenkungen von Land zum Bau der Abtei, die eine von Adam, Sohn des Suanus, die er gab *ad abbathiam edificandam*, die andere von Eustachius, Sohn des Johannes, ebenfalls *ad abbatiam construendam*. Alice de Gant stiftete den Mönchen von Fountains (um 1144–56) Land in erster Linie zum Bau der Kirche (*Hanc terram dedi primum ad ipsam ecclesiam construendam*) [Greenway, D. E., 1972, Nr. 106]. Thomas, Sohn des Peter von Leeds, schenkte in einer Urkunde (um 1170–80) den Mönchen Holz, welches sie entweder zu Holzkohle für ihre

Rechte an Wäldern zur (Bau-) Holzgewinnung[190] und Steinbrüchen[191] oder über die Ausbeutung an Bodenschätzen (z.b. Eisen)[192] sowie den Bau oder die Nutzung von Schmieden[193] informieren, sind es wesentlich drei Dokumente, die, wenn auch nur sehr spärlich, Auskunft über die Bauaktivitäten geben: die Gründungsgeschichte von Fountains Abbey (*Narratio de fundatione*), das sogenannte *President-Book* sowie einige Anmerkungen des englischen Antiquars und Sammlers John Leland zur Abtei.

Für die Datierung des Baubeginns von Fountains III spielt das große Feuer im Jahr 1146/47, über das Serlo in der Klosterchronik berichtet, eine wichtige Rolle. Der Brand wurde durch die Wahl von Heinrich Murdac zum Erzbischof von York (1147) provoziert. Heinrich war zuvor, von 1144 bis 1147, Abt von

Schmiede verarbeiten konnten oder auch als Bauholz verwenden durften (*ad edificia sua et carbones ad forgias suas ubi necesse habuerint et sicut melius eis placuerit*) [EYC, III, Nr. 1692]. Eine ähnliche Schenkung erhielten die Mönche um 1195–1211 von Edith Whithaud und ihrem Sohn Wilhelm (EYC, III, Nr. 1701). Sie stifteten einen toten Wald (*mortuum boscum*), dessen Holz entweder zu Holzkohle für die Schmieden (*ad carbonem ad forgias*) verarbeitet oder, wenn sie mochten, zum Bauen (*ad edificia sua facienda*) verwendet werden durfte.

190 Bereits Erzbischof Thurstan vermachte (um 1131–33) den Mönchen von Fountains 200 acres Land im Waldgebiet von Herleshow (EYC, I, Nr. 61). Papst Alexander III. bestätigte in einer Urkunde (1163) Abt Richard Land und Wald in Nidderdale. Walter de Busc und seine Frau Edith schenkten urkundlich (um 1170–85) der Abtei totes Holz (*totum mortuum boscum*) als Almosen (EYC, III, Nr. 1697) sowie 24 acres Waldland (EYC, III, Nr. 1698).

191 Der Konvent von Fountains nutzte wahrscheinlich zuerst die Ressourcen in Skelldale direkt neben der Abtei. Des weiteren wurde später Stein aus Nidderdale verwendet. Dies geht einerseits aus dem verwendeten Baumaterial selbst, wie andererseits aus einer Urkunde von Roger de Mowbray (um 1151–55) hervor. Vgl. Greenway, D. E., 1972, Nr. 103.

192 Eine urkundliche Schenkung (EYC, III, Nr. 1703) von Uctred, Sohn des Rankillus von Mirefeld, an die Mönche von Fountains (um 1180–90) enthält u.a. einen toten Wald (*mortuum boscum*) und fünf Bovates Land in (Kirk)-heaton, die zur Ausbeute von Bodenschätzen geeignet waren (*totam mineriam quam invenire poterint in territorio*). Ralph, Sohn des Nicholas, schenkte (um 1165–77) den Mönchen neben Holz für Holzkohle ebenfalls die Rechte an dem Eisenerz, das in dem gestifteten Stück Land gefunden wird (*mineriam ferri quam invenire poterint in eodem bosco*) [EYC, III, Nr. 1762, pp. 386–388]. Außerdem sicherten sich die Mönche in einer Urkunde (um 1151–55) Rechte zur Bodenausbeutung von der Mowbray-Familie in Pateley Bridge (Nidderdale), wo vor allem Blei abgebaut wurde (*Sciatis me dedisse et concessisse Deo et monachis Sanctae Marie de Fontibus plenarie necessaria sua in foresta mea de Niderdala in pastura et pastione in ferro et plumbo et materia et in omnibus necessariis suis* (Greenway, D. E., 1972, Nr. 102). In einer weiteren Urkunde aus derselben Zeit sicherte Roger de Mowbray den Mönchen in Fountains die Rechte an Bodenschätzen wie Eisen, Blei und anderen Metallen sowie an Stein (*omnem materiam eris ferri et plumbi et cujuscunque metalli et lapidum*) in seinem Wald in Nidderdale zu (Greenway, D. E., 1972, Nr. 103).

193 Vgl. EYC, III, Nr. 1692 u. 1701.

Fountains. Seine Wahl zum Erzbischof von York und die damit verbundene Absetzung seines Vorgängers Wilhelm von York verursachte einen heftigen und langandauernden Streit um den Vorsitz im Erzbistum, in dessen Folge die Gegner des neuen Zisterziensererzbischofs nach Fountains Abbey zogen, die Abtei plünderten und teilweise in Brand steckten. In der Klosterchronik heißt es:

»Mit Waffen in der Hand kamen sie nach Fountains Abbey, und, nachdem sie die Türen aufgebrochen hatten, betraten sie in ihrem Übermut das Heiligtum, stürmten durch die Gebäude, raubten wertvolle Gegenstände und weil sie den Abt, den sie suchten, nicht finden konnten, reduzierten sie jene heiligen Gebäude, die unter großer Mühe errichtet worden waren, nachdem sie Feuer gelegt hatten, zu Asche. Man erwies dem Orden keine Ehre. Man erwies dem Altar keine Ehre. Die Mönche, jener heilige Konvent, standen dabei und nicht ohne Schmerz im Herzen sahen sie die Gebäude, die im Schweiße ihres Angesichts gebaut worden waren, in Flammen eingehüllt, um bald zu Asche zu werden. Von jenen wurde, in so großer Gefahr, das Oratorium allein mit den angrenzenden Gebäuden gerettet, das, wie man glaubte, den Gebeten vorbehalten war. Das Oratorium selbst war halbverbrannt, wie ein Holzscheit, daß dem Feuer entrissen wurde. [...] Gestärkt im Herrn, rüsteten der Abt und die Brüder, nachdem sie ihre Kräfte wiedergewonnen hatten, gleichsam wie nach einem Schiffbruch zu einer neuen Reise: Sie stellten das Beschädigte wieder her, sie gestalteten das Baufällige um, gleich wie es geschrieben steht ›die Ziegel sind heruntergefallen, aber mit Quadersteinen‹ (Jes IX,10) wird wieder aufgebaut. Gläubige Männer aus der Nachbarschaft halfen ihnen. Ein neues Bauwerk entstand, weitaus prächtiger als das frühere.«[194]

194 »Veniunt Fontes in manu armata, et, effractis foribus, ingrediuntur sanctuarium cum superbia, irruunt per officinas, diripiunt spolia, et non invento quem quaerebant abbate, sancta illa aedificia, grandi labore constructa, subjectis ignibus, redigunt in favillam. Non defertur ordini; non defertur altari. Stant prope, sacer ille conventus; et edificia, in suo sudore constructa, non sine cordis dolore, vident flammis involvi, cineres mox futura. Solum illis, in tanto discrimine, salvatur oratorium cum officinis contiguis, orationis, ut creditur, usibus reservatum, ipsumque semiustum, sicut torris raptus de incendio. [...] Abbas autem et fratres confortati in Domino, quasi post naufragium, resumptis viribus, navigationem instaurant: lapsa reparant, ruinosa reformant, et sicut scriptum est, ›Lateres ceciderunt, sed quadris lapidibus‹ reedificatur (Isaja ix,10). Adjuvabant eos de vicinia viri fideles; et consurgit fabrica longe festivior quam ante fuit.« *Narratio de fundatione*, p. 101f.

Die letzte Passage des Textes ist für die Baugeschichte von eminenter Bedeutung, aber sehr schwer zu interpretieren, insbesondere das Bibelzitat. Die Verba *reparare, reformare* und *reedificare* könnten synonym verwendet und das Bibelzitat aus literarischen Erwägungen eingebaut worden sein. Eine andere Lesart ergibt sich, wenn die Passage wörtlich genommen wird. Die Mönche besserten (*reparant*) einen Teil der Schäden (*lapsa*) aus, nämlich diejenigen, die leicht zu beheben waren. Das Baufällige (*ruinosa*) jedoch gestalteten sie um (*reformant*) gemäß Jesaja: »die Ziegel sind heruntergefallen, aber mit Quadersteinen« wird sie wieder aufgebaut (*reedificatur*). Dies würde aber bedeuten, daß die erste Steinkirche aus grobem Mauerwerk, vielleicht sogar aus Feldsteinen gemauert war, während das Neue mit sorgfältig behauenem Quaderstein wieder aufgemauert wurde. Die bewußte sprachliche Differenzierung des Chronisten zwischen den heruntergefallenen Teilen (*lapsa*) und den baufälligen Teilen (*ruinosa*) könnte heißen, daß sich *ruinosa* auf die Kirche und *lapsa* auf die neu errichteten Klausurgebäude bezog. Wieviel allerdings dem Feuer zum Opfer fiel und wie die Schäden konkret aussahen, wird wohl immer ein Geheimnis bleiben.[195]

Richard Halsey hat darauf hingewiesen, daß der Brand nicht unbedingt Ursache des Neubauvorhabens gewesen sein muß. Dieses konnte sehr wohl auch vor 1146/47 begonnen worden sein und wäre dann unter Heinrich Murdac initiiert worden. Das Feuer hätte lediglich nachträglich zur Rechtfertigung des Kirchenneubaus gedient, vor allem um sich gegen den Vorwurf der *libido aedificandi* zu wehren.[196] Dagegen vermuten Glyn Coppack und Peter Fergusson einen ursächlichen Zusammenhang zwischen Brand und Neubauvorhaben. Sie datieren den Baubeginn bis spätestens 1150 und somit in die Amtszeiten der Äbte Maurice (1147–48) und Thorold (1148–50). Beide agierten jedoch nur unter der Ägide von Heinrich, ihrem Vorgänger, nun Erzbischof von York.[197] Denkbar wäre noch eine dritte Möglichkeit. Der Baubeginn könnte auch an den Anfang der Amtszeit von Abt Richard III. (1150–70) gelegt werden. Der Brand wäre nur noch symbolisch, d.h. nachträglich, zur Begründung des Bauvorhabens herangezogen worden.

Das Datum für den Baubeginn ist vor allem unter dem Aspekt des Bauherren bedeutsam. Für den Zeitraum von 1146–50 kommen vier Äbte in

195 Serlo läßt uns nur wissen, daß Heinrich Murdacs intensive Gebete um Schadensbegrenzung während des Brandes im Chor Erfolg hatten. Vgl. *Narratio de fundatione*, p. 101f.
196 Vgl. Halsey, R., 1986, p. 75f.
197 Vgl. Fergusson, P., 1984, pp. 40f

Die Architektur im Orden von Cîteaux

Betracht. Heinrich Murdac, vormals Abt in Vauclair, Maurice, ehemaliger Subprior von Durham und Abt von Rievaulx, Thorold, ehemals Mönch von Rievaulx und schließlich Richard III. Als Erzbischof gab Heinrich seinen Einfluß auf die Geschicke der Abtei nie auf, was dazu führte, daß die Äbte Maurice und Thorold sehr schnell ihr Amt wieder zur Verfügung stellten. Ihr Nachfolger, Abt Richard III., bewahrte jedoch diplomatisch den Frieden bis zu Heinrichs Tod (1153). Richard stammte aus York, legte aber sein Gelübde in Clairvaux ab und stieg dort bis zum Vorsänger (*praecentor*) auf. Er wurde später Abt von Vauclair und kannte Heinrich bereits aus seiner Zeit in Frankreich.

Heinrich Murdac wie Abt Richard III. waren mit den kontinentalen zisterziensischen Gepflogenheiten bestens vertraut. Egal, ob Murdac oder Richard den Kirchenneubau initiierte, beide kannten die zeitgenössische Zisterzienserarchitektur Frankreichs, insbesondere die der Abteien von Cîteaux und Clairvaux. Wenn aber der Neubau unter Maurice oder Thorold begonnen worden wäre, sind zwei Aspekte zu berücksichtigen. Zum einen hätte ein Projekt dieser Dimension ohne vorherige Zustimmung des Erzbischofs von York bestimmt keine Chance gehabt; zum anderen wäre dies eine wichtige Stütze für die Hypothese, daß die burgundischen Formen nicht direkt aus dem Mutterland, sondern über den Neubau von Rievaulx nach Fountains gelangten.

Die nächsten Informationen zum Baugeschehen stammen aus dem sogenannten *President-Book*[198], einer Chronik der Äbte von Fountains Abbey. Abt Richard III. ist der erste Abt des Klosters, der auch dort starb und im Kapitelsaal beigesetzt wurde.[199] Unter seiner Ägide stiegen materieller Reichtum und innere Frömmigkeit.[200] Sein Nachfolger, Abt Robert von Pipewell (1170–79), ließ Mauerwerk der Kirche erneuern oder instandsetzen und prächtige Gebäude bauen. Während seiner Amtszeit stieg die Zahl der Brüder. Es wurde der Besitz vermehrt, aber auch Frieden und Eintracht bewahrt.[201] Die folgenden Äbte, Wilhelm von Newminster (1180–90) und Ralph Haget (1190–1203), werden nicht mit Bauaktivitäten in Zusammenhang gebracht. Wilhelm von Newminster, ehemaliger Kanoniker von Guisborough Priory und späterer Abt

---

198 Vgl. *Memorials of Fountains Abbey*, Bd. 1, pp. 130–153

199 »Et sepultus est in Capitulo de Fontibus«. *Memorials of Fountains Abbey*, Bd.1, p. 132.

200 »in diebus illis, in possessione exterius, intus vero pietate simul et religione.« *Narratio de fundatione*, p. 108.

201 »Honoravit ministerium suum vir sanctus, instauravit ecclesiae fabricam, edificia construxit sumptuosa. [...] In omnibus operibus suis benedixit ei, multiplicans fratres et adjiciens possessiones, et facta est pax et veritas in diebus suis.« *Narratio de fundatione*, p. 114f.

von Newminster, vergrößerte wie seine Vorgänger Grundbesitz und andere Reichtümer.[202] Gleiches wird auch von seinem Nachfolger berichtet.[203]

Den Abschluß für den hier betrachteten Zeitraum bilden drei Äbte mit dem gleichlautenden Vornamen Johann: Johann von York, Novize in Fountains, Kellermeister in Fountains, Abt von Louth Park und von 1203 bis zu seinem Tod 1211 Abt von Fountains; Johann von Hessel, Abt von Fountains (1211–20), danach Bischof von Ely (1220–25); schließlich Johann von Kent, Kellermeister in Fountains und späterer Abt (1220–47). In diesem Zeitraum wurde die Abtei zu einer riesigen Baustelle. In der Chronik heißt es:

> »Und zu dieser Zeit blühte jene Kirche wie ein Weinstock, den die Hand des Herrn gepflanzt hat, ausströmend den Duft der Süße und Heiligkeit. Viele von den Grenzen der Erde strömten zu ihr und der Konvent der Mönche wurde zahlreicher, als er gewöhnlich war. Es gab allerdings auch weniger Altäre zum Zelebrieren. Der Chor wirkte armseliger und dunkler und besaß nicht genügend Fassungsvermögen für eine solch große Menge. So schien es dem Mann Gottes richtig, gegen derartige Unbequemlichkeiten Vorkehrungen zu treffen. Er hat es unternommen, gemäß der Größe seiner Seele Großes zu beginnen, nämlich die neue Kirche von Fountains, ein ungewöhnliches und bewundernswertes Werk, daß glücklich begonnen und glücklicher vollendet wurde. Viele wunderten sich über die Verwegenheit und Kühnheit des Mannes, daß er sich wagte, in einer solchen Zeit ein solch ungewöhnliches und kostspieliges Werk in Angriff zu nehmen. Aber jener, der auf den Beistand Gottes vertraute und seine Hoffnung in den Herrn setzte, legte das Fundament des Bauwerkes, errichtete etliche Säulen und hätte seinem Gelöbnis genüge getan, wenn nicht das Schicksal eingegriffen hätte. Als er allerdings im achten Jahr nach seiner Wahl zum Abt von Fountains von einer schweren Krankheit niedergestreckt wurde, ahnte er, daß die Zeit seiner Abberufung bevorstand. So ordnete er sein Haus und nachdem alle Zeremonien um ihn herum durchgeführt worden waren, wanderte er glücklich und in guter Hoffnung zum Herrn. Es fehlte jedoch nicht an denjenigen, die das begonnene Werk fleißig weiterführten. Denn nach ihm erhoben sich tatkräftige Männer, seine Nachfolger,

---

202 »et aucta est domus, sub manu ipsius, in praediis et pascuis et possessione copiosa«. *Narratio de fundatione*, p. 116.
203 »Aucta est domus in diebus ejus possessionibus et praediis exterius, intus vero virtutibus et viris religiosis.« *Narratio de fundatione*, p. 125.

die den Samen ihres verstorbenen Bruder aufgehen ließen. Und das Bauwerk, das glücklich von ihm begonnen worden war, haben sie glücklicher vollendet. Es ereignete sich aber etwas Ungewöhnliches in dieser Hinsicht, daß nämlich drei Äbte in Folge, die dem Kloster vorgestanden haben, Johann hießen, von denen der erste das Bauwerk begann, der zweite das Begonnene tatkräftig weiterführte und der dritte das Weitergeführte ruhmreich vollendete. Der erste war Johann, geboren in York, der zweite war Johann, Bischof von Ely und der dritte ist derjenige, der bis jetzt am Leben ist und uns vorsteht, Johann, der aus Kent stammt.«[204]

Insbesondere zu Johann von Kent lassen sich noch einige Informationen aus dem *President-Book* und John Lelands Aufzeichnungen hinzugewinnen. Unter ihm wurde nicht nur das neue Presbyterium, die *Chapel of Nine Altars*, vollendet, der Abt ließ auch den neuen Kreuzgang bauen, ein neues Infirmarium sowie das Gästehaus errichten. Schließlich fällt in seine Amtszeit auch noch der neue, nun aus Fliesen bestehende Kirchenfußboden.[205] John Lelands Anmerkungen erwähnen außerdem noch Säulen aus *Purbeck marble* im Presbyterium, Kapitelsaal und Refektorium.[206]

204 »Et floruit per idem tempus ecclesia illa sicut vinea quam plantavit manus Domini, dans odorem suavitatis et sanctitatis, et confluebant ad eam multi a finibus terrae, et facta est congregatio monachorum numerosior quam solebat, nam et altaria pauciora ad celebrandum, et chorus humilior et obscurior, et minus capax tantae multitudinis. Et visum est homini Dei contra hujusmodi incommoda providere; et aggressus est pro magnitudine animi ejus magnum inchoare, novam scilicet fabricam ecclesiae Fontanensis, opus inusitatum et admirandum, feliciter inchoatum, sed felicius consummatum. Mirabantur multi ausus hominis at animositatem, quod tali tempore tale opus aggredi praesumeret tam insolitum et tam sumptuosum. Ille autem confidens de adjutorio Dei, et ponens in Domino spem suam, fundamentum fabricae posuit, columnas quasdam erexit, fecissetque voto satis nisi fati conditio intervenisset. Anno siquidem octavo post creationem suam in abbatem de Fontibus, gravi aegritudine correptus, vocationis suae tempus imminere praesentit; et disponens domui suae, omnibus circa eum rite peractis, in spe bona constitutus, feliciter migravit ad Dominum. Nec defuit qui opus inchoatum instanter exequeretur. Surrexerunt enim post eum viri strenui successores sui qui defuncti fratris semen suscitaverunt. Et inchoatum feliciter fabricam felicius consumaverunt. Et factum est inusitatum quiddam in hac parte quod tres sibi Johannes successive Fontanensi ecclesiae praefuerunt, quorum unus fabricam inchoavit, secundus inchoatam viriliter provexit, tercius provectam gloriose consummavit. Primus erat Johannes natione Eboracensis, secundus Johannes episcopus Eliensis, tercius, qui adhuc superest et praeest Johannes de Cancia oriundus.« *Narratio de fundatione*, p. 127f.
205 »Hic novem altaria, Claustrum, Infirmitorium, Pavimentum ac Xenodochium, tam ad Christi pauperum quam mundi principum susceptionem, fabricavit et consummavit.« *Memorials of Fountains Abbey*, Bd. 1, p. 136.
206 »Successit in abbatia Fontium Joannes de Cantia, qui novam basilicam consummavit, &

Der Neubau der Abteikirche (um 1150–80) war zugleich der Beginn für den Um- und Ausbau der ganzen Abtei. Fountains Abbey wurde in den folgenden hundert Jahren erheblich vergrößert. Die Hauptbauzeit, die sich grob von der Mitte des 12. bis zur Mitte des 13. Jahrhunderts hinzog, spiegelt nicht nur die neuen und modifizierten baugeschichtlichen Ansprüche der Mönche in Skelldale, sondern auch die sich verändernde gesellschaftspolitische und wirtschaftliche Stellung der Abtei in Yorkshire bzw. darüber hinaus.[207]

Wie aus dem *Grundriß* (Abb. 65) hervorgeht, besaß die neue Klosterkirche ein dreischiffiges, elfjochiges Langhaus mit einer westlich dem Eingang vorgelagerten Galiläa, ein Querhaus, in dessen Südwand ein Treppenhaus eingebaut worden ist, und ein Presbyterium mit rechteckigem Ostabschluß. Die Ostkapellen sind zum Presbyterium hin gestaffelt. Der Grundriß entsprach also dem, was in der Literatur oft als *Bernhardinischer Plan* bezeichnet wird. In England ist ein rechteckiger Abschluß von Ostkapellen und Presbyterium auch an den großen Kathedralen anzutreffen. Hier dürften zisterziensische Ideen auf fruchtbaren Boden gefallen sein, ohne daß definitiv eine Abhängigkeit festgestellt werden kann.[208] Dennoch ist der Ostabschluß in Fountains in gewisser Weise bemerkenswert. Zum einen flankieren jeweils *drei* Ostkapellen das Presbyterium, zum anderen sind nur die am Presbyterium angrenzende nördliche und südliche Kapelle nach Osten herausgeschoben. Eine ähnliche Lösung findet sich in Rievaulx (Abb. 66).

Die Kirche von Aelred war zwar im Langhaus nur neun Joche lang, doch gibt es andere strukturelle Parallelen wie die Staffelung der Ostkapellen, das Treppenhaus in der südlichen Querhauswand, die Galiläa, einen Treppenaufgang im südlichen Teil der Westfassade sowie die Eingänge in der Westfassade, einen in der Achse des Hauptschiffes gelegenen und einen, der ins nördliche Seitenschiff führt.

altaria novem instituit. Addidit & novo operi pictum pavimentum. Claustrum novum construxit, & infirmitorium. Porro xenodochium pauperum, sicut hactenus cernitur, venustissime fabricavit in introitu primae areae versus austrum. [...] Novem altaria in tranversa insula orientalissimae partis ecclesiae, ubi multae columnae ex nigro marmore albis maculis & magnis intersperso. Erant & in capitulo Fontium & in refectorio magnae columnae ejusdem marmoris.« Leland, J., 1774, Bd. 4, p. 109.

207 Während die architektonischen Formen des Kirchenneubaus burgundische und regionale Einflüsse zeigen, deutet der östliche Erweiterungsbau deutlich auf eine Rezeption zeitgenössischer Formen des *Early English* hin. Der neue Ostabschluß, die *Chapel of the Nine Altars*, legt sogar die Übernahme zisterziensischer Bauideen in die Kathedralarchitektur (Durham Cathedral) nahe (vgl. Draper, P., 1980).

208 Vgl. Hearn, M. F., 1971.

Die Architektur im Orden von Cîteaux

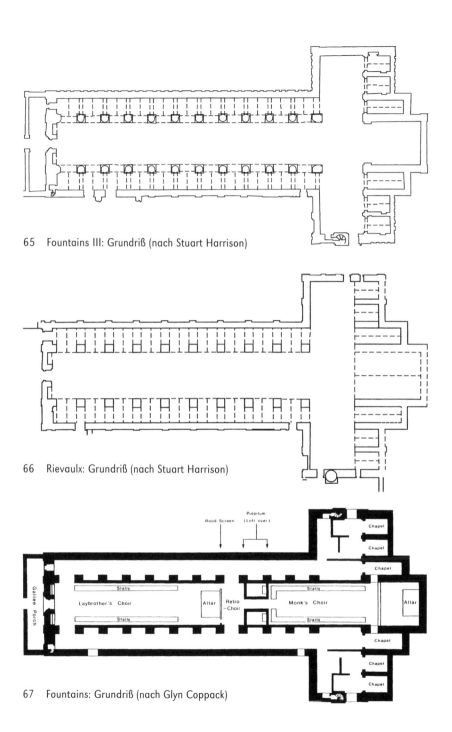

65　Fountains III: Grundriß (nach Stuart Harrison)

66　Rievaulx: Grundriß (nach Stuart Harrison)

67　Fountains: Grundriß (nach Glyn Coppack)

Die neue Kirche von Fountains Abbey – Fountains III　　　　　429

Die innere Gliederung des Kirchenraumes (Abb. 67) kann aufgrund von Grabungsergebnissen und durch noch lesbare Spuren im Mauerwerk relativ genau rekonstruiert werden. Die ersten sieben Joche, von Westen gezählt, markierten den Raum für die Konversen. Die Chorgestühle der Laienbrüder standen mit der Rückwand an einer eigens dazu aufgemauerten Steinwand, die direkt an die Arkadensäulen angrenzte.

Auf Höhe der siebenten Arkadensäule befand sich eine Art Chorschranke, über deren Aussehen nichts bekannt ist. Sie teilte den Raum der Konversen von dem der Chormönche. Westlich der Chorschranke befand sich der Altar für die Laienbrüder. Das angrenzende achte Joch, eine Art *chorus minor*, diente den Kranken und sehr alten Mönchen während der Gebets- und Meßzeiten als Aufenthaltsort. Das neunte Joch wurde durch eine Art Kanzel ausgefüllt, deren untere Zone zwei Altäre beherbergte. Der südliche war dem hl. Bernhard geweiht, der nördliche der Jungfrau Maria. Diese Kanzel fungierte ebenfalls als Raumteiler. Sie verfügte über einen Durchgang, der durch die Altäre zu beiden Seiten begrenzt wurde.

Das zehnte und elfte Joch sowie der Bereich der Vierung beherbergten das Gestühl der Chormönche. Dies ist der Bereich des Chores nach seinem ursprünglichen Sinngehalt. Auch hier stand das Chorgestühl rückseitig an einer Steinmauer. Der Zugang zum Chor war nach den Rekonstruktionen von Peter Fergusson und Glyn Coppack auf drei Stellen begrenzt: einmal vom Retrochoir aus – und zwar in der Achse des Langhauses –, und zum anderen durch zwei Durchgänge östlich der Vierung, jeweils in der nördlichen und südlichen Wand des Presbyteriums. Coppack gibt für den südlichen Teil des Querhauses noch eine Gliederung durch eine Art Raumteiler an, die er aufgrund archäologischer Befunde dort plaziert. Die gleiche Figur ist im nördlichen Seitenschiff zu sehen. Für diesen Teil sind die Raumteiler nicht belegt. Coppack nimmt hier Symmetrie in der Gestaltung an. Diese Rekonstruktion ist sehr zweifelhaft.[209]

---

209 Angenommen, die zusätzlich eingezogenen Wände, seien sie aus Holz oder Stein gewesen, gehörten der Zeit vor 1200 an, dann ist nach der Funktion solcher Raumaufteilungen zu fragen. Der wichtigste Grund für eine solche Maßnahme wäre, die Störungen beim Lesen von Privatmessen so gering wie möglich zu halten. Für das nördliche Querhaus macht es keinen Sinn, denn die nördliche Pforte war die Totenpforte. Hier war also wenig ›Publikumsverkehr‹. Im südlichen Querhaus wäre es nur sinnvoll gewesen, wenn die Mönche zu den entsprechenden Chorzeiten die Kirche über die Dormitoriumstreppe betreten hätten. Dies geschah in aller Regel nur abends zur Komplet oder frühmorgens zur Matutin. Ansonsten nutzten sie gewöhnlich die sogenannte Mönchspforte in der Nordostecke des Kreuzganges. Der im südlichen Querhaus korrespondierende Durchgang zur Totenpforte wurde eigentlich auch nur benutzt, wenn es direkt von der Frühmesse zum täglichen

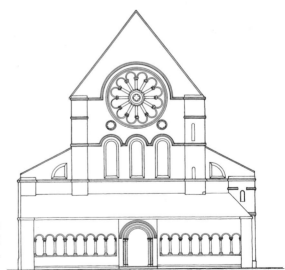

68a+b Fountains: Westfassade
– Blick von Südwesten (oben) und
Rekonstruktion von Stuart Har-
rison (unten)

Die neue Kirche von Fountains Abbey – Fountains III 431

Das Querhaus ist einschiffig. An seiner Ostseite befanden sich jeweils nördlich und südlich drei Kapellen, wobei die jeweils an das Presbyterium angrenzenden Kapellen die zwei anderen nördlichen bzw. südlichen Kapellen nach Osten hin etwas überragten. Querhauskapellen und Presbyterium waren gestaffelt. Im südlichen Querhaus befand sich der Aufgang zum Dormitorium der Mönche und ein Durchgang zum Kapitelsaal. In der Giebelwand befindet sich ein Treppenhaus sowie, vom Treppenhaus abzweigend, ein Zugang zum ehemaligen Obergeschoß der südlichen Querhauskapellen.

Das Presbyterium, an dessen östlicher Wand der Hochaltar stand, wurde auch durch Erhöhung des Fußbodens kenntlich. Die Mönche betraten es über eine einfache Stufe.

Die *Westfassade* (Abb. 68a+b) der Klosterkirche ist für Zisterzienser durchaus beeindruckend. In ihrer ursprünglichen Funktion war sie nur der westliche Abschluß des Kirchenraumes, aber keine Schaufassade. Dennoch ist zu beobachten, daß die Zisterzienser mit der Zeit auch diesem Bauteil mehr Aufmerksamkeit widmeten. In der anspruchsvollen Gestaltung der Westfassade läßt sich ein weiteres Indiz für Verbindungen, die in die Welt hinein führten, erkennen. Inwieweit in Fountains Laien, seien es dem Kloster zugehörige Leute oder auch Stifter, zur Kirche Zugang bekamen, vor allem welche Wege sie zu beschreiten hatten und welche Plätze sie einnehmen durften, ist nicht überliefert. Aus Urkunden geht jedoch hervor, daß die Abtei von Beginn an ein beliebter Begräbnisplatz für Laien unterschiedlichster sozialer Herkunft war. Wo diese jedoch bestattet werden wollten, ist nur in zwei Fällen schriftlich überliefert.[210]

Die Fassade selbst ist ohne Türme. Der untere Teil wurde von der Eingangshalle verdeckt. Diese Galiläa gehörte zum ursprünglichen Plan. Bereits St. John Hope stellte fest, daß die Baunaht der Vorhalle zum nörd-

Kapitel ging. Wenn also die im Grundriß eingezeichneten Wände jemals als solche standen, sind sie m.E. erst später eingebaut worden, und zwar zu einer Zeit, in der sich die ursprüngliche räumlich-liturgische Anordnung (Chorgestühl, Altäre etc.) veränderte. Ob dies im Zusammenhang mit der östlichen Erweiterung des Chores steht, mit Änderungen in der Liturgie, dem Wegfall der Konversen oder gar mit dem Schwund der Chormönche im Spätmittelalter, ist ungewiß.

210 Vgl. Kapitel »Aelreds De spiritali amicitia«, pp. 258ff. Archäologische Untersuchungen in Fountains haben gezeigt, daß auch die Vorhalle ein beliebter Begräbnisplatz für Laien war. Hier wurden sechs Gräber gefunden, zwei am nördlichen Ende und eine Gruppe von vier Gräbern im südlichen Teil. Sie sind heute zu ihrem Schutz von Rasen überdeckt (Vgl. Gilyard-Beer, R., 1986, p. 28). Rievaulx Abbey besitzt ebenfalls eine solche Vorhalle, in der Spuren von acht Gräbern gefunden wurden (Coppack, G./Fergusson, P., 1994, p. 15).

69 Fountains: Galiläa, blockierter Eingang zum nördlichen Seitenschiff

70 Fountains: nördliches Seitenschiff, Außenmauer

71 Rievaulx: rekonstruierte Kreuzgangarkaden

lichen Seitenschiff bündig ist, zum südlichen nicht. Demnach wäre die Vorhalle nur geringfügig später gebaut worden, und zwar nachdem die südliche Seitenschiffsmauer hochgezogen, aber bevor die nördliche Seitenschiffsmauer vollendet worden war.[211] Außerdem besitzt die Westfassade nicht den für die Außenmauern typischen Sockel mit Sockelgesims. Er ist an der Eingangshalle sehr einfach gestaltet (Abb. 69) und von dem der nördlichen Außenmauer des Langhauses verschieden (Abb. 70). Die Arkaden der Galiläa ähnlen, abgesehen von der Kapitellverzierung, denen des Kreuzganges von Rievaulx Abbey (Abb. 71). Sie bestehen aus Doppelsäulen, bekrönt von Doppelkapitellen, die Rundbögen tragen. Der Kapitellschmuck in Fountains ist, soweit es sich aus den wiederaufgerichteten Arkadenbögen beurteilen läßt, einheitlich. Es sind Pfeifenkapitelle (*scalloped capitels*), die in Fountains universell eingesetzt worden sind.

Die Fassade spiegelt im Aufriß den basilikalen Aufbau des Langhauses. Der Mittelteil überragt die Flanken, die in ihrer Höhe mit den Seitenschiffen korrespondierten. Durchbrochen wird die Fassade durch zwei Eingänge, die durch die Vorhalle verdeckt worden sind. Der Mittelteil, oberhalb der Eingangshalle, wurde durch eine Fenstergruppe gegliedert.

211 Vgl. Hope, H. W. St. John, 1900, p. 312.

Die Architektur im Orden von Cîteaux

72   Fountains: östlicher Klausurflügel – Blick von Südwesten

Das Hauptportal (Abb. 68a) ist ein Stufenportal mit profilierten Rundbögen, die von einfach gestalteten Kapitellen getragen werden, jedoch ohne Tympanon. Es springt leicht aus der Fassadenwand hervor. In die Gewände waren ursprünglich Säulen eingestellt, die mit den heute noch erhaltenen Dreiviertelsäulen alternierten. Peter Fergusson stellte fest, daß die Profilierung der Bögen nicht zeitgenössischen englischen Arbeiten gleicht, und suchte deshalb nach französischen Vorbildern in Fontenay, Trois Fontaine oder Silvacane.[212] Abgesehen von der ungeklärten stilistischen Herkunft zeigt ein Vergleich mit den Portalen des östlichen Klausurflügels (Abb. 72), daß das Eingangsportal zwar reich gestaltet, aber so, wie es in die Fassade integriert worden ist, etwas unbeholfen wirkt. Im Gegensatz zu den Portalen des östlichen Klausurflügels springt dieses wie das Refektoriumsportal (Abb. 16)[213] aus dem Mauerwerksverbund der Fassade hervor. Deshalb liegt

212 Vgl. Fergusson, P., 1984, p. 44.
213 Das Portal des Refektoriums wirkt in der Wand des südlichen Klausurtraktes recht monumental. Ein Vergleich von Vorderseite und Rückseite läßt den Schluß zu, daß dieses nachträglich ein- bzw. umgebaut worden ist. Eine mögliche Erklärung ist, daß mit dem Umbau des Refektoriums und seiner Drehung um 90° die südliche Klausurwand weiterhin als Fixpunkt diente, so daß Eingangsportal und Lavatorien gewissermaßen um den Kern der alten Mauer gebaut worden sind. Dafür sprechen auch die beiden die Lavatorien begrenzenden Wandvorlagen, die statisch überhaupt keine Funktion haben. Optisch

Die neue Kirche von Fountains Abbey – Fountains III

73　Fountains: blockierter Eingang zum nördlichen Seitenschiff

die Vermutung nahe, daß es nachträglich eingebaut worden ist, wobei nachträglich nur heißt, nicht in einem Zug mit der restlichen Fassade. Bei genauer Betrachtung des Mauerwerks fällt allerdings auf, daß nur die südliche Portalseite einen Bruch mit den einzelnen Steinlagen der Fassade aufweist, d.h. die Lagerfugen sind versetzt. Verfolgt man den Fugenverlauf innerhalb des Portals bis zu den rückwärtigen Nischen, so ergibt sich hier eine durchgehende, gleichbleibende Lagerfuge. Das bedeutet, daß zumindest Portal und rückwärtige Nischen in einem Zug gebaut worden sind. Einen weiteren Hinweis könnte der nun blockierte nördliche Eingang (Abb. 69 und 73) liefern.

Im Gegensatz zum großen Mittelportal scheint es, als ob dieser Eingang ins nördliche Seitenschiff komplett mit der Fassade gebaut worden ist. Vorder- und Rückseite sitzen bündig in der Fassade. Die Gestaltung der Pforte ist äußerst einfach. Der einzige Akzent wird durch einen Rundbogen über dem Türbogen, der als Ziergesims ausgebildet ist, gesetzt. Vergleicht man jedoch die Türbreite von Vorder- und Rückseite, so zeigt sich, daß die Rückseite breiter als die Vorderseite ist. Auch scheint die Höhe des Ziergesimses der Rückseite nicht mit dem der Vorderseite zu korrespondieren. Darüber hinaus gibt es noch ein weiteres Merkmal an der Vorderseite des Eingangs. Der Rundbogen des Ziergesimses wird im Inneren des Durchgangs durch zwei Mauern senkrecht geschnitten, so daß der Eindruck entsteht, daß Rundbogen und Ziergesims auf einer dahinter liegenden Fassade nur vorgeblendet worden sind.

Das Hauptportal und das heutige Westfenster werden von zwei pilasterartig hervorspringenden Mauerstreifen flankiert (Abb. 68a), von denen der

jedoch binden sie die Lavatorien und das Portal wieder in die Fassade ein. Allerdings gilt es zu berücksichtigen, daß Portal und Lavatorien nie aus der Ferne betrachtet werden konnten. Durch die heute fehlenden Kreuzgangarkaden und -dächer entsteht eine völlig andere visuelle Wirkung.

Die Architektur im Orden von Cîteaux

74 Fountains: Südwestecke des südlichen Seitenschiffs, blockierter Ausgang zum Vorhof und Eingang zum Treppenhaus in der Westfassade (links)

nördliche keinerlei Funktion hat, der südliche allerdings auf Höhe des Fensteransatzes einen Treppenaufgang beherbergt. Der Zugang erfolgte über eine kleine Wendeltreppe in der südwestlichsten Ecke der Fassade (Abb. 74), über die man auch in das Dachgeschoß der Seitenschiffe gelangte. Das Treppenhaus ist von außen plastisch durch vorspringendes Mauerwerk und ein schmales Rundbogenfenster zu erkennen. Das große Westfenster, dessen Maßwerk nur anhand alter Zeichnungen rekonstruiert werden konnte, stammt aus der Zeit von Abt Darnton (um 1494). Ursprünglich wurde die Fassade von drei Rundbogenfenstern und einer darüber befindlichen Fensterrose durchbrochen (Abb. 68b). Auf die Position der Rundbogenfenster kann heute noch rückgeschlossen werden. Die Bogenansätze korrespondierten mit den horizontalen Ziergesimsen im Mittelteil des oberen Fassadenabschnittes. Die Fensterrose zeigte ein einfaches Rad. Diese Lösung ist für Zisterzienser nicht ungewöhnlich und ihre symbolischen Gehalte müssen nicht erläutert werden. Derartige Kombinationen finden sich später auch in der englischen Kathedralarchitektur, wie z.B. in der Südfassade des Querhauses von York Minster (1220–45).[214]

214 Für die Innenraumwirkung ist u.a. die Korrelation der Öffnungen der Westfassade zu denen

75   Fountains: Langhaus – Blick nach
Westen

76   Fountains: südliche Langhausarkaden
– Blick nach Westen

Die Rückseite der Westfassade birgt noch eine kleine Überraschung (Abb.
75): Die Fläche unterhalb des großen Westfensters ist durch drei Bögen, deren
mittlerer etwas breiter und höher ist und gleichzeitig den Eingang zum Hauptschiff bildet, gegliedert. Die beiden Rücksprünge rechts und links neben dem
Haupteingang werden als Nischen gedeutet, in die jeweils eine steinerne Bank
eingebaut war.[215] Sie sind von einem einfachen Rundbogenprofil eingefaßt,
das wiederum von einem flachen Ziergesims eingefaßt ist. Über die Funktion
der Nischen kann nur spekuliert werden. Daß sich darin Altäre befanden, ist
so gut wie ausgeschlossen, da sie nach Westen weisen würden. Denkbar wäre
allerdings eine Sitznische für weltliche Personen, die vor allem durch Stiftungen dem Kloster verbunden waren.

in der Ostwand des Presbyteriums sehr bedeutsam. Je nach Größe und Anlage der Fenster ergibt
sich eine andere Lichtdramaturgie im Innenraum. Wie der korrespondierende Teil in Fountains
gestaltet war, ist ungewiß. Ein Vergleich mit Rievaulx Abbey wäre hilfreich, kann aber aufgrund
fehlender Überlieferung nicht gezogen werden, da auch hier das alte Presbyterium der östlichen
Erweiterung der Kirche zum Opfer fiel. Interessant ist jedoch, daß für Kirkstall Abbey (beg. nach
1152) ursprünglich eine Dreifenstergruppe, die von einem großen Rundfenster bekrönt wurde,
angenommen wird (vgl. Hope/Bilson, 1907, p. 26). Eine ähnliche Gliederung wird für Ripon
Minster (letztes Drittel 12. Jahrhundert) vermutet (vgl. Hearn, M. F., 1983, pp. 16–21).
215 Vgl. Gilyard-Beer, R., 1986, p. 28.

Die Architektur im Orden von Cîteaux

77   Fountains: südliches Seitenschiff – Blick nach Westen

Die neue Kirche von Fountains Abbey – Fountains III   439

Das *Langhaus* (Abb. 76) folgt dem basilikalen Schema, d.h. die Seiten-schiffe sind niedriger als das Mittelschiff, und die Fenster des Obergadens bringen zusätzliches Licht in den Kirchenraum. Es erstreckt sich über eine Länge von elf Jochen und war im Mittelschiff wahrscheinlich mit einer Holz-tonne gewölbt, deren Spuren immer noch über dem großen Westfenster zu sehen sind (Abb. 75). Die Seitenschiffe wurden von spitzbogigen steinernen Quertonnen (Abb. 77) überspannt.[216] Diese Quertonnen, wie sie für Rievaulx rekonstruiert worden sind und für Fountains definitiv nachweisbar sind, ent-springen der burgundischen Tradition.[217]

78 Fountains: Langhaus, nördliche Arkade

Die Seitenschiffe werden vom Mittelschiff durch Arkadenreihen getrennt. Diese (Abb. 78) bestehen aus spitzbogigen, einfach profilierten Arkadenbögen. Sie werden von kräf-tigen Rundsäulen getragen, die auf einfachen viereckigen Basen ruhen und deren oberer Abschluß durch ein schmales Pfeifenkapitell (*scalloped capitel*) gebildet wird. Die kräftigen Rundsäulen sind für die englische Architektur typisch. Sie finden sich bereits im Minster von York aus der Zeit von Thomas von Bayeux (be-gonnen um 1080), in Durham Cathe-dral (begonnen um 1093) oder im Langhaus von Southwell (begonnen um 1108), aber auch im Langhaus des Zisterzienserklosters Buildwas (um 1150).[218] Außerdem übernahmen die Zisterzienser in Fountains die englische Vorliebe für profilierte Bögen. In Fountains entstand eine subtile Spannung zwischen den Arkaden der Ostkapellen (Abb. 35), die in ihrer Auffassung eher an die Strenge burgundischer Zisterzienserkirchen erinnern, und den Arkaden im Langhaus.

216 Die Spuren des Gewölbeverlaufs sind an der Innenseite der Westfassade über dem großen Fenster zu sehen.
217 Zu Rievaulx vgl. Fergusson, P., 1984, p. 37.
218 Buildwas gehörte ursprünglich zur Familie von Savigny. Die Abtei wurde 1135 als Tochter von Furness gegründet und 1147 in den Zisterzienserorden inkorporiert.

79 Rievaulx: Querhaus von Südwesten

Die Arkadenwand wirkt massiv und flächig, obwohl die Arkadenhöhe ungefähr drei Fünftel der gesamten Wandhöhe erreicht. Das Wandkontinuum ergibt sich vor allem aus der fehlenden vertikalen Gliederung der einzelnen Joche im Hauptschiff und der insgesamt drei durchgehenden schmalen horizontalen Ziergesimse, eines direkt unter den Obergadenfenstern, das zweite darüber und schließlich ein drittes unter dem Gewölbeansatz. Diese Gliederung wiederholt sich in ähnlicher Weise in den Seitenschiffen und am Außenbau. Diese Ziergesimse finden sich bereits in der ersten Kirche von Rievaulx Abbey (Abb. 79) sowie später in Kirkstall Abbey (Abb. 80) und gliedern auf ähnliche Weise die Wandflächen.

80   Kirkstall: Querhaus von Nordwesten

Die spitzbogigen Quertonnen der Seitenschiffe liegen auf einer Art Gurtbogen auf, der jedes Joch vom anderen trennt und in seinem Ansatz erheblich
tiefer liegt als die Arkadenbögen (Abb. 77). Im Unterschied zu dem bekanntesten Beispiel Fontenay (Burgund) ist der Bogen hier nicht spitzbogig, sondern
rund. Er wird durch ein flaches Band gebildet, dessen Außenkanten profiliert

Die Architektur im Orden von Cîteaux

sind, und ruht beidseitig auf Wandkonsolen, die mit einer Reihe einfacher Blätter verziert sind (Abb. 81). Die Konsolen sind an den Außenwänden der Seitenschiffe wie an den Rückseiten der Arkadensäulen einfach in das Mauerwerk eingesetzt. Die Verwendung solcher Wandkonsolen ist nicht untypisch für Zisterzienser, hat aber im Falle von Fountains Abbey zwei Besonderheiten. Zum einen mußten die Konsolen der Mittelschiffseite der Rundung der Arkadensäule angepaßt werden, zum anderen befinden sich an der Rückseite der Arkadensäulen zwei Säulen, die den Gurtbogen des Seitenschiffes förmlich flankieren, aber statisch nicht stützen, da sie über diesen hinausgeführt sind. Sie enden unter der

81   Fountains: südliches Seitenschiff, Gurtbogenkonsole

Kämpferplatte der Arkadenbögen. Die Säulen sind Dreiviertel-Rundsäulen mit einer einfachen Basis und einem einfachen Kapitell (Abb. 77).

Im ersten Joch des südlichen Seitenschiffes von Osten befindet sich die sogenannte Mönchspforte (Abb. 82a+b). Dieser Durchgang verbindet die Klausur mit der Kirche und wurde von den Mönchen zu den liturgischen Stunden am häufigsten benutzt. Die kreuzgangseitige Ansicht (Abb. 82a) verleiht dem Portal durch die aufwendigere Gestaltung seine Bedeutung. Die Pforte besteht aus einem dreifach gegliederten Bogenfeld, das demjenigen der Nischen an der Westwand des Hauptschiffes ähnelt. Der Eingang wird von zwei Halbsäulen, die mit jeweils einem Pfeifenkapitell (*scalloped capitel*) gekrönt sind, flankiert. Die Rückseite (Abb. 82b) hingegen ist äußerst spartanisch gestaltet. Sie wird nur durch ein halbkreisförmiges Ziergesims hervorgehoben, wie es bereits am nördlichen Eingang der Westfassade beschrieben worden ist. Ein Vergleich beider Seiten läßt Zweifel aufkommen, ob dies die ursprüngliche Version ist. Stilistisch gesprochen liegen zwischen Vorder- und Rückseite Meilen. Dennoch zeigt der Vergleich der Portalprofile, insbesondere die Gegenüberstellung von Vorder- und Rückseite, eindrucksvoll die Entwicklung von der einfachen Rahmung eines Einganges hin zum Stufenportal

82a+b   Fountains: Mönchspforte – Blick vom Kreuzgang (links) und vom südlichen Seitenschiff in den Kreuzgang (rechts)

in der Westfassade. Das äußere Ziergesims der Mönchspforte, eingeschlossen der Kämpferplatte über den Kapitellen, entspricht der Grundform der Türrahmung, wie sie an der Rückseite der Mönchspforte selbst und am nördlichen Eingang der Westfassade (beidseitig) erscheint. Diese Grundform wurde durch die flankierenden Halbsäulen mit Kapitell sowie durch zwei profilierte Bögen unterhalb des Ziergesimses erweitert. Daß diese gestalterische Lösung hier noch etwas unbeholfen wirkt, zeigt das Verhältnis von Kapitell zur Kämpferplatte, wie das Abschneiden der Bogenprofile durch dieselbe. Während das innere Rundbogenprofil eine Fortsetzung in den Halbsäulen findet, bricht das Ziergesims aufgrund der alten Schablone die Vertikale ab. Ein weiteres Argument für eine spätere Modifizierung des Durchgangs ergibt sich aus den unterschiedlichen Proportionen von Vorder- und Rückseite. Erstens korrespondieren die Höhen der horizontalen Auflagen (Ziergesims) der Bögen nicht miteinander. Zweitens ragt die Kreuzgangsseite aus dem Mauerwerk hervor, und drittens legen Vorder- und Rückseite durch die unterschiedlichen Bogenhöhen eine Zweischalenkonstruktion nahe. Es gibt allerdings auch ein gravierendes Gegenargument, wenn man die Lagerfugen betrachtet. Abgesehen von einigen Ausnahmen (Innenseite Fußbodenniveau) sind diese nämlich einheitlich.

83 Fountains: Treppe zum Dormitorium der
Laienbrüder

84 Fountains: Cellarium, nördliche Stirn-
wand

Das Langhaus hat noch drei Besonderheiten. Erstens ist der heutige Zugang zum Schlafsaal der Laienbrüder (3. westliches Joch im südlichen Seitenschiff) später eingebaut worden (Abb. 83). Der originale Zugang, der sich etwas weiter östlich davon befand, wurde zugemauert. Seine Spuren sind noch vom *Cellarium* aus zu sehen. Der alte Durchgang wird im oberen Teil vom neuen Gewölbe des Laienbrüdertraktes abgeschnitten (Abb. 84). Sie verband wahrscheinlich provisorisch das alte Dormitorium mit der neuen Kirche.[219] Zweitens befand sich in der nördlichen Außenmauer (6. westliches Joch) ein Durchgang, der wieder zugesetzt worden ist (Abb. 85). Es wird angenommen, daß er nur zum Materialtransport notwendig gewesen sei und deshalb nach Beendigung der Bauarbeiten wieder verfüllt wurde.[220] Diese Interpretation scheint unter rein praktischen Aspekten plausibel. Sie läßt sich aber mit dem Befund im Mauerwerk nicht so leicht in Übereinstimmung bringen. Das

219 Für diesen später vermauerten Zugang zur Kirche gibt es mehrere Deutungsmöglichkeiten, die hier nicht diskutiert werden können. Sie basieren auf unterschiedlichen Annahmen, die sich aus der Gestalt und Lage der ersten Steinkirche in Beziehung zum alten Laienbrüdertrakt ergeben.

220 Vgl. Hope, H. W. St. John, 1900, p. 291; Gilyard-Beer, R., 1986, p. 30.

85 Fountains: nördliche Seitenschiffsmauer, blockierter Durchgang

Verblüffende an dem zugemauerten Eingang sind seine Form und die Tatsache, daß der Mauersockel nicht gemäß dem Original ergänzt wurde. Abgesehen von den Arkaden sind zu jener Zeit nur Rundbögen gemauert worden. Die Maueröffnung ist jedoch mit einem gestauchten Rund- oder Segmentbogen versehen. Sie stammt m.E. nicht aus der Bauzeit des Langhauses, sondern wurde später eingebrochen. Drittens gibt es westlich neben der Mönchspforte noch einige Unregelmäßigkeiten in der Außenwand (1. und 2. östliche Joch) des südlichen Querhauses (Abb. 86). Die südliche Seitenschiffs- mauer, die Seitenschiff und Kreuz- gang voneinander trennt, ist im öst- lichen Teil anders strukturiert als im westlichen. In diesem Teilstück befand sich kreuzgangseitig eine später zugemauerte dreiteilige Rundbogennische, deren Funktion heute nicht mehr eindeutig zu verifizieren ist.[221] Schließlich ist noch zu vermerken, daß die Sockelzone der südlichen Seitenschiffsmauer (Abb. 87) kreuzgangseitig ab- gearbeitet wurde. Sie entsprach im Profil dem Sockel der nördlichen Außen- mauer (Abb. 70).

Das ursprüngliche Bild der *Vierung* (Abb. 88) wiederherzustellen, ist nicht ganz einfach, da hier mehrfach Veränderungen vorgenommen worden sind. Vom nordöstlichen und südwestlichen Vierungspfeiler existieren nur noch die Fundamente. Sie zeigen, daß die Pfeiler stärker ausgebildet waren als die Rundsäulen. Nur der nordwestliche Vierungspfeiler hat die Zeiten einiger- maßen unbeschadet überstanden (Abb. 89). Der südöstliche Pfeiler wurde durch die später notwendig gewordene zusätzliche Abstützung der Vierung,

221 Es sind prinzipiell zwei Varianten denkbar. Entweder befand sich dort eine Art Sitznische für den Abt oder den Leser, der während der allabendlichen *Collatio* aus der Erbauungs- literatur den Mönchen vorlas. Oder es war ein *armarium*, welches solange genutzt wurde, bis das der neuen Kirche fertig war. Letzteres hätte erhebliche Konsequenzen für die Rekonstruktion der ersten Steinkirche sowie für den Bauablauf von Fountains III.

86　Fountains: Kreuzgang, Nordostecke mit Mönchspforte

87　Fountains: Langhaus, südliches Seitenschiff

88   Fountains: Vierung – Blick nach Westen

stark verändert (Abb. 90).[222] Die Bogenformen lassen sich aus den in der Abtei gefundenen Steinen rekonstruieren. Der westliche und östliche Gurtbogen waren spitzbogig, während der nördliche und südliche Bogen aus einem einfachen Rundbogen bestanden.[223]

Die Konsole, die dem westlichen Bogen als Widerlager diente, ist am nordwestlichen Vierungspfeiler noch erhalten (Abb. 91a). Sie wird aus einer kapitellartigen Konsole und zwei darunter abgestuften Wülsten gebildet. Ob im Querhaus von Anbeginn auch ein Bogen vorgesehen war, bezweifle ich. Ein

222 Abt Huby (1495–1526) ließ die Vierung verstärken, da dieser Bereich durch vorangegangene Turmprojekte stark unter statischen Problemen litt.
223 Diese Information verdanke ich Stuart Harrison, der die Steine vermessen und katalogisiert hat.

448   *Die Architektur im Orden von Cîteaux*

89 Fountains: nordwestlicher Vierungspfeiler – Blick von Südosten

90 Fountains: südöstlicher Vierungspfeiler
– Blick von Westen

91a+b Fountains: nordwestlicher Vierungspfeiler – Blick von Süden (links) und Osten (rechts)

Vergleich mit der voll ausgebildeten Konsole des Mittelschiffes mit ihrem seitlichen Nachbarn (Abb. 91b) zeigt, daß die abgestufte Wulst unter der Konsole fehlt. Die Konsole selbst ist bündig in der Wand eingelassen. Ob sie von Anfang an als Widerlager dienen sollte, ist nicht mehr zu entscheiden.

Trotz starker Verwitterung sind die Ansätze für ein Gewölbe über der Vierung noch zu erkennen. Am südöstlichen Vierungspfeiler (Abb.92b) ist sogar das Kapitell, von dem der Gewölbebogen abging, noch erhalten. Wann jedoch die Vierung gewölbt wurde und in welcher Weise (Holz- bzw. Stein-gewölbe), bleibt ungewiß. Neuste bauarchäologische Forschungen unter der Leitung von Keith Emerick haben ein Treppenhaus oberhalb des südöstlichen Vierungspfeilers lokalisiert. Wie allerdings dieses Treppenhaus zu erreichen war, ist noch nicht geklärt.

Glyn Coppack und Peter Fergusson rekonstruieren Fountains III mit Vierungsturm und nehmen konsequenterweise auch eine ausgeschiedene Vierung an.[224] Es besteht Einigkeit darüber, daß diese ursprünglich nicht intendiert war, was sich auch klar an den noch verbliebenen Pfeilern ablesen läßt. Zum einen ist der Gurtbogen des südlichen Querhauses (Abb. 92a) im Verhältnis zu dem des Presbyteriums (Abb. 92b) geradezu zierlich ausgefallen. Zum anderen sprechen die späteren statischen Probleme sowie die permanen-ten Bemühungen, das Mauerwerk zu stützen (Abb. 90), für eine spätere Auf-rüstung. Coppacks und Fergussons Rekonstruktion geht von einem Vierungs-turm aus, der nicht als Glockenturm, sondern als *lantern tower* ausgebildet war, d.h. nur zur Beleuchtung diente.[225] Ich vermute jedoch, daß dieser *lantern tower* erst mit der Erweiterung des Presbyterium aufgesetzt wurde. Es gibt einen indirekten Hinweis in der Gründungsgeschichte von Fountains Abbey. Die Mönche haben die Erweiterung der Kirche u.a. damit begründet, daß der Chor zu eng und zu dunkel gewesen sei (*chorus humilior et obscurior, et minus capax tantae multitudinis*).[226] Im Gegensatz zu Rievaulx Abbey wanderte das Chorgestühl mit der östlichen Erweiterung des Presbyteriums nicht nach Osten, sondern blieb an alter Stelle. Vorausgesetzt, das in der Chronik ge-schilderte Motiv der fehlenden Helligkeit war ernstgemeint und die Vierung trug wirklich ein Gewölbe, läßt sich schließen, daß der *lantern tower* nur dann seine Wirkung entfaltet, wenn kein Gewölbe darunter liegt. Anders gesagt, die ursprüngliche Vierung war wahrscheinlich ohne Turm, jedoch mit einem Holzgewölbe überspannt.

224 Coppack, G., 1993, p. 40 u. p. 43; Fergusson, P., 1970, pp. 214–217 u. 1984, p. 46
225 Vgl. Gilyard-Beer, R., 1986, p. 31; Coppack, G./Gilyard-Beer, R., 1993, p. 20.
226 Vgl. *Narratio de fundatione*, p. 128

Die Architektur im Orden von Cîteaux

92a+b Fountains: südöstlicher Vierungspfeiler, Bogenansatz – Blick von Norden (links) und von Westen (rechts)

Die Hypothese einer nachträglich in das Projekt aufgenommenen ausgeschiedenen Vierung hat eminente Konsequenzen für Licht- und Raumgestaltung von Querhaus und Presbyterium. Im Gegensatz zu Fountains hatten frühe Zisterzienserkirchen wie Fontenay oder Noirlac (vor dem Umbau) ein dem Langhaus gegenüber niedrigeres Querhaus. In Fontenay reicht das Gewölbe des Langhauses bis zum östlichen Teil der Vierung, d.h. bis zum Beginn des Presbyteriums. Da hier die Gewölbe der beiden Querhausarme niedriger sind als das Gewölbe des Langhauses, entsteht eine Betonung der Längsachse, die noch durch die Fenstergruppe oberhalb des Presbyteriums verstärkt wird. Das Licht fällt vom Osten in den Chorbereich (Vierung) ein. Ein völlig anderer Raumeindruck entsteht durch eine ausgeschiedene Vierung mit Turmbekrönung, wie der Umbau in Noirlac belegt. Die Querhausarme wurden auf das Niveau des Langhauses gehoben. Querhaus und Presbyterium erhielten nun zusätzliche Öffnungen, die diesen Bereich in eine völlig neu Qualität in der Ausleuchtung verliehen. Deshalb erscheint mir der Bau des *lantern tower* in Fountains im Zuge der Presbyteriumserweiterung wahrscheinlicher, da nun die Lichtdramaturgie prinzipiell neu geregelt werden mußte.

93 Fountains: südliches Querhaus

Ein wichtiger Schlüssel zur Bauchronologie ist das südliche *Querhaus*. Hier sind die Spuren der Veränderungen nicht nur sehr zahlreich, sondern auch gut erhalten. Das nördliche Querhaus ist durch den Einbau des Turmes unter Abt Huby (1495–1526) stark verändert worden. Große Teile des ursprünglichen Mauerwerkes wurden bei späteren Umbaumaßnahmen entfernt, so daß hier kaum Anhaltspunkte zur frühen Baugeschichte zu gewinnen sind.

Der südliche Querhausgiebel (Abb. 93) wird vertikal durch das Treppenhaus symmetrisch geteilt und horizontal durch Gesimsbänder dreifach gegliedert. Der Treppenaufgang liegt symmetrisch in der Wand und führte bis zum Dachfirst. Im Modell wird er mit einem kleinen Türmchen bekrönt. Der Zugang zum Obergeschoß über den Ostkapellen, der innerhalb der Giebelwand entlangführt und vom Treppenhaus ausgeht, ist äußerlich nicht erkennbar.[227]

Im unteren Drittel der südlichen Querhauswand befinden sich drei Türen. Die östlich vom Treppenhaus gelegene Pforte (Abb. 94) führt über eine Treppe hinunter zur Passage zwischen Querhaus und Kapitelsaal. Sie ist nicht in ihrer ursprünglichen Gestalt erhalten. Zwei Merkmale stützen diese Vermutung. Zum einen ist der Türbogen in seiner Form

94 Fountains: Giebelwand des südlichen Querhauses, Durchgang in die Passage

gestaucht, zum anderen sind über dem heutigen Türbogen an der Querhausinnenwand noch die Spuren eines zugemauerten Rundbogens zu erkennen. Der Durchgang besteht heute aus einer Art Doppelpforte. Die südliche Hälfte, die direkt an die Passage angrenzt, hat einen ähnlichen Bogen, der jedoch fast einen Meter niedriger liegt. Für diesen Umbau lassen sich drei Gründe anführen: erstens die Erhöhung des Fußbodenniveaus im Innern der Kirche; zweitens eine notwendige Anpassung an das später in die Passage eingezogene Gewölbe; schließlich drittens der

227 Auch in Rievaulx, Kirkstall und Byland Abbey gab es Treppenhäuser im südlichen Querhausgiebel. Nur Rievaulx Abbey hat es an gleicher Stelle (Abb. 51b und 79), jedoch mit zwei fundamentalen Unterschieden. Erstens endet das Treppenhaus unterhalb der drei großen Lanzettfenster und führt im Mauerwerk in östliche Richtung weiter bis zur Südostecke des Querhauses, von wo erneut ein Treppenturm bis zum Dach hinaufführt. Über dieses Treppenhaus hatte man Zugang zum südlichen Querhausgiebel in Höhe des Lanzettfensters, zum Obergeschoß der Ostkapellen des Querhauses, zum Triforium und dem Dachgeschoß. Zweitens tritt in Rievaulx das mittlere Treppenhaus im Inneren des südlichen Querhausgiebels nicht plastisch hervor. Die Wand ist dort glatt. Der Aufgang ist nur durch die Fenster zu erahnen. In Fountains hingegen ist das Treppenhaus plastisch herausgearbeitet und hat drei Öffnungen zum Dormitorium, wobei die zwei obersten zum Dachstuhl geführt haben könnten. Die unterste Öffnung kann als Zugang vom Dormitorium gedeutet werden (Abb. 96).

nachträgliche Einbau einer Verbindung zwischen dem Treppenhaus und den Räumen über den Ostkapellen. Die untere, direkt westlich an das Treppenhaus angrenzende Tür (Abb. 95) gewährt den Zugang zum Treppenhaus. Sie ist ebenfalls später eingebaut worden und ein Resultat der Angleichung des neuen Ostflügels der Klausur an das südliche Querhaus. Gleiches gilt für die dritte Pforte, die sich rund zwei Meter erhöht in der westlichen Ecke der Querhauswand befindet und einst den Mönchen den Zugang zum Dormitorium gestattete. Mit dem Neubau des östlichen Klausurtraktes wurde das Dormitorium höher gelegt. Für einen nachträglichen Einbau spricht auch die Gestaltung des Torbogens,

95 Fountains: Giebelwand des Südquerhauses, Zugang zum Mönchsdormitorium

der wie an der Tür zur Passage gestaucht ist. Ein weiteres Indiz ist das vom oberen Türdrittel durchbrochene horizontale Ziergesims, welches wahrscheinlich vor dem Umbau gerade hindurchlief.

Von der Dormitoriumstür führte eine hölzerne Treppe hinab ins Querhaus. Der ursprüngliche Zugang zum alten Schlafsaal ist im Mauerwerk zwischen Treppenhaus, Ziergesims und neuer Dormitoriumspforte noch sichtbar. Vom alten Durchgang zum Schlafsaal hatten die Mönche auch gleichzeitig Zugang zum Treppenturm. Die Mauerfuge unterhalb der Dormitoriumstür, direkt neben dem Eingang zum Treppenhaus (Abb. 95), deutet die Breite des ursprünglichen Durchgangs zum Schlafsaal an.

Im oberen Drittel des südlichen Querschiffgiebels befinden sich zwei große Rundbogenfenster, über denen zwei Oculi eingepaßt sind. Die zwei großen Rundbogenfenster sprengen die Proportionen. Sie sind länger dimensioniert als die Rundbogenfenster der nördlichen und südlichen Querhauswand. Sie korrespondieren weder im unteren noch im oberen Fensterabschluß mit ihnen. Ein Blick auf die umlaufenden horizontalen Ziergesimse zeigt dies deutlich. Jedoch sind die Fenster der südlichen Querhauswand nicht beliebig in die Wandfläche plaziert. Das Ziergesims, das optisch die Fenster über dem Rund-

Die Architektur im Orden von Cîteaux

bogen abschließt, korrespondiert mit dem des oberen Gesimses der östlichen und westlichen Wand des südlichen Querhauses. Betrachtet man die Giebelwand des südlichen Querhauses von ihrer Rückseite (Abb. 96), so zeigt sich, daß das Dach des östlichen Klausurtraktes den unteren Teil der beiden kleinen Rundfenster abdeckte und daß sich der Dachfirst nicht symmetrisch in der Fassade befand. Dies läßt sich am besten aus der Tatsache erklären, daß sich die Bauleute beim Neubau des Querhauses noch an der Höhe der alten Klausurgebäude orientierten. Als jedoch beschlossen wurde, auch diesen Teil des Klosters zu erneuern, sahen sie sich gezwungen, einen Teil der Fenster zu verdecken, um die neue

96   Fountains: südlicher Querhausgiebel – Blick von Süden

Dachkonstruktion des östlichen Klausurtraktes, der nun wesentlich höher wurde, an das Querhaus anzupassen. Es besteht allerdings auch die Möglichkeit, daß südlicher Querhausgiebel und angrenzender Klausurtrakt wie in Rievaulx ursprünglich getrennt voneinander gebaut worden sind.[228]

Die östlichen Kapellen des Querhauses, eingeschlossen das Presbyterium, haben einen geraden Abschluß (Abb. 97). Sie sind nach Osten hin gestaffelt. Die zwei äußeren (südlichen bzw. nördlichen) Kapellen im Querhaus liegen

228   Drei Merkmale stützen eine solche Annahme. Ein Blick vom Kreuzgang auf die Giebelwand des südlichen Querhauses zeigt ein horizontales Ziergesims ungefähr auf Höhe der unteren Fenster (Abb. 96). Das Ziergesims ist um die Giebelecke herumgeführt. Dies macht aber nur Sinn, wenn der Klausurtrakt nicht unmittelbar angrenzt. Zweitens läßt sich an den Mauerfugen des Durchganges zwischen südlichem Querhaus und angrenzendem Kapitelsaal deutlich erkennen, daß dieser Teil mit den Gewölben nachträglich eingezogen worden ist (Abb. 101a und 98). Schließlich entspricht der Mauersockel über dem Fundament in der Nordwestecke der Passage in seinem Profil dem der Außenmauern, was nicht notwendig gewesen wäre, wenn dieser Teil von Anfang an überdacht war (Abb. 101b). Letzteres ließe sich auch plausibel aus der Tatsache erklären, daß die Breite des ursprünglichen östlichen Klausurbereiches sehr schmal und dieser obengenannte Teil ursprünglich wirklich Außenmauer war. Ausgrabungen in der Passage haben, wie mir Keith Emerick mitteilte, Spuren provisorischer Wände ans Tageslicht gefördert.

97 Fountains: südliches Querhaus mit Ostkapellen – Blick von Osten

98 Fountains: südliches Querhaus, Ostkapelle

99 Fountains: Zugang zum Obergeschoß der Ostkapellen des südlichen Querhauses

Die Architektur im Orden von Cîteaux

auf einer Höhe. Die an das Presbyterium angrenzenden Kapellen sind nach Osten verlängert. Das Presbyterium ragt jedoch über diese noch hinaus. Der Grundriß des alten Presbyteriums und der heute teilweise stark veränderten Kapellen ist aufgrund von Ausgrabungen rekonstruiert worden. Die Ostkapellen sind mit einer spitzbogigen Tonne eingewölbt (Abb. 98). In ihren architektonischen Formen verweisen sie, vor allem durch die sehr einfache, kantige Profilierung der Pfeiler und Bögen, auf burgundische Strenge. Der Unterschied zum Langhaus ist unschwer zu erkennen. Hier sind sowohl die Arkadenprofile wie auch die Säulen reicher gestaltet. Die Ostkapellen waren ursprünglich, vor ihrer Aufstockung, wahrscheinlich mit

100   Fountains: südliches Querhaus, Obergeschoß der Ostkapellen

einem Pultdach nebst aufgesetzten Gauben versehen. Die Gliederung der Ostwand mit ihrer Dreifenstergruppe – zwei Rundbogenfenster bekrönt von einem Oculus – ist bei Zisterziensern nicht unüblich. Die Ostkapellen erhielten wahrscheinlich erst im Zuge der Erweiterung des Presbyteriums ein Obergeschoß inklusive des Durchgangs im südlichen Querhausgiebel (Abb. 99 und 100).

Ich möchte die Beschreibung mit einigen Bemerkungen zu den Dach- und Gewölbekonstruktionen des Kirchengebäudes beschließen. Das ursprüngliche Kirchendach über der Vierung könnte ein einfach gekreuztes Satteldach gewesen sein. Da anzunehmen ist, daß das Langhaus von Beginn an dieselbe Höhe wie das Querhaus hatte, könnte auch das Presbyterium dieselbe Traufhöhe besessen haben. Das Dach über den Ostkapellen des Querhauses bestand wahrscheinlich aus einem Pultdach mit aufgesetzten Gauben.[229]

229 Glyn Coppack entschied sich in der Rekonstruktion für ein Satteldach je Kapelle. Dies halte ich für höchst unwahrscheinlich, da sich keine Spuren in der Querhauswand finden lassen.

101a+b Fountains: Passage zwischen dem südlichen Querhaus und dem Kapitelsaal – Blick nach Westen (links) und Osten (rechts)

Das Gewölbe im Langhaus bestand aus einer hölzernen Rundtonne, deren Wölbungsgrad immer noch aus den verbliebenen Spuren an der Innenseite des Langhauswestgiebels, unmittelbar über dem großen Westfenster, abzulesen ist.[230] Ob das Querhaus ebenfalls mit einer Holztonne gewölbt war, eine einfache Flachdecke oder einen offenen Dachstuhl besaß, ist schwer zu sagen. Die Rundtonne könnte knapp über den beiden *oculi* entlanggelaufen sein. Eine Flachdecke ist eher unwahrscheinlich. Die einfachste Lösung wäre ein offener Dachstuhl gewesen.

Die Klosterkirche von ca. 1150–80 kann nun wie folgt charakterisiert werden. Fountains III wurde im Grundriß in einem Zug um den Vorgängerbau ausgelegt. Die Kirche (Abb. 102) bestand aus einem dreischiffigen basilikalen Langhaus mit einer vorgelagerten Galiläa, einem gleichhohen einschiffigen Querhaus ohne ausgeschiedener Vierung und einem nach Osten gestaffelten

---

230 Holzgewölbe in Hauptschiff und Querhaus sind in Yorkshire nichts Ungewöhnliches. Die Zisterzienserkirchen in Rievaulx, Kirkstall und Byland besaßen im Langhaus ursprünglich ein Holzgewölbe, so auch das Minster in Ripon wie in York. Diese Vorliebe entsprang weniger materialästhetischen Gründen, sondern vielmehr praktisch-technischen Sachzwängen, die sich aus der Breite des zu überwölbenden Raumes ergaben.

Die Architektur im Orden von Cîteaux

Presbyterium mit jeweils drei nördlichen und südlichen Ostkapellen.[231]
Die Proportionen im Grundriß lassen auf einen Entwurf *ad quadratum*
schließen, allerdings nicht in der
Weise, wie es Hanno Hahn vorschlug.[232] Der Grundriß kann nur
mit erheblichen Abweichungen vom
Ideal in dieser Weise konstruiert
werden. Es ist aber zu bedenken, daß
Plan und Ausführung zwei verschiedene Dinge sind. Da in Fountains
davon ausgegangen werden muß, daß

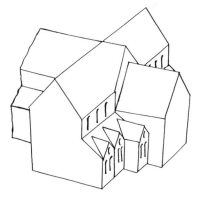

102   Rekonstruktion von Fountains III

die neue Kirche zumindest teilweise um die alte herumgebaut worden ist,
können einige Ungenauigkeiten auch darauf zurückgeführt werden.[233]

Die neue Kirche wurde in mehreren Etappen errichtet. Die ursprüngliche
Planung galt keineswegs als sakrosankt, im Gegenteil, sie wurde in mehreren
Etappen aktualisiert und den neuen Bedürfnissen angepaßt. Für Peter Fergusson wirkte diese Kombination insgesamt eklektisch.[234] Dieser Eklektizismus
resultiert m.E. eher aus dem modernen Kunst- und Stilverständnis. Der
fragmentarische Eindruck kehrt in den Klausurgebäuden, die nicht alle von
Grund auf erneuert worden sind, wieder. Dies sprunghafte Vermittlung
unterschiedlicher Gestaltungsqualitäten korrespondiert jedoch in kongenialer
Weise mit den Denk- und Planungsweisen der damaligen Zeit, wie sie bereits
ausführlich erläutert worden sind.

Der erste Entwurf orientierte sich noch an der alten Klausur, wie einige
Spuren im Mauerwerk nahelegen.[235] Als später die Entscheidung fiel, die

---

231 Dafür spricht u.a. die einheitliche Sockelmauer, die an der südlichen Seitenschiffswand
     später abgearbeitet wurde. Diese Sockelmauer fehlt an der Westfassade naturgemäß. Sie
     fehlt allerdings auch an dem Abschnitt vom zweiten östlichen Joch bis hin zum Durchgang
     im südlichen Querhaus.
232 Vgl. Hahn, H., 1957, p. 205 und Abschnitt »Maß und Proportion«, pp. 376ff.
233 So ist optisch bereits aus dem Grundriß zu erkennen, daß die nördlich an das Presbyterium
     angrenzende Kapelle deutlich schmaler ist als ihr südliches Spiegelbild.
234 Vgl. Fergusson, P., 1984, p. 43.
235 Zwei markante Merkmale mögen hier genügen. Das erste betrifft die Nahtstelle zwischen
     dem Laienbrüdertrakt und der südlichen Seitenschiffsmauer. Die Tür, die das alte Dor-
     mitorium mit der Kirche verband, wurde zugemauert. Die neue, sehr viel breitere Dormi-
     toriumstreppe wurde westlich davon entsprechend der neuen Proportionen des Dormito-

---

Kreuzganggebäude zu erneuern, mußten vor allem an den Nahtstellen zwischen Kirche und Klausur neue Übergänge geschaffen werden.[236] Diese Verbindungsstellen haben zwei Merkmale. Zum einen wurden bewußt sichtbare Spuren hinterlassen und Material wiederverwendet, d.h. die Anpassung erfolgte mit minimalem Aufwand. Zum anderen sind architektonische Elemente wie z.b. die Torbögen subtil »modernisiert« worden. Zu diesen Veränderungen gehören auch die Umbauten an den östlichen Querhauskapellen, insbesondere der nachträgliche Einbau des Treppenhauses zum Dachgeschoß der Ostkapellen bei gleichzeitiger Aufstockung derselben.

In der Formensprache fällt der Kontrast zwischen Querhaus und Langhaus auf; hier die Strenge früher burgundischer Zisterzen, da die reicheren englischen Formen (Arkadenprofile und Säulen). Ob diese Mischung einem sehr frühen Planwechsel darstellt oder von vornherein als bewußter Kompromiß zwischen burgundischer Herkunft des Ordens und regionalen Traditionen verstanden wurde, ist nicht mehr definitiv zu entscheiden.

Baumeister sind für Fountains III nicht überliefert. Genausowenig ist etwas über die Bauleute bekannt. Inwieweit Konversen und Mönche an technisch anspruchsvolleren Bauaufgaben mitgewirkt haben, bleibt ebenfalls spekulativ. Die vielen strukturellen Parallelen zu Rievaulx lassen den Schluß zu, daß sich die Mönche von Fountains ihre Anregungen von ihren Nachbarn und nicht direkt aus Burgund holten.[237] Rievaulx Abbey war nicht nur die räumlich

riums gebaut. Außerdem wurden, durch die Vergrößerung des westlichen Klausurtraktes, die zwei Seitenschiffsfenster östlich und westlich der Dormitoriumstreppe überdeckt. Die weiteren Merkmale finden sich am südlichen Querhausgiebel. In der Passage zwischen südlicher Querhausmauer und Kapitelsaal verläuft die Sockelmauer des Querhauses von der östlichen Ecke bis zu jener Tür, die das Querhaus mit der Passage verbindet. Dies war zugleich, wie alte Ausgrabungen belegen, die östliche Begrenzung der alten Klausur. Im Inneren des Querhauses weist die umgebaute Dormitoriumstreppe der Mönche darauf hin. Schließlich finden sich auch an der Außenseite des südlichen Querhauses Spuren. So ist an der Südwestecke das Ziergesims auf Höhe der beiden unteren Querhausfenster abgesenkt und um die Ecke herumgeführt worden, und der neue Dachaufbau des Mönchdormitoriums verdeckte den unteren Teil der beiden Rundbogenfenster.

236 Wann mit dem Umbau der Klausurgebäude begonnen wurde, läßt sich nicht definitiv sagen. Peter Fergusson datiert die ersten Gebäude des westlichen und östlichen Klausurtraktes in die Zeit von Abt Richard III., zwischen 1160 und 1170. Als Indiz dient neben baustilistischen Erwägungen die Nachricht, daß Abt Richard im Jahre 1170 im Kapitelsaal bestattet worden ist. Beim Umbau der Klausurgebäude wurde wenn möglich auf bestehendes Mauerwerk zurückgegriffen, so daß die Bauzeiten teilweise kürzer ausfallen.

237 Z.B.: Galiläa, sechs Ostkapellen, gestaffeltes Presbyterium, Treppenhaus in der südlichen Querhauswand, spitzbogige Quertonnen in den Seitenschiffen, spitzbogige Längstonnen in den Ostkapellen, eine Holzdecke im Langhaus, Rundbogenfenster und Ziergesimse.

Die Architektur im Orden von Cîteaux

nächstliegende Zisterzienserbaustelle, sondern gleichfalls eine Tochter von Clairvaux. Hinzu kommt, daß zur Zeit des Baubeginns (um 1147–50) zwei Äbte von Fountains, Maurice und Thorold, zuvor Mönche in Rievaulx waren. Dennoch gibt es grundsätzliche Unterschiede zu Fountains. Diese zeigen, daß nicht sklavisch kopiert, sondern schöpferisch adaptiert wurde. Im Langhaus von Rievaulx trugen massive Pfeiler sehr einfach profilierte Arkaden. Außerdem ist es in seiner absoluten Höhe niedriger als in Fountains, in seinen Proportionen gedrungener und in der Länge um zwei Joche kürzer. Die Abteikirche besteht aus nur neun Jochen. Fountains ist baugeschichtlich zwischen Rievaulx Abbey und Kirkstall Abbey (nach 1152) einzuordnen. Die Weiterentwicklung der architektonischen Formen fand in Kirkstall insbesondere auf zwei Ebenen statt, zum einen im Sinne detaillierterer Durchbildung von Säulen und Arkaden, zum anderen im Trend, verstärkt regionale architektonische Bezüge herzustellen. Dieselbe Tendenz spiegelt sich ebenfalls in den später erneuerten Klausurgebäuden von Fountains. Hier dominieren Formen des *Early English*.[238]

Fountains III bestand aus sorgfältig behauenem Quaderstein. Das Mauerwerk wurde im Inneren teilweise verputzt, wobei die Fugen auf dem Putz mit weißer Farbe bzw. roter Farbe neu nachgezogen wurden. Die gemalten Putzfugen decken sich jedoch nicht mit den wirklichen Lager- bzw. Stoßfugen. Außerdem war ein Teil der Innenraumflächen weiß ausgekalkt. Der Fußboden bestand aus einfach gestampfter Erde. Über die Fenstergestaltung ist nichts bekannt, wie sich auch nichts vom ursprünglichen Chorgestühl erhalten hat.

Alles in allem ist die Klosterkirche von 1150 ein klassisches Beispiel für zisterziensisches reformmonastisches Bauen. Innen- und Außenraum sind deutlich geschieden. Durch Betonung der Horizontalen entsteht ein Wandkontinuum. Die strukturelle Gliederung des Baukörpers wie die Formensprache zeigen sowohl englisch-regionale wie burgundisch-kontinentale Einflüsse. Die Westfassade ist in den geometrischen Formen einfach (drei Rundbogenfenster unter einer Rosette). Sie wirkt für eine Klosterkirche dennoch prachtvoll. Mit der vorgelagerten Galiläa, die auch für Begräbnisse weltlicher

---

238 »the architecture achieves an ingenious dualism: it combines up-to-date detailing that makes references to both England and France with what can only be described as a conservative expressive effect. The same cannot be said, however, of the other monastic buildings under construction of Fountains at the same time. For the chapter house, parlor, and guest houses, Early Gothic was employed, and the lightness and crisp richness of the new style contrasts strikingly with the gravity and simplicity of the church.« Fergusson, P., 1984, p. 48.
239 Vgl. *Narratio de fundatione*, p. 128.
240 Vgl. Draper, P., 1980, p. 85.

Personen genutzt wurde, steht sie für die Tendenz, sich der Welt wieder zu öffnen. Fußboden und farbliche Wandgestaltung waren einfach und unterstreichen den reformmonastischen Anspruch. Baugebundene Ornamentik wurde im Langhaus nur sehr sparsam eingesetzt. Sie beschränkte sich auf Konsolen und Kämpfer. In Querhaus und Presbyterium wurde gänzlich darauf verzichtet. Die räumliche Aufteilung der Kirche, d.h. ihre funktionale Gliederung, entsprach allgemein zisterziensischen Gepflogenheiten.

Der Abriß des Presbyteriums und die Erweiterung in Richtung Osten (um 1203/47), eingeschlossen die *Chapel of Nine Altars*, zeigen markant einen Wechsel in der Mentalität der Mönche. Die räumliche Ausdehnung des Presbyteriums entspricht dem Brauch an englischen Kathedralen. Die Mönche begründeten den Ausbau mit der steigenden Zahl von Chormönchen und einem zu dunklen Chor.[239] Im Gegensatz zu den Kathedralen wurde das Chorgestühl hier jedoch nicht in östliche Richtung, jenseits des alten Querhauses, verschoben. Die Formensprache des Erweiterungsbaus schöpft kräftig aus dem zeitgenössischen Repertoire. Der architektonische Entwurf wirkte in zweifacher Hinsicht als Motor für den Norden Englands. Zum einen entspricht die *Chapel of Nine Altars* räumlich-strukturell einem zweiten östlichen, voll ausgebildeten Querhaus. Zum anderen wurden bautechnisch en-délit-Säulen im größeren Stil eingesetzt. Als Gesamtentwurf wurde es Vorbild für den neuen Ostabschluß von Durham Cathedral.[240] Der Konvent von Fountains war somit nicht nur auf der Höhe der Zeit, sondern ihr voraus. Die gewandelten Ansprüche spiegeln sich auch in der Tendenz, das Wandkontinuum durch große Lanzettfenster aufzulösen, in der Ausstattung mit zusätzlichen Altären sowie in der aufwendigen Neugestaltung des Fußbodens.

Epilog

Ausgangspunkt der vorliegenden Arbeit waren die folgenden Beobachtungen und Problemstellungen.

1. Studien zur *Geschichte der Ästhetik* im Mittelalter wie etwa die Entwürfe von Wladislav Tatarkiewicz, Rosario Assunto, Edgar de Bryune oder Wilhelm Perpeet und mit Einschränkungen der jüngste Ansatz von Umberto Eco stellten klassische ästhetische Themen, die sich aus der philosophisch-kunstzentristischen Tradition herleiten, in den Mittelpunkt. Auch wenn einige Autoren deutlich machten, daß der Begriff der Kunst (*ars*) im Mittelalter ein anderer war und Schönheit (*pulchritudo*) deshalb anders zu verstehen sei, griffen sie in ihren Darstellungen dennoch auf das moderne Bedeutungsfeld zurück und unterstellten zwangsläufig Inhalte, die sich aus der klassischen Ästhetik seit Baumgarten ableiten lassen. Dies brachte den Autoren den Vorwurf von Mediävisten ein, daß die von ihnen entworfene Ästhetik im Mittelalter auf einem modernen Vorverständnis fuße. Konsequente Mittelalterforscher, die den Begriff zur Voraussetzung für ein gesellschaftlich relevantes Phänomen machten, stellten fest, daß es eine Ästhetik im Mittelalter gar nicht geben kann. Aus dieser Beobachtung resultierte das begriffsgeschichtliche Problem: Wie schreibt man eine *Geschichte der Ästhetik* vor ihrem Begriff und wie läßt sich diese methodisch begründen?

Um das begriffsgeschichtliche Problem aufzulösen, wurde eine Prämisse gesetzt und eine methodische Forderung berücksichtigt. Eine Geschichte der Ästhetik reicht weiter zurück als die Wissenschaftsdisziplin, ist umfassender als die Geschichte ihres Begriffes und systematisch breiter als diese. Die einzulösende Forderung bestand darin, eine teleologische Darstellung zu vermeiden, d.h. historische Subjekte zu unbewußten jedoch intentionalen Vorläufern einer ihnen (noch) unbekannten Idee zu machen. Genauso wenig wie Scotus Eriugena oder Albertus Magnus im Mittelalter den Titel *philosophus* führten, sondern eine Heide, nämlich Aristoteles, genauso wenig wie der Begriff der Kunst (*ars*) auf die uns bekannte künstlerische Gestaltungspraxis (Malerei, Plastik etc.) zielte, sondern auf die sieben freien Künste und Ausdruck theoretischer Bildung für eine Elite war, genauso wenig wie der wahre Musiker nicht derjenige war, der virtuos ein bestimmtes Instrument beherrschte, sondern ganz in der Tradition von Pythagoras und Augustinus derjenige, der ein guter Mathematiker war – genauso wenig gab es einen Ästhetiker aus der Sicht mittelalterlicher Menschen. Es gab jedoch ästhetische Diskurse, die sich aus einer bestimmten kulturellen Praxis herausfiltern und in einem größeren historischen Zusammenhang beschreiben lassen. Die von mir angestrebte Darstellung einer spezifischen ästhetischen Kultur ist deshalb deskriptiv und enthält sich entwicklungsgeschichtlicher Wertungen. Ihr wurde folgender Arbeitsbegriff zugrundegelegt. Zum Gegenstand ästhetischer Analyse wurden einerseits jene Äußerungen, die sich systematisch oder fragmentarisch auf die Sinne, die sinnliche Wahrnehmung und Emotionen, auf deren Funktion und Bedeutung beziehen, den Umgang mit ihnen thematisieren sowie auf eine Kritik der Sinne, Emotionen und Wahrnehmung zielen. Dies ist die anthropologische Komponente. Zum anderen gehören alle jene Reflexionen dazu, die sich mit der konkreten (Aus-)Gestaltung des Alltags sowie mit Gestaltkonzepten für den Alltag befassen, einschließlich der Gegenstände selbst. Während die materiellen Gegenstände bis zur Architektur reichen und die technisch-organisatorischen Bedingungen ihres Hervorbringens mitzuberücksichtigen sind, schließt die Gestaltung des Alltags im Kloster auch dessen rituelle Seite ein, d.h. die Liturgie, die weiter zu fassen ist als die täglichen Gebetsstunden und die tägliche Messe, sowie den kritischen Einwänden hierzu, inklusive ihrer sinnlichen Implikationen. Die zweite wichtige Komponente ist deshalb die der Gestaltung in ihrer allgemeinsten Bedeutung. Hervorzuheben ist, daß die zeitgenössischen Überlegungen zu diesen thematischen Schwerpunkten zwar Bestandteil theologisch-moralischer Reflexionen waren (Predigten, Traktatbriefe oder Apologien), jedoch zugleich einen Alltagsbezug hatten, und daß sie im Hinblick auf eine bestimmte kulturelle Praxis formuliert worden sind und diese auch zu verändern suchten. In diesen Diskursen wurden kaum philosophische Begrifflichkeiten benutzt. Die Autoren befaßten sich nur selten systematisch mit ästhetischen Phänomenen im engeren Sinn. Besonders im Mittelalter sind derartige Äußerungen meist Teil didaktisch-moralischer Argumentationen gewesen. Sie zielten auf handlungsorientierte Strategien.

2. Die bisherigen Entwürfe zur Geschichte der Ästhetik im Mittelalter sind genaugenommen Beiträge zu einer Geschichte ästhetischen Denkens. Im Zentrum dieses ideengeschichtlichen Ansatzes stehen das jeweilige Verständnis ästhetischer Kategorien (z.B. Schönheit, das Angenehme etc.) oder ästhetische Themenkreise (z.B. Proportion, Maß etc.). Auf der Grundlage schriftlicher Überlieferungen werden Brüche oder Kontinuitäten bzw. Entwicklungen mittelalterlicher Interpretationen im historischen Kontext

beschrieben. Somit rückt die intellektuelle Leistung bei der Lösung theoretischer Probleme in den Vordergrund. Im Extremfall tritt die Spezifik der historischen Subjekte, ihre Biographie, ihre Individualität völlig in den Hintergrund. Denn das Augenmerk liegt auf der historischen Darstellung eines theoretischen Problems. So sind Autoren vor allem deshalb interessant, weil sie etwas zum Thema beizutragen haben. Die Frage aber, warum andere dazu schwiegen, wird überhaupt nicht gestellt. Dieser Ansatz blendet – durch die Konzentration auf die ästhetische Theorie – *per definitionem* den Alltag und die ästhetische Praxis aus. Eine Erweiterung der *Geschichte der Ästhetik*, die neben der Geschichte ästhetischen Denkens auch darauf zielt, ästhetische Praxis oder besser ästhetische Aspekte einer spezifischen Alltagskultur zu beschreiben, eine Darstellung also, die die historischen Akteure mehr in den Mittelpunkt rückt, ist deshalb notwendig. Eine *Geschichte der Ästhetik* muß die ästhetische Kultur einschließen. Daraus resultierte ein weiteres grundlegendes Problem, nämlich die Neubestimmung des Gegenstandes der Analyse. Dies reflektiert auch mein Arbeitsbegriff in der Verbindung von anthropologischer Komponente (Wahrnehmung, Sinne, Emotionen) und Gestaltungsaspekten.

3. Aus diesem kulturgeschichtlichen Ansatz ergibt sich ein drittes Problem: das der historischen Akteure. Während es für ideengeschichtliche Ansätze durchaus legitim ist, theoretische Problemstellungen in den Vordergrund zu rücken, die Denker auf die Lieferung von Gedankenmaterial zu reduzieren und ihre intellektuellen Fähigkeiten hervorzuheben, stehen bei meinem Ansatz gesellschaftliche Akteure im Mittelpunkt, die sich durch eine bestimmte kulturelle Praxis von anderen Zeitgenossen unterscheiden. Es geht also nicht primär um Individuen, sondern um soziale Gruppen und kollektive Einstellungen, auch wenn diese aus Texten einzelner extrahiert werden müssen. Eine solche Gruppe bildet für das Mittelalter das benediktinische Mönchtum. Innerhalb des benediktinischen Mönchtums sind Reformmönche wie die Zisterzienser von besonderem Interesse. Denn im Mittelpunkt der Analyse stand nicht die Frage, wie sich die Zisterzienser von anderen sozialen Gruppen unterschieden, sondern der Aspekt, daß sie sich auf unterschiedliche Weise von anderen benediktinischen Mönchen unterschieden. Die Forderung des Anderssein-Wollens bedeutete im mittelalterlichen Reformmönchtum zwar meist eine Rückkehr zur Tradition, sie schuf jedoch auch immer Neues. Die ästhetische Abgrenzung ergibt sich nicht so sehr aus den singulären Varianten einzelner zisterziensischer Konvente, sondern muß primär dort aufgefunden werden, wo sich die Weißen

Mönche als Korporation, als monastischer Orden von anderen Orden und Mönchsgemeinschaften bewußt und demonstrativ abhoben. Kurz gesagt, es muß die Einheit in den Unterschieden gesucht werden. Hierbei fällt auf, daß moralische Werte und ästhetische Praxis eng miteinander verknüpft sind. Mit Blick auf die ästhetische Kultur ging es um die Frage: Wie stellten die Zisterzienser ihren inneren Anspruch als Reformmönche äußerlich dar? Dabei galt es drei Aspekte zu berücksichtigen:

Erstens, ausgehend von ihrer geistigen Grundhaltung waren die Zisterzienser Christen und teilten mit den anderen Christen grundsätzliche theologische Anschauungen. Als benediktinische Mönche lebten sie mit anderen Benediktinern nach den Grundsätzen der Regel Benedikts. Sie waren Reformmönche und standen auch hier in einer langen Tradition. Schließlich waren sie lediglich ein Reformzweig von vielen im 12. Jahrhundert, und einzig aus dieser Tatsache lassen sich spezifische zisterziensische Eigenheiten darstellen. Dies berechtigt m. E. aber nicht dazu, von einer Zisterzienserästhetik zu sprechen, sondern vielmehr nur von einer zisterziensisch geprägten ästhetischen Kultur der Klöster.

Zweitens agierten die Zisterzienser, nachdem die Zahl ihrer Konvente in der ersten Hälfte des 12. Jahrhunderts rapide stieg, in verschiedenen Teilen Europas – von Spanien bis Norwegen und von Irland bis zum Balkan. Die angestrebte Einheit oder *uniformitas* in den wichtigsten Dingen des Alltags (Liturgie, Kleidung, Nahrung und räumliche Organisation des klösterlichen Lebens) wurde durch unterschiedliche kulturell-regionale Traditionen gebrochen.

Daraus folgt drittens, daß die institutionellen Bemühungen um größtmögliche Einheit des klösterlichen Lebens normative Ansprüche erhoben, die in der individuellen Umsetzung jedoch immer den regionalen Besonderheiten Rechnung trugen. Dies ist der Grund, warum ich mich räumlich auf die Zisterzienser Englands – und hier insbesondere Yorkshires – und zeitlich auf das 12. Jahrhundert beschränkt habe. Aus ästhetischer Sicht ist es sinnvoll, das Zentrum, in unserem Fall die Ordenssatzungen sowie die Entscheidungen des Generalkapitels, mit der Peripherie, d.h. mit Klöstern aus einem relativ gut beschreibbaren Kulturkreis, zu vergleichen und zu analysieren und nicht verschiedene Klöster unterschiedlicher Regionen miteinander ins Verhältnis zu setzen. Die Unterschiede in der kulturellen Praxis verschiedener geographischer Räume sowie die zeitlichen Differenzen kultureller Entwicklungen würden das Bild erheblich verzerren. Ein solcher Vergleich ebnet außerdem die individuellen Anstrengungen der

Konvente ein, ihren eigenen Platz innerhalb des Koordinatennetzes von allgemeinen Ordensmaximen und regionalen Besonderheiten zu finden. Die Beschränkung auf das 12. Jahrhundert trug noch einem zweiten Faktum Rechnung: der gesellschaftlichen Wirkung der zisterziensischen Klosterreform nach außen. Denn die Eigenarten der monastischen ästhetischen Kultur zisterziensischer Prägung treten vor allem in jener Zeit hervor, in der die Weißen Mönche als Reformorden gestaltende Kraft hatten und ihrem gesellschaftlichen Umfeld Impulse verliehen.

Der hier vorgestellte Ansatz ästhetischer Analyse, in dessen Zentrum die Beschreibung einer spezifischen ästhetischen Kultur rückte, ist interdisziplinär. Ein derartiger Zugang wird keine neuen historischen Fakten suchen, sondern baut auf verschieden Ergebnissen von Einzelwissenschaften auf. Allerdings wird es durch den Rückgriff auf die Forschungen einzelner Spezialdisziplinen und durch die Tatsache, daß sich Gegenstandsfelder von Geschichte, Kunstgeschichte, Psychologie etc. ständig erweitern, für die Ästhetik immer schwieriger deutlich zu machen, was denn ihr spezifischer Beitrag sei. Die Antwort läßt sich weder in eine Definition pressen noch ist sie ein Patentrezept. Für mich ist Ästhetik eine interdisziplinäre Kulturwissenschaft, die Spezialwissen einzelner Disziplinen unter den obengenannten Schwerpunkten auf einer neuen Ebene kritisch, themenorientiert und grenzüberschreitend zusammenführt, und das sollte, zumindest ansatzweise, in dieser Studie deutlich werden.

Die Beschreibung der monastischen ästhetischen Kultur zisterziensischer Prägung erfolgte auf der theoretischen Ebene über zwei Begriffspaare, die auf den ersten Blick nichts mit Ästhetik zu tun haben, denn sie entspringen moralischen Diskursen monastischer Theologen: Demut (*humilitas*) und Hoffart (*superbia*) bzw. Maßhalten (*discretio*) und Überfluß (*superfluitas*). Demut und Hoffart spiegeln Tugend und Laster, sie verhalten sich komplementär zueinander. Im Rückgriff auf St. Benedikt unterschied der hl. Bernhard zwölf Stufen der Demut, wobei der Aufstieg zur Tugend gleichzeitig durch das Modell der Leiter als Abstieg zu den verschiedenen Lastern der Hoffart begriffen wurde. Im Zentrum von Bernhards Überlegungen standen handlungsorientierte Imperative, Verhaltensnormen, die jeder Mönch ständig an sich zu beobachten und zu korrigieren hatte. Dieses System kam einem *perpetuum mobile* gleich, denn es verlangte vom Mönch im Diesseits permanente Selbstreflexion. Wer sich auf dem einmal erlangten Stand ausruhte, lief Gefahr, wie Wilhlm von St. Thierry bemerkte, wieder abzustürzen. Das zweite Begriffspaar leitet sich aus der antiken Tradition ab, wobei Maßhalten ein Doppeltes bedeutete: Die mittellateinischen Begriffe *temperantia* und *discretio* beinhalten sowohl die Mitte im Sinne eines vernünftigen Ausgleiches (*temperantia*) wie die Fähigkeit zur richtigen Unterscheidung (*discretio*). *Superfluitas* wurde in erster Linie als moralische Kategorie in der zeitgenössischen Polemik eingesetzt. Die Schnittstelle zwischen beiden Begriffspaaren bildete bei den Zisterziensern der Begriff der Neugier (*curiositas*). Auch dieser *terminus technicus* war für die Zeitgenossen ein moralischer Kampfbegriff. *Curiositas* als letzte zu überwindende Stufe auf dem Weg zur vollkommenen Demut war sowohl Kritik an der Wahrnehmung wie an den wahrgenommenen Objekten. Neugier wurde in zweifacher Hinsicht kritisiert. Zum einem unter dem Aspekt des nutzlosen und eitlen Wissens, zum anderen als Kritik an den Sinnen, insbesondere dem Augensinn in Gestalt der *concupiscentia oculorum*, und in der Kritik an Überflüssigem (*superfluitas*). Letzteres bezog sich auf die Objekte, also auf jene Gegenstände, an denen sich das Auge erfreute. Auf der personalen Ebene erschien die moralische Kritik als Subjektkritik. Sie war zugleich ästhetische Kritik von Wahrnehmung und Gebrauch der Sinne. Auf der institutionellen Ebene zielte die moralische Kritik primär auf die materiellen Objekte. Sie war zugleich ästhetische Kritik der Gestaltung, d.h. eine Kritik, die auf die inadäquate Vergegenständlichung eines moralischen Anspruchs abhob.

Was die ästhetische Analyse letztlich so schwierig macht, ist die kluge Politik des Generalkapitels, welche dynamisch und flexibel blieb, starre Vorschriften vermied und ästhetische Eigenarten der Zisterzienser immer *ex negativo* formulierte. So sollten Sachverhalte *causa superfluitatis et curiositatis* abgestellt werden; Dinge standen *contra formam Ordinis* oder liefen der *maturitatem Ordinis* zuwider. Positiv gewandt, hieß es in einem Statut, daß die unauflösbare Einheit (*unitas indissolubilis*) – hier schwingt die ästhetische Dimension bereits mit – durch eine einheitliche Auslegung der Regel Benedikts (*ab omnibus regula beati Benedicti uno intelligatur*) gewährleistet werden soll, ferner durch die dieselben Bücher für den Gottesdienst, dieselbe Kleidung und Nahrung sowie dieselben Gebräuche und Gewohnheiten (*dehinc ut idem libri quantum dumtaxat ad divinum pertinet officium, idem vestitus, idem victus, idem denique per omnia mores atque consuetudines inveniantur*). Die Einheit (*unitas*) oder angestrebte *uniformitas*, die die Identität des Ordens gegenüber konkurrierenden Modellen sichern sollte, respektierte auch Unterschiede; deshalb Einheit in der Vielfalt.

Die ästhetikgeschichtliche Studie ist der Versuch, ästhetisches Denken und die ästhetischen Implikationen einer spezifischen kulturellen Praxis in ihren Wechselwirkungen aufeinander zu beziehen und diese themenorientiert, quellenkritisch und interdisziplinär aufzuarbeiten, ohne grundlegende methodische Probleme auszublenden. Aus der Synthese ergaben sich die Konturen einer spezifischen ästhetischen Kultur, die für einen kurzen historischen Zeitraum eine ungeheure Dynamik besaß.

Abkürzungen

Allgemeine Abkürzungen

dt.	=	deutsch
ed.	=	editus/a/um, edited by, publié par
engl.	=	englisch
frz.	=	französisch
GW	=	Gesammelte Werke
hg.	=	herausgegeben
Hrsg.	=	Herausgeber
lat.	=	lateinisch
SW	=	Sämtliche Werke
tr.	=	translated by, traduction de
Übers.	=	Übersetzung

Lexika und Periodika

AC = Analecta Sacri Ordinis Cisterciensis, 1–20, Rom 1945–1964, seit 1965 Analecta Cisterciensia

AJ = The Antiquaries Journal

Arch. J. = Archaeological Journal

BAACT = The British Archaeological Association Conference Transaction

CIS = Christliche Ikonographie in Stichworten. H. Sachs, E. Badstübner, H. Neumann, Koehler & Amelang, Leipzig 1988

CistC. = Cistercienser Chronik

Cist. Stud. = Cistercian Studies Quarterly

Coll. Cist. = Collectanea Cisterciensia

DictMA = Dictionary of the Middle Ages. Ed. Joseph R. Strayer, Charles Scribner's Sons, New York

DSAM = Dictionnaire de spiritualité ascétique et mystique, Beauchesne, Paris 1932ff

DTC = Dictionnaire de Théologie Catholique

HWPh = Historisches Wörterbuch der Philosophie, hg. von J. Ritter, Darmstadt, Basel, Stuttgart 1971–

JEH = Journal of Ecclesiastical History, Nelson, London 1950–

JMH = Journal of Medieval History

JSAH = Journal of the Society of Architectural Historians

LCI = Lexikon der christlichen Ikonographie. Ed. Wolfgang Braunfels, Herder Freiburg 1976

LexMa = Lexikon des Mittelalters

LHL = Liturgisches Handlexikon von Joseph Braun (2. Auflage, 1924), Mäander München 1993

LThK = Lexikon für Theologie und Kirche, Freiburg 1957–68

SCH = Studies in Church History. ed. by Ecclesiastical History Society, London 1964–

SCHS = Studies in Church History. Subsidia. ed. by Ecclesiastical History Society, Oxford 1978–

S. Soc. = Publications of the Surtees Society

Stud. u. Mitt. = Studien und Mitteilungen zur Geschichte des Benediktinerordens und
seiner Zweige,
T. Soc. = The Publications of the Thoresby Society
YAJ = Yorkshire Archaeological Journal
ZfkT = Zeitschrift für katholische Theologie

Editionsreihen

BKV = Bibliothek der Kirchenväter
CCCM = Corpus Christianorum, Continuatio mediaevalis, Turnholti 1966–
CCM = Corpus consuetudines monasticarum
CCSL = Corpus Christianorum, Series latina, Turnholti, 1953–
CF = Cistercian Fathers Series (Spencer, Mass., Kalamazoo, Michigan, 1970–)
CS = Cistercian Studies Series (Spencer, Mass., Kalamazoo, Michigan, 1969–)
CSEL = Corpus scriptorum ecclesiasticorum latinorum
EYC = Early Yorkshire Charters
FvStG = Ausgewählte Quellen zur Geschichte des Mittelalters: Freiherr-vom-Stein-
Gedächtnisausgabe, Darmstadt 1956–
MGH = Monumenta Germaniae Historica, 1823–
PG = Patrologiae cursus completus. Series graeca, 176 Bde., hg. von J. P. Migne,
Paris 1857–76
PL = Patrologiae cursus completus. Series latina, 221 Bde., hg. von J. P. Migne,
Paris 1841–64
RS = Rolls Series – Chronicles and Memorials of Great Britain and Ireland, published
under the direction of the Master of the Rolls. 1858–1896
SBO = *Sancti Bernardi Opera*, ed. J. Leclercq, M. Rochais, C. H. Talbot, Editiones
Cisterciensis, 8 Bde., Rom 1957–1977
SC = Source Chrétiennes
SMCH = Studies in Medieval Cistercian History
SCAA = Studies in Cistercian Art & Architecture

Titel

Apologia= Bernhard von Clairvaux, *Apologia ad Guillelmum Abbatem ...*
De anima = Aelred von Rievaulx, *Dialogus de anima...*
Chronica monasterii de Melsa = Burton, Thomas, *Chronica ...*
De consideratione = Bernhard von Clairvaux, *De consideratione ad Eugenium papam*
De gradibus = Bernhard von Clairvaux, *De gradibus humilitatis et superbiae*
Dialogus miraculorum = Caesarius von Heisterbach, *Caesarii Heisterbacensis Monachi Ordinis*
Cisterciensis Dialogus Miraculorum
Ecclesiastica Officia = *Les Ecclesiastica Officia Cisterciens du XIIIᵉᵐ Siècle*
Goldener Brief = Wilhelm von St. Thierry, *Lettre aux frères du Mont Dieu (Lettre d'or)*
Narratio de fundatione = *Memorials of Fountains Abbey*, Bd.1
RSB = *Regula Benedicti*
De standardo = Aelred von Rievaulx, *De relatio standardo*
Vita Aelredi = Walter Daniel, *The Life of Ailred of Rievaulx by Walter Daniel*
Vita sancti Anselmi = *The Life of St Anselm ...*

Abkürzungen 471

Literaturverzeichnis

Quellen

Handschriften

Bodleian Library Oxford:
Ms Bodley 39
Ms Bodley 494
Ms Dodsworth 24–26
Ms Top. Gen. C.2
British Museum London:
Ms Arundel 51
Ms Cotton Titus D.XX
Ms Cotton Vitellius C.VI
Ms Egerton 1141
Ms Lansdowne 404
Corpus Christi College Cambridge:
Ms 139
Trinity College Cambridge
Ms Gale O.1.79 (James 1104)
Ms 0.7.16

gedruckte Quellen

ABAELARD,
Historia calamitatum. Texte critique avec une introduction publié par J. Monfrin, Librairie Philosophique J. Vrin, Paris 1978; dt. Übers. von Eberhard Brost: Abaelard. Die Leidensgeschichte und der Briefwechsel mit Heloisa. dtv, München 1987, pp. 7–71
Epistolae 1–4. In: Muckle J. T. (1953) *The Personal Letters Between Abelard and Heloise,* in: Mediaeval Studies 15/1953, pp. 47–94; dt. Übers. von E. Brost, 1987, pp. 73–145
Epistolae 5–6. In: Muckle, J. T. (1955) *The Letter of Heloise on Religious Life and Abaelard's First Reply,* in: Mediaeval Studies 17/1955, pp. 240–281; dt. Übers. von E. Brost, 1987, pp. 149–242
Epistola 7. In: McLaughlin, T. P. (1956) *Abaelard's Rule for Religious Women,* in: Mediaeval Studies 18/1956, pp. 241–292; dt. Übers. von E. Brost, 1987, pp. 245–364
Epistola X. In: Peter Abaelard Letters IX–XIV. Ed. E. R. Smits, Groningen 1983, pp. 70–76 (Introduction) u. 239–247 (Text)
ACCOUNT-BOOK OF BEAULIEU ABBEY. Hg. v. S. F. Hockey, Offices of the Royal Historical Society, London 1975 (Camden Fourth Series, Bd. 16)
AD QUID VENISTI? PL 184 c. 1189–1198
AELRED VON RIEVAULX,
Aelredi Rievallensis Relatio de standardo. In: Chronicles of the Reigns of Stephen, Henry II., and Richard I., ed. Richard Howlett, London 1886; Kraus Reprint Ltd 1964, pp. 181–199 (RS 82,3)
Dialogus de anima. In: CCCM I:682–754; tr. C. H. Talbot: Dialogue on the Soul. Cistercian Publications, Kalamazoo, Michigan 1981 (CF 22)

De Iesu puero duodenni. In: CCCM 1:249–278; dt. Übers. von Rhaban Haacke in: Aelred von Rieval, Über die geistliche Freundschaft. Spee-Verlag, Trier 1978, pp. 112–163

De institutione inclusarum. In: CCCM 1:637–682; tr. M. P. Mcpherson: A Rule of Life for a Recluse. In: Aelred of Rievaulx, Treatises and the Pastoral Prayer. Cistercian Publications, Kalamazoo, Michigan, 1982 (1. edition 1971) pp. 43–102 (CF 2)

Oratio pastoralis. In: CCCM 1:757–763; tr. P. Lawson: Aelred von Rievaulx, Treatises and the Pastoral Prayer, Cistercian Publications, Kalamazoo, Michigan 1982, pp. 105–118 (CF 2); dt. Übers. von Eberhard Friedrich: Die Oratio Pastoralis des hl. Aelred, in: CistC. 51/1939, pp. 191–195

De sanctimoniali de Wattun. PL 195 c. 789–796

De sanctis ecclesiae Haugustaldensis. In: Raine, J. (ed.) The Priory of Hexham, its Chroniclers, Endowments, and Annals. Bd. 1, Durham 1864, pp. 173–203 (S. Soc., Bd. 44)

Sermones inediti. Ed. C. H. Talbot, Rome S. O. Cisterciensis 1952

Sermones I–XLVI. In: CCCM 2,A

De speculo caritatis. In: CCCM 1:3–161; dt. Übers. von Hildegard Brehm: Spiegel der Liebe. Johannes Verlag, Einsiedeln 1989; tr. E. Connor: The Mirror of Charity. Cistercian Publications, Kalamazoo, Michigan 1990 (CF 17)

De spiritali amicitia. In: CCCM 1:287–350; dt. Übers. von Rhaban Haacke in: Aelred von Rieval, Über die geistliche Freundschaft. Spee-Verlag, Trier 1978, pp. 2–111; tr. M. E. Laker: Spiritual Friendship. Cistercian Publications, Kalamazoo, Michigan 1977 (CF 5)

ALANUS AB INSULIS, Summa de arte praedicatoria. PL 210 c. 109–198

ALBERTUS MAGNUS, Metaphysicorum libri XIII. In: Opera omnia, Bd. 3, ed. Augustus Borgnet, Paris 1890

ALEXANDER NECKAM,

De naturis rerum libri duo. Ed. T. Wright, London 1863 (RS 34)

De nominibus utensilium. In: Wright, Thomas (ed.) A Volume of Vocabularies, illustrating the conditions and manners of our forefathers, as well as the history of the forms of elementary education and of the language spoken in this island, from the tenth century to the fifteenth. Edited from MSS in public and private collections, by Thomas Wright, Privately printed. 2 Bde., 1857–1873; Bd. 1, pp. 96–119

De vita monachorum. In: The Anglo-Latin Satirical Poets and Epigrammatists of the Twelfth Century. Ed. T. Wright, London 1872, Kraus Reprint Ltd 1964, pp. 175–200 (RS 59,2)

AMBROSIUS, De officiis ministrorum. PL 17,2^I c. 25–184; dt. Übers. von J. Niederhuber, München 1917 (BKV)

ANNALES MONASTERII DE WAVERLEIA (A.D. 1–1291). Ed. H. R. Luard, London 1865, pp. 129–411 (RS 36,2)

ARNULF VON BOHERIES, Speculum monachorum. PL 184 c. 1175–1178

ARS SIGNORUM CISTERCIENSIUM. Ed. A. Dimier, in: Collectanea Ordinis Cisterciensis Reformatorum 5/1938, pp. 165–186

ATHANASIUS, Vita Antonii. PG 26 c. 835–976; dt. Übers. von Heinrich Przybyla: Vita Antonii. St. Benno Verlag, Leipzig 1986

AUGUSTINUS,

Confessionum libri XIII. Ed. Lucas Verheijen O. S. A., Aureli Augustini Opera, CCSL 27; dt. Übers. von Wilhelm Thimme: Bekenntnisse. dtv, München 1982

De civitate Dei libri XXII. Ed. Bernardus Dombart et Alphonsus Kalb, Aureli Augustini Opera, CCSL 47–48; dt. Übers. von Wilhelm Thimme: Vom Gottesstaat. 2 Bde., dtv, München 1977

De doctrina christiana. Ed. Joseph Martin, *Aureli Augustini Opera*, CCSL 32, pp. 1–167
Epistola 211. PL 33 c. 958–68; dt. Übers. von Alfred Hoffmann: Des heiligen Kirchen-
vaters Aurelius Augustinus ausgewählte Schriften. Bd. 10, pp. 268–282 (BKV)
De magistro. PL 32 c. 1193–1220; dt. Übers. von Carl J. Perl: Der Lehrer. Verlag
Ferdinand Schoeningh, Paderborn 1958
De musica. PL 31,1 c. 1081–1194; dt. Übers. von Carl J. Perl: Musik. Verlag Ferdinand
Schoeningh, Paderborn 1962
De ordine. In: *Aureli Augustini Opera*, CCSL 29, Pars II,2, pp. 89–137; dt. Übers. von
Carl J. Perl: Die Ordnung. Verlag Ferdinand Schoeningh, Paderborn 1966
Sermo 211. PL 38 c. 1054–1058
BANHAM, Debby (Hrsg.) (1991) Monasteriales Indicia. The Anglo-Saxon Monastic Sign
Language. Anglo-Saxon Books, 1991
BERNHARD VON CLAIRVAUX (lat./dt.), SW in 10 Bde., hg. v. G. B. Winkler,
Tyrolia Innsbruck 1990–
Ad clericos de conversione. SW IV, pp. 147–246 [SBO IV, pp. 69–116]
Ad milites Templi. De laudae novae militiae. SW I, pp. 257–321 [SBO III, pp. 213–239]
Apologia ad Guillelmum Abbatem. SW II, pp. 137–204 [SBO III, pp. 81–108]
De consideratione ad Eugenium papam. SW I, pp. 611–841 [SBO III, pp. 393–439]
De diligendo Deo. SW I, pp. 57–151 [SBO III, pp. 119–154]
De gradibus humilitatis et superbiae. SW II, pp. 29–135 [SBO III, 13–59]
De praecepto et dispensatione. SW I, pp. 327–436 [SBO III, pp. 253–294]
Epistolae 1–180. SW II, pp. 241–1154 [SBO VII]
Epistolae 181–551. SW III, pp. 39–1245 [SBO VIII]
Officium de Sancto Victore. SW II, pp. 211–27 [SBO III, pp. 501–508]
Prologus in antiphonarium quod Cisterciensis canunt ecclesiae. SW II, pp. 228–231 [SBO III,
p. 515f]
Sententiae. SW IV, pp. 263–791 [SBO VI,2, pp. 7–255]
Sermones de diversis. SBO VI,1; dt. Übers. Agnes Wolters: Die Schriften des honig-
fließenden Lehrers Bernhard von Clairvaux. Bd. 4, Fischer Verlag, Wittlich 1936
Sermones per annum: Sermones in Quadragesima. SW VII, [SBO IV, pp. 161–492]
Sermones super Cantica Canticorum. Sermones 1–38. SW V [SBO I]; *Sermones* 39–86.
SW VI [SBO II]
Tonale S. Bernardi. PL 182 c. 1153–1166
BIBLIA SACRA, *iuxta vulgatam versionem*. Deutsche Bibelgesellschaft Stuttgart, 3. Auflage
1983
BOUTON, Jean de la Croix/VAN DAMME, Jean Baptiste (ed.) Les plus anciens texts de
Cîteaux. Sources, textes et notes historique par Jean de la Croix Bouton moine d'Aigue-
belle et Jean Baptiste van Damme moine de Westmalle, Achel Abbaye Cistercienne 1974
(Cîteaux – Commentarii Cistercienses. Studia et Documenta 2)
BREHM, Hildegard/ALTERMATT, Alberich Martin (ed.) Einmütig in der Liebe. Die frü-
hesten Quellentexte von Cîteaux. Antiquissimi Textus Cistercienses lateinisch-deutsch.
Bernardus Verlag, Langwaden/Brepols, Turnhout 1998
BROWN, W. (ed.) The Register of William Wickwane, Lord Archbishop of York 1279–1285.
Durham 1907 (S. Soc., Bd. 114)
BRUNO/GUIGO/ANTELM, *Epistolae Cartusianae* – Frühe Kartäuserbriefe (lat./dt.).
Übersetzt und eingeleitet von G. Greshake, Herder, Freiburg 1992 (Fontes Christiani,
Bd. 10)
BURTON, THOMAS, *Chronica monasterii de Melsa*. 3 Bde. Ed. E. A. Bond, London
1860–1868 (RS 43,1–3)

CAEREMONIAE SUBLACENSES. Ed. Joachim F. Angerer O. Praem., CCM 11/1
CAESARIUS VON HEISTERBACH, *Caesarii Heisterbacensis Monachi Ordinis Cisterciensis Dialogus Miraculorum*. Ed. J. Strange, 2 Bde., Köln–Bonn–Brüssel 1851 (Nachdr. Ridgewood 1966)
CANIVEZ, Joseph Maria (ed.) *Statuta Capitulorum Generalium Ordinis Cisterciensis ab anno 1116 ad annum 1786*. 8 Bde., Louvain 1933–1941 (Bibliothèque de la Revue d'Histoire Ecclésiastique)
CARTULARIUM ABBATHIAE DE NOVO MONASTERIO. Ed. J. T. Fowler, Durham 1878 (S. Soc., Bd. 66)
CARTULARIUM ABBATHIAE DE RIEVALLE. Ed. J. C. Atkinson, Durham 1889 (S. Soc., Bd. 83)
CARTULARIUM ABBATHIAE DE WHITBY. Ed. J. C. Atkinson, Durham 1879 (S. Soc., Bd. 69)
CATO, M. P., *De agri cultura* (lat./engl.). In: Cato and Varro On Agriculture. Tr. W. D. Hooper revised by H. B. Ash, Harvard U. P., Cambridge, pp. 1–157 (Loeb Classical Library, Bd. 283)
THE CHRONICLE FROM ST MARY'S ABBEY, YORK FROM THE BODLEY MS. 39. Ed. H. H. Craster and M. E. Thornton, London 1934 (S. Soc., Bd. 148)
CHRONICON ABBATIAE DE PARCO LUDAE. Ed. E. Venables, Lincolnshire Record Society 1/1891
CICERO, M. T., *Laelius de amicitia*. Aschendorff, Münster 1989; dt. Übers. von Robert Feger: Laelius – Über die Freundschaft. Reclam, Stuttgart 1990
CICERO, M. T., *De officiis* (lat./dt). Übersetzt, kommentiert und hg. von Heinz Gunermann, Reclam, Stuttgart 1992
COLUMELLA, L. I. M., *De re rustica* (lat./dt). Hg. u. übers. von W. Richter, 3 Bde., Artemis & Winkler, Zürich
CONSUETUDINES FARVENSIS MONASTERII. *De descriptione Cluniacensis monasterii*. CCM 10, pp. 203–206
CRONICA JOCILINI de BRAKELONDA *de rebus gestis Samsonis Abbatis Monasterii Sancti Edmundi* – The Chronicle of Jocelin of Brakelond concerning the acts of Samson Abbot of the Monastery of St. Edmund (lat./engl). Tr. H. E. Butler, Thomas Nelson and Sons Ltd, London 1962
THE CUSTOMARY OF THE BENEDICTINE ABBEY OF EYNSHAM IN OXFORDSHIRE. Ed. Antonia Gransden, CCM 2
DECRETA LANFRANCI *Monachis Cantuariensibus Transmissa* – The Monastic Constitution of Lanfranc (lat./engl). Tr. D. Knowles, Thomas Nelson and Sons Ltd., London–Edinburgh–Paris–Melbourne–Toronto–New York 1951
DECRETUM GRATIANI. *Corpus Iuris Canonici*. Ed. Emil Friedberg, Bd. 1, Leipzig 1879
DESCRIPTIO POSITIONIS SEU SITUATIONIS MONASTERII CLARAE-VALLENSIS. PL 185 c. 569–574
DOMINICUS GUNDISSALINUS, *De Divisione Philosophiae*. Ed. Ludwig Baur, in: Beiträge zur Geschichte der Philosophie des Mittelalters. Texte und Untersuchungen, Bd. 4, Heft 2–3, Aschendorff'sche Buchhandlung, Münster 1903
EARLY YORKSHIRE CHARTERS. Ed. William Farrer, 3 Bde., Edinburgh 1914–1916
LES *ECCLESIASTICA OFFICIA* CISTERCIENS DU XIIème SIECLE. Ed. D. Choisselet u. P. Vernet, La Documentation Cistercienne, Bd. 22, Abbaye d'Œlenberg, Reiningue, France 1989
EKKEHARD IV,
Benedictiones ad mensas. In: Der Liber Benedictionum Ekkeharts IV. nebst kleineren

Dichtungen aus dem Codex Sangallensis 393. Hg. v. Johannes Egli, St. Gallen 1909, pp. 281–315

Casus Sancti Galli – St. Galler Klostergeschichten (lat./dt.). Dt. Übers. von Hans F. Haefele, FvStG Bd. 10, Wissenschaftliche Buchgesellschaft, Darmstadt 1980

EXORDIUM MAGNUM CISTERCIENSE *sive Narratio de initio Cisterciensis Ordinis auctore Conrado monacho Claravallensi postea Eberbacensi ibidemque abbate.* Ed. Bruno Griesser, Brepols 1997, CCCM 138

FUNDACIO ABBATHIAE DE KYRKESTALL. Ed. E. J. Clark, T. Soc. 4/1895, pp. 169–208

GALAND VON REIGNY, *De colloquio vitiorum.* In: Newhauser, R., *The Text of Galand of Reigny's ›De Colloquio Vitiorum‹ from his ›Parabolarium‹,* Mittellateinisches Jahrbuch 17/1982, pp. 114–119

GERALD VON WALES,
Itinerarium Kambriae et Descriptio Kambriae. In: *Giraldi Cambrensis Opera* VI, ed. James F. Dimock, London 1868, Kraus Reprint Ltd 1964 (RS 21,6); tr. Lewis Thorpe: The Journey through Wales and The Description of Wales. Penguin Books, London 1978
Speculum ecclesiae. In: *Giraldi Cambrensis Opera* IV ed. J. S. Brewer, London 1873, pp. 1–354 (RS 21,4)

GERVASIUS VON CANTERBURY, The Historical Works of Gervase of Canterbury. Ed. W. Stubbs, London 1879, Kraus Reprint Ltd 1965 (RS 73,1)

GILBERT VON HOYLAND, *Sermones in cantica. Sermo* 41. PL 184 c. 140

GREENWAY, D. E. (ed.) (1972) Charters of the Honour of Mowbray 1107–1191. Records of Social and Economic History. New Series I, London Published for the British Academy by the Oxford U. P., Oxford 1972

GREGOR DER GROSSE, *Dialogi.* SC 260; dt. Übers. von Theodor Kranzfelder: Gegor der Große, Bd. 1, Kempten 1873, pp. 72–127 (BKV)
Moralia in Iob: Sancti Gregorii Magni Moralia in Iob. Ed. M. Adriaen. CCSL 143–143B, Turnhout 1979–1985

GRIESSER, Bruno (1956) *Die »Ecclesiastica Officia Cisterciensis Ordinis« des Codex 1711 von Trient,* in: AC 12/1956, pp. 153–288

GRIESSER, Bruno (1947) *Ungedruckte Texte zur Zeichensprache in den Klöstern,* in: AC 3/1947, pp. 111–137

GUIBERT VON NOGENT, *De vita sua.* PL 156 c. 837–962; tr. J. F. Benton: Self and Society in Medieval France. University of Toronto Press, Toronto 1996

GUIGNARD, Philip, (ed.) Les monuments primitifs de la règle cistercienne, publ. d'après les manuscrits de l'abbaye de Cîteaux. Dijon 1878

GUIGO I (5. Prior der Kartause), *Consuetudines Cartusiae.* PL 163 c. 631–760; dt. Übers. in: G. Posada: Der heilige Bruno Vater der Kartäuser. Wienand Verlag, Köln 1980, pp. 277–319

GUILLAUME DE LORRIS / JEAN DE MEUN, *Der Rosenbaum.* Übersetzt und eingeleitet von Karl August Ott, Wilhelm Fink Verlag, München 1976 (Klassische Texte des Romanischen Mittelalters in zweisprachigen Ausgaben, Bde. 15,1–3)

HEINRICH VON HUNTINGTON, *Historia Anglorum.* In: *Henrici Archdiaconi Huntendunensis Historia Anglorum.* Ed. Thomas Arnold, London 1879 (RS 74)

HELINAND VON FROIDMONT, *Sermo 22: In nativitate Beatae Mariae Virginis.* PL 212 c. 661–670

HENNECKE, Edgar (1966), Neutestamentliche Apokryphen in deutscher Übersetzung. 2 Bde., Evangelische Verlagsanstalt, Berlin

HERBERT VON SASSARI, *De miraculis libri tres.* PL 185,2 c. 1271–1384

HILDEGARD VON BINGEN, *Causae et Curae.* Ed. Kaiser, Leipzig 1903; dt. Übers. von Heinrich Schipperges: Heilkunde. Otto Müller Verlag, Salzburg 1957

De Operatione Dei. PL 197 c. 793–1038; dt. Übers. von Heinrich Schipperges: Welt und Mensch. Otto Müller Verlag, Salzburg 1965

Physica. PL 197 c. 1117–1352; dt. Übers. von Marie Louise Portmann: Heilkraft der Natur – »Physica«. Herder, Freiburg–Basel–Wien 1991

HOGG, James L. (ed.) (1970) Die ältesten Consuetudines der Kartäuser. In: Analecta Cartusiana 1/1970

HOLZMANN, W. (ed.) (1936) Papsturkunden in England. Bd. 2, Die Kirchlichen Archive und Bibliotheken. Weidmannsche Buchhandlung, Berlin

HONORIUS AUGUSTODUNENSIS, *Elucidarium sive De summa totius christianae theologiae.* PL 172 c. 1109–1176

HOSTE, Anselm (ed.) *Catalogue of Rievaulx.* In: Hoste, A., Bibliotheca Aelrediana. A Survey of the Manuscripts, Old Catalogues, Editions and Studies Concerning St. Aelred of Rievaulx. Steenbrügge 1962, pp. 147–176

HÜMPFNER, Tiburtius (1908) *Der bisher in den gedruckten Ausgaben vermisste Teil des Exordium Magnum S.O.Cist.,* in: Cist.C. 20/1903, pp. 97–106

HUGO VON SANKT VIKTOR,

Didascalicon. De studio legendi (lat./dt.). Übers. und eingeleitet von Thilo Offergeld, Herder, Freiburg 1997 (Fontes Christiani 27)

De institutione novitiorum. In: L'oeuvre de Hugues de Saint-Victor, Texte latin par H. B. Feiss et P. Sicard, traduction française par D. Poirel, H. Rochais et P. Sicard, introductions, notes et appendices par D. Poirel, Brepols 1997, pp. 7–114

Opera Propaedeutica: Practica geometria, De grammatica, Epitome Dindimi in philoso-phiam. Ed. Roger Baron, Publications in the Medieval Studies, Bd. 20, University of Notre Dame Press 1966

HUMBERT DE ROMANS, *Sermo XXX: Ad conuersos Cistercienses.* In: Maxima Bibliotheca Veterum Patrum, Bd. 25, Lyon 1677, pp. 470ff

IDUNG VON PRÜFENING, *Dialogus duorum monachorum [et] Argumentum super quatuor questionibus.* Ed. R. B. Huygens, Le moine Idung et ses deux ouvrages: »Argumentum super quatuor questionibus« et »Dialogus duorum monachorum«. Studii Medievali, 3. Serie, Bd. 13,1, 1972; tr. Jeremiah F. O'Sullivan, Joseph Leahey and Grace Periggo: Cistercians and Cluniacs. The Case for Cîteaux. Cistercian Publications, Kalamazoo, Michigan 1977 (CF 33)

INNOCZENZ III., *De contemptu mundi.* PL 217 c. 701–746

ISAAC VON STELLA, *Sermo 50: In natali apostolorum Petri et Pauli (II).* PL 194 c. 1858–1862

JACOBUS DE VORAGINE, *Legenda aurea.* Ed. Th. Graesse, Otto Zeller Verlag, Osnabrück 1960 [Reprint von 1890]; dt. Übers. [Auswahl] von Jacques Laager, Manesse Verlag, Zürich 1982

JAKOB VON VITRY, The Exempla or Illustrative Stories from the Sermones Vulgares of Jaques de Vitry. Ed. Thomas Frederick Crane, Burt Franklin, New York 1971

JAMES, M. R. (ed.) *Pictor in Carmine.* In: Archaeologia 94/1951, pp. 141–166

JOCELIN OF FURNESS, *Vita Sancti Waldeni.* In: Acta Sanctuorum, August, i/257d

JOHANNES CASSIANUS

De institutis coenobiorum. CSEL 17; dt. Übers. von Antonius Abt: Von den Einrichtun-gen der Klöster. Sämtliche Schriften Bd.1, Kempten 1879 (BKV)

Collationes Patrum. CSEL 13; dt. Übers. von Karl Kohlhund: Unterredungen mit den Vätern. Sämtliche Schriften Bd.1 und 2, Kempten 1879 (BKV)

JOHANNES VON SALERNO, *Vita Sancti Odonis Abbatis Cluniacensis Secundum.* PL 133 c. 43–86

JOHANNES VON SALISBURY, *Historia pontificalis* (lat./engl.). Tr. Marjorie Chibnall, Thomas Nelson & Son Ldt., London 1956

JOHANNES VON WÜRZBURG, *Descriptio terrae sanctae.* In: Peregrinationes Tres. Ed. R. B. C. Huygens, CCCM 139, pp. 79–141

DIE LEBENSORDNUNG DER REGULARKANONIKER VON KLOSTERRATH – *Consuetudines canonicorum regularium Rodensis* (lat./dt.). 2 Bde., eingeleitet u. übersetzt von Helmut Deutz, Herder, Freiburg 1993 (Fontes Christiani Bd. 11,1–2)

DIE LERE VON DER KOCHERIE. Ed. M. Lemmer und E.-L. Schultz, Insel-Verlag, Leipzig 1969

LIBELLUS *de Diversis Ordinibus et Professionibus qui sunt in Aecclesia.* Ed. and tr. G. Constable and B. Smith, Oxford at the Clarendon Press 1972

LIBER DE MODO BENE VIVENDI, AD SOROREM. PL 184 c. 1199–1306

LIBER SANCTI JACOBI (pars V). Dt. Übers. von Klaus Herbers: Der Jakobsweg. Gunter Narr Verlag, Tübingen 1991

LIBER VITAE ECCLESIAE DUNELMENSIS NEC NON OBITUARIA DUO EJUSDEM ECCLESIAE. Ed. Stevenson, Durham 1841 (S. Soc., Bd. 13)

THE LIFE OF ST ANSELM Archbishop of Canterbury by Eadmer. Ed. and tr. R. W. Southern, Oxford U. P. 1962

DIE LOCCUMER ZEICHENSPRACHE. In: Zum Jubileum des Klosters Loccum. Hannover 1913, pp. 248–252

LUCET, Bernard (Hrsg.) La Codification Cistercienne de 1202 et Son Évolution Ultérieure. Editiones Cistercienses, Rom 1964 (Bibliotheca Cisterciensis 2) Les Codifications Cisterciennes de 1237 et de 1257. Éditions du Centre National de la Recherche Scientifique, Paris 1977

MARILIER, Abbé J. (1961) Chartes et documents concernant l'abbaye de Cîteaux 1098–1182. Editiones Cistercienses, Roma

MATTHÄUS VON PARIS, *Chronica majora.* 7 Bde., ed. Henry R. Luard, London 1872–83, Kraus Reprint Ldt. 1964 (RS 57); tr. Richard Vaughan years 1247–1250: The Illustrated Chronicles of Matthew of Paris. Allan Sutton Publishing Inc. & Corpus Christi College, Cambridge 1993

THE MEDIEVAL HEALTH BOOK. *Tacuinum Sanitatis.* Ed. Luisa Cogliati Arano; George Braziller Inc., New York 1976

MEMORIALS OF FOUNTAINS ABBEY. 3 Bde., Bde.1 & 2: ed. J. R. Walbran, Durham 1862 (S. Soc., Bd. 42) & 1876 (S. Soc., Bd. 67); Bd. 3: ed. J. T. Fowler, London 1918 (S. Soc., Bd. 130)

MONASTICON ANGLICANUM. Ed. W. Dugdale, revised edition by J. Caley, H. Ellis, and B. Bandinel, 6 Bde. in 8, 1817–30, reprinted 1846

MORTET, Victor (1911) Recueil de textes relatifs à l'histoire de l'architecture et à la condition des architectes en France au Moyen Age XIᵉ.–XIIᵉ. siècles. Alphonse Picard et Fils, Paris

MORTET, Victor/DESCHAMPS, Paul (1929) Recueil de textes relatifs à l'histoire de l'architecture et à la condition des architectes en France au Moyen Age, Tome II, XIIᵉ–XIIIᵉ siècles. Editions Auguste Picard, Paris

NIGELLUS DE LONGCHAMPS, *Speculum stultorum.* Ed. John H. Mozley and Robert R. Raymo, University of California Press, Berkeley & Los Angeles 1960; dt. Übers. von Karl Langosch: Narrenspiegel oder Burnellus, der Esel, der einen längeren Schwanz haben wollte. Insel Verlag, Leipzig 1982

NIKOLAUS VON CLAIRVAUX, *Epistola* 36. PL 196 c. 1631B – 1632C

NOSCHITZKA, C. (1950) *Codex manuscriptus 31 Bibliothecae Universitatis Labacensis,* in: AC 6/1950, pp. 1–124

ORDERICUS VITALIS, The Ecclesiastical History (lat./engl.). Ed. and tr. Marjorie
Chibnall, Oxford at the Clarendon Press 1972
THE ORDINAL AND CUSTOMARY OF THE ABBEY OF SAINT MARY YORK.
Ed. The Abbess of Stanbrook and J. B. L. Tolhurst, 3 Bde., Bd. 1, London 1936
(Henry Bradshaw Society, Bd. 73)
OTTO VON FREISING, *Chronica sive historia de duabus civitatibus* (lat./dt.). Ed. Walter
Lammers, übers. von Adolf Schmidt, Darmstadt (1960) 1990, FvStG Bd. 16
OWEN, D. M., ›Some Revesby Charters of the Soke of Bolingbroke‹. In: Pipe Rolls Society
Publications, New Series 36/1960
PARACELSUS, I. Buch Paragranum. In: Sämtliche Werke nach der 10bändigen Huser-
schen Gesamtausgabe (1589–1591) zum Erstenmal in neuzeitliches Deutsch übersetzt
von B. Aschner, Bd. 1, Gustav Fischer, Jena 1926, pp. 329–414
PETER VON CELLE, *De disciplina claustrali* (lat./frz.). Pierre De Celle, L'école du cloître.
Introduction, texte critique, traduction et notes par Gérard de Martel, Les édition du
Cerf, Paris 1977 (SC 240)
PETRUS ALFONSI, *Disciplina Clericalis* – Die Disciplina Clericalis des Petrus Alfonsi.
Das älteste Novellenbuch des Mittelalters, nach allen bekannten Handschriften ed.
A. Hilka und W. Söderhjelm, Heidelberg 1911; dt. Übers. von Eberhard Hermes,
Artemis Verlag, Zürich/Stuttgart 1970
PETRUS DAMIANI,
Apologeticum de contemptu saeculi. Ad Albizonem eremitam et Petrum monachum. PL 145
c. 251–292
De perfecta monachi informatione (Opusculum quadragesimum nonum). PL 145 c.
721–732
Epistola 4. PL 144 c. 373–378
PETRUS VENERABILIS,
Epistola – The Letters of Peter the Venerable. Ed. Giles Constable, 2 Bde., Harvard
University Press, Cambridge (Mass.) 1967
Statuta Petri Venerabilis. CCM 6, pp. 21–106
PHILIPP HARVENGT, *Epistola 7.* PL 203 c. 57–66
PSEUDO-AUGUSTINUS, *De spiritu et anima.* PL 40 c. 779–832
DE PURGATORIO SANCTI PATRICII. Ed. Ed Mall: *Zur Geschichte der Legende vom
Purgatorium des heiligen Patricius,* in: Romanische Forschungen, hg. v. Karl Vollmöller,
6/1891, pp. 139–197 (Text: pp. 143–197)
RADULFUS GLABER (Raoul Glaber), Les Cinq Livres de ses Histoires. Ed. Maurice Prou,
Paris 1886
RAINE, James (Hg.) (1864) The Priory of Hexham (I). The Historians and Annals of the
House. Durham 1864 (S. Soc., Bd. 44)
REGINALD OF DURHAM, *Libellus de admirandis Beati Cuthberti virtutibus.*
Durham 1835 (S. Soc., Bd. 1)
REGINALD OF DURHAM, *De vita miraculis S. Goderici heremitae de Finchale.*
Durham 1847 (S. Soc., Bd. 20)
REGULA BENEDICTI, Die Benediktusregel (lat./dt.). Ed. im Auftrag der Salzburger Äbte-
konferenz, Beurener Kunstverlag, Beuron 1992; lat./engl. Ausgabe: RB 1980: The Rule
of St. Benedict in Latin and English with Notes. Ed. Timothy Fry, The Liturgical Press,
Collegeville, Minnesota 1981
REUENER MUSTERBUCH. Faksimile-Ausgabe in Originalformat des Musterbuches
aus Codex Vindobonensis 507 (Folio 1–13) der Österreichischen Nationalbibliothek,
Akademische Druck-und Verlagsanstalt, Graz 1979 (Bd. 64 der Reihe Codices selecti)

RHETORICA AD HERENNIUM (lat./dt.). Ed. und übers. von Theodor Nüßlein, Artemis & Winkler, München – Zürich 1994

RICARDUS DE ELY, *Dialogus de scaccario* (lat./dt.). Ed. und übers. von Marianne Siegrist, Artemis Verlag, Zürich – Stuttgart 1963

RICHARD VON HEXHAM, *De gestis regis Stephani.* In: Chronicles of the Reigns of Stephen, Henry II., and Richard I. Ed. Richard Howlett, London 1886, Kraus Reprint Ltd 1964, pp. 137–178 (RS 82,3)

RICHARD PRIOR VON HEXHAM, *De antiquo et moderno statu ejusdem ecclesiae, et de pontificibus ejusdem ecclesiae.* In: Raine, J. (ed.) The Priory of Hexham, its Chroniclers, Endowments, and Annals. Bd. 1, Durham 1864, pp. 8–106 (S. Soc. 44)

RUFFORD CHARTERS. 3 Bde., ed. C. J. Holdsworth, Nottingham 1972–80, Thoroton Society Record Series 29/1972; 30/1974; 32/1980

SALIMBENE DE ADAM, *Chronica.* Nuova edizione critica a cura di Giuseppe Scalia. 2 Bde., Bari 1966; dt. Übers. von Alfred Doren, Alfred Lorentz, Leipzig 1945

SCHICH, Winfried (1984) (ed.), *Exordium Cistercii, Summa cartae caritatis et capitula in einer Handschrift in der Herzog August Bibliothek zu Wolfenbüttel,* in: AC 40/184 pp. 3–24

THE SCHOOL OF SALERNUM. *Regimen Sanitatis Salernitatum.* The English Version by Sir John Harington, Augustus M. Kelley Publishers, New York 1970

SENECA, *Epistulae morales ad Lucilium Liber I* (lat./dt.). Ed. Franz Loretto, Reclam Verlag, Stuttgart 1994

SHERLOCK, David/ZAJAC, William (1988) *A Fourteenth-Century Monastic Sign List From Bury St Edmunds Abbey,* in: Proceedings of the Suffolk Institute of Archaeology and History 36/1988, pp. 251–273

SPRENGER, Jakob/INSTITORIS, Heinrich, *Malleus maleficarum.* Dt. Übers. von J. W. R. Schmidt: Der Hexenhammer. dtv, München 1991

STEPHAN DE SALLEY, *Speculum novitii.* In: Edmond Mikkers, *Un »Speculum novitii« inedit d'Etienne de Salley,* Coll. Cist. 8/1946, pp. 17–68; tr. Jeremiah F. O'Sullivan: Treatises. Cistercian Publications, Kalamazoo, Michigan 1984, pp. 83–122 (CF 36)

STEPHAN HARDING, *De observatione hymnorum.* In: Cîteaux – Documents primitifs. Texte Latin et Traduction Française. Introduction et bibliographie par Frère François de Place, traduction par Frère Gabriel Ghislain et Frère Jean-Christophe Christoph, Cîteaux – Commentarii Cistercienses 1988, p. 148

STEPHAN LEXINGTON, *Conductus domus sapienter staturate (pro domo de Savigniaco).* In: Griesser, B., *Die Wirtschaftsordnung des Abtes Stephan Lexington für das Kloster Savigny (1230),* in: Cist.C. 58/1951, pp. 13–28; lat. Text in: AC 8/1952, pp. 224–32

SUGER VON SAINT DENIS,
Liber de rebus in administratione sua gestis.
Libellus alter de consecratione ecclesiae Sancti Dionysii.
Ordination A.D. MCXLI confirmata (lat./engl). In: Abbot Suger of St. Denis and its great art treasures. Ed. and tr. G. Panofsky-Soergel, Princeton U. P. 1979; dt. Übers.: Von der Weihe der Kirche des Heiligen Dionysius, hg. von Günther Binding u. Andreas Speer, Köln 1955, pp. 163–205

SULPICIUS SEVERUS, *Vita Sancti Martini.* Ed. Jacques Fontaine: Sulpice Sévère, Vie de Saint Martin (lat./frz.). Bd. 1, Paris 1967, pp. 248–345 (SC 133)

THEODERICUS. *Libellus de locis sanctis.* In: Peregrinatio tres. Ed. R. B. C. Huygens, CCCM 139, pp. 142–197

THIETMAR VON MERSEBURG, Chronik (lat./dt.). Ed. Werner Trillmich, FvStG Bd. 9, Wissenschaftliche Buchgesellschaft, Darmstadt 1962

THOMAS VON AQUIN, *Summa theologica*. Vollständige lat.-dt. Ausgabe, hg. v. katholischen Akademikerverband, Bde. 1–36, 1934ff

TURK, Josef, *Cistercii statuta antiquissima*. In: AC 4/1948, pp. 1–161

UDALRICH VON CLUNY, *Antiquiores Consuetudines Cluniacensis Monasterii*. PL 149 c. 635–778

UHLIG, Siegbert (1985) Das äthiopische Henochbuch. In: Jüdische Schriften aus hellenistisch-römischer Zeit, Bd. 5,6

USUS CONVERSORUM. In: Lefèvre, J. A. (1955) *L'évolution des Usus conversorum de Cîteaux*, Coll. Cist. 17/1955, pp. 84–97

VALE ROYAL LEDGER BOOK. Ed. John Brownbill, in: Lancshire and Cheshire Record Society 68/1914

VARRO, M. T., *Rerum rusticarum*. In: Cato and Varro On Agriculture. Tr. W. D. Hooper revised by H. B. Ash, Harvard U. P., Cambridge, pp. 157–529 (Loeb Classical Library 283)

VERGIL, *Aeneis* (lat./dt.). Ed. u. übers. von Johannes Götte, Artemis & Winkler Verlag, München 1994

Georgica (lat./dt.). Ed. und übers. von Otto Schönberger, Reclam, Stuttgart 1994

VISIO MONACHI DE EYNSHAM (lat./dt.). In: Dinzelbacher, P. (ed.) (1989) Mittelalterliche Visionsliteratur. Eine Anthologie. Wissenschaftliche Buchgesellschaft, Darmstadt, pp. 122–127

VISIO TNUGDALI (lat./dt.). In: Dinzelbacher, P. (ed.) (1989) Mittelalterliche Visionsliteratur. Eine Anthologie. Wissenschaftliche Buchgesellschaft, Darmstadt, pp. 86–96

VITA PRIMA. PL 185 c. 226–416; dt. Übers. von Paul Sinz: Das Leben des hl. Bernhard von Clairvaux (vita prima), Patmos Verlag, Düsseldorf 1962 (Heilige der ungeteilten Christenheit, hg. von Walter Nigg und Wilhelm Schamoni)

WALAHFRIED STRABO, *De cultura hortorum* (dt./lat.). In: Stoffler, Hans-Dieter, Der Hortulus des Walahfried Strabo. Aus dem Kräutergarten des Klosters Reichenau. Jan Thorbecke Verlag, Sigmaringen 1996, pp. 124–154

WALTER BOWERMAKER *Continuatio* zu Johann von Fordun: *Scotichronicon* (lat./dt.). In: Dinzelbacher, P. (ed.) (1989) Mittelalterliche Visionsliteratur. Eine Anthologie. Wissenschaftliche Buchgesellschaft, Darmstadt, pp. 136–143

WALTER DANIEL,
Epistola ad Mauricium. In: Vita Ailredi – The Life of Ailred of Rievaulx (lat./engl.). Ed. and tr. Maurice Powicke, Clarendon Press, Oxford 1978 (1st edition. 1950) pp. 66–81
Vita Ailredi – The Life of Ailred of Rievaulx (lat./engl.). Ed. and tr. Maurice Powicke, Clarendon Press, Oxford 1978 (1st edition 1950)

WALTER MAP, *De nugis curialium* (lat./engl.). Ed. and tr. M. R. James, revised by C. N. L. Brooke and R. A. B. Mynors, Clarendon Press, Oxford 1983

WATZL, Hermann P. (1962) *Das Fragment eines Heiligenkreuzer Nekrologs aus dem 13. Jahrhundert*, in: Cist.C. 69/1962 pp. 21–30

WILHELM VON HIRSAU, *Constitutiones Hirsaugienses. Liber Primus, Capita VI–XXV*. PL 150 c. 940–957

WILHELM VON MALMESBURY, *De gestis regum Anglorum libri quinque*. Ed. William Stubbs, London 1889, Kraus Reprint Ldt. 1964 (RS 90,2; tr. Joseph Stephenson: William of Malmesbury – A History of the Norman Kings 1066–1125, Llanerch Enterprises 1989 (Reprint)

WILHELM VON NEWBURGH, *Historia rerum Anglicarum*, Book I, (lat./engl.). Ed. with tr. and commentary P. G. Walsh and M. J. Kennedy, Aris & Phillips Ltd.

WILHELM VON ST. THIERRY (Guillaume de Saint-Thierry) Lettre aux frères du Mont-Dieu (Lettre d'or). Introduction, texte critique, traduction et notes par Jean Déchanet,

Paris 1975 (SC 223); dt. übers. von Bernhard Kohout-Berghammer: Der Goldene Brief.
Hg. v. der Zisterzienserinnen-Abtei Eschenbach 1992 (Texte der Zisterzienser-Väter 5)
WOOLGAR, C. M. (ed.) Household Accounts from Medieval England. 2 Bde., British
Academy, Oxford U. P. 1992 (Records of Social and Economic History, New Series
XVII & XVIII)

Einleitung

AISTHESIS – Wahrnehmung heute oder Perspektiven einer anderen Ästhetik. Hg. v. K.
Barck, P. Gente, H. Paris, S. Richter, Reclam, Leipzig 1990
ASSUNTO, Rosario (1963) Die Theorie des Schönen im Mittelalter. DuMont, Köln 1987
AYLMER, G. E./CANT, R. (Hrsg.) (1977) A History of York Minster. Clarendon Press,
Oxford 1979
BAUMGARTEN, Alexander Gottlieb, Texte zur Grundlegung der Ästhetik (lat./dt.).
Übers. u. hg. v. Hans Rudolf Schweizer, Felix Meiner, Hamburg 1983
BAUMGARTEN, A. G., Theoretische Ästhetik (lat./dt.). Übers. u. hg. v. H. R. Schweizer,
Felix Meiner, Hamburg 1988
BELTING, Hans (1990) Bild und Kult. Köhler & Amelang, Leipzig
BENTON, John F. (1988) The Correspondence of Abelard and Heloise, in: Fälschungen im
Mittelalter. Internationaler Kongreß der Monumenta Germaniae Historica München,
16.–19. September 1986, Teil 5, Hannover, pp. 95–120 (Schriften der MGH, Bd. 33,5)
BINDING, G./SPEER, A. (Hrsg.) (1994) Mittelalterliches Kunsterleben nach Quellen des
11. bis 13. Jahrhunderts. frommann-holzboog, Stuttgart – Bad Cannstadt
BOURDIEU, Pierre (1979) Die feinen Unterschiede. Kritik der gesellschaftlichen Urteils-
kraft. Dt. Übers. von Bernd Schwibs u. Achim Russer, Suhrkamp, Frankfurt/Main 1996
BOURDIEU, P. (1983) Ökonomisches Kapital, kulturelles Kapital, soziales Kapital, in:
R. Kreckel (Hrsg.) Soziale Ungleichheiten. Sonderband 2 der sozialen Welt, Göttingen:
Schwartz, pp. 183–198
BOURDIEU, P. (1985) Sozialer Raum und ›Klassen‹. Leçon sur la leçon. Zwei Vorlesungen.
Dt. Übers. von Bernd Schwibs, Suhrkamp, Frankfurt/Main
BOURDIEU, P. (1970) Zur Soziologie der symbolischen Formen. Dt. Übers. von Wolf-
gang Fietkau, Suhrkamp, Frankfurt/Main 1991
COPPACK, Glyn (1990) Abbeys and Priories, B. T. Batsford Ltd/English Heritage,
London 1993
DE BRUYNE, Edgar (1946) Études d'esthétique médiévale. 3 Bde., De Tempel, Bruge,
Reprint: Slatkine Reprints, Genève 1975
DE BRUYNE, E. (1947) L'Esthétique du moyen âge. Édition de l'Institut Supérieur de
Philosophie, Louvain; engl. Übers. von Eileen B. Hennessy: The Esthetics of the Middle
Ages. Frederick Ungar Co., New York 1969
DINZELBACHER, Peter (1996) »Ego non legi ...«. Bernhard von Clairvaux zwischen moder-
nem Individualismus und traditioneller Autoritätsgebundenheit, in: Individuum und Indi-
vidualität im Mittelalter. Hg. v. Jan A. Aertsen u. Andreas Speer, Walter de Gruyter,
Berlin – New York, pp. 722–747 (Miscellanea Mediaevalia Bd. 24)
DINZELBACHER, P. (Hrsg.) (1993) Europäische Mentalitätsgeschichte, Hauptthemen in
Einzeldarstellungen. Kröner, Stuttgart 1993
ECO, Umberto (1987) Arte e belleza nell'estetica medievale. Bompiani, Milano 1987; dt.
Übers. von Günter Memmert: Kunst und Schönheit im Mittelalter. Hanser Verlag,
München/Wien 1991

ELM, Kaspar/FEIGE, Peter (1980) *Der Verfall des zisterziensischen Ordenslebens im späten Mittelalter*, in: Die Zisterzienser 1980, pp. 237–242

FARKASFALVY, Denis (1998) *The Biblical Spirituality of the Founders of Cîteaux*, in: Elder, R. (Hrsg.) 1998, pp. 145–157

FOUCAULT, Michel (1974) Die Ordnung des Diskurses. München 1974

GURJEWITSCH, Aaron (1972) Das Weltbild des Mittelalterlichen Menschen. Dt. Übers. von Gabriele Loßack, Verlag der Kunst, Dresden 1983

GURJEWITSCH, A. (1991) Stimmen des Mittelalters, Fragen von heute: Mentalitäten im Dialog. Aus dem Russ. übers. und mit einem Nachw. von Alexandre Métraux, Frankfurt/Main – New York, Campus Verlag 1993

HAGER, F. P. (1971) Stichwort: *»Aisthesis«*, in: HWPh, Bd. 1, c. 119–121

HEGEL, Georg Friedrich Wilhelm (1842) Ästhetik. Hg. v. Eva Moldenhauer und Karl Markus Michel, Suhrkamp Verlag, Frankfurt/Main 1970 (GW 13–14)

HOME, Gordon (1936) York Minster and Neighbouring Abbeys & Churches. J. M. Dent & Sons Ltd., London 1947

JARITZ, Gerhard (1989) Zwischen Augenblick und Ewigkeit. Einführung in die Alltagsgeschichte des Mittelalters. Böhlau Verlag, Wien – Köln

KANT, Immanuel (1790) Kritik der Urteilskraft. Akademie-Textausgabe Bd. 5, Walter de Gruyter & Co., Berlin 1968, pp. 165–486

KRISTELLER, Paul Oskar (1976) Humanismus und Renaissance. 2 Bde., hg. v. Eckhard Keßler, dt. Übers. von Renate Schweyen-Ott, Wilhelm Fink Verlag, München

LECLERCQ, Jean (1983) *Curiositas and the Return to God in St Bernard of Clairvaux*, in: Cist. Stud. 25/1990, pp. 92–100

LECLERCQ, J. (1973) *The Intentions of the Founders of the Cistercian Order*, in: Pennington, B. (Hrsg.) 1973, pp. 88–133

LECLERCQ, J. (1973a) *A Sociological Approach to the History of a Religious Order*, in: Pennington, B. (Hrsg.) 1973, pp. 134–143

LEKAI, Louis J. (1982) *The Early Cistercians and the Rule of Saint Benedict*, in: Mittellateinisches Jahrbuch 17/1982, pp. 97–107

LEKAI, L. J. (1978) *Ideals and Reality in Early Cistercian Life and Legislation*, in: Sommerfeldt, J. R. (Hrsg.) 1978, pp. 4–29

LONGLEY M. K./INGAMELLS, J. (1972) the beautifullest church. York Minster 1472–1972. York 1972

MOOS, Peter von (1988) *Heloise und Abaelard*, in: Gefälscht: Betrug in Politik, Literatur, Wissenschaft, Kunst und Musik. Hg. von Karl Corino, Nördlingen, pp. 150–161

NEWHAUSER, Richard (1987) *The Sin of Curiosity and the Cistercians*, in: Sommerfeldt, J. R. (Hrsg.) 1987, pp. 71–95

ONFRAY, Michel (1991) L'art de jouir. Pour une matérialisme hédoniste. Editions Grasset & Fasquelle, Paris 1991; dt. Übers. von Eva Moldenhauer: Der sinnliche Philosoph. Campus, Frankfurt/Main 1992

PERPEET, Wilhelm (1977) Ästhetik im Mittelalter. Karl Alber Verlag, Freiburg–München 1977

PFEIFFER, Michaela (1998) *Gibt es eine Zisterzienserspiritualität. Die Problematik des zisterziensischen Ursprungscharismas an Hand von Texten des 12. und 13. Jahrhunderts*, in: Spiritualität und Herrschaft. Hrsg. v. O. Schmidt, H. Frenzel, D. Pötschke, Lukas Verlag, Berlin 1998, pp. 10–30

PROBST, P. (1980) Stichwort *»Ästhetik«*. in: LexMA, Bd. 1, c. 1128f

RESCHKE, Renate (1988) *Ästhetik – Aus der Sicht ihrer historischen Rekonstruktion,* in: angebote. Organ für Ästhetik, hg. vom Wissenschaftsbereich Ästhetik der Humboldt-Universität zu Berlin, 1/1988, pp. 52–63

RITTER, Joachim (1971) Stichwort: »Ästhetik«, in: HWPh, Bd. 1, c. 555–581

SILVESTRE, Hubert (1988) *Die Liebesgeschichte zwischen Abaelard und Heloise: der Anteil des Romans*, in: Fälschungen im Mittelalter. Internationaler Kongreß der Monumenta Germaniae Historica München, 16.–19. September 1986. Teil 5, Hannover, pp. 121–165 (Schriften der MGH, Bd. 33,5)

SMALLEY, Beryl (1975) *Ecclesiastical Attitudes to Novelties c.1100–1250*, in: Church Society and Politics. Hg. v. Derek Baker, Blackwell Oxford, pp. 113–131 (SCH 12)

SPEER, Andreas (1994), Kunst *und* Schönheit. *Kritische Überlegungen zur mittelalterlichen Ästhetik*, in: *Scientia* und *ars* im Hoch- und Spätmittelalter. Hg. v. Albert Zimmermann, Walter de Gruyter, Berlin – New York 1994, pp. 945–966 (Miscellanea Mediaevalia 22,2)

TATARKIEWICZ, Wladyslaw (1962) Historia Estetyki. 3 Bde., Warschau; dt. Übers. von Alfred Loepfe, Geschichte der Ästhetik. Bd. 1: Die Ästhetik der Antike; Bd. 2: Die Ästhetik des Mittelalters. Schwabe & Co AG Verlag, Basel/Stuttgart 1980

WELSCH, Wolfgang (1990) Ästhetisches Denken. Reclam, Stuttgart 1990

WIDNMANN, Ildefons (1940) *Discretio (diákrisis). Zur Bedeutungsgeschichte*, in: Stud. u. Mitt. 58/1940, pp. 21–28

Die Zisterzienser im 12. Jahrhundert

ANGENENDT, Arnold (1994) Heilige und Reliquien. C. H. Beck Verlag München

AUBERGER, Jean Baptiste (1986) L'unanimité cistercienne primitive: Mythe ou réalité? Administration de Cîteaux – Commentarii Cistercienses/Editions Sine Parvulos VBVB, Achel (Cîteaux: Studia et Documenta Bd. 3)

BAKER, Derek (1976) *Patronage in the Early Twelfth-Century Church: Walter Espec, Kirkham and Rievaulx*, in: Traditio – Krisis – Renovatio aus theologischer Sicht. Festschrift Winfried Zeller zum 65. Geburtstag. Hg. v. Bernd Jaspert u. Rudolf Mohr, N. G. Elwert Verlag, Marburg, pp. 92–100

BELL, David N. (1987) *The Books of Flaxley Abbey*, in: AC 43/1987, pp. 92–110

BELL, D. N. (1984) *The Books of Meaux Abbey*, in: AC 40/1984, pp. 25–83

BELL, D. N. (1992) An Index of Authors and Works in Cistercian Libraries in Great Britain. Cistercian Publications, Kalamazoo, Michigan 1992 (CS 130)

BELL, D. N. (1994) An Index of Cistercian Authors and Works in Medieval Library Catalogues in Great Britain, Cistercian Publications. Kalamazoo, Michigan 1994 (CS 132)

BELL, D. N. (1987) *Lists and Records of Books in English Cistercian Libraries*, in: AC 43/1987, pp. 181–222

BELL, D. N. (1998) *From Molesme to Cîteaux: The Earliest ›Cistercian‹ »Spirituality«*, Vortrag auf dem 33. International Congress on Medieval Studies, Kalamazoo 7–10 Mai

BENSON, Robert/CONSTABLE, Giles (Hrsg.) (1977) Renaissance and Renewal in the Twelfth Century. Clarendon Press, Oxford 1982

BERMAN, Constance H. (1978) *The Foundation and Early History of the Monastery of Silvanès: The Economic Reality*, in: Sommerfeldt, J. R. (Hrsg.), 1978, pp. 280–318

BERMAN, C. H. (1998) *Why Can We Know So Little about the Early Cistercians?* Vortrag auf dem 33. International Congress on Medieval Studies, Kalamazoo 7–10 Mai

BINNS, Alison (1989) Dedications of Monastic Houses in England and Wales 1066–1216. The Boydell Press 1989

BORST, Arno (1973) Lebensformen im Mittelalter. Ullstein, Frankfurt/Main–Berlin 1991

BORST, Arno (1978) Mönche am Bodensee 610–1525. Thorbecke Verlag, Sigmaringen 1991

BOUYER, Louis (1958) La Spiritualité de Cîteaux. Engl. Übers. von Elizabeth A. Living-stone: The Cistercian Heritage. A. R. Mowbray & Co. Limited, London

BRAUNFELS, Wolfgang (1978) Abendländische Klosterbaukunst. DuMont, Köln 1985

BREDERO, Adriaan (1993) Bernhard von Clairvaux (1091–1153). Franz Steiner Verlag 1996

BREDERO, A. (1982) *Das Verhältnis zwischen Zisterziensern und Cluniazensern im 12. Jahrhundert: Mythos und Wirklichkeit*, in: Die Zisterzienser 1980 (Ergänzungsband), pp. 47–60

BÜHLER, Johannes (1923) Klosterleben im Mittelalter. Insel Verlag, Frankfurt/Main 1989

BURTON, Janet (1994) Monastic and Religious Orders in Britain 1000–1300. Cambridge U. P. 1994

BYNUM, Caroline Walker (1982) Jesus as Mother. Studies in the Spirituality of the High Middle Ages. University of California Press, Berkeley/Los Angeles/London

CIPOLLA, Carlo M./BORCHARDT, K. (Hrsg.) (1973) Europäische Wirtschaftsgeschichte. Bd. 1, Gustav Fischer Verlag, Stuttgart/New York 1983

I CISTERCIENSE E IL LAZIO. Hg. v. Istituto Nazionale di Archeologia e Storia dell'Arte e Istituto di Storia dell'Arte dell'Universita di Roma. Atti delle giornate di Studio dell' Istituto di Storia dell'Arte dell' Università di Roma. 17–21 Maggio 1977, Multigrafica Editrice, Roma

CONSTABLE, Giles (1995) Three Studies in Medieval Religious and Social Thought. The Interpretation of Mary and Martha * The Ideal of the Imitation of Christ * The Orders of Society. Cambridge U. P.

COPLESTON, F. C. (1972) History of Medieval Philosophy. Methuen & Co. Ltd., London 1972

COPPACK, Glyn (1993) Fountains Abbey. B. T. Batsford Ltd/English Heritage, London

CURTIUS, Ernst Robert (1948) Europäische Kultur und lateinisches Mittelalter. Francke Verlag, Tübingen/Basel 1984

DALTON, Paul (1996) *Eustace Fitz John and the Politics of Anglo-Norman England: The Rise and Survival of a Twelfth Century Royal Servant*, in: *Speculum* 71/1996, pp. 358–383

DAVIS, R. H. C. (1990) King Stephen 1135–1154. Longman London & New York 1995

DHONDT, Jean (1968) Das frühe Mittelalter. Dt. Übers. von Wolfgang Hirsch, Fischer Verlag, Frankfurt/Main 1988 (Fischer Weltgeschichte Bd. 11)

DIMIER, A./PORCHER, Jean (1962) Die Kunst der Zisterzienser in Frankreich. Dt. Übers. von Gisela Umenhof und Karl Kolb, zodiaque-echter, Würzburg 1986

DINZELBACHER, Peter (1998) Bernhard von Clairvaux. Leben und Werk des berühmten Zisterzienser. Primus Verlag, Darmstadt

DONKIN, R. A. (1978) The Cistercians: Studies in the Geography of Medieval England and Wales. Pontifical Institute of Medieval Studies, Toronto

DONKIN, R. A. (1960) *Settlement and Depopulation on Cistercian Estates during the Twelfth and Thirteenth Century, especially Yorkshire*, in: *Bulletin of the Institute of Historical Research*, 32/1960, pp. 141–165

DUBY, George (1978) Les trois ordre ou l'imaginaire du féodalisme. Gallimard, Paris 1978; dt. Übers. von Grete Osterwald: Die drei Ordnungen. Das Weltbild des Feudalismus. Suhrkamp, Frankfurt/Main 1986

DUBY, G. (1979) Saint Bernard, l'art cistercien. Flammerion, Paris 1979; dt. Übers. von Maria Heurtaux: Die Kunst der Zisterzienser. Klett-Cotta, Stuttgart 1993

ELDER, Rozanne (Hrsg.) (1985) Goad and Nail. Cistercian Publications, Kalamazoo, Michigan (SMCH 10/CS 84)

ELDER, R. (Hrsg.) (1983) Heaven on Earth. Cistercian Publications, Kalamazoo, Michigan (SMCH 9/CS 68))

ELDER, R. (Hrsg.) (1998) The New Monastery. Texts and Studies on the Early Cistercians. Cistercian Publications, Kalamazoo, Michigan (CF 60)

ELDER, R. (Hrsg.) (1981) Noble Piety and Reformed Monasticism. Cistercian Publications, Kalamazoo Michigan (SMCH 8/CS 65)

ELM, Kaspar (1980) *Die Stellung des Zisterzienserordens in der Geschichte des Ordenswesens,* in: Die Zisterzienser 1980, pp. 31–40

ENGLISH, Barbara (1979) The Lords of Holderness 1086–1260. A Study in Feudal Society. Oxford U. P. 1979

FERGUSSON, Peter (1984) The Architecture of Solitude. Princeton U. P.

FICHTENAU, Heinrich (1984) Lebensordnungen des 10. Jahrhunderts. dtv, München 1992

FLETSCHER, J. S. (1919) The Cistercians in Yorkshire. Macmillan, London

FRANK, Karl Suso (1975) Geschichte des christlichen Mönchtums. Wissenschaftliche Buchgesellschaft, Darmstadt 1988

GLIDDEN, Aelred (1987) *Aelred the Historian: The Account of the Battle of Standard,* in: Sommerfeldt, J. R. (Hrsg.), 1987, pp. 175–184

GÖLLER, Gottfried (1972) *Die Gesänge der Ordensliturgien,* in: Geschichte der katholischen Kirchenmusik, Bd. 1, Bärenreiter Verlag, Kassel–Basel–Tours–London 1972, pp. 265–271

GRAVES, Coburn V. (1957) *The Economic Activities of the Cistercians in Medieval England (1128–1307),* in: AC 13/1957, pp. 3–60

GRÉGOIRE, R./MOULIN, L./OURSEL, R. (1985) La civiltà dei monasteri. Editoriale Jaca Book, Milano 1985; dt. Übers. von Christina Callori-Gehlsen u. Andreas Raave: Die Kultur der Klöster. Belser Verlag, Stuttgart – Zürich 1985

HALLINGER, Kassius (1956) *Woher kommen die Laienbrüder?,* in: AC 12/1956, pp. 1–104

HARRISON, Stuart (1990) Byland Abbey. English Heritage

HARVEY, Barbara (1993) Living and Dying in England 1100–1540. The Monastic Experience. Clarendon Press, Oxford 1995

HASKINS, Charles Homer (1927) The Renaissance of the Twelfth Century. Havard U. P., Cambridge/Mass. & London o. J.

HAWEL, Peter (1993) Das Mönchtum im Abendland. Geschichte – Kultur – Lebensform. Herder Verlag, Freiburg – Basel – Wien 1993

HILL, Bennett D. (1968) English Cistercian Monasteries and their Patrons in the Twelfth Century. University of Illinois Press, Urbana–Chicago–London

HOLDSWORTH, Christopher (1986) *The chronology and the character of early Cistercian legislation on art and architecture,* in: Norton/Park (Hrsg.), 1986, pp. 40–56

HÜSCHEN, Heinrich (1968) Stichwort »*Zisterzienser*« in: Die Musik in Geschichte und Gegenwart. Allgemeine Enzyklopädie der Musik. Bd. 14, Bärenreiter Verlag, Kassel–Basel–Paris–London–New York 1968, c. 1322–1336

HUIZINGA, Johan (1924) Herbst des Mittelalters. Dt. Übers. von Kurt Köster, Kröner Verlag, Stuttgart 1975

KEEN, Maurice (1984) Chivalry. Yale U. P., New Haven and London 1984; dt. Übers. von Harald Ehrhardt: Das Rittertum. Rowohlt, Reinbek bei Hamburg 1991

KER, N. R. (Hrsg.) (1964) Medieval Libraries of Great Britain. A List of Surviving Books. 2nd. edition, Offices of the Royal Historical Society

KLINKENBERG, Hans Martin (1982) *Cîteaux – Spiritualität und Organisation,* in: Zisterzienser 1980 (Ergänzungsband), pp. 13–27

KNOWLES, David (1963) The Historian and the Character and other Essays. Cambridge U. P., Cambridge 1963

KNOWLES, D. (1940) The Monastic Orders in England. From the Times of St. Dunstan to the Fourth Lateran Council 940–1216. [with corrections 1949] Cambridge U.P., Cambridge 1962

Anhang

KNOWLES, D./BROOKE, C. N. L. (1972) The Heads of Religious Houses. England and Wales 940–1216. Cambridge U. P., Cambridge 1972

KNOWLES, D./HADCOCK, Neville R. (1971) Medieval Religious Houses. England and Wales. Longman, New York

KÖLLER, H./TÖPFER, B. (1976) Frankreich. Ein historischer Abriß. Bd. 1: B. Töpfer, Von den Anfängen bis zum Tode Heinrich des IV. Deutscher Verlag der Wissenschaften, Berlin 1977

KRIEGER, Karl-Friedrich (1990) Geschichte Englands. Von den Anfängen bis zum 15. Jahrhundert. C. H. Beck, München 1990

KURZE, Dietrich (1980) *Die Bedeutung der Arbeit im zisterziensischen Denken*, in: Die Zisterzienser 1980, pp. 179–202

LACKNER, Bede (1972) Eleventh-Century Background of Cîteaux. Cistercian Publications Consortium Press, Washington D. C. (CS 8)

LAWRENCE, Anne (1986) *English Cistercian manuscripts of the twelfth century*, in: Norton/Park (Hrsg.), 1986, pp. 284–298

LAWRENCE, C. H. (1984) Medieval Monasticism. Forms of Religious Life in Western Europe in the Middle Ages. Longman, New York 1991

LECLERCQ, Jean (1957) L'Amour des lettres et le désir de Dieu: Initiation aux auteurs monastique du moyen âge. Les Edition du Cerf, Paris 1957; dt. Übers.: Wissenschaft und Gottverlangen. Zur Mönchstheologie des Mittelalters. Düsseldorf 1963

LECLERCQ, J. (1989) Bernhard von Clairvaux. Ein Mann prägt seine Zeit. München/Zürich/Wien 1990

LECLERCQ, J. (1970) *Introduction* (zur Apologia), in: The Works of Bernard of Clairvaux. Bd. 1, Treatises I, Irish University Press 1970 (CF 1)

LECLERCQ, J. (1977) *The Renewal of Theology*, in: Benson/Constable (Hrsg.), 1977, pp. 68–87

LEGNER, Anton (Hrsg.) (1978) Die Parler und der Schöne Stil 1350–1400. Europäische Kunst unter den Luxemburgern. Ausstellungskatalog des Schnüttgen-Museums in der Kunsthalle Köln,

LE GOFF, Jacques (1965) Das Hochmittelalter. Dt. Übers. von Sigrid Metken, Fischer Verlag, Frankfurt/Main 1989 (Fischer Weltgeschichte Bd. 11)

LE GOFF, J. (1957/1985) Les intellectuels au Moyen Age. Editions du Seuil, Paris 1957/1985; dt. Übers. von Christiane Kayser: Die Intellektuellen im Mittelalter. Klett-Cotta, Stuttgart 1987

LE GOFF, J. (Hrsg.) (1987) L'uomo medievale. Editori Laterza, Roma 1987; dt. Übers. von Michael Martin: Der Mensch des Mittelalters, Campus Verlag, Frankfurt/Main 1990

LEKAI, Louis J. (1977) The Cistercians. Ideals and Reality. The Kent U. P., Kent, Ohio 1989

LEKAI, L. J. (1978) *Ideals and Reality in Early Cistercian Life and Legislation*, in: Sommerfeldt, J. R. (Hrsg.), 1978, pp. 4–29

LEKAI, L. J. (1953) The White Monks. Okauchee, Wisconsin 1953

LILLICH, Meredith P. (Hrsg.) (1982) Studies in Cistercian Art and Architecture. Bd. 1, Cistercian Publications, Kalamazoo, Michigan (CS 66)

LILLICH, M. P. (Hrsg.) (1984) Studies in Cistercian Art and Architecture. Bd. 2, Cistercian Publications, Kalamazoo, Michigan (CS 69)

LILLICH, M. P. (Hrsg.) (1987) Studies in Cistercian Art and Architecture. Bd. 3, Cistercian Publications, Kalamazoo, Michigan (CS 89)

LILLICH, M. P. (Hrsg.) (1993) Studies in Cistercian Art and Architecture. Bd. 4, Cistercian Publications, Kalamazoo, Michigan (CS 134)

LILLICH, M. P. (Hrsg.) (1998) Studies in Cistercian Art and Architecture. Bd. 5, Cistercian Publications, Kalamazoo, Michigan (CS 167)

LINDGREN, Uta (Hrsg.) (1996) Europäische Technik im Mittelalter. Tradition und Innovation. Gebr. Mann Verlag, Berlin

LOADES, Judith (Hrsg.) (1990/91) Monastic Studies. The Continuity of Tradition. Bd. 1, Headstart History, Bangor Gwynedd 1990; Bd. 2, 1991

LYNCH, Joseph H. (1992) The Medieval Church. Longman, New York 1992

MAITRE, Claire (1994) *Authority and Reason in the Cistercian Theory of Music*, in: Cist. Stud. 29/1994, pp. 197–208

MAITRE, Claire (1995) La réforme cistercienne du plain-chant: étude d'un traité théorique. (Cîteaux: Studia et Documenta Bd.7)

MANSELLI, Raoul (1982) *Die Zisterzienser in Krise und Umbruch des Mönchtums im 12. Jahrhundert*, in: Die Zisterzienser 1980 (Ergänzungsband) pp. 29–37

MAXWELL, Herbert Eustace (1912) The Early Chronicles Relating to Scotland. J. Maclehose and Sons, Glasgow

MAYER, Hans Eberhard (1989) Geschichte der Kreuzzüge. Verlag W. Kohlhammer, Stuttgart–Berlin–Köln

MCGINN, B./ MEYENDORFF, J./ LECLERCQ, J. (Hrsg.) (1985) Christian Spirituality. The Crossroad Publishing Company, New York 1985; dt. Übers. von Maria Mechthild: Geschichte der christlichen Spiritualität. Bd. 1: Von den Anfängen bis zum 12. Jahrhundert. Echter Verlag, Würzburg 1993

MICHELS, Ulrich (1977) dtv Atlas zur Musik. Tafeln und Texte. Bd. 1: Systemtischer Teil, Historischer Teil: Von den Anfängen bis zur Renaissance, dtv München

MIKKERS, Edmund (1989) *Die Spiritualität der Zisterzienser*, in: Sydow, J. (Hrsg.) 1989, pp. 129–176

MILIS, J. R. Ludo (1992) Angelic Monks and Earthly Men. The Boydell Press, Woodbridge

MURRAY, Alexander (1978) Reason and Society in the Middle Ages. Clarendon Press, Oxford 1978

NEWMAN, Martha G. (1996) The Boundaries of Charity. Cistercian Culture and Ecclesiastical Reform 1098–1180. Stanford U. P., Stanford, California

NORTON, Christopher/PARK, David (Hrsg.) (1986) Cistercian Art and Architecture in the British Isles. Cambridge U. P., Cambridge 1986

PENNINGTON, Basil (1992) The Cistercians. The Liturgical Press, Collegeville, Minnesota

PENNINGTON, B. (1973) The Cistercian Spirit. A Symposium in Memory of Thomas Merton. Cistercian Publications, Washington D. C.

PENNINGTON, B. (1983) The Last of the Fathers. The Cistercian Fathers of the Twelfth Century. St. Bede's Publications, Still River, Massachusetts

PIRENNE, Henri (1933) Sozial- und Wirtschaftsgeschichte Europas im Mittelalter. Francke Verlag, Tübingen 1986

PLOTZEK-WEDERHAKE, Gisela (1980) *Buchmalerei in Zisterzienserklöstern*, in: Die Zisterzienser 1980, pp. 357–378

POOLE, Austin Lane (1951) From Doomsday Book to Magna Charta 1087–1216. Oxford at the Clarendon Press (Oxford History of England)

POSADA, Gerardo (1980) Der heilige Bruno Vater der Kartäuser. Ein Sohn der Stadt Köln. Wienand Verlag Köln 1987

POWICKE, F. M. (1935) *Gerald of Wales*, in: Powicke, F. M., The Christian Life in the Middle Ages and other Essays. Clarendon Press, Oxford 1935, pp. 107–129

POWICKE, F. M. (1962) The Thirteenth Century 1216–1307. 2nd. edition, Oxford at the Clarendon Press 1962 (Oxford History of England)

PRESSOUYRE, Léon/KINDER, Terryl N. (1990) Saint Bernard & le monde Cistercien. Caisse Nationale de Monuments Historiques et des Sites, Paris 1990

RENNA, Thomas (1995) *The Wilderness and the Cistercians*, in: Cist. Stud. 30/1995, pp. 179–189

RIBBE, Wolfgang (1980) *Die Wirtschaftstätigkeit der Zisterzienser im Mittelalter: Agrarwirtschaft*, in: Die Zisterzienser 1980, pp. 203–216

ROTH, Hermann Joseph (1986) *Zur Wirtschaftsgeschichte der Cistercienser*, in: Schneider, A. (Hrsg.), 1986, pp. 528–557

RUDOLPH, Conrad (1987) *The ›Principal Founders‹ and early Artistic Legislation of Cîteaux*, in: Lillich, M. P. (Hrsg.) 1987, pp. 1–45 (SCAA 3)

RUDOLPH, C. (1989) *The Scholarship on Bernard of Clairvaux's Apologia*, in: Cîteaux 40/1989, pp. 69–111

RUDOLPH, C. (1990) The »Things of Greater Importance«. Bernard of Clairvaux's Apologia and the Medieval Attitude Toward Art. University of Pennsylvania Press, Philadelphia

RÜTTIMANN, Hermann (1911) *Der Kunst- und Baubetrieb der Cistercienser unter dem Einfluß der Ordensgesetzgebung im 12. und 13. Jahrhundert*, in: Cist.C 23/1911, pp. 1–13; 50–57; 69–88; 100–114

SAUR, Josef (1913) *Der Cistercienserorden und die deutsche Kunst des Mittelalters besonders in Hinsicht auf die Generalkapitelverordnungen vom 12.–14. Jahrhundert*, in: Stud. u. Mitt. 34/1913, pp. 475–522 u. 660–699

SCHICH, Winfried (1980) *Die Wirtschaftstätigkeit der Zisterzienser im Mittelalter: Handel und Gewerbe*, in: Die Zisterzienser 1980, pp. 217–236

SCHMID, Karl/WOLLASCH, Joachim (Hrsg.) (1984) Memoria – Der geschichtliche Zeugniswert des liturgischen Gedenkens im Mittelalter. Wilhelm Fink Verlag, München

SCHMITT, Jean-Claude (1990) La raison des gestes dans l'Occident médiéval. Gallimard, Paris 1990; dt. Übers. von Rolf Schubert und Bodo Schulze: Die Logik der Gesten im europäischen Mittelalter. Klett-Cotta, Stuttgart 1992

SCHNEIDER, Ambrosius (Hrsg.) (1986) Die Cistercienser. Geschichte – Geist – Kunst. Wienand Verlag, Köln 1986

SCHNEIDER, A. (1981) *Cîteaux – Gründung und Ausbau*, in: Schneider/Wienand (Hrsg.), 1981, pp. 301–334

SCHNEIDER, A. (1986) *Die Geistigkeit der Zisterzienser*, in: Schneider, A. (Hrsg.), 1986, pp. 113–142

SCHNEIDER, A./WIENAND, Adam (Hrsg.) (1981) Und sie folgten der Regel Benedikts. Die Cistercienser und das benediktinische Mönchtum. Wienand Verlag, Köln 1981

SCHNEIDER, Bruno (1960/61) *Cîteaux und die benediktinische Tradition*, in: AC 16/1960, pp. 169–254 u. AC 17/1961, pp. 73–114

SCHREIBER, Rupert/KÖHLER, Mathias (1987) Die ›Baugesetze‹ der Zisterzienser. Studien zur Bau- und Kunstgeschichte des Ordens. Armin Gmeiner Verlag

SCHREINER, Klaus (1982) *Zisterziensisches Mönchtum und soziale Umwelt. Wirtschaftlicher und sozialer Strukturwandel in hoch- und spätmittelalterlichen Zisterzienserkonventen*, in: Zisterzienser 1980. (Ergänzungsband) pp. 79–135

SCHULTZ, Uwe (Hrsg.) (1993) Speisen Schlemmen Fasten. Eine Kulturgeschichte des Essens. Insel Verlag 1995

SOMMERFELDT, John R. (Hrsg.) (1978) Cistercian Ideals and Reality. Cistercian Publications, Kalamazoo, Michigan (CS 60)

SOMMERFELDT, J. R. (Hrsg.) (1987) Erudition in God's Service. Cistercian Publications, Kalamzoo, Michigan (SMCH 11/CS 98)

SOMMERFELDT, J. R. (Hrsg.) (1980) Simplicity and Ordinariness. Cistercian Publications, Kalamazoo, Michigan (SMCH 4/CS 61)

SOMMERFELDT, J. R. (Hrsg.) (1976) Studies in Medieval Cistercian History II. Cistercian Publications, Kalamazoo, Michigan (CS 24)

SOUTHERN, R. W. (1953) The Making of the Middle Ages. Pimlico, London 1993

SOUTHERN, R. W. (1970) Medieval Humanism and other Studies. Blackwell, 1984

SOUTHERN, R. W. (1970a) Western Society and Church in the Middle Ages. Penguin Books, London 1990

SPAHR, Kolumban (1981) *Die lectio divina. Benediktinisches Geistesleben der frühen Cistercienser*, in: Schneider/Wienand (Hrsg.), 1981, pp. 334–348

STIEGMAN, Emero, *Saint Bernhard: The Aesthetics of Authenticity*, in: Lillich, M. P. (Hrsg.), 1984, pp. 1–13 (SCAA 2)

SYDOW, J./MIKKERS, E./HERTKORN, A.–B. (1989) Die Zisterzienser. Stuttgart 1989

TALBOT, C. H. (1986) *The Cistercian attitude towards art: the literary evidence*, in: Norton/Park (Hrsg.), 1986, pp. 56–64

TOBIN, Stephen (1995) The Cistercians. Monks and Monasteries of Europe. The Herbert Press, London

TÖPFER, Michael (1983) Die Konversen der Zisterzienser. Untersuchungen über ihren Beitrag zur mittelalterlichen Blüte des Ordens. Duncker & Humblot, Berlin 1983 (Berliner historische Studien Bd. 10/Ordensstudien Bd. 4)

TREMP, Ernst (1997) Mönche als Pioniere: Die Zisterzienser im Mittelalter. Verein für wirtschaftshistorische Studien, Meilen (Schweizer Pioniere der Wirtschaft und Technik Bd. 65)

UMIKER-SEBOEK, J./SEBOEK, Th. (Hrsg.) (1987) Monastic Sign Language. Mouton und De Gruyter, Berlin – New York – Amsterdam

WADDELL, Chrysogonus (1994) *The Cistercian Institutions and their Early Evolution. Granges, Economy, Lay Brothers*, in: L'espace cistercien. Sous la direction de Léon Pressouyre, Comité des travaux historiques et scientifiques, Paris 1994, pp. 27–38

WADDELL, C. (1978) *The Exordium Cistercii and the Summa Cartae Caritatis: a Discussion Continued*, in: Sommerfeldt, J. R. (Hrsg.), 1978, pp. 30–61

WADDELL, C. (ed.) (1998) Legislative and Narrative Texts from Early Cîteaux: An Edition, Translation, and Commentary. Cîteaux – Commentarii Cistercienses: Studia et Documenta Bd. 7 (im Druck)

WADDELL, C. (1973) *The Origin and Early Evolution of the Cistercian Antiphonary – Reflections on two Cistercian Chant Reforms*, in: Pennington, B. (Hrsg.), 1973, pp. 190–223

WADDELL, C. (1976) *Peter Abaelard's Letter 10 and the Cistercian Liturgical Reform*, in: Sommerfeldt, J. R. (Hrsg.), 1976, pp. 75–86

WADDELL, C. (1985) *The Pre-Cistercian Background of Cîteaux and the Cistercian Liturgy*, in: Elder, R. (Hrsg.), 1985, pp. 109–132

WAITES, Bryan (1962) *The Monastic Granges as a Factor in Settlement of North-East-Yorkshire*, in: YAJ 160/1962, pp. 627–656,

WARDROP, Joan (1987) Fountains Abbey and its Benefactors 1132–1300. Cistercian Publications, Kalamazoo, Michigan 1987 (CS 91)

DIE WASSERVERSORGUNG IM MITTELALTER. Verlag Philipp von Zabern, Mainz 1991 (Geschichte der Wasserversorgung Band 4)

WEINRICH, Lorenz (1980) *Die Liturgie der Zisterzienser*, in: Die Zisterzienser 1980, pp. 157–163

WILLIAMS, Daniel (Hrsg.) (1990) England in the Twelfth Century. Proceedings of the 1988 Harlaxton Symposium. The Boydell Press

WILLIAMS, David (1991) *Layfolk within Cistercian Precincts*, in: Loades, J. (Hrsg.), 1991, Bd. 2, pp. 87–117

ZADNIKAR, Marijan (1983) Die Kartäuser. Der Orden der schweigenden Mönche. Wienand Verlag Köln

ZAKAR, Polykarp, (1964), *Die Anfänge des Zisterzienserordens. Kurze Bemerkungen zu den Studien der letzten zehn Jahre,* in: AC 20/1964, pp. 103–138

ZALUSKA, Yolanta (1989) L'enluminure et le scriptorium de Cîteaux au XIIe siècle. Cîteaux (Studia et Documenta Bd. 4)

ZISTERZIENSER 1980. Die Zisterzienser: Ordensleben zwischen Ideal und Wirklichkeit. Schriften des Rheinischen Museumsamtes 10 (Ausstellungskatalog), Rheinland Verlag, Bonn 1980

ZISTERZIENSER 1980. Die Zisterzienser: Ordensleben und Wirklichkeit. Ergänzungsband. Hrsg. von K. Elm unter Mitarbeit von P. Joerißen, Köln 1982

ZISTERZIENSERSTUDIEN, Bde. 1–4, Reihe: Studien zur europäischen Geschichte. Hg. v. Herzfeld, H./Berges, W./Büsch, O./Köhler, H./Schulin, E., Bde. 11–14, Colloquium Verlag Berlin 1975–79

ZISTERZIENSISCHE SPIRITUALITÄT: theologische Grundlagen, funktionale Voraussetzungen und bildhafte Ausprägungen im Mittelalter [1.Himmeroder Kolloquium] Bearb. von Clemens Kaspcr und Klaus Schreiner, EOS-Verlag, St. Ottilien 1994

Cura Corporis und monastische Askese

ANSTETT, Peter R. (1994) Kloster Maulbronn. Deutscher Kunstverlag, München/Berlin 1994

ARANO, Luisa Cogliati (1976) The Medieval Health Handbook. Tacuinum Sanitatis, George Braziller, New York 1976

ARIES, P./DUBY, G. (Hrsg.) (1985) Histoire de la vie privée. Bd. 2: De L'Europe féodale à la Renaissance. Editions de Seuil, Paris 1985; dt. Übers. von Holger Fliessbach: Geschichte des privaten Lebens. Bd. 2: Vom Feudalzeitalter zur Renaissance. Fischer Verlag, Frankfurt/Main 1990

BAKER, Derek (1975) *Legend and Reality: The Case of Waldef of Melrose,* in: Church Society and Politics. Hg. v. Derek Baker, Blackwell, Oxford 1975, pp. 59–82 (SCH 12)

BANDMANN, Günter (1951) Mittelalterliche Architektur als Bedeutungsträger. Gebr. Mann Verlag, Berlin 1990

BARAKAT, Robert (1975) Cistercian Sign Language. A Study in Non-verbal Communication. Cistercian Publications, Kalamazoo, Michigan 1975 (CS 11)

BENOIT, P./WABONT, M. (1991) *Mittelalterliche Wasserversorgung in Frankreich. Eine Fallstudie: Zisterzienser,* in: Die Wasserversorgung im Mittelalter, pp. 185–226

BERGER, Klaus (1993) Manna, Mehl und Sauerteig. Korn und Brot im Alltag der frühen Christen. Quell Verlag, Stuttgart

BERLOW, Rosalind K. (1989) *Wine and Winemaking,* in: DictMA, Bd. 12, pp. 648–654

BLACK, Maggie (1985) Food and Cooking in Medieval Britain. English Heritage

BLACK, M. (1992) The Medieval Cookbook. British Museum Press, London 1993

BOND, C. James (1991) *Mittelalterliche Wasserversorgung in England und Wales,* in: Die Wasserversorgung im Mittelalter, pp. 149–183

BOND, C. J. (1988) *Monastic Fisheries,* in: Ashton, Micheal (Hrsg.) Medieval Fish, Fisheries and Fishponds in England. *British Archaeological Reports* 1988, British Series 182(i), pp. 69–112

DENZLER, Georg (1992) Die Geschichte des Zöllibats. Herder, Freiburg–Basel–Wien 1993

DICKENMANN, J. J. (1904) *Das Nahrungswesen in England vom 12. bis 15. Jahrhundert,* in: Anglia 27/1904, pp. 453–515

DOLBERG, Ludwig (1886) *Die Cistercienser beim Mahle. Servitien und Pitantien,* in: Stud. u. Mitt. 17/1896, pp. 609–629

DOLBERG, L. (1895) *Die Liebestätigkeit der Cistercienser im Beherbergen der Gäste und Spenden von Almosen,* in: Stud. u. Mitt. 16/1895, pp. 10–21, 243–250, 414–418

DOLBERG, L. (1893) *Die Tracht der Cistercienser nach dem liber usuum und den Statuten,* in: Stud. u. Mitt. 14/1893 pp. 359–367 u. pp. 530–538

DRUMMOND, B. G. (1988) *Pottery from Rievaulx Abbey,* in: YAJ 60/1988, pp. 31–46

DYER, Christopher (1989) Standards of Living in the Later Middle Ages. Social Changes in England c. 1200–1520. Cambridge U. P. 1993

ECO, Umberto (1988) Einführung in die Semiotik. München 1988

ECO, U. (1977) Zeichen. Einführung in einen Begriff. Frankfurt/Main 1977

EHLERT, Trude (1995) Das Kochbuch des Mittelalters. Artemis & Winkler, München–Zürich 1995

FERGUSSON, Peter (1986) *The twelfth-century refectories at Rievaulx and Byland Abbeys,* in: Norton/Park (Hrsg.), 1986, pp. 160–180

FOSTER, Normann (1980) Schlemmen hinter Klostermauern. Die unbekannten Quellen europäischer Kochkunst. Mit 111 Rezepten aus der Klosterküche. Hoffmann und Campe, Hamburg

GEBELEIN, Helmut (1990) *Das Wasser wird zu Wein, zum Fisch das Schwein. Anmerkungen zur Umwandlung der Materie,* in: Bitsch/Ehlert/Ertzdorff von (Hrsg.) (1990) Essen und Trinken im Mittelalter und Neuzeit. Jan Thorbecke Verlag, Sigmaringen, pp. 183–190

GREWE, Klaus (1991) *Der Wasserversorgungsplan des Klosters Christ Church Canterbury (12. Jahrhundert),* in: Die Wasserversorgung im Mittelalter, pp. 229–236

GREWE, K. (1991a) *Mount Grace Priory (Yorkshire, GB),* in: Die Wasserversorgung im Mittelalter, pp. 264–267

GRÜGER, H., *Cistercian Fountain houses in central Europe.* in: Lillich, M. P. (Hrsg.), 1984, pp. 201–222 (SCAA 2)

GUTH, Klaus (1973) *Zum Zusammenhang zwischen Wirtschaftsform und Lebensstil im Hochmittelalter. Kulturgeschichtliche Überlegungen zu den Speiseordnungen am Alten Domstift zu Bamberg vor der Auflösung der ›vita communis‹ um 1200,* in: Jahrbuch für fränkische Landesforschung 33/1973, pp. 13–37

HAGEN, Ann (1992) A Handbook of Anglo-Saxon Food. Processing and Consumption. Anglo-Saxon Books, 1994

HAGEN, A. (1995) A Second Handbook of Anglo-Saxon Food & Drink. Production & Distribution. Anglo-Saxon Books

HAMMOND, P. W. (1993) Food and Feast in Medieval England. Alan Sutton, Bath 1993

HENISCH, Bridget Ann (1976) Fast and Feast. Food in Medieval Society. The Pennsylvania State University Press 1994

HOLL, Adolf (1993) *Das letzte Abendmahl,* in: Schultz, U. (Hrsg.), 1993, pp. 43–55

HOLMES, Urban Tiger (1962) Daily Living in the Twelfth Century. The University of Wisconsin Press

HOLZKAMP-OSTERKAMP, Ute (1976) Motivationsforschung. Bd. 2, Campus, Frankfurt/Main–New York 1990

HORN, Walter/BORN, Ernest (1979) The Plan of St. Gall, a study of the architecture and economy of & life in a paradigmatic Carolingian monastery. 3 Bde., Berkeley – Los Angeles, London

JENNINGS, Sarah (1992) Medieval Pottery in the Yorkshire Museum. The Yorkshire
Museum, Museum Gardens

KUGLER, Hans Gerold (1995) Trinken im Mittelalter. Grundlegendes zum Trinkverhalten
und zu den »minderen« Getränken (Met, Lit, Most etc.), Diplomarbeit am Institut für
Germanistik der Universität für Bildungswissenschaften Klagenfurt

LANDSBERG, Sylvia (1995) The Medieval Garden. British Museums Press

LAURIOUX, Bruno (1982) La Moyen Age à table. Editions Adam Biro, Paris; dt. Übers.:
Tafelfreuden im Mittelalter. Kulturgeschichte des Essens und Trinkens in Bildern und
Dokumenten. Aus dem Französischen von Gabriele Krüger-Wirrer, Belser, Stuttgart–
Zürich 1992

LILLICH, Meredith P. (1982) *Cleanliness with Godliness: A Discussion of Medieval Monastic
Plumbing,* in: Mélanges à la mémoire du Père Anselme Dimier, Bd. 3,5 Benoît Chauvin
Pupillin, Arbois 1982, pp. 123–149

MAYER-TASCH, Peter Cornelius/MAYERHOFER, Bernd (Hrsg.) (1998) Hinter Mauern
ein Paradies. Der mittelalterliche Garten. Insel Verlag, Leipzig

MAYO, Janet (1984) A History of Ecclesiastical Dress. B. T. Batsford Ltd. London

McDONELL, J. (1981) Inland Fishcries in Medieval Yorkshire. York (Borthwick Papers Nr. 60)

MOLLAT, Michel (1978) Les Pauvres au Moyen Age. Etude sociale. Hachette, Paris; dt.
Übers. von Ursula Irsigler: Die Armen im Mittelalter. C. H. Beck, München 1987

MONCKTON, H. A. (1966) A History of English Ale and Beer. The Bodley Head, London

MONTANARI, Massimo (1993) La fame e l'abbondanza. Laterza, Roma-Bari; dt. Übers.
von Matthias Rawert: Der Hunger und der Überfluß. Kulturgeschichte der Ernährung
in Europa. C. H. Beck, München 1993

MOULIN, Léo (1978) La vie quotidienne des religieux au Moyen Age X[e] – XVe siècle,
Hachette

MÜLLER, Greogor (1906) *Der Fleischgenuß im Orden,* in: Cist.C. 18/1906, pp. 25–30,
58–61, 125–128, 183–187

MÜLLER, G. (1909) *Die Zeichensprache in den Klöstern,* in: Cist.C 21/1909, pp. 243–246

OTTO, Bernhard (Hrsg.) (1856) Dreihundertjähriges deutsches Kloster=Kochbuch.
Reprint-Verlag-Leipzig

PEERS, Charles (1952) Byland Abbey. 2nd. edition, London

REDON, O./SABBAN, Frankfurt/SERVENTI, S. (1991) La Gastronomie au Moyen Age.
150 recettes de France et d'Italie. Dt. Übers. von Hans Thill: Die Kochkunst des Mittelalters. Ihre Geschichte und 150 Rezepte des 14. und 15. Jahrhunderts, wiederentdeckt
für Genießer von heute. Eichborn, Frankfurt/Main 1993

REVEL, Jean-François (1979) Erlesene Mahlzeiten. Mitteilungen aus der Geschichte der
Kochkunst. Propyläen, Frankfurt/Main – Berlin – Wien

RIJNBERK, Gérard van (1953) *Le Langage par Signes Chez le Moines,* in: Umiker-Seboek/
Seboek (Hrsg.), 1987, pp. 13–25

ROTH, Hermann Josef (o. J.) Schöne alte Klostergärten. Flechsig, Würzburg

SCHÄFER, Thomas (1956) Die Fußwaschung im monastischen Brauchtum und in der lateinischen Liturgie. Beuroner Kunstverlag, Beuron in Hohenzollern (Texte u. Arbeiten,
hrsg. durch die Erzabtei Beuron, I. Abteilung, Heft 47)

SCHIEDLAUSKY, Günther (1956) Essen und Trinken. Tafelsitten bis zum Ausgang des
Mittelalters. Prestel Verlag, München 1956

SCHIPPERGES, Heinrich (1985) Der Garten der Gesundheit. Medizin im Mittelalter. dtv,
München 1990

SCHIPPERGES, H. (1990) Die Kranken im Mittelalter. 3. ergänzte Auflage, C. H. Beck,
München 1993

SCHMITZ, Gregor (1923) *Die Gebärdensprache der Kluniazenser und Hirsauer*, in: Blätter für Taubstummenbildung 36/1923, pp. 347–355, 362–364

SCHNEIDER, Reinhard (1980) *Lebensverhältnisse bei den Zisterziensern im Spätmittelalter*, in: Klösterliche Sachkultur des Spätmittelalters. Veröffentlichungen des Instituts für mittelalterliche Realienkunde Österreichs Nr. 3, Verlag der Österreichischen Akademie der Wissenschaften, Wien 1980, pp. 43–71

SCULLY, E./SCULLY, Terence (1995) Early French Cookery. Sources, History, Original Recipes and Modern Adaptations. University of Michigan Press

SCULLY, T. (1995) The Art of Cookery in the Middle Ages. The Boydell Press, Woodbridge

SIMMEL, Georg (1957) *Soziologie der Mahlzeit*, in: Simmel, G., Das Individuum und die Freiheit. Essais, Fischer Verlag, Frankfurt/Main 1993, pp. 205–219

STAAB, Josef (1986) Die Zisterzienser und der Wein am Beispiel des Klosters Eberbach. Forschung und Forum, Heft 2, Kloster Eberbach

STANILAND, Kay (1988) *The Nuptials of Alexander III of Scotland and Margaret Plantagenet*, in: Nottingham Medieval Studies 30/1988, pp. 20–45

STOFFLER, Hans-Dieter (1996) Der Hortulus des Walahfried Strabo. Aus dem Kräutergarten des Klosters Reichenau. Jan Thorbecke Verlag, Sigmaringen

THOMS, Hilde (1996) Der Klostergarten Michaelstein. Michaelstein (Michaelsteiner Forschungsbeiträge 18)

TOUSSANT-SAMAT, Maguelone (1987) Histoire naturelle et morale de la nourriture. Bordas, Paris; engl. Übers.: History of Food. Blackwell Publishers, 1994

WAGNER, Christoph (1994) Alles was Gott erlaubt hat. Die kulinarische Bibel. Essen und Trinken im Alten & Neuen Testament

WALFORD, Cornelius (1880) *Early Laws and Customs in Great Britain Regarding Food*, in: Transactions of the Royal Historical Society 8/1880, pp. 70–162

WEEBER, Karl-Wilhelm (1993) Die Weinkultur der Römer. Artemis & Winkler, Zürich 1993

WILLIS, Robert (1868) *The Architectural History of the Conventual Buildings of the Monastery of Christ Church Canterbury. Chapter X. Waterworks*, in: Archaeologia Cantiana 7/1868, pp. 158–206

WINTER, Johanna van (1986) *Kochen und Essen im Mittelalter*, in: Herrmann, B. (Hrsg.) (1986) Mensch und Umwelt im Mittelalter. Fischer Verlag, Frankfurt/Main, pp. 88–100

ZIMMERMANN, Gerd (1973) Ordensleben und Lebensstandard. Die Cura Corporis in den Ordensvorschriften des abendländischen Hochmittelalters. Aschendorffsche Verlagsbuchhandlung, Münster Westfalen 1973 (Beiträge zur Geschichte des alten Mönchtums und des Benediktinerordens Heft 32)

ZIMMERMANN, Otto (1929) Lehrbuch der Aszetik. Freiburg im Breisgau

Aelred von Rievaulx – Liebe und Freundschaft im Kloster

BAKER, Derek (1989) *Ailred of Rievaulx and Walter Espec*, in: The Haskins Society Journal 1/1989, pp. 91–98

BELISLE, Augustin (1983) Pastoral Spirituality of Aelred of Rievaulx, in: Studia Monastica 25/1983, pp. 93–113

BENTON, John F. (1982) *Consciousness of Self and Perceptions of Individuality*, in: Benson/Constable (Hrsg.) 1982, pp. 263–295

BIBLIOTHECA AELREDIANA SECUNDA. Une bibliographie cumulative (1962–1996). Hg. v. Pierre-André Burton, Louvain-La-Neuve 1997

BLIESE, John (1989) *The Battle Rhetorik of Aelred of Rievaulx*, in: The Haskins Society Journal 1/1989, pp. 99–107

BOSWELL, John (1980) Christianity, Social Tolerance, and Homosexuality. Gay People in Western Europe from the Beginning of the Christian Era to the Fourteenth Century. The University of Chicago Press, Chicago and London 1981

BRACELAND, Lawrence C. (1987) *Bernard and Aelred on Humility and Obedience*, in: Sommerfeldt, J. R. (Hrsg.) 1987, pp. 149–160

BROOKE, O. (1967) *Towards a Theology of Connatural Knowledge*, in: Cîteaux 18/1967, pp. 275–290

BURTON, Pierre-André (1996) *Aelred face à l'histoire et à ses historiens. Autor de l'actualité Aelrédienne*, in: Coll. Cist. 58/1996, pp. 161–193

BURTON, P. A. (1996) *Aelred of Rievaulx' Doctrine on Friendship According to His Theory on the Affectus*, unpublizierter Vortrag, gehalten auf dem Kongress Friendship and Networks of Friendship in the Middle Ages, 11.–13. April 1996, King's College London,

BYNUM, Caroline Walker (1980) *»Did the Twelfth Century Discover the Individual?«* in: JEH 31/1980, pp. 1–17

COLEMAN, Janet (1991) *Das Bleichen des Gedächtnisses. St. Bernhards monastische Mnemotechnik*, in: Gedächtniskunst, Raum – Bild – Schrift. Studien zur Mnemotechnik. Hg. v. Anselm Haverkamp u. Renate Lachmann, edition Suhrkamp, Frankfurt/Main 1991, pp. 207–227

COSTELLO, Hilary (1967) *»O munde immunde«*, in: Cîteaux 18/1967, pp. 311–341

COUPE, M. D. (1983) *The personality of Guibert de Nogent reconsidered*, in: JMH 9/1983, pp. 317–329

DERDA, H. J (1992) Vita Communis. Studien zur Geschichte einer Lebensform in Mittelalter und Neuzeit. Böhlau, Köln

DUMONT, Charles (1978) *Aelred of Rievaulx's Spiritual Friendship*, in: Sommerfeldt, J. R. (Hrsg.), 1978, pp. 187–198

DUMONT, C. (1989) *L'amour fraternel dans la doctrine monastique d'Aelred de Rievaulx*, in: Coll. Cist. 51/1989, pp. 79–88

DUMONT, C. (1972) *Seeking God in community according to St Aelred*, in: Pennington, B. (Hrsg.), 1972, pp. 115–149

DUTTON, Marsha L. (1994) *Aelred of Rievaulx on Friendship, Chastity, and Sex: The Sources*, in: Cist. Stud. 29/1994, pp. 121–195

DUTTON, M. L. (1985) *Christ Our Mother: Aelred's Iconography for Contemplative Union*, in: Elder, R. (Hrsg.) 1985, pp. 21–45

DUTTON, M. L. (1985a) *The Cistercian Source: Aelred, Bonaventure, Ignatius*, in: Elder, R. (Hrsg.) 1985, pp. 151–178

DUTTON, M. L. (1990) *The Conversion and Vocation of Aelred of Rievaulx: a Historical Hypothesis*, in: Williams, D. (Hrsg.) 1990, pp. 31–49

DUTTON-STUCKEY, Marsha (1983) *Getting Things the Wrong Way Round: Composition and Transposition in Aelred of Rievaulx' De institutione inclusarum*, in: Elder, R. (Hrsg.) 1983, pp. 90–101

DUTTON-STUCKEY, M. (1983a) *A Prodigal Writes Home: Aelred of Rievaulx' De institutione inclusarum*, in: Elder, R. (Hrsg.) 1983, pp. 35–42

FERGUSSON, Peter (1998) *Aelred's Abbatial Residence at Rievaulx Abbey*, in: Lillich, M. P. (1998) Cistercian Art and Architecture. Bd. 5, pp. 41–56

FISKE, Adele (1962) *Aelred's of Rievaulx Idea of Friendship and Love*, in: Cîteaux 13/1962, pp. 5–17 and 97–132

FÖSGES, Gerd (1994) Das Menschenbild bei Aelred von Rievaulx. Oros Verlag, Altenberge 1994

GRILL, Leopold (1967) *Das Wirken des Abtes Aelred von Rievaulx für Papst Alexander III. bei König Heinrich II. von England*, in: Cîteaux 18/1967, pp. 370–384

GURJEWITSCH, Aaron (1994) Das Individuum im europäischen Mittelalter. Aus dem Russischen von Erhard Glier, Verlag C. H. Beck, München

HALLIER, Amédée (1969) The Monastic Theology of Aelred of Rievaulx. An Experiental Theology. Irish U. P., Ireland

HARVEY, Edmund T. (1932) Saint Aelred of Rievaulx. H. R. Allenson Ltd., London

HOSTE, Anselm (1967) *Aelred of Rievaulx and the Monastic Planctus*, in: Cîteaux 18/1967, pp. 385–398

HOSTE, A. (1962) Bibliotheca Aelrediana. A Survey of the Manuscripts, Old Catalogues, Editions and Studies Concerning St. Aelred of Rievaulx. Steenbrügge

KANTOR, Jonathan (1976) *A psychological source: the Memoirs of Abbot Guibert of Nogent*, in: JMH 2/1976, pp. 281–304

KARRAS, Ruth Mazo (1988) *Friendship and Love in the Lives of Two Twelfth-Century English Saints*, in: JMH 14/1988, pp. 305–320

KNOWLES, David (1962) *Ailred of Rievaulx*, in: Knowles, D., Saints and Scholars. Twenty-five medieval portraits. Cambridge U. P., 1962, pp. 34–50

LA CORTE, Daniel M. (1995) *The Abbatial Concerns of Aelred of Rievaulx Based on his Sermons on Mary*, in: Cist. Stud. 30/1995, pp. 267–273

LECLERCQ, Jean (1973) *Modern Psychology and the Interpretation of Medieval Texts*, in: Speculum 48/1973, pp. 476–490

LOGAN, Richard D. (1986) *A Conception of the Self in the Later Middle Ages*, in: JMH 12/1986, pp. 253–268

MAYESKI, Marie Anne (1981) *A Twelfth-Century View of the Imagination: Aelred of Rievaulx*, in: Elder, R. (Hrsg.) 1981, pp. 123–129

MCEVOY, John (1993) *Les »affectus« et la mesure de la raison dans le Livre III du »Miroir«*, in: Coll. Cist. 55/1993, pp. 110–125

MCEVOY, J. (1981) *Notes on the Prologue of St Aelred of Rievaulx's »De spirituali amicitia«, with a Translation*, in: Traditio 37/1981, pp. 396–411

MCGINN, Bernard (1996) Die Mystik im Abendland. Bd. 2, Herder, pp. 473–495

MCGUIRE, Brian Patrick (1994) Brother & Lover. Aelred of Rievaulx. The Crossroad Publishing Company, New York

MCGUIRE, B. P. (1981) *The Cistercians and the Transformation of Monastic Friendship*, in: AC 37/1981, pp. 3–65

MCGUIRE, B. P. (1978) *The Collapse of Monastic Friendship: The Case of Jocelin and Samson of Bury*, in: JMH 4/1978, pp. 369–397

MCGUIRE, B. P. (1988) Friendship and Community. The Monastic Experience 350–1250. Cistercian Publications, Kalamazoo, Michigan

MCGUIRE, B. P. (1974) *Love, Friendship and Sex in the Eleventh Century: The Experience of Anselm*, in: Studia Theologica 28/1974, pp. 111–152

MCGUIRE, B. P. (1985) *Monastic Friendship and Toleration in Twelfth-Century Cistercian Life*, in: Monks, Hermits and the Ascetic Tradition. Ed. W. J. Sheils, Blackwells, Oxford, pp. 147–160 (SCH 22)

MCGUIRE, B. P. (1994a) *Sexual Awareness and Identity in Aelred of Rievaulx (1110–67)*, in: American Benedictine Review 45/1994, pp. 184–226

MCGUIRE, B. P. (1985a) *Was Bernhard a Friend?*, in: Elder, R. (Hrsg.) 1985, pp. 201–227

MISCH, Georg (1959) Geschichte der Autobiographie. Bd. 3,2, pp. 463–504

MORRIS, Colin (1972) The Discovery of the Individual 1050–1200. University of Toronto Press 1991

MORRIS, C. (1980) *Individualism in Twelfth-Century Religion. Some Further Reflections*, in: JEH 31/1980, pp. 195–206

PFEIFFER, Michaela (1997) *Aelred von Rievaulx und das Ursprungscharisma der Zisterzienser*, in: Cist.c. 104/1997, pp. 199–208

POWICKE, Maurice (1949) *Ailred of Rievaulx*, in: Powicke, M., (1949) Ways of Medieval Life and Thought. Essays and Addresses, Odhams Press Ltd., London, pp. 7–26

POWICKE, M. (1921) *Maurice of Rievaulx*, in: The English Historical Review 36/1926, pp. 17–29

RAINE, James. (Hrsg.) The Priory of Hexham, its Chroniclers, Endowments, and Annals. Bd. 1, Durham 1864 (S. Soc. 44)

RANSFORD, Rosalind (1982) *A Kind of Noah's Ark: Aelred of Rievaulx and National Identity*, in: Religion and National Identity. Hg. v. Stewart Mews, Basil Blackwell, Oxford

ROBY, Douglass (1978) *Chimaera of the North: The Active Live of Aelred of Rievaulx*, in: Sommerfeldt, J. R. (Hrsg.), 1978, pp. 152–169

RUH, Kurt (1990–) Geschichte der abendländischen Mystik. Bd. 1: Die Grundlegung durch die Kirchenväter und die Mönchstheologie des 12. Jahrhunderts. C. H. Beck, München, pp. 330–340

SMITH, Susan Warrener (1996) *Bernard of Clairvaux and the Natural Realm: Images Related to the Four Elements*, in: Cist. Stud. 31/1996, pp. 3–19

SMITH, S. W. (1995) *Bernard of Clairvaux and the Nature of the Human Being: The Special Senses*, in: Cist. Stud. 30/1995, pp. 3–13

SOMMERFELDT, John R. (1987) *Images of Visitation: The Vocabulary of Contemplation in Aelred of Rievaulx' Mirror of Love, Book II*, in: Sommerfeldt, J. R. (Hrsg.), 1987, pp. 161–168

SOMMERFELDT, J. R. (1987) *The Rape of the Soul: The Vocabulary of Contemplation in Aelred of Rievaulx' Mirror of Love, Book III*, in: Sommerfeldt, J. R. (Hrsg.), 1987, pp. 169–174

SOMMERFELDT, J. R. (1985) *The Vocabulary of Contemplation in Aelred of Rievaulx' Mirror of Love, Book I*, in: Elder, R. (Hrsg.), 1985, pp. 241–250

SOMMERFELDT, J. R. (1983) *The Vocabulary of Contemplation in Aelred of Rievaulx' On Jesus at the Age of Twelfth, A Rule of Life for a Recluse and On Spiritual Friendship*, in: Elder, R. (Hrsg.), 1983, pp. 72–89

SQUIRE, Aelred (1960) *Aelred and King David*, in: Coll. Cist. 22/1960, pp. 356–377

SQUIRE, A. (1961) *Aelred and the Northern Saints*, in: Coll. Cist. 23/1961, pp. 58–69

SQUIRE, A. (1961a) *Aelred of Rievaulx and Hugh of St Victor*, in: Recherches de théologie ancienne et médiévale 28/1961, pp. 161–164

SQUIRE, A. (1954) *Aelred of Rievaulx and the Monastic Tradition Concerning Action and Contemplation*, in: Downside Review 72/1954, pp. 289–303

SQUIRE, A. (1969) Aelred of Rievaulx a Study. S*P*C*K, London 1981

SQUIRE, A. (1963) *The Composition of the Speculum caritatis*, in: Cîteaux 14/1963, pp. 135–146 u. 219–233

SQUIRE, A. (1961b) *Historical factors in the formation of Aelred of Rievaulx*, in: Coll. Cist. 23/1961, pp. 262–282

STACPOOLE, Alberic (1967) *The Public Face of Aelred 1167–1967*, in: Downside Review 85/1967, pp. 183–199 and 318–325

STOECKLE, Bernhard (1965) *Amor carnis – Abusus amoris. Das Verständnis von der Konkupiszenz bei Bernhard von Clairvaux und Aelred von Rieval*, in: Studia Anselmiana 54/1965, pp. 147–174

ULLMANN, Walter (1966) Individuum und Gesellschaft im Mittelalter. Vandenhoeck & Ruprecht, Göttingen 1974

WAERING, Gregory M. (1967) *The Teaching of St. Ailred of Rievaulx on Poverty*, in: Cîteaux 18/1967, pp. 342–352

YOHE, Katherine TePas (1995) *Aelred's Guidelines for Physical Attractions*, in: Cîteaux 46/1995, pp. 339–351

ZWINGMANN, W. (1967) *Affectus illuminati amoris. Über das Offenbarwerden der Gnade und die Erfahrung von Gottes beseligender Gegenwart*, in: Cîteaux 18/1967, pp. 193–226

ZWINGMANN, W. (1967) *Ex affectu mentis. Über die Vollkommenheit menschlichen Handelns und menschlicher Hingabe nach Wilhelm von St. Thierry*, in: Cîteaux 18/1967, pp. 5–37

Die Zeremonie des Abschieds

ANGENENDT, Arnold (1997) Geschichte der Religiosität im Mittelalter. Primus Verlag, Darmstadt

ANGENENDT, A. (1984) *Theologie und Liturgie in der mittelalterlichen Toten-Memoria*, in: Schmid/Wollasch (Hrsg.), 1984, pp. 79–199

ARIES, Philippe (1978) L'homme devant la mort. Editions du Seuil, Paris 1978; dt. Übers. von Hans Horst Henschen u. Una Pfau: Geschichte des Todes. dtv, München 1982

ARIES, P. (1983) Images de l'homme devant la mort. Editions du Seuil, Paris 1983; dt. Übers. von Hans Horst Henschen: Bilder zur Geschichte des Todes. Hanser Verlag, München–Wien 1984

BRAND, H. G./KRINS, H./SCHIEK, S. (1989) Die Grabdenkmale im Kloster Bebenhausen. Theiss, Stuttgart

BROWN, Peter (1981) The Cult of the Saints. Its Rise and its Function in Latin Christianity. The University of Chicago Press, Chicago 1981; dt. Übers. von Johannes Bernhard: Die Heiligenverehrung. Ihre Entstehung und Funktion in der lateinischen Christenheit. Benno Verlag, Leipzig 1991

BUTLER, Lawrence (1993) *Cistercian Abbot's Tombs and Abbey Seals*, in: Lillich, M. P. (Hrsg.), 1993, pp. 78–88 u. 243–250 (SCAA 4)

DINZELBACHER, Peter (1989) Mittelalterliche Visionsliteratur. Eine Anthologie. Wissenschaftliche Buchgesellschaft, Darmstadt

DOLBERG, Ludwig (1888) *Sterben und Begräbnis eines Cisterciensers*, in: Stud. u. Mitt. 19/1888, pp. 256–264 u. 433–440

EASTING, R. (1986) *Purgatory and the Earthly Paradise in the* Tractatus de Purgatorio Sancti Patricii, in: Cîteaux 37/1986, pp. 23–48

ECKLEBEN, Selmar (1885) Die älteste Schilderung vom Fegefeuer des heiligen Patricius. Inaugural-Dissertation, Halle an der Saale

FAURE, Paul (1987) Parfums et aromates de l'Antiquité. Librairie Arthème Fayard, Paris 1987; dt. Übers. von Barbara Brumm: Magie der Düfte. Eine Kulturgeschichte der Wohlgerüche. Von den Pharaonen zu den Römern. dtv, München 1993

FERGUSSON, Peter/HARRISON, Stuart (1994) *The Rievaulx Abbey Chapter House*, in: AJ 74/1994 pp. 211–255

FRECH, Walter (1964) *Das Beichtrecht im Zisterzienserorden nach den ältesten Gesetzessammlungen und den Statuten des Generalkapitels (1098–1786)*, in: AC 20/1964, pp. 3–48

GILYARD-BEER, R. (1983) *Byland Abbey and the Grave of Roger de Mowbray*, in: YAJ 55/1983, pp. 61–66

GILYARD-BEER, R. (1987) *The Graves of the Abbots of Fountains*, in: YAJ 59/1987, pp. 45–50

HEFFERNAN, Thomas J. (1988) Sacred Biography. Saints and Their Biographers in the Middle Ages. Oxford U. P.

HESLOP, T. A. (1986) *Cistercian seals in England and Wales*, in: Norton/Park (Hrsg.), 1986, pp. 266–283

KÖTTING, Bernhard (1984) *Die Tradition der Grabkirche*, in: Schmid/Wollasch (Hrsg.), 1984, pp. 69–78

LANG, Bernhard/McDANNELL, Colleen (1988) Heaven. A History. Yale University Press; dt. Übers.: Eine Kulturgeschichte des ewigen Lebens. Insel Verlag, Frankfurt/Main– Leipzig 1996

LE GOFF, Jacques (1986) La bourse et la vie. Economie et religion au Moyen Age. Hachette; dt. Übers. von Matthias Rüb: Wucherzins und Höllenqualen. Ökonomie und Religion im Mittelalter. Klett/Cotta, Stuttgart 1988

LE GOFF, J. (1981) La naissance du purgatoire. Gallimard, Paris 1981; dt. Übers. von Ariane Forkel: Die Geburt des Fegefeuers. Vom Wandel des Weltbildes im Mittelalter. dtv, München 1990

METZGER, Marcel (1998) Geschichte der Liturgie. Schöningh, Paderborn–München– Wien–Zürich

MINOIS, George (1991) Histoire des enfers. Fayard, Paris; dt. Übers. von Sigrid Kester: Die Hölle. Zur Geschichte einer Fiktion. dtv, München 1996

MÖBIUS, Friedrich (1984) *Die Chorpartie der westeuropäischen Klosterkirche zwischen 8. und 11. Jahrhundert. Kulturgeschichtliche Voraussetzungen, liturgischer Gebrauch, soziale Funktion*, in: Möbius, F./Schubert, E. (Hrsg.), Architektur des Mittelalters. Funktion und Gestalt. Hermann Böhlaus Nachfolger, Weimar 1984, pp. 9–41

MOOS, Peter von (1971) Consolatio – Studien zur mittellateinischen Trostliteratur über den Tod und zum Problem der christlichen Trauer. 3 Bde. Wilhelm Fink Verlag, München

NAHMER, Dieter von der (1994) Die lateinische Heiligenvita. Eine Einführung in die lateinische Hagiographie. Wissenschaftliche Buchgesellschaft, Darmstadt

OHLER, Norbert (1990) Sterben und Tod im Mittelalter. dtv, München 1993

PEERS, Charles (1929) *Rievaulx Abbey: The Shrine in the Chapter House*, in: Arch. J., 2nd. Series, 36/1929, pp. 20–28

POSTLES, David (1996) *Monastic Burials of Non-Patronal Lay Benefactors*, in: JEH 47/ 1996, pp. 620–637

SCHMITT, Jean Claude (1994) Les revenants. Les vivants et les morts dans la société médiévale. Edition Gallimard; dt. Übers. von Linda Gränz: Die Wiederkehr der Toten. Geistergeschichten im Mittelalter. Klett-Cotta, Stuttgart 1995

SHULAMITH, Shahar (1990) Kindheit im Mittelalter. Dt. Übers. von Barbara Brumm, Rowohlt, Reinbek bei Hamburg 1993

VORGRIMMLER, Herbert (1993) Geschichte der Hölle. Wilhelm Fink Verlag, München 1994

WOLLASCH, Joachim (1984) *Die mittelalterliche Lebensform der Verbrüderung*, in: Schmid/ Wollasch (Hrsg.), 1984, pp. 215–232

WOLLASCH, J. (1973) *Neue Quellen zur Geschichte der Cistercienser*, in: Zeitschrift für Kirchengeschichte 84/1973 pp. 188–232

Die Architektur im Orden von Cîteaux

AUBERT, Marcel (1947) L'Architecture Cistercienne en France. 2 Bde., Editions d'art et d'histoire, Paris

AUBERT, M. (1957) *Les enduits dans les constructions du Moyen Age*, in: Bulletin monumental 115/1957, pp. 111–117

BADSTÜBNER, Ernst (1987) Gestaltungswille, Bedeutungsgebung und Rezeption – Architekturgeschichtliche Studien zum Mittelalter und Historismus. Dissertation B, Humboldt-Universität zu Berlin

BADSTÜBNER, E. (1980) Die Kirchen der Mönche. Union Verlag Berlin

BAKER, Derek (1970) *The Desert in the North*, in: Northern History 5/1970, pp. 1–11

BAKER, D. (1969a) *The Foundation of Fountains Abbey*, in: Northern History 4/1969, pp. 29–43

BAKER, D. (1969) *The Genesis of English Cistercian Chronicles. The Foundation History of Fountains Abbey I*, in: AC 25/1969, pp. 14–41

BAKER, D. (1975) *The Genesis of English Cistercian Chronicles. The Foundation History of Fountains Abbey II*, in: AC 31/1975, pp. 179–209

BARNES, Carl F. (1972) *The Gothic Architectural Engravings in the Cathedral of Soissons*, in: Speculum 47/1972 pp. 60–64

BEAULAH, G. K. (1993) *Thirteenth Century Square-Tile Mosaic Pavements at Cistercian Houses in Britain*, in: Lillich, M. P. (Hrsg.), 1993, pp.1–14 (SCAA 4)

BELL, David N. (1998) *The Siting and Size of Cistercian Infirmaries in England and Wales*, in: Lillich, M. (1998) Cistercian Art and Architecture. Bd. 5, pp. 211–237

BETHELL, Daniel (1966) *The Foundation of Fountains Abbey and the State of St Mary's, York in 1132*, in: JEH 17/1966, pp. 11–27

BICKEL, Wolfgang (1986) *Die Kunst der Cistercienser*, in: Schneider, A. (Hrsg.), 1986, pp. 178–316

BILSON, John (1909) *The architecture of the Cistercians, with special reference to some of their earlier churches in England*, in: Arch. J. 66/1909, pp. 185–280

BINDING, Günther (1993) Baubetrieb im Mittelalter. Wissenschaftliche Buchgesellschaft, Darmstadt

BINDING, G. (1989) Masswerk. Wissenschaftliche Buchgesellschaft, Darmstadt

BINDING, G./UNTERMANN, M. (1985) Kleine Kunstgeschichte der mittelalterlichen Ordensbaukunst in Deutschland. Wissenschaftliche Buchgesellschaft, Darmstadt 1993

BONY, Jean (1983) French Gothic Architecture of the 12th and 13th Centuries. University of California Press, Berkeley – Los Angeles – London

BRANNER, Robert (1960) Burgundian Gothic Architecture. A. Zwemmer Ltd, London 1985

BRANNER, R. (1963) *Villard the Honnecourt, Reims and the Origin of Gothic Architectural Drawing*, in: Gazette des Beaux-Arts 61/1963, pp. 129–146

BROWN, R. A./COLVIN, H. M/TAYLOR, A. J. (1963) The History of the King's Works. Bd. 1: Middle Ages. Her Majesty's Stationary Office, London

BUCHER, François (1960/61) *Cistercian Architectural Purism*, in: Comparative Studies in Society and History 3/1960–61, pp. 89–105

BUCHER, F. (1972) *Medieval Architectural Design Methods 800–1560*, in: Gesta 11/1972, pp. 37–51

BURTON, Janet (1994) *The Monastic Revival in Yorkshire: Whitby and St Mary's, York*, in: Rollason, D./Harvey, M./Prestwich, M. (Hrsg.) (1994) Anglo-Norman-Durham 1093–1193. Woodbridge, pp. 41–51

CHADD, D. F. L. (1986) *Liturgy and liturgical music: the limits of uniformity*, in: Norton/Park (Hrsg.) 1986, pp. 299–314

CLAY, C. T. (1955) *The Early Abbots of the Yorkshire Cistercian Houses*, in: YAJ 38/1955, pp. 8–43

CLIFTON-TAYLOR, Alec (1965) The Pattern of English Building. B. T. Batsford Ltd, London

Anhang

COLDSTREAM, Nicola (1991) Masons and Sculptors. British Museums Press, London
CONRAD, Dietrich (1990) Kirchenbau im Mittelalter. Bauplanung und Bauausführung. Edition Leipzig 1990
CONSTABLE, Giles (1978) *Aelred of Rievaulx and the Nun of Watton: An Episode in the Early History of the Gilbertine Order*, in: Baker, Derek (Hrsg.) (1978) Medieval Woman. Basil Blackwell, Oxford, pp. 205–226
COPPACK, Glyn (1998) The White Monks. The Cistercians in Britain 1128–1540. Tempus Publishing Ltd.
COPPACK, G./FERGUSSON, P. (1994) Rievaulx Abbey. English Heritage 1994
CZERWINSKI, Peter (1993) Gegenwärtigkeit. Simultane Räume und zyklische Zeiten, Formen von Regeneration und Genealogie im Mittelalter (Exempel einer Geschichte der Wahrnehmung II). Wilhelm Fink Verlag, München
CZMARA, Jean-Claude (o. J.) Sur le trace de Saint-Bernard. Circuits des granges et des celliers de Clairvaux. Association Renaissance de l'abbaye de Clairvaux
DIMIER, Anselm (1966) *Eglises Cisterciennes sur Plan Bernardin et sur Plan Bénédictin*, in: Mélanges à la Mémoir du Père Anselme Dimier, Bd. 1,2, Benoît Chauvin 1987, pp. 751–757
DIMIER, A. (1969) *Sur l'Architecture Monastique au XIIe Siècle*, in: Mélanges à la Mémoir du Père Anselme Dimier, Bd. 1,2, Benoît Chauvin 1987, pp. 773–788
DRACHENBERG, Erhard/MÜLLER, Wolfgang (1994) Mittelalterliche Glasmalerei aus dem ehemaligen Zisterzienserkloster zu Chorin. (Choriner Hefte 3)
DRAPER, Peter (1980) *The Nine Altars at Durham and Fountains*, in: Medieval Art and Architecture at Durham Cathedral, BAACT 3, for the year 1977, pp. 74–86
DROSTE, Thorsten (1989) Romanische Kunst in Frankreich. DuMont, Köln
EAMES, Elisabeth (1992) English Tilers. British Museums Press, London
EAMES, E. (1961) *A Thirteenth-Century Tile Kiln Site at North Grange, Meaux, Beverley, Yorkshire*, in: Medieval Archaeology 5/1961, pp. 137–168
EAMES, E./Beaulah, G. K. (1956) *The 13th century tile mosaic pavements in Yorkshire Cistercian houses.* in: Cîteaux in de Nederlanden 7/1956, pp. 264–277
EDELSTEIN, Heinz (1929) Die Musikanschauung Augustins nach seiner Schrift »De musica«. Inauguraldissertation, Bonn
EGGENBERGER, P./SAROTT, J. (1990) *Beiträge zur Baugeschichte der ehemaligen Zisterzienserabtei Bonmont. Resultate der archäologischen Forschungen von 1973–1988*, in: Zisterzienserbauten in der Schweiz. Neue Forschungsergebnisse zur Archäologie und Kunstgeschichte. Veröffentlichungen des Instituts für Denkmalpflege an der Eidgenössischen Technischen Hochschule Zürich, Bd. 10.2, Verlag der Fachvereine Zürich 1990, Bd. 2: Männerklöster, pp. 9–34
ENGLISH, B./HOYLE, R. (1993) *What was in St. Mary's Tower: An Inventory of 1610*, in: YAJ 65/1993, pp. 91–94
ERLANDE-BRANDENBURG, Alain (1993) The Cathedral Builder of the Middle Ages. Thames & Hudson, London 1995
ESSER, Karl Heinz (1953) *Über den Kirchenbau des hl. Bernhard von Clairvaux*, in: Archiv für mittelrheinische Kirchengeschichte 5/1953, pp. 195–211
EYDOUX, Paul Henry (1953) *Die Zisterzienserbauten und die Architektur des 12. Jahrhunderts*, in: Lortz, J. (Hrsg.) Bernhard von Clairvaux – Mönch und Mystiker. Internationaler Bernhardskongress Mainz 1953. Franz Steiner Verlag, Wiesbaden 1955, pp. 225–227
FERGUSSON, Peter (1970) *Early Cistercian Churches in Yorkshire and the Problem of the Cistercian Crossing Tower*, in: Journal of the Society of Architectural Historians 29/1970 pp. 211–221

FERGUSSON, P. (1984a) *The First Architecture of the Cistercians in England and the Work of Adam of Meaux,* in: Journal of the British Archaeological Association 136/1984, pp. 74–86

FERGUSSON, P. (1979) *Notes on two Cistercian Engraved Designs,* in: Speculum 54/1979, pp. 1–17

FERGUSSON, P./HARRISON, S. (1994) *The Rievaulx Abbey Chapter House,* in: AJ 74/1994, pp. 211–255

GIES, Francis & Joseph (1994) Cathedral, Forge, and Waterwheel. Technology and Invention in the Middle Ages. Harper Collins Publishers, New York

GILYARD–BEER, R. (1986) Fountains Abbey, North Yorkshire. English Heritage 1989

GILYARD–BEER, R./COPPACK, G. (1986) *Excavations at Fountains Abbey, North Yorkshire, 1979–1980: The Early Development of the Monastery,* in: Archaeologia 108/1986, pp. 147–188

GIMPEL, Jean (1976) The Medieval Machine. The Industrial Revolution of the Middle Ages. Pimlico, London 1993

GRANSDEN, Antonia (1974) Historical Writing in England I c. 550–1307. Routledge & Kegan Paul, London 1974

GRANSDEN, A. (1982) Historical Writing in England II c. 1307 to the Early Sixteenth Century. Routledge & Kegan Paul, London 1982

GRILL, Leopold (1960) *Forschungen zum ältesten Cistercienserbaustil,* in: AC 16/1960, pp. 293–307

HAHN, Hanno (1957) Die frühe Kirchenbaukunst der Zisterzienser. Untersuchungen zur Baugeschichte von Kloster Eberbach im Rheingau und ihren europäischen Analogien im 12. Jahrhundert. Verlag Gebr. Mann, Berlin 1957; (Frankfurter Forschungen zur Architekturgeschichte Bd. 1)

HALSEY, Richard (1986) *The earliest architecture of the Cistercians in England,* in: Norton/Park (Hrsg.), 1986, pp. 65–85

HARRISON, Kenneth (1968) *Vitruvius and Acoustic Jars in England During the Middle Ages,* in: Transactions of the Ancient Monuments Society 15/1968, pp. 49–58

HARVEY, John (1984) English Medieval Architects. A Biographical Dictionary Down to 1550. Alan Sutton, Gloucester 1987

HARVEY, J. (1971) The Master Builders. Architecture in the Middle Ages. Book Club Associates, London 1973

HARVEY, J. (1969) *The Tracing Floor in York Minster,* in: Fortieth Annual Report of the Friends of York Minster for 1968, pp. 9–13

HARVEY, J. (1974) *Wells Cathedral,* in: Arch. J. 131/1974, pp. 200–215

HEARN, M. F. (1971) *The Rectangular Ambulatory in English Medieval Architecture,* in: JSAH 30/1971, pp. 187–208

HEARN, M. F. (1983) Ripon Minster. The Beginning of the Gothic Style in Northern England. Transactions of the American Philosophical Society 73,6/1983

HECHT, Konrad (1969–71) Maß und Zahl in der gotischen Baukunst. 3 Teile in einem Band, Georg Olms Verlag, Hildesheim–Zürich–New York 1997

HOE, Lawrence R. (Hrsg.) (1995) Yorkshire Monasticism. Archaeology, Art and Architecture from the 7th to the 16th Centuries, in: BAACT 16/1995, Leeds 1995

HONEYMAN, H. L./BERTRAM, R./HUNTER, C. H. (1929) *The Tile Pavements at Newminster Abbey,* in: Archaeologia Aeliana 6/1929, pp. 95–115 (4th series)

HOPE, H. W. St John (1900) *Fountains Abbey,* in: YAJ 15/1900, pp. 269–402

HOPE, H. W. St John/BILSON, J. (1907) *Architectural description of Kirkstall Abbey,* in: T. Soc. 16/1907

JEAN-NESMY, Claude (1983) Vézelay ein Höhepunkt der Romanik. Dt. Übers. von Ange-
lika Kolb-Fichtler u. Karl Kolb, Echter, Würzburg

KIMPEL, Dieter (1984) *Die Entfaltung der gotischen Baubetriebe. Ihre sozio-ökonomischen
Grundlagen und ihre ästhetisch-künstlerischen Auswirkungen*, in: Möbius/Schubert (Hrsg.)
(1984) Architektur des Mittelalters. Funktion und Gestalt. Hermann Böhlaus Nachf.,
Weimar, pp. 246–272

KIMPEL, D. (1985) *Die Soziogenese des modernen Architektenberufs*, in: Möbius, F./
Scurie, H. (Hrsg.) (1989) Stil und Gesellschaft. Verlag der Kunst, Dresden,
pp. 106–143

KIMPEL, D./SUCKALE, Robert (1985) Die gotische Architektur in Frankreich 1130–1270.
Hirmer Verlag, München

KINDER, Terryl N. (1993) *Clay and what they did with it: Medieval Tiles and Bricks at
Pontigny*, in: Lillich, M. P. (Hrsg.), 1993, pp. 15–44 (SCAA 4)

KINDER, T. N. (1980) *Some Observations on the Origins of Pontigny and its First Church*,
in: Cîteaux 31/1980, pp. 9–19

KING, David A. (1995) *A Forgotten Cistercian System of Numeral Notation*, in: Cîteaux 46/
1995, pp. 183–217

KNOOP, D./JONES, G. P. (1931) *The first three years of the building of Vale Royal Abbey
1278–1280*, in: Ars Quatuor Coronatum, Transactions of the Quatuor Coronati Lodge
44/1931, pp. 5–47

KNOOP, D./JONES, G. P. (1949) The Medieval Mason. An Economic History of English
Stone Building in the Later Middle Ages and the Early Modern Times. Manchester
U. P. (revised edition)

KOTTMANN, Albrecht (1971) Das Geheimnis romanischer Bauten. Maßverhältnisse in
vorromanischen und romanischen Bauwerken. J. Hoffmann Verlag, Stuttgart

KRAUSE, M./NISCH, G. (1991) Backstein, das Baumaterial des Klosters Chorin. Chorin
(Choriner Hefte 1)

KRÖNIG, Wolfgang (1973) Altenberg und die Baukunst der Zisterzienser. Altenberger
Dom-Verein e.V., Bergisch-Gladbach

KRÖNIG, W. (1977) *Zur historischen Wertung der Zisterzienser-Architektur*, in: I Cistercensi
e il Lazio, pp. 43–52

LACHER, Hubert (1976) L'acoustique cistercienne et l'unité sonore. Editions Désiris 1992

LEGLER, Rolf (1984) Der Kreuzgang. Ein Bautypus des Mittelalters. Peter Lang, Frank-
furt/Main – Bern – New York – Paris 1989

LELAND, John (1774) Joannis Lelandi Antiquarii De Rebus Britannicis Collectanea. Hg.
v. Thomas Hearn & Benjamin White, London

LYMANT, Brigitte (1980) *Die Glasmalerei bei den Zisterziensern*, in: Die Zisterzienser 1980,
pp. 345–356

MAGIRIUS, Heinrich (1992) Ehemaliges Zisterzienserkloster Altzella. Schnell Kunstführer
Nr. 1048, München – Zürich

MARKS, Richard (1986) *Cistercian window glass in England and Wales*, in: Norton/Park
(Hrsg.), 1986, pp. 211–227

MARTENE, Edmond (1717) Voyage littéraire de deux religieux bénédictins de la congrégation de saint Maur. Amsterdam

MICHAEL, Emil (1909) *Analekten*, in: ZfkT 33/1909, pp. 373–383

MICHAEL, E. (1910) *Baubetrieb in der romanischen Kunstperiode – Die Bauhütte*, in: ZfkT
34/1910, pp. 241–256

MICHAEL, E. (1908) *Über geistliche Baumeister im Mittelalter*, in: ZfkT 32/1908, pp. 213–
229

MICHLER, Jürgen (1977) *Über die Farbfassung hochgotischer Sakralräume*, in: Wallraff-Richartz-Jahrbuch 39/1977, pp. 29–64

NICOLAI, Bernd (1990) »Libido Aedificandi«. Walkenried und die monumentale Kirchenbaukunst der Zisterzienser um 1200. Selbstverlag des braunschweigischen Geschichtsvereins

NORTON, Christopher (1994) *The Buildings of St Mary's Abbey, York and Their Destruction*, in: AJ 74/1994, pp. 256–288

NORTON, Ch. (1986) *Early Cistercian tile pavements*, in: Norton/Park (Hrsg.), 1986, pp. 228–255

OURSEL, Raymond (1979) Romanisches Burgund. Dt. Übers. von Giesela Umenhof u. Karl Kolb, Zodiaque-Echter, Würzburg 1987

OXFORD, A. W. (1910) The ruins of Fountains Abbey. Oxford U. P.

PARK, David (1986) *Cistercian wall painting and panal painting*, in: Norton/Park (Hrsg.), 1986, pp. 181–210

PEVSNER, Nikolaus (1942) *The Term »Architect« in the Middle Ages,* in: Speculum 17/1942, pp. 549–562

RADDING, Charles M./CLARK, William W. (1992) Medieval Architecture, Medieval Learning. Builders and Masters in the Age of Romanesque and Gothik. Yale U. P., New Haven–London

ROBINSON, David (ed.) (1998) The Cistercian Abbeys of Britain. Far from the Concourse of Men. B. T. Batsford

SALZMANN, L. F. (1967) Building in England Down to 1540. Oxford at the Clarendon Press 1992

SAUER, Josef (1924) Die Symbolik des Kirchengebäudes und seiner Ausstattung in der Auffassung des Mittelalter. Mehren u. Hobbeling, Münster/Westfalen 1964

SCHAEFER, Jean O. (1982) *The earliest churches of the Cistercian Order*, in: Lillich, M. P. (Hrsg.) 1982, pp. 1–12 (SCAA 1)

SCHLINK, Wilhelm (1970) Zwischen Cluny und Clairvaux. Die Kathedrale von Langres und die burgundische Architektur des 12. Jahrhunderts. Walter de Gruyter & Co., Berlin

SCHOCK-WERNER, Barbara (1978) *Bauhütten und Baubetrieb der Spätgotik; Die Stellung der Bauleute; Bauhütte und Zunft;* in: Legner, A. (Hrsg.), 1978, Bd. 3, pp. 55–58 u. 62–65

SCHRÖDER, Ulrich (1980) *Architektur der Zisterzienser*, in: Die Zisterzienser 1980, pp. 311–344

SEDLMAYR, Hans, (1950) Die Entstehung der Kathedrale. Herder, Freiburg im Breisgau 1993

SHELBY, Lonnie. R. (1970) *The Education of Medieval English Master Masons,* in: Medieval Studies 32/1970, pp. 1–26

SHELBY, L. R. (1972) *The Geometrical Knowledge of Medieval Master Masons,* in: Speculum 47/1972, pp. 395–421

SHELBY, L. R. (1971) *Medieval Masons' Templates,* in: JSAH 30/1971, pp. 140–154

SHELBY, L. R. (1961) *Medieval Masons' Tools: The Level and the Plumb Rule,* in: Technology and Culture 2/1961, pp. 127–130

SHELBY, L. R. (1965) *Medieval Masons' Tools II. Compass and Square,* in: Technology and Culture 4/1965, pp. 236–248

SHELBY, L. R. (1975) *The Practical Geometry of Medieval Masons*, in: Studies in Medieval Culture 5/1975, pp. 133–144

SHELBY, L. R. (1964) *The Role of the Master Mason in Medieval English Building,* in: Speculum 31/1964, pp. 387–403

SHELBY, L. R. (1969), *Setting Out the Keystone of Pointed Arches: A Note on Medieval Baugeometrie,* in: Technology and Culture 10/1969, pp. 537–548

SIMSON, Otto von (1962) The Gothic Cathedral. Origins of Gothic Architecture and the Medieval Concept of Order. Dt. Übers. von Elfriede R. Knauer: Die gotische Kathedrale. Wissenschaftliche Buchgesellschaft, Darmstadt, 1992

SOTRES, Gil Pedro (1993) *Regeln für eine gesunde Lebensweise*, in: Grmek, Mirko D. (Hrsg.) (1993) Die Geschichte des medizinischen Denkens. Antike und Mittelalter. C. H. Beck, München, pp. 312–355

STALLEY, Roger (1987) The Cistercian Monasteries of Ireland. An Account of the History, Art and Architecture of the White Monks in Ireland from 1142 to 1540. Yale U. P., London–New Haven 1987

TSCHESCHNER, Walter (1966) *Die Anwendung der Quadratur und der Triangulatur bei der Grundrißgestaltung der Zisterzienserkirchen östlich der Elbe*, in: AC 22/1966, pp. 96–140

WAGNER-RIEGER, Renate (1977) *Die Bedeutung des Bauherrn für die Gestaltung von Zisterzienserkirchen*, in: I Cistercensi e il Lazio, pp. 53-63

WALBRAN, Richard (1851) *On the Excavation now in progress at Fountains Abbey, with some Remarks on the Early History of the Monastery*, in: Associated Architectural Societies Reports and Papers 1/1850–51, pp. 263–292,

WALBRAN, R. (1851) *On the Excavation now in progress at Fountains Abbey*, in: Associated Architectural Societies Reports and Papers 3/1854, pp. 54–66

WARNKE, Martin (1984) Bau und Überbau. Soziologie der mittelalterlichen Architektur nach den Schriftquellen. Suhrkamp, Frankfurt/Main 1984

WILLIAMS, D. H. (1990) Atlas of Cistercian Landes in Wales. University of Wales Press, Cardiff 1990

WILSON, Christopher (1990) The Gothic Cathedral. The Architecture of the Great Church 1130–1530. Thames and Hudson, London 1992

WILSON, Ch./BURTON, J. (1988) St Mary's Abbey, York. published by The Yorkshire Museum, York

ZAKIN, Helen Jackson (1979) French Cistercian Grisaille Glass. Garland Publishing, Inc., New York

ZUPKO, Ronald (1974) *Medieval English Weights and Measures: Variation and Standardization*, in: Studies in Medieval Culture 4/1974, pp. 238–243

ZUPKO, R. (1989) *Weights and Measures, Western European*, in: DictMA Bd. 12, pp. 582–596

Abbildungsnachweis

07   St. Galler Klosterplan, Faksimile, Neudruck nach der 1952 erschienenen Faksimile-
      Ausgabe des Klosterplanes. Historischer Verein des Kantons St. Gallen 1983
08   Les *Ecclesiastica Officia* Cisterciens du XIIème siècle. Ed. D. Choisselet und P. Vernet,
      La Documentation Cistercienne, Bd. 22, Abbaye d'Œlenberg, Reiningue, France
      1989, p. 28
09   Reeve, J. A. (1892) A Monograph on the Abbey of St. Mary at Fountains. London
      (ohne Seitenangabe)
11   Mit freundlicher Genehmigung der Bodleian Libray, Oxford
19   Das Evangeliar Heinrich des Löwen. Erläutert von Elisabeth Klemm. Mit farbigen
      Bildtafeln. inseltaschenbuch 1121, Insel Verlag Frankfurt/Main 1988, Tafel 31
20a+b Mit freundlicher Genehmigung der Trinity College Cambridge Library
21   Pächt, Otto (1984) Buchmalerei des Mittelalters. Prestel Verlag München 1989, p. 156
25   Reeve, J. A. (1892) A Monograph on the Abbey of St. Mary at Fountains. London
      (ohne Seitenangabe)
28   Coppack, G./Fergusson, P. (1994) Rievaulx Abbey. English Heritage 1994, p. 20
41   Eames, Elisabeth (1992) English Tilers. British Museums Press, London, p. 15
44   Reuener Musterbuch. Faksimile-Ausgabe in Originalformat des Musterbuches aus
      Codex Vindobonensis 507 (Folio 1-13) der Österreichischen Nationalbibliothek,
      Akademische Druck-und Verlagsanstalt, Graz 1979 (Bd. 64 der Reihe Codices
      selecti), fol. 11^v
45a+b Dimier, A./Porcher, Jean (1962) Die Kunst der Zisterzienser in Frankreich. Dt.
      Übers. von Gisela Umenhof und Karl Kolb, zodiaque-echter, Würzburg 1986,
      Abb. 65 u. 66
46   Zakin, Helen Jackson (1979) French Cistercian Grisaille Glass. Garland Publishing,
      Inc., New York, p. 250 (Plate 40)
47   Zakin, Helen Jackson (1979) French Cistercian Grisaille Glass. Garland Publishing,
      Inc., New York, p. 341 (Plate 131)
50   Dimier, A./Porcher, Jean (1962) Die Kunst der Zisterzienser in Frankreich. Dt.
      Übers. von Gisela Umenhof und Karl Kolb, zodiaque-echter, Würzburg 1986, p. 50
51a   Hahn, Hanno (1957) Die frühe Kirchenbaukunst der Zisterzienser. Verlag Gebr.
      Mann, Berlin, p. 205 (Abb. 34)
51b   Hahn, Hanno (1957) Die frühe Kirchenbaukunst der Zisterzienser. Verlag Gebr.
      Mann, Berlin, p. 204 (Abb. 33)
53   Hahnloser, Hans R. (1972) Villard de Honnecourt. Kritische Gesamtausgabe des
      Bauhüttenbuches ms. fr 19093 der Pariser Nationalbibliothek. Akademische Druck-
      und Verlagsanstalt Graz, Tafel 28
56   Duby, G. (1979) Saint Bernard, l'art cistercien. Flammerion, Paris 1979; dt. Übers.
      von Maria Heurtaux: Die Kunst der Zisterzienser. Klett-Cotta, Stuttgart 1993, p. 196
57a+b Schaefer, Jean O. (1982) *The earliest churches of the Cistercian Order*, in: Lillich, M. P.
      (Hrsg.) (1982) Cistercian Art and Architecture. Kalamazoo, Michigan, p. 6 (Fig. 3)
      u. p. 7 (Fig. 4)
58   Coppack, Glyn (1993) Fountains Abbey. B. T. Batsford Ltd/English Heritage,
      London, p. 26
59   Conrad, Dietrich (1990) Kirchenbau im Mittelalter. Bauplanung und Bauausführung.
      Edition Leipzig 1990, p. 115 (Abb. 74)

60   Mit freundlicher Genehmigung der Corpus Christi College Cambridge Library

61   Gilyard-Beer, R./Coppack, G. (1986) *Excavations at Fountains Abbey, North Yorkshire, 1979-1980: The Early Development of the Monastery*, in: Archaeologia 108/ 1986, p. 153 (Fig. 2)

62   Gilyard-Beer, R./Coppack, G. (1986) *Excavations at Fountains Abbey, North Yorkshire, 1979-1980: The Early Development of the Monastery*, in: Archaeologia 108/ 1986, p. 155 (Fig. 3)

63   Coppack, Glyn (1993) Fountains Abbey. B. T. Batsford Ltd/English Heritage, London, p. 26

64   Coppack, G. (1993) Fountains Abbey. B. T. Batsford Ltd/English Heritage, London, p. 10f

65   Mit freundlicher Genehmigung von Stuart Harrison

66   Mit freundlicher Genehmigung von Stuart Harrison

67   Coppack, G. (1993) Fountains Abbey. B. T. Batsford Ltd/English Heritage, London, p. 42

68   Mit freundlicher Genehmigung von Stuart Harrison

alle übrigen: Autor

Der Autor

Dr. Jens Rüffer, geb. 1964 in Frankenberg, Kulturwissenschaftler, Promotion am Seminar für Ästhetik / Humboldt-Universität zu Berlin, lebt in Berlin

Veröffentlichungen:
Methodische Zugänge zu einer Geschichte der Ästhetik im Mittelalter am Beispiel monastischer Lebensformen, in: Oliver H. Schmidt / Heike Frenzel / Dieter Pötschke (Hg.): Spiritualität und Herrschaft (= Studien zur Geschichte, Kunst und Kultur der Zisterzienser, Bd. 5), Lukas Verlag, Berlin 1998
Rievaulx – Fountains – Meaux Abbey. Macht und Herrschaft der Zisterzienser in Yorkshire im 12. Jahrhundert, in: Dirk Schumann (Hg.): Architektur der Zisterzienser im Kontext weltlicher Macht (= Studien zur Geschichte, Kunst und Kultur der Zisterzienser, Bd. 4), Lukas Verlag, Berlin 1999

BACKSTEINARCHITEKTUR, BAUARCHÄOLOGIE:

Ernst Badstübner / Dirk Schumann (Hg.)

Hallenumgangschöre in Brandenburg

Studien zur Backsteinarchitektur • Band 1

Br. 14,8 x 20,7 cm   ca. 300 S.   zahlr. s/w Abb.
ISBN 3–931836–06–1   ca. DM 48,–
(erscheint im III. Quartal 1999)

Dirk Schumann

Herrschaft und Architektur

Otto IV. und der Westgiebel von Chorin
Studien zur Backsteinarchitektur • Band 2

Br. 14,8 x 20,7 cm   108 S.   51 s/w Abb.
Berlin 1997   ISBN 3–931836–18–5   DM 29,80

Dirk Schumann (Hg.)

Bauforschung und Archäologie

Stadt- und Siedlungsentwicklung
im Spiegel der Baustrukturen

Br. 14,8 x 20,7 cm   ca. 300 S.   zahlr. s/w Abb.
ISBN 3–931836–16–9   ca. DM 48,–
(erscheint im III. Quartal 1999)

Lukas Verlag

für Kunst- und Geistesgeschichte
Kollwitzstraße 57 • D–10405 Berlin
Tel. +49 (30) 44 04 92 20 • Fax +49 (30) 442 81 77
http://www.lukasverlag.com • lukas.verlag@t-online.de

STUDIEN ZUR GESCHICHTE, KUNST UND KULTUR DER ZISTERZIENSER:

Dirk Schumann / Oliver H. Schmidt (Hg.)

Band 1: Zisterzienser in Brandenburg

Br. 14,8 x 20,7 cm   174 S.   52 s/w Abb.
Berlin 1996 (2. Auflage 1997)   ISBN 3–931836–01–0   DM 29,80

Dieter Pötschke (Hg.)

Band 2: Geschichte und Recht der Zisterzienser

Br. 14,8 x 20,7 cm   228 S.   53 s/w Abb.
Berlin 1997   ISBN 3–931836–05–0   DM 29,80

Winfried Schich (Hg.)

Band 3: Zisterziensische Wirtschaft und Kulturlandschaft

Br. 14,8 x 20,7 cm   160 S.   15 s/w Abb.
Berlin 1998   ISBN 3–931836–12–6   DM 29,80

Dirk Schumann (Hg.)

Band 4: Architektur der Zisterzienser im Kontext weltlicher Macht

Br. 14,8 x 20,7 cm   ca. 300 S.   zahlr. s/w Abb.
ISBN 3–931836–14–2   ca. DM 39,80
(erscheint im III. Quartal 1999)

Oliver H. Schmidt / Heike Frenzel / Dieter Pötschke (Hg.)

Band 5: Spiritualität und Herrschaft

Br. 14,8 x 20,7 cm   350 S.   23 Farb- und 55 s/w Abb.
Berlin 1998   ISBN 3–931836–09–6   DM 36,80

Dieter Pötschke / Christof Römer / Oliver H. Schmidt (Hg.)
Band 7: Benediktiner, Zisterzienser
Br. 14,8 x 20,7 cm   ca. 320 S.   zahlr. s/w Abb.
Berlin 1999   ISBN 3–931836–20–0   DM 36,80
(erscheint im III. Quartal 1999)

Dirk Schumann (Hg.)
Band 8: Sachkultur und religiöse Praxis
Br. 14,8 x 20,7 cm   ca. 300 S.   zahlr. s/w Abb.
ISBN 3–931836–33–9   ca. DM 48,–
(erscheint etwa im IV. Quartal 1999)

Sven Wichert
Band 9: Das Zisterzienserkloster Doberan im Mittelalter
Br. 14,8 x 20,7 cm   ca. 300 S.   zahlr. s/w Abb.
ISBN 3–931836–34–7   ca. DM 68,–
(erscheint etwa im I. Quartal 2000)

Die Reihe wird fortgesetzt!

Lukas Verlag
für Kunst- und Geistesgeschichte
Kollwitzstraße 57 • D-10405 Berlin
Tel. +49 (30) 44 04 92 20 • Fax +49 (30) 442 81 77
http://www.lukasverlag.com • lukas.verlag@t-online.de

KUNSTGESCHICHTE:

Gisbert Porstmann

Das Chorgestühl des Magdeburger Domes

Ikonographie – Stilgeschichte – Deutung

Br. 14,8 x 20,7 cm   265 S.   111 s/w Abb.
Berlin 1997   ISBN 3–931836–13–4   DM 68,–

Frank Matthias Kammel

Kunst in Erfurt zwischen 1300 und 1360

Studien zur Skulptur und Tafelmalerei

Br. 14,8 x 20,7 cm   ca. 400 S.   ca. 120 s/w Abb.
ISBN 3–931836–24–X   ca. DM 98,–
(erscheint etwa im IV. Quartal 1999)

Matthias Müller (Hg.)

multiplicatio et variatio

Beiträge zur Kunst •
Festgabe für Ernst Badstübner zum 65. Geburtstag

Br. 14,8 x 20,7 cm   353 S.   153 s/w Abb.
Berlin 1998   ISBN 3–931836–15–0   DM 48,–

Lukas Verlag

für Kunst- und Geistesgeschichte
Kollwitzstraße 57 • D–10405 Berlin
Tel. +49 (30) 44 04 92 20 • Fax +49 (30) 442 81 77
http://www.lukasverlag.com • lukas.verlag@t-online.de